国家卫生健康委员会"十四五"规划教材
全国中等卫生职业教育"十四五"规划教材

供药剂、制药技术应用专业用

药理学

第 2 版

主 编 张 庆

副主编 毛秀华 潘 莉

编 者 （以姓氏笔画为序）

毛秀华	东莞职业技术学院
冯 稣	锦州市卫生学校
冯敏超	山东省临沂卫生学校
全 娜	珠海市卫生学校
刘 佳	长春市第二中等专业学校
苏 永	焦作卫生医药学校
杨 静	成都中医药大学附属医院针灸学校
沈孝丽	浙江省海宁卫生学校
张 庆	济南护理职业学院
张振莲	昭通卫生职业学院
邰 怡	山东省青岛第二卫生学校
周 振	黑龙江护理高等专科学校
郭亭芳	长治卫生学校
黄小琼	赣南卫生健康职业学院
潘 莉	重庆市医药卫生学校

人民卫生出版社
·北京·

图书在版编目（CIP）数据

药理学 / 张庆主编 . —2 版 . —北京：人民卫生
出版社，2023.8（2025.4重印）
　ISBN 978-7-117-34394-7

　Ⅰ.①药…　Ⅱ.①张…　Ⅲ.①药理学 —医学院校 —教
材　Ⅳ.①R96

中国版本图书馆 CIP 数据核字（2022）第 258488 号

人卫智网　www.ipmph.com	医学教育、学术、考试、健康， 购书智慧智能综合服务平台	
人卫官网　www.pmph.com	人卫官方资讯发布平台	

药　理　学
Yaolixue
第 2 版

主　　编：张　庆
出版发行：人民卫生出版社（中继线 010-59780011）
地　　址：北京市朝阳区潘家园南里 19 号
邮　　编：100021
E - mail：pmph @ pmph.com
购书热线：010-59787592　010-59787584　010-65264830
印　　刷：人卫印务（北京）有限公司
经　　销：新华书店
开　　本：850×1168　1/16　　印张：43
字　　数：815 千字
版　　次：2015 年 8 月第 1 版　　2023 年 8 月第 2 版
印　　次：2025 年 4 月第 5 次印刷
标准书号：ISBN 978-7-117-34394-7
定　　价：98.00 元
打击盗版举报电话：010-59787491　E-mail：WQ @ pmph.com
质量问题联系电话：010-59787234　E-mail：zhiliang @ pmph.com
数字融合服务电话：4001118166　E-mail：zengzhi @ pmph.com

为全面贯彻党的十九大和全国职业教育大会会议精神，落实《国家职业教育改革实施方案》《国务院办公厅关于加快医学教育创新发展的指导意见》等文件精神，更好地服务于现代卫生职业教育快速发展，满足卫生事业改革发展对医药卫生职业人才的需求，人民卫生出版社在全国卫生职业教育教学指导委员会的指导下，经过广泛的调研论证，全面启动了全国中等卫生职业教育药剂、制药技术应用专业第二轮规划教材的修订工作。

本轮教材围绕人才培养目标，遵循卫生职业教育教学规律，符合中等职业学校学生的认知特点，实现知识、能力和正确价值观培养的有机结合，体现中等卫生职业教育教学改革的先进理念，适应专业建设、课程建设、教学模式与方法改革创新等方面的需要，激发学生的学习兴趣和创新潜能。

本轮教材具有以下特点：

1. **坚持传承与创新，强化教材先进性** 教材修订继续坚持"三基""五性""三特定"原则，基本知识与理论以"必需、够用"为度，强调基本技能的培养；同时适应中等卫生职业教育的需要，吸收行业发展的新知识、新技术、新方法，反映学科的新进展，对接职业标准和岗位要求，丰富实践教学内容，保证教材的先进性。

2. **坚持立德树人，突出课程思政** 本套教材按照《习近平新时代中国特色社会主义思想进课程教材指南》要求，坚持立德树人、德技并修、育训结合，坚持正确价值导向，突出体现卫生职业教育领域课程思政的实践成果，培养学生的劳模精神、劳动精神、工匠精神，将中华优秀传统文化、革命文化、社会主义先进文化有机融入教材，发挥教材启智增慧的作用，引导学生刻苦学习、全面发展。

3. **依据教学标准，强调教学实用性** 本套教材依据专业教学标准，以人才培养目标为导向，以职业技能培养为根本，设置了"学习目标""情境导入""知识链接""案例分析""思考题"等模块，更加符合中等职业学校学生的学习习惯，有利于学生建立对工作岗位的认识，体现中等卫生职业教育的特色，将专业精神、职业精神和工匠精神融入教材内容，充分体现教材的实用性。

4. 坚持理论与实践相结合，推进纸数融合建设　本套教材融传授知识、培养能力、提高素质为一体，重视培养学生的创新、获取信息及终身学习的能力，突出教材的实践性。在修订完善纸质教材内容的同时，同步建设了多样化的数字化教学资源，通过在纸质教材中添加二维码的方式，"无缝隙"地链接视频、微课、图片、PPT、自测题及文档等富媒体资源，激发学生的学习热情，满足学生自主性的学习要求。

众多教学经验丰富的专家教授以严谨负责的态度参与了本套教材的修订工作，各参编院校对编写工作的顺利开展给予了大力支持，在此对相关单位与各位编者表示诚挚的感谢！教材出版后，各位教师、学生在使用过程中，如发现问题请反馈给我们（renweiyaoxue@163.com），以便及时更正和修订完善。

人民卫生出版社

2022年4月

　　《药理学》（第2版）是由人民卫生出版社组织编写的全国中等卫生职业教育"十四五"规划教材，主要供三年制中职学校的药剂专业和制药技术应用专业的学生使用。

　　本次修订在《中华人民共和国职业教育法》和《国家职业教育改革实施方案》（国发〔2019〕4号）等文件精神指导下，坚持以立德树人为根本，加强学生思想政治教育，在职业教育中体现党的方针政策。充分领会和践行"三教"改革要求，力求紧密体现"岗课赛证"要求，与"线上-线下"混合式教学、项目教学、案例教学、工作过程导向教学等教学模式相结合，科学合理地安排教学内容，使教材更贴近药剂、制药技术应用专业相关岗位的工作需要。本次教材修订与工作岗位相紧密结合，加大了实训课的比重，调整了实践课程内容，加强了实践课与理论的联系，坚持为临床治疗服务。

　　本教材始终坚持体现三基（基本理论、基本知识、基本技能）、五性（思想性、科学性、先进性、启发性、适用性）、三特定（特定对象、特定要求、特定限制）的原则，针对中职和中高职衔接层次的药剂、药学、药品营销、制药技术应用等专业，在药物学与药理学框架基础上，围绕"合理用药"这个核心任务，力求在药学与药品专业特色上下功夫，以编出专业特色、专业需求和专业水平。在药学专家的参与和指导下，经反复论证，较好地把用药指导程序应用到药学服务中，加以概括提炼为"用药前""用药中""用药后"，结合临床实际和各类证书考核大纲，编写了药学服务岗位操作实践，以利于学以致用，融会贯通；在编写内容上，适当增加"两新"（即新药物、新应用），主要对近年来取得较多进展的心血管药物，治疗糖尿病、肿瘤等的药物以及药品营销等"1+X"证书培训所涉及的中枢神经系统药物、血液系统药物、免疫功能调节药进行了补充更新；各类药物重点介绍其类别、作用、临床应用、不良反应及用药指导等与药学服务岗位关系密切的内容，突出专业特色和中高职贯通需求。

　　本教材在编写体例上进行了针对性和实用性的创新，按照推进中等和高等职业教育培养目标、教学过程等方面的衔接要求，对教材内容进行了取舍。设计了"情境导入"和"案例分析"，便于师生开展师生互动的教学方法，对正文部分需要联系和拓展的内容，采用"知识链接"和"药学思政"的形式加以描述，方便师生学习，在章节最后，设计了"药学服务岗位操作实践"和"章末小结"等内容，对本项目或任务内容进行总结，做到前后呼应，以利于教学组织和学生的复习巩固，也为实施"三教"改革做了有益尝试。为呈现"三教"改革要求的新型教材特色，本版增加数字资源部分，并备有纸质配套教材，既克服了纸质教材篇幅局限，又可向学生提供更为方便快捷的学习服务，并对随时开展线上教学提高了可靠的教学资源支持。

《药理学》（第2版）教材共有44章，所选药物主要遴选自国家卫生健康委员会印发的《国家基本药物目录》（2018版）及临床常用且疗效肯定的药物，药物名称、制剂、用法均参照《中华人民共和国药典》（2020年版）和《陈新谦新编药物学》（第18版），专业术语均采用全国科学技术名词审定委员会公布的规范名词。

在此，感谢各参编学校领导、教师给予的支持与帮助，感谢各位编者在十分繁忙的工作之余，以高度认真负责的态度完成了本教材的编写任务，感谢人民卫生出版社给予的指导和帮助！

由于时间仓促，水平有限，内容不当之处，敬请专家、同仁、读者予以批评指正。

编　者
2023年5月

目 录

第一章
绪 论

学习目标

知识目标：

- 掌握　药物、药理学、药效学、药动学等重要概念和合理用药基本原则。
- 熟悉　药理学的性质和任务，药学人员在用药指导中的职责。
- 了解　药理学发展简史和学习药理学的主要方法。

技能目标：

- 熟练掌握程序化用药指导的基本技能。
- 学会运用药理学基本知识技能开展合理用药宣教。

素质目标：

- 培养对药理学课程的兴趣和科学探究意识，初步具备尊重患者、热爱药学工作、完成未来岗位任务的基本职业素养。

情境导入

情境描述：

　　小王是药剂专业的学生，假期回家碰到邻居郭大爷，郭大爷非常注重保健养生，他一直患有高血压、冠心病等多种疾病，平时喜欢按照广告，购买保健食品，使用的药物也非常多。郭大爷的家就像一个"小药房"，这次他专门向小王请教还有什么"好药"可以用。小王了解情况后，向郭大爷要来了有关药物的说明书，结合学过的药理学知识，向郭大爷介绍了所用常规药品的重要信息和注意事项，同时还对郭大爷进行了适当讲解，让郭大爷了解到应当适度、规范用药，正确看待保健食品功效的宣传工作。

学前导语：

　　同学们，向顾客或患者提供用药指导和咨询服务是药学工作者的重要岗位职责，要想胜任这项工作，就需要掌握和运用药理学的知识技能。从本章开始，我们将带领大家开启学习药理学的大门，共同打好未来职业生涯的基础，实现职业目标。

第一节　药理学概述

一、药理学的概念、性质和任务

药物（drug）是指作用于机体，调节、影响其形态结构、生理功能、代谢水平、遗传过程，具有预防、治疗、诊断疾病等用途的化学物质。药物来源于自然界和人工制备（包括仿生药物），一般可分为天然药物和人工制造（包括人工合成）药物。依据《中华人民共和国药典》（2020年版）[以下简称《中国药典》（2020年版）]，可将药物分为中药、化学药品和生物制品三类。

药理学（pharmacology）是研究药物与机体相互作用规律及其机制的学科。其中，研究药物对机体作用规律及其机制的学科称为药物效应动力学（pharmacodynamics），简称药效学；研究机体对药物的处置过程及血药浓度随时间而变化的规律的学科称为药物代谢动力学（pharmacokinetics），简称药动学。药效学和药动学构成药理学的两大知识结构体系（图1-1）。

药理学是一门综合学科，是在生理学、病理学、生物化学等基础医学知识和药物化学等药学知识的基础上研究药物的作用，并为临床合理用药、开展用药指导等工作提供理论依据。所以，药理学既是医学与药学的交叉学科，又是基础医学与临床医学之间的桥梁学科。

药物皆具有客观的药理作用，通过调节机体的生理功能、代谢过程或病理状态来发挥确切的治疗效果。药物治疗的实际效果主要取决于药物的合理应用，也受到心理、经济等多种因素的影响，药物均具有一定的不良反应，会影响实际治疗效果，甚至带来药源性疾病。而且同一种化合物，因其使用剂量和方法不同，可能分别成为食物、药物和毒物。

药品是为方便流通和使用，将药物加工成具有不同规格的制剂形式，具有商品属性。为了规范药物和药品的具体使用，国家专门制定了《中华人民共和国药品管理法》等一系列法律、法规，对药物和药品实行严格管理。

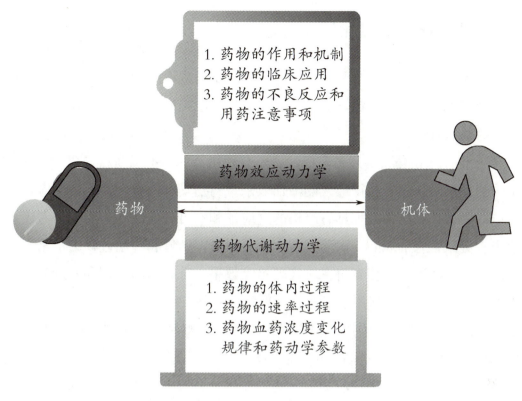

图1-1　药物与机体的相互关系示意图

⊘ **课堂问答**：

维生素C广泛存在于食物中，是必不可少的营养物质，人类长期缺乏维生素C会患维生素C缺乏病（又称坏血病），这时需要给予维生素C进行治疗，但如果过量服用维生素C有可能损伤胃黏膜，导致新的疾病。

请同学们结合上述事实，通过网络进一步搜集资料，讨论、分析一下食物、药物和毒物这三者的异同有哪些。

　　国家对药物和药品实行"处方药和非处方药分类管理制度"和"国家基本药物制度"。国家基本药物是适应基本医疗卫生需求，剂型适宜，价格合理，能够保障供应，公众可以公平获得的药品。

　　作为未来的药学工作者，学习本门课程旨在全面掌握或理解药物的作用、临床应用、不良反应及用药监护等内容，以便在防治疾病、维护健康的过程中能够做到药物选择得当，给药方案和用药指导合理，避免或减少不良反应的发生，确保用药安全有效，提高患者的治疗效果和生活质量。

二、药物治疗的基本原则

药物治疗是临床治疗的主要手段之一，不同疾病或不同病情，药物治疗方案也不尽相同，制订正确的药物治疗方案是合理用药的中心工作，应该遵循安全、有效、经济、适当的基本原则。

1. **安全性** 这是药物治疗的前提，也是合理用药的基本原则。安全性的意义在于用最小的治疗风险让患者获得最大的治疗效果。药物具有两重性，不良反应是药物固有特性；既要认识到药物治疗具有严格的适应证和不可替代性，又要充分考虑到药物可能给患者健康带来的风险，而药物在生产、保管、销售和应用过程中也都可能增加不安全因素，这些不安全因素将影响实际治疗效果，带来新的生理和心理痛苦，甚至是药源性疾病。所以，确保用药安全是合理用药的首要任务。

2. **有效性** 这是药物治疗的根本目标，也是合理用药的关键。药物的有效性含义很广，包括：根除病源治愈疾病、延缓疾病进程、缓解临床症状、预防疾病发生、避免不良反应、调节人体生理功能等。药物实际效果取决于选用药物的药效学、药动学特性以及给药方案的科学性，还要充分考虑影响药物疗效的各种因素，特别是患者接受药物治疗的依从性等。

3. **经济性** 这是评价治疗方案和合理用药的重要依据。以最低的药物成本实现最佳的治疗效果，这是每一个给药方案都必须遵循的重要原则。要把患者利益放在首位，合理制订给药方案，过度治疗或治疗不足都会延误病情，损害患者健康和经济利益；当前特别要克服因利益驱动导致的过度用药行为，改变盲目追求新药、进口药、高价药的现象；提倡引入药物经济学概念，控制药费不合理增长和地区或群体间药物资源分配的不平等现象；另外，非药物手段可缓解甚至治愈的疾病，以及自限性疾病一般不主张首选药物治疗，预防性使用药物和联合用药也必须有确切的疗效证据。

4. **适当性** 这是药物治疗方案顺利执行的基础和保障，是合理用药所要求的安全性、有效性、经济性的具体化和标准化。从确定用药对象、适宜药物、预期结果到给药剂量、方法、时间、疗程等都要体现科学、合理、方便、经济、可持续的要求，从而确保药物治疗的可行性、效果评价的可靠性，提高患者依从性。

应当看到，实现药物治疗的安全性、有效性、经济性和适当性是一项长期而艰巨的任务，作为药学工作者一方面可以参照公认、权威的临床路径、治疗指南或标准参与或协助制订药物治疗方案，另一方面也需要加强学习和研究，在实践中不断提升学术水平和服务能力，始终如一坚持科学、规范、合理地使用药物，用优质的药学服务赢得患者和家属理解和尊重。

三、药理学的发展简史

药理学发展史是人类医药学发展史重要组成部分，是伴随着人类对疾病和药物的不断认识而持续发展壮大的。

知识链接：

药物起源小贴士

一般认为，药物起源于人类认识和改造自然的实践活动，古人在获取食物时，逐渐认识到有些植物的根、茎、叶、果实等可食部分对病痛有缓解或治疗作用，这些食物就被有目的的使用，最终演变成药物，故有"药食同源"学说。汉字繁体"藥"就包含了"草""木"的含义。而药的英文"drug"来自希腊文"drogen"，原义是干草，也体现了这一观点。古人采用天然植物、动物和矿物产品防病治病，日积月累，逐渐演化为传统医药学，是现代医药科学的共同鼻祖。

世界各文明古国均有着发达的医药文明史。中国古代把撰写医药知识的典籍称为"本草"，成书于东汉时期的《神农本草经》共收载了365种药物及其用法，其中大部分药物至今仍广为使用，如大黄导泻、麻黄止喘等，这体现出2 000多年前我国就具有了很高的天然药物应用水平。公元659年，苏敬等人编写的《新修本草》不论是收载药物数量还是编写水平均达到了新高度，并由唐朝政府颁布实施，被认为是世界上第一部药典。明代伟大的医药学家李时珍历经数载完成的医药学巨著《本草纲目》是对中国古代药物学的概括和总结，为人类医药学发展作出了巨大贡献。此外，古埃及、古希腊、古罗马的多位医药学家精心编写的多部医药学著作也都产生了同样巨大的推动作用。

药理学从以应用天然药物为代表的传统药物学中逐渐形成独立的学科体系与现代科学技术的发展密切相关。18世纪，自然科学的飞速发展为药理学研究奠定了基础，意大利生理学家Fontana通过动物实验证实了天然药物的作用是其内在的活性成分选择性作用于机体而产生的特定反应，这打破了药物治疗疾病的神秘色彩，拉开了药理学科学研究的序幕。进入19世纪，德国科学家们先后从阿片中提出吗啡等生物碱，并通过动物实验证明了其具备镇痛作用，这标志着药理学基本研究方法的确立，随后奎宁、阿托品、士的宁等一系列植物有效成分药理学研究成果推动了药理学科的迅速发展。世界上第一位药理学教授德国人Buchheim建立了世界上第一个药理实验室，编写了第一本药理学教科书。从此，药理学从药学中分离出来成为独立的一门学科，1878年英国生理学家Langley在大量实验的基础上提出了"受体"的概念，为阐述受体学说奠定了基础，也将药理学中阐述药物作用机制推上了一个新水平。

进入20世纪，随着德国Ehrlich于1909年发现了治疗梅毒和锥虫病的有效药物——砷凡纳明（606），德国Domagk于1935年发现了治疗细菌感染的磺胺类药物，英国Florey于1940年在Fleming研究的基础上成功提纯出可以临床使用的青霉素，药理学在新药研究的推动下也完成了自身发展，学科理论体系日臻完善，并成为生命科学研究的"热门"领域。

我国于20世纪初在高等医药类院校陆续开设了药理学课程，并着重在中药方面进行研究，近几十年来，在新药开发和新理论研究方面均取得了长足的发展，如抗高血压药、抗心绞痛药、抗疟药、抗恶性肿瘤药等方面的研究均卓有建树，使药物品种增多、产量提高、质量优化。以青蒿素为代表的一批新药不仅满足了国内需求，还可供应国际市场，为祖国医药事业和世界医药发展作出了突出贡献。

当前，药理学已进入了分子研究水平阶段。一方面，应用DNA重组技术生产了大量的基因工程药物，为战胜癌症、病毒性疾病、遗传性疾病等提供了有力武器；另一方面，更加微观的研究手段将更加准确、细致地揭示药物的作用机制，为阐明药物分子与生物大分子之间的相互作用规律奠定了基础，这也是未来药理学发展方向。

第二节　药学服务与用药指导概述

一、药学服务的概念与内容

药学服务（pharmaceutical care，PC）是药学人员利用药学专业知识和工具，向患者及其家属、医药护人员等提供与药物使用相关的各类服务。药学服务是以患者为中心的主动服务，要求在药物治疗过程中，关心患者的各种社会、心理、行为、环境、经济、生活方式、职业等影响药物治疗的因素，采取合理用药措施，使患者得到安全、有效、经济、适当的治疗药物，以身心全面康复为目的，实现生活质量的改善和提高。

医院、社区等的药学服务，主要包括药品的采购、分发、自配制剂、调配、销售以及提供药学信息，监测不良反应、患者个体化给药，药代动力学研究、患者个体用药监测等多项工作。药学服务的主体是执业药师及其辅助人员组成的工作团队，药学服务的主要内容是"以患者为中心"的全程化药学服务，核心工作是药师面向患者的合理用药指导和面向医护人员和社会公众的用药咨询服务，药学服务是药学工作模式的改变和提升。

药学服务需要丰富的药理学专业知识和技能，主要体现在药学工作人员向患者、医师、护士和公众提供科学用药指导、解答用药疑问、提供合理用药信息及树立药学人员的良好形象。另外，在药品营销中，推介药品、解读药品说明书、利用新媒体网络平台拓展药学服务，都需要利用药理学知识技能。

二、用药指导的内容与方法

用药指导是药学服务的核心内容，是药学人员应用药理学知识在防治疾病过程中发挥应有的作用，提高药学人员为患者服务的质量，使药物达到最佳治疗效果，并尽量避免药物不良反应的发生。用药指导包括两个层次：一是面向需求者的用药咨询，这是目前用药指导的主要形式；二是体现药学服务"以患者为中心"的服务理念的程序化用药指导模式，这是药学服务发展的必要要求。

（一）用药咨询的内容与要求

用药咨询其内容主要包括：①药品名称，包括通用名、商品名、别名等；②生产企业、产地、品质、规格、包装及有关特殊标识；③药物作用、作用机制、药动学影响因素等；④临床适应证；⑤应用方法、注意事项；⑥不良反应和药物相互作用；⑦孕妇及哺乳期妇女用药的安全性；⑧儿童和老年人的用药安全性；⑨心、肝、肾功能不全或其他特殊情况下的用药安全性；⑩饮食对药物作用的影响；⑪药物储存方法和有效期；⑫同类或作用近似药物的性能比较及替代应用；⑬其他有关内容。

做好用药咨询工作，还应该注意以下情况。

1. 热诚、冷静、耐心地听取咨询者的询问，严禁对于咨询问题推诿，损害药学人员形象。

2. 对不能确切回答的问题，应积极寻求答案，再进行恰当地回答。当面不能回答时，可在查询信息资源或临床药学工作小组共同磋商后，通过电话等方式给予咨询者及时回答。

3. 针对不同咨询对象（如患者、医师、护士或公众），从不同角度有侧重地向其提供合理药物信息，即有针对性、有侧重地回答不同人群的问题，对特殊人群应提示其用药过程中需注意的问题。回答问题应认真、仔细、通俗易懂；注意交流技巧，尊重咨询者并为其保守秘密。

4. 回答咨询问题时的内容应可靠、可信，应有据可查，并做好有价值的咨询记录。

（二）程序化用药指导的主要内容

程序化用药指导体现了以患者为中心的全程化药学服务理念，药学人员在用药指导程序中不再仅是处方或医嘱的审核执行者，而是药物治疗效果的监护者和患者健康守卫的执行者，程序化用药指导模式，在用药咨询服务的基础上，规定了药学人员在用药前、用药中、用药后三个步骤的各项工作与要求，形成制度与流程，确保药学人员参与下的合理用药，进而确实提高疗效。

1. **用药前** 按照常规医学诊疗程序进行药学评估和诊断，制订和实施计划，严格按照调剂规范"四查十对"进行操作，其中用药指导部分主要包括：①掌握医嘱、处方、用药史中的药物基本知识，如药物类别、适应证、不良反应等；②熟悉药物的剂型、规格、剂量、用法、疗程及注意事项；③掌握药物可能出现的不良反应、配伍禁忌和防治措施；④做好用药者心理支持等配合措施。

2. **用药中** 向医护人员提供建议和帮助，优化给药方式，患者自行服用的，认真指导用药，并确保使用得当。应注意：①强调未经医师许可，不得随意变更给药剂量、给药速度和给药次数；②根据需要，有目的地观察和评估疗效和不良反应，异常情况及时报告医师；③评估用药依从性，配合医护人员做好患者的心理帮助，重点做好合理用药宣教。

3. **用药后** 这是用药指导的重点，主要包括：①有计划地评估药物的真实疗效和不良反应，采取相应措施；②回顾、总结整个用药指导过程，完成用药评价，提供客观依据，协助评价给药方案，根据医院实际，认真规范完成药历的书写；③开展以合理用药为中心的健康教育和心理帮助，提高远期疗效。

（三）程序化用药指导的步骤要求

参照医学诊疗程序建立起来的用药指导工作步骤可以更加有效地提高服务质量和药物疗效。用药指导中的工作步骤可包括用药评估、制订计划、实施计划、用药评价和信息分享五种形式（图1-2）。

1. **用药评估** 首先收集给药有关的信息，主要是病史、用药史、过敏史等，了解患者及家属对药物的认知情况等，结合治疗方案，确定现存或潜在的用药问题，重点是明确药物作用和不良反应的对应关系，为制订工作计划做好准备。

2. **制订计划** 主要是根据药理学原理，结合临床治疗方案，估计预期结果和制订干预服务措施，前者根据药物已知疗效和治疗方案预测治疗期限内能够达到的健康状态；后者则根据预期结果和用药评估时确定的用药问题，制订具体的用药指导要点、方法和措施，并应落实到用药前、用药中和用药后三个阶段中。

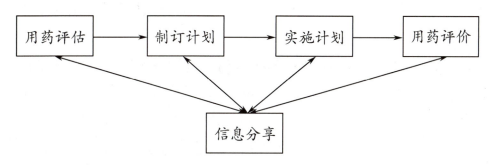

图1-2 用药指导五个要素的相互关系示意图

3. **实施计划** 这是用药指导的具体过程。在用药前、用药中和用药后三个阶段，按照计划执行任务，并及时评估和收集信息，随时与医师、护士、患者沟通，提出合理化建议，协助给药方案的完善。

4. **用药评价** 评价用药后的达到预期结果的程度，重点是药物不良反应的监控和上报工作。应回顾用药指导工作程序，采用客观评估和因素分析等方法优化工作程序。并根据医院具体规定完成药历，按药监部门要求上报不良反应等。

5. **信息分享** 这是药学工作人员在药学服务或用药指导中最具实际意义的工作之一。药师将合理用药的信息传递给医师、护士和患者，同时，药师收集在实际用药的过程中发生的不合理用药信息，整合上报，经权威分析评判，最终形成新的合理用药信息反馈给治疗一线，这是提高药物治疗水平的最有效的环节。

信息分享是随时的，贯穿于各个环节，并应充分依托网络和医疗机构的数字化管理系统，依托新媒体的药品信息分享将极大提高药学服务和用药指导的水平。

上述用药指导程序的五个步骤是同步进行的，应服从整个医疗工作要求，不能人为割裂。

第三节 药理学的学习方法

学好药理学，要做好以下三点。

第一，掌握药理学的课程特点。本课程不是按照临床科室（如内科、外科、妇科、儿科）进行分类，而是按照人体解剖系统、药物作用机制和化学结构进行分类，是从"药"的角度将基础医学与临床医学知识联系起来，主要介绍药物作用、用途和不良反应等，最终结合到药物在临床中的应用。所以，学生应注意基础课的复习和专业课的联系。

第二，掌握药理学的基本框架。本课程内容具有由共性到个性的规律，即通过总论或概述介绍基本概念和普遍规律，然后具体到各个章节、每一章节也是如此，主要介绍每类药物的代表药，其他药物则主要介绍特点和区别。这就要求学生要把握规律，善于运用比较、归纳、总结的学习方法。通过做练习、画图表对提高学习效果也是非常可行的。

第三，掌握药理学的认知规律。本课程信息量较大，仅药物名称就有近千个，还有较多相对生僻的知识点，非常容易遗忘和混淆。但是上述知识点多具有共同性和关联性，找到这些规律，注意提炼总结、分类记忆和强化训练，就可以很好地掌握；另外，本课程内容的实用性较强，注意理论联系实际、边学边用，也是很好的学习方法。

药学服务岗位操作实践

岗位情境：

前文情境导入中的小王要向郭大爷介绍有关药物的合理使用，并进行宣教，这在以后药学工作岗位上是很常见的任务。要想做好这项工作，一方面需要药理学和相关专业课程的知识储备，另一方面还要利用药品包装盒和说明书这些现成资源。还可利用"模拟任务二和模拟任务三"的训练内容，结合网络等新媒体手段，提前进行技能训练，更好地提高服务水平。具体操作可参考以下程序。

操作流程：

1. 首先耐心细致地接待郭大爷，仔细倾听并确定其主要诉求。查看其目前使用的药品包装盒和说明书，主要了解药品的类别、通用名、商品名、适应证、剂型、包装、规格，以及生产厂家、生产日期、价格等。当遇到陌生新药，或者不熟悉的商品名时，为及时找到相近药物对照，利用手机上网搜索或查阅用药类小程序（或APP）是比较快捷的方法。

2. 在获得药物主要信息后，应了解郭大爷病史、用药史以及生活习惯、健康认知水平等；并借助信息工具找到或确定其疾病或需求对应的首选药或标准药品的基本信息，对于处方药和特殊管理药品应熟悉有关法律法规。

3. 根据郭大爷实际情况合理确定介绍内容，应重点指导用药剂量、用药后的各种表现、药物相互作用等内容，可见说明书的"用法用量""注意事项""药物相互作用""特殊人群用药"等项目。

4. 还应有选择的介绍说明书书上的"不良反应""药代动力学""有效期""中毒抢救和不良反应对抗措施"等内容。并用老年人易于接受的方式，帮其记下或梳理成容易记忆的"小贴士"。建议邀请家属共同参与此活动，能明显提高实际效果。

5. 如老年人或其家属愿意，可建立更方便的联系方式或关注药店健康教育等信息平台，便于及时跟进，提供更全面的药学服务。

•···· 章末小结

1. 药理学基本概念包括药物、药效学、药动学等，药物治疗的基本原则是安全性、有效性、经济性和适当性，用药指导是药学服务的核心工作。

2. 用药指导的三个步骤分别是"用药前""用药中""用药后"，其主要环节包括用药评估、制订计划、实施计划、用药评价和信息共享。

•···· 思考与练习

一、 单项选择题

1. 研究药物对机体作用及其规律的学科被称为（　　　）

    A. 药效学　　　　　　　　　　　　　B. 药动学

    C. 临床药理学　　　　　　　　　　　D. 药物学

    E. 药理学

2. 研究机体对药物作用及其规律的学科被称为（　　　）

    A. 药效学　　　　　　　　　　　　　B. 药动学

C. 药物学
D. 临床药理学

E. 药理学

3. 以下不是药物治疗应遵循的原则的是（　　）

A. 规范性
B. 有效性

C. 安全性
D. 经济性

E. 适当性

4. 关于食物、药物、毒物三者区别，以下解释正确的是（　　）

A. 食物和药物没有严格区别，但它们和毒物有严格区别

B. 食物适用于健康人，药物适用于患者，毒物不适用于任何人

C. 食物是没有毒性的，药物和毒物都有毒性

D. 食物、药物、毒物在质上没有区别，在量上有严格区别

E. 食物是生命必需的，药物和毒物不是生命必需的

5. 在用药前的药学服务工作中，第一项任务是（　　）

A. 仔细阅读处方

B. 调剂药品

C. 熟悉药物的不良反应和防治措施

D. 了解相关药物相互作用关系和配伍禁忌

E. 做好与患者沟通和心理辅助等配合措施

6. 用药指导程序的五个环节中，需要随时进行的是（　　）

A. 用药评估
B. 制订计划

C. 实施计划
D. 用药评价

E. 信息共享

二、 简答题

1. 药物和药品的区别是什么？药物的主要用途有哪些？药效学和药动学的概念是什么？

2. 药理学、药学服务与用药指导有什么内在联系？

3. 药学人员在用药指导时，分别在"用药前""用药中""用药后"应有哪些工作任务？

4. 结合本章案例，讨论如何在药学服务中体现职业素养和专业精神。

三、 应用题

请用连线将下面的概念或知识点与正确的解释或答案连接起来。

概念/术语	解释/答案
药物的来源	"药食同源"学说
药物起源学说	满足基本用药需求，且方便、经济，易于获得的药物
国家基本药物	天然药物和人工制造药物
药物治疗的安全性	以患者为中心
药学服务的主要内容	药物治疗的前提和基本原则

（张　庆）

第二章
药物效应动力学

学习目标

知识目标：

- 掌握　药物效应动力学的基本概念，药物的作用与类型。
- 熟悉　药物的量-效关系，受体作用机制。
- 了解　其他药物类型的作用机制。

技能目标：

- 熟练掌握药物效应动力学用药指导的基本技能。
- 学会分析判断药物作用、不良反应类型，正确开展用药指导。

素质目标：

- 具有尊重、关心患者，运用药物效应动力学知识技能开展药学服务的专业精神和职业素养。

情境导入

情境描述：

　　药学专业学生小红的邻居张妈妈，每次感冒都要去药房买很多种感冒药，药店的药师不给她调配那么多种药，她就换着在不同药店购买，总感觉少吃一种，感冒就好不了。小红这次正好碰到张妈妈又去买药，张妈妈说感冒吃多点药会好得更快一些。小红于是利用自己所学的药理学知识，向张妈妈进行正确用药的宣教，提醒张妈妈用药要根据病情，咨询相关的专业人员正确合理地使用药物。

学前导语：

　　同学们，俗话说，"是药三分毒"，如果我们没掌握好药物的应用，滥用药物后果是非常严重的，甚至可能丧失生命。感冒药是最常用的药物之一，为什么就不能合在一起服用呢？在本章的学习内容中，我们可以找到答案。学好用好这些药物，未来可以更好地胜任药学工作岗位，做好药学服务，体现职业价值。

第一节　药物作用与类型

一、药物作用

（一）药物作用与药物效应

药物作用是指药物与机体组织细胞中大分子物质结合的初始作用；药物效应是指继发于药物作用之后所引起机体器官原有功能的变化，是药物作用的结果。两者含义不同，但许多情况下两者互相通用。

（二）药物的基本作用

药物的基本作用指药物对机体组织器官原有生理、生化功能的影响，主要包括两种形式，即兴奋作用和抑制作用。

1. 兴奋作用　凡能使机体原有生理、生化功能增强的药物作用，称为兴奋作用，如肾上腺素可使心肌收缩力加强、心率加快，咖啡因可使中枢兴奋等。

2. 抑制作用　凡能使机体原有生理、生化功能减弱的药物作用，称为抑制作用。如吗啡的镇痛作用，普萘洛尔可使心率减慢等。

药物的兴奋作用和抑制作用是相对的，在一定的条件下可以相互转化。如中枢过度兴奋可出现惊厥，而长时间的惊厥会转为抑制，持续强大的抑制可使组织器官功能活动不断减弱直至衰竭，甚至停止而难以恢复，即出现麻痹，最终导致死亡。

另外，同一种药物对不同组织器官产生的基本作用也可以不同，如阿托品对心脏起兴奋作用，对胃肠平滑肌则起抑制作用。

二、药物作用的主要类型

（一）局部作用和全身作用

药物在未被吸收入血之前，在用药部位所出现的作用称为局部作用，如碘酊的皮肤消毒作用、普鲁卡因的局部麻醉作用等。药物被吸收入血后，随着血液循环分布到各组织器官所产生的作用，称为全身作用，也可称为吸收作用，如地西泮的镇静催眠作用、强心苷的强心作用。一般药物产生局部作用或全身作用与给药方式有关，如静脉注射甘露醇产生脱水利尿作用，这属于全身作用，而口服则引起导泻作用，这就属于局部作用。

> **课堂问答：**
>
> 眼部用药一般采用滴眼的方法，这属于局部作用，但眼药水会经由鼻泪管（在眼窝下方）流至口腔被吸收后引起全身作用。
>
> 请同学们思考如何正确使用眼药水。如果发生了口腔吸收又该如何处理。

（二）直接作用和间接作用

直接作用是指药物对所分布的组织器官、细胞直接产生的作用，如毛果芸香碱的缩瞳作用。间接作用是指由直接作用而引起的其他作用，如酚妥拉明扩张血管导致血压下降，通过机体的反射性调节，使心脏兴奋。

（三）药物的选择作用和普遍细胞作用

药物的选择作用是指药物进入机体后，只影响部分组织器官的功能，而对其他组织器官影响不明显的现象。即药物对机体不同组织器官在作用性质和强度上存在差异。药物产生选择作用的原因与药物在组织器官的分布，组织器官的生化功能不同以及受体分布差异等多种因素有关。

药物的选择作用决定了药物产生作用或效应的范围，是药物分类的依据和临床选择用药的基础。一般来说，药物的选择作用是相对的，主要与用药剂量有关。小剂量时主要选择作用于少数器官，大剂量时选择作用广泛，可引起全身反应，甚至毒性反应，如中枢兴奋药尼可刹米，在治疗剂量时可选择性兴奋延髓呼吸中枢，剂量增加可使整个中枢神经系统兴奋，甚至引起惊厥。所以选择性高的药物大多不良反应较少，针对性强，应用范围相对狭窄，选择性低的药物则相反。应注意，临床上并不是药物作用越多，应用和临床评价就越高。例如广谱抗生素虽抗菌谱较广，但因不良反应多且耐药性强，应用并不广泛。

某些药物选择性非常低，对机体的各种组织器官都产生类似作用，这种作用称为普遍细胞作用，又称原生质毒。这类药物毒性均较大，只能局部外用。如消毒防腐药甲醛、苯酚等。

（四）防治作用和不良反应

根据药物作用的临床效果不同，可将药物作用类型分为防治作用和不良反应，即药物作用的两重性，药物可产生对机体有利的防治作用，也可产生不利于机体的不良反应。

1. 防治作用　凡是符合用药目的，达到防治疾病效果的作用称为防治作用。根据用药目的的不同可分为预防作用和治疗作用。

（1）预防作用：指提前用药以防止疾病或症状发生的作用。如儿童接种卡介苗预防结核病。

（2）治疗作用：指药物针对治疗疾病的需要所呈现的作用。根据治疗目的的不同，可分为对因治疗和对症治疗。对因治疗的用药目的在于消除原发致病因素，彻底治愈疾病。例如用青霉素杀肺炎链球菌，治疗大叶性肺炎。凡能缓解或消除疾病症状的治疗作用称为对症治疗。如高热时，应用解热镇痛药对乙酰氨基酚解除发热给患者带来的痛苦。从消除疾病的角度来看，对因治疗比对症治疗显得更重要，但当发生休克、高热、剧痛、惊厥、心力衰竭时，为防病情恶化，对症治疗可能比对因治疗更为迫切。因此，临床药物治疗时，应根据患者的具体情况，合理选择治疗方案。

2. 不良反应　凡是不符合用药目的，对机体产生不利甚至有害的反应，称为不良反应。不良反应是非期望的药物作用，多数不良反应是药物固有作用所致，且可以预知，具体有以下几类。

（1）副作用：又称副反应，是药物在治疗量时与治疗作用同时出现的，但与治疗目的无关的作用。副作用是药物本身固有的药理作用，是药物的选择性低所致，可以预知，且对机体危害轻，多数是可以恢复的功能性变化。随着用药目的不同，副作用和治疗作用可以相互转变，如用阿托品可舒张平滑肌和抑制腺体分泌，当利用松弛平滑肌作用治疗胃肠绞痛时，抑制腺体分泌作用带来的口干则为其副作用；而利用抑制腺体分泌作用治疗流涎症时，松弛平滑肌引起的腹气胀和排尿困难则成为其副作用。

（2）毒性反应：是指药物在用药剂量过大、给药速度过快、用药时间过长或机体对药物敏感性过高时产生的危害性反应。一般毒性反应程度较重，停药后不易恢复。故在用药过程中应严格控制剂量和疗程，避免或减少毒性反应的发生。用药后在短时间内出现的称为急性毒性反应，长期用药后逐渐出现的称为慢性毒性反应。毒性反应的表现与药物种类和个体差异有关，多数呈剂量相关性，以损害肝脏、肾脏、皮肤黏膜、造血系统、内分泌系统、神经系统等多见，中毒情况严重时可引起全身各系统的功能性或器质性的损害，甚至危及生命。

某些药物还有致癌、致畸胎、致基因突变的特殊毒性反应，即"三致反应"。如多柔比星、己烯雌酚、环磷酰胺等引起的致癌反应；磺酰脲类、巴比妥类，华法林、苯妥英钠、可的松等引起的致畸胎反应；烷化剂、秋水仙素等引起的致基因突变反应。"三致反应"大多是慢性毒性反应，隐匿性强，用药时更应高度警惕，"三致反应"也是药物安全性评价的重要指标。

🔗 **知识链接：**

"反应停"事件

沙利度胺（又称反应停）最早是西欧某制药公司设计研发的抗菌药物，但经药理实验证实并无抗菌作用，1953年重新发现该药具有较强镇静和镇吐作用。1957年作为治疗孕妇妊娠呕吐的新药在欧洲、日本、澳大利亚等地上市，并曾经"风靡一时"。但该药在申请进入美国市场时，受到美国食品药品管理局对其安全性的质疑，要求提供更多基于人体的研究证据。就在此时，1960年澳大利亚医生率先在《柳叶刀》杂志上报道多名孕妇服用沙利度胺引起畸胎的事件。随后，大量的临床报道和实验研究证实了该药对灵长类胚胎期四肢及心血管系统的发育具有明显致畸作用，而对啮齿动物则不明显。1961年11月，该药被紧急召回，但世界各地已经有近万名四肢畸形的"海豹儿"畸形婴儿出生，更有众多无法统计的由该药导致的死胎。

"反应停"事件除了警示世人药物致畸作用的危害性，还推动了后续有关新药上市前实验研究规范和上市后安全性评价制度的建立和完善。

（3）变态反应：也称过敏反应，是指药物及其代谢产物或制剂辅料作为抗原或半抗原刺激机体产生的病理性免疫反应。常见于过敏体质的患者，反应性质和严重程度与药理作用、剂量无关，且不可预知。常表现为发热、皮疹、血管神经性水肿、支气管哮喘及血清样反应，严重者可发生过敏性休克。为预防变态反应，用药前应询问患者的过敏史，对易产生变态反应的药物，要严格按规定进行皮肤过敏试验，阳性反应者禁用，但仍有少数假阳性或假阴性反应，故用药期间应密切观察，并备好治疗或抢救措施。

（4）后遗效应：又称后遗作用，是指停药后血药浓度已降至阈浓度以下时残存的药理效应。例如服用巴比妥类药物催眠，次日清晨仍有困倦、乏力、嗜睡等反应。

（5）继发反应：又称治疗矛盾，是由药物的防治作用在一段时间后引起的不良后果。最常见的有长期应用广谱抗微生物药引起的二重感染，这是由于敏感菌被药物抑制或杀灭，不敏感菌乘机过度生长繁殖，导致菌群失调引起新的感染。例如应用林可霉素治疗感染时继发性引起假膜性肠炎。

（6）停药反应：又称撤药反应，是指长期应用某种药物，突然停药使原有疾病复发或加重的现象。例如长期应用糖皮质激素的患者突然停药会出现全身不适、肌无力、低血糖等；长期服用抗高血压药如普萘洛尔等，突然停药后出现血压明显回升、心跳加快等症状。故长期应用具有停药反应的药物，应逐渐减量停药。

（7）特异质反应：是指少数遗传背景特殊的患者对某些特定药物或化合物产生的特殊反应。这些反应对机体是有害的，甚至是致命的。特异质反应与剂量无关，但剂量加大，反应程度加重。例如，葡萄糖-6-磷酸脱氢酶缺乏的患者使用磺胺类药物（如氯霉素）可致急性溶血性贫血。

（8）药物依赖性：是指长期应用某些药物后，出现主观和客观渴求连续用药的现象。多伴有精神和身体状态的异常。药物依赖性包括精神依赖性和生理依赖性。精神依赖性也称心理依赖性或习惯性，是指连续用药突然停药后，引起患者主观上不适而没有明显生理功能的紊乱，但有强烈的继续用药要求；生理依赖性又称躯体依赖性或成瘾性，是指反复用药后使机体呈现病理性适应状态，一旦停药会引起主观不适，还可表现为一系列强烈的生理功能紊乱，即戒断症状，并出现强迫觅药、人格异常等现象。

大多数致依赖性药物同时兼有精神依赖性与生理依赖性。前者发生较早，却是依赖性发生的启动因素；后者出现较晚，对依赖性有加强和固化作用。

致依赖性药物根据具体品种不同，须按照不同规定和要求严格规范使用，杜绝滥用现象。

🖉 拓展提升：

重视药物依赖性的危害

提起药物依赖性，人们首先想到吗啡、哌替啶等麻醉药品以及鸦片、海洛因、可卡因等毒品，其实致依赖性的药物和化合物远不止这些。凡是被列入国家《麻醉药品和精神药品管理条例》目录的品种及含有其成分的复方制剂都具有药物依赖性。实际用药中遇到致依赖性药物的机会非常多，比如麻黄碱等苯丙胺衍生物，镇静催眠药、抗焦虑药、中枢兴奋药等精神药品，可待因、右美沙芬等镇咳药以及某些解热镇痛药和外源性激素制剂等。由于新药或新化合物的依赖性需要时间来发现、证实，上述品种会不断增加。另外，日常生活中的许多嗜好品如烟草、酒精等，甚至有致幻作用的化合物、有机溶媒、动植物成分等也可能被用来满足某些特殊心理或生理需求，过度使用也可出现致依赖现象。药物依赖性具有多方面的危害性，会持续损害机体健康，对心理和精神造成明显的不良影响，出现强迫觅药、行为失当、人身伤害等行为，进而带来诸多社会问题。特别是许多致依赖药物或化合物属于国家明令禁止的新型毒品或违禁品，隐藏、使用、转让和贩卖都是严重违法行为，会严重影响个人发展和社会稳定，尤其是对青少年就更为突出。药学工作者作为专业人员要带头做好防治药物依赖性工作，特别是在预防新型毒品、依赖性隐性发生、脱瘾治疗等方面发挥重要作用。

第二节　药物的量 - 效关系

药物剂量与效应的关系简称量 - 效关系，是指在一定范围内，药物剂量或血药浓度与效应之间的变化规律。

一、药物的剂量与效应

剂量，是指用药的分量。剂量的大小决定了血药浓度的高低，血药浓度又决定了药物作用的效应。在一定范围内，剂量越大，血药浓度越高，效应也随之增强，但超出一定的范围，随着给药剂量的增加，血药浓度不断升高，则会引起毒性反应，出现中毒甚至死亡。因此，在用药过程中，应严格掌握用药剂量，既要保证效应，又要防止发生毒性反应。

用药剂量过小，在体内达不到有效浓度，尚未出现药物效应的剂量，为无效量；随着剂量增加，能引起药物效应的最小剂量，称为最小有效量，又称阈剂量；继续增加给药剂量，当出现最大治疗作用，但尚未出现毒性反应的剂量，称为极量，又称最大治疗量。极量是临床允许使用的最大剂量，是安全用药的极限。除特殊需要外，临床用药不应超过极量；治疗量是介于最小有效量和极量之间的用药剂量；而常用量是比最小有效量大，但比极量小，既能产生明显疗效又不易产生中毒反应的剂量范围；

超过极量继续给药，血药浓度继续升高，出现毒性反应的最小剂量为最小中毒量；药物引起死亡的最小剂量为最小致死量。药物剂量与作用强度的关系见图2-1。

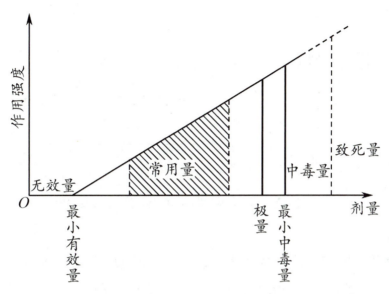

图2-1　药物剂量与作用强度的关系示意图

二、量－效曲线及意义

量－效曲线是以药物效应强弱为纵坐标、药物浓度或剂量为横坐标作图。按观察指标的不同，可将量－效关系分为量反应型和质反应型两种类型。

（一）量反应型量－效曲线

药物的效应强度可以用具体数字或最大效应的百分率来表示，有连续增减的量变，称为量反应，例如血压、心率、呼吸、尿量等。如以药物浓度或剂量为横坐标、药物的效应强度为纵坐标，量－效曲线为一条先陡后平的曲线；如将剂量或浓度采用对数值，量－效曲线则呈一条对称的"S"形曲线（图2-2）。可用于测定药物的最大效应（E_{max}）、50%最大效应（$0.5E_{max}$）及最小效应（E_{min}），便于对同类药物的性能进行比较。

1. **效能**　是指药物产生最大效应的能力，反映药物的内在活性。从图2-2可以看出，当药物效应增加到最大限度后，再增加浓度或剂量而效应不再增强，此时的最大效应即为效能。达到最大效应后，若继续增加剂量，效应不会进一步提高，反而会引起毒性反应。高效能的药物所产生的效应是低效能药物无论多大剂量也无法达到的。如阿司匹林和哌替啶的都具有镇痛效应，但阿司匹林效能低，不能用于缓解剧痛，只能用于缓解钝痛，而哌替啶效能高，可用于缓解剧痛。

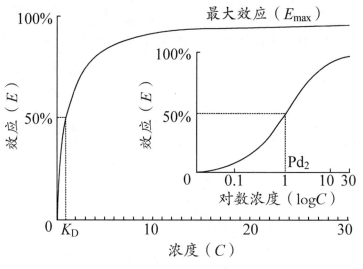

图2-2　量反应型的量-效关系曲线

2. 效价强度　简称效价，是指能引起等效反应的相对浓度或剂量，是评价药物作用的强度指标，其大小与等效剂量成反比，反映的是药物与受体亲和力的大小。可用于作用性质相同的药物之间等效剂量的比较，用药剂量越小，表示其效价强度越高，如1mg吗啡的镇痛效应与10mg哌替啶镇痛效应相当，故吗啡的效价比哌替啶的效价强度高。

药物的效能与效价含义不同。例如，利尿药以每日排钠量为效应指标进行比较，氢氯噻嗪的效价大于呋塞米，而后者的效能大于前者（图2-3）。

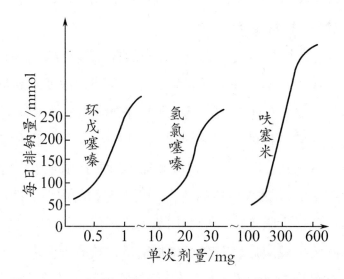

图2-3　三种利尿药的效价强度及效能比较示意图

（二）质反应型量－效曲线

药物效应的强弱不呈现连续性的量变，而表现为反应性质的变化，如全或无、阳性或阴性表示，称为质反应。以阳性反应发生频数为纵坐标、对数剂量（或浓度）为横坐标，形成正态分布曲线；当纵坐标为累加阳性反应发生频率，其曲线呈典型的对称"S"形曲线（图2-4）。质反应型量－效曲线反映不同剂量（或浓度）下群体对药物的反应情况，因此多用于评价药物的安全性和有效性。具体可见以下概念。

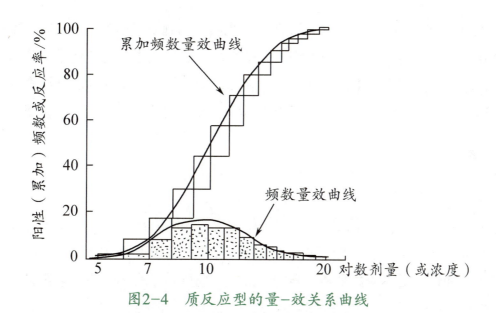

图2-4　质反应型的量-效关系曲线

1. **半数有效量**　半数有效量（ED_{50}）是指能引起50%实验动物产生阳性反应的药物剂量。是反映药物治疗效应的重要指标，ED_{50}越小越好。

2. **半数致死量**　半数致死量（LD_{50}）是指引起50%实验动物死亡的药物剂量。是反映药物毒性反应的重要指标，其值越大表示该药毒性越小，越安全。

3. **治疗指数**　治疗指数（TI）是指药物半数致死量（LD_{50}）和半数有效量（ED_{50}）的比值，是用于评价药物安全性的重要指标。治疗指数越大，药物的安全性就越高。

4. **安全范围**　安全范围是指最小有效量与最小中毒量的剂量范围。在数值上可以用95%有效量（ED_{95}）与5%的致死量（LD_5）之间的距离或99%有效量（ED_{99}）与1%致死量（LD_1）之间的距离来表示药物的安全范围。安全范围越大，药物毒性越小，用药越安全。

第三节　药物的作用机制

药物的作用机制繁多而复杂，其中以受体作用机制最为重要，多数药理作用具有不止一种作用机制，其药理作用和用途是多种作用机制综合产生的。

一、受体作用机制

1. 受体与配体的概念　受体是存在于细胞膜、细胞质或细胞核上的能和配体特异性结合并产生特定的生物效应的生物大分子物质。配体是指能与受体结合的递质、激素或药物等。体内有众多受体，这些受体在和体内或体外的特异性配体结合后，可产生一系列生理生化效应，调节影响组织、器官、细胞的结构和功能，这是受体作用机制的基础和前提。

2. 受体的特性　受体具有特殊性质，从而可以被药物影响，产生不同的药理作用或效应。

（1）特异性：一种受体只能与其结构相适应的配体结合。

（2）敏感性：受体能与低微浓度的配体结合并产生显著的效应。

（3）饱和性：受体的数量是有限的，故受体与配体结合的量也是有限的，因而具有饱和性。作用于同一受体的配体之间存在着竞争结合的现象。

（4）可逆性：受体与配体结合是可逆的，既能结合，配体－受体复合物还可以解离，且与同一受体结合的两种配体之间有竞争性置换现象。

（5）多样性：同一受体可广泛分布到不同的细胞面产生不同的效应，受体多样性是受体亚型分类的基础。

（6）可调节性：受体数目及敏感性受生理、病理以及用药等因素的影响而发生变化。

3. 药物与受体结合　药物与受体结合引起生理或药理效应，必须具备两个条件：一是具备与受体结合的能力，即亲和力，其强弱决定药物作用的效价强度；二是具备药物激动受体的能力，即内在活性，其大小决定了药物的效能。根据药物与受体结合后呈现效应的不同，将药物分为以下三类。

（1）受体激动药：是对相应受体有较强的亲和力，也有较强的内在活性（效应力）的药物，即能与该受体结合并能激动该受体的药物。如毛果芸香碱与M受体结合，激动M受体，产生缩瞳、调节痉挛等效应。

（2）受体拮抗药：又称受体阻断药，指与受体有较强的亲和力，而无内在活性

（效应力）的药物。受体拮抗药不能激动受体，却占据一定量受体，拮抗了受体激动药、其他配体与受体的结合，而呈现拮抗作用。如阿托品与M受体结合，阻断了乙酰胆碱或毛果芸香碱激动M受体的作用，表现为扩瞳、调节麻痹等。

（3）部分激动药：与受体具有较强的亲和力，但内在活性较弱的药物。与激动药同时存在时，当其浓度尚未达到最大效应浓度时，其效应与激动药协同，超过此限时则因与激动药竞争受体而呈拮抗关系，此时先前的激动药必须增大浓度方可达到其最大效能。可见，部分激动药具有激动药与拮抗药两重特性，一般不与同一受体的受体激动药合用。

4. 受体的调节 受体的数目、亲和力和内在活性受到药物、疾病等因素的影响而发生的变化，称为受体调节。受体调节是维持机体内环境稳定性的一个重要因素。包括受体向上调节和向下调节两种形式。

（1）受体向上调节：指受体的数目增多，亲和力增大或内在活性增强的现象。向上调节的受体对再次用药敏感性增加，药效增强，此现象称为受体超敏，这是突然停药出现停药反应或反跳现象的原因之一，例如长期应用β受体拮抗药普萘洛尔治疗高血压后，由于β受体发生向上调节，突然停药时会出现血压急剧上升，诱发高血压。

（2）受体向下调节：指受体的数目减少，亲和力减弱或内在活性减弱的现象。向下调节的受体对再次用药敏感性降低，药效减弱，此现象称为受体脱敏。受体脱敏可因多次使用受体激动药引起，是某些药物产生耐受性的原因之一。例如，用α、β受体激动药麻黄碱平喘，机体可出现耐受现象。

二、其他作用机制

1. 改变细胞周围环境的理化性质 有些药物可通过化学反应或物理作用而产生药理效应，如碳酸氢钠通过酸碱中和反应纠正酸中毒，静脉注射甘露醇因其在血管内产生高渗透压而使组织脱水等。

2. 改变酶的活性 这是较为多见且重要的作用机制，药物影响能使反应的关键酶发挥作用。如新斯的明抑制胆碱酯酶，抗慢性心功能不全药强心苷抑制钠钾ATP酶（Na^+，K^+-ATP酶），尿激酶激活血浆纤溶酶原等，另外有些药物本身就是酶，如胃蛋白酶、胰酶等，可直接发挥作用。

3. 影响生理活性物质的合成、释放或储存 例如解热镇痛药抑制体内前列腺素的生物合成而具有抗炎、镇痛的作用；大剂量的碘通过抑制甲状腺激素的释放而具有抗甲状腺功能亢进的作用。

4. 参与或干扰机体的代谢过程　有些药物是补充或替代机体代谢所需原料或中间物质，或作为调控因素发挥作用。如铁剂治疗缺铁性贫血、甲状腺素治疗黏液性水肿等。

5. 作用于细胞膜离子通道　细胞膜上有许多离子通道，Na^+、K^+、Ca^{2+}、Cl^-等可以通过这些通道进行跨膜转运，参与形式、维持膜电位，参与活性物质释放等。有些药物可以直接作用于这些通道，而影响细胞功能。如局部麻醉药抑制Na^+通道，阻断神经冲动的传导；抗心律失常药可分别影响Na^+、K^+、Ca^{2+}通道，纠正异常心律等。

6. 影响核酸代谢　多数抗肿瘤药是通过干扰肿瘤细胞DNA和RNA的合成代谢过程而发挥作用的。例如5-氟尿嘧啶结构与尿嘧啶相似，干扰核糖体mRNA结构功能，影响蛋白质合成而发挥抗癌作用。许多抗微生物药如喹诺酮类药物则是通过抑制细菌回旋酶，干扰核酸代谢和拓扑异构作用而发挥抑菌或杀菌作用的。

7. 影响免疫功能　某些疾病涉及机体免疫功能的变化，有些药物通过调节机体的免疫功能而发挥药理作用。如免疫抑制药环孢素、免疫增强药左旋咪唑等通过影响免疫机制发挥疗效，前者用于器官移植的排斥反应，后者用于免疫缺陷性疾病的辅助治疗。另外，某些药物本身就是抗体（丙种球蛋白）或抗原（疫苗），可以直接产生免疫。

药学服务岗位操作实践

岗位情境：

情境导入中的张妈妈，认为感冒后吃的药种类越多，好得越快，所以每次都会想办法购买各种感冒药。小红同学运用所学的药效学知识，解释为什么这种用药方法是不对的。

操作流程：

1. 首先热情接待张妈妈，安抚其情绪，告知张妈妈药物是具有两重性的，即防治作用和不良反应。同时使用的药物种类越多，防治作用并没有明显变化，但不良反应却越来越多。

2. 告诉张妈妈，任何事物都具有量变到质变的规律，药物对机体的作用在一定的剂量范围内可以治疗疾病，但超过机体的承受范围，就会给机体造成损害。感冒药中很多有效成分是相类似的，甚至是相同的，如果加在一起合用，导致药物剂量过大，会引起毒性反应，严重的甚至会威胁到生命。只有根据病情合理地选用药物，才能保证用药的安全性和有效性。

3. 如果张妈妈愿意，可以建立更方便的联系方式，便于为其提供更全面周到的药学服务。

1. 药物的基本作用即兴奋作用和抑制作用，兴奋和抑制在一定的条件下可以相互转化。
2. 药物的选择作用是药物分类的依据和临床选择用药的基础，与用药剂量有关。选择性高的药物往往不良反应较少，针对性强，但应用范围窄。
3. 药物作用具有两重性，即防治作用和不良反应。
4. 受体作用机制是最重要的药物作用机制。

思考与练习

一、 单项选择题

1. 药物作用是（　　　）
   A. 药物与机体细胞的结合
   B. 药物使机体细胞兴奋
   C. 药物与机体细胞间的初始作用
   D. 药物使机体细胞产生效应
   E. 药物引起机体功能或形态变化

2. 产生副作用的剂量是（　　　）
   A. 无效量
   B. 治疗量
   C. 极量
   D. LD_{50}
   E. 中毒量

3. 缺乏葡萄糖-6-磷酸脱氢酶（G-6-PD）的患者服用伯氨喹后引起溶血性贫血是（　　　）
   A. 高敏性
   B. 毒性反应
   C. 变态反应
   D. 依赖性
   E. 特异质反应

4. 药物的最大效能反映药物的（　　　）
   A. 效应强度
   B. 量-效关系
   C. 阈值
   D. 内在活性
   E. 亲和力

5. 极量是指（　　　）
   A. 开始出现作用的量
   B. 安全可靠的量
   C. 最大的治疗量
   D. 引起中毒的量
   E. 实验动物50%有效的量

二、 简答题

1. 从药师的角度，如何理解药物作用的两重性？

2. 药物的不良反应主要有哪些？其意义是什么？

3. 药物的不同剂量是如何划分的，各有什么意义？

4. 量-效曲线有几种？各有什么特点？

5. 举例说出药物的作用机制有哪些。

6. 结合本章情景导入案例，讨论在药学服务工作中如何体现职业素养和专业精神。

（毛秀华　张　庆）

第三章
药物代谢动力学

学习目标

知识目标：

• 掌握　药物代谢动力学的基本概念和体内过程影响因素。
• 熟悉　药物速率过程及影响因素。
• 了解　药物跨膜转运的方式。

技能目标：

• 熟练掌握药物代谢动力学用药指导的基本技能。
• 学会观察、解释药物在体内变化的有关现象及规律。

素质目标：

• 具有尊重、关心患者，运用药物代谢动力学的知识技能完成药学岗位工作的专业知识和职业素养。

🔁 情境导入

情境描述：

　　王大爷一向身体健康，最近有些感冒发热。去医院后，医生诊断后给他开了对乙酰氨基酚片每日三次回家服用。王大爷服用两次后，感觉效果不明显，于是又再次去看其他医生，这次开的是布洛芬胶囊每日两次服用，但王大爷吃完一次后，感觉效果还是不好，于是自己去药店买药，并向药师咨询吃了两个医生开的药，效果都不明显的原因。

学前导语：

　　同学们，临床上药物种类繁多，一种病往往有多种药物可用。要想帮王大爷解释他用药为什么效果不明显，就要先学习药物的体内过程和药物的速率过程等知识，结合药效学，帮助患者制订合理的给药方案，对确保用药的安全、有效具有重要意义。学好用好这些药物，未来可以更好胜任药学工作岗位，做好药学服务，体现职业价值。

第一节 药物的体内过程

机体对药物的作用主要表现为吸收、分布、生物转化和排泄四个过程，又称药物的体内过程（图3-1）。其基础是药物在生物膜之间进行的跨膜转运，影响上述过程就会影响药物的实际效果。

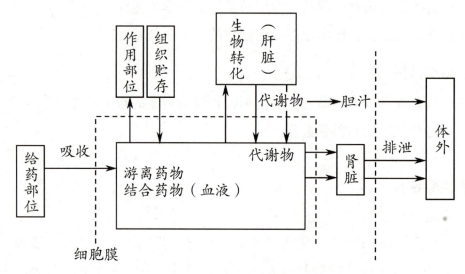

图3-1 药物体内过程示意图

一、药物的跨膜转运

药物通过生物膜的过程称为药物的跨膜转运（图3-2），转运的方式包括被动转运、主动转运和膜动转运。

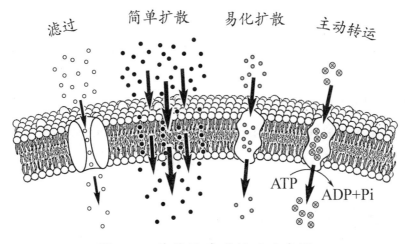

图3-2　药物的跨膜转运示意图

（一）被动转运

被动转运是不耗能的顺浓度差转运，药物从高浓度一侧向低浓度一侧转运，转运速度与浓度差成正比，当两侧浓度相等时，转运保持动态平衡。具体有以下几种方式。

1. 简单扩散　又称脂溶扩散，这是大多数药物跨膜转运的主要方式。其转运的特点为不需要载体，不消耗能量，转运无饱和现象，不同药物之间无竞争抑制现象。简单扩散的动力来源于膜两侧的浓度差。

生物膜的化学组成主要是脂质，脂溶性（非极性）高的药物易转运。大多数药物呈弱酸性或弱碱性，在一定pH环境下可发生离解，离解型药物极性大，脂溶性低，不易跨膜转运，未离解型药物则脂溶性高，易跨膜转运。如酸性环境中，弱酸性药物离解度低，脂溶性高，易跨膜转运；弱碱性药物离解度高，脂溶性低，难跨膜转运。在碱性环境中，两者恰好相反。

2. 滤过　又称水溶性扩散或膜孔扩散，指分子量小于100的极性药物在流体静压和渗透压的作用下，通过细胞膜孔的扩散过程。如O_2、CO_2等气体以及水、乙醇、乳酸等水溶性物质可通过膜孔滤过扩散。

3. 易化扩散　一些不溶于脂质的物质（如葡萄糖、氨基酸、核苷酸等），通过细胞膜上的特异性载体，顺浓度差转运的过程。其特点是不耗能，具有高度特异性、饱和性和竞争性。一些离子（如Na^+、K^+、Ca^{2+}等），可经细胞膜上特定的蛋白质通道从高浓度侧向低浓度侧转运，这也是属于易化扩散。

（二）主动转运

主动转运是指药物借助细胞膜的载体，从低浓度侧往高浓度侧跨膜转运过程，其特点是需要载体、需要消耗能量、具有饱和性和竞争性。这类转运主要存在于神经元、肾小管和肝细胞内，它与药物的分布和排泄有关。如药物在肾小管的分泌和排泄过程就属于主动转运。

（三）膜动转运

有些液体、固体大分子物质可通过细胞膜内陷、外凸形成小泡或伸出伪足将药物包裹进出细胞。进入细胞称入胞：若是液体称为胞饮；若是固体称为胞吞。排出细胞称出胞，即胞裂外排，如去甲肾上腺素的释放等。

二、药物的体内过程

（一）药物的吸收

药物从给药部位进入血液循环的过程称为吸收。吸收的快慢和多少直接影响药物起效的快慢和作用的强弱，也影响维持时间的长短。一般吸收快而完全的药物，血浆中药物浓度升高得快，故显效快，作用强；反之，吸收慢的药物，则显效慢，但维持时间长。药物的转运类型、理化性质、剂型和吸收部位的血流、药物浓度都将影响药物的吸收。各种给药途径，药物吸收部位不同，特点各异。不同给药途径吸收速率的一般规律为：呼吸道给药>舌下给药>肌内注射>皮下注射>口服给药>经皮给药。根据给药方法和吸收部位的不同，可将吸收途径分为消化道吸收和非消化道吸收。前者主要有口服给药、舌下给药和直肠给药；后者主要有注射给药、呼吸道给药和经皮给药等。

🔗 **知识链接：** ....

药物适宜剂型提高治疗效果

理想的药物吸收过程是药物治疗的前提和保障，其中依据生物药剂学原理，改进药物剂型就是重要措施。其中比较有代表性的是：①缓释制剂利用无药理活性的基质或包衣阻止药物迅速溶出，以达到非恒速缓慢释放的效果；②控释制剂可以控制药物按零级动力学恒速或近恒速释放，以保持恒定速度吸收，可持久有效，且方便；③微型胶囊剂由于外层覆盖着一层高分子膜，减少了药物与外界接触的机会，可以保护遇空气易氧化变质的药物，有利于贮存，同时也遮盖了药物的不良气味，且不易被消化液溶解。药物释放时顺着囊膜内外的浓度差向外扩散，直至内外浓度达到平衡，可较长时间维持药物的疗效。这些适宜剂型促进了药物的吸收，提高了药物疗效。未来药学工作者应该在合理用药和用药指导中充分发挥专业特长，促进药物适宜剂型的应用和评价。

1. 消化道吸收

（1）口服给药：是最常用的给药方法。由于胃的吸收面积小，排空迅速，所以药物在胃内吸收量很少。小肠是主要吸收部位，小肠黏膜薄，表面有绒毛，吸收面积大，电阻低，血流量大；而且肠腔内pH 4.8~8.2，对弱酸性及弱碱性药物均易吸收。

药物吸收进入门静脉后，都要经过肝脏才能进入体循环。因此，有些口服药物首次经过肠黏膜及肝脏时被代谢灭活，使进入体循环的药量减少，药效下降，这种现象称为首过消除，又称首过效应。首过消除多的药物，如硝酸甘油，不宜口服给药（图3-3）。

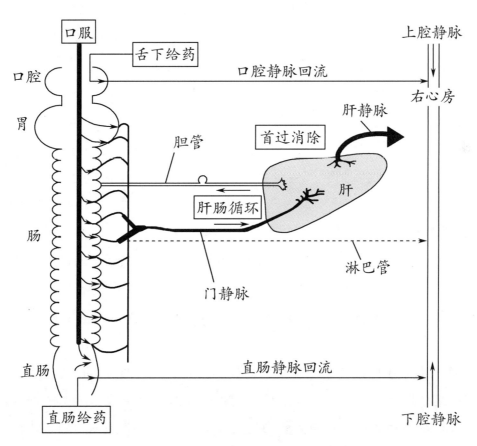

图3-3　首过消除与肝肠循环示意图

（2）舌下给药：药物经舌下静脉迅速吸收，可避免首过消除。由于口腔黏膜为多孔的类脂质膜，血流供应丰富，但吸收面积小，舌下给药仅适用于剂量小、脂溶性高的药物，如硝酸甘油可舌下给药控制心绞痛急性发作。

（3）直肠给药：药物经肛门灌肠或使用栓剂进入直肠或结肠，直肠吸收面积小，故吸收量较少，但可避开首过消除。适用于少数刺激性大的药物，或不宜进行口服给药的患者。

2. 非消化道吸收

（1）注射给药：肌内注射及皮下注射的药物，其吸收速度与局部血流量和药物制剂有关，由于肌肉组织血管丰富，血流量充足，故肌内注射比皮下注射吸收快。休克时外周循环衰竭，皮下注射和肌内注射的吸收速度减慢，需静脉注射给药即刻显效。

静脉注射可使药物迅速而准确地进入体循环，没有吸收过程，药物剂量准确，起效迅速，适用于药物容积大、不易吸收或刺激性强的药物，用于急症、重症和需要全身麻醉的患者。

（2）呼吸道给药：肺泡表面积大，与血液只隔肺泡上皮及毛细血管内皮各一层，且血流丰富，吸收速度快，适用于挥发性药物和气体药物。目前临床应用的气雾剂应严格控制所含液体或固体药物颗粒直径的大小，防止分散度过大或过细，以免滞留在咽喉或随气体排出，导致药物不能充分发挥疗效。

（3）经皮给药：完整的皮肤吸收能力差，但脂溶性药物可以缓慢通过皮肤吸收。如果在制剂中加入促皮吸收剂如氮酮制成贴皮剂，可使吸收能力加强。外用药主要发挥局部作用，但吸收后则会产生全身作用。如有机磷酸酯类杀虫剂可经皮肤吸收中毒。

（二）药物的分布

药物的分布是指进入体循环的药物随血流转运至各组织器官的过程。药物在血液和组织器官的分布是不均匀的，可影响药物的选择性。而药物分布的快慢，又影响药物起效的快慢、维持时间长短及作用强弱等。影响药物分布的主要因素有以下几个方面。

1. 药物与血浆蛋白结合率　多数药物吸收入血后，与血浆蛋白（白蛋白、珠蛋白等）可逆性结合形成结合型药物，未结合的则称为游离型药物，游离药物可跨膜转运进行分布，具有药理活性。不同的药物与血浆蛋白的结合率是不同的。药物与血浆蛋白结合后具有如下特点：①药物与血浆蛋白的结合是可逆性的；②结合药物分子变大不能通过毛细血管壁，因此药物与血浆蛋白结合后暂时失去药理活性，相当于"储存"在血液中；③具有饱和性和竞争性，当某种药物与血浆蛋白结合达饱和时，增加小剂量药物也会产生较强作用，甚至出现毒性。两种或两种以上药物可能竞争与同一蛋白结合而发生置换现象，使它们作用或毒性增强。

结合药物和游离药物以一定的比例处于动态平衡，当游离药物被转化或排泄，血药浓度降低时，结合药物可自血浆蛋白释放出来呈游离药物。一般来讲，药物与血浆蛋白结合率高，则起效慢、维持时间长，作用较缓和。结合率高的药物联合用药或体内血浆蛋白过少时，应减少剂量，防止中毒。

2. **体液pH**　体液pH是决定药物分布的另一个因素，细胞内液pH（约7.0）略低于细胞外液pH（约7.4），弱碱性药物在细胞内浓度略高，弱酸性药物在细胞外液浓度略高。根据这一原理，弱酸性药物苯巴比妥中毒时用碳酸氢钠碱化血液及尿液，可使脑细胞中的药物向血浆转移并加速其从尿中排泄，使中毒症状减轻。

3. **体内屏障**　血脑屏障、胎盘屏障、血眼屏障、骨关节腔屏障等是人体内特殊生物膜，影响药物通过。

（1）血脑屏障：脑毛细血管壁与神经胶质细胞形成的血浆与脑细胞之间的屏障，以及由脉络丛形成的血浆和脑脊液之间的屏障。相对分子量小、脂溶性强的药物容易透过血脑屏障，大多数药物较难通过。炎症能增加血脑屏障的通透性，故脑膜炎时，很难透过血脑屏障的青霉素也能在脑中达到满意的治疗浓度。

（2）胎盘屏障：胎盘绒毛与子宫血窦之间的屏障，其通透性与一般的生物膜没有太明显的区别，许多药物可通过胎盘屏障，因此，在妊娠期间应禁用对胎儿发育有影响的药物。

（3）血眼屏障：循环血液与眼内组织间的屏障，该屏障使全身给药时药物在眼内组织中的浓度远低于血液，因此常采用滴眼或球后注射等方法给药。

🔗 **知识链接：** ···

血脑屏障对药物疗效的影响

血脑屏障的主要功能是保护脑组织，维持脑内环境的基本稳定。其结构功能的完善是随个体发育而逐渐完成的。例如，新生儿脑毛细血管的通透性远比成人高，得重症黄疸后，胆汁色素很快透入中枢神经系统，并破坏基底神经节形成核黄疸。而成人黄疸患者的中枢神经系统则不受胆汁色素的污染。血脑屏障能够保护脑组织，但当脑组织出现病变时，如脑瘤、阿尔茨海默病等。此时，血脑屏障就成了治疗药物的障碍，因为很多药物不能透过血脑屏障。如何让药物顺利突破这层屏障，成了很多科学家努力研究的方向，目前已经取得了一定进展。一是改进药物化学结构，使之脂溶性升高，易于透过血脑屏障；二是增加药物结构中与脑组织特定成分亲和性强的官能团；三是改良剂型，方便采取椎管给药、直接突破血脑屏障等。

4. **器官血流量和药物与组织亲和力**　人体各组织器官的血流量差别很大，在肝、肾、肺等高血流灌注器官，药物分布快且分布较多。有些药物对某些组织器官有特殊的亲和力，例如碘浓集于甲状腺中；氯喹在肝中的浓度比在血液中的浓度高数百倍。药物在靶器官中的浓度决定药物效应的强弱。

5. **药物的理化性质** 脂溶性药物或水溶性小分子药物均易透过毛细血管壁进入组织，而水溶性大分子药物很难在生物膜两侧自由扩散，药物的脂溶性。药物的脂溶性与解离程度有关，解离程度越高的药物分子脂溶性越差。

（三）药物的生物转化

药物的生物转化指药物在体内发生化学变化的过程，又称为代谢。大部分药物经生物转化后，药效下降或消失，称为灭活；少数药物经生物转化后才产生药效，称为活化。另外，也有些药物在体内几乎不被转化，以原形排出。因此，生物转化并非药物在体内必经的过程。对大部分药物而言，生物转化的快慢，主要影响作用维持时间的长短和作用的强弱。

生物转化一般分两步进行：第一步为氧化、还原、水解（称Ⅰ相反应），如苯巴比妥被氧化、普鲁卡因被水解等，药物经第一步反应过程，形成的中间产物往往会引起药理活性的增减；第二步为结合（称Ⅱ相反应），第一步转化后的中间产物或某些原形药物，可与体内的葡糖醛酸、乙酰基、甘氨酸等结合，使药物活性降低或灭活，并使极性增加以利于药物从肾脏排泄。

肝脏是药物生物转化的主要器官，影响药物生物转化的主要因素是生化反应的催化剂——酶。包括特异性酶和非特异性酶。特异性酶专一性高，只催化特定药物的转化。如胆碱酯酶只水解乙酰胆碱，单胺氧化酶只催化肾上腺素等单胺类转化，这些酶对其他药物影响不大。非特异性酶常指肝脏微粒体混合功能酶系统，其中细胞色素P450酶系（CYP450）是肝内促进药物代谢的主要酶系统，统称"肝药酶"，可分为3个家族，至少7个亚型，其中比较重要的是CYP3A4等。肝药酶具有以下特点：①选择性低，可催化多种药物代谢；②个体差异大；③活性有限，且受多种因素的影响，可致活性增强或减弱。

肝药酶的活性决定药物生物转化的速度。有些药物可以影响肝药酶的活性。凡是可使肝药酶活性增强或合成增多的药物称为肝药酶诱导剂，如巴比妥类、利福平、苯妥英钠、保泰松、卡马西平、乙醇、灰黄霉素等。肝药酶诱导剂可以使经肝脏灭活的药物代谢加快，作用减弱。凡能减少肝药酶生成或降低肝药酶活性的药物称为肝药酶抑制剂，如西咪替丁、氯霉素、红霉素、环丙沙星、甲硝唑、异烟肼等。肝药酶抑制剂可以使经肝脏灭活的药物代谢减慢，作用增强甚至出现毒性反应，故联合应用时应予以注意。

（四）药物的排泄

药物以原形或其代谢物从体内排至体外的过程称为排泄。肾脏是药物排泄的主要器官，此外消化道、肺、乳腺、唾液腺等也能排泄一部分药物。药物排泄的速度主要影响药物维持时间的长短和作用的强弱。有些未经转化的药物在排泄过程中也可表现药理作用，如原形排泄的抗生素用于治疗泌尿系统感染。

1. **肾排泄**　大多数原形药物或被生物转化的极性高、水溶性强的代谢产物容易从肾小球滤出。少数药物在近曲小管由载体转运分泌进入肾小管。药物排出肾小管后有不同程度的重吸收，重吸收的多少与药物的理化性质、尿液的pH有关。

多种因素可影响药物排泄。其中增加尿量能降低尿液中药物浓度，减少重吸收，从而加快药物的排泄；碱性尿液使酸性药物在尿中离解型增多，酸性尿液使碱性药物在尿中离解型增多，水溶性增强，从而减少药物重吸收，加速其排泄，这是药物中毒常用的解毒方法。如苯巴比妥中毒时可碱化尿液以促进药物排泄。

由肾小管分泌的药物需特定的载体转运，若两种药物通过同一载体转运时，彼此可有竞争性抑制作用。例如丙磺舒抑制青霉素主动分泌，使后者排泄减慢，药效延长并增强。

肾排泄是药物排泄的最主要途径，当肾功能不良时，药物排泄减慢，多次用药易导致蓄积中毒，要注意减少剂量。

> **② 课堂问答：**
>
> 有些药物在经肾排泄时，可使患者的尿液颜色发生变化，多数是药物本身或其代谢产物的颜色所致，如利福平可使尿液呈橘红色，吲哚美辛可使尿液呈湖蓝或绿色等。少数是药物不良反应的表现，如卡那霉素引起的血尿。
>
> 请同学们结合上述事实，通过网络进一步搜集资料，讨论、分析临床上还有哪些药物可使尿液的颜色发生改变。这些药物对肾脏有损害吗？

2. **消化道排泄**　药物可通过胃肠道脂质膜自血浆内以简单扩散的方式排入胃肠腔内，某些药物及其代谢产物可随着胆汁排入肠腔，其中多数随粪便排出，另外一部分在胃肠道吸收后进入肝脏，经胆汁排入肠中，并再次被肠道吸收，这一过程称为肝肠循环（图3-3），肝肠循环可使药物作用时间延长，如洋地黄毒苷。有些抗微生物药原形经胆排泄，有利于治疗肝胆系统感染，如红霉素、氨苄西林等。

3. **乳汁排泄** 乳汁偏酸性，又富含脂质，因此脂溶性强的药物和弱碱性药物可以自乳汁排泄，如吗啡、阿托品、红霉素等，哺乳期用药应加以注意，以免对乳儿产生毒性反应。例如，哺乳期妇女服用丙硫氧嘧啶会抑制乳儿的甲状腺功能，影响乳儿的生长发育。

4. **其他排泄途径** 由于胃液酸度高，生物碱类药物如吗啡等，注射给药也可向胃液扩散，故洗胃是吗啡中毒治疗的措施之一。某些药物也可自唾液排出，且排出量与血药浓度呈相关性，故唾液可作为某些药物无痛性采样药检的手段，如苯妥英钠，测定唾液中的药物浓度可代替血药浓度的监测。肺是某些挥发性药物的主要排泄途径，如乙醇，检测呼出气中的乙醇量是快速简便诊断酒后驾车的方法。此外，吸入麻醉时可通过加快肺通气量促进麻醉药物从体内排出。某些药物还可以通过汗腺和生殖腺体排泄，如利福平、甲硝唑等。

第二节 药物的速率过程

一、药物的消除与蓄积

（一）消除

药物经过生物转化和排泄使药理活性下降或消失的过程称消除。根据药物消除速率与血药浓度之间的关系，可分为恒比消除和恒量消除。

1. **恒比消除** 又称一级动力学消除，指单位时间内体内药量按恒定的比例进行消除。药物消除的速率与血药浓度成正比，血药浓度越高，单位时间内消除的量越多。绝大多数药物的消除属于这一类型。

2. **恒量消除** 又称零级动力学消除，指单位时间内药物按恒定的数量进行消除。当体内药量过大，超过机体恒比消除能力的极限时，机体只能以恒定的最大速度进行消除，待血药浓度降低至一定水平时转化为恒比消除。因此，大剂量药物中毒时，消除的时间会大幅度延长。

（二）蓄积

反复多次给药，导致药物的吸收量大于消除量，使药物在体内的浓度逐渐升高的过程称为蓄积。蓄积作用既可以使药物达到满意的治疗浓度，也可以造成体内药物浓度过大从而引起中毒。

二、血药浓度变化的时间过程

药物在体内转运和转化，药物浓度始终处于动态变化之中。用药后血药浓度随时间变化的动态规律称为时-量关系，若以血药浓度为纵坐标、时间为横坐标作图，即时间-浓度曲线或时-量曲线。药物作用强度随时间变化的动态过程，可用时间-效应曲线（简称时效曲线）表示，由于血药浓度与药物的作用强度呈正相关，所以时间-浓度曲线和时间-效应曲线的意义相似，又因血药浓度的变化易于监测，故时间-浓度曲线更为常用。时间-浓度曲线（时效曲线）可以分为三期：潜伏期、持续期和残留期（图3-4）。

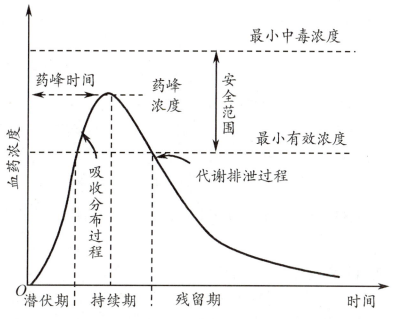

图3-4　单次非静脉给药的时间-浓度曲线（时效曲线）

1. **潜伏期**　指从开始用药到血药浓度达到最低有效浓度的时间，其长短取决于药物吸收和分布的速度。静脉给药无吸收过程，故给药时无明显的潜伏期。

2. **持续期**　指血药浓度维持在最低有效浓度之上的时间，其长短取决于药物吸收和消除的速度。当药物的吸收速度和药物的消除速度相等时的血药浓度，为药峰浓度，即一次给药后药物在体内可达到的最大浓度，而药峰时间则表示达到最大浓度的时间，可比较同一给药途径不同药物吸收的快慢。

3. **残留期**　指药物浓度虽降至最低有效浓度以下，但尚未自体内完全消除的时间，其长短取决于药物的消除速度，一般后遗效应就发生在此期。残留期长说明药物在体内有蓄积现象，多次反复用药易致蓄积中毒。

三、常用的药动学参数

（一）半衰期

半衰期（$t_{1/2}$）通常指血浆半衰期，即血药浓度下降一半所需要的时间。它反映了药物在体内消除速率的快慢。按恒比消除的药物，半衰期是恒定的。计算公式如下：

$$t_{1/2}=0.693/k \qquad\qquad 式（3-1）$$

式中，k 为消除速率常数。

半衰期是最常用的药动学参数，在临床用药中具有重要意义。

1. **药物分类的依据**　药物可根据半衰期的长短分为长效、中效、短效等。

2. **确定给药间隔时间的依据**　一般可按半衰期的倍数，采取恒量等间隔给药。因此，半衰期长的药物给药间隔时间长，半衰期短的药物则给药间隔时间短，这是最常用的方法。

3. **预测连续给药达到稳态血药浓度的时间**　一般来说，恒速静脉滴注或每隔1个半衰期恒量给药1次，经4~5个半衰期，药物基本达到稳态血药浓度。

4. **预测停药后药物在体内基本消除的时间**　通常停止给药后，经过4~5个半衰期后血药浓度消除95%以上，可认为药物基本消除。

5. **反映主要消除器官肝、肾的功能状态**　当肝、肾功能减退时，药物代谢、排泄障碍，可引起药物的半衰期延长，易引起蓄积中毒，故应注意调整用药剂量和给药时间间隔。

（二）稳态血药浓度

稳态血药浓度（C_{ss}）是指连续恒速给药或以半衰期为间隔分次恒量给药，经过4~5个半衰期，药物的吸收和消除达到平衡，血药浓度达到一个相对恒定的水平，称为稳态血药浓度，又称坪浓度或坪值。稳态血药浓度与每日给药量成正比，若每日给药总量不变，改变给药次数，只影响血药浓度的波动幅度。根据药物的特点或病情危重情况，有时需要药物在体内迅速达到稳态血药浓度，这时可采取首剂加倍，然后改为常用量，药物在一个半衰期内达到稳态血药浓度（图3-5）。此法仅适用于安全范围大的药物。

（三）表观分布容积

表观分布容积（V_d）是指体内药物总量按血浆药物浓度推算时所需的体液总容积。

$$V_d = \frac{A}{C} \qquad\qquad 式（3-2）$$

式中，A 为体内总药量，C 为药物在血浆与组织间达到平衡时的血浆药物浓度。

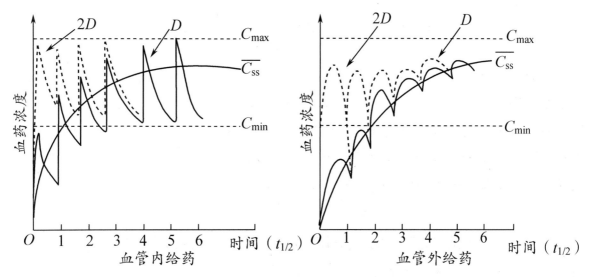

C_{min}表示最低有效浓度；C_{max}表示最高有效浓度；
$\overline{C_{ss}}$表示平均稳态血药浓度；D表示单倍剂量；$2D$表示双倍剂量。

图3-5　连续恒量（恒速）给药的时间-血药浓度曲线

表观分布容积是一个假想的容积，它并不代表体内具体的生理空间，但它是反映药物在体内分布广度的重要药动学参数。药物脂溶性高，与血浆蛋白结合率高，或在组织有蓄积，V_d增大。反之则主要滞留在血循环中，V_d则减少。根据表观分布容积可以推测药物在体内的分布程度和组织摄取程度，如：V_d=5L，表示药物基本分布于血浆（与血浆容积相似）；V_d=40L，表示药物主要分布于细胞内、外液中（与细胞内、外液容积相似）。

另外，根据表观分布容积可推测药物总量、血药浓度、达到某血药浓度所需药物的剂量以及药物排泄速度。

（四）生物利用度

生物利用度（F）是指药物吸收进入体循环的速度和程度，是评价药物制剂质量及药物安全性、有效性的重要指标。

$$F = \frac{A}{D} \times 100\% \qquad \text{式（3-3）}$$

式中，A为进入血循环药量，D为总药量。

生物利用度易受药物制剂、给药途径、生理、食物等多方面因素的影响，是通过比较药物在体内的量来计算的，用时量曲线下面积（AUC）来估算。生物利用度可分为绝对生物利用度和相对生物利用度。

$$\text{绝对生物利用度} = \frac{\text{口服等量药物后 AUC}}{\text{静脉注射等量药物后 AUC}} \times 100\% \qquad \text{式（3-4）}$$

$$相对生物利用度 = \frac{待测制剂AUC}{标准制剂AUC} \times 100\% \qquad 式（3-5）$$

一般情况下，绝对生物利用度可用于评价同一药物不同给药途径的吸收程度，相对生物利用度则用于评价药物剂型对吸收率的影响，可反映不同厂家同一制剂或同一厂家不同批号的药物的吸收情况。生物利用度的大小也可反映药物吸收速度对药效的影响，同一药物的不同剂型AUC相等时，吸收快的药物的药峰时间短且药峰浓度高。因此，可用生物利用度间接判断药物制剂的临床疗效。

（五）清除率

清除率（Cl）是指单位时间内机体消除器官清除药物的血浆容积，即单位时间内有多少容积血浆中的药物被清除，又称"血浆清除率"。

$$Cl = k \cdot V_d \qquad 式（3-6）$$

式中，k是消除速率常数，恒比消除时$k=0.693/t_{1/2}$。

清除率通常是指总清除率，它是以肝、肾以及其他途径清除率的总和，以每单位时间容量L/min或L/h表示。单位时间清除的药量等于清除率与血药浓度的乘积。

药学服务岗位操作实践

岗位情境：

情境导入中的王大爷，每次服药总是服了一次或两次，感觉效果不理想就要换药，甚至准备自己去买药。请利用所学的药动学知识，对王大爷用药后的药效不明显原因进行解释。

操作流程：

1. 首先耐心细致地接待王大爷，安抚其情绪，介绍药物在体内要达到稳态浓度（一般也是药物的有效浓度）是需要一定时间的，一般是按照半衰期间隔给药，需要经过4~5个半衰期才起效，也就是4~5次，两个医生开的药，王大爷都没用到有效浓度就又换药了，效果肯定不明显。

2. 根据王大爷的接受情况，可以适当拓展讲解内容。比如当遇到患者病情危重时，需要药物在体内迅速达到稳态血药浓度，可采取首剂加倍，或静脉注射等方法。

3. 根据老年人性格特点，可以提供有关疾病的健康处方和用药小贴士，或在药盒包装上做不同给药时间的标识。

4. 如果本人或家属愿意，可以建立更方便的联系方式，便于提供更全面周到的药学服务。

章末小结

1. 药物的体内过程包括吸收、分布、生物转化和排泄，药物的体内过程影响药物在体内变化的规律，从而影响药物作用的强弱、起效的快慢、维持时间的长短。
2. 口服给药注意首过消除；与血浆蛋白结合率高的药物联合用药，老年人、肝肾功能不全患者及营养不良患者用药，需调整剂量。
3. 肝药酶诱导剂使药物的作用减弱，代谢加速，肝药酶抑制剂则相反。
4. 半衰期反映药物的消除速度，是确定给药间隔时间、药物分类的依据，也可用来预计药物达到稳态血药浓度或一次给药后在体内消除时间。

思考与练习

一、单项选择题

1. 葡萄糖在体内的转运方式属于（　　　）
   A. 主动转运　　　　　B. 被动转运　　　　　C. 易化扩散
   D. 滤过　　　　　　　E. 简单扩散

2. 药物经代谢后药理活性减弱或消失称为（　　　）
   A. 激活　　　　　　　B. 灭活　　　　　　　C. 还原
   D. 活化　　　　　　　E. 转化

3. 能使肝药酶活性减弱或合成减慢的药物称为（　　　）
   A. 药酶缓释剂　　　　B. 药酶催化因子　　　C. 药酶释放因子
   D. 肝药酶诱导剂　　　E. 肝药酶抑制剂

4. 每隔一个半衰期给药一次，为了迅速达到稳态血药浓度可将首次剂量增加（　　　）
   A. 0.5倍　　　　　　　B. 1倍　　　　　　　C. 2倍
   D. 3倍　　　　　　　E. 5倍

5. 表示药物在体内分布情况的药动学参数是（　　　）
   A. 消除速率常数　　　B. 血浆半衰期　　　　C. 表观分布容积
   D. 血浆清除率　　　　E. 生物利用度

二、 简答题

1. 说出首过效应、血浆蛋白结合率、肝肠循环、肝药酶诱导剂和肝药酶抑制剂等的概念和意义。

2. 请列表归纳影响体内过程的因素有哪些，都有什么临床意义。

3. 主要的药动学参数有哪些，都有什么作用和特点？其中血浆半衰期对确定给药方案有哪些指导意义？

4. 结合本章情景导入案例，讨论未来药学服务工作中如何体现职业素养和专业精神。

（毛秀华　张　庆）

第四章
影响药物作用的因素

学习目标

知识目标：

- 掌握　药物和机体方面影响药物作用的因素。
- 熟悉　其他方面影响药物作用的因素。
- 了解　药物相互作用和联合用药原则。

技能目标：

- 熟练掌握　运用影响药物作用的因素来进行用药指导的基本技能。
- 学会　运用合理用药的相关知识，协助制订个体化给药方案并开展药学服务。

素质目标：

- 具有尊重、关心患者，运用合理用药的知识技能开展药学岗位服务的专业精神和职业素质。

情境导入

情境描述：

卫校学生小黄的弟弟今年1岁半，因上呼吸道感染医生建议口服阿莫西林混悬剂治疗，小黄的爸爸记得家里刚买过阿莫西林胶囊，认为都是一个药就打算给孩子服用，并且认为"抗生素多吃一点好得快"，打算按成人剂量给弟弟吃。小黄如何说服爸爸纠正这些不正确的做法呢？

学前导语：

同学们，药物在体内发挥疗效时会受剂量、剂型、年龄、体重等多种因素的影响，这也是合理用药的主要内容，通过本章内容的学习，大家可以为患者提供简单的药学服务，未来可以更好地胜任药学工作岗位，做好药学服务，实现职业目标。

药物在机体内产生的药理作用和效应是药物和机体相互作用的结果，受药物和机体等多种因素影响。药物因素主要有药物的结构、剂量、剂型、给药途径、给药时间和次数等。机体因素主要有年龄、性别、种族、遗传、心理、生理和病理因素。在实际用药时，应熟悉各种因素对药物作用的影响，根据个体的情况，选择合适的药物和剂量，做到给药方案个体化。

第一节　药物方面的影响因素

药物方面的影响因素主要是剂量，具体详见本教材第二章的量-效关系相关内容，本节主要介绍除剂量之外的影响因素。

一、药物的化学结构

药物的化学结构是其产生药理作用的物质基础，药物的化学结构与其生理活性的关系，称作构效关系。一般来说，化学结构相似的药物有着相似的作用机制，产生相似的药理作用，同时也是药物分类的主要依据。习惯上把化学结构和作用都相似的药物称作拟似药。有些药物化学结构虽然相似，但作用相反，这些药物称作拮抗药。例如，华法林与维生素K的化学结构相似，但华法林为抗凝血药，维生素K为促凝血药。另外，有些药物化学结构相同但互为旋光异构体其作用不同。例如，奎尼丁与奎宁互为旋光异构体，奎尼丁是抗心律失常药，而奎宁是抗疟疾药。

二、药物的剂型

药物的剂型可影响药物的体内过程，从而影响药物的作用。同种药物的不同剂型，有明显不同的药动学特征，生物利用度也往往不同。一般而言，注射剂比口服剂吸收得快；注射剂中，水溶剂比油溶剂和混悬剂吸收得快；口服制剂中，生物利用度高低的顺序依次为：溶液剂>混悬剂>颗粒剂>胶囊剂>片剂>包衣片。即使是同种药物、同种制剂，不同厂家的不同批号所产的药，由于制剂工艺、生产条件、原料配方不同会影响药品最终质量，反映到药物的吸收情况和药物作用也有差别。近年来，更多的控释制剂和缓释制剂在临床上出现，如硝酸甘油透皮贴剂可每日外贴一次；毛果芸香碱眼膜片放置于结膜囊内，可每周一次。这类制剂可使药物缓慢释放，以较长时间维持治疗浓度，产生持久药效，减少用药次数。同时，这些药物在使用时一定要保持药物剂型的完整性。

三、给药途径

一般来说，不同的给药途径主要影响药物作用的强弱和快慢，也影响少数药物作用的性质。如口服硫酸镁有导泻和利胆作用，静脉注射则有降血压、抗惊厥的作用。临床用药时，要在熟悉各种给药途径特点的基础上，根据病情需要和药物性质确定给药方案。常见的给药途径特点见表4-1。不同给药途径对药物作用的快慢也不同（图4-1）。

表 4-1　常见的给药途径特点比较

给药途径	优点	缺点
口服	简便，安全，应用广	吸收较慢，干扰因素多
皮下注射	剂量准确，作用时间较长	用量小，刺激性药物不宜
肌内注射	剂量准确，作用较快、较强	有局部刺激，操作较复杂
静脉给药	可准确调整剂量，无吸收过程，立即生效	操作复杂，严格无菌，技术性高，费用较高
椎管注射（鞘内注射）	直接注入脊髓蛛网膜下腔，发挥药物的中枢作用	技术要求最高，有一定的风险性，费用较高
吸入给药	起效快，维持时间短，适宜气体或易挥发的液体药物	呼吸道刺激，剂量不易控制
舌下给药	起效快，无首过效应	刺激性药物不宜
直肠给药	起效快，无首过效应	使用不方便
经皮给药	局部作用，给药方便	吸收最慢且不规则

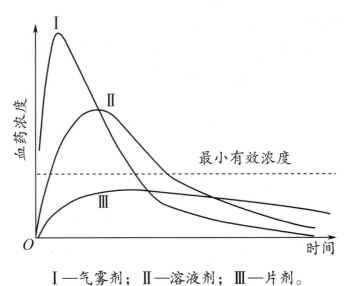

Ⅰ—气雾剂；Ⅱ—溶液剂；Ⅲ—片剂。

图4-1　同一药物不同剂型的浓度–时间曲线比较

四、给药时间和次数

1. **给药时间**　是决定药物能否发挥其应有作用的重要因素。一般口服药物饭前给药吸收较好，起效较快；饭后给药则吸收较差，起效慢。刺激性药物一般饭后服用，催眠药则应在睡前服用。同时机体对药物的敏感性还呈现昼夜节律性变化。

2. **给药次数或给药间隔**　一般根据疾病需要和药物的消除速率（半衰期等）来确定。半衰期短的药物，给药次数多，反之则给药次数少。有时是根据有效血药浓度而定，如红霉素的消除半衰期约为2小时，但有效血药浓度可维持6~12小时，故红霉素一般为6小时给药一次。

3. **反复用药**　机体在反复使用药物后，相应的生理生化功能常会发生一定的变化和适应性调整，影响药物疗效，反复使用具有依赖性的药物会带来各种不良反应和社会危害性。

◉ 案例分析 --

案例：

患者，58岁，女性，既往患有冠状动脉粥样硬化性心脏病、糖尿病、高脂血症均在5年以上，每日服用药物在5种以上，自认为"久病成良医"，常在自感良好时自行减量减药，自感加重时则加量加药，为用药方便自行多次更换过长效剂型且给药时间也较随意。近期因出现双下肢水肿就医，如何对该患者进行用药教育？

分析：

1. 血压、血脂、血糖的药物控制应该是长期的，血药浓度保持平稳是最理想的状态，切忌出现剧烈波动，否则对靶器官的损害将会更加严重。

2. 随意增减剂量会导致血药浓度的不稳定，降低疗效，也增加了不良反应，给药间隔和不同剂型的选择最终都体现在对实际血药浓度的影响上，故不能随意改变给药时间和剂型。

3. 复杂病情优化给药方案，应遵医嘱或在药师帮助下渐进性调整，不宜擅自进行，且应密切监测有关指标。

第二节 机体方面的影响因素

一、年龄、体重

年龄对药物作用的影响主要表现在：①新生儿和老年人体内药物代谢功能和肾脏排泄功能不全，大部分药物在新生儿和老年人中使用，都会有更强烈、更持久的作用；②药物效应靶点的敏感性发生改变；③老年人的特殊生理因素（如心血管反射减弱）和病理因素（如体温过低）会对药物反应性有影响；④机体组成发生变化，脂肪在老年人机体中所占比例增大，导致药物分布容积发生相应的改变；⑤老年人常需服用更多的药物，发生药物相互作用的可能性相应增加。

一般相同年龄的人体重差异不太大，不会对药物作用有明显影响，但体形上的差别可使药物分布面积有差异，对于一些脂溶性高、需要二次分布的药物有一定的影响。

《中国药典》（2020年版）规定，儿童剂量是指年龄在14岁以下的标准体重儿童的用药剂量；成人剂量是指14~60岁的标准体重成人的用药剂量；而老年人剂量是指60岁以上标准体重老年人的用药剂量。因此，可以根据以下公式或方法，具体换算实际使用剂量，达到剂量个体化的目的。

（1）儿童剂量计算法

1）体重计算法：体重计算法是最常用的方法之一，可直接按药物的单位体重剂量直接计算儿童药物剂量。儿童剂量（mg）=单位体重剂量/（mg/kg）×儿童体重（kg）。

若不能直接称体重时可按年龄推算，具体如下：

1~6个月体重（kg）＝月龄（足月）×0.7+出生体重

7~12个月体重（kg）＝月龄（足月）×0.5＋4.2＋出生体重

1~14岁体重（kg）＝年龄（岁）×2＋8

注：出生体重也可按平均出生体重（3 kg）计算。

2）按成人剂量折算法：在没有药物的单位体重剂量情况下，用成人剂量来推算儿童剂量，此方法仅限于一般药物。

儿童剂量＝成人剂量×儿童体重（kg）/50

3）体表面积计算法：较为准确的儿童剂量计算法，但由于方法烦琐，未能广泛应用。

（2）老年人剂量计算法：60~80岁老年人用药剂量为成人剂量的1/2~4/5，80岁以上老年人为成人剂量的1/2。

> ❓ **课堂问答**：
>
> 抗癫痫药苯妥英钠成人剂量为每日250~300mg，若成人体重按70kg为标准，请同学们计算出以下人群使用苯妥英钠的每日总量。
>
> （1）出生时3.1kg，现在11个月（足月）的癫痫大发作患儿。
>
> （2）8岁的癫痫大发作的患儿。
>
> （3）65岁的癫痫部分性发作的老年患者。

二、性别

大多数药物受性别影响的差异不大，但女性体重一般轻于同龄男性，在使用治疗指数低的药物时，女性可能需要较小剂量。女性机体的脂肪含量较男性高，可影响药物的分布和作用。性激素及相关药物与性别关系密切，同等剂量的雌性激素类药物对男性作用较女性更明显，反之亦然。

女性在特殊生理周期会受到某些药物的影响，月经期一般禁用泻药，同样，妊娠期禁用具有致畸作用的药物，分娩期不可使用延长产程的药物，哺乳期则应避免使用可以经乳汁分泌或排泄的药物。

三、个体差异和种族差异

（一）个体差异

在基本条件相同的情况下，多数患者对药物的效应基本相似。但有少数患者对药物的反应有所不同，称个体差异。个体差异的表现有量的差异，也有质的差异。

1. **量的差异**　人们对药物的敏感性个体间差异很大。少数个体对药物特别敏感，较小剂量就可产生明显作用的现象，称为高敏性。反之，少数个体对药物特别不敏感，需要加大剂量才能产生明显作用的现象，称为耐受性。

另外，病原体对药物不敏感的现象称为耐药性。

量的个体差异主要表现在药物体内过程的差异，尤其是药物代谢的差异。相同剂量的药物在不同个体，有效血药浓度、作用强度和作用持续时间有很大差异。因此，临床用药必须根据患者情况，选择适当的药物和剂量，才能达到预期的效果而又减少不良反应。对作用强、安全范围较小的药物，应根据患者情况及时调整剂量，实施给药方案的个体化。

2. **质的差异**　主要是特异质反应，它是指少数个体由于遗传因素，对某些药物的反应特别敏感，很小剂量即可产生超出常人的异常反应。这些反应一般都是毒害性质的。如先天性葡萄糖-6-磷酸脱氢酶（G-6-PD）缺乏者，在接受阿司匹林、氯霉素、维生素K等具有较强氧化红细胞膜作用的药物治疗时，所发生的急性溶血现象。

（二）种族差异

药物反应具有种族差异，其原因包含遗传和环境两个方面。不同种族具有不同的遗传背景，长期生活在不同的地理环境和不同的生活文化环境中，这些对药物代谢酶的活性和作用靶点的敏感性都有显著影响，导致一些药物的代谢和反应存在种族差异。如在乙醇代谢方面，黄种人体内生成的乙醛血浆浓度比白种人更高，更容易出现面红和心悸。同样，对普萘洛尔的心血管抑制反应黄种人比白种人更敏感，而黑种人的反应敏感性最低。

遗传是上述差异的决定因素，基因是决定药物代谢酶、转运蛋白、受体等活性和功能表达的结构基础，基因突变可引起药物代谢酶、转运蛋白、受体等结构变化和功能异常，这种遗传多态性是产生药物效应个体差异和种族差异的主要原因。

遗传多态性

遗传多态性是一种孟德尔单基因性状，由同一正常人群中的同一基因位点上具有多种等位基因引起，并由此导致多种表型。表型是在环境影响下基因型所产生的机体的物理表现和可见性状。药物代谢酶的表型表现为催化代谢的活性大小，可通过测定其底物的代谢率确定。基因型是生物机体形成表型性状的遗传结构。表型是个体间药物代谢和反应差异的表现，而基因型则是反应差异的根本原因。

四、病理状态

患者在疾病状态下，机体发生变化的功能和病理状态可影响药物的作用。如强心苷对正常心肌无明显作用，但对慢性心功能不全患者，却可使其心肌收缩力加强，心率减慢；解热镇痛药只对发热患者有退热作用，对正常体温无影响等。阿托品正常极量为5~10mg，而有机磷农药中毒的患者对阿托品高度耐受，抢救剂量远超过此剂量。

另外，疾病会导致重要器官对药物处置能力改变，影响药物的体内过程。主要包括以下情况。

1. **肝功能不全** 由于肝脏的生物转化速率减慢，甲苯磺丁脲等肝代谢消除的药物的作用加强，持续时间延长；相反，可的松、泼尼松等不能转化为氢化可的松、泼尼松龙发挥药效，则作用减弱。

2. **肾功能不全** 肾脏是最主要的排泄器官，肾功能不全可使庆大霉素等主要经肾排泄的药物排出减慢，易引起积蓄中毒等，并反过来继续加重肾功能不全。

3. **营养不良** 当机体出现负氮平衡时，蛋白质合成减少，药物与血浆蛋白结合率降低，血中游离药物增多；同时肝微粒体酶活性降低，药物代谢减慢；而脂肪组织较少，可影响药物的储存。以上的综合结果可使药物的半衰期延长，易蓄积引起毒副作用。

五、精神因素

患者的精神因素主要指心理活动变化可对药物治疗效果产生影响。精神因素对药物作用的影响主要发生在慢性疾病、功能性疾病及较轻的疾病中，在重症和急症中影响程度较小。

影响药物疗效的精神因素包括患者的文化素养、疾病性质、人格特征等内在因素，也包括治疗环境、亲情关怀，医护人员的语言、态度、表情、技术操作熟练程度、工作经验、信任程度等。

采取合理措施，优化精神因素有助于提高患者用药的依从性，提高疗效。一般可进行健康教育，亲情温暖和病友鼓励等。专业心理辅导和心理支持也会有良好疗效，心理暗示和安慰剂经常可以起到意外疗效。所以，医务工作者应主动关爱患者，充分发挥积极的心理效应，达到满意的治疗效果。

🔗 知识链接：··

用好安慰剂，做好疗效评价

安慰剂（placebo）是指不含某种药理活性成分，在外观和口味上与含某种药理活性成分的药物完全一样的制剂，其产生的效应被称为安慰剂效应，包括与原药作用一致的阳性安慰剂效应，和与原药作用相反的阴性安慰剂效应。患者虽然获得无效的治疗，但却感觉或相信治疗有效，并且出现症状得到舒缓的现象。研究表明，安慰剂效应能使部分高血压、失眠、头痛、神经症等患者的症状得到改善。该效应对特定心理素质人群，如具有疑病倾向、心理依赖性强、容易接受暗示等患者的作用较为明显。因此，药学工作者要本着严谨认真、精益求精的专业精神，在新药研究和药物治疗学评价时，按照有关规定和要求，采取双盲法等措施，避免该效应对研究结果的干扰，科学公正地评价药物疗效。

六、生物节律

生物节律是指体内生物节律变化对药物作用的影响，专门研究生物节律与药物之间相互作用关系的科学称为时辰药理学。体内生物节律包括日、周、月、季和年节律等，以日节律对药物影响最重要。这是因为人体生理功能和行为活动有昼夜节律性变化，机体24小时内的不同时间点对某些药物的敏感性不同。按照生物周期节律性变化设计给药方案，能更好地发挥药物疗效，减少不良反应。如肾上腺糖皮质激素的分泌高峰在上午8时左右，然后逐渐降低，零时达低谷，临床需长期应用糖皮质激素类药物治疗时，可依据此节律在上午8时一次顿服，既能达到治疗效果，又可减轻对肾上腺皮质的负反馈抑制作用。

第三节　其他方面的影响因素

一、饮食

饮食结构、用餐时间、数量对药物也产生一定的影响。一般情况下，为减少影响口服吸收的因素，可采取空腹服药，对胃有刺激的药物应饭后服用；为促进脂溶性高的药物吸收，要配合进食高脂肪含量的食物等；合理饮食有助于提高疗效，减少不良反应，高血压、糖尿病、痛风等慢性疾病患者必须在进行药物治疗同时配合饮食疗法；应用糖皮质激素、抗肿瘤药期间，则应低盐、低糖、高蛋白饮食等。另外，长期高蛋白饮食或低蛋白饮食对药物代谢均有影响。

二、环境

环境因素也影响药物作用效应，长期熬夜、过大的工作压力会影响正常生理性激素分泌节律；安静的环境有益于镇静催眠药作用的发挥；氯丙嗪在配合物理降温的低温环境下，可使体温降低至正常以下，进入类似变温动物冬眠的状态，而在高温环境下，氯丙嗪抑制体温调节中枢，可使体温升高等。因此，改善环境、保护环境更有益于人类身心健康。

三、生活习惯和嗜好

良好的生活习惯，经常锻炼，无不良嗜好是健康的基本前提，大多数慢性疾病如高血压、糖尿病等与生活无规律、饮食不健康、吸烟、酗酒密切相关。药物作用也会受到这些生活习惯和嗜好的影响。镇静催眠药、抗焦虑药、抗抑郁药与睡眠作息习惯密切相关，而大多数药物都会受到不良嗜好的影响，如烟草在燃烧时产生的多种化合物使肝药酶活性增强，药物在吸烟者体内代谢加快，作用减弱；长期酗酒者肝功能大多异常，影响药物代谢和药物的实际作用。

第四节　药物的相互作用和联合用药原则

一、药物的相互作用

两种或两种以上药物同时或先后序贯应用时，药物之间的相互影响和干扰，可改变药物的体内过程（吸收、分布、代谢和排泄）及机体对药物的反应性，从而使药物的药理效应或毒性发生变化。

临床上为了增强疗效、减少不良反应、延缓耐药性的产生，通常采用联合用药的方法。联合用药是指两种或两种以上的药物同时或先后使用，又称配伍用药。药物联合用药后出现的作用称药物的相互作用。药物相互作用主要表现在两个方面：一是不影响药物在体液中的浓度，但改变药理作用，表现为药物效应动力学的相互作用；二是通过影响药物的吸收、分布、代谢和排泄，改变药物在作用部位的浓度而影响药物作用，表现为药物代谢动力学的相互作用。

联合用药后使药物效应增强称协同作用；联合用药后使药物作用减弱称拮抗作用，其他还包括累加作用、无关作用等。临床上一般配伍具有协同作用的药物来增强疗效，配伍具有拮抗作用的药物来降低不良反应，但如果联合用药后，降低了疗效或增加了不良反应则属于不合理配伍，应予避免。

一般意义上的配伍禁忌包括药效学和药动学两个方面。药效学方面是指由于药物相互作用发生了拮抗现象，降低了联合用药的效果。药动学方面则是指不同药物混合后，发生了物理或化学反应，影响了药物的稳定性、溶解性等，从而干扰了联合用药的效果。

二、联合用药的原则

联合用药应遵循安全、有效、经济、适当的基本原则。联合用药的主要目的是提高疗效，不合理的联合用药不但会降低疗效、增加不良反应，还能够诱发药源性疾病。因此，制订合理的联合用药方案是临床药物治疗的核心问题，要细致分析、科学研究、认真执行。

1. 明确诊断　依据疾病的性质和病史确定联合给药方案，要全面考虑，在坚持对因、对症治疗的同时，认真考虑不良反应和禁忌证，权衡利弊，保证联合用药的安全有效。

2. 制订个体化药物治疗方案　依据患者的具体情况有针对性地选择不同药物，

并制订各种药物合理的剂量、剂型、给药途径、间隔时间，做到安全、有效、经济、适当给药。

3. 根据病程决定疗程 一般在症状消失后即可减药或停药，某些感染性疾病在症状消失后，仍需继续使用抗微生物药，以巩固治疗，避免耐药性的产生。

4. 严格把握联合用药和预防用药的指征 依据疾病联合应用药物，可提高疗效，降低不良反应，减缓耐药性的产生；某些疾病采用药物预防措施可以避免疾病发生，减少病痛对健康的危害。但是要严格把握药物应用指征，避免药物滥用。

药学服务岗位操作实践

岗位情境：

根据本章情境导入，小黄的弟弟使用的阿莫西林口服混悬剂（规格：125mg/袋）说明书上注明：2岁以下的儿童，每日用药量为20~40mg/kg，分3次服用。已知小黄的弟弟1岁半，偏瘦，体重只有9 kg，按照40mg/kg的剂量，请同学们设计一下具体给药方案，并实施药学服务。

操作流程：

1. 首先正确计算用药量。该患儿每天用药总量为360mg（40mg×9），分3次服，即每次服120mg，约1袋。

2. 每次用药时，取1袋药用温开水将混悬剂冲开，视儿童平时的饮水习惯，合理控制液体总量，搅拌均匀后助其饮下。

3. 应向黄爸爸介绍剂量换算方法，告知混悬剂转变为混悬液后分散度高，较胶囊剂更适于儿童应用，有助于提高疗效。

4. 可以建议家长多关注药店的新媒体资源，便于提供更全面周到的药学服务。

●···· 章末小结

1. 影响药物作用的药物因素主要包括：药物的结构、剂量、剂型、给药途径、给药时间和次数等。同一种药物其剂型、剂量、给药途径和给药次数不同，产生的作用和效应也不同，是影响合理用药的重要因素。

2. 机体方面的影响因素较多，主要有年龄、体重、性别、个体与种族差异、病理、精神因素以及生物节律等方面。指导合理用药需要综合运用分析上述因素，制订理想的个体给药方案。

3. 影响药物作用的其他因素还有饮食、环境、生活习惯、嗜好。良好的生活方式有助于更好地发挥药物疗效，提高治疗效果。

4. 两种及两种以上的药物配伍时的相互作用主要有协同、拮抗、无关、累加等表现，药物间的配伍禁忌包括药理学和药物化学两种类型。联合用药应遵循安全、有效、经济、适当的基本原则

•···· 思考与练习

一、 单项选择题

1. 药物方面的影响药物作用最主要因素是（　　　）
   A. 给药方法　　　　B. 剂型　　　　　　C. 剂量
   D. 给药间隔　　　　E. 药物相互作用

2. 以下剂型，口服吸收最快的是（　　　）
   A. 片剂　　　　　　B. 溶液剂　　　　　C. 颗粒剂
   D. 混悬剂　　　　　E. 胶囊剂

3. 以下口服剂型，起效最快的应该是（　　　）
   A. 胶囊剂　　　　　B. 控释片　　　　　C. 缓释片
   D. 糖衣片　　　　　E. 丸剂

4. 下列不会影响药物作用的因素是（　　　）
   A. 年龄　　　　　　B. 生活习惯　　　　C. 饮食习惯
   D. 药品包装　　　　E. 心理因素

5. 某患儿，4个月，出生体重3.2kg，现需要按单位体重剂量20mg/kg服用某抗生素，其剂量为（　　　）
   A. 64mg　　　　　　B. 70mg　　　　　　C. 80mg
   D. 120mg　　　　　 E. 140mg

二、 简答题

1. 简述影响药物作用的因素有哪些。
2. 请同学们收集药品说明书,从注意事项、药物相互作用等项目中找到影响某个药物作用的具体因素和配伍禁忌。
3. 举例说明如何制订合理的联合用药方案。

三、 应用题

案例分析:患者,男,36岁。因食欲缺乏、疲乏、气促、失眠等入院。查体:患者口唇和面色苍白,皮肤干燥,毛发干枯。血液检查:血红蛋白及红细胞均减少,血清铁减少。粪便检查:发现钩虫卵,诊断为缺铁性贫血。医嘱予以口服硫酸亚铁及维生素C治疗。

请思考并讨论:①上述两药合用是否合理?为什么?②两药合用属于药物相互作用的哪个范畴?③通过网络或其他手段查询,举出类似的例子。④在这个案例中,药学工作者如何在药学服务中体现专业精神和职业素养?

(毛秀华 张 庆)

第五章
传出神经系统药理学概论

学习目标

知识目标:

- 掌握 传出神经系统受体的类型、分布及效应。
- 熟悉 传出神经的分类与递质。
- 了解 传出神经系统药物的作用方式和分类。

技能目标:

- 熟练掌握 运用传出神经系统药理知识进行用药指导的基本技能。
- 学会 传出神经系统药物分类方法和依据。

素质目标:

- 具有尊重、关心患者,开展合理用药岗位服务的专业精神和职业素养。

➲ 情境导入

情境描述:

　　小李下班骑车回家,突遇天气变化,狂风骤起,前面一个树枝突然刮落挡在路中间。在紧急刹车避险的同时,小李出现心跳加快、呼吸急促、肌肉紧绷、手心出汗等身体变化,这是机体的一种应急反应。

学前导语:

　　应急反应是指机体突然受到强烈刺激时,交感神经-肾上腺髓质系统的适应性反应,主要是由传出神经系统完成的。作用于传出神经系统的药物对心血管系统、呼吸系统、消化系统等器官功能活动进行调节,具有广泛的临床用途。学好用好这些药物的相关知识,未来可以更好地胜任药学工作岗位,做好药学服务,体现职业价值。

神经系统分为中枢神经系统和外周神经系统两大部分，外周神经系统按功能又分为传入神经系统和传出神经系统。传出神经系统药物是通过影响传出神经的递质或受体，从而呈现出拟似或拮抗传出神经效应，改变效应器官功能活动的药物。

第一节　传出神经的分类及递质

一、传出神经按解剖学分类

传出神经按解剖学可分为自主神经和运动神经。

1. 自主神经　自主神经分为交感神经和副交感神经，共同支配心脏、血管、平滑肌、腺体等效应器。这些神经从中枢发出后到达所支配的效应器前，需在神经节更换神经元，因此在结构上有节前纤维和节后纤维之分。

2. 运动神经　从中枢发出后，不更换神经元，直接到达骨骼肌支配其运动。

二、传出神经按递质分类

神经递质（neurotransmitter）简称递质（transmitter），当神经冲动到达末梢时，其突触部位的末梢释放出的化学物质，称为递质。传出神经末梢释放的递质主要有乙酰胆碱（acetylcholine，ACh）和去甲肾上腺素（noradrenalin，NA；norepinephrine，NE）。

按神经末梢释放的递质不同，将传出神经分为胆碱能神经和去甲肾上腺素能神经（图5-1）。

1. 胆碱能神经　神经末梢释放的递质为乙酰胆碱，主要包括运动神经、交感神经的节前纤维和少数交感神经的节后纤维、副交感神经节的节前纤维和节后纤维。

2. 去甲肾上腺素能神经　神经末梢释放的递质为去甲肾上腺素，包括绝大多数交感神经的节后纤维。

此外，在某些效应器中还存在有多巴胺能神经、嘌呤能神经、肽能神经等。

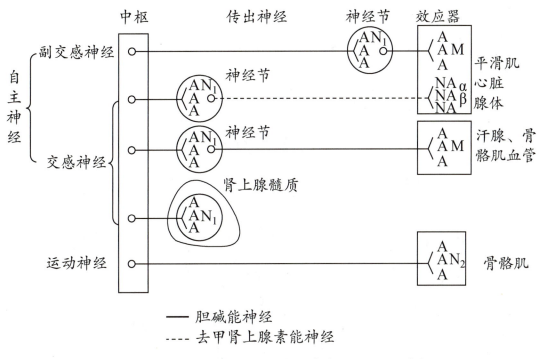

—— 胆碱能神经
---- 去甲肾上腺素能神经

A—乙酰胆碱；NA—去甲肾上腺素；N₁—N₁受体；
N₂—N₂受体；M—M受体。

图5-1　传出神经系统分类示意图

三、传出神经递质的代谢

神经系统的活动是由多个神经元共同完成的。神经元间衔接处称突触，神经元与效应器之间的接点也叫突触。突触由突触前膜、突触间隙和突触后膜三部分构成。传出神经的递质在神经末梢的细胞质内合成后转运至囊泡中储存，当神经冲动到达神经末梢时，囊泡以胞裂外排的方式把递质释放到突触间隙，与突触后膜上相应的受体结合产生效应。

（一）乙酰胆碱的代谢

1. 合成　乙酰胆碱由胆碱和乙酰辅酶A合成，然后进入囊泡贮存。

2. 代谢　当胆碱能神经兴奋时，神经冲动使突触前膜通透性发生改变，产生裂孔，以胞裂外排的方式将ACh释放到突触间隙，与突触后膜上的受体结合产生效应，随后被存在于受体附近的胆碱酯酶（AChE）迅速水解，ACh水解后产生的胆碱，部分被神经末梢再摄取利用（图5-2）。

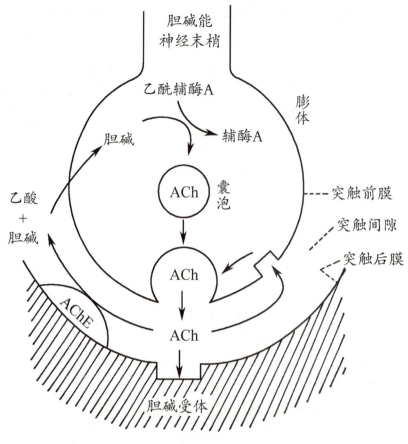

图5-2　乙酰胆碱的代谢过程

（二）去甲肾上腺素的代谢

1. **合成**　以酪氨酸为原料合成的多巴胺（DA）进入囊泡，经多巴胺-β-羟化酶催化生成去甲肾上腺素（NA）。肾上腺髓质存在苯乙醇胺氮位甲基移位酶，可使去甲肾上腺素进一步变成肾上腺素（AD）。

2. **代谢**　当去甲肾上腺素能神经兴奋时，神经冲动使突触前膜通透性发生改变，产生裂孔，以胞裂外排的方式将NA释放到突触间隙，与突触后膜上的受体结合产生效应。此后被相应的酶灭活或者被神经末梢重新摄取（图5-3）。

此外，神经递质还有氨基酸、嘌呤、多肽、多巴胺、5-羟色胺等。实际上许多神经均贮存两种或两种以上递质可供释放，如许多去甲肾上腺素能神经末梢亦可同时释放腺苷三磷酸（ATP）、多巴胺和神经多肽Y，此现象称为共同传递。

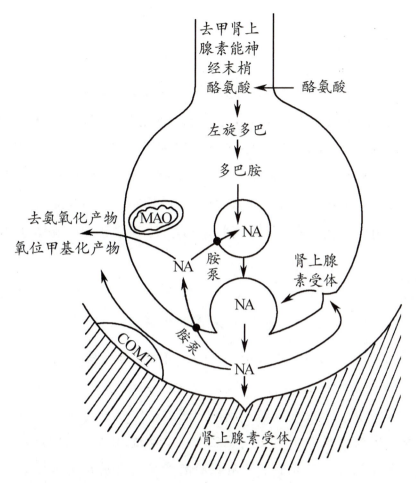

NA—去甲肾上腺素；MAO—单胺氧化酶；COMT—儿茶酚–O–甲基转移酶。

图5-3　去甲肾上腺素的代谢过程

❓ 课堂问答：

请同学们结合学过的知识，说出交感神经与副交感神经节前纤维和节后纤维哪些是胆碱能神经，哪些是去甲肾上腺素能神经。

第二节　传出神经系统受体的类型、分布及生理效应

在传出神经系统突触的后膜与前膜上，分布有能与ACh、NA等递质结合的受体，传出神经系统的受体根据能与之相结合的递质而命名，主要有两种类型：胆碱受体、肾上腺素受体。

一、胆碱受体及效应

胆碱受体能选择性与ACh结合，可分为毒蕈碱受体和烟碱受体两类。

1. 毒蕈碱型受体（M受体） 能选择性与毒蕈碱相结合而产生生物效应。M受体有五种亚型：M_1、M_2、M_3、M_4、M_5。主要分布在心脏、血管、支气管及胃肠道的平滑肌，瞳孔括约肌及腺体等效应器的细胞膜上。当乙酰胆碱与M受体结合，使其激动所产生的效应被称为M效应（即M样作用），表现为心脏抑制（心肌收缩力减弱、心率减慢、传导减慢）、血管舒张、支气管及胃肠道平滑肌收缩、瞳孔缩小、腺体分泌增加等。

🔗 知识链接：

切忌随意采食野生蘑菇

自然界有形形色色的各式蘑菇或菌子，有些非常美味，有些却是危害健康的毒蘑菇，这些毒蘑菇又称毒蕈，含有大量毒蕈碱，误食后，通常可在30~40分钟出现中毒症状，表现为流涎、流泪、恶心、呕吐、头痛、视力障碍、腹部绞痛、腹泻，严重时还会出现支气管痉挛、心动过缓、低血压和休克等，如症状严重、抢救不及时可致死亡。没有经验随意采食野蘑菇是不安全的，因为它们可能就是含有大量毒蕈碱的毒蘑菇。一旦发生中毒要立即送医院急救，除洗胃等常规抢救措施，还可选用阿托品等药物治疗。危重患者应采取综合抢救措施，及时收入ICU并配合血液透析等方法。

2. 烟碱型受体（N受体） 能选择性地与烟碱（nicotine，又称"尼古丁"）相结合而产生生物效应。N受体有两种亚型：N_1和N_2。N_1受体主要分布在自主神经的神经节和肾上腺髓质上；N_2受体主要分布在骨骼肌上。当乙酰胆碱与N受体结合，使其激动时产生的效应被称为N效应（即N样作用），表现为神经节兴奋、肾上腺髓质分泌增加和骨骼肌收缩等。

二、肾上腺素受体及效应

肾上腺素受体能选择性地与去甲肾上腺素（NA）或肾上腺素（AD）结合，可分为肾上腺素α受体和肾上腺素β受体两类。

1. α受体 α受体主要有两种亚型：α_1和α_2。α_1受体主要分布在血管平滑肌、瞳孔开大肌、胃肠及膀胱括约肌、腺体等处；α_2 受体主要分布在去甲肾上腺素能神经末梢突触前膜。当去甲肾上腺素或肾上腺素与 α 受体结合，使 α 受体被激动而产生的效应称为 α 效应（即 α 样作用），表现为皮肤、黏膜、内脏血管收缩，瞳孔扩大，胃肠及膀胱括约肌收缩，腺体分泌增加，通过负反馈抑制去甲肾上腺素释放等，这有利于机体应急时对血液的合理调整和能量供给。

2. β 受体　β 受体主要有三种亚型：β_1、β_2 和 β_3。β_1 受体主要分布在心脏、肾脏；β_2 受体主要分布在支气管平滑肌、骨骼肌血管、冠状动脉、肝脏；β_3 受体主要分布在脂肪组织。去甲肾上腺素与 β 受体结合，使 β 受体被激动而产生的效应被称为 β 效应（即 β 样作用），表现为心脏兴奋（心肌收缩力增强、心率加快、传导加快）、支气管平滑肌松弛、骨骼肌血管和冠状动脉扩张、糖原和脂肪分解等，这有利于机体对重要器官的灌注和蓄积能量。

三、多巴胺受体及效应

外周神经系统还有多巴胺受体（D受体或DA受体）存在，主要分布于肾血管、肠系膜血管、冠状血管及脑血管平滑肌、去甲肾上腺素能神经末梢和胃肠平滑肌细胞上。当多巴胺与D受体结合而激动时，表现为肾血管、肠系膜血管、冠状血管及脑血管平滑肌舒张、NA分泌减少、胃肠平滑肌舒张等。

多数效应器既接受胆碱能神经支配，又接受去甲肾上腺素能神经的支配（表5-1），两类神经对效应器的支配大多是相互对抗的，不同效应器，其支配优势不同，但在中枢神经系统的调节下，两种支配既对立又统一，共同协调机体功能。

表 5-1　传出神经系统的主要受体类型与效应

部位	效应器	胆碱能神经递质作用		去甲肾上腺素能神经递质作用	
		受体	效应	受体	效应
心脏	窦房结	M	心率↓	β_1	心率↑
	心肌	M	收缩力↓	β_1	收缩力↑
	传导系统	M	传导↓	β_1	传导↑
眼	瞳孔开大肌			α_1	收缩（扩瞳）
	瞳孔括约肌	M	收缩（缩瞳）		
	睫状肌	M	收缩（近视）	β_2	松弛（远视）

部位	效应器	胆碱能神经递质作用		去甲肾上腺素能神经递质作用	
		受体	效应	受体	效应
血管	皮肤、黏膜			α	收缩
	内脏			α，β_2	收缩；舒张
	骨骼肌	M	舒张	α，β_2	收缩；舒张
	冠状血管			β_2	舒张
内脏	支气管	M	收缩	β_2	舒张
	胃肠壁	M	收缩	β_2	舒张
	胃肠括约肌	M	舒张	α	收缩
	胆囊	M	收缩	β_2	舒张
	膀胱壁	M	收缩	β_2	舒张
	膀胱括约肌	M	舒张	α	收缩
骨骼肌		N_2	收缩		
腺体	汗腺	M	分泌	α	分泌
	唾液腺	M	分泌	α	分泌
	胃肠道	M	分泌		
	呼吸道	M	分泌		
其他	肾脏			β_1	肾素释放
	肝脏			β_2	糖原分解
	骨骼肌			β_2	糖原分解
	脂肪组织			β_3	脂肪分解
自主神经节		N_1	兴奋		
肾上腺髓质		N_1	分泌		

注：↑为增强或加快；↓为减慢或减弱。

🔍 课堂问答：————————————————

请同学们分别说出 M 受体、N 受体、α 受体、β 受体激动后的生理效应。（建议采取小组竞赛或借助网络学习平台抢答）

第三节　传出神经系统药物的作用方式和分类

一、传出神经系统药物的作用方式

（一）直接与受体结合

大部分药物能直接与受体结合而产生激动或拮抗受体的效应。与受体结合后激动受体产生类似于递质效应的药物称为拟似药或受体激动药；反之，与受体结合后产生与递质效应相反效应的药物称为拮抗药或受体阻断药。

（二）影响递质的代谢

1. 影响递质的合成、储存和摄取　如利血平通过抑制去甲肾上腺素能神经末梢合成、储存和再摄取去甲肾上腺素，使囊泡内的去甲肾上腺素减少甚至耗竭，从而发挥抗去甲肾上腺素能神经的作用。

2. 影响递质释放　如麻黄碱在直接激动肾上腺素受体的同时，还可促进去甲肾上腺素能神经末梢释放去甲肾上腺素，发挥拟肾上腺素作用。

3. 影响递质灭活　乙酰胆碱主要被胆碱酯酶水解灭活，胆碱酯酶抑制药如新斯的明通过抑制胆碱酯酶的活性，阻碍乙酰胆碱的水解，提高突触间隙乙酰胆碱的浓度而产生拟胆碱作用。

二、传出神经系统药物的分类

根据传出神经系统药物对受体作用的性质和对受体的选择性，可将药物分为拟胆碱药、抗胆碱药、拟肾上腺素药和抗肾上腺素药（表5-2）。

表 5-2　传出神经系统药物的分类

分类	作用环节	主要药物
拟胆碱药	M 受体激动药	毛果芸香碱
	N 受体激动药	烟碱
	胆碱酯酶抑制药	新斯的明、毒扁豆碱
抗胆碱药	M 受体拮抗药	阿托品、东莨菪碱
	M_1 受体拮抗药	哌仑西平
	N_1 受体拮抗药	美卡拉明（美加明）、樟磺咪芬
	N_2 受体拮抗药	琥珀胆碱、泮库溴铵
拟肾上腺素药	α、β 受体激动药	肾上腺素、麻黄碱
	α 受体激动药	去甲肾上腺素、间羟胺
	$α_1$ 受体激动药	去氧肾上腺素
	$α_2$ 受体激动药	可乐定
	β 受体激动药	异丙肾上腺素
	$β_1$ 受体激动药	多巴酚丁胺
	$β_2$ 受体激动药	沙丁胺醇
抗肾上腺素药	α、β 受体拮抗药	拉贝洛尔
	α 受体拮抗药	酚妥拉明、酚苄明
	$α_1$ 受体拮抗药	哌唑嗪
	$α_2$ 受体拮抗药	育亨宾
	β 受体拮抗药	普萘洛尔、吲哚洛尔
	$β_1$ 受体拮抗药	美托洛尔、阿替洛尔

药学服务岗位操作实践

岗位情境：

　　张大爷喜欢睡午觉，突然被屋外施工噪声惊醒后出现心跳加快、大汗、呼吸急促等症状，因担心自己身体的健康状况，向在社区药房工作的邻居小王进行咨询，小王应如何运用本章知识做好解答呢？

操作流程：

1. 首先安抚张大爷情绪，不必惊慌，上述症状属于正常的生理反应。

2. 解释机体在受到刺激、惊吓后中枢神经会收到危险预警信号，交感神经兴奋，机体分泌肾上腺素和去甲肾上腺素会急剧增加，导致全身组织器官的功能处于应急状态，心脏会加速跳动应对突然增加的血液需求。这种应急反应一般无大影响，但如果有器质性心脏病等的患者，有可能诱发相关疾病。因此，老年人和心功能不全者平时生活中要避免情绪激动。

3. 如噪声反复发生，可以建议联系施工方，要求其控制噪声时间，小王还应后续主动关心张大爷，及时沟通，提供更全面的药学服务。

章末小结

1. 传出神经系统的递质主要有乙酰胆碱（ACh）和去甲肾上腺素（NA，NE）。胆碱能神经末梢释放的递质为乙酰胆碱；去甲肾上腺素能神经末梢释放的递质为去甲肾上腺素。

2. 传出神经系统药物主要通过影响递质与受体的结合而产生药理作用。传出神经系统受体分为 M 受体、N 受体、α 受体和 β 受体。受体激动时产生的生理效应是传出神经系统药物的药理基础。

3. 传出神经系统药物按其对受体的影响分为四类：拟胆碱药、抗胆碱药、拟肾上腺素药和抗肾上腺素药。

思考与练习

一、 单项选择题

1. β_1 受体主要分布在（　　）

    A. 血管   B. 心脏   C. 平滑肌

    D. 腺体   E. 瞳孔

2. β受体激动时可引起（　　　）

A. 心脏抑制，冠状血管扩张

B. 支气管平滑肌松弛，骨骼肌血管扩张

C. 骨骼肌收缩，腺体分泌增加

D. 糖原脂肪分解减少

E. 胃肠括约肌收缩

3. 中途不更换神经元的神经是（　　　）

A. 多数交感神经 　　　B. 副交感神经 　　　C. 运动神经

D. 自主神经 　　　E. 以上都不是

4. 能选择性与毒蕈碱结合的胆碱受体为（　　　）

A. M受体 　　　B. N受体 　　　C. α受体

D. β受体 　　　E. DA受体

5. M受体激动时可使（　　　）

A. 皮肤、黏膜血管扩张 　　　　　　B. 瞳孔扩大

C. 睫状肌松弛 　　　　　　D. 心脏抑制

E. 脂肪分解

二、简答题

1. 传出神经系统主要的神经递质及受体有哪些？

2. M样作用、N样作用、α样作用和β样作用的表现是什么？

3. 结合本章药学服务岗位操作实践，讨论如何在药学服务中体现专业精神和职业素养？

三、应用题

用横线将下面这些受体与其被抑制时的生理效应连接起来。

受体类型	受体抑制后的生理效应
M受体	心率减慢，传导减慢，心肌收缩力减弱
	心率加快，传导加快，心肌收缩力增强
N_1受体	胃酸分泌减少，胃肠道蠕动减慢
	支气管平滑肌松弛

受体类型	受体抑制后的生理效应
N_2受体	支气管平滑肌收缩
	皮肤、黏膜、内脏血管舒张
	α冠状动脉血管收缩
	瞳孔扩大
β_1受体	骨骼肌松弛
	神经节抑制，肾上腺髓质分泌减少
β_2受体	糖原分解减少

（苏　永）

第六章
拟胆碱药

学习目标

知识目标：

- 掌握　毛果芸香碱、新斯的明的作用、用途和不良反应。
- 熟悉　毒扁豆碱及其他药物的特点。
- 了解　拟胆碱药的用药指导。

技能目标：

- 熟练掌握　胆碱受体激动药、胆碱酯酶抑制药的用药指导基本技能。
- 学会　观察和评价药物治疗青光眼、重症肌无力等疾病的疗效和不良反应，并为合理用药提供依据。

素质目标：

- 具有尊重、关心青光眼、肌无力等疾病的患者，开展合理用药岗位服务的专业精神和职业素养。

情境导入

情境描述：

　　王大妈今年60岁，近半年经常出现视物模糊、眼睛酸胀的症状，休息后未见好转，一天前出现头痛和呕吐症状，视物周围有红晕。紧急就医后诊断为慢性闭角型青光眼，医嘱给予毛果芸香碱滴眼液等药物治疗。王大妈在药房取药后立即让家属滴眼缓解疼痛，结果滴眼后没多久，感觉鼻塞、唾液外溢，非常难受，于是向药师咨询原因。

学前导语:

　　青光眼是眼科常见疾病,一般采取药物和/或手术治疗。常用治疗药物有毛果芸香碱、毒扁豆碱等,治疗效果均较好。王大妈出现的情况是其未按给药要求压迫眼内眦,导致药液进入鼻腔、口腔出现不良反应。由此可见,即便是局部用药,也需要严格执行医嘱,正确用药。本章将介绍毛果芸香碱等拟胆碱药,学好、用好这些药物,未来可以更好地胜任药学工作岗位,做好药学服务,体现职业价值。

　　胆碱受体激动药和胆碱酯酶抑制药统称为拟胆碱药。胆碱受体激动药可与乙酰胆碱受体结合,直接激动胆碱受体,产生与乙酰胆碱相似的作用;胆碱酯酶抑制药通过抑制胆碱酯酶活性,妨碍乙酰胆碱的水解,提高突触间隙乙酰胆碱的浓度,间接激动胆碱受体。

第一节　胆碱受体激动药

　　胆碱受体激动药包括M受体激动药和N受体激动药,由于后者目前无临床应用的具体药物,故本节仅介绍M受体激动药。

毛果芸香碱(pilocarpine,匹鲁卡品)

本药是从毛果芸香属植物中提取的生物碱。其水溶液稳定,现已人工合成。

【作用与用途】选择性地与M受体结合,直接激动该受体,产生M样作用,对眼和腺体的作用较明显。

1. 对眼的作用

(1)缩瞳:直接激动瞳孔括约肌上的M受体,使瞳孔缩小(图6-1)。常与扩瞳药交替应用治疗虹膜睫状体炎,使虹膜收缩和舒张交替进行,防止虹膜与晶状体粘连。

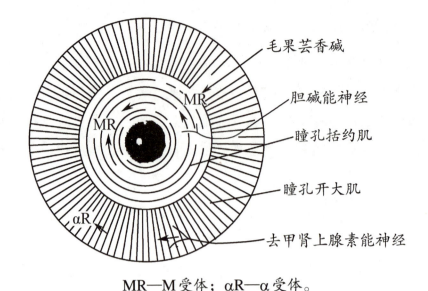

MR—M受体；αR—α受体。

图6-1 M受体激动药的缩瞳作用示意图

（2）降低眼压：房水由睫状体上皮细胞分泌及血管渗出产生，首先进入后房，经瞳孔流入前房，再经过前房角的小梁网和巩膜静脉窦，最后进入巩膜表层的睫状前静脉。这是房水循环的主要途径（图6-2）。毛果芸香碱通过缩瞳作用，使虹膜根部变薄，前房角间隙扩大，房水易进入巩膜静脉窦，流出量增加，从而降低眼压（图6-3）。临床主要用于治疗前房角狭窄的闭角型青光眼，对开角型青光眼早期也有一定疗效。

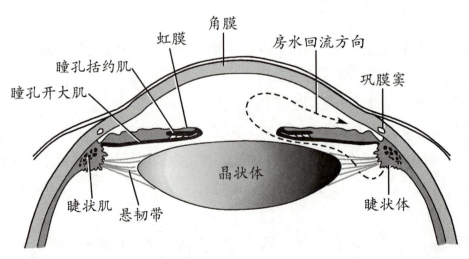

图6-2 房水循环示意图

注：箭头示房水回流方向。

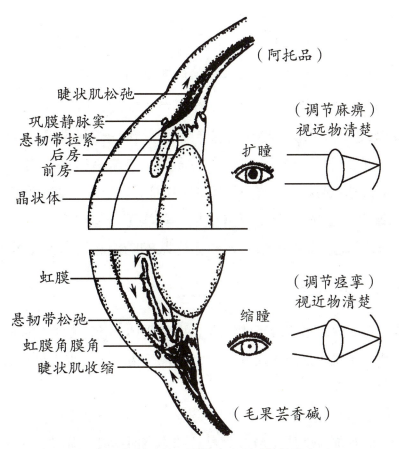

图6-3　M受体激动药（毛果芸香碱）和
M受体拮抗药（阿托品）对眼的作用示意图

注：上图为阿托品的作用；下图为毛果芸香碱的作用。
箭头表示房水流通及睫状肌收缩或松弛的方向。

🔗 知识链接：

青光眼简介

眼球内容物作用于眼球壁的压力称为眼压。眼压稳定在一定范围内，以维持眼球的正常形态。正常情况下，房水生成率、房水排出率及眼内容物的体积三者处于动态平衡状态，这是保持正常眼压的重要因素。青光眼是指眼压间断或持续升高的一种眼病。

持续高眼压对眼球各部分造成机械性压迫，引起视神经供血不足，导致视神经损伤。青光眼的主要临床表现有眼睛胀痛、头痛、头晕、恶心、鼻根疼、流泪、虹视、结膜充血及突然视物模糊等，严重者可致盲。习惯上根据前房角病变情况将青光眼分为开角型和闭角型两类。

青光眼防治的重要性

青光眼是目前世界上第二大致盲眼病，发病率仅次于白内障，但致盲率却高于白内障。早期发现，采取药物治疗控制眼压是青光眼最重要和最基础的治疗方式，可有效控制青光眼的发展，防止视力损害。临床有很多患者因为对青光眼的认识不足或不能坚持治疗，导致了不可逆的视功能损伤。青光眼防治问题的严重性和复杂性带来了沉重的社会和经济负担，药学工作者学会正确、及时向青光眼患者开展健康知识宣讲和用药指导，对青光眼的防治和降低致盲率有极其重要的意义。

（3）调节痉挛：激动睫状肌环状纤维上的 M 受体，使睫状肌向瞳孔的中心方向收缩，悬韧带松弛，晶状体变凸，屈光度增加，视远物不清，视力处于近视状态，此作用称为调节痉挛（图6-3）。

2. **对腺体的作用**　激动腺体上的 M 受体，使腺体分泌增加。其中汗腺和唾液腺分泌增加明显。可对抗阿托品等 M 受体拮抗药中毒时的外周症状，可用于解救阿托品类药物中毒。

【不良反应】主要有视远物模糊等现象。长期应用或浓度过高（>2%），可致虹膜括约肌或睫状肌痉挛性收缩而引起眼痛或头痛。给药不当吸收后可引起 M 样作用为主的中毒症状如流涎、多汗、支气管痉挛、腹痛及腹泻等。

【用药须知】

1. 滴眼时要压迫内眦1~3分钟，避免药物经鼻泪管流入鼻腔被吸收而引起不良反应。用于虹膜睫状体炎时，应与扩瞳药交替使用，以防止虹膜与晶状体粘连。

2. 全身应用时，口服给药应在饭后服用，可减少恶心等胃肠道反应；注射给药多采用皮下注射。

3. **过量表现及解救**　过量时出现 M 受体的兴奋症状，可用 M 受体拮抗药阿托品对抗；中枢过度兴奋发生惊厥时可用东莨菪碱解救。

同类药物还有卡巴胆碱（carbachol）等。

第二节　胆碱酯酶抑制药

胆碱酯酶抑制药又称抗胆碱酯酶药，可抑制胆碱酯酶的活性，使乙酰胆碱在突触间隙因水解减少而蓄积，从而间接产生M样作用和N样作用。根据胆碱酯酶活性恢复的难易程度分为易逆性胆碱酯酶抑制药（如新斯的明、毒扁豆碱等）和难逆性胆碱酯酶抑制药（如有机磷酸酯类农药）。

一、易逆性胆碱酯酶抑制药

新斯的明（neostigmine，普鲁斯的明）

【作用与用途】新斯的明与胆碱酯酶结合，使胆碱酯酶暂时失去活性，使乙酰胆碱水解减少，蓄积的乙酰胆碱与突触后膜上的M受体和N受体结合，呈现M样作用和N样作用。其对骨骼肌的兴奋作用最强，对胃肠道和膀胱平滑肌的兴奋作用次之，对心脏、支气管、腺体、眼的作用较弱。

1. 兴奋骨骼肌　新斯的明不仅能抑制胆碱酯酶（ChE）活性，而且能直接激动骨骼肌终板膜上的N_2受体并促进运动神经末梢释放乙酰胆碱（ACh），故其对骨骼肌的兴奋作用最强（图6-4），是临床治疗重症肌无力的首选药之一，可明显改善肌无力症状；也用于对抗筒箭毒碱等非去极化型肌松药过量引起的肌肉松弛。

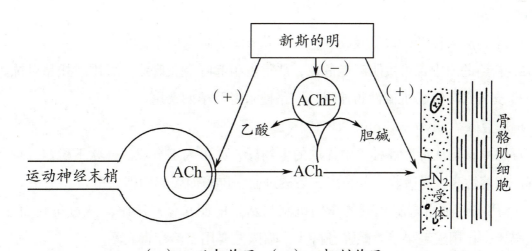

（＋）—兴奋作用；（－）—抑制作用。

图6-4　新斯的明兴奋骨骼肌作用环节示意图

重症肌无力

重症肌无力（myasthenia gravis，MG）是神经-肌肉突触传递障碍的一种自身免疫性疾病。临床主要症状为进行性部分或全身骨骼肌无力和易疲劳，活动后症状加重，经休息或用胆碱酶抑制药后，症状可得到缓解。重症肌无力早期表现为眼睑下垂、头颈低垂、肢体无力、渐进性出现咀嚼和吞咽困难，严重者出现呼吸肌麻痹而危及生命。本病目前尚无根治方法，胆碱酯酶抑制药是对症治疗的药物，但不能单药长期应用，用药剂量应从小剂量递增。

2. 兴奋胃肠道和膀胱平滑肌　新斯的明的 M 样作用对胃肠和膀胱平滑肌作用也较明显，可增强胃肠蠕动和膀胱逼尿肌张力，促进排气、排尿。用于治疗手术后腹胀气和尿潴留。

3. 抑制心脏　新斯的明对心脏的 M 样作用使房室传导减慢，心率减慢。用于治疗阵发性室上性心动过速。

4. 解救非去极化型肌松药中毒　新斯的明可用于筒箭毒碱等非去极化型肌松药中毒时的解救。

【不良反应】多与胆碱能神经过度兴奋有关。治疗量时不良反应较少，过量可引起明显恶心、呕吐、腹痛、心动过缓、呼吸困难、肌肉震颤、肌无力加重等，严重者可导致呼吸肌麻痹。

【用药须知】

1. 本药脂溶性低，口服吸收少，个体差异大，剂量应个体化。

2. 新斯的明中毒可致胆碱能危象，严重者引起呼吸肌麻痹，可用阿托品对抗。

3. 支气管哮喘、机械性肠梗阻、尿路梗阻者及孕妇禁用。

毒扁豆碱（physostigmine，依色林）

毒扁豆碱是从毒扁豆种子中提取的生物碱，亦可人工合成。性状不稳定，见光易分解。脂溶性高，易吸收，分布广，易透过血脑屏障而引起中枢兴奋。

【作用与用途】毒扁豆碱的作用机制与新斯的明相似。滴眼易透过角膜而缩瞳、降低眼压，作用较毛果芸香碱强且持久，临床主要用于治疗青光眼。

【不良反应】

1. 本药选择性低，毒性大，一般仅眼科局部应用，不用于全身性疾病的治疗。滴眼时应压迫内眦，避免药物吸收引起中毒。由于本药脂溶性高，不慎吸收会通过血脑屏障引起中枢兴奋，甚至警觉。

2. 毒扁豆碱对眼部睫状肌收缩作用较强，滴眼后常引起眼痛、头痛、视物模糊等不适。

同类药物还有溴吡斯的明（pyridostigmine bromide）、加兰他敏（galanthamine）等。

二、难逆性胆碱酯酶抑制药

难逆性胆碱酯酶抑制药可以与胆碱酯酶持续结合，并使其逐渐"老化"，直至失活，其作用较易逆性胆碱酯酶抑制药要持久和强烈，会更明显地造成乙酰胆碱大量堆积，产生具有长期危害作用的M样作用和N样作用。此类药物主要作为农用杀虫剂使用，又称为有机磷酸酯类农药。常用的有马拉硫磷、乐果、敌敌畏等，详见第四十三章。

第三节　拟胆碱药的用药指导

一、用药前

1. 应充分了解患者有无用药禁忌，如心动过缓、支气管哮喘、阻塞性肺疾病、溃疡病、机械性肠梗阻、癫痫、尿潴留等。

2. 眼科用药前应先向患者介绍滴眼时应压迫眼内眦，如不小心进入鼻腔、口腔，应及时用清水漱口，已吞咽者可密切观察，如出现明显不适症状，如气道痉挛、胃肠绞痛，应及时告知医生进行处置。

3. 告知患者本类药物会引起短时间的视物不清及对光线敏感等症状，但会随着药物作用的消失自行恢复。

4. 建议准备必要的急救药物和设备，如胆碱受体拮抗药阿托品，强心药肾上腺素，心肺复苏机、辅助呼吸器等。

二、用药中

1. 观察有无药物的不良反应，如血压降低、气道阻塞等，协助制订合理的防治措施。严密观察眼压、视力、血压、脉搏、循环和呼吸及呼吸道分泌物增多或气道阻塞的情况，保持呼吸道通畅，及时清除呼吸道分泌物等。

2. 对初次诊断肌无力的患者，应告知疾病相关知识和相关的药物治疗方法，如药物的作用、预期的治疗作用、常见的不良反应及胆碱能危象的症状和体征等。

3. 对需长期用药者，督促患者坚持用药，关心其生活，增强其战胜病魔的信心。

三、用药后

1. 注意观察患者用药后的视力改变情况，头痛等症状是否减轻，以及排便、排尿情况，对排便困难或失禁者应及时采取相应的护理措施，如导尿、肛管排气及必要的皮肤护理等。

2. 加强宣教，提示注意药物对日常生活的影响，如在视觉恢复之前不做驾驶、高空作业等精细工作。

药学服务岗位操作实践

岗位情境：

社区药房小王的邻居李阿姨左眼胀痛伴同侧头痛、恶心、呕吐、视物模糊，于是家人带她去医院治疗，医生诊断为急性闭角型青光眼。医生给开了20%甘露醇注射液快速静脉滴注和1%毛果芸香碱滴眼液进行滴眼。李阿姨来找小王咨询，小王应如何运用本章知识做好解答呢？

操作流程：

1. 首先热情接待李阿姨，详细了解就医经过，介绍医生的治疗方案合理性，告诉李阿姨积极配合治疗，症状会很快缓解。

2. 指导李阿姨正确使用毛果芸香碱滴眼液的滴眼方法。滴眼时要压迫内眦1~3分钟，防止进入口腔吸收中毒。

3. 告知李阿姨青光眼发病的主要原因和防治的重要性。保持心情舒畅，低钠、高蛋白、高纤维素饮食，适量体育锻炼。闭角型青光眼急性期减少饮水量，一次饮水量应不超过300ml，一天不超过1 500ml。

4. 可在李阿姨需要的情况下，建立方便的联系方式，及时跟进，加强沟通与健康教育，提供更全面的药学服务。

1. 毛果芸香碱选择性激动 M 受体，对眼有缩瞳、降低眼压、调节痉挛等作用，主要用于治疗青光眼、虹膜睫状体炎；全身给药用于阿托品中毒的解救。毛果芸香碱吸收过量时出现 M 受体兴奋症状，可用阿托品对抗；中枢过度兴奋发生惊厥抽搐，可用东莨菪碱解救。

2. 新斯的明、毒扁豆碱通过抑制胆碱酯酶，提高突触间隙 ACh 浓度，间接激动 M 受体和 N 受体。新斯的明能够兴奋骨骼肌和平滑肌，抑制心脏，用于治疗重症肌无力、术后腹胀、尿潴留及阵发性室上性心动过速等；毒扁豆碱因毒性大，仅局部用药治疗青光眼。

3. 使用毛果芸香碱、毒扁豆碱滴眼时注意压迫内眦防止吸收中毒。

●···· 思考与练习 ····●

一、单项选择题

1. 以下药物可用于治疗青光眼的是（　　　）
   A. 乙酰胆碱　　　　B. 毛果芸香碱　　　C. 新斯的明
   D. 氯贝胆碱　　　　E. 以上都不是

2. 下列不能选用毛果芸香碱的情况是（　　　）
   A. 开角型青光眼　　B. 闭角型青光眼　　C. 虹膜睫状体炎
   D. 阿托品中毒　　　E. 重症肌无力

3. 治疗手术后肠麻痹及膀胱麻痹最好选用（　　　）
   A. 毒扁豆碱　　　　B. 新斯的明　　　　C. 加兰他敏
   D. 卡巴胆碱　　　　E. 毛果芸香碱

4. 新斯的明禁用于（　　　）
   A. 肠麻痹　　　　　　　　　　B. 重症肌无力
   C. 尿潴留　　　　　　　　　　D. 阵发性室上性心动过速
   E. 支气管哮喘

5. 下列新斯的明的药理作用最明显的是（　　　）
   A. 兴奋平滑肌　　　B. 兴奋骨骼肌　　　C. 减慢心率
   D. 增加腺体分泌　　E. 缩小瞳孔

6. 毛果芸香碱对眼睛的作用是（　　　）

A. 缩小瞳孔、升高眼压、调节痉挛

B. 扩大瞳孔、降低眼压、调节麻痹

C. 缩小瞳孔、升高眼压、调节麻痹

D. 扩大瞳孔、升高眼压、调节麻痹

E. 缩小瞳孔、降低眼压、调节痉挛

二、简答题

1. 试比较毛果芸香碱和阿托品对眼的作用及用途有何不同。

2. 毛果芸香碱用于治疗青光眼，用药指导应注意什么？

3. 新斯的明治疗重症肌无力的药理依据有哪些？用药指导应注意什么？

三、应用题

案例分析：患者，女，50岁，2个月前无明显诱因出现左眼睑下垂、视物模糊等症状，经新斯的明试验及其他有关检查，诊断为重症肌无力。

请思考讨论：①应选用何药治疗？应用时应注意哪些问题？②患者用药后出现共济失调、惊厥、言语不清是什么原因？该如何处理？③如何在后续药学服务中体现专业精神和职业素养？

（苏　永）

第七章
胆碱受体拮抗药

学习目标

知识目标

- 掌握　阿托品的作用和用途、不良反应。
- 熟悉　其他 M 受体拮抗药的主要特点和用药指导要点。
- 了解　常用 N 受体拮抗药的主要特点。

技能目标

- 熟练掌握　阿托品等药物用药指导的基本技能。
- 学会　正确评价、观察胆碱受体拮抗药疗效和不良反应，为合理用药提供依据。

素质目标

- 具有尊重、关心患者，能够提供阿托品等药物的用药指导和药学服务的专业精神和职业素养。

情境导入

情境描述：

　　小李和朋友中午吃烧烤，因天气炎热喝了大量的冰镇啤酒，午休后感觉腹部绞痛，随后腹泻不止，浑身乏力，但无恶心、呕吐以及发热、寒战等症状，就诊后医生诊断为急性胃肠炎。给予：静脉滴注葡萄糖盐水补液，配伍左氧氟沙星抗感染治疗，同时肌内注射山莨菪碱。傍晚，小李的症状已明显好转，此时感觉口舌干燥，但被告知不能大量饮水。小李不解，遂询问药师小张，于是小张向其详细解释。

学前导语：

　　急性胃肠炎会引起胃肠平滑肌痉挛，出现腹痛、腹泻等，阿托品、山莨菪碱是M受体拮抗药，是缓解胃肠道痉挛的主要药物，但也会出现口干、颜面潮红、视物模糊等副作用，可少量多次饮水以减轻口干症状，若大量饮水反而会出现腹胀、排尿困难等不适症状。本章将详细介绍胆碱受体拮抗药，学好这类药物，未来可以更好地胜任岗位工作，开展药学服务，实现职业价值。

胆碱受体拮抗药又称抗胆碱药（anticholinergics）。能阻碍ACh或胆碱受体激动药与胆碱受体结合，产生抗胆碱作用。按其对胆碱受体的选择性不同，可分为M受体拮抗药和N受体拮抗药。

第一节　M受体拮抗药

M受体拮抗药包括从植物中提取的生物碱如阿托品、东莨菪碱、山莨菪碱等以及人工合成的衍生物。

一、阿托品类生物碱

阿托品（atropine）

阿托品是从茄科植物颠茄、曼陀罗等植物中提取的生物碱，也可人工合成。口服吸收迅速，1小时后作用可达高峰，维持2~4小时。吸收后分布于全身组织，可通过血脑屏障、胎盘屏障，80%的药物随尿液排出，也能经乳汁分泌。眼科局部应用时通过房水循环排出较慢，滴眼后作用可持续数天。

【作用与用途】阿托品能竞争性拮抗乙酰胆碱的M样作用，其作用广泛。作用强度因用药剂量、各脏器对其的敏感性而异。

1. **抑制腺体分泌**　小剂量（0.3~0.5mg）即可抑制腺体分泌，作用强度依次为：唾液腺＞汗腺＞泪腺、呼吸道腺体＞胃腺。较大剂量时可抑制胃液分泌，但对胃酸浓度影响较小，因胃酸的分泌还受组胺、促胃液素等多种体液因素的影响。对胰液、肠液分泌基本无作用。可用于治疗流涎症、严重盗汗。也可于麻醉前给药，抑制呼吸道腺体和唾液腺分泌，防止呼吸道阻塞或吸入性肺炎的发生。

2. 对眼的作用

（1）扩瞳：拮抗瞳孔括约肌上的M受体，使瞳孔括约肌松弛，而瞳孔开大肌功能占优势，瞳孔扩大。

（2）升高眼压：由于瞳孔扩大，虹膜退向周围边缘，因前房角间隙变窄，妨碍房水回流，造成眼压升高。

（3）调节麻痹：拮抗睫状肌上的M受体，使睫状肌松弛退向边缘，导致悬韧带拉紧，使晶状体变为扁平，屈光度降低，使近距离的物体不能成像于视网膜上，因此视近物不清，导致短暂性远视状态，称为调节麻痹。

眼科可用于，①虹膜睫状体炎：松弛瞳孔括约肌和睫状肌，使其活动减少，炎症局部得到充分休息，有利于炎症减轻；与缩瞳药交替使用，防止虹膜与晶状体粘连。②验光配镜：松弛睫状肌，悬韧带拉紧，晶状体充分固定，可准确测定晶状体的屈光度。阿托品调节麻痹作用持续时间较长，因儿童睫状肌调节功能较强，现仅用于儿童验光。③检查眼底：利用扩瞳作用检查眼底。阿托品扩瞳作用可维持一周左右，视力恢复较慢，现已被后马托品等药物取代。

② 课堂问答：
请同学们结合刚学过的知识，说出青光眼、虹膜炎可用哪些药物治疗，哪些药物禁用，禁止使用的原因是什么。

3. 解除平滑肌痉挛
阿托品对痉挛状态的内脏平滑肌有明显的松弛作用。作用强度依次为：胃肠道平滑肌>尿道和膀胱平滑肌>胆管和输尿管平滑肌>支气管平滑肌>子宫平滑肌。用于缓解各种内脏绞痛，如胃肠绞痛、膀胱刺激征等，对胆绞痛和肾绞痛疗效较差，常与阿片类镇痛药如哌替啶合用以增强疗效。

4. 兴奋心脏
较大剂量阿托品（1~2mg）拮抗心脏M受体，解除迷走神经过度兴奋对心脏的抑制，加快心率和房室传导。用于治疗窦性心动过缓、房室传导阻滞等缓慢型心律失常。

5. 扩张血管
与拮抗M受体无关，扩血管机制不明。大剂量阿托品可扩张外周及内脏血管，解除微小血管痉挛，改善微循环，增加重要器官的血液灌注，有利于休克好转，但需注意补充血容量。用于抗感染性休克的抢救，因其副作用较多，现已被山莨菪碱取代。

6. **兴奋中枢** 对中枢神经系统的作用随药物剂量而变化。治疗量对中枢神经系统的作用不明显，较大剂量（1~2mg）兴奋延髓呼吸中枢；增大剂量（3~5mg）则兴奋大脑，出现烦躁不安、多言、谵妄等；中毒剂量（>10mg）产生幻觉、共济失调、定向障碍和惊厥等，严重者由兴奋转入抑制，出现昏迷、呼吸抑制、循环衰竭。

7. **解救有机磷酸酯类中毒** 阿托品能竞争性拮抗M受体，解除有机磷酸酯类中毒的M样症状，也可解除部分中枢症状。对中、重度中毒，应配合使用解磷定及其他抢救措施（详见第四十三章）。

【不良反应】

1. **副作用** 阿托品的作用广泛，副作用较多。常见口干、皮肤干燥、视近物模糊、畏光、面部发红、心悸、排尿困难、便秘和体温升高等，停药后可自行消失。

2. **毒性反应** 阿托品剂量较大（3~5mg）时，副作用加重，出现中枢的兴奋症状，表现为烦躁不安、头痛等；中毒剂量（成人为80~130mg，儿童约为10mg以上）可产生中枢神经系统中毒症状，表现为言语不清、精神错乱、高热、谵妄、幻觉，甚至惊厥，严重时由兴奋转为抑制，出现昏迷、呼吸抑制甚至因呼吸麻痹而死亡。

【用药须知】

1. 用药前向患者及家属解释阿托品的副作用，嘱患者少量多次饮水，以减轻口腔黏膜干燥感。

2. 滴眼时要压迫内眦防止吸收中毒。用药期间眼睛和皮肤对光敏感，外出时要注意减少皮肤的裸露，佩戴太阳镜。视物模糊时，不要进行用眼的精细工作、驾驶或操作重机器等。

3. 阿托品致死量儿童约为10mg，成人为80~130mg，有机磷中毒患者对阿托品耐受性增大。注射大剂量阿托品前，应备好抢救器械及药物。中毒的解救原则主要是对症处理，除及时采用急性中毒的一般处理措施外，可使用拟胆碱药毛果芸香碱、新斯的明等对抗外周症状；中枢兴奋症状明显时可选用地西泮或短效巴比妥类对抗，但剂量不宜过大，以免中枢由兴奋转为抑制。有机磷农药中毒使用阿托品过量时禁用新斯的明或毒扁豆碱解救，以免加剧有机磷酸酯类对胆碱酯酶的抑制。

4. 应用时应注意观察患者心率、瞳孔、体温、呼吸、神志等，出现异常应减量或暂停给药并及时报告医生，对症治疗。注意呼吸支持及控制高热（敷冰袋或酒精擦浴）。

5. 心肌梗死、心动过速者及老年人慎用。青光眼、前列腺肥大、支气管哮喘患者禁用。

"四查十对"对于药师的重要性

某医院通报1例因失误开出大剂量阿托品的用药案例。临床资料：患者，女，40岁，因急腹症入院，经检查诊断为"肠痉挛"，医嘱为给予1mg阿托品肌内注射，但在该院电子处方开写系统中，1mg/支和10mg/支的阿托品位置相邻，竟将1mg的阿托品误选成了10mg的阿托品，药师调配时由于严格执行"四查十对"的调剂规范，及时发现问题，立刻与主管医师沟通，避免了一次严重医疗事故。

该案例警示，药学工作者在调配处方的全过程中严格遵守"四查十对"，对防止用药错误起到关键的作用，有利于防止医师开具处方用药失误和药师调剂失误，确保药物使用的安全、有效、经济、适当。药物治疗是疾病治疗的主要手段之一，药品质量及药品合理使用也是医疗质量的重要组成部分。同学们，作为一名未来的药学工作者我们应努力提高自身职业素质，增强责任心及安全意识，重视药理知识的学习，加强药品的管理，保障患者的安全用药。

山莨菪碱（anisodamine）

山莨菪碱是从我国茄科植物唐古特山莨菪中提取出的生物碱，简称"654"。人工合成品称为"654-2"。山莨菪碱拮抗M受体作用与阿托品相似，但其对血管和内脏平滑肌解痉作用选择性较高。大剂量可抑制血小板聚集、改善微循环、提高细胞对缺氧的耐受力，常用于代替阿托品治疗内脏绞痛、感染性休克。也可用于有机磷酸酯类中毒及脑血管痉挛、血管神经性头痛等微循环障碍有关疾病的治疗。不易透过血脑屏障，中枢作用弱。副作用与阿托品相似，毒性较低。脑出血急性期、青光眼、前列腺肥大者禁用。

东莨菪碱（scopolamine）

东莨菪碱是从洋金花中提取的生物碱。外周作用与阿托品相似，对中枢为抑制作用。

【药理作用】

1. 外周作用　扩瞳、调节麻痹和抑制腺体分泌作用较阿托品强，对心血管作用较弱。

2. 中枢作用　东莨菪碱吸收后易透过血脑屏障，其中枢作用与阿托品相反，对中枢有较强抑制作用，随用药剂量的增加，可引起镇静、催眠甚至意识丧失进入浅麻醉状态。但对呼吸中枢有兴奋作用。

3. 抗晕动病　可能与抑制前庭神经内耳功能和大脑皮层有关，有抗晕、止吐作用。对晕车、晕船、晕飞机等晕动病，预防给药效果好。对肿瘤化疗刺激化学感受器兴奋引起的呕吐无效。

4. 抗震颤麻痹作用　可能与中枢抗胆碱作用有关。

【临床用途】临床主要用于：①麻醉前给药，因东莨菪碱不仅抑制腺体分泌作用强，还具有镇静作用，用于麻醉前给药较阿托品优越。②防治晕动病，对妊娠及放射病所致的呕吐也有效。③治疗帕金森病，缓解帕金森病及抗精神病药等引起的肌张力过高所导致的肌肉震颤等症状。④治疗有机磷酸酯类中毒、感染性休克等。

【不良反应】主要有嗜睡等中枢抑制作用，其他不良反应、禁忌证与阿托品相似。

【用药指导】

1. 防治晕动病宜提前用药，与 H_1 受体拮抗药苯海拉明合用可提高疗效。治疗有机磷酸酯类中毒、感染性休克需大剂量用药，用药前备好抢救器械及药品。

2. 注意本药的极量：口服给药一次低于0.6mg，1日总量低于2mg；注射给药一次低于0.5mg，1日总量低于1.5mg。

3. 对眼和腺体的作用与阿托品相似且较强，用药指导参见阿托品。

二、阿托品的合成代用品

阿托品的作用广泛、副作用多，眼科应用时，视力恢复较慢。为克服这些缺点，通过对其化学结构进行改造，合成了一些副作用小、选择性高的代用品，主要用于成人扩瞳、检查眼底及验光，也用于胃肠道平滑肌解痉和抑制胃酸分泌等（表7-1）。

表7-1　阿托品的合成代用品

	药物	作用特点	临床应用
扩瞳药	后马托品	扩瞳作用消失时间24~48h 调节麻痹作用消失时间24~48h	验光、检查眼底
	托吡卡胺	扩瞳作用消失时间6h 调节麻痹作用消失时间<6h	验光、检查眼底
解痉药	异丙托溴铵	气雾吸入给药时不良反应少，松弛支气管平滑肌作用较强	慢性阻塞性肺疾病
	溴丙胺太林（普鲁本辛）	解除胃肠平滑肌痉挛作用强且持久，减少胃液分泌	胃、十二指肠溃疡、胃肠痉挛、妊娠呕吐等

	药物	作用特点	临床应用
解痉药	贝那替秦（胃复康）	缓解平滑肌痉挛，减少胃液分泌，有中枢镇静作用	兼有焦虑症的溃疡病、肠蠕动亢进、膀胱刺激征
	胃胺（胃安）	缓解平滑肌痉挛，抑制胃液分泌，作用迅速，服药后5~15min起效，维持1~1.5h	溃疡病、急性胃炎、幽门痉挛
选择性M受体拮抗药	哌仑西平	选择性M_1受体拮抗药，抑制胃酸和胃蛋白酶分泌	消化性溃疡
	索利那新	选择性M_3受体拮抗药，对膀胱选择性高	膀胱过度活动症

第二节　N 受体拮抗药

N受体拮抗药又分为N_1受体拮抗药和N_2受体拮抗药两类。

一、N_1 受体拮抗药

N_1受体拮抗药能选择性地与神经节上的N_1受体结合，竞争性地拮抗乙酰胆碱对N_1受体的激动作用，又称"神经节阻滞药"。本类药物对交感神经节和副交感神经节的阻断作用由占优势的神经而定。阻断交感神经节表现为血管扩张，血压下降；阻断副交感神经节，可出现便秘、扩瞳、口干、尿潴留、胃肠道分泌减少等不良反应。常用的药物有美卡拉明等，因不良反应较多且严重，现已少用。可用于治疗重度高血压或麻醉时的血压控制，以减少手术区出血。美卡拉明现较广泛用于吸烟成瘾时的戒断治疗。

二、N_2 受体拮抗药

N_2受体拮抗药能选择性地与骨骼肌细胞膜上的N_2受体结合，阻断神经肌肉接头处神经冲动的传递，导致骨骼肌松弛，又称肌肉松弛药，简称肌松药。主要用于外科麻醉的辅助用药，既能减少全身麻醉药用量，又为手术操作创造良好的骨骼肌松弛状态，提高麻醉及手术的安全性。

按其作用机制的不同，可分为去极化型肌松药和非去极化型肌松药。

（一）去极化型肌松药

琥珀胆碱（suxamethonium，司可林）

【作用与用途】本药与骨骼肌细胞膜上 N_2 受体相结合，产生快速而短暂的去极化作用，使 N_2 受体对乙酰胆碱不能产生反应，导致骨骼肌先出现短暂的肌束震颤，随后出现肌肉松弛。其特点是：①肌肉松弛作用起效快，易被假性胆碱酯酶（丁酰胆碱酯酶）水解，故持续时间短，静脉注射后 $1\sim1.5min$ 起效，$2min$ 达到作用峰值，$5\sim8min$ 作用消失；②连续用药可产生快速耐受性；③治疗量无神经节阻滞作用。静脉注射适用于气管内插管，气管镜、食管镜及胃镜检查等短时间操作。静脉滴注适用于较长时间手术。

【不良反应】

1. 本药可引起强烈的窒息感，可先用硫喷妥钠进行静脉麻醉，再给琥珀胆碱，但两者不宜混合使用，以免琥珀胆碱遇碱性的硫喷妥钠溶液被分解破坏。

2. 可引起血钾升高、眼压升高、术后肌肉疼痛、恶性高热、心律失常（拟胆碱作用）等不良反应。过量可致呼吸肌麻痹，遗传性胆碱酯酶活性低下者尤易发生严重的呼吸肌麻痹。极量为一次 250mg。

【用药须知】

1. 青光眼和白内障患者、大面积软组织损伤、大面积烧伤、偏瘫、脑血管意外、假性胆碱酯酶缺乏及高钾血症、有机磷酸酯类中毒患者禁用；肝肾功能不全及肌无力患者慎用。

2. 使用前要备好人工呼吸机。发现患者有腹胀、倦怠、无力等症状，应建议医生作血钾检查。中毒时禁用新斯的明解救，因其可抑制假性胆碱酯酶，使琥珀胆碱浓度更高，其骨骼肌松弛作用增强。

3. 不与氨基糖苷类抗生素、多黏菌素、镁盐、奎尼丁、哌替啶等合用，以免加剧肌肉松弛。

4. 本药宜冷藏保存。

（二）非去极化型肌松药

筒箭毒碱（tubocurarine）

【作用与用途】本药与骨骼肌细胞膜上的 N_2 受体结合，竞争性的阻断乙酰胆碱的去极化作用，使骨骼肌松弛。

本药的主要特点是：①静脉注射3~6min起效，眼部、四肢、颈部、躯干和肋间肌肉依次产生松弛作用，肌肉松弛前无肌束颤动；②胆碱酯酶抑制药可对抗其肌肉松弛作用，过量中毒可用新斯的明解救；③有神经节阻断和促进组胺释放等作用，引起血压下降。现已少用，主要用于麻醉辅助用药。

【不良反应】

1. 严重休克、支气管哮喘、肌无力患者禁用。

2. 不同手术部位及个体差异大，应严格掌握给药剂量。

3. 安全范围小，过量中毒可引起呼吸骤停。用药中注意观察呼吸、血压、心率，备好急救药物新斯的明和呼吸机。

泮库溴铵（pancuronium bromide）

本药为人工合成的长效非去极化型肌松药，肌肉松弛作用较筒箭毒碱强，静脉注射4~6min起效，维持时间为2~3h。治疗量有抗胆碱和促进儿茶酚胺释放作用，可引起心率加快和血压升高。主要用于气管插管和术中肌肉松弛维持。过量中毒时，可用新斯的明解救。肾功能不全者慎用，重症肌无力者禁用。

同类药物还有维库溴铵、哌库溴铵、罗库溴铵、阿库溴铵等。

第三节 胆碱受体拮抗药的用药指导

一、用药前

本类药物种类多，用途广，禁忌证也多，故应充分了解患者病情、疾病史、用药史。主要包括以下内容。

1. 了解患者的基本体征如血压、脉搏、呼吸、体温、体重等情况。

2. 了解有无慎用或禁用抗胆碱药的疾病，如高血压/低血压、心律失常、尿潴留、前列腺肥大、甲状腺功能亢进、闭角型青光眼、肠梗阻、肌无力等。

3. 了解用药史，是否用过或正在服用可能与抗胆碱药相互作用的药物，如三环类抗抑郁药、哌替啶、抗组胺药、抗精神病药、镇静药等。

4. 告知患者药物可能引起的不良反应，使患者有足够的心理准备。

二、用药中

应密切观察药物可能引起的不良反应并采取有效的防范措施。

1. 避免因视物模糊或头晕、直立性低血压引起意外的发生。

2. 保持正常的排泄功能，预防尿潴留、腹胀、便秘，必要时采取对症处理。

3. 长期服用抗胆碱药可能会引起便秘，建议患者高纤维素饮食、少量多次饮水、适当运动等。

4. 抗休克时，在补足血容量的基础上用药。

5. 对男性患者应及时报告有无尿路阻塞或排尿不畅的情况，尤其是老年伴有前列腺肥大者。

6. 在做气管插管、气管镜等特殊检查时，如用大剂量抗胆碱药要注意药物引起的黏膜干燥症，谨慎操作，避免组织损伤；如有呼吸抑制，可采用人工呼吸及吸氧等措施抢救。

三、用药后

对需要长期应用抗胆碱药的患者要特别注意对其进行健康护理。

1. 注意观察用药后反应，血压、脉搏、呼吸及体温是否正常。尤其是大剂量应用时，要注意心率和体温的变化，若体温升高可用冰袋及酒精擦浴，夏季要特别注意防暑降温。

2. 若用控制饮食或其他物理方法能缓解肠胃不适时，建议患者尽量减少或避免服用药物。

3. 眼部用药注意调整室内光线保护眼睛，户外活动应避免强光刺激，佩戴墨镜等。

药学服务岗位操作实践

岗位情境：

患者，女，60岁，右眼老年性成熟期白内障，欲在局部麻醉下进行白内障摘除术。术前晚上滴1%阿托品液3次，每次2滴。滴药半小时后，患者自觉口干，下腹部胀满不适，欲排小便未果。检查发现：面色正常，右眼瞳孔扩大5mm，膀胱区胀满隆起，触之软，有波动感，即导尿750ml。次日上午于术前又滴1%阿托品液3次，每次2滴，滴药半小时后患者上述症状再现。再次导尿800ml。

术后停用阿托品，当晚患者能自行小便，家属王阿姨还是不放心，找到在药房工作的邻居小李咨询，小李该如何运用本章知识做好解答呢？

操作流程：

1. 小李首先要平复王阿姨的心情，解释白内障是眼科常见病，术前使用阿托品有利于手术的进行。

2. 告知眼部用药时，阿托品可经鼻泪管进入口腔抑制唾液分泌引起口干，吸收后可松弛膀胱逼尿肌引起尿潴留等副作用，一般停药后均可自行消失，不会复发，必要时可行导尿术。

3. 指导王阿姨眼科用药要注意避免吸收，滴眼时压迫内眦（同时示范），即可增强药物对眼的局部作用，又能防止药物经鼻泪管吸收引起不良反应。

4. 可在王阿姨自愿情况下，建立方便的联系方式或关注权威健康教育媒体平台，药师也会及时跟进沟通，提供更全面的药学服务等。

●····· 章末小结

1. M受体拮抗药阿托品能解除平滑肌痉挛、抑制腺体分泌、扩大瞳孔、升高眼压、加快心率，大剂量还能扩张血管、改善微循环，用于缓解胃肠绞痛、麻醉前给药、感染性休克、心动过速和有机磷酸酯类中毒解救等。其他M受体拮抗药的作用与阿托品相似，青光眼患者不宜使用。

2. 阿托品不良反应较多，剂量过大可导致中毒，临床多用其他选择性高的M受体拮抗药替代。

3. N受体拮抗药又分为N_1受体拮抗药和N_2受体拮抗药。N_2受体拮抗药为肌肉松弛药，分为去极化型和非去极化型两类，主要用于外科麻醉辅助用药。

4. 抗胆碱药的不良反应多，治疗作用和副作用可以相互转化，应作为用药指导的重点。

5. 药师应针对阿托品等药物的特点和患者实际，在用药的前、中、后制订不同的用药指导策略，提高药学服务。

一、 单项选择题

1. 阿托品在眼科适用于治疗（　　）
   A. 结膜炎　　　　　　　　B. 虹膜睫状体炎
   C. 沙眼　　　　　　　　　D. 青光眼
   E. 以上皆不宜选用

2. 治疗胆绞痛宜首选（　　）
   A. 阿托品　　　　　　　　B. 哌替啶
   C. 阿司匹林+阿托品　　　D. 阿托品+哌替啶
   E. 溴丙胺太林

3. 使用下列何药后可引起心动过速、口干、瞳孔散大等不良反应（　　）
   A. 毛果芸香碱　　B. 肾上腺素　　　C. 阿托品
   D. 新斯的明　　　E. 毒扁豆碱

4. 阿托品用于麻醉前给药的主要目的是（　　）
   A. 增强麻醉药的作用　　　B. 兴奋呼吸中枢
   C. 预防心动过缓　　　　　D. 减少呼吸道腺体分泌
   E. 松弛胃肠平滑肌

5. 阿托品禁用于（　　）
   A. 麻醉前给药　　　　　　B. 胃肠绞痛
   C. 心动过缓　　　　　　　D. 青光眼
   E. 膀胱刺激征

6. 阿托品有抗休克的作用，最适用于治疗（　　）
   A. 心源性休克　　　　　　B. 过敏性休克
   C. 感染性休克　　　　　　D. 出血性休克
   E. 以上皆不宜选用

二、 简答题

1. 简述阿托品的主要作用及临床应用。
2. 为什么阿托品可用于治疗心动过缓及房室传导阻滞？
3. N受体拮抗药有哪些，都有什么作用特点？

三、 应用题

1. 案例分析：患儿，5岁，男，因视远物模糊，家长担心孩子可能是近视，到医院就诊。给予：阿托品眼用凝胶滴眼，每眼1滴，双眼，每天3次，连用3天，第4天验光。当天晚上患儿入睡困难，白天起床后出现口干、畏光、流泪、视物模糊等症状。

   请思考并讨论：①患儿用药后为何出现入睡困难、口干、畏光、流泪、视物模糊？②使用阿托品滴眼时应注意哪些事项？③如何在后续药学服务中体现职业素养和专业精神。

2. 案例分析：杨某，男，24岁。患者因20分钟前口服敌敌畏15ml而入院治疗。体检：嗜睡状，大汗淋漓，呕吐数次。全身皮肤湿冷，无肌肉震颤。双侧瞳孔直径2~3mm，对光反射存在。体温、脉搏、呼吸及血压基本正常。双肺呼吸音粗。血常规检查：白细胞（WBC）14.2×10⁹/L，中性粒细胞93%。余未见异常。诊断为急性有机磷农药中毒。入院后，用2%碳酸氢钠水洗胃，静脉注射阿托品10mg/次，共3次。另静脉注射山莨菪碱10mg，碘解磷定1g，并给青霉素、庆大霉素及输液治疗后，瞳孔直径为5~6mm，心率72次/min，心律齐，皮肤干燥，颜面微红。不久痊愈出院。

   请思考并讨论：①如何正确使用阿托品？②为什么在使用M受体拮抗药时，又给予碘解磷定治疗？③如何在后续药学服务中体现职业素养和专业精神？

（苏 永）

学习目标

知识目标：

• 掌握　α、β受体激动药和β受体激动药的作用、用途和不良反应。
• 熟悉　α受体激动药的主要特点。
• 了解　肾上腺素受体激动药的用药指导要点。

技能目标：

• 熟练掌握　提供肾上腺素等药品实施抢救治疗，协助做好用药安全的技能。
• 学会　根据临床需要，正确提供不同类别药品，并进行用药指导。

素质目标：

• 具有爱岗敬业的专业精神和职业素养。

情境导入

情境描述：

　　某地在建筑施工时，因施工意外将两名建筑工人埋在土里。工友迅速拨打120急救电话，并利用平时参加安全培训所学到的急救技能展开自救，他们将伤员运到通风安全场地，进行基础心肺复苏抢救，约10分钟后，医务人员赶到，为两名工人注射抢救药物并实施抢救措施，最终两名工人恢复心跳，脱离生命危险。

学前导语：

　　同学们，伤害性事故可导致机体出现心搏骤停、休克等临床急症，合理应用兴奋传出神经系统的药物是实施抢救的基础。本章主要介绍的肾上腺素受体激动药就是最常用的抢救用药，学好有关知识可以帮助大家可以更好胜任药学工作岗位，做好药学服务，体现职业价值。

肾上腺素受体激动药能与肾上腺素受体结合并激动受体，产生肾上腺素样作用，因其作用与交感神经兴奋的效应相似，故又称拟肾上腺素药。根据药物对肾上腺素受体的选择性不同，本类药物可分为α、β受体激动药，α受体激动药和β受体激动药三类。

第一节 α、β受体激动药

本类药物主要激动α受体和β受体，其受体选择性多与剂量有关，有些药物还可以激动多巴胺受体（DA）或影响去甲肾上腺素递质的合成和释放，在多方面发挥作用。

肾上腺素（adrenaline，AD，副肾素）

肾上腺素（adrenaline，epinephrine）是肾上腺髓质分泌的主要激素，药用肾上腺素可从家畜肾上腺提取或人工合成。肾上腺素理化性质不稳定，见光易失效；在中性尤其是碱性溶液中，易氧化变色失去活性。在酸性溶液中较稳定，故药用制剂为盐酸肾上腺素。口服无效，注射给药。

【药理作用】肾上腺素主要激动α受体和β受体，产生较强的α样和β样作用。具有起效快、作用强、持续时间短等特点。作用与机体的生理病理状态、靶器官中肾上腺素受体亚型的分布、整体的反射作用和神经末梢突触间隙的反馈调节等因素有关。

1. 兴奋心脏　作用于心肌、传导系统和窦房结的β_1受体，可提高心肌的兴奋性，使心肌收缩力增强，心率加快，传导加速，心排血量增加。并激动β_2受体舒张冠状血管，改善心肌的血液供应，且作用迅速。

2. 舒张或收缩血管　激动血管平滑肌上的α_1受体，可使皮肤、黏膜血管和肾血管收缩；激动β_2受体，则使冠状动脉和骨骼肌血管舒张。

3. **升高血压** 皮下注射治疗量的肾上腺素或低浓度静脉滴注时能兴奋心脏，增加心排血量，使收缩压升高；舒缩血管，且舒张血管作用略大于或相当于收缩血管作用，舒张压略下降或不变，脉压增大，身体各部位血液重新分配，有利于紧急状态下机体能量的供应。较大剂量静脉注射时，可强烈兴奋心脏，并使血管平滑肌α_1受体兴奋占优势，外周阻力显著提高，使收缩压和舒张压均升高。如果提前给予酚妥拉明等α受体拮抗药，可取消肾上腺素的α型缩血管作用，保留其β型舒血管作用，则肾上腺素的升高血压效应转变为降低血压效应，这称为肾上腺素升压效应的翻转作用（图8-1）。

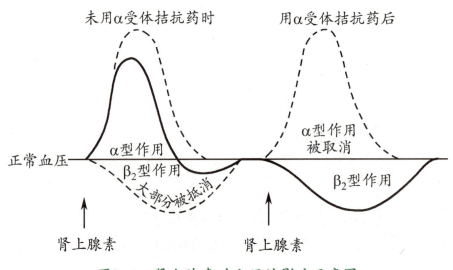

未用α受体拮抗药时　　　用α受体拮抗药后

正常血压

α型作用
β_2型作用
大部分被抵消

α型作用
被取消
β_2型作用

肾上腺素　　　　　肾上腺素

图8-1　肾上腺素对血压的影响示意图

4. **平滑肌** 肾上腺素对平滑肌的作用主要取决于器官组织上的肾上腺素受体类型。激动支气管平滑肌的β_2受体，发挥强大的舒张支气管平滑肌作用，并能抑制肥大细胞释放组胺等过敏活性物质。激动支气管黏膜血管的α_1受体，使其收缩，降低毛细血管的通透性，有利于消除支气管黏膜水肿。使β_1受体占优势的胃肠平滑肌张力降低、自发性收缩频率和幅度减少；对子宫平滑肌的作用与性周期、充盈状态和给药剂量有关，妊娠末期能抑制子宫张力和收缩。肾上腺素的β受体激动作用可使膀胱逼尿肌舒张，α受体激动作用使三角肌和括约肌收缩，由此引起排尿困难和尿潴留。

5. **促进代谢** 激动β受体，能明显提高机体代谢率和耗氧量，促进糖原、脂肪分解。

6. **中枢神经系统** 肾上腺素不易透过血脑屏障，治疗量时一般无明显中枢兴奋现象，大剂量时出现中枢兴奋症状，如激动、呕吐、肌强直，甚至惊厥等。

【临床用途】

1. **心搏骤停** 用于抢救因溺水、麻醉及手术意外、药物中毒、急性传染病及心脏传导阻滞等各种原因所致的心搏骤停。需同时配合有效的心脏按压、人工呼吸和纠正酸中毒等措施。对电击引起的心搏骤停，应配合电除颤等措施进行抢救，也可应用"心脏复苏新三联针"。

🔗 知识链接:

心脏复苏新三联针

"心脏复苏新三联针"由肾上腺素1mg，阿托品1mg，利多卡因50~100mg组成，与"老三联针"（肾上腺素、去甲肾上腺素、异丙肾上腺素各1mg）相比，优势明显。"老三联针"中异丙肾上腺素在兴奋窦房结的同时，常引起室性心律失常；去甲肾上腺素又能引起周围血管强烈收缩，增加血管阻力，对心脏复跳不利，复跳后血压升高容易出现新的血管意外事件，而"新三联针"中的阿托品可以解除平滑肌痉挛与迷走神经对心脏的抑制作用，兴奋心脏跳动，促进心脏复苏，利多卡因具有抗心律失常作用，可用于治疗心室颤动。但随着心肺复苏技术的不断进步，心脏复苏所使用的药物组合也在发生变化。目前在配合自动体外除颤仪（automated external defibrillator，AED）抢救心搏骤停所使用的药物主要是肾上腺素，必要时辅助使用利多卡因和胺碘酮，阿托品已不再主张使用。

2. 过敏性休克 肾上腺素为过敏性休克首选药，可迅速缓解过敏性休克的症状，肾上腺素激动α_1受体，收缩小动脉和毛细血管前括约肌，降低毛细血管的通透性；能激动β_1受体，兴奋心脏，增强心肌收缩力，可改善心功能；激动β_2受体缓解支气管痉挛；减少过敏介质释放，扩张冠状动脉，可迅速缓解过敏性休克的心跳微弱，血压下降、呼吸困难等临床症状（图8-2）。

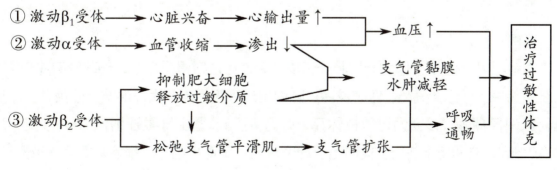

图8-2 肾上腺素抢救过敏性休克的作用机制

3. 支气管哮喘急性发作　作用迅速而强大，但持续时间短，并能兴奋心脏，升高血压，因而限制了它的应用。一般仅用于过敏性支气管哮喘的急性发作或哮喘的持续状态。

4. 与局部麻醉药配伍　可收缩血管，延缓局部麻醉药的吸收，减少吸收中毒并延长局部麻醉药的作用时间，也用于鼻黏膜、齿龈等局部止血。

【不良反应】

1. 治疗量可出现心悸、烦躁、失眠、头痛、出汗、血压升高等，并能升高血糖和血中游离脂肪酸。

2. 剂量过大或静脉给药速度过快时，可产生搏动性头痛，血压骤升、期前收缩、心动过速，有发生脑出血、心室纤颤的危险。

【用药须知】

1. 肾上腺素化学性质不稳定，在中性、碱性溶液中易氧化，见光易分解，变红色或棕色即失效不可用。宜在闭光阴凉处保存。注射给药避免与其他药液混合使用。

2. 严格掌握剂量和给药途径，不宜静脉推注，口服无效；静脉给药时，应注意药物的浓度和配比稀释的要求，紧急情况下可稀释10倍缓慢给药；密切观察心率及血压的变化，本药对缺氧或有心血管基础疾病者更易引起心律失常，如出现明显的心悸，应及时停药，采取相应措施。皮下注射或肌内注射时应注意抽回血，以免误入血管造成严重不良反应。气管吸入治疗哮喘时应注意观察药物实际的吸收情况，若20分钟内效果不明显或有症状加重者应考虑换用其他药物。

3. 与局部麻醉药合用时，一次用量不超过0.3mg，指、趾等肢体末端以及耳部、阴茎处局部浸润麻醉时，不可加肾上腺素。

4. α受体拮抗药引起的低血压等患者禁用。老年患者慎用。

🔍 **案例分析** ··

案例：

患者，男，40岁。因大叶性肺炎，皮试阴性后注射青霉素，大约静脉滴注5分钟后发生头晕、心悸、气憋、四肢发冷，随即出现呼吸困难，大汗淋漓，面色苍白、抽搐，意识模糊等。诊断为过敏性休克，处方为：1%肾上腺素注射液1ml×1支，用法：0.5ml，立即皮下注射，同时给予地塞米松、苯海拉明等，配合吸氧等支持措施，30分钟后恢复正常。

分析：

1. 肾上腺素因能兴奋心脏，收缩血管，升高血压，舒张支气管平滑肌、减轻喉头水肿、并抑制肥大细胞释放过敏介质等可缓解呼吸困难。且其作用快而强，故作为抢救过敏性休克的首选药。为提高抢救成功率，应同时配合使用糖皮质激素、抗组胺药等抗免疫药物，具体机制见有关章节。同时要加强吸氧、保温等支持措施，并密切观察病情，调整抢救方案。

2. 应用肾上腺素应做好以下几点。

（1）过敏性休克是临床急重症，注射青霉素等药物前应备好药物及抢救用具，发生过敏性休克立即抢救。

（2）可采用皮下注射或肌内注射0.3~0.5mg。也可用0.1~0.5mg以生理盐水稀释后缓慢静脉推注或取本药4~8mg加入500~1 000ml生理盐水中静脉滴注。用药过程中注意观察心率、血压、脉搏及病情变化。

（3）本药性质不稳定，避光保存，定期检查效期及颜色变化，在碱性环境中易氧化失效，故禁与碱性药物配伍。

多巴胺（dopamine）

本药是去甲肾上腺素生物合成的前体物质，药用为人工合成品，口服后易在肠和肝中被破坏，故口服无效。一般常采用静脉滴注给药。不易透过血-脑脊液屏障。

【药理作用】多巴胺能激动α受体、β$_1$受体和多巴胺（DA）受体。

1. 兴奋心脏　多巴胺通过激动心脏β$_1$受体，增强心肌收缩力，增加心排血量。大剂量可加快心率，与肾上腺素相比，较少引起心悸和心律失常。

2. 舒缩血管　治疗量多巴胺激动肾脏、肠系膜和冠状血管上的D$_1$受体，扩张肾脏、肠系膜和冠状血管；激动皮肤、黏膜血管的α$_1$受体，使皮肤、黏膜血管收缩。能使全身的血液供应合理分配，改善心、脑、内脏等重要器官的供血。大剂量时则以α受体的兴奋作用占优势，主要表现为血管收缩。

3. 升高血压　类似肾上腺素，治疗量的多巴胺激动β$_1$受体，使心脏兴奋，心排血量增加，收缩压升高。大剂量使α$_1$受体兴奋作用占优势，引起血管收缩，收缩压和舒张压均升高。

4. 改善肾功能　治疗量多巴胺激动肾血管的D$_1$受体，不仅扩张肾血管、增加肾血流量和肾小球滤过率，还排钠利尿，可改善肾功能。大剂量可使肾血管明显收缩，减少肾血流量。

【临床用途】

1. 抗休克　适用于多种类型的休克，如感染性休克、心源性休克等。对于伴有心收缩力减弱、尿量减少而血容量已补足的休克患者疗效较好。应同时配合其他抢救措施以提高疗效。

2. 治疗急性肾衰竭　常与高效能利尿药合用，使尿量增加，血中非尿素氮含量降低，延缓疾病进程。

【不良反应】相对较轻，偶见恶心、呕吐。剂量过大或静脉滴注速度过快可出现心动过速、心律失常、头痛、高血压和肾血管收缩导致肾功能下降等，一旦发生，应减慢静脉滴注速度或停药，必要时可用酚妥拉明拮抗。静脉滴注给药速度通常在 $1\sim5\mu g/(kg\cdot min)$，极量为 $20\mu g/(kg\cdot min)$。应根据患者的血压调整给药速度。逐渐加快给药速度，可避免头痛、心动过速、血压升高等不良反应。静脉滴注外漏可引起组织坏死。应给予局部热敷或用 α 受体拮抗药对抗治疗。抗休克时必须补足血容量。与单胺氧化酶抑制药或三环类抗抑郁药合用时，多巴胺剂量应该酌减。

麻黄碱（ephedrine）

本药是从中药麻黄中提取的生物碱。《神农本草经》即有麻黄能"止咳逆上气"的记载。麻黄碱现已人工合成，药用其左旋体或消旋体。

【药理作用】麻黄碱化学性质稳定，口服易吸收，可通过血－脑脊液屏障。能直接激动 α 受体和 β 受体，还能促进去甲肾上腺素能神经末梢释放递质，间接激动 α 受体和 β 受体。其兴奋心脏、收缩血管、升高血压和舒张支气管的作用缓慢、温和而持久。

【临床用途】

1. 预防支气管哮喘发作和轻度支气管哮喘的治疗，对于重症急性发作效果较差。

2. 缓解鼻黏膜充血引起的鼻塞及荨麻疹和血管神经性水肿的皮肤黏膜症状。

3. 脊椎麻醉或硬膜外麻醉引起的低血压。

【不良反应】中枢兴奋作用明显，用药期间可见兴奋不安、失眠、烦躁等，晚间服用宜加用镇静催眠药以防止失眠。给药时要注意给药途径。大剂量可引起心率加快，血压升高。极量：口服或注射，每次 60 mg，每日 150 mg。短期内反复应用麻黄碱有快速耐受现象。

另外，伪麻黄碱（pseudoephedrine）是麻黄碱的立体异构体，其作用与麻黄碱相似但较弱。主要激动 α 受体，收缩血管，缓解鼻部黏膜充血引起的鼻塞。严重高血压和冠状动脉疾病的患者禁用。

➡️ **药学思政** :--

严格依法依规使用麻黄碱

麻黄碱是从中药麻黄中提取的成分，具有平喘和缓解感冒引起的鼻塞的作用，但也是合成毒品"冰毒"的最主要原料。为了加强管理，国家食品药品监督管理局在2012年下发了《关于加强含麻黄碱类复方制剂管理有关事宜的通知》，明确要求限量销售含麻黄碱类的复方制剂，实名制购买数量从5个最小包装降到2个最小包装。同时，一粒胶囊或一片固体片剂麻黄碱含量超过30mg的须纳入处方药管理。

作为未来的药学工作者，要用好我们所学的药学专业知识，为周围群众普及国家的政策法规，还要大力宣传珍爱生命，远离毒品的社会公德。

第二节　α受体激动药

本类药物主要激动α受体，激动β受体的作用相对较弱，甚至无作用。部分药物还对α_1受体和α_2受体具有选择性，临床用途也不完全一致。

去甲肾上腺素（noradrenaline，NA，正肾素）

本药是肾上腺素能神经末梢释放的主要神经递质，肾上腺髓质也分泌少量去甲肾上腺素，药用的去甲肾上腺素为人工合成。本药化学性质不稳定，见光易分解失效，在中性尤其是碱性溶液中易迅速氧化，变为粉红色或棕色溶液而失效，在酸性溶液中较稳定。去甲肾上腺素不宜口服，由于其对皮肤黏膜血管具有的强大收缩作用，且在肠内容易被碱性肠液破坏；皮下注射去甲肾上腺素会造成血管剧烈收缩引起局部组织坏死，故临床上全身应用本药时，只能静脉滴注给药。

【药理作用】主要激动α受体，对α_1受体、α_2受体无选择性，对β_1受体作用较弱，对β_2受体几无作用。

1. **收缩血管**　激动血管α_1受体，可收缩除冠状动脉以外的全身血管，皮肤、黏膜血管收缩最明显，其次是肾、脑、肝、肠系膜等的血管收缩。

2. **兴奋心脏**　激动心脏的β_1受体，作用较弱。可使心肌收缩力增强，心率和传导加快，心排血量增加。但在整体情况下，心率可因血压升高而反射性减慢。

3. 升高血压　可使收缩压和舒张压升高。升压作用强，且不因α受体拮抗药而翻转。

【临床用途】主要采用小剂量、短时间给药，用于神经性休克早期，以保证心、脑等重要器官的血液供应，也可用于药物中毒引起的低血压。稀释后口服，使食管和胃黏膜血管收缩可作为上消化道出血的抢救措施之一。

【不良反应】

1. 局部组织缺血坏死　静脉滴注过久、过量或药液渗漏出血管，可引起局部组织缺血甚至坏死。

2. 急性肾衰竭　静脉滴注过久、剂量过大使肾脏血管收缩，出现少尿、无尿和肾实质损伤。

3. 其他　导致血压升高、心律失常等。

【用药须知】本药的不良反应与给药速度密切相关，应提示医护人员注意以下几点。

1. 控制药物的剂量和滴速，一般在4~8μg/min。

2. 观察血压和尿量的变化。保持收缩压为90mmHg（12kPa）左右、尿量不能低于25ml/h。

3. 静脉注射时要避免药液外溢。注意观察输液局部皮肤有无水肿、变色，一旦药液外漏，可局部注射普鲁卡因或α受体拮抗药进行对抗。

4. 此药与多种药物有配伍禁忌，应单独使用静脉通道。

5. 不宜突然停药，以免出现反跳现象。

间羟胺（metaraminol，阿拉明）

本药化学性质较稳定，能直接激动α受体，还可促进去甲肾上腺素能神经末梢释放去甲肾上腺素，间接激动α受体，对β_1受体作用较弱。其特点为：①收缩血管、升高血压作用较弱而持久；②很少引起急性肾衰竭；③兴奋心脏，使心排血量增加的同时，对心率影响不明显，很少引起心律失常；④可静脉给药、肌内注射。间羟胺作为去甲肾上腺素代用品主要用于治疗各种休克或防治低血压。

间羟胺不良反应较轻，静脉滴注的极量为一次100mg，每分钟0.2~0.4mg。应注意防治组织缺血坏死。甲状腺功能亢进及高血压患者禁用或慎用。

去氧肾上腺素（phenylephrine，新福林、苯肾上腺素）

本药为人工合成药品，作用机制与间羟胺相似主要激动α_1受体。全身用药，其收缩血管、升高血压作用较弱而持久，用于防治麻醉和药物所致的低血压、治疗阵发性室上性心动过速。局部滴眼，能快速短效扩瞳，又不易引起眼压升高和调节麻痹，也可作为开角型青光眼的辅助治疗药物，应注意防治组织缺血坏死。闭角型青光眼患者禁用。甲状腺功能亢进、高血压、动脉硬化、器质性心脏病禁用或慎用。

第三节 β受体激动药

本类药物主要激动β受体，对α受体几乎无作用。不同药物对β₁受体和β₂受体的选择性有所不同，并有不同的临床应用。

异丙肾上腺素（isoprenaline，喘息定）

本药为人工合成的拟肾上腺素药物，口服在肠道中失效，一般静脉注射或静脉滴注给药，也可舌下或吸入给药等。药物入血后在肝脏等组织代谢，由肾排出。

【作用与用途】主要激动β受体，对β₁受体和β₂受体选择性差。

1. 兴奋心脏　激动心脏β₁受体，增强心肌收缩力、加快房室传导和心率、增加心排血量和耗氧量。对窦房结有较高的选择作用，易引起心动过速，但较少引起室性心律失常。用于抢救溺水、手术意外、窦房结功能受损等引起的心搏骤停，也用于房室传导阻滞。

2. 舒张血管　激动血管β₂受体，主要舒张骨骼肌血管，也能舒张肾、肠系膜和冠状血管。在补足血容量的基础上，用于治疗低排高阻型感染性休克。

3. 影响血压　通过兴奋心脏升高收缩压；扩张血管则降低舒张压，使脉压增大。

4. 扩张支气管　激动支气管平滑肌β₂受体，使支气管平滑肌舒张，作用强于肾上腺素，也具有抑制组胺等过敏介质释放的作用。用于控制支气管哮喘急性发作，疗效快而强。但无α样作用，消除支气管黏膜水肿的作用弱于肾上腺素。

5. 促进代谢　增加糖原和脂肪分解，加快物质代谢，同时提高组织耗氧量。

【不良反应】常见的副作用有心悸、头晕、心动过速、头痛、面色潮红等。哮喘、慢性支气管炎、肺心病的患者常有明显的缺氧症状，剂量过大易引起心律失常、心绞痛甚至心室纤颤，长期大量应用可引起猝死。

【用药须知】本药起效快、作用强、持续时间长，给药后要观察患者的心率（律）变化，心率控制在110次/min以下为宜，可通过调整给药速度来控制心率。长期应用不仅可产生自体耐受性，还可与同类的其他药物产生交叉耐受性。应避免长期用药。

多巴酚丁胺（dobutamine）

【作用与用途】本药能选择性激动β₁受体，正性肌力作用显著，能明显增加心排血量，但对心率影响不明显。主要用于心肌梗死后心功能不全、心脏手术后心排血量低的休克、顽固性严重左心室功能不全等。

【不良反应】常见有血压升高、心悸、头痛、气短等，偶致室性心律失常。给药期间应监测血压和心电图。有效地控制给药速度，可避免血压明显波动或心率过快。

不宜与碱性药物配伍使用。梗阻型肥厚型心肌病、心房纤颤者禁用。

沙丁胺醇（salbutamol）、特布他林（terbutaline）

本类药物选择性激动β_2受体，舒张支气管平滑肌，主要用于支气管哮喘的治疗，见第二十六章。

第四节　肾上腺素受体激动药的用药指导

一、用药前

提示医护人员肾上腺素受体激动药作用广泛，故应详细询问病史，全面评估用药禁忌证，如高血压、冠状动脉粥样硬化性心脏病；外周血管疾病；甲状腺功能亢进、嗜铬细胞瘤；闭角型青光眼及对肾上腺素过敏等。了解用药史，避免与其他拟交感药、三环类抗抑郁药、单胺氧化酶抑制药等合用。预测药物治疗效果与不良反应的发生情况，帮助医生采取有效的干预计划。

二、用药中

本类药物过量易引起心律失常，严格掌握剂量和给药速度。本类药物性质不稳定，不宜口服，应避光保存。指导护理人员根据不同给药途径采取相应措施。

1. 本类药物大多有较好的血管收缩作用，应提示护士静脉给药时，避免药液外漏至局部组织。经常检查穿刺部位有无皮肤苍白、发冷、疼痛等表现；反复给药应有计划地更换穿刺部位。

2. 静脉给药时，要严格按医嘱给药，注意更换药物时的滴速和药物浓度配比要求，无特殊要求时，均应缓慢注射。

3. 皮下注射或肌内注射时要注意回抽无血，避免注入血管。

4. 气管吸入时要监测患者的用药反应，若20分钟内效果不明显或有症状加重者应通知医生考虑其他药物治疗。通常24小时做3次吸入治疗。

5. 随着病情的变化协助医护人员不断调整、制订和实施药物治疗方案。

6. 对患者开展合理用药宣教，在使用本类药物期间，应避免用其他含肾上腺素类成分的非处方药。

三、用药后

提示医护人员加强对不良反应的监护及预防措施。

1. 用拟肾上腺素药后，要定时测量生命体征，观察并记录患者对药物的反应，如血压、脉搏、呼吸、情绪的变化及对药物的敏感性并随时调整。

2. 维持正常的感知及排尿功能，避免或消除药物的不良反应。放松精神，保证休息和睡眠，缓解焦虑、缓解压力，鼓励患者坚持并配合治疗，有助于缓解或消除不适。

3. 对病情较紧急和危重的患者，可至病情稳定后再进行本类药物及相关疾病的合理用药宣教。

药学服务岗位操作实践

岗位情境：

小李是某药店的执业药师，住在对门的好朋友小王一大早来敲门。原来是小王昨天感冒了，流清鼻涕、打喷嚏、鼻塞，尤其是鼻塞很严重，一晚上都在张口呼吸，很不舒服，前来咨询。用什么药可以缓解鼻塞的症状？

操作流程：

1. 首先耐心细致地接待小王，安抚其情绪，告知感冒多为自限性疾病，一般无须药物治疗，注意多喝水、多休息，从水果、蔬菜中补充维生素，如有发热、关节痛等症状可适当选用抗感冒药，如果鼻塞症状影响睡眠，可选用含有伪麻黄碱收缩鼻黏膜血管的药物，必要时可使用外用滴鼻剂如呋麻滴鼻液。

2. 应用呋麻滴鼻液时，每次1~3滴，每日3~4次。因其内含麻黄碱成分，不宜反复应用。

3. 适时对小王进行健康教育，提醒他戒除抽烟等不良嗜好，改变无规律的饮食和作息等生活习惯，如鼻炎反复发作，有可能转变成慢性鼻炎，治疗难度会很大。

4. 提示小王，本药店最近开通了网络服务平台，欢迎关注，与各位药师及时沟通，提供更全面的药学服务等。

1. 肾上腺素对α和β受体有较强的兴奋作用，用于抢救心搏骤停、过敏性休克及缓解支气管哮喘的急性发作等。麻黄碱能促进去甲肾上腺素释放，并直接兴奋α和β受体，主要用于防治支气管哮喘及脊椎麻醉等引起的低血压，缓解鼻黏膜充血引起的鼻塞。多巴胺主要兴奋多巴胺受体、α受体和β_1受体，尚能促进去甲肾上腺素的释放。是目前临床上较理想的抗休克药，尤其适用于伴有心肌收缩力减弱、尿量减少者，也可用于急性肾衰竭的治疗。

2. 去甲肾上腺素主要兴奋α受体，也较弱地兴奋β_1受体。主要用于神经性休克和药物中毒引起低血压，也用于感染性、出血性、心源性休克的早期，以保证心、脑、肾等重要器官的血液供应。间羟胺作用温和，不良反应少，是去甲肾上腺素的良好代用品。

3. 根据对β受体亚型的选择性，其激动药分为三类：非选择性的异丙肾上腺素，主要选择β_1受体的多巴酚丁胺和选择β_2受体的沙丁胺醇等，其用途不同。异丙肾上腺素对β受体有强大的兴奋作用。可用于心搏骤停房室传导阻滞及控制支气管哮喘急性发作。

思考与练习

一、 单项选择题

1. 治疗过敏性休克应首选（　　　）
   A. 肾上腺素　　　　　B. 去甲肾上腺素　　　　C. 多巴胺
   D. 异丙肾上腺素　　　E. 麻黄碱

2. 抢救心搏骤停的首选药是（　　　）
   A. 酚妥拉明　　　　　B. 多巴胺　　　　　　　C. 去甲肾上腺素
   D. 肾上腺素　　　　　E. 普萘洛尔

3. 下列药物中大剂量应用最易引起心律失常的是（　　　）
   A. 异丙肾上腺素　　　B. 去氧肾上腺素　　　　C. 肾上腺素
   D. 麻黄碱　　　　　　E. 间羟胺

4. 局部麻醉药中加入少量肾上腺素的目的是（   ）

    A. 使局部血管收缩而止血

    B. 降低过敏反应的发生率

    C. 预防局部麻醉药引起的低血压

    D. 预防心搏骤停

    E. 延长局部麻醉药作用时间，减少局部麻醉药吸收中毒

5. 关于麻黄碱的叙述，错误的是（   ）

    A. 口服易吸收   B. 作用弱而持久

    C. 中枢兴奋作用显著   D. 舒张肾血管作用强

    E. 连续用药可发生快速耐受性

二、简答题

1. 简述肾上腺素的作用及临床应用。

2. 列表比较肾上腺素、去甲肾上腺素和异丙肾上腺的主要特点和不良反应的异同。

3. 多巴胺有哪些作用和用途？其抗休克的优势有哪些？

三、应用题

案例分析：患者，男，45岁。因外伤剧痛引起神经源性休克。医嘱给予静脉滴注去甲肾上腺素抢救。3分钟后患者家属发现给药部位出现皮肤苍白，皮肤温度较冷。请思考并讨论：①出现这种情况的原因是什么？药师应建议如何处置？②针对该患者应如何做好用药指导？③在这个案例中，药师应如何在药学服务中体现专业精神和职业素养？

（周　振）

第九章

肾上腺素受体拮抗药

学习目标

知识目标：

- 掌握　β受体拮抗药的药理作用、临床应用、不良反应。
- 熟悉　α受体拮抗药酚妥拉明、酚苄明的主要特点。
- 了解　肾上腺受体拮抗药的用药指导和抗休克药物正确使用。

技能目标：

- 熟练掌握　肾上腺素受体拮抗药用药指导的基本技能。
- 学会　观察评价肾上腺素受体拮抗药的疗效和不良反应，并为合理用药提供依据。

素质目标：

- 具有尊重、关心患者，运用肾上腺素受体拮抗药开展合理用药岗位服务的专业精神和职业素养。

情境导入

情境描述：

　　刘伯伯今年56岁，长期嗜好烟酒，左足曾外伤骨折，两年来常感左足五趾冰冷麻木、疼痛，夜重昼轻，行走困难，休息后症状减轻，近来发现左侧第一足趾皮色暗紫，后出现溃烂，不易愈合，且疼痛难忍，入院诊断为左足血栓闭塞性脉管炎。医嘱给予酚妥拉明，刘伯伯向熟识的张药师咨询药物治疗效果和注意事项。

学前导语：

　　同学们，血栓闭塞性脉管炎预后较差，甚至可能会截肢致残。使用药物扩张血管，增加组织循环血量，改善微循环具有一定疗效。本章将会介绍以酚妥拉明为代表的有关药物，学好用好这些药物，未来可以更好胜任药学工作岗位，做好药学服务，体现职业价值。

肾上腺素受体拮抗药又称抗肾上腺素药，能与肾上腺素受体结合，本身不产生或较少产生拟肾上腺素作用，却能阻断肾上腺能神经递质或肾上腺素受体激动药与受体结合，从而产生抗肾上腺素作用的药物。根据其对α和β受体的选择性不同，分为α受体拮抗药、β受体拮抗药和α、β受体拮抗药三类。

第一节　α受体拮抗药

α受体拮抗药具有较广泛的药理作用，根据这类药物对α_1、α_2受体的选择性不同，可将其分为三类。①非选择性α受体拮抗药，包括短效类的酚妥拉明、妥拉唑林，长效类的酚苄明等；②选择性α_1受体拮抗药，如哌唑嗪等；③选择性α_2受体拮抗药，如育亨宾等。

一、短效类 α 受体拮抗药

本类药物都是咪唑啉的衍生物，与受体结合，结合力弱，容易解离，故作用温和，维持时间短暂。且能与儿茶酚胺竞争受体，故又称竞争性α受体拮抗药。常用药有酚妥拉明与妥拉唑林等。

酚妥拉明（phentolamine，苄胺唑林）
【药理作用】
1. 舒张血管　静脉注射可直接松弛血管平滑肌，大剂量也拮抗血管平滑肌α_1受体，使血管舒张，肺动脉压和外周血管阻力降低，血压下降。
2. 兴奋心脏　因血管舒张、血压下降，可反射性兴奋交感神经并促进去甲肾上腺素释放，从而使心收缩力加强，心率加快，心排血量增加。

3. 其他　拟胆碱作用使胃肠平滑肌兴奋，拟组胺样作用使胃酸分泌增加、皮肤潮红等。

【临床用途】

1. 治疗肢端动脉痉挛症、血栓闭塞性脉管炎、对抗静脉滴注去甲肾上腺素外漏引起的局部血管痉挛，以防组织坏死等。

2. 抗休克　在保证血容量前提下，通过降低外周阻力，增加心排血量，降低肺循环阻力，防止肺水肿的发生，改善休克状态时的内脏血液灌注，解除微循环障碍。适用于抢救感染性、心源性和神经源性休克。

3. 治疗心力衰竭　对心脏舒张功能不好，顽固性心力衰竭有一定的疗效，应配合其他药物共同治疗。

4. 诊治嗜铬细胞瘤　治疗嗜铬细胞瘤引发的高血压危象及嗜铬细胞瘤术前准备。

5. 其他　酚妥拉明口服或直接阴茎海绵体内注射用于诊断或治疗功能性阳痿。

🔗 知识链接：· ·

肾上腺嗜铬细胞瘤与酚妥拉明

嗜铬细胞瘤多发生于肾上腺髓质，由于瘤细胞分泌大量肾上腺素及去甲肾上腺素，故可引起血压升高及代谢紊乱。应用酚妥拉明不仅本身能降低血压，还能使体内肾上腺素升压效应翻转为降压，从而使血压明显下降，故可用于嗜铬细胞瘤的诊断和此种患者骤发高血压危象的治疗，但此方法有一定危险性，不作为主要诊断方法。

【不良反应】

1. 胃肠反应　常见腹痛、腹泻、呕吐、口干等胃肠道反应，以及鼻塞、嗜睡、疲乏等。

2. 心血管反应　常见直立性低血压、心动过速等心血管反应，甚至引起心律失常、心绞痛。

【用药须知】本药应避光保存，禁与铁剂等混合使用。用作嗜铬细胞瘤诊断时，应每30秒测血压一次，连测10分钟。用药后2~4分钟，收缩压/舒张压降低35/25mmHg，持续3~5分钟者可能为阳性。抗感染性休克时要补足血容量。与巴比妥类、利血平等合用会增加其降血压的作用。用药期间提醒患者缓慢改变体位，如出现虚弱或头晕等低血压症状，应静卧30分钟，必要时用去甲肾上腺素或间羟胺等缓解，严禁用肾上腺素治疗。

妥拉唑林（tolazoline，苄唑林）

本药的 α 受体拮抗作用与酚妥拉明相似，较弱；组胺样作用和拟胆碱作用较强。主要用于：①治疗血管痉挛性疾病、血栓闭塞性脉管炎；②局部浸润注射用于对抗去甲肾上腺素静脉滴注时药液外漏所致的局部血管收缩，防止组织坏死；③治疗术后肠麻痹、胃酸缺乏症；④可用于开角型青光眼的治疗和眼底检查。

不良反应与酚妥拉明相似，发生率较高。

二、长效类 α 受体拮抗药

本类药与 α 受体牢固结合，且不易被儿茶酚胺竞争，故又称非竞争性 α 受体拮抗药。

酚苄明（phenoxybenzamine）

本药的 α 受体拮抗作用与酚妥拉明相似。高浓度时还具有抗 5- 羟色胺（5-HT）和抗组胺作用。临床应用与酚妥拉明相似。也可用于良性前列腺增生，改善排尿困难的症状，作用出现较慢。

不良反应和用药指导与酚妥拉明相似。因刺激性大，不用于肌内注射和皮下注射，静脉滴注速度不能太快。一日总量不超过2mg/kg，并注意补液及用药期间的监护。酚苄明口服的时间，应在餐中或餐后，可将药物与牛奶同服以减少胃部不适及胃肠道反应。避免高脂食物及酒精饮料。药物会降低唾液分泌，有可能造成龋齿和牙周病，要提醒患者注意口腔清洁，多刷牙、漱口及喝水，定期做口腔检查。

此外，还有选择性 α_1 受体拮抗药，常用的有哌唑嗪、特拉唑嗪、多沙唑嗪、坦洛新等（详见第十八章和第二十八章）。选择性 α_2 受体拮抗药育亨宾（yohimbine），可促进去甲肾上腺素能神经释放去甲肾上腺素，使心率加快、血压升高。主要作为科研工具药，现在也试用于治疗男性性功能障碍及糖尿病患者的神经病变等。

第二节　β 受体拮抗药

根据药物对 β_1 受体、β_2 受体选择性的不同，可将其分为非选择性 β 受体拮抗药（β_1、β_2 受体拮抗药），选择性 β_1 受体拮抗药，α、β 受体拮抗药（表9-1）。

表 9-1　常用 β 受体拮抗药分类及作用特点

分类	药物	内在拟交感活性	膜稳定作用	降低眼压	抗血小板聚集	降低肾素水平
β_1、β_2受体拮抗药	普萘洛尔	−	++		+	+++
	噻吗洛尔	−	−	++	−	+++
	吲哚洛尔	+	±		+	−
	纳多洛尔	−	−		+	++
β_1受体拮抗药	美托洛尔	−	−		++	+++
	阿替洛尔	−	−		−	++
	醋丁洛尔	+	+			++
α、β受体拮抗药	拉贝洛尔	±	±			+++

注：+++ 为强；++ 为中等；+ 为弱；− 为无；± 为强度不定；空白为暂无明确作用。

一、非选择性 β 受体拮抗药

普萘洛尔（propranolol）

【药理作用】

1. β受体拮抗作用较强，对β_1受体和β_2受体无明显选择性。

（1）抑制心脏：拮抗心脏β_1受体，使心肌收缩力减弱、心率减慢、传导减慢和心排血量降低，冠脉血流量下降，心肌耗氧量减少，血压下降。

（2）收缩支气管平滑肌：拮抗支气管平滑肌的β_2受体，使支气管平滑肌收缩而增加呼吸道阻力。对支气管哮喘患者，可诱发或加重哮喘。

（3）影响代谢：能抑制交感神经兴奋所引起的脂肪、糖原分解，减弱肾上腺素引起的升血糖反应，降低血液中游离脂肪酸的含量。

（4）减少肾素释放：拮抗肾小球旁细胞的β_1受体而抑制肾素的释放，在同类药中最强。

2. 内在拟交感活性　吲哚洛尔等β受体拮抗药，在拮抗β受体同时，还具有弱的β受体激动作用，称为内在拟交感活性，当与完全的β受体拮抗药合用时，呈现较弱的β受体激动作用。普萘洛尔是β受体完全拮抗药，无内在拟交感活性，可作为新药研发测定内在拟交感神经活性的参照物。

3. 膜稳定作用 直接降低细胞膜对钠离子的通透性，从而稳定神经细胞膜和心肌细胞膜，产生局部麻醉作用和奎尼丁样的作用，称为膜稳定作用。但临床意义不大。

4. 抗血小板聚集 主要与药物的膜稳定性及抑制血小板膜钙离子转运有关。

【临床用途】

1. 心律失常 对多种原因引起的快速型心律失常均有效，尤其对于交感神经兴奋性过高、甲状腺功能亢进等引起的窦性心动过速疗效较好。

2. 心绞痛和心肌梗死 对典型心绞痛有良好疗效。减少心绞痛发作次数，降低心肌梗死复发率和猝死率。

3. 高血压 是一线抗高血压药之一，对交感神经张力较高的高血压患者尤为适用，常与其他抗高血压药配伍提高疗效。

4. 充血性心力衰竭 对扩张型心肌病的心力衰竭治疗作用明显，在心肌状况严重恶化之前早期应用，能缓解某些充血性心力衰竭的症状，改善预后。

5. 其他 甲状腺功能亢进症及甲状腺危象的辅助治疗，嗜铬细胞瘤和肥厚型心肌病，偏头痛等。

🔵 **药学思政**: --

了解全国高血压日，关注高血压患者健康

高血压是最常见的慢性病之一，也是心脑血管病最主要的危险因素。为提高广大群众对高血压危害健康严重性的认识，引起各级政府及有关部门和社会各界对高血压防治工作的重视，动员全社会都来参与高血压预防和控制工作，普及高血压防治知识，增强全民的自我保健意识，我国自1998年起，将每年的10月8日定为全国高血压日。

随着生活水平的提高，人民对于高血压等疾病的关注度越来越高，同学们要通过自己掌握的药学相关知识，更好地为广大人民群众普及宣讲高血压的预防和用药安全。努力提升自身职业素养与业务知识，将来在自己的工作岗位上更好地服务人民。

【不良反应】

1. 一般反应 常见恶心、呕吐、轻度腹泻等消化道症状，偶见过敏反应如皮疹、血小板数量减少等。

2. 心脏反应 因心脏抑制，出现窦性心动过缓、房室传导阻滞、心功能不全等，甚至引起严重心功能不全、肺水肿、房室传导完全阻滞或心搏骤停等。

3. 诱发或加重支气管哮喘。

4. **外周血管收缩和痉挛** 导致四肢发冷、皮肤苍白或发绀，出现雷诺病或间歇性跛行，甚至引起脚趾溃疡和坏死。

5. **反跳现象** 长期应用如突然停药，可使原有病情加重。

【用药须知】用药期间注意心率的监控，低于50次/min，应及时采取措施。了解药物对血糖的影响，虽对抗肾上腺素升血糖作用，但会掩盖低血糖反应时的交感神经兴奋症状，故不宜与降血糖药一起使用。睡前服用会引起多梦、失眠等精神症状。

长期使用因拮抗作用会使β受体向上调节，若突然停药可引起反跳现象而使原有症状加重。

吲哚洛尔（pindolol）

本药的作用与普萘洛尔相似，比普萘洛尔强6~15倍，有较强的内在拟交感活性，表现在激动β_2受体方面。有助于高血压治疗时降低了诱发哮喘的危险性。

噻吗洛尔（timolol）

本药的β受体拮抗作用强，无内在拟交感活性和膜稳定作用，也不直接抑制心脏。多局部用药，拮抗眼内血管平滑肌的β_2受体，减少房水的形成，降低眼压，无缩瞳和调节痉挛等不良反应。主要用于治疗青光眼，疗效与毛果芸香碱相近或较优，不良反应较少。

二、选择性 β_1 受体拮抗药

阿替洛尔（atenolol）、美托洛尔（metoprolol）

阿替洛尔和美托洛尔都能选择性拮抗β_1受体，可减少心排血量，减慢心率和房室传导，降低血压。临床主要用于治疗高血压、心律失常等。

虽然对β_2受体拮抗作用较弱，不明显增加呼吸道阻力，但无内在拟交感活性，对于支气管哮喘者仍须慎用。

第三节 α、β受体拮抗药

本类药对α受体和β受体的选择性不强，但对β受体的拮抗作用强于α受体。

拉贝洛尔（labetalol）

本药能拮抗α受体和β受体，对β₁受体和β₂受体的作用相似，对α₁受体作用较弱，对α₂受体无作用。临床主要用于高血压、心绞痛的治疗，静脉给药可抢救高血压危象。

常见不良反应为眩晕、乏力、上腹不适等，大剂量可引起直立性低血压。支气管哮喘及心功能不全者禁用。对儿童、孕妇及脑出血患者禁用静脉注射。肝功能不良患者慎用。注射液不宜与葡萄糖氯化钠注射液混合滴注。口服个体差异大，宜剂量个体化。

卡维地洛（carvedilol）

本药具有α₁受体、β₁受体和β₂受体拮抗作用，无内源性拟交感神经活性，高浓度时有钙拮抗作用，还具有抗氧化作用、抑制心肌细胞凋亡、抑制心肌重构等多种作用。本药是左旋体和右旋体的混合物，左旋体具有α₁受体和β₁受体拮抗作用，右旋体只具有α₁受体拮抗作用，消旋体α₁受体和β受体拮抗作用的比率为1：10，因此拮抗α₁受体引起的不良反应明显减少。本药用于治疗充血性心力衰竭可以明显改善症状，提高射血分数，防止和逆转心力衰竭进展过程中出现的心肌重构，提高生活质量，降低心力衰竭患者的住院率和病死率。卡维地洛用于轻、中度高血压的疗效与其他β受体拮抗药、硝苯地平等类似。

第四节　肾上腺素受体拮抗药的用药指导与抗休克药概述

一、肾上腺素受体拮抗药的用药指导

（一）用药前

1. 应充分了解患者病史，重点是疾病有关的症状和体征，是否有增加本类药物副作用的危险因素。告诉患者用药期间可出现头晕、乏力和直立性低血压等症状，应避免驾驶或高空作业。

（1）应用α受体拮抗药前，应建议询问患者有无心血管疾病如动脉硬化、严重高血压、低血压，外周血管病变，如静脉炎、雷诺病，肺部疾病，纤维化病变，溃疡病及严重感染等。

（2）使用β受体拮抗药前，应询问患者有无心脏疾患，如严重心力衰竭、心律不齐、心源性休克、心动过缓、重度房室传导阻滞；肺部疾病如哮喘、慢性支气管炎、肺气肿；以及其他疾病，如肌无力、甲状腺功能亢进、肝硬化、糖尿病等。

2. 了解患者是否用过与本类药物相互作用的药物，如氨茶碱、抗酸药、强心药、钙通道阻滞药、麻醉药、泻药等。有无增加抗肾上腺素作用的药物，如单胺氧化酶抑制药。

3. 准确获得患者的基础血压、心率（和心律）、体重及出入量的基础值，评估后作为制订药物治疗方案和后续评估疗效的依据。

（二）用药中

1. 提示护理人员要密切观察患者对药物的反应，定时测量、密切观察血压、心率（和心律）、呼吸、循环等生命体征的变化。

2. 观察药物的不良反应，如患者有无头痛、头晕；恶心、呕吐；气管痉挛、呼吸困难及听力改变等，并协助医护人员采取有效的干预措施来缓解或避免药物不良反应。并为患者创造轻松、舒适的休养环境。

3. 提示护士静脉给药时要严格控制滴速，还要准备必需的急救设备和药物，以备救治低血压、气管痉挛、哮喘及心力衰竭之急用。

4. 配合医护人员对不同疾病的患者做好相关的工作。有性功能障碍症状者应为其提供必要的咨询和治疗。对患有嗜铬细胞瘤的患者应先缓慢给α受体拮抗药再给β受体拮抗药。

5. 用药期间要注意提醒患者静卧30分钟，起床时缓慢变换体位。一旦发生低血压应让患者平卧，采用头低足高位缓慢地改变体位。

（三）用药后

1. 提示护理人员指导患者测量脉搏、血压的方法，记录脉搏的速率和节律。

2. 注意患者肢体循环的变化，保护皮肤的清洁、干燥。

3. β受体拮抗药多通过肝肾代谢，应提醒医生定期对患者进行肝肾功能检查，并追踪血糖的变化。随时提醒医生注意，患者的气道是否通畅，有无气管痉挛、呼吸困难等症状。

4. 本类药物主要用于血栓闭塞性脉管炎、高血压、心绞痛等目前无法根治的疾病，应重点加强健康教育，帮助其正确看待疾病，建立合理的生活方式，适度锻炼，健康饮食，共同促进药物疗效和疾病的改善。

二、抗休克药概述

休克（shock）是由多种病因引起的急性循环功能不全综合征，其基本病理过程是微循环障碍，各组织血液灌注量严重不足，组织缺氧，细胞代谢紊乱，酸中毒、器官功能发生严重障碍。休克早期主要表现为血压下降、心率加快、皮肤湿冷、面色苍白、尿量减少、躁动不安等症状，休克晚期表现为脉搏细弱、血压无法测量、全身发绀，反应迟钝、昏迷、最终因多器官衰竭死亡。

抢救休克首先要排除导致休克的原因，马上给予吸氧、保暖等支持措施，同时补充有效血容量，并且遵照"先快后慢，先晶体液，后胶体液"的基本原则。同时根据不同类型的休克选用不同的药物。

为便于临床选用，可将常用抗休克药分为血管收缩药与血管扩张药两类。

1. **血管收缩药** 包括肾上腺素、去甲肾上腺素、间羟胺及麻黄碱等。能够收缩血管、加强心肌收缩力，增加心排血量，升高血压，较快地维持有效血容量而抗休克。适用于血管广泛扩张，全身有效循环血量减少，血压下降的高排低阻型休克；也适用于无法暂时补足血容量的休克早期或采取补液等措施，血压仍未好转的休克。

2. **血管扩张药** 包括多巴胺、阿托品、山莨菪碱、异丙肾上腺素、酚妥拉明等。可扩张血管，改善微循环而抗休克。其中多巴胺、酚妥拉明等还能加强心肌收缩力，增加心排血量，而应用较广。适用于微循环血流量减少，组织缺血缺氧、少尿或无尿的低排高阻型休克。临床上应根据不同类型休克的特点合理选择药物（表9-2）。

表 9-2　休克的常见类型和主要药物

休克类型	临床表现	主要抢救药物
过敏性休克	小血管广泛扩张、心搏微弱、血压下降、喉头水肿、支气管痉挛、呼吸困难等	首选：肾上腺素；备选：抗组胺药、糖皮质激素类药等
神经性休克	血管扩张、血压下降、躁动不安，兴奋转抑制等	可选肾上腺素；备选：麻黄碱、间羟胺等，必要时补充血容量等
出血性休克	丢失电解质，心动过速、血压下降、意识昏迷等	首选：血液或血浆代用品；备选：去甲肾上腺素、间羟胺等
心源性休克	呼吸困难、发绀、缺氧、血压下降、心动过速、昏迷等	首选：多巴胺；备选：多巴酚丁胺、间羟胺、去甲肾上腺素
感染性休克	高热、呼吸微弱、反应迟钝、四肢冰冷、酸中毒，晚期出现弥散性血管内凝血（disseminated intravascular coagulation，DIC）等	首选：多巴胺；备选：阿托品、山莨菪碱、异丙肾上腺素、酚妥拉明

过敏性休克

过敏性休克是外界某些抗原性物质进入已致敏的机体后，通过异常免疫机制在短时间内触发的一种严重的全身性过敏性反应，属于Ⅰ型变态反应，发病突然，后果严重，若不及时处理，常可危及生命。如β-内酰胺酶类药物是最常引发过敏性休克的原因。某些昆虫所带毒素也可致过敏性休克。另外，有的人对特定事物，如花生、贝类、蛋和牛奶等也会引起严重过敏性反应。

过敏性休克所致死亡可发生在几分钟内，迅速抢救十分重要。抢救的关键是保持呼吸道通畅和维持有效的呼吸与循环功能。应立即停止进入并移除可疑的变应原或致敏药物；确保患者气道开放，并持续给氧。如果出现气道阻塞，应立即气管插管或气管切开；抢救应立即给予肾上腺素，同时联合使用抗组胺药和糖皮质激素，如血压过低，可给予间羟胺等，密切监测生命体征，随时调整抢救方案。

药学服务岗位操作实践

岗位情境：

患者，男，49岁，被诊为左足血栓闭塞性脉管炎。该患者拿着医院为其开的药酚妥拉明到家门口的药店进行咨询，想了解此药有哪些不良反应和注意事项。药店药师该提供哪些药学服务呢？

操作流程：

1. 首先要遵守药师职业道德，无论咨询人员是否消费都热情接待，认真回复患者的咨询，做好药学服务。

2. 主要介绍酚妥拉明是治疗此病的常用药物，但可能会引起恶心、呕吐、腹痛、腹泻甚至低血压等不良反应。同时告诉患者使用期间注意体位不能突然变化，以防直立性低血压，若有头晕要静卧，必要时要及时就医等。

3. 告诉患者本药要避光保存，禁与含铁量高的食物及药物合用。要多喝水，多食水果蔬菜，每天热水浴足并保持皮肤清洁等。

4. 如果患者同意，可建立方便的联系方式或关注药房媒体平台，药师也会及时跟进沟通，提供更全面的药学服务等。

章末小结

1. α受体拮抗药酚妥拉明、酚苄明分别能短暂或持久地扩张血管，并轻度兴奋心脏，主要用于治疗血管痉挛性疾病、感染性休克和顽固性心力衰竭等。本类药物不良反应较多，剂量过大可能出现直立性低血压。

2. 普萘洛尔拮抗β_1受体而抑制心脏是其抗高血压、抗心律失常、抗心绞痛的药理学基础，可引起心力衰竭、房室传导阻滞等严重不良反应；还能拮抗β_2受体而诱发或加重支气管哮喘。选择性拮抗β_1受体的药物主要有醋丁洛尔、阿替洛尔、美托洛尔；拉贝洛尔可拮抗α受体和β受体。

3. α受体拮抗药和β受体拮抗药的用药指导应当以围绕心血管系统的表现，重视用药三个阶段对心率、血压等的影响。休克的病因是微循环障碍，表现为有效灌注压不足，应根据休克的不同类型正确选用血管活性药物。

思考与练习

一、 单项选择题

1. β受体拮抗药不宜用于（　　　）

   A. 快速型心律失常

   B. 甲状腺功能亢进

   C. 伴有支气管哮喘的高血压患者

   D. 充血性心力衰竭

   E. 心绞痛和心肌梗死

2. 下列哪一种药物主要用于治疗青光眼（　　　）

   A. 拉贝洛尔　　　　B. 噻吗洛尔　　　　　C. 阿替洛尔

   D. 普萘洛尔　　　　E. 吲哚洛尔

3. 以下实验方法中能够证明肾上腺素具有兴奋α受体、β受体作用的是（　　　）

A. 注射酚妥拉明后可使肾上腺素的升压作用减弱或消失

B. 注射酚妥拉明后可使肾上腺素的升压作用翻转为降压

C. 注射普萘洛尔后可使肾上腺素的升压作用减弱或消失

D. 注射普萘洛尔后可使肾上腺素的升压作用翻转为降压

E. 注射普萘洛尔后可使肾上腺素的心率加快作用减弱或消失

4. 长期使用 β 受体拮抗药突然停药可引发（　　　）

    A. 血糖过低

    B. 血压过低

    C. 心动过缓

    D. 支气管哮喘

    E. 反跳现象

5. 治疗外周血管痉挛性疾病可选用（　　　）

    A. α 受体激动药

    B. α 受体拮抗药

    C. β 受体激动药

    D. β 受体拮抗药

    E. 以上均不行

二、简答题

1. α 受体拮抗药有哪些作用和用途？请结合代表药物说出主要特点。

2. β 受体拮抗药可以分为哪几类？代表药物分别有哪些？

三、应用题

案例分析：患者，男，80 岁，因恶心、头晕并伴有排尿困难入院治疗。血压 180mmHg/105mmHg，经超声等检查，诊断为原发性高血压及前列腺增生症。医生处方如下：

Rp.

    ①盐酸酚苄明片　　10mg×10 片

    用法：10mg，t.i.d.

    ②卡托普利片　　25mg×10 片

    用法：25mg，t.i.d.

第二天患者起床时突然晕倒，测血压为75mmHg/52.5mmHg，立即让患者平卧，采用头低足高位，同时吸氧。半小时后血压恢复正常。后来患者一旦翻身，血压立刻下降。立即停用酚苄明，约1天后此种现象才消失。

请思考并讨论：①引起此种现象的原因是什么？②应用酚苄明时应注意什么？③如何在后续药学服务中体现专业精神和职业素养？

（周　振　张　庆）

第十章
麻醉药

第十章
数字内容

学习目标

知识目标：

- 掌握　常用局部麻醉药的作用、临床用途和不良反应。
- 熟悉　常用全身麻醉药的作用特点和临床应用。
- 了解　各种复合麻醉用药的基本原则、给药方案、效果及用药相关注意事项。

技能目标：

- 学会根据麻醉类型和需要，开展麻醉药用药指导的基本技能。

素质目标：

- 具有尊重、关心手术等患者，开展麻醉药合理用药岗位，服务的专业精神和职业素养。

🔄 情境导入

情境描述：

　　某公司员工小李，女性，无意中发现左乳有樱桃大肿物，推之可自由移动，无疼痛感。立即到医院检查。经超声检查证实左乳有纤维腺瘤。医生制订治疗方案"局部麻醉下行乳房良性肿瘤切除术"，采用局部麻醉药普鲁卡因局部浸润麻醉。注射前反复进行了"回抽试验"，以证实无气、无血、无组织液后方才注射。术后5分钟，李女士突然烦躁不安，寒战、呼吸急促、胸闷，出现中毒迹象，麻醉师立即停止给药并保持呼吸通畅，保证氧气供应。同时采取抢救措施，约半小时后李女士转危为安。

学前导语：

　　同学们，麻醉为外科手术治疗提供了安全无痛的必要条件，选择合适麻醉方法，采用恰当麻醉药物可较好地完成手术。学好麻醉药，不仅确保麻醉效果和安全，确保手术顺利完成，还能更好胜任药学工作岗位，做好药学服务，体现职业价值。

⟹ **药学思政** ┄┄┄┄┄┄┄┄┄┄┄┄┄┄┄┄┄┄┄┄┄┄┄┄┄┄┄┄┄┄┄┄┄┄┄┄┄

由我国古代探索麻醉药剂而想到的

祖国医学非常重视外科和骨科的创新探索与实践应用，对镇痛与麻醉的药剂研究也历史久远，春秋战国时期的古籍《列子·汤问篇》就有神医扁鹊分别采用具有镇痛、麻醉和催醒作用的不同药酒实施手术的记述，而据《后汉书》记载，公元2世纪的名医华佗发明了中药麻醉剂"麻沸散"，当时在中医骨科和外科作为麻醉剂而使用，历代中医药学家也在此领域不断创新和实践，如李时珍在《本草纲目》中收载了用曼陀罗花、火麻子花的酒剂在割疮等手术时用来麻醉止痛，这些应用丰富了中医药学宝库，今天作为未来的药学工作者在为中华文明璀璨瑰宝——中医药学自豪的同时，要善于继承古代医药学家们创新探索的职业素养，更要学习他们不畏艰辛、勇于尝试、大爱无疆、全身心奉献医药学事业的敬业精神。

┄┄

第一节 局部麻醉药

一、概述

局部麻醉药简称局麻药，是一类作用于局部神经末梢或神经干周围，能暂时、完全和可逆地阻断神经冲动的产生和传导的药物。在意识清醒的条件下可使局部痛觉等感觉暂时消失，局部麻醉作用结束后，对神经纤维和其他各类组织均无损伤。

（一）局部麻醉药的作用

1. **局部麻醉作用** 与药物浓度和神经纤维结构有关，低浓度时就能阻断感觉神经冲动的产生和传导，较高浓度时对自主神经、运动神经和中枢神经均有阻断作用。

一般细而无髓鞘的神经纤维比粗而有髓鞘的神经纤维对局部麻醉药的作用更敏感。一般痛觉首先消失，其次是温觉、触觉和压觉，神经冲动的恢复是按相反的顺序进行。

🔗 知识链接： ....

局部麻醉药的发现

南美洲印第安人有嚼食古柯树叶减轻胃部饥饿感的习惯，1860年科学家从中提取的具有局部麻醉作用的生物碱——可卡因。1884年首先用于眼科表面麻醉，随后用于局部浸润麻醉。但人们很快发现可卡因有很大的毒性和成瘾性，使用受到严格限制。后来科学家根据其化学结构相继合成许多较为理想的局部麻醉药，其中以1905年合成的普鲁卡因和1948年合成的利多卡因最为成功，这些药物至今仍广泛使用。近年来又在此基础上合成出新型局部麻醉药，如罗哌卡因和依替卡因等，临床评价更高，局部麻醉药的"家族"也更加壮大起来。

目前认为局部麻醉药主要作用于神经细胞的细胞膜上的Na^+通道，抑制Na^+内流，阻止动作电位的产生和神经冲动的传导，产生局部麻醉作用。

2. 全身作用　局部麻醉药的剂量或浓度过高吸收入血，或误将药物注入血管中，都可引起全身作用，一般为局部麻醉药的毒性反应。

（1）中枢作用：出现先兴奋后抑制现象，初期表现为不安、震颤，甚至惊厥；后转为抑制，出现昏迷、呼吸抑制，严重时可因呼吸衰竭而死亡。

（2）抑制心脏：使心肌收缩力减弱、传导减慢甚至引起心脏停搏。

（3）扩张血管：各种局部麻醉药均有扩张血管作用，使血压下降，并可因扩张血管而加速局部麻醉药的吸收，加重中毒症状。

（二）局部麻醉药的临床应用

1. 表面麻醉　又称黏膜麻醉，是将穿透力强的局部麻醉药液滴、喷、涂布于黏膜表面，使黏膜下的神经末梢麻醉。常用于眼、鼻、咽喉、气管、尿道等部位的手术。

2. 局部浸润麻醉　将局部麻醉药注射到皮内、皮下或深部组织，使局部神经末梢麻醉。常用于表浅小手术和检查。根据需要可在溶液中加少量肾上腺素，可减缓局部麻醉药的吸收，延长作用时间。局部浸润麻醉的优点是麻醉效果好，对机体的正常功能无影响。缺点是用量较大，麻醉区域较小，在做较大的手术时，因所需药量较大而易产生全身毒性反应。

3. 传导麻醉　又称神经干阻滞麻醉是将局部麻醉药注射到神经干周围，阻断神经冲动的传导，使该神经分布的区域产生麻醉。常用于四肢、面部、口腔等手术。

4. **脊椎麻醉**　又称蛛网膜下腔麻醉，俗称腰麻，是将局部麻醉药经腰椎间隙注入腰椎蛛网膜下腔，麻醉该部位的脊神经根；首先被阻断的是交感神经纤维，其次是感觉纤维，最后是运动纤维。常用于下腹部和下肢手术。

5. **硬膜外麻醉**　是将局部麻醉药注射到硬脊膜外腔，麻醉药沿着神经鞘扩散，穿过椎间孔麻醉脊神经根，麻醉范围广。适用于从颈部至下肢的多种手术（图10-1）。

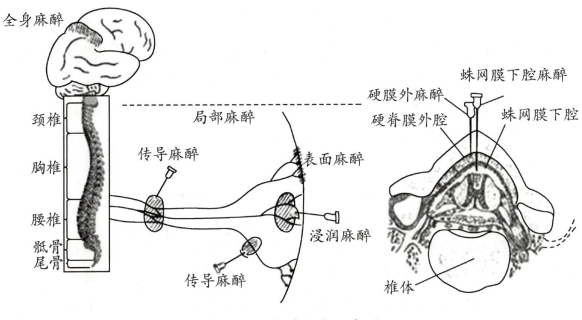

图10-1　麻醉分类示意图

二、常用的局部麻醉药

常用的局部麻醉药在化学结构上由芳香族环、中间链和胺基三部分组成。中间链可为酯类或酰胺类，根据中间链的结构不同，将常用局部麻醉药分为酯类和酰胺类两大类，前者包括普鲁卡因和丁卡因，后者包括利多卡因和布比卡因等。

普鲁卡因（procaine，奴佛卡因）

本药是酯类化合物，易水解，水溶液不稳定，应现用现配制。

【作用与用途】

1. **局部麻醉作用**　本药毒性较小，对黏膜的穿透力弱，一般不用于表面麻醉，多用于局部浸润麻醉、传导麻醉、脊椎麻醉和硬膜外麻醉。

2. **局部封闭**　用0.25%~0.5%的溶液注射于病灶周围，可使炎症、组织损伤部位的症状缓解，促进病变痊愈。

【不良反应】

1. **毒性反应** 用量过大或误入血管时，出现中枢神经系统和心血管系统毒性反应。

2. **变态反应** 极少数患者用药后可发生皮疹、哮喘甚至过敏性休克等变态反应，故用药前应做皮肤过敏试验。酯类比酰胺类变态反应发生率高，对酯类过敏者，可改用酰胺类。

【用药须知】

1. 本药在使用前应注意药物浓度。局部麻醉药按一级动力学消除，其半衰期（$t_{1/2}$）不因血药浓度高低而变化，增加药物浓度与延长麻醉时间不成正比关系，增加药物浓度却有加快吸收而引起中毒的危险。因此，不能用增加药量或浓度的方法来延长麻醉时间。

2. 局部浸润麻醉时用0.25%~0.55%的溶液；传导麻醉、脊椎麻醉及硬膜外麻醉均可用1%~2%的溶液。一次极量为1 000mg，脊椎麻醉不宜超过200mg。注射后1~3分钟起效，可维持30~45分钟，加入少量肾上腺素后维持时间可达1~2小时。手指、足趾、耳郭、阴茎等部位局部麻醉时禁加肾上腺素，否则可导致局部组织坏死。

3. 酯类局部麻醉药易出现过敏反应，故用药前应询问患者有无过敏史，有过敏史者禁用，首次用药前应做皮试，但皮试阴性者，仍有可能发生过敏反应。

4. 用药过程中应监测呼吸、血压、心率和中枢神经系统反应。尤其应注意防治低血压，脊椎麻醉和硬膜外麻醉时，因交感神经传导被阻断而引起血压下降，故麻醉时应监控血压并及时纠正低血压。麻醉中应注意观察患者的一般状态，如有中毒迹象或出现过敏症状应及早作出判断并及时采取相应措施。

5. 普鲁卡因在血浆中被水解成对氨基苯甲酸（PABA）和二乙氨基乙醇，前者能对抗磺胺类药物的抗微生物作用，后者能增加强心苷的毒性反应，故应避免与磺胺类药物及强心苷同时应用。

利多卡因（lidocaine，昔罗卡因）

本药是酰胺类化合物，是应用最多的局部麻醉药之一。与普鲁卡因相比，利多卡因具有起效快、作用强而持久、穿透力强及安全范围较大等特点，同时无扩张血管作用及对组织几乎没有刺激性，可用于多种局部麻醉方法，有全能局部麻醉药之称。作用持续时间为1~2小时。主要用于传导麻醉和硬膜外麻醉。对普鲁卡因过敏者可选用此药。本药因扩散性强，麻醉平面难掌握，脊椎麻醉慎用。本药也可用于抗心律失常，见第十九章。

丁卡因（tetracaine，地卡因）

本药是酯类局部麻醉药，其麻醉强度比普鲁卡因大10倍，毒性大10~12倍。本药对黏膜穿透力强，主要用于表面麻醉，以0.5%~1%溶液滴眼，1~3分钟显效，作用可持续2~3小时。也可用于传导麻醉、脊椎麻醉及硬膜外麻醉，因毒性大，一般不用于局部浸润麻醉。

布比卡因（bupivacaine，麻卡因）

本药是酰胺类局部麻醉药，麻醉作用较利多卡因强4~5倍，维持时间长，可达5~10小时。主要用于局部浸润麻醉、传导麻醉和硬膜外麻醉。本药因穿透力弱，不宜用于表面麻醉。

常用局部麻醉药可从维持时间、强度、毒性、穿透力、用途等方面进行比较（表10-1）。

表 10-1 常用局部麻醉药比较

药物名称	维持时间 /h	相对强度	相对毒性	穿透力	局部麻醉用途
普鲁卡因	0.5~1.0	1	1	弱	除表面麻醉外的各种麻醉
利多卡因	1~2	2	2	强	各种麻醉
丁卡因	2~3	10	10~12	强	除局部浸润麻醉外的各种麻醉
布比卡因	5~10	10	4~6	弱	浸润、传导、硬膜外麻醉

其他常用的局部麻醉药还有罗哌卡因（ropivacaine）、达克罗宁（dyclonine）、苯佐卡因（benzocaine）等。

第二节 全身麻醉药

全身麻醉药简称全麻药，是一类可逆性地抑制中枢神经系统功能，引起意识、感觉、反射暂时消失及骨骼肌松弛的药物，以利于外科手术在无痛的条件下安全进行。麻醉作用包括镇痛、催眠、肌肉松弛、遗忘、意识消失、抑制异常应激反应等诸多方面，但镇痛作用是其最基本、最重要的作用。

全身麻醉药的作用机制比较复杂，目前认为全身麻醉药具有高脂溶性，可溶入神经细胞膜的脂质层，使脂质分子排列紊乱，膜蛋白质功能改变及Na^+、K^+通道受阻，抑制神经细胞膜除极及神经冲动的传递，产生全身麻醉作用。因此，全身麻醉药脂溶性越高，麻醉作用越强。

全身麻醉药可分为两类：主要经气道吸入而产生全身麻醉效果的吸入麻醉药和主要经静脉给药的方式而产生全身麻醉效果的静脉麻醉药。

一、吸入麻醉药

吸入麻醉药是一类挥发性的液体或气体药物，由气道吸入后经肺泡吸收进入血液循环，抑制中枢神经系统，产生麻醉作用。常用的吸入麻醉药有氟烷、异氟烷、恩氟烷、地氟烷、七氟烷和氧化亚氮等。最早使用的乙醚因安全性差、麻醉效果不理想而现已少用。

氟烷（halothane）

本药为无色透明液体，有水果味，临床常用浓度时不易燃爆，是临床最早使用的含氟吸入麻醉药。

氟烷麻醉作用迅速、强大，麻醉诱导期短，苏醒快，停药后1小时左右患者即可苏醒，对呼吸道刺激性小，不增加呼吸道分泌物，且有扩张支气管作用，镇痛和肌肉松弛作用较弱。

能增强心肌对儿茶酚胺的敏感性，易诱发心律失常，反复应用偶致肝损害，可使脑血管扩张，颅内压升高，明显抑制子宫收缩导致产后出血，禁用于脑外科手术及剖宫手术麻醉。

异氟烷（isoflurane）和恩氟烷（enflurane）

两者为同分异构体，与氟烷比较，麻醉诱导平稳而迅速，苏醒较快，肌肉松弛作用良好，不增加心肌对儿茶酚胺的敏感性，不易引起心律失常，反复使用对肝脏无明显毒性，适用于各种手术麻醉，是目前广泛使用的吸入麻醉药。

地氟烷（desflurane，地氟醚）和七氟烷（sevoflurane，七氟醚）

两者结构和异氟烷相似，麻醉诱导期短，患者苏醒快，对循环系统影响小，不损害肝、肾功能，临床用于成人及儿童的麻醉维持；但地氟烷会因麻醉诱导期浓度过大，刺激呼吸道引起咳嗽、呼吸停顿及喉头痉挛；七氟烷是目前临床评价最高的吸入麻醉药之一。

氧化亚氮（nitrous oxide，笑气）

本药为无色、味甜、无刺激性液态气体，性质稳定，不易燃烧和爆炸。给药后患者感觉舒适愉快，镇痛作用强，麻醉效能低，单独应用无法达到理想的麻醉期，停药后苏醒较快，对呼吸和肝、肾功能无不良影响，但对心肌略有抑制作用。本药新近又发现作为嗜好品出现药物滥用和药物依赖性现象，应高度重视，严格管理。

一般作为第二气体与其他吸入性全身麻醉药配伍使用或用于诱导麻醉。

乙醚（ether）

本药是无色澄明易挥发的液体，有特异臭味，易燃易爆，易氧化生成过氧化物及乙醛，使毒性增加。其优点为麻醉分期明显，安全范围大，外科麻醉期的药物浓度与中毒期的浓度相差近3倍，肌肉松弛作用较强，对呼吸功能和血压几无影响，对心、肝、肾的毒性较小。但对呼吸道有强烈刺激导致腺体分泌增加，影响呼吸通畅，可引起吸入性肺炎及窒息，诱导期和苏醒期较长，易发生意外，现已少用。

🔗 知识链接：···

麻醉分期与诱导麻醉

中枢神经系统的不同部位对全身麻醉药的敏感性不同，为了便于掌握临床麻醉的深度和避免危险，常以麻醉过程中的意识、感觉、呼吸、血压、脉搏、眼球活动、各种反射以及肌张力的变化为指征，人为地将麻醉分为四期即镇痛期、兴奋期、外科麻醉期和中毒期。其中，将镇痛期和兴奋期合称为诱导期，此期患者出现强烈挣扎、反射亢进、血压升高等兴奋表现，对患者十分不利，还可能引发危险。因此，常采用诱导期短的麻醉药如硫喷妥钠或氧化亚氮，使患者迅速进入外科麻醉期，避免诱导期的不良反应，然后改用其他药维持麻醉。

二、静脉麻醉药

本类药物通过缓慢静脉注射或静脉滴注而产生全身麻醉作用。与吸入麻醉药相比，其优点是无诱导期的各种不适，患者迅速进入麻醉状态，对呼吸道无刺激性，方法简便易行。缺点主要是不易掌握麻醉深度，容易发生麻醉意外。常用的静脉麻醉药有硫喷妥钠、氯胺酮、丙泊酚等，另外超短效苯二氮䓬类，如咪哒唑仑也经常用于诱导麻醉。

硫喷妥钠（thiopental sodium）

本药是超短效巴比妥类药物。脂溶性高，静脉注射后即可进入脑组织，麻醉作用迅速，无诱导期。由于本药在体内迅速重新分布，从脑组织转运到肌肉和脂肪等组织，使脑内浓度迅速下降，作用短暂，一次注射仅维持数分钟，本药镇痛效果差，肌肉松弛不完全，临床主要用于诱导麻醉和基础麻醉，单独使用仅适用于短时小手术。不良反应有呼吸抑制，新生儿、婴幼儿应禁用，还易诱发喉头及支气管痉挛，故支气管哮喘者禁用。

氯胺酮（ketamine）

本药作用机制独特，对中枢既有抑制作用又有兴奋作用。能选择性阻断痛觉冲动向丘脑和大脑皮层的传导，同时又能兴奋脑干及边缘系统，患者痛觉消失，而意识部分存在，常有睁眼凝视呈木僵状、梦境感、肌张力增加、肢体无目的活动、眼球震颤等，这种抑制与兴奋并存的状态曾被称为"分离麻醉"。

本药起效快、镇痛力强、维持时间短，苏醒期较长，可出现幻觉、谵妄等精神症状，对体表镇痛作用明显，内脏镇痛作用差，对呼吸抑制作用轻微，对心血管具有明显兴奋作用。适用于短时的体表小手术或低血压患者的诱导麻醉。近年来，国内已广泛用氯胺酮、地西泮、普鲁卡因、肌肉松弛药进行复合麻醉，扩大了手术应用范围。本药禁用于高血压、颅内压升高及精神病患者。另外，本药是第一类精神药品，应严格按照有关法规管理使用。

丙泊酚（propofol，异丙酚）

本药起效快、作用时间短、苏醒迅速，无蓄积作用。能抑制咽喉反射，有利于气管插管。能降低颅内压和眼压，减少脑耗氧量和脑血流量。镇痛作用很微弱，对循环系统有抑制作用，可引起血压下降。可用于全身麻醉的诱导和维持，也常与镇痛、肌肉松弛药合用，作为门诊短小手术的辅助用药，目前也多用于无痛人工流产麻醉，胃肠镜无痛检查麻醉等，不良反应轻微，患者麻醉恢复期多出现脱抑制等现象，应提前告知家属。

羟丁酸钠（sodium hydroxybutyrate，γ-羟基丁酸钠）

本药对循环系统影响小，适用于较长时间手术。肌肉松弛作用不理想。适用于老年人、儿童及脑、神经外科手术、外伤、烧伤患者的麻醉。严重高血压、心脏房室传导阻滞及癫痫患者禁用。

依托咪酯（etomidate）

本药为强效、超短效静脉麻醉药，具有镇静、催眠和遗忘的作用，对心血管和呼吸系统影响小，主要用作静脉全身麻醉诱导药和麻醉辅助药，可用于心血管疾病的患者。主要缺点是恢复期恶心、呕吐的发生率高。

三、复合麻醉用药

理想的全身麻醉药除能使外科手术患者产生镇痛、意识丧失、适度的骨骼肌松弛，感觉和自主反射被抑制外，还应具有麻醉诱导期短、停药后从麻醉状态的恢复平稳而快速、麻醉深度易于控制、无明显局部刺激和其他严重不良反应，以及安全范围大等特点。

然而，目前临床上使用的任何一种全身麻醉药都不能符合以上要求，为了克服单一麻醉药的诸多缺点，减少麻醉药的用量和提高麻醉的安全性，增强麻醉效果，常采用联合用药或辅以其他药物的方法，此称为复合麻醉（表10-2）。

表 10-2　常用的复合麻醉药物

用药目的	常用药物
镇静、解除精神紧张	巴比妥类、地西泮
短暂性记忆缺失	苯二氮䓬类、氯胺酮、东莨菪碱
基础麻醉	巴比妥类、水合氯醛
诱导麻醉	咪达唑仑、硫喷妥钠、丙泊酚、氧化亚氮
镇痛	吗啡、哌替啶、芬太尼
骨骼肌松弛	琥珀胆碱、筒箭毒碱
抑制迷走神经反射	阿托品类
控制体温	氯丙嗪
抗过敏、镇静	异丙嗪
控制性降低血压	硝普钠、钙通道阻滞药

1. **麻醉前用药**　患者进入手术室前应用某些药物，如手术前夜用巴比妥类或地西泮等镇静催眠药，消除患者的紧张、焦虑等情绪；注射阿托品或东莨菪碱等M受体拮抗药可抑制腺体分泌，防止呼吸道分泌物引发吸入性肺炎；术前注射阿片类镇痛药以增强麻醉效果。

2. **基础麻醉**　进入手术室之前给予大剂量催眠药，使进入深睡眠状态，或肌内注射咪达唑仑或硫喷妥钠，使进入浅麻醉状态，在此基础上再用全身麻醉药，调节麻醉深度，使麻醉平稳，用药量减少，常用于儿童。

3. **诱导麻醉**　应用诱导期短的咪达唑仑、硫喷妥钠或氧化亚氮，使迅速进入外科麻醉期，避免诱导期的不良反应，然后改用其他药物维持麻醉。

4. **合用肌肉松弛药**　合用琥珀胆碱或筒箭毒碱等，以满足手术对肌肉松弛的要求。

5. **低温麻醉**　在物理降温的基础上合用氯丙嗪使体温下降至28~30℃、机体基础代谢率降低、重要器官的耗氧量降低。

6. **神经安定镇痛术**　是一种复合镇痛方法，常用氟哌利多及芬太尼按50∶1制成合剂作静脉注射，使患者意识朦胧，痛觉消失。其特点是镇静、镇痛效果好而不良反应少。在此基础上合用全身麻醉药（如氧化亚氮）及肌肉松弛药（如琥珀胆碱）可达到满意的外科麻醉，称为神经安定麻醉。

7. 控制性降低血压　加用短时作用的血管扩张药（如硝普钠等）使血压适度下降，并抬高手术部位，以减少出血。常用于止血比较困难的颅脑手术。

> 🔗 **知识链接：** ··
>
> ### 麻醉药和麻醉药品
>
> 　　这两类药有实质性区别。麻醉药是能引起机体的一部分或全部暂时性、可逆性失去感觉，特别是阻断痛觉的一类药物，临床主要用于全身麻醉或局部麻醉，如乙醚、普鲁卡因、利多卡因等。麻醉药品是指对中枢神经有麻醉作用，连续使用、滥用或者不合理使用，易产生生理依赖性和精神依赖性，能成瘾癖的药品。如吗啡、可卡因、哌替啶等，属国家重点管理药物，必须按《中华人民共和国药品管理法》和《麻醉药品和精神药品管理条例》严格管理。

第三节　麻醉药的用药指导

一、用药前

1. 详细询问患者有无麻醉史、过敏史及用药史，特别是抗高血压药、强心药、降血糖药、镇静催眠药、镇痛药、激素类药物、抗凝血药等应用史；向患者介绍麻醉的方法、实施过程、注意事项，可能出现的问题及麻醉后的恢复过程等，使患者减轻焦虑和恐惧，以最佳心态接受并配合麻醉；告诉患者按照要求禁饮食、接受麻醉前用药。

2. 根据麻醉方法合理选择药物，同时要考虑到基础麻醉、诱导麻醉和复合麻醉等不同麻醉方法的实际需要合理选用药物。

3. 局部麻醉有五种方法，要根据每一种方法的麻醉要求，结合局部麻醉药的理化性质、作用强度制订给药方案。

二、用药中

1. 各种手术麻醉均具有一定的风险，有效控制麻醉进程，及时采取纠正和抢救等是降低麻醉风险的主要措施。严格掌握剂量，注意剂量个体化。麻醉意外的发生与剂量和个体差异有密切关系，应密切监控麻醉过程，严格控制各类麻醉药的最大使用剂量，防止中毒，切忌为加深麻醉效果而增加剂量。

2. 要特别注意麻醉药个体差异问题，认真观察生命体征，力求剂量个体化，对体质较差的患者应酌情减量。

3. 当几种麻醉药混合使用时，应充分考虑其麻醉效果可能出现协同效用而不是累加效用，更容易导致呼吸、循环中枢的过度抑制。

三、用药后

1. 及时纠正不良反应，预防并发症的发生，应认真观察记录患者的呼吸、循环、神经反射等生命体征，同时熟悉常用麻醉药的毒性表现和对抗药物。

2. 要提前准备必需的抢救药物和设备，一旦出现不良反应或麻醉意外应结合手术实际情况，快速有效地采取预防和抢救措施。

药学服务岗位操作实践

岗位情境：

小刘在药房工作，她的表姐今年30岁，妊娠40周，几天前入院待产，因胎位异常需行剖宫术，由于表姐平时喜欢上网浏览信息，了解到氟烷是临床最早使用的含氟吸入麻醉药，麻醉作用迅速、强大，要求医生用氟烷麻醉，被拒绝，于是专门来药房找小刘咨询，小刘该如何运用本章知识做好解答呢？

操作流程：

1. 应耐心细致地向表姐介绍，剖宫术对麻醉的要求极高，既要保证手术中镇痛完善、肌肉松弛满意，又要保证不伤害产妇及胎儿。同时，需慎用影响子宫收缩的药物。具体麻醉方案应由麻醉师和手术医师制订。

2. 氟烷苏醒快，对呼吸道刺激性小，但镇痛和肌肉松弛作用较弱，明显抑制子宫收缩导致产后出血，禁用于剖宫手术麻醉。

3. 虽然劝说表姐调整心情，配合医生的手术方案消除产前恐惧焦虑情绪，加强饮食营养，心情愉快，才会顺利生产，尽快恢复身体。

4. 建议表姐多关注医院有关健康教育的权威公众号，加强联系，提供更全面的药学服务。

···· 章末小结

1. 麻醉药包括全身麻醉药和局部麻醉药两大类。全身麻醉药通常分为吸入麻醉药和静脉麻醉药两类。局部麻醉药主要有两类：一是酯类，如普鲁卡因、丁卡因等；二是酰胺类，如利多卡因、布比卡因等。

2. 局部麻醉药的药理作用有局部麻醉作用和全身麻醉作用。常用的局部麻醉方法有五种：表面麻醉、局部浸润麻醉、传导麻醉、脊椎麻醉和硬脊膜外麻醉。局部麻醉药常见的不良反应有毒性反应和过敏反应，防止措施是减少吸收，注意体液、药液的比重等因素。

···· 思考与练习

一、单项选择题

1. 为延长局部麻醉药的作用时间，减少中毒，常在局部麻醉药中加入适量的
（　　）
   A. 去甲肾上腺素　　　B. 肾上腺素　　　C. 异丙肾上腺素
   D. 阿托品　　　E. 多巴胺

2. 下列药物中既可用于局部麻醉又可用于心律失常的是（　　）
   A. 丁卡因　　　B. 普鲁卡因　　　C. 布比卡因
   D. 利多卡因　　　E. 罗哌卡因

3. 脊椎麻醉时同时加用麻黄碱的目的是（　　）
   A. 预防过敏性休克

B. 对抗局部麻醉药的扩血管作用

C. 防止麻醉过程中产生血压下降

D. 延长局部麻醉作用持续时间

E. 以上都不对

4. 普鲁卡因不宜用于下列何种麻醉（　　）

　　A. 表面麻醉　　　　　B. 局部浸润麻醉　　　　C. 传导麻醉

　　D. 脊椎麻醉　　　　　E. 硬膜外麻醉

5. 以下可作为第二气体与其他吸入性全身麻醉药配合使用的是（　　）

　　A. 异氟烷　　　　　　B. 氟烷　　　　　　　　C. 地氟烷

　　D. 氧化亚氮　　　　　E. 七氟烷

6. 以下静脉麻醉药中，镇静效果最好的是（　　）

　　A. 氯胺酮　　　　　　B. 丙泊酚　　　　　　　C. 羟丁酸钠

　　D. 依托咪酯　　　　　E. 咪达唑仑

二、简答题

1. 简述局部麻醉药中加入适量肾上腺素的目的及注意事项。

2. 列表比较普鲁卡因、利多卡因、丁卡因的特点。

3. 常用的全身麻醉药有哪几类？举例说出其特点。

三、应用题

案例分析：患者，男，56岁。右手因外伤行清创术，为减轻患者痛苦，需先行麻醉，患者听闻麻醉会影响神经功能，而且很不安全，依从性较差。

请思考讨论：①针对该患者，应选用何种麻醉药？②麻醉药中能否加入肾上腺素，为什么？③药师如何配合医生做好用药交代，提高患者依从性？④在上述药学服务，如何体现药师的专业精神和职业素养？

（周　振　张　庆）

第十一章
镇静催眠药

学习目标

知识目标：

- 掌握　苯二氮䓬类药物的作用、用途、不良反应。
- 熟悉　新型苯二氮䓬类药物的作用特点及临床用途。
- 了解　巴比妥及其他镇静催眠药的特点及用药指导原则。

技能目标：

- 熟练掌握　镇静催眠药用药指导的基本技能。
- 学会　评价镇静催眠药防治不良反应和药物依赖性的措施。

素质目标：

- 尊重、关心失眠、焦虑患者，具有开展镇静催眠药合理用药等岗位服务的专业精神和职业素养。

情境导入

情境描述：

　　王先生，30岁，近两年因工作压力大，精神紧张，晚上经常难以入睡，即便睡着也容易醒来，睡眠质量很差，白天无精打采，反应性和记忆力都明显下降，工作压力更大了，情绪和精神状态都受到影响。自行服用过安神补脑的非处方药，疗效欠佳。近期参加有关睡眠健康的科普活动，下决心到医院就医。医师诊断为失眠症，医嘱为阿普唑仑片，每次4mg，睡前服用；同时建议配合综合治疗措施，1个月后复诊。王先生在药房取药时向药师咨询合理用药事宜。

学前导语：

　　同学们，睡眠不好是每个人都可能遇到的健康问题，而像王先生这样的失眠症患者也非常多见，失眠症包括原发性和继发性两类，其诱因与精神活动、环境因素、疾病等都有关系。消除诱因的同时，科学合理的使用镇静催眠药可有效改善失眠及相关症状，尽快恢复正常的工作、学习和生活质量。本章将介绍此类药物，学好、用好此类药物，未来可以更好胜任药学岗位，开展药学服务工作，实现职业目标。

镇静催眠药是一类对中枢神经系统具有抑制作用的药物，通过抑制中枢神经系统缓解或消除紧张、烦躁等焦虑症状，恢复平静（镇静）或引起近似生理性睡眠（催眠）。但镇静药和催眠药之间并无本质区别，随着使用剂量的不同而表现出不同的作用，一般小剂量可产生镇静、抗焦虑作用；中等剂量可产生催眠作用；大剂量则有抗惊厥甚至麻醉的作用；故通常合称为镇静催眠药。

常用的镇静催眠药按化学结构可分为苯二氮䓬类、新型非苯二氮䓬类、巴比妥类和其他类。以苯二氮䓬类最为常用。

一、苯二氮䓬类

苯二氮䓬类（benzodiazepine，BZ）为1,4-苯并二氮䓬的衍生物，种类较多。根据半衰期的长短可分为长效类、中效类和短效类，各类药物作用原理相同，具体作用各有侧重，体内过程有所不同（表11-1）。

表 11-1　常用苯二氮䓬类药物比较表

作用时间	药物	半衰期/h	主要适应证	不良反应及注意事项
长效类（24~72小时）	地西泮（diazepam，安定）	20~70	焦虑症、各型失眠症、惊厥等	孕妇、青光眼患者、重症肌无力患者禁用
	氟西泮（flurazepam）	40~100	各型失眠症	孕妇，15岁以下儿童禁用
	硝西泮（nitrazepam）	23~36	各型失眠症、惊厥、癫痫等	儿童、老年人慎用，用药期间忌酒
	氯硝西泮（clonazepam）	26~49	儿童癫痫、癫痫持续状态	嗜睡，头昏、共济失调。孕妇、新生儿禁用

作用时间	药物	半衰期/h	主要适应证	不良反应及注意事项
中效类（10~20小时）	氯氮䓬（chlordiazepoxide）	15~40	焦虑症、失眠症、癫痫	肝肾功能不全者慎用，孕妇及哺乳期妇女禁用
	艾司唑仑（estazolam，舒乐安定）	10~24	焦虑症、失眠症、癫痫	不良反应少，过量可致口干、嗜睡
	阿普唑仑（alprazolam）	12~15	失眠症、癫痫	头晕、头痛、神经过敏等。青光眼患者禁用
	奥沙西泮（oxazepam）	5~12	焦虑症、失眠症、癫痫	嗜睡，头昏、乏力等。肝肾功能不全者慎用，儿童禁用
短效类（3~8小时）	三唑仑（triazolam）	2~3	各型失眠症	少数可发生昏倒、幻觉
	咪达唑仑（midazolam）	1.5~2.5	各型失眠症、麻醉辅助用药	嗜睡、头痛、幻觉、共济失调；静脉注射可有呼吸抑制、血压下降、血栓性静脉炎

地西泮（diazepam，安定）

本药口服吸收快而完全，服药后约1小时血药浓度达高峰；肌内注射吸收慢而不规则；欲快速显效时应静脉注射。静脉注射后可迅速分布于脑组织，随后再分布和蓄积于脂肪组织。本药主要由肝药酶代谢，代谢产物主要为去甲地西泮和奥沙西泮，其活性与母体相似，故作用持久，血浆半衰期为20~70小时。代谢产物最终与葡糖醛酸结合为无活性产物，由肾排出。

【作用与用途】

1. 抗焦虑　小剂量地西泮作用于大脑边缘系统的苯二氮䓬受体，呈现良好的抗焦虑作用，能显著改善患者的紧张、忧虑、恐惧和激动等症状，对各种原因导致的焦虑症都有效。

2. 镇静催眠 中等剂量地西泮具有镇静催眠作用，催眠特点是：① 缩短睡眠诱导时间，延长睡眠持续时间，减少觉醒次数；② 对快速动眼期睡眠影响小，能产生近似生理性睡眠，醒后无明显后遗效应；③ 安全范围大，对呼吸、循环的抑制作用较轻，停药后反跳现象、依赖性、戒断症状也较轻；④ 对肝药酶无诱导作用，不影响其他药物的代谢。临床广泛用于各种原因、各种类型失眠症的治疗，是最常用的镇静催眠药；也可用于麻醉前给药，心脏电击复律或内镜检查前给药。

🔗 **知识链接** ···

睡眠时相知多少

睡眠由两个交替出现的不同时相所组成，一个是非快速动眼睡眠，又称慢波睡眠（持续时间 30~40 分钟），在非快速动眼睡眠时，中枢神经系统抑制程度较深，肌张力较低，呼吸较慢而深，有助于体力恢复和生长发育；另一个是快速动眼睡眠，又称快波睡眠（持续时间 20~30 分钟），在快速动眼睡眠时，中枢神经系统抑制不完全，会出现眼球快速运动，常出现做梦、肢体抽动等生理现象。在整个睡眠过程中，慢速动眼睡眠和快速动眼睡眠反复循环一般在 3~4 次。如长时间发生睡眠障碍，会出现脑电图缓慢波形，使思维能力和耐力下降，发生身心疾病，所以治疗失眠具有重要意义。

为引起大家对睡眠的重视，每年的 3 月 21 日被定为"世界睡眠日"。

3. 抗惊厥和抗癫痫 大于催眠剂量的地西泮具有强大的抗惊厥作用，能迅速减轻或终止惊厥的发作，也可抑制癫痫病灶异常放电的扩散，产生抗癫痫作用。主要用于小儿高热、破伤风和中枢兴奋药中毒等所致的惊厥。静脉注射是目前治疗癫痫持续状态的最佳药物。

4. 中枢性肌肉松弛 具有较强的肌肉松弛作用，能降低肌张力，对机体正常活动无影响。通过抑制脊髓多突触反射，抑制中间神经元的传递，引起肌肉松弛。可用于治疗中枢病变（脊髓损伤、脑血管意外等）引起的肌强直及腰肌劳损等导致的肌肉痉挛。

【不良反应】

1. **中枢神经系统反应** 治疗量连续用药可引起嗜睡、头昏、乏力等；大剂量可有共济失调、震颤，个别患者发生兴奋、多语、睡眠障碍，甚至幻觉。故驾驶员和其他机械操作人员慎用。

2. **急性中毒** 使用过量或静脉注射过快产生心血管和呼吸抑制作用，急性中毒可发生呼吸抑制甚至死亡，可用苯二氮䓬受体拮抗药氟马西尼解救。故本药静脉注射时速度应缓慢，并注意观察患者用药反应。

3. **耐受性和依赖性** 长期服用该药物可产生耐受性和依赖性，久用骤停可出现反跳现象和戒断症状如激动、失眠、焦虑不安、震颤甚至惊厥等。

4. **其他** 因该药物可通过胎盘屏障和随乳汁分泌，导致畸胎、新生儿肌张力软弱和婴儿嗜睡，故孕妇、哺乳期妇女禁用，年老体弱者、儿童慎用。

附：苯二氮䓬受体拮抗药

氟马西尼（flumazenil）

本药能与苯二氮䓬类受体（BZ受体）特异位点结合，竞争性拮抗BZ受体激动药的中枢抑制效应。能有效地催醒患者和改善BZ类中毒所致的呼吸和循环抑制。主要用于苯二氮䓬类药物过量的治疗，也可用作苯二氮䓬类药物过量的诊断，还可改善酒精性肝硬化患者的记忆缺失等症状。不良反应主要有胃肠道反应，偶有焦虑、心悸、恐惧等不适感，有诱发惊厥和癫痫等的可能性。

二、新型非苯二氮䓬类

由于失眠及相关疾病逐年增多，目前常用药物除苯二氮䓬类外，还有作用机制相似但不属于苯二氮䓬化学结构的新型药物，其主要优点是作用强，不良反应少，特别是药物依赖性发生率相对较低。

丁螺环酮（buspirone）

本药的抗焦虑作用与地西泮相似，但无镇静、肌肉松弛和抗惊厥作用。口服吸收好，首过消除明显，肝脏代谢率高。临床主要用于各种类型的焦虑症，也可与利培酮、奥氮平等合用治疗精神分裂症。不良反应有头晕、头痛及胃肠功能紊乱等，无明显依赖性。

佐匹克隆（zopiclone）

本药为新型催眠药，与苯二氮䓬类药物相比具有高效、低毒、成瘾性小的特点。

口服吸收迅速，具有抗焦虑、镇静、催眠、肌肉松弛和抗惊厥作用，可用于各种失眠症。优点是使人易于入睡，睡眠时间延长，可加深睡眠。不良反应有头痛、嗜睡、口干、遗忘等，长期服药后突然停药会出现戒断症状。

唑吡坦（zolpidem）

本药是新型非苯二氮䓬类镇静催眠药。作用与苯二氮䓬类相似，但抗焦虑、中枢性骨骼肌松弛和抗惊厥作用很弱，仅用于镇静和催眠。用药后对正常睡眠时相干扰少，可使睡眠潜伏期缩短，减少觉醒次数和总睡眠时间延长。本药安全范围大，后遗效应、耐受性、停药戒断症状较轻，与其他中枢抑制药合用可以引起严重的呼吸抑制，唑吡坦中毒时可用氟马西尼解救。

本类药物还包括右佐匹克隆（dexzopiclone）、扎来普隆（zaleplon）等，副作用较小，而且成瘾性和耐受性低。

三、巴比妥类

巴比妥类（barbiturate）为巴比妥酸的衍生物。起效快慢取决于药物脂溶性高低，是否易于通过血脑屏障，各药因脂溶性和消除方式不同，起效快慢和持续时间各不相同，根据其显效时间和作用维持时间长短可分为四类：长效类、中效类、短效类和超短效类（表11-2）。

表 11-2　巴比妥类药物作用与用途比较表

分类	药物	主要用途	显效时间 /h	作用维持时间 /h
长效类 （慢效类）	苯巴比妥 （phenobarbital）	抗惊厥、癫痫	0.5~1.0	6~8
	巴比妥 （barbital）	镇静、催眠	0.5~1.0	6~8
中效类	戊巴比妥 （pentobarbital）	抗惊厥	0.25~0.50	3~6
	异戊巴比妥 （amobarbital）	镇静、催眠	0.25~0.50	3~6
短效类 （速效类）	司可巴比妥 （secobarbital）	抗惊厥、镇静、催眠	0.25	2~3

分类	药物	主要用途	显效时间 /h	作用维持时间 /h
超短效类（超速效类）	硫喷妥（钠）[thiopental（sodium）]	静脉麻醉	立即	0.25

【作用与用途】巴比妥类药物对中枢神经系统有广泛抑制作用，随用药剂量增加而产生镇静、催眠和抗惊厥作用，大剂量时产生麻醉作用，过量可抑制延髓呼吸中枢和血管运动中枢，甚至死亡。由于本类药物安全性差，易发生依赖性，目前临床主要用于抗惊厥、抗癫痫和麻醉。其中苯巴比妥是本类药中常用药物。

1. 镇静催眠 催眠时可显著减少快速动眼睡眠，突然停药会出现反跳现象；耐受性发生较快，有明显的药物依赖性。本类药物安全范围不及苯二氮䓬类，目前很少用于镇静催眠，已被苯二氮䓬类取代。

2. 抗惊厥、抗癫痫 常选用苯巴比妥治疗小儿高热、子痫、破伤风等引起的惊厥，也用于治疗癫痫大发作和癫痫持续状态。

3. 麻醉和麻醉前给药 超短效硫喷妥钠可用于静脉麻醉和诱导麻醉，苯巴比妥可用于麻醉前给药，以消除手术患者的紧张情绪。

4. 增强其他中枢抑制药作用 镇静剂量的巴比妥类与解热镇痛药合用，可增强后者的镇痛作用，因此各种复方镇痛药物中常含有巴比妥类。

【不良反应】

1. 后遗效应 服用催眠剂量的巴比妥类药物后，次日清晨出现嗜睡、眩晕、头痛、乏力、精神不振和定向障碍等症状，也叫宿醉反应。长效类最易发生此反应。

2. 过敏反应 少数患者可出现皮疹、荨麻疹，剥脱性皮炎。有过敏史者禁用。

3. 耐受性和依赖性 反复连续用药可产生耐受性，久用可引起依赖性，突然停药可产生戒断症状，表现为兴奋、焦虑不安，甚至惊厥等。故避免长期使用或滥用。

② 课堂问答：

苯二氮䓬类药物在镇静催眠方面已取代了巴比妥类药物，请同学们从催眠特点、安全性、不良反应这三方面比较这两类药的不同。

4. **急性中毒** 剂量过大或静脉注射过快，可致急性中毒，表现为狂躁、谵妄、幻觉、惊厥、肌肉松弛，昏迷逐渐加深、严重时可因呼吸和循环衰竭而死亡。

急性中毒的处理：① 清除毒物，口服中毒者5~6小时内立即洗胃。一般可用1∶5 000的高锰酸钾溶液，将胃内药物尽量洗出；以10~15g硫酸钠导泻（忌用硫酸镁）。② 支持对症疗法，主要是维持呼吸循环功能，保持呼吸道通畅、给氧、进行人工呼吸，必要时气管切开或气管插管，同时给予呼吸兴奋药、升压药，来维持呼吸循环功能。③ 加速毒物排泄，可用5%碳酸氢钠注射液静脉滴注以碱化尿液，减少重吸收；配伍利尿药，加速药物从尿中排出；也可用20%甘露醇注射液或25%山梨醇注射液200ml静脉注射或快速静脉滴注，必要时进行血液透析。

→ **药学思政**

精神药品为什么分为两类？

"特殊药品"是由国家药品行政管理部门和有关部门指定的单位生产、管理和经营的药品，包括麻醉药品、精神药品、毒性药品、放射性药品。上述药品如果合理使用，可发挥良好作用，如果使用不当或者滥用就会给个人和社会带来危害。其中的精神药品指直接作用于中枢神经系统，产生兴奋或抑制作用，连续用药可产生精神依赖性的药品，根据其致依赖性程度和生产、供应、使用的管理要求又分为第一类和第二类精神药品，两者最核心的区别是第一类精神药品参照麻醉药品进行管理。

地西泮和苯巴比妥等镇静催眠药为第二类精神药品，在临床上应用广泛，但不合理用药同样会带来严重后果。药学工作者要严格按照国家有关规定进行管理和使用特殊药品，这样不仅能够帮助患者解除疾病带来的痛苦，还能减少和杜绝这些药品对患者和社会带来的多种危害，更好地维护群众健康和社会安宁，提供更加优质的药学服务。

四、其他类镇静催眠药

镇静催眠药种类较多，除以上介绍的药物之外，还有其他类药物，如甲喹酮（methaqualone）、水合氯醛（chloral hydrate）等，其中甲喹酮有较强的镇静催眠作用，但久用可出现耐受性和成瘾性，应用受限。

水合氯醛（chloral hydrate）

本药是三氯乙醛的水合物，口服吸收快，常用10%的溶液口服。用于催眠，约15分钟起效，可持续6~8小时，作用温和，不缩短快速动眼睡眠，无宿醉后遗效应，停药时不易发生"反跳"现象。临床主要用于顽固性失眠或其他催眠药效果不佳者。大剂量有抗惊厥作用，可用于破伤风、子痫和小儿高热惊厥等。

本药对胃肠道有刺激性，可引起恶心、呕吐及上腹部不适等，需稀释后口服，也可稀释后直肠用药，可减少刺激反应，消化性溃疡患者禁用。过量对心、肝、肾实质性脏器有损害，故有严重心、肝、肾疾病患者禁用，用药期间禁止饮酒。

五、镇静催眠药的用药指导

（一）用药前

1. 明确药物治疗的目的，失眠与焦虑受多种因素影响，目前无理想根治药物，应用镇静催眠药主要以改善症状，缓解痛苦，提高患者生活质量为目的。

2. 充分了解患者焦虑、失眠原因、程度、性质和表现；是否有镇静催眠药用药史，应用的种类、剂量、时间、疗效；有无依赖性或滥用现象；了解患者心、肝、肺、肾功能。老年人、儿童、心肺功能不全者、肝肾功能不全者要慎用；孕妇和哺乳期妇女禁用；闭角型青光眼、重症肌无力患者禁用地西泮；溃疡病患者禁用水合氯醛。

（二）用药中

1. 提示护士静脉注射给药时应严格掌握剂量和注射速度，不宜过快，以防急性中毒。

2. 指导患者根据用药目的正确服药。镇静催眠药一般连续使用4~6周后易出现药物依赖性，如需继续使用，应停药2周后再继续使用，更换药物时应建议制订不同种类镇静催眠药的序贯选用计划，逐渐停药。不宜突然停药。

3. 告知患者用本类药期间不宜吸烟和饮酒，会影响肝药酶。避免与其他抑制中枢的药物，如麻醉性镇痛药、抗癫痫药、抗组胺药等合用，以免引起中枢过度抑制。

（三）用药后

1. 告知患者注意用药后的不良反应，如头晕、嗜睡等。静脉注射后最好卧床3小时以上，起床时宜缓慢。用药后不宜从事驾驶、操作机器或高空作业等。

2. 向患者宣传药物依赖性的危害性，长期连续使用可导致依赖性。应多与患者进行沟通，并进行心理疏导，嘱其避免过度劳累和精神紧张。引导患者改变不利于睡眠的生活方式，调整心理状态，有规律的作息。培养健康的兴趣爱好，提高心理和身体素质，尽量用非药物方法缓解焦虑和失眠问题。

药学服务岗位操作实践

岗位情境：

小王是一名年轻有为的工程师，但由于工作压力大，经常早出晚归、熬夜加班，作息不规律，开始服用地西泮1片（2.5mg/片）帮助睡眠。后来小王感觉地西泮的效果下降了，他自己将剂量增加到每晚2片，其后又增加至3片。小王最近因着急出差，没有带药，而外地又无法购买，心想坚持几天就回家了，但在出差第3天晚上小王出现兴奋烦躁、心悸气短、浑身震颤等症状，整夜难以入睡，被紧急送入医院就诊。医生接诊后给予地西泮注射后症状明显缓解，医嘱逐渐更换艾司唑仑维持失眠症治疗。小王恢复后带着很多疑惑专门到医院药学服务门诊进行用药咨询。

操作流程：

1. 药师热情接待小王，安抚其心情，告知所出现的各种不适症状属于地西泮突然停药的戒断症状，医生处置及时得当，一般不会有留有后遗症。

2. 应告诉小王，地西泮属于第二类精神药品，长期服用会产生耐受性和依赖性。他自行增加剂量就是发生了这种情况，不仅催眠效果不好，而且对身体还会有一定的损害。

3. 告知小王连续地西泮服药一般不要超过4周，可按医嘱逐渐改换艾司唑仑片，一次1片（1mg）睡前服用，建议1周后来医院复诊调整方案，建议协助医师制订换药计划，可选择新型非苯二氮䓬类，如左匹克隆、唑吡坦等，能降低药物依赖性的发生。

4. 建议小王要下决心改变不良的工作和生活方式，可以配合物理疗法等综合措施。如：睡前洗热水澡或泡脚，增加身体的松弛感和温暖感；睡前饮用温热牛奶，冥听助眠音乐，优化睡眠环境等均有助眠作用；也可结合中医推拿、心理治疗、运动疗法帮助改善睡眠。

5. 如果本人愿意，可以建立更方便的联系方式，或关注医院官方健康公众号，便于提供更全面周到的药学服务。

本章主要介绍的是镇静催眠药及用药指导。

1. 其中重点是地西泮的作用、用途、不良反应。地西泮给药方便、安全范围大、毒性小、耐受性和精神依赖性比巴比妥类小，但也不乏滥用现象，急性中毒时可用氟马西尼治疗。

2. 新型非苯二氮䓬类药物的作用特点。

3. 巴比妥类及其他镇静催眠药的作用与用途等。

因本章药物大多属于第二类精神药品，需要按照《麻醉药品和精神药品管理条例》，做好药物管理和用药指导。

● ···· 思考与练习 ··

一、 单项选择题

1. 治疗焦虑症最好选用以下哪种药物（　　　）
   A. 苯巴比妥钠　　　　 B. 氯丙嗪　　　　　　 C. 地西泮
   D. 艾司唑仑　　　　　 E. 氯硝西泮

2. 苯巴比妥急性中毒时，为加速排泄应选用下列哪个药物静脉滴注（　　　）
   A. 5%葡萄糖注射液　　 B. 5%碳酸氢钠溶液　　 C. 低分子右旋糖酐
   D. 甘露醇　　　　　　 E. 生理盐水

3. 下列对地西泮作用的描述错误的是（　　　）
   A. 抗焦虑　　　　　　 B. 抗抑郁　　　　　　 C. 抗惊厥
   D. 镇静　　　　　　　 E. 催眠

4. 地西泮急性中毒的特效解毒药是（　　　）
   A. 阿托品　　　　　　 B. 肾上腺素　　　　　 C. 维生素K
   D. 氟马西尼　　　　　 E. 尼可刹米

5. 对胃刺激性大，易稀释后口服或直肠给药的是（　　　）
   A. 三唑仑　　　　　　 B. 苯巴比妥　　　　　 C. 硫喷妥钠
   D. 地西泮　　　　　　 E. 水合氯醛

6. 以下药物中属于苯二氮䓬类的是（　　）

A. 三唑仑　　　　　B. 佐匹克隆　　　　　C. 唑吡坦

D. 丁螺环酮　　　　E. 扎来普隆

二、简答题

1. 常用的镇静催眠药有哪些？请结合代表药物介绍其特点。
2. 举例说明不同种类的苯二氮䓬类药物都有哪些临床症状。
3. 请结合情境导入案例，讨论如何做好药物依赖性的防治。

三、应用题

案例分析：患者，男，35岁，因胸部挤压伤入院，因躁动不安症状而给予静脉注射地西泮20mg，约10分钟注射完后，患者出现口唇发干，呼吸停止，但心率正常。立即进行人工呼吸、给氧、肌内注射尼可刹米等处理，约4分钟后，患者恢复自主节律呼吸。

请思考并讨论：①在本案例使用地西泮是否合理？为什么？②静脉注射地西泮时，应注意什么？③药学人员在具体工作中如何体现专业精神和职业素养？

（郭亭芳）

第十二章
抗癫痫药和抗惊厥药

第十二章
数字内容

学习目标

知识目标：

- 掌握　苯妥英钠的作用、用途、不良反应和注意事项。
- 熟悉　其他常用抗癫痫药特点。
- 了解　抗癫痫的治疗药物选择；常用抗惊厥药的作用特点。

技能目标：

- 学会根据癫痫和惊厥治疗需要，推荐药品和进行用药指导的基本技能。

素质目标：

- 具有尊重、关心癫痫患者，增加其用药自觉性和战胜疾病的自信心，开展合理用药等岗位服务的专业精神和职业素质。

情境导入

情境描述：

　　邻居小宝今年4岁，是一个可爱活泼的孩子。一天，妈妈不经意间看到他在玩耍时玩具突然跌落，双眼凝视，表情发呆，呼之不应，过了几秒钟，又恢复了平日的活泼。妈妈觉得不对劲，带小宝去医院检查确诊为癫痫小发作（又称失神经发作），医生介绍这种疾病通过药物治疗会有较好效果。

学前导语：

　　癫痫俗称"羊角风"或"羊癫风"，是一种脑神经功能异常综合征。合理使用抗癫痫药可有效预防和控制癫痫发作，并能减少不良反应的发生，使患者恢复正常的工作、学习和生活。本章将主要介绍这些药物。

第一节 抗癫痫药

一、概述

癫痫是由脑组织局部病灶的神经元异常高频放电，并向周围正常组织扩散，所引起的以短暂的中枢神经系统功能失常为特征的慢性脑部疾病。表现为突然发作，短暂的运动、感觉、意识、精神异常、反复发作，发作时伴有异常脑电图。

🔗 知识链接：

癫痫的主要类型及临床表现

1. 全身性发作 ①大发作（全身性强直−阵挛发作）：发作时患者突然意识丧失，全身肌肉强直性痉挛，继而转为阵挛性抽搐，面色发绀，口吐白沫，持续数分钟后患者清醒或者进入沉睡状态，醒后对发作过程毫无记忆；②癫痫持续状态：大发作反复出现，患者处于持续昏迷状态，若不及时抢救可危及生命；③小发作（失神发作）：多见于儿童，表现为突然、短暂意识丧失，动作中断、双目凝视、呼之不应，持续数秒或数分钟；④肌阵挛发作：依年龄可分为婴儿、儿童和青春期肌阵挛，表现为突然、短暂、触电样肌肉收缩，可遍及全身或限于局部。

2. 部分性发作 ①单纯部分性发作：表现为某一侧肢体或面部肌肉抽搐，感觉异常发作，一般不影响意识，持续数十秒，多见于成人；②复杂部分性发作（精神运动性发作）：表现为阵发性意识障碍与精神失常（如恐惧、忧郁等）并有无意识动作，可持续数分钟或数小时不等。

抗癫痫药是一类抑制脑细胞异常放电的产生或扩散，从而阻止运动、感觉、意识障碍或精神失常发生的药物。其作用机制是：①加强脑内抑制性递质γ−氨基丁酸（GABA）的含量，降低神经细胞的兴奋性；②膜稳定作用，干扰Na^+、Ca^{2+}、K^+等离子通道开放程度，影响膜电位的变化。

二、常用的抗癫痫药

苯妥英钠（phenytoin sodium，大仑丁）

本药口服吸收慢且不规则，常用量连续用药6~10天才能达到有效血药浓度。脂溶性高，容易进入脑组织，且个体差异大，应注意剂量个体化，建议采取血药浓度监测，以指导临床合理用药。

【作用与用途】

1. **抗癫痫** 对癫痫大发作和单纯部分性发作疗效好，为首选药之一；缓慢静脉注射可缓解癫痫持续状态；对复杂部分性发作有一定疗效；对小发作和肌阵挛发作无效，甚至使小发作病情恶化。

2. **抗外周神经痛** 对三叉神经痛和舌咽神经痛有一定疗效，一般用药后1~2天使疼痛减轻，发作次数减少。

3. **抗心律失常** 可治疗室性心律失常，为强心苷中毒引起的室性心律失常的首选药。

【不良反应】

1. **局部刺激性** 本药碱性较强，口服对胃肠道有刺激，易引起恶心、呕吐、胃痛等，宜饭后服用。静脉注射可发生静脉炎。

2. **牙龈增生** 长期使用时约有20%的患者可引起牙龈增生，与药物刺激胶原组织增生有关，多见于儿童及青少年。用药期间应注意口腔卫生，经常按摩牙龈，服用维生素C。停药后3~6个月可自行消退。

3. **神经系统反应** 本药的有效血药浓度约为10~20μg/ml，超过20μg/ml可引起中毒，表现为眩晕、复视、眼球震颤、共济失调等。严重者可致语言障碍、精神错乱甚至昏睡、昏迷等中毒性脑病症状。故应在血药浓度监测下控制和调整剂量。

4. **血液系统反应** 本药可以抑制叶酸的吸收并加速其代谢，长期用药可导致叶酸缺乏引起巨幼红细胞性贫血，宜用甲酰四氢叶酸防治，并定期检查血象。

5. **过敏反应** 可引起皮疹、血小板减少等，偶见剥脱性皮炎、肝坏死等。

6. **其他** 本药为肝药酶诱导剂，能加速维生素D代谢，长期用药可引起低血钙，儿童发生佝偻病样改变，可用维生素D预防。偶有男性乳房增大、女性多毛等。

➡ **药学思政**：┄┄┄┄┄┄┄┄┄┄┄┄┄┄┄┄┄┄┄┄┄┄┄┄┄┄┄┄┄┄┄┄┄┄┄┄┄

加强癫痫的慢性病管理，更好维护患者健康

慢性病具有起病隐匿、病程较长、病因复杂、预后多变等特点，发病初期不引起重视就可能发展成复杂性的、严重的疾病甚至危及生命，大大增加治疗难度和治疗费用。癫痫是一种典型的反复发作的慢性脑部疾病，经常突然性发作，然后自行缓解，病程甚至持续几十年，且任何年龄段人群均可发病，该病作为常见的神经系统疾病之

一，其规范性、系统性治疗非常重要，应把其纳入像高血压、糖尿病等疾病一样进行科学、规范的慢性病管理，一方面减少或控制急性发作，另方面延缓甚至临床治愈疾病，提高患者生活质量。作为药学工作者在开展癫痫慢性病管理的用药指导中，应重点对患者督促和建议以下几点：①严遵医嘱；②对症选药；③实行剂量个体化；④规范换药；⑤长期用药；⑥密切注意肝肾功能、神经系统功能等不良反应，定期检查血象等相关指标。

卡马西平（carbamazepine）

本药最初用于治疗三叉神经痛，20世纪70年代开始用于治疗癫痫。口服用药吸收慢而不规则，个体差异很大。吸收后迅速分布至全身组织，经肝代谢为有活性的环氧化物，经肾排泄。

【作用与用途】

1. 抗癫痫　对各型癫痫均有效，适用于伴有精神症状的癫痫，尤其对精神运动性发作最有效；对大发作、单纯部分性发作有一定的疗效；对小发作疗效较差。

2. 抗外周神经痛　对三叉神经痛和舌咽神经痛的疗效较苯妥英钠好，对其他外周神经痛如糖尿病性周围神经痛及疱疹后神经痛也有效。

3. 抗躁狂和抗抑郁　对于锂盐无效的躁狂和抑郁患者有一定疗效。还可改善精神分裂症患者的躁狂、妄想症状。

【不良反应】用药早期可出现头晕、乏力、恶心、呕吐，少数人可出现共济失调等，一般不严重，一周左右逐渐消退。大剂量可出现心血管系统严重反应，偶见骨髓抑制、肝损害及过敏反应。

同类药物还有奥卡西平（oxcarbazepine）等，作用时间延长，不良反应略轻。

乙琥胺（ethosuximide）

本药口服吸收迅速，一般连续服药7~10天可达稳态血药浓度。仅对癫痫小发作有效，为首选药。常见副作用为嗜睡、眩晕、呕逆、食欲缺乏等，偶见粒细胞减少、再生障碍性贫血、肝肾损害等，长期用药应注意检查血象及肝肾功能。

丙戊酸钠（sodium valproate）

本药为广谱抗癫痫药，口服吸收良好，用于治疗各型癫痫病。对小发作的疗效优于乙琥胺，但有一定肝毒性，一般不作为首选；对大发作疗效不及苯妥英钠和卡马西平；对单纯部分性发作、肌阵挛发作、混合型发作有效；也可用于其他药物未能控制的顽固性癫痫。

常见不良反应主要有恶心、呕吐、乏力、嗜睡、共济失调等。严重的毒性反应为肝损害，30%患者在服药几个月内出现无症状性肝功能异常，主要表现为谷草转氨酶升高；偶见肝衰竭，故用药期间应注意定期检查肝功。

苯巴比妥（phenobarbital）

本药除具镇静催眠作用外，尚有抗癫痫作用，且起效快、广谱、低毒、有效和价格便宜。临床主要用于治疗癫痫大发作和癫痫持续状态，对单纯部分性发作及精神运动性发作也有效，对小发作和婴儿痉挛效果差。因其中枢抑制作用明显，对生活工作有影响，一般不首选使用。

用药初期可产生嗜睡、精神萎靡、共济失调等副作用，长期使用后因耐受而自行消失。偶见皮疹，严重者可能发生剥脱性皮疹和史-约综合征。

扑米酮（primidone）

本药在体内经肝代谢为苯巴比妥和苯乙基丙二酰胺，两者均有抗癫痫作用。该药对大发作及单纯部分性发作疗效好，对精神运动性发作也有效。与苯巴比妥相比无特殊优点，主要用于其他药物不能控制的大发作。

常见不良反应有嗜睡、镇静、眩晕和共济失调等，偶可发生巨幼红细胞性贫血、白细胞减少和血小板减少。

❓ 课堂问答：

小王是一位癫痫大发作患者，用苯巴比妥，苯妥英钠两药治疗1年后出现软骨病。根据所学知识分析解释引起软骨病的原因，应如何处理？

拉莫三嗪（lamotrigine）

本药为新型广谱抗癫痫药，口服吸收快而完全，生物利用度高，主要通过阻断电压依赖型钠通道，减少钠离子内流而稳定神经元；同时抑制钙通道，减少谷氨酸释放而发挥抗癫痫作用。单用治疗全身性发作，疗效与卡马西平相似，对失神性发作也有效。临床上多与其他药物合用治疗难治性癫痫。

常见的不良反应有中枢神经系统及消化系统症状，偶见变态反应；与丙戊酸钠合用时，会出现皮肤反应的风险增加。另外雌二醇类避孕药可显著降低本药的血药浓度，导致癫痫发作控制失效，应避免合用。

托吡酯（topiramate）

本药为新型广谱抗癫痫药，对各类癫痫发作均有效，对单纯或复杂部分发作、全身性强直-阵挛发作效果明显，对肌阵挛、婴儿痉挛也有效；也用于偏头痛的预防治疗。

用药期间可致头晕、复视、眼震颤、嗜睡、抑郁、共济失调等，可能引起认知障碍，学龄期的儿童和青少年、孕妇、哺乳期妇女、肾功能不全者慎用，对本品过敏者禁用。

左乙拉西坦（levetiracetam）

本药为新型抗癫痫药，口服吸收快，对各种癫痫发作类型都有效。用于成人及4岁以上儿童癫痫患者部分性发作的联合用药治疗。不良反应较传统抗癫痫药少，主要有镇静、困倦、嗜睡等中枢神经抑制现象，个别有出现抑郁倾向，应高度重视。

氟桂利嗪（flunarizine）

本药为强效钙通道阻滞药，主要用于治疗偏头痛和眩晕症。近年发现具有较强的抗惊厥作用。安全有效，适用于各种癫痫，尤其对部分性发作、大发作效果好。毒性小，不良反应少见，常见不良反应有困倦、嗜睡等，长期应用，个别有出现抑郁和锥体外系等症状。

三、抗癫痫药的用药指导

（一）用药前

1. 明确用药目的，癫痫发病往往受多种因素影响，但只要坚持合理使用药物治疗，约70%患者其发作可以得到控制。故药物治疗应以控制和减少发作，改善症状，提高患者生活质量为目的。

2. 了解患者的基本情况，如疾病史、治疗史、既往不良反应、患者机体状况、肝肾功能等，应重点了解与拟使用的抗癫痫药有相互作用的用药史。

3. 正确选择药物，要根据患者身体状况和癫痫类型合理选择药物，以首选药为主（表12-1）。若一种药物难以奏效或混合性癫痫患者需合并用药，其目的在于提高疗效，减少不良反应，症状性癫痫应注意去除病因。还应注意药物间的相互作用引起的不良反应。

表 12-1　常见癫痫类型及其治疗药物

癫痫类型	治疗药物
部分性发作	
单纯部分性发作	苯妥英钠，卡马西平，托吡酯
复杂部分性发作（精神运动性发作）	卡马西平，丙戊酸钠，苯妥英钠

癫痫类型	治疗药物
全身性发作	
小发作（失神发作）	乙琥胺，丙戊酸钠，拉莫三嗪
肌阵挛发作	氯硝西泮，丙戊酸钠、托吡酯
大发作（全身性强直-阵挛发作）	苯妥英钠，丙戊酸钠，扑米酮，卡马西平
癫痫持续状态	地西泮，苯妥英钠，苯巴比妥

（二）用药中

1. 指导患者规律、按时服药，切忌随便停服、漏服或随意更换其他药物。服用剂量个体化，从小剂量开始，逐渐增量到既能控制发作而又不产生毒性反应为宜。治疗一段时间后可按医生安排有计划地调整品种和剂量；夜间频繁发作者，应睡前顿服；临床用药应严格遵医嘱。

2. 坚持个体化用药，本类药物的药动学参数个体差异大，大多需经数日才能达到稳态血药浓度，应注意给药方案个体化，从小剂量开始，逐渐增加，直至控制发作和不引起严重不良反应为止。增加剂量不宜过快，隔周调整一次为宜。

3. 注意药物的不良反应，抗癫痫药不良反应相对较多，其中苯妥英钠安全范围窄，超过一定剂量时，呈现典型的零级药代动力学消除，有条件可做血药浓度监测。

4. 注意药物的相互作用，苯妥英钠为肝药酶诱导剂，能加速卡马西平、肾上腺皮质激素、环孢素、洋地黄类、左旋多巴和奎尼丁的代谢；而与氯霉素、异烟肼、保泰松、磺胺类、香豆素类等合用，可使苯妥英钠血药浓度升高，疗效增强。

（三）用药后

1. 长期用药，癫痫症状完全控制后不可突然停药，维持2~3年才逐渐考虑停药；因临床需要而更换药物时，要在原药基础上加用新药，然后逐渐减量直至停用原药。

2. 注意密切观察药物疗效与不良反应，必要时合理换药。抗癫痫治疗需长期用药，要定期检查血象，心、脑、肝、肾功能等。

3. 做好与患者的沟通，告诉患者要避免精神紧张、过度劳累、过饱，禁食辛辣刺激性食物，禁酒等。对可能诱发或刺激癫痫发作的因素及时发现，及早预防和治疗。

第二节 抗惊厥药

惊厥是中枢神经系统过度兴奋的一种症状，表现为全身骨骼肌不自主的强烈收缩，多见于小儿高热、子痫、破伤风、癫痫大发作和中枢兴奋药中毒等。常用的抗惊厥药包括苯二氮䓬类中的部分药物、巴比妥类、水合氯醛以及硫酸镁。

一、常用的抗惊厥药

硫酸镁（magnesium sulfate）

本药给药途径不同，可产生不同的药理作用。硫酸镁注射给药，能抑制中枢神经及外周神经系统，使骨骼肌、心肌、血管平滑肌松弛。其机制是 Mg^{2+} 与 Ca^{2+} 化学性质相似，可以特异性拮抗 Ca^{2+} 的作用，抑制神经化学传递和骨骼肌收缩，从而发挥肌肉松弛作用和降血压作用。临床常用于高血压危象和高血压脑病，子痫兼有惊厥和高血压，该药可作为首选。

硫酸镁静脉注射剂量过大、速度过快，可引起呼吸严重抑制、血压骤降、各种反射消失甚至死亡。一旦出现中毒要立即停药，并静脉缓慢注射氯化钙对抗，同时进行对症治疗。

硫酸镁的其他作用与用途详见第二十五章有关内容。需注意，氯化镁及其制剂不具备上述作用与用途，需严格区分。

二、抗惊厥药的用药指导

1. 惊厥发生时要及时准确使用抗惊厥药，用药时严格控制剂量，避免引起中枢过度抑制，症状缓解后要查明原因，进行对因治疗。

2. 硫酸镁抗惊厥用药时一般一次 1.25~2.5g 肌内注射，也可以加入5%葡萄糖注射液稀释成浓度为1%的溶液缓慢静脉滴注，用药期间注意观察血压、呼吸、腱反射等情况，并备好急救药钙剂。

药学服务岗位操作实践

岗位情境：

小青今年18岁，患有癫痫大发作约半年，一直服用苯妥英钠，治疗效果良好。某天药物用完，因去癫痫专科医院路途较远，正好发现家中有其他人使用的卡马西平，他看药品说明书知道此药对大发作也有效，于是便想改用卡马西平，他到附近药房向药师咨询用药事宜。

操作流程：

1. 药师首先热情接待小青，了解有关信息，告知这种做法不对。癫痫作为需要药物长期控制的疾病，应严格遵医嘱用药，不能随便停服、漏服或随意更换其他药物，建议尽快去医院复诊拿药，治疗一段时间后，医生会根据患者情况调整治疗方案。

2. 重点强调如必须更换癫痫治疗药物时，应采取逐渐过渡方式，即在原用药基础上逐渐加用新药，待其发挥疗效后，再逐渐减量直至停用原药。

3. 进一步了解小青的用药情况，针对苯妥英钠不良反应比较多，对容易出现的牙龈增生、巨幼红细胞贫血、中枢神经毒性等方面做好宣教，建议小青可以请医生考虑换用三莫拉嗪、托吡酯、左乙拉西坦等不良反应较轻的药物。

4. 如果本人愿意，建议多关注权威健康媒体平台，也可以建立更方便的联系方式，便于提供更全面、周到的药学服务。

● · · · · 章末小结 ·

本章主要介绍的是抗癫痫药和抗惊厥药。其中重点内容是抗癫痫的药物，癫痫是临床常见的神经系统疾病，临床分型较多。

1. 根据不同类型选择疗效高、毒性小、价格低廉的药物，制订科学合理的用药方案。

2. 抗癫痫药往往需要长期用药或联合用药，注意药物的不良反应和相互作用，定期复诊，做相关检查。

3. 抗惊厥药硫酸镁随给药途径不同产生的作用不同，注射给药具有抗惊厥、降压作用。

思考与练习

一、 单项选择题

1. 王某，23岁，患癫痫大发作3余年，某日大发作后持续处于痉挛、抽搐和昏迷状态，医生诊断为癫痫持续状态，宜选用下列何药治疗（　　　）
   A. 口服地西泮　　　　B. 口服硝西泮　　　　C. 静脉注射地西泮
   D. 口服阿普唑仑　　　E. 口服劳拉西泮

2. 患儿5岁，近来经常在玩耍中突然停顿、两眼直视、面无表情，几秒钟即止，每天发作十几次，应使用下述哪种药物治疗（　　　）
   A. 苯妥英钠　　　　　B. 苯巴比妥　　　　　C. 乙琥胺
   D. 氯丙嗪　　　　　　E. 氯硝西泮

3. 精神运动性癫痫发作最好选用以下哪种药物（　　　）
   A. 氯丙嗪　　　　　　B. 卡马西平　　　　　C. 丙米嗪
   D. 碳酸锂　　　　　　E. 苯妥英钠

4. 以下属于广谱抗癫痫药是（　　　）
   A. 乙琥胺　　　　　　B. 苯巴比妥　　　　　C. 丙戊酸钠
   D. 硝西泮　　　　　　E. 苯妥英钠

5. 苯妥英钠不能用于以下哪种疾病的治疗（　　　）
   A. 癫痫大发作　　　　B. 癫痫小发作　　　　C. 癫痫复杂部分性发作
   D. 治疗三叉神经痛　　E. 治疗强心苷中毒所致的心律失常

二、 简答题

1. 苯妥英钠有哪些作用、用途和不良反应？
2. 举例说明各类型癫痫应首选哪些药物。
3. 硫酸镁注射给药可产生哪些作用？有什么临床用途？

三、 应用题

案例分析：小张被诊断患有癫痫大发作，长期服用苯妥英钠治疗，导致牙龈增生。听人说卡马西平疗效不错，又不会引起牙龈增生，于是她擅自停用苯妥英钠，改服卡马西平，导致癫痫症状加重。

请思考讨论：①可采取哪些措施减轻苯妥英钠引起的牙龈增生？②在治疗癫痫的过程中如果需要更换药物，应如何进行？③作为一名药师，患者在使用苯妥英钠时还要做好哪些用药指导？④如何在具体工作中体现出职业素养和专业精神？

（郭亭芳）

第十三章
抗帕金森病药和抗阿尔茨海默病药

学习目标

知识目标：

- 熟悉　抗帕金森病药的分类及代表药特点和用药指导要点。
- 了解　抗阿尔茨海默病药的分类，常用药物的特点和用药指导要点。

技能目标：

- 学会　指导帕金森病患者和阿尔茨海默病患者合理用药的基本知识和技能。

素质目标：

- 具有尊重、关心帕金森病、阿尔茨海默病患者，开展合理用药等岗位服务的专业精神和职业素养。

情境导入

情境描述：

刘大爷，59岁，3年前出现双手不自主抖动，并逐渐加重，写字字体逐渐变小，近1年来出现上肢僵直，走路迟缓，步态不稳向前冲，多次摔倒后就诊。确诊为帕金森病。药物治疗给予复方卡比多巴片（每片含卡比多巴25mg，左旋多巴250mg），开始时一次半片，一日3次，服用一周后根据病情，每隔3~4日，每日增加半片，最后每日4次，每次一片半。5周后，症状缓解。

学前导语：

同学们，帕金森病又称"震颤麻痹"，是一种常见的老年神经系统疾病，临床以静止性震颤、肌强直、运动减少和体位不稳为主要特征。对于该病采取药物治疗能缓解病情。本章将介绍帕金森病和阿尔茨海默病的治疗药物，学好用好这些药物，未来可以更好胜任药学工作岗位，做好药学服务，体现职业价值。

第一节　抗帕金森病药

帕金森病（Parkinson disease，PD）是一种以进行性锥体外系功能障碍为主要表现的中枢神经系统退行性疾病。目前认为，病变是锥体外系黑质和黑质纹状体通路变性。正常情况下该通路释放的多巴胺（对脊髓前角运动神经元起抑制作用）和中枢胆碱能神经释放的乙酰胆碱（对脊髓前角运动神经元起兴奋作用）处于平衡状态。帕金森病则是由于该通路多巴胺能神经功能减弱，胆碱能神经功能相对占优势所致，从而出现一系列肌张力增大的临床表现。

目前抗帕金森病药主要分为拟多巴胺类药和抗胆碱药两大类，前者补充多巴胺前体物或抑制多巴胺降解，后者拮抗相对过高的胆碱能神经功能。两类药物目标是恢复多巴胺能和胆碱能神经系统的平衡状态，控制或缓解帕金森病临床表现（图 13-1）。

一、拟多巴胺药

左旋多巴（levodopa，L-DOPA）

本药为酪氨酸形成儿茶酚胺的中间产物，即多巴胺的前体物质，目前可以人工合成。口服易吸收，但消化功能和抗胆碱药均可影响其生物利用度；吸收后的左旋多巴绝大部分被肝脏、血浆、组织中的脱羧酶代谢，仅有1%通过血脑屏障进入中枢神经系统。

【作用与用途】

1. 抗帕金森病　进入脑组织的左旋多巴在脱羧酶的作用下转变为多巴胺，补充黑质-纹状体通路中多巴胺的不足，使多巴胺和乙酰胆碱两种递质重新建立平衡，降低过高的肌张力而发挥抗帕金森病作用。其作用特点为：①显效慢，一般需要2~3周开始起效，1~6个月后疗效最强；②对轻症、年轻和治疗初期的患者疗效明显，对重症及老年患者疗效差；③对肌肉僵直及运动困难疗效较好，对肌肉震颤疗效差，对氯丙嗪等抗精神病药引起的锥体外系反应无效；④疗效与疗程有关，疗程超过3个月，

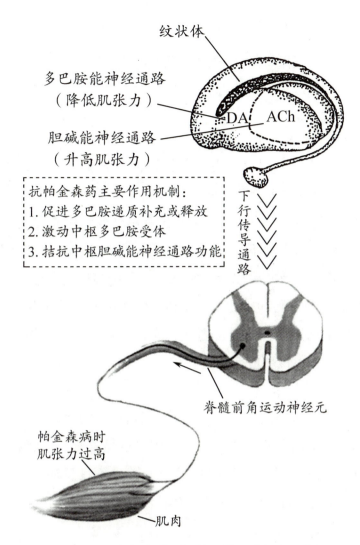

图13-1 抗帕金森病药的作用机制示意图

50%患者获得较好疗效；疗程1年以上，疗效达75%。但随用药时间延长，疗效逐渐下降，3~5年后疗效已不显著。

2. 治疗肝性脑病 在脑内转化为去甲肾上腺素，对抗因肝功能衰竭而产生并进入中枢的假性递质，而改善脑功能，使肝性脑病患者意识清醒。

【不良反应】可分为早期反应和长期反应两类。

1. 早期反应

（1）胃肠道反应：约80%患者在用药初期即可出现恶心、呕吐、食欲减退等胃肠道反应，甚至引起上消化道溃疡出血或穿孔。

（2）心血管反应：治疗初期，约30%患者可出现轻度直立性低血压、心动过速和心律失常，可以用β受体拮抗药治疗。

❓ 课堂问答：
请同学们思考，左旋多巴引起的恶心、呕吐能否选用经常用于止吐的维生素B_6来治疗？为什么？

2. 长期反应

（1）运动过多症：不自主运动，类似于舞蹈症，多见于面部肌群，表现为张口、咬牙、伸舌、皱眉、头颈部扭动等，给药2年以后发生率达90%。

（2）症状波动：服药3~5年后，40%~80%患者出现症状快速波动，重者出现"开–关"现象，即患者突然出现多动不安（开），而后又出现全身性或肌肉强直性运动不能（关），此症状反复交替，严重妨碍患者正常活动。可调整用药方法，如改用静脉滴注、增加服药次数（药量不变）等。也可加用单胺氧化酶抑制药如司来吉兰等。

（3）精神障碍：常见失眠、焦虑、噩梦、躁狂、妄想或抑郁等，一旦出现需减量或停药，氯氮平等治疗该不良反应有一定价值。

卡比多巴（carbidopa）

具有较强的外周脱羧酶抑制作用，由于本身不能通过血脑屏障，对进入脑组织的左旋多巴的转化无抑制作用，故与左旋多巴合用时可显著减少后者在外周脱羧，使进入脑组织的左旋多巴增多，从而可以降低药量、减少不良反应，且不受维生素B_6干扰。卡比多巴与左旋多巴按照1∶4或者1∶10混合组成复方制剂。

苄丝肼（benserazide）

苄丝肼与左旋多巴按照1∶4混合组成复方制剂，作用特点和不良反应与卡比多巴复方制剂相同。

司来吉兰（selegiline）

本药为高选择性单胺氧化酶B（MAO–B）抑制药，能选择性抑制纹状体内的多巴胺降解，对外周MAO抑制作用弱，但大剂量亦可抑制。本药与左旋多巴合用时，能增强疗效，减少左旋多巴的用量和不良反应，并能消除长期单独使用左旋多巴的"开–关"现象。

本药单独使用不良反应较少见，可出现焦虑、失眠、幻觉等精神症状，慎与哌替啶、三环类抗抑郁药或其他单胺氧化酶抑制药（MAOI）合用。

恩他卡朋（entacapone）

本药是新型儿茶酚氧位甲基转移酶（COMT）抑制药，减少外周左旋多巴降解，延长左旋多巴的血浆半衰期，使左旋多巴更多而持续地进入脑内，增强左旋多巴的疗效。可明显改善病情稳定的帕金森病患者日常生活能力和运动功能，可作为左旋多巴/苄丝肼或左旋多巴/卡比多巴的辅助用药，用于以上药物无效时的治疗。

常见不良反应为眩晕、恶心、呕吐、腹泻、直立性低血压等。严重不良反应为肝损害，甚至出现暴发性肝功能衰竭。

溴隐亭（bromocriptine）

本药是麦角生物碱衍生物。选择性激动黑质-纹状体通路的DA受体，对外周多巴胺受体作用弱，因而不良反应少。其主要特点为：①作用持久，对帕金森病和肝性脑病的疗效与左旋多巴近似，对重症患者亦有效；②改善震颤效果好优于其他药物；③可激动结节-漏斗部位多巴胺受体，减少催乳素和生产激素释放，用于产后回乳、催乳素分泌过高引起的闭经溢乳和肢端肥大症等。

不良反应有胃肠道反应、直立性低血压、幻视、幻听和精神障碍等。

罗匹尼罗（ropiniorle）、普拉克索（pramipexole）

均为非麦角生物碱型多巴胺受体激动药。与溴隐亭相比，本类药物患者耐受好，胃肠道反应小。目前常成为早期治疗的药物，不易引起"开-关"现象和运动障碍。

不良反应有胃肠道反应、直立性低血压和运动功能障碍等。驾车时会出现突发性睡眠，故服药期间禁止从事驾驶和高警觉性工作。

金刚烷胺（amantadine）

本药为抗病毒药，兼有抗帕金森病作用，主要通过促进纹状体中残存的多巴胺能神经元释放多巴胺而起作用。疗效不及左旋多巴，但优于中枢抗胆碱药。起效快，维持时间短，缓解肌僵直、震颤和运动障碍作用强，与左旋多巴合用可减少其不良反应，用于不能耐受左旋多巴的患者。

不良反应有嗜睡、头痛、眩晕、恶心、食欲减退、腹痛、失眠、共济失调等。长期应用可引起下肢皮肤出现网状青斑、踝部水肿。

二、中枢抗胆碱药

本类药物可拮抗中枢胆碱受体，拮抗纹状体内乙酰胆碱的作用，恢复胆碱能神经与多巴胺能神经的功能平衡，改善帕金森病的症状。

苯海索（benzhexol，安坦）

本药为人工合成的中枢性胆碱受体拮抗药，疗效不如左旋多巴，对改善流涎有效，减轻震颤效果明显。临床主要用于轻症患者、不能耐受左旋多巴、禁用左旋多巴的患者以及抗精神分裂症药引起的锥体外系反应。与左旋多巴合用有协同作用，老年患者因脑内乙酰胆碱减少，不宜使用本类药物。

不良反应有口干、便秘、尿潴留、瞳孔散大、视物模糊等阿托品样副作用。闭角型青光眼、前列腺肥大患者慎用。

同类药物还有丙环定（procyclidine，开马君）、布地品（budipine）等。

三、抗帕金森病药的用药指导

（一）用药前

1. 明确药物治疗目的 帕金森病尚无有效根治的办法，目前的治疗手段主要包括四种，即药物治疗、手术治疗、心理治疗、锻炼和物理疗法。药物治疗的目的仅仅是缓解疾病症状，提高生存质量。抗精神分裂症药如氯丙嗪等因拮抗中枢DA受体，可对抗左旋多巴的作用，故氯丙嗪引起的帕金森综合征不能用左旋多巴来对抗。

2. 了解患者的基本情况 如了解患者疾病情况、用药史，既往药物不良反应；监测患者目前血压、精神功能状态、肝肾功能等，为制订方案提供依据。

3. 介绍不良反应及对策 抗帕金森病药由于长期应用，不良反应多，且很多与原症状有叠加现象，加之患者依从性普遍较低，应提前告知有可能发生的典型不良反应，介绍处置方法等，如"开–关"现象。

（二）用药中

1. 强调个体化用药 不同患者的用药选择不仅要考虑病情特点，还要考虑患者的个人因素和社会综合因素，如发病年龄、从事的职业、家庭照护情况等。

2. 指导正确用药 各种抗帕金森病药均宜从小剂量开始，逐渐增加给药剂量，直至疗效明显而不良反应较轻。合用药物或更换药物时必须逐渐过渡，不可随意停药；口服制剂宜饭前0.5小时前、饭后1.5小时后规律性服用；缓释或控释制剂应整片吞服，不要咀嚼或碾碎后服用；司来吉兰应避免晚间用药，以免出现兴奋、失眠。

3. 注意药物间的相互作用 左旋多巴应避免与维生素B_6合用，因后者是多巴胺脱羧酶的辅基，可加速左旋多巴在外周的代谢，使疗效降低，不良反应增多；避免与非选择性MAOI合用，因后者可阻碍DA的失活，加重外周副作用，甚至引起高血压危象；避免与利血平、拟肾上腺素药合用，因可影响合用药物的血压反应。

（三）用药后

1. 观察药物疗效与不良反应 指导患者及家属学会疗效评价指标记录方法，掌握不良反应对抗措施等。定期监测血压、肝肾功能，同时关注患者精神功能改变，必要时合理更换药物。

2. 加强患者心理支持 由于帕金森病多数会有精神症状，且患者由于外形变化、社会交流障碍，可能会导致心理和精神异常，甚至出现抑郁、自暴自弃等现象，应协助医生、患者及家属制订心理支持方案，使患者保持乐观开朗的心态，增强战胜疾病的信心。

第二节　抗阿尔茨海默病药

阿尔茨海默病（Alzheimer's disease AD）又称"原发性老年痴呆"，是一种与年龄高度相关的，以进行性认知功能减退和记忆损害为主要临床表现的中枢神经系统退行性疾病。主要病理变化是脑部 β–淀粉样蛋白异常堆积，导致神经元纤维缠结，出现特征性老年斑等，中枢神经区域神经元和神经突触明显减少或消失，与认知相关的区域如海马及相关皮质的改变更为明显，而脑内乙酰胆碱递质缺乏是该病神经功能减退的物质基础之一。基于以上理论，目前主要治疗药物为胆碱酯酶抑制药、N–甲基–D–天冬氨酸（NMDA）受体非竞争性拮抗药和促进脑组织代谢的药物。

一、常用的抗阿尔茨海默病药

（一）胆碱酯酶抑制药

多奈哌齐（donepezil）

本药是第二代可逆性中枢性胆碱酯酶抑制药，与第一代可逆性中枢性胆碱酯酶抑制药（他克林）相比，对中枢胆碱酯酶有更高的选择性，因而外周不良反应少，患者更易耐受。可提高神经组织中乙酰胆碱的含量，改善记忆力减退等症状，用于轻、中度阿尔茨海默病患者。

加兰他敏（galanthamine）

本药是第二代胆碱酯酶抑制药，属于酶的竞争性抑制剂，安全性高。用于治疗轻、中度AD，无肝毒性。用药后6~8周治疗效果开始明显。本药是治疗AD的常用药之一。不良反应为治疗早期出现恶心、呕吐及腹泻等胃肠道反应，稍后会消失。

卡巴拉汀（rivastigmine）

本药通过抑制胆碱酯酶，提高脑部胆碱能的神经元功能，从而改善阿尔茨海默病患者的认知作用。酶制剂作用强度中等，比毒扁豆碱作用弱，与心脏、骨骼肌相比，对脑中的胆碱酯酶更具有特异性。不良反应为胃肠道反应等。

石杉碱甲（huperzine A，哈伯因）

本药是我国科学家于1982年从中药千层塔中分离的一种新生物碱，属于可逆性胆碱酯酶抑制药，口服吸收良好，易于通过血脑屏障，中枢拟胆碱作用强，主要用于改善阿尔茨海默病的记忆障碍以及衰老性记忆减退，并可改善认知情况。主要不良反应有恶心、呕吐、腹泻、激动、晕厥等。

（二）N-甲基-D-天冬氨酸受体非竞争性拮抗药

美金刚（memantine，美金刚烷）

本药是N-甲基-D-天冬氨酸（NMDA）受体非竞争性拮抗药，可改善记忆过程中所需的谷氨酸传递。能显著改善轻、中度血管性痴呆患者的认知能力、认知障碍和社会行为。不良反应为服用后有轻微眩晕、不安、口干等，饮酒后不良反应加重。肝肾功能紊乱、意识紊乱。孕妇和哺乳期妇女禁用。

（三）促进脑组织代谢的药物

阿尔茨海默病患者的大脑局部存在葡萄糖利用下降和异常氧代谢，引起海马、皮质部分神经元变性坏死。目前临床应用二氢麦角碱（dihydroergotoxine）、尼麦角林（nicergoline）、吡拉西坦（piracetam）、茴拉西坦（aniracetam）、银杏叶提取物、尼莫地平等，来改善大脑血液循环，扩张脑血管，增加脑血流量和对葡萄糖的利用，促进脑代谢，改善大脑功能，保护脑细胞。

◎ **案例分析** --

案例：

车大爷，76岁，近三年来逐渐出现记忆力减退，答非所问，丢三落四，并逐渐加重。近来出门后经常迷路，多次被热心人送回家，经常认不出周围的亲戚朋友等。后诊断为阿尔茨海默病，给予加兰他敏、茴拉西坦、尼莫地平等药物治疗。

分析：

1. 阿尔茨海默病患者呈现进行性记忆障碍、认知障碍和行为障碍，主要依赖药物治疗。

2. 药物治疗主要通过保护脑神经递质功能、增加脑血流量、改善脑细胞代谢和稳定细胞膜等，达到缓解疾病症状的目的。

3. 加兰他敏是第二代胆碱酯酶抑制药。目前本药是轻、中度AD常用药之一，无肝毒性；茴拉西坦能激活和保护脑细胞，改善记忆功能、提高认知能力；尼莫地平可以扩张脑血管，增加脑血流量，还可以降低过氧化脂质和清除自由基作用，对脑细胞有保护作用。

二、抗阿尔茨海默病药物的用药指导

（一）用药前

1. **明确药物治疗目的**　阿尔茨海默病目前尚无特效疗法，主要是对症治疗，药物治疗是主要手段，通过药物治疗改善疾病症状，提高生存质量。

2. **合理制订用药方案**　阿尔茨海默病治疗较复杂，应协助医生、患者和患者家属了解患者疾病进展情况，包括记忆障碍、认知障碍、精神障碍、行为障碍，以及患者用药史、既往药物不良反应；监测患者目前血压、肝肾功能等。同时介绍拟选用药物的特点和不良反应，提高患者用药依从性。

（二）用药中

1. 告知患者及其家属，AD的治疗是一个长期的、联合用药过程，要做到坚持用药，注意药物的不良反应。家属要监督协助患者正确用药，观察病情变化和不良反应情况。

2. 胆碱酯酶抑制药多奈哌齐、利斯的明开始宜使用小剂量，每隔4周视治疗效果和不良反应情况逐渐加量，以患者能耐受为宜。

3. **注意药物的相互作用**　特别是与其他拟胆碱药及去极化型肌松药合用，作用增强；与抗胆碱药合用，作用减弱。

（三）用药后

1. 观察药物疗效与不良反应，定期复诊，调整治疗方案。

2. 加强与患者的沟通交流，增加心理支持，帮助其克服心理障碍和精神压力。鼓励患者多参与日常活动，走出家门，积极参加社团集体活动，树立乐观向上的生命观。

➡ 药学思政：

关爱，从你我做起

"阿尔茨海默病"从1910年命名起，已经有一百余年的历史。1994年，国际老年痴呆协会将每年的9月21日确定为"世界老年痴呆日"。每个人都会衰老，关爱阿尔茨海默病患者，建立一套从家属到医务人员再到社会的关爱、治疗体系，不仅是为了患者考虑，同样也是为了我们自身的未来考虑。每一颗今日种下的善意种子，未来就会开出一朵和谐社会的美丽之花。药学工作者不仅要对疾病的机制、药物不良反应、最新的治疗方法有充分的了解，还要有高度的社会责任感和大爱精神，只有这样才可以提供高质量的药学服务。

药学服务岗位操作实践

岗位情境：

钱大爷今年62岁，2年前患上了帕金森病，服用复方卡比多巴片治疗2个月后，走路不稳的症状有改善，但双手震颤的改善效果较差，钱大爷通过病友了解到可以合用恩他卡朋增强效果，于是借药自行服用。今晨起床时突然感到头晕目眩，不能站立，于是打电话向熟悉的刘药师咨询。

操作流程：

1. 认真细致地接待患者，安抚其情绪，重点进行合理用药教育，告知钱大爷帕金森病的药物治疗不能随意换药，增减剂量。他的头晕等表现有可能是恩他卡朋的不良反应，建议尽快去医院复诊。同时，解释卡比多巴和左旋多巴联合治疗帕金森病疗效较好，是目前的主要药物治疗手段，但改善肌肉震颤的效果不理想。

2. 根据患者实际情况，介绍恩他卡朋为COMT抑制药，作为左旋多巴/卡比多巴的辅助用药，增强左旋多巴的疗效。可改善帕金森病患者日常生活能力和运动功能。

3. 向患者强调恩他卡朋常见不良反应为眩晕、恶心、呕吐、腹泻、直立性低血压等。严重不良反应为肝损害，甚至出现暴发性肝功能衰竭。药物的更改应该遵医嘱。

4. 如果本人或家属愿意，可以建立更方便的联系方式，提供更全面周到的药学服务。

● ···· 章末小结 ····

1. 脑内乙酰胆碱递质缺乏是AD发病的重要物质基础，因此，目前的治疗药物主要为胆碱酯酶抑制药、NMDA受体非竞争性拮抗药，此外还有促进脑细胞代谢药。
2. 胆碱酯酶抑制药主要不良反应为胃肠道反应。

一、 单项选择题

1. 多巴胺的前体药是（   ）
   A. 苯海索　　　　　　B. 金刚烷胺　　　　　　C. 卡比多巴
   D. 溴隐亭　　　　　　E. 左旋多巴

2. 既可抗帕金森病，又可治疗肝性脑病的药是（   ）
   A. 卡比多巴　　　　　B. 金刚烷胺　　　　　　C. 左旋多巴
   D. 溴隐亭　　　　　　E. 苯海索

3. 单独使用左旋多巴治疗帕金森病疗效不佳时可合用（   ）
   A. 卡比多巴　　　　　B. 溴隐亭　　　　　　　C. 金刚烷胺
   D. 苯海索　　　　　　E. 维生素 B_6

4. 与左旋多巴合用使其疗效降低的是（   ）
   A. 卡比多巴　　　　　B. 金刚烷胺　　　　　　C. 维生素 B_6
   D. 维生素 B_2　　　　E. 苯海索

二、 简答题

1. 左旋多巴与卡比多巴合用治疗帕金森病有何意义？

2. 作为药学工作者，应该如何关注阿尔茨海默病患者的用药？

3. 抗帕金森病药有哪几类？结合代表药物说出各类药物的特点。

三、 应用题

案例分析：患者，男，63岁，3年前出现表情呆滞，言语不流畅，行动缓慢，僵硬。近半年，症状加重，且休息时双手抖动，步幅变小，行走易跌倒。就医后诊断为帕金森病，医嘱拟采用左旋多巴+卡比多巴治疗。治疗4周后症状有所缓解，但出现心悸、血压波动的现象。

请思考并讨论：①患者使用该药物组合是否合适？②患者新出现的心悸等现象的原因是什么？③针对该患者的长期不良反应，应如何做好用药指导？④药师如何在具体药学服务中体现专业精神和职业素养？

（冯 稣）

第十四章
抗精神障碍药

学习目标

知识目标：

- 掌握　抗精神分裂症药和抗心境障碍药的分类，代表药氯丙嗪、氟西汀等的作用、应用和主要不良反应。
- 熟悉　抗精神障碍药的作用机制及用药禁忌，其他药物的作用及应用特点。
- 了解　抗精神障碍药的用药指导要点。

技能目标：

- 熟练掌握　抗精神障碍药的用药指导技能。
- 学会　观察、评价氯丙嗪、氟西汀、碳酸锂等代表药的疗效和不良反应，并为合理用药提供依据。

素质目标：

- 具有尊重、关心精神障碍患者，积极开展合理用药与心理支持的专业精神和职业素养。

情境导入

情境描述：

　　患者，男，28岁，公司职员。因长期失眠就医，自述一年来自己一举一动被人监视，还时常看到有人用异样的眼光在注视自己、在背后讨论自己，所以精神紧张、夜不能寐、行为失措。被诊断为精神分裂症后，给予氟奋乃静等药物治疗。

学前导语：

　　同学们，精神障碍是由多种原因引起的，以精神活动障碍为特征的一类疾病，常见精神分裂症、心境障碍等。随着现代医学对其病因病机的深入了解，以药物为主心理干预为辅的规范治疗后，大部分患者可明显改善症状并恢复正常生活甚至重返工作岗位。本章将对有关药物及应用进行介绍。学好、用好这些药物，未来可以更好地胜任药学工作岗位，为精神障碍患者提供更优质的药学服务，体现职业价值。

治疗各种精神障碍的药物统称为"抗精神障碍药"，精神障碍的类型较多，因而涉及的药物种类较多，本章仅介绍常见的治疗精神分裂症、心境障碍等的药物。

第一节　抗精神分裂症药

一、概述

精神分裂症是以思维、情感、行为之间不协调，精神活动与现实脱离为主要特征的最常见的一类精神障碍。根据临床表现，精神分裂症可分为Ⅰ型和Ⅱ型。Ⅰ型表现为幻觉、躁狂、妄想等，即阳性症状；Ⅱ型表现为情感淡漠、反应迟钝、意志缺乏等，即阴性症状。

抗精神分裂症药指主要用于精神分裂症及其他精神障碍躁狂症状的药物。通常治疗剂量并不影响患者的智力和意识，却能有效控制Ⅰ型患者的阳性症状，而对Ⅱ型则效果较差甚至无效。按其化学结构可分为吩噻嗪类、硫杂蒽类、丁酰苯类和苯甲酰类等。也可按作用机制分为以影响多巴胺通路为主的经典抗精神分裂症药和具有多种机制的其他类抗精神分裂症药。

二、经典抗精神分裂症药

氯丙嗪（chlorpromazine，冬眠灵）

本药是吩噻嗪类代表药物。口服或注射均易吸收，脂溶性高，可分布于全身各组织，以肝、脑等组织含量较高，血药浓度个体差异大。

【药理作用】主要拮抗中枢及外周的多巴胺受体（DA受体，D_2受体），也可拮抗α受体和M受体。

1. 中枢神经系统

（1）镇静安定和抗精神分裂作用：精神分裂症患者用药后，可迅速控制兴奋、躁动症状，连续用药6周至半年能消除幻觉、妄想等症状，减轻思维障碍，使理智恢复，达到生活自理。正常人服用治疗量的氯丙嗪，则呈现镇静作用，表现为安静、少动、淡漠、迟钝、安静状态下易入睡。

抗精神分裂作用机制：精神分裂症与患者脑内多巴胺能神经功能亢进有关，该药通过拮抗中脑-边缘系统和中脑-皮质系统的D_2受体发挥作用。

🔗 **知识链接：** ··

中枢的多巴胺通路与氯丙嗪的作用机制

人类中枢神经内主要存在以下四大多巴胺通路：①中脑-边缘通路主要调控情绪反应。②中脑-皮质通路主要参与感觉、认知、思想、理解和推理能力的调控。以上两个通路，若功能亢进会导致Ⅰ型精神分裂症阳性症状。③黑质纹状体通路是锥体外系运动功能的高级中枢，各种原因减弱该通路多巴胺神经功能均可导致帕金森病，反之，出现肌张力过低的亨廷顿舞蹈症。④结节-漏斗通路主要调控垂体激素的分泌。

氯丙嗪拮抗中枢多巴胺受体，影响多巴胺能神经功能，从而产生抗精神分裂等许多药理作用以及锥体外系反应等不良反应。

（2）镇吐作用：小剂量拮抗延髓催吐化学感受区（chemoreceptor trigger zone，CTZ）的多巴胺受体，大剂量可直接抑制呕吐中枢，作用强大但对前庭功能异常引起的呕吐，如晕动病导致呕吐等无效。

（3）对体温调节的作用：能抑制下丘脑体温调节中枢，使体温调节机制失灵，体温随环境温度的变化而升降。如配合物理降温，可使发热者和正常人的体温降至正常以下。

（4）加强中枢抑制药的作用：氯丙嗪可加强麻醉药、镇静催眠药、镇痛药的作用，上述药物与氯丙嗪合用时，应适当减量。

2. 自主神经系统

（1）拮抗α受体：扩张血管，降低血压，大剂量可发生直立性低血压。

（2）拮抗M受体：产生较弱的阿托品样作用，如口干、便秘、视物模糊等。

3. 内分泌系统　长期大剂量应用能拮抗结节-漏斗多巴胺通路的D_2受体，从而

影响内分泌的稳定性。减少催乳素抑制因子的释放，使催乳素分泌增加，引起乳房肿大及泌乳；抑制促性腺激素分泌，出现排卵延迟等；抑制促肾上腺皮质激素和生长激素分泌，可影响肾上腺皮质功能和儿童生长发育。

【临床用途】

1. 治疗精神分裂症　主要用于治疗以阳性症状为主的Ⅰ型精神分裂症，不能根治，需长期用药维持，一般需连续用药6周~6个月才能充分显效。此外，也可以用于治疗躁狂发作及其他精神障碍伴有的兴奋躁动、妄想等症状。对Ⅱ型精神分裂症和抑郁障碍无效，甚至使之加重。

2. 镇吐和治疗顽固性呃逆　主要用于癌症化疗、放射病及某些药物所致的呕吐，但对刺激前庭引起的晕动病呕吐无效。对顽固性呃逆有效。

3. 人工冬眠和低温麻醉　临床上使用氯丙嗪配合物理降温方法，如冰浴等，能使患者体温下降，用于低温麻醉。与其他中枢抑制药，如哌替啶、异丙嗪等配伍组成"冬眠合剂"，可使患者深睡，体温、代谢和组织耗氧量均降低，这种状态称为"人工冬眠"。人工冬眠有利于提高机体对缺氧等不良刺激的耐受力，为治疗争取时间，多用于严重创伤、感染休克、高热惊厥、中枢性高热及甲状腺危象等的辅助治疗。

课堂问答：

请同学们结合氯丙嗪对体温调节中枢的作用，思考高热患者能否选用该药迅速退热，为什么？

【不良反应】

1. 副作用　常见的副作用有嗜睡、困倦、无力、口干、便秘、鼻塞、直立性低血压等。局部刺激较强，不可皮下注射，可深部肌内注射。静脉注射可引起血栓性静脉炎，应以生理盐水或葡萄糖溶液稀释后缓慢注射。

2. 锥体外系反应　这是长期用药最主要的不良反应，有四种类型：①帕金森综合征：表现为肌张力增大、动作迟缓、面容呆板、肌肉震颤、流涎等。②静坐不能：表现为不可控制的烦躁、坐立不安、反复徘徊。③急性肌张力障碍：以面、颈、唇、舌肌痉挛多见，表现为强迫性张口、伸舌、斜颈、呼吸障碍及吞咽困难等。以上三种症状是由于氯丙嗪拮抗黑质-纹状体通路的D_2受体，致使该通路胆碱能神经功能占优势所致，减量或停药可减轻或消除，也可用中枢抗胆碱药苯海索缓解。④迟发性运动障碍：表现为不自主、广泛性舞蹈样手足徐动症、有节律的刻板运动，如鼓腮、吸吮、舔舌等口-舌-腮三联征。若早期发现，应及时停药，中枢抗胆碱药可使症状加重。

3. **心血管系统**　直立性低血压较常见，可用去甲肾上腺素和间羟胺治疗，禁用肾上腺素。另外，心动过速和心电图异常也多见。

4. **过敏反应**　常见皮疹、接触性皮炎、荨麻疹等，及时停药可恢复。

5. **急性中毒**　一次吞服大量，可致急性中毒。表现为昏睡、血压下降、休克，甚至出现心肌损害，应立即停药抢救。

6. **禁忌证**　有癫痫史、严重肝功能损害和肝性脑病的患者禁用，伴心血管病老年患者慎用。

➡ 药学思政

氯丙嗪开启药物治疗精神失常的历史性一页

精神失常是人类最古老的疾病之一。长久以来，受科学技术和医疗水平所限，人们对精神失常发病机制并未正确认识，其治疗方法也不科学，甚至愚昧。直到20世纪50年代，法国科学家在研制抗组胺药时得到了氯丙嗪，但其并无抗过敏作用。后来试用于外科麻醉辅助用药，可增强麻醉效果，并且对情绪激动患者有明显的安定作用。这一意外发现启发了氯丙嗪在治疗精神失常上的新尝试，结果获得理想治疗效果。这一新成果被迅速在全世界推广，众多精神失常患者从此开始了"非住院治疗"的新时代。氯丙嗪还带动了数百种抗精神失常新药的研发成功，并极大地提升了人们对精神类疾病的认知水平。

上述事例告诉我们，人类攻克疾病、追求健康的道路是曲折坎坷的，但通过不懈努力终究会取得成功，作为药学工作者更要树立辩证唯物主义的世界观，积极面对困难，努力克服困难，为人类健康事业作出应有的贡献。

其他吩噻嗪类药物作用与氯丙嗪相同，作用强度和不良反应各有所不同，其中以氟奋乃静（fluphenazine）和三氟拉嗪（trifluoperazine）疗效较好，最为常用。

氯普噻吨（chlorprothixene，泰尔登）

本药是硫杂蒽类抗精神分裂症药物，消除精神分裂症的幻觉和妄想的作用比氯丙嗪弱，但镇静作用强。兼有较弱的抗抑郁作用。临床用于伴有焦虑、抑郁症状的精神分裂症，更年期抑郁障碍及焦虑性神经症等。锥体外系不良反应与氯丙嗪相似但较轻。

同类药还有氯哌噻吨（clopenthixol）、氟哌噻吨（flupentixol）、替沃噻吨（tiotixene）等。

氟哌啶醇（haloperidol）

本药是丁酰苯类药物，作用与氯丙嗪类似，抗精神病作用迅速、强大而持久，常用于治疗以兴奋躁动、幻觉、妄想为主的各种急、慢性精神分裂症。锥体外系不良反应发生率高达80%，程度严重。同类药物氟哌利多（droperidol）常与强效镇痛药如芬太尼合用，增强镇痛药的作用，用于实施神经安定镇痛术，可应用于小型外科手术和某些特殊检查等。

同类药物还有三氟哌多（trifluperidol）、替米哌隆（timiperone）等。

舒必利（sulpiride）

本药是苯甲酰类药物，选择性拮抗中脑-边缘通路D_2受体作用强。对淡漠、退缩、木僵、幻觉和妄想症状效果较好，用于单纯型、偏执型、紧张型及慢性精神分裂症的孤僻、退缩、淡漠等症状；对抑郁症状有一定疗效；对长期应用其他药无效的难治性病例也有一定疗效。锥体外系不良反应较少。

五氟利多（penfluridol）

本药属于二苯基丁酰哌啶类药物，是口服长效抗精神分裂症药，一次用药疗效可维持一周。通过拮抗D_2受体发挥较强的抗精神分裂症作用。控制幻觉、妄想及淡漠、退缩等症状较好，对各型和不同病程的精神分裂症都有效，主要用于慢性患者的维持治疗，对急性患者也有效。锥体外系不良反应常见。

三、其他抗精神分裂症药

本类药物的作用机制较为复杂，除了对多巴胺受体亚型具有较高选择性，还对5-HT受体等有一定的作用。抗精神分类症作用较强，同时锥体外系反应较前者有明显降低，临床应用更为广泛。本类药物又称为第二代抗精神分类症药或非传统的抗精神分类症药。

利培酮（risperidone）

本药同时是DA受体和5-HT受体的双重拮抗药，此外还有抗胆碱（M_1）、抗组胺（H_1）及抗α-肾上腺素受体作用，抗精神病作用强而锥体外系反应轻。相似药物有奥氮平（olanzapine）、喹硫平（quetiapine）等。

氯氮平（clozapine）

本药是二苯二氮䓬类药物，有多受体拮抗作用。抗精神分裂症作用和镇静作用强，几乎无锥体外系反应，常作为其他药物无效时或患者不能耐受锥体外系反应时的替换药物，对慢性精神分裂症也有效。可引起粒细胞减少，应定期检查血象。

氨磺必利（amisulpride）

本药是选择性D_2、D_3受体拮抗药，也经常用于临床治疗精神症状。较强抗精神病作用、止吐作用并有一定抗抑郁效果，无催眠作用，用药后不影响人的正常活动。

阿立哌唑（aripiprazole）

本药是DA受体部分激动剂，国外临床试验表明，本品有双相抗精神失常作用，对精神分裂症的阳性和阴性症状均有明显疗效，也能改善伴发的情感症状，降低精神分裂症的复发率。不良反应较轻，锥体外系及增重的发生率低，患者耐受性较好。

第二节　抗心境障碍药

心境障碍又称"情感性障碍"，是指由各种原因引起的，以显著而持久的心境或情感改变为主要特征的一组疾病。可表现为情感高涨或低落，以及与之相关的多种精神症状的反复发作、交替发作或混合发作。具体可分为抑郁发作、狂躁发作、混合发作、恶劣心境发作等。一般习惯称为抑郁症、狂躁症、双相心境障碍等。

心境障碍的病因和发病机制尚不清楚，比较公认的观点是中枢神经系统5-羟色胺（5-HT）缺乏是发病基础，若同时有去甲肾上腺素（NA）、多巴胺（DA）增多则表现为躁狂，缺乏则表现为抑郁。目前的治疗药物主要是通过调节或影响上述递质（5-HT、DA、NA等）的合成、再摄取和释放而发挥作用。

一、抗躁狂药

碳酸锂是治疗单纯性躁狂症状的主要药物，抗Ⅰ型精神分裂症的药物也常用于治疗躁狂发作。此外，抗癫痫药中的卡马西平和丙戊酸钠也有抗躁狂作用。

碳酸锂（lithium carbonate）

【作用与用途】本药口服吸收快而完全。治疗剂量对正常精神活动几乎无影响，但对躁狂症状有显著疗效。临床用于躁狂发作的控制治疗，另外对精神分裂症的兴奋躁动也有效，与抗精神分裂症药合用疗效较好。

【不良反应】较多，安全范围窄，易发生中毒。轻度中毒表现为恶心、呕吐、腹痛、腹泻和细微震颤；较严重中毒出现神经系统症状，包括精神紊乱、反射亢进、明显震颤、发音困难，惊厥，直至昏迷与死亡。故治疗时应加强用药监护，建议采用血药浓度监测并适当补充生理盐水可促进锂离子的排泄。

二、抗抑郁药

目前，治疗抑郁症的药物种类较多，包括三环类抗抑郁药（tricyclic antidepressant，TCA）、四环类抗抑郁药（tetracyclic antidepressant，TeCA）、选择性5-羟色胺再摄取抑制药（selective serotonin reuptake inhibitor，SSRI）、5-羟色胺和去甲肾上腺素再摄取抑制药（serotonin and noradrenalin reuptake inhibitor，SNRI）、去甲肾上腺素再摄取抑制药（noradrenaline reuptake inhibitor，NRI）、单胺氧化酶抑制药（monoamine oxidase inhibitor，MAOI）等。目前，临床应用较广的是选择性5-羟色胺再摄取抑制药（SSRI）。

（一）三环类抗抑郁药

丙米嗪（imipramine，米帕明）

本药是三环类抗抑郁药的典型代表，非选择性抑制单胺摄取，从而增加突触间隙5-羟色胺（5-HT）、去甲肾上腺素（NA）的浓度，发挥抗抑郁作用。

【作用与用途】口服吸收好，有较强的抗抑郁作用，主要用于各种原因引起的抑郁症状的治疗，对内源性、反应性及更年期抑郁症疗效较好，本药也可用于治疗焦虑障碍、惊恐发作、遗尿症。此外，本药还能拮抗M受体而导致阿托品样作用，拮抗α受体致血压下降。

【不良反应】主要是自主神经系统和心血管系统的不良反应，表现为口干、便秘、眼压升高、尿潴留、心悸、直立性低血压、心律失常等。过量可引起急性中毒。前列腺肥大、青光眼患者以及孕妇禁用。

阿米替林（amitriptyline）

本药类似于丙米嗪，是目前最常用的三环类抗抑郁药。对5-HT和NA的再摄取有较强的抑制作用，但起效较慢，一般使用2~3周后显效。临床上可用于各种原因所致的抑郁状态、伴抑郁症状的精神分裂症；对强迫症有较好疗效；对恐怖症、惊恐发作、继发性焦虑症、发作性睡病也有一定疗效。不良反应及注意事项同丙米嗪。

马普替林（maprotiline）

本药虽有三环结构，但中央杂环结构与TCA有明显不同。选择性抑制中枢神经突触前膜对NA的再摄取，而对5-HT再摄取几乎无影响。本药口服、注射均可迅速吸收，抗抑郁效果与丙米嗪相似，但不良反应较少。主要用于治疗内因性、反应性及更年期抑郁症；也可用于精神因素引起的抑郁状态，如产后抑郁、精神分裂症伴抑郁等。不良反应抗胆碱作用最为常见，如口干、便秘、视物模糊等，相对少而轻。癫痫、前列腺肥大、闭角型青光眼患者禁用。

其他三环类抗抑郁药还有氯米帕明（clomipramine）、多塞平（doxepin）等。

（二）四环类抗抑郁药

米安色林（mianserin）

本药为四环类抗抑郁药，作用机制与TCA有显著不同，通过拮抗突触前膜的5-HT$_2$受体和α$_2$受体，抑制负反馈而增加NA、5-HT的释放。治疗效果与TCA相当，同时有与地西泮相似的抗焦虑作用，不良反应中抗胆碱作用较轻，对心血管影响小，很少引起低血压，故老年人和心脏病患者易于耐受。主要用于各种原因引起的抑郁发作以及原发性焦虑症或伴有抑郁症状的焦虑症。

（三）选择性5-羟色胺再摄取抑制药

氟西汀（fluoxetine）

本药是选择性5-羟色胺再摄取抑制药（SSRI）代表药，于20世纪70年代研制成功，是抑郁症药物治疗的重大突破。

【作用与用途】可选择性地抑制5-HT转运体，阻断突触前膜对5-HT的再摄取，延长和增加相关神经元突触间隙5-HT的作用强度和时间，从而产生抗抑郁作用。本药半衰期长达1~3天，代谢后产物去甲氟西汀仍能维持较长期间的抗抑郁作用。主要用于抑郁症及其伴随的焦虑症、神经症等。尤其适用于老年抑郁症。增加剂量可治疗强迫症。同样适用于神经性贪食症、惊恐状态，对广泛性焦虑障碍也有一定疗效。

【不良反应】因对肾上腺素能、组胺能、胆碱能等多种受体的亲和力低，相关的镇静作用、心血管和自主神经功能紊乱等不良反应较少。常见不良反应主要有失眠、恶心、易激动、头痛、运动性焦虑、精神紧张、震颤等，多发生于用药初期。有时出现皮疹（3%）。大剂量用药（每日40~80mg）时，可出现精神症状，约1%患者发生狂躁或轻躁症。长期用药常发生食欲减退或性功能下降，个别男性患者出现射精困难等。

禁与单胺氧化酶抑制药，如吗氯贝胺、异卡波肼等合用，可出现严重的5-羟色胺综合征等。

帕罗西汀（paroxetine）

本药是强效5-羟色胺再摄取抑制药，作用强于氟西汀，维持时间长，抗焦虑的作用也比较强，且不易产生兴奋性。适用于抑郁症患者同时伴有焦虑患者，对抑郁、焦虑引起的失眠症有较好疗效。不良反应相对较少，主要是胃肠道反应，偶见过敏反应，如荨麻疹、血管神经性水肿等。

舍曲林（sertraline）

本药是强效5-羟色胺再摄取抑制药，对去甲肾上腺素、多巴胺再摄取抑制作用很弱，本药起效时间也比较快，主要与其他SSRI交替使用治疗各种抑郁症，尤其适合伴有焦虑症、强迫症的抑郁症患者。舍曲林的不良反应类似于氟西汀，个别有粒细胞减少症的报道，长期使用应予以警惕。

西酞普兰（citalopram）

本药是高度选择性的5-羟色胺再摄取抑制药，作用强度稍弱，安全性相对比较高，适用于抑郁症初始治疗或有基础疾病的老年人等特殊人群，对女性患者、儿童也都比较适用，不良反应轻微，个别长期使用会出现内分泌紊乱等现象。

氟伏沙明（fluvoxamine）

本药是5-羟色胺再摄取抑制药中口服吸收较好的药物，生物利用度在90%以上，且起效较快、作用较强，主要用于病史较长的抑郁症患者，特别是有明显自残、厌世倾向者。本药对强迫症、焦虑症也有很好的疗效，特别适用于抑郁症伴强迫症的患者。不良反应主要有神经系统反应，如头晕、头痛、失眠、兴奋等，胃肠道反应和肝功能异常也较常见。

（四）5-羟色胺和去甲肾上腺素再摄取抑制药

文拉法辛（venlafaxine）

本药为常用的二环类抗抑郁药，能有效拮抗5-HT和NA的再摄取而发挥作用，镇静作用较弱，用于各类抑郁症，特别是伴有焦虑的抑郁症和广泛性焦虑障碍。不良反应主要包括失眠、头痛、恶心、腹泻、食欲改变等。个别有较为严重的心律失常和5-羟色胺综合征。其中，5-羟色胺综合征有明显的精神状态改变和自主神经紊乱等表现，应予以高度重视。

度洛西汀（duloxetine）

本药为强效、高度特异性5-HT和NA的再摄取抑制药，由于不良反应相对少，患者依从性好。常用于治疗各种抑郁症、严重抑郁状态，也可用于治疗广泛性焦虑障碍。

（五）单胺氧化酶抑制药

吗氯贝胺（moclobemide）

本药为强效单胺氧化酶抑制药，能提高脑内NA、DA、5-HT水平，产生抗抑郁作用，并同时能改善睡眠质量。适用于各种原因导致的抑郁状态，也用于对其他抗抑郁药不适用或无效的患者。不良反应偶见血压升高、失眠等。肝功能不全、甲状腺功能亢进、高血压患者、孕妇、哺乳期妇女慎用。禁止与能增强5-HT活性的药物，如TCA、SSRI等合用时，因可导致5-羟色胺综合征，症状更为明显，但严重者可致死。

三、抗焦虑障碍药

焦虑障碍是包括广泛性焦虑障碍、惊恐障碍（惊恐发作、急性焦虑障碍）和恐惧症的一组神经症性障碍。其中，广泛性焦虑障碍最为常见，以焦虑的反复发作为特征，表现为不明原因的提心吊胆、焦虑不安，并有明显的自主神经功能紊乱症状、肌肉紧张以及运动性不安等。

对于焦虑障碍，通常采用药物治疗和心理治疗的联合治疗，急性期使用药物治疗以缓解或消除焦虑症状及伴随症状。苯二氮䓬类大多有抗焦虑作用；抗抑郁药中的 TCA、SSRI、SNRI 的部分药物对广泛性焦虑障碍有效；普萘洛尔等 β 受体拮抗药也可减轻焦虑及伴随的交感神经功能亢进症状，用于躯体症状明显的焦虑症患者。其他常用的抗焦虑药还有丁螺环酮、坦度螺酮等。

丁螺环酮（buspirone）

本药的抗焦虑作用可能与激动脑内 $5-HT_{1A}$ 受体有关，由于其还能降低体内 $5-HT$ 受体的敏感性而具有抗抑郁作用。与苯二氮䓬类相比，无镇静催眠、中枢性肌肉松弛和抗惊厥作用，亦无依赖性。主要用于广泛性焦虑障碍，对惊恐发作无效。常见不良反应有恶心、头痛、头晕、目眩、耳鸣、神经过敏、兴奋、咽喉痛、鼻塞等。

坦度螺酮（tandospirone）

本药结构与丁螺环酮相似，通过选择性激动 $5-HT_{1A}$ 受体发挥抗焦虑作用，兼有抗抑郁作用。用于广泛性焦虑障碍以及原发性高血压、消化性溃疡等躯体疾病伴发的焦虑状态。不良反应较少，主要有嗜睡、步态蹒跚、恶心、倦怠感、情绪不佳、食欲下降、氨基转移酶升高等。

第三节　抗精神障碍药的用药指导

一、抗精神分裂症药的用药指导

（一）用药前

1. 明确药物治疗的目的　精神分裂症是一种与遗传等多因素有关的慢性进行性疾病，应在精神病专科医院或门诊由专科医生进行诊疗，治疗主要以缓解症状，减轻痛苦，提高患者生活质量为目的，精神病患者多以药物治疗为主要手段。

2. 了解患者的基本情况　包括一般情况、病史、体检指标、家族史、用药史和既往用药的疗效与不良反应。还应了解与精神分裂发病有关的相关情况，如婚姻状况、生育史等。

3. 合理选择药物　治疗该病的药物种类较多，应根据药物实际疗效、不良反应、依从性，并结合患者年龄、性别、经济情况等综合判断选择药物。当单一药物疗效不佳时，可联合用药。建议优先选用氯氮平等作用机制不同的药物治疗；对于依从性差的患者，可选用长效制剂。

（二）用药中

1. 指导护理人员注意给药方法　氯丙嗪刺激性强，应深部肌内注射，并经常更换注射部位，静脉给药速度应慢。特别要注意防止患者藏药、弃药，采取有效措施保证给药的顺利实施。

2. 注意药物不良反应　应向患者及家属解释发生锥体外系反应的原因和表现，合理配伍中枢抗胆碱药，提高用药依从；为预防发生直立性低血压，注射或大剂量给药后应卧床休息1~2小时，避免热水浴或淋浴；在炎热环境中注意通风和散热，防止体温升高或中暑；用药期间不宜从事如驾车等精密工作和危险作业；建议应多饮水，多食用富含膳食纤维的食物，养成定时排便习惯，防止发生便秘和尿潴留。

3. 注意药物的相互作用　例如，氯丙嗪可加强镇静催眠药、抗组胺药、镇痛药、乙醇等的作用；某些肝药酶诱导剂如苯妥英钠、卡马西平合用可加速氯丙嗪的代谢；与吗啡、哌替啶合用时容易引起呼吸抑制和血压降低，合用应注意调整剂量。

（三）用药后

1. 精神分裂急性期应入院治疗，出院后仍需用药康复一段时间。应提醒患者及家属继续观察药物疗效与不良反应，定期检查血常规和肝、肾等器官功能。注意长期用药迟发性运动障碍等的发生。

2. 建议患者亲属与患者沟通，关爱体贴患者；指导患者养成科学规律的生活习惯，包括戒烟戒酒、不喝浓茶、按时作息等；康复期可进行心理干预。

3. 提示规范长期用药的同时，建立随访制度和社会康复机制，营造对精神分裂症患者友好的氛围是减少疾病复发的重要措施。

二、抗心境障碍药的用药指导

（一）用药前

1. 重视药物治疗的必要性　心境障碍早期易被忽视，尤其是抑郁症，一旦出现明显症状多会出现自残、自杀等极端事件。早期心理治疗无效应及时转为药物治疗，并建立随访制度和环境替换机制。

2. 明确药物治疗目的 对心境障碍的治疗包括药物治疗、电休克治疗和心理治疗等，药物治疗的目的是缓解心境障碍的症状，回归正常生活和工作，避免极端事件发生。

3. 了解患者的基本情况 掌握患者疾病情况，包括心境障碍的类型及其程度、目前的状态；询问患者用药史，既往药物不良反应；了解患者目前心功能、肝肾功能以及有无青光眼、前列腺肥大等。

4. 合理推荐药物 结合患者的基本病情特征及其对药物不良反应的耐受情况，请专科医师综合分析后确定用药。应提供保护患者治疗隐私的措施。

（二）用药中

1. 提醒医护人员在使用抗心境障碍药，尤其是锂剂等有中毒风险的药物时，应遵循个体化用药原则，从小剂量开始使用、剂量逐步增加、全程治疗、病情稳定后逐渐减量直至停药。

2. 用药周期长，应更加注意药物的不良反应

（1）锂盐的安全范围小，且个体差异大，易致中毒，同时要注意低钠血症增加Li$^+$的蓄积而引起中毒；锂盐有抗甲状腺作用，可出现碘缺乏性甲状腺肿；锂盐可影响患者精神和体力活动及判断应急能力，故服药期间不宜从事精密工作或危险作业。

（2）TCA最常见且突出的不良反应是抗胆碱作用（阿托品样作用），严重不良反应是心血管反应，故前列腺肥大、青光眼、严重心血管病患者禁用，并在用药期间监测心电图变化。

（3）性功能障碍是SSRI较常见的不良反应，尤以帕罗西汀较为突出，必要时换用较少产生性功能障碍的氟伏沙明等或服用西地那非。

3. 及时合理更换药物 抗抑郁药起效较慢，通常需要2~4周，当治疗足够疗程（4~6周）仍然无效时可考虑换药。应注意，氟西汀需要停药5周（其他SSRI需2周）才能换用MAOI；MAOI停用2周后才能换用SSRI等。

4. 注意药物相互作用 TCA与MAOI合用可引起高血压危象等严重不良反应，与肾上腺素受体激动药合用可引起严重高血压和高热；MAOI与SSRI合用可出现5-羟色胺综合征；锂盐与非甾体抗炎药、利尿药、泻药、抗菌药（红霉素、甲硝唑、四环素）合用易致中毒，与MAOI、SSRI等抗抑郁药合用可导致5-羟色胺综合征。

（三）用药后

1. 应持续观察疗效与不良反应 心境障碍的症状改善具有波动性，且以主观

指标为主，应建立符合实际的评价标准，高度重视某些隐匿性变化；不良反应应注意与其他药物区别。当疗效不佳或不良反应不耐受时，应及时请专科医生调整治疗方案。

2. 加强与患者的沟通交流，帮助患者较好地适应周边环境和人际关系，不断提高用药依从性，提倡合作互助等有助于康复的综合治疗模式。

药学服务岗位操作实践

岗位情境：

小甲今年19岁，是某高校大二的学生，因半年前情感纠葛处理不当，心情一直很糟糕，不愿与同学交流，逐渐出现迫害妄想、幻觉，喜怒无常，追打同学，入院后诊断为精神分裂症急性发作期，给予氯丙嗪注射治疗。某次给药后因急于上厕所，刚从床上站到地上，突然晕倒。护士解释是氯丙嗪的不良反应。小甲父母知道后，专门到药房做进一步的咨询。

操作流程：

1. 首先耐心细致接待小甲父母，解释患者用药后晕倒的确是药物不良反应。因氯丙嗪可拮抗 α 受体，使外周血管扩张，易引起直立性低血压，这种情况好发于注射给药后。急性期缓解后，医生会调整治疗方案，多采用口服给药，一般不会再发生直立性低血压。

2. 然后针对氯丙嗪的这一不良反应，从以下方面给予用药指导。

（1）注射或大剂量给药后应卧床休息1~2小时，坐起时应缓慢。

（2）用药后避免热水浴或淋浴。

（3）用药期间不宜从事驾车、高空作业等危险作业或精密工作。

（4）氯丙嗪引起的低血压多为一过性，如需治疗禁用肾上腺素，可静脉滴注间羟胺或去甲肾上腺素。具体应遵医嘱。

3. 最后向患者强调家属，后续患者还可能出现锥体外系反应等一系列不良反应，有些会带来明显不适。此时应坚持用药，一旦突然停药会导致精神分裂症状复发或加重，必要时可由专科医生调整治疗方案。

4. 如本人或家属同意，可以建立方便联系方式，也可关注有关媒体平台，后续提供更全面的药学服务。

1.　抗精神分裂症药种类很多，经典抗精神分裂症药均是DA受体激动药，绝大多数药仅对Ⅰ型精神分裂症阳性症状疗效较好，氯丙嗪是吩噻嗪类药物的典型代表；新型抗精神分裂症药则具有较复杂的作用和更广泛的应用，在改善精神分裂症状尤其是阴性症状方面的疗效显著。

2.　碳酸锂是治疗躁狂发作的主要药物，安全范围小，易中毒，钠盐可促进锂盐从肾脏排泄。

3.　抗抑郁药种类较多。SSRI是目前的常用药物，其不良反应较传统的TCA少，依从性好；苯二氮䓬类大多有抗焦虑作用；抗抑郁药中的TCA、SSRI、SNRI的部分药物对广泛性焦虑障碍有效；β受体拮抗药用于交感神经功能亢进所致的躯体症状明显的患者。

4.　新型抗焦虑药丁螺环酮、坦度螺酮不良反应少，久用无依赖性。

5.　抗精神分裂药用药指导，重点是用药前审核剂量和适应证，用药中和用药后要注意锥体外系反应的防治。抑郁症的治疗大多在院外，用药指导要加强随访，及时了解症状缓解情况，长期用药注意与其他药物相互作用，不可随意停药。

• ···· 思考与练习 ················

一、 单项选择题

1.　氯丙嗪对下列哪种呕吐无效（　　　）

A. 晕动病呕吐

B. 妊娠呕吐

C. 服用抗恶性肿瘤药所致呕吐

D. 过量服用药物所致呕吐

E. 放射性呕吐

2.　氯丙嗪的抗精神病作用主要与以下哪种受体有关（　　　）

A. α受体　　　　　　　B. β受体　　　　　　　C. M受体

D. N受体　　　　　　　E. D_2受体

3. 长期大量使用氯丙嗪的主要不良反应为（　　　）

A. 胃肠道反应　　　B. 肝损害　　　C. 肾损害

D. 锥体外系反应　　　E. 心血管反应

4. 以下不是氯丙嗪的临床应用的是（　　　）

A. 抗精神分裂症　　　B. 抗癫痫大发作　　　C. 治疗顽固性呃逆

D. 抗躁狂症　　　E. 低温麻醉

5. 以下不是5-羟色胺再摄取抑制药的是（　　　）

A. 氟西汀　　　B. 丙米嗪　　　C. 西酞普兰

D. 舍曲林　　　E. 帕罗西汀

二、简答题

1. 抗精神分裂药的作用机制是什么？请结合代表药物介绍各自特点。

2. 长期服用氯丙嗪引起锥体外系不良反应的原因是什么？如何防治？

3. 抗抑郁药有哪些类型？各自特点是什么？如何做好用药指导？

三、应用题

案例分析：患者，男，22岁，因诊断为精神分裂症入院治疗。已升级与口服氯丙嗪，300mg，一日2次。治疗7周后出现肌张力增大、动作迟缓、流涎、手抖、坐立不安、反复徘徊等现象。

请思考并讨论：①该患者的治疗方案是否合理？②患者出现了什么不良反应？③针对该患者应如何做好用药指导？④在这个案例的药学服务中，应如何体现专业精神和职业素养？

（杨　静　张　庆）

第十五章
镇痛药

学习目标

知识目标：

- 掌握　吗啡的作用、用途、不良反应以及常用镇痛药的用药指导。
- 熟悉　可待因、哌替啶、美沙酮等其他镇痛药的特点。
- 了解　镇痛药的用药指导要点。

技能目标：

- 熟练掌握　镇痛药的用药指导基本技能。
- 学会　观察、评价吗啡等药物的疗效和不良反应，并为合理用药提供依据。

素质目标：

- 具有尊重、关心疼痛患者，开展镇痛药合理用药等岗位服务的专业精神和职业素养。

情境导入

情境描述：

　　患者，男，43岁，1个月前因交通事故造成腿部粉碎性骨折，紧急送医救治，医生对其进行手术治疗后，因剧痛难忍于围手术期皮下注射吗啡，连续用药10天后停药。约1天后出现兴奋、失眠、流泪、流涕、震颤等症状，患者多次哀求医生想继续使用吗啡。

学前导语：

　　同学们，创伤性剧痛是临床上常见的病症，多使用吗啡等镇痛药，但本药是麻醉药品，使用不当会出现药物依赖现象。不仅会影响患者健康，甚至会产生社会危害。本章将对镇痛药做全面介绍。学好用好这些药物，未来可以更好胜任药学工作岗位，做好药学服务，体现职业价值。

镇痛药（analgesic）是一类主要作用于中枢神经系统，能够选择性地减轻或消除疼痛以及疼痛引起的紧张、焦虑等情绪，不影响意识及其他感觉的药物。该类药物反复应用易成瘾，故又称"麻醉性镇痛药"，属国家特殊管理药品，其生产、经营和使用必须遵守《麻醉药品和精神药品管理条例》等。

镇痛药可分为阿片生物碱类镇痛药、人工合成镇痛药和其他镇痛药三类。

第一节　阿片生物碱类镇痛药

阿片（opium）为罂粟科植物罂粟未成熟蒴果浆汁的干燥物，含吗啡、可待因、罂粟碱等20余种生物碱。其中，吗啡、可待因临床应用较广。

吗啡（morphine）

本药是阿片中的主要生物碱，口服易吸收，首过效应明显，生物利用度低，常注射给药，可通过胎盘进入胎儿体内。主要在肝脏代谢，经肾脏排泄，少量经胆汁排泄和乳汁排泄。

【药理作用】

1. 中枢神经系统作用

（1）镇痛镇静作用：吗啡通过激动阿片受体发挥强大的镇痛作用，能显著减轻或消除疼痛，作用维持4~5小时。吗啡对各种疼痛均有效，对持续性慢性钝痛的效果大于间断性锐痛，且不影响意识和其他感觉。吗啡在镇痛的同时具有明显的镇静作用，外界环境安静，可使患者入睡。其镇痛镇静作用还可改善因疼痛引起的焦虑、紧张等情绪反应，连续多次用药可出现欣快感，是造成患者渴求药物的重要原因，并终致成瘾。

⸜ 知识链接 ⸝

阿片受体与吗啡的镇痛作用机制

吗啡的镇痛作用机制随着对吗啡构效关系的研究，阿片受体和内源性阿片肽的发现而逐渐明朗。1962年我国学者证明吗啡的镇痛作用部位在中枢第三脑室周围灰质，1973年Snyder等首先找到了阿片类药物能被特异性受体识别的直接证据，1993年受体类型得到了证实，即体内存在 μ、δ、κ 等阿片受体，之后研究证实内源性阿片样物质（内阿片肽）的存在，如脑啡肽、β 内啡肽、强啡肽等。

现认为，人体内存在由脑啡肽神经元、内阿片肽、阿片受体构成的内源性抗痛系统，内阿片肽能激动阿片受体，抑制痛觉传导，产生镇痛作用，维持人体正常痛阈。吗啡的镇痛作用是模拟内阿片肽的作用，通过激动阿片受体，提高痛阈而产生中枢性的镇痛作用。

（2）呼吸抑制作用：治疗量吗啡即可降低呼吸中枢对二氧化碳的敏感性，同时抑制呼吸中枢，使呼吸频率变慢，潮气量降低。随着剂量加大，则呼吸抑制加强，急性中毒时呼吸频率减至2~3次/min。呼吸抑制是吗啡中毒死亡的主要原因。

（3）镇咳作用：抑制延髓咳嗽中枢，使咳嗽反射消失，对各种咳嗽均有效。但易成瘾，故一般不作为镇咳药使用。

（4）其他：吗啡可使瞳孔缩小，中毒时出现针尖样瞳孔，还可引起恶心、呕吐。

2. 兴奋平滑肌

（1）胃肠道：吗啡兴奋胃肠道平滑肌和括约肌，提高其张力，引起痉挛，使胃排空和肠蠕动减弱，同时减少消化液分泌，加上中枢抑制，使患者便意迟钝，因而引起便秘。

（2）胆道：治疗量吗啡可引起胆道平滑肌和括约肌收缩，使胆汁排出受阻，胆囊内压升高，可导致上腹部不适甚至胆绞痛。

（3）其他：平滑肌治疗量吗啡可增强膀胱括约肌张力，导致尿潴留；增强子宫平滑肌张力，延长产程，影响分娩；对支气管哮喘患者，可诱发哮喘。

3. 心血管系统作用
吗啡促进组胺释放，扩张阻力血管和容量血管，引起直立性低血压，此外，吗啡可抑制呼吸中枢，造成二氧化碳潴留，引起脑血管扩张，导致颅内压升高。

4. 免疫系统作用
对细胞免疫和体液免疫均有抑制作用，对淋巴细胞增殖起抑制作用，减少细胞因子的分泌，抑制巨噬细胞的吞噬作用。长期滥用者，机体免疫功能低下，易患感染性疾病。

【临床用途】

1. 镇痛
吗啡对各种疼痛均有效，因反复应用易成瘾，临床上除癌症剧痛可长期使用外，一般仅短期用于其他镇痛药无效的急性锐痛，如严重外伤、骨折和烧伤等。对急性心肌梗死引起的剧痛，血压正常者可用吗啡镇痛。

2. 心源性哮喘
急性左心衰竭会导致急性肺水肿，并因此引发心源性哮喘。临床上除应用强心苷、氨茶碱和吸入氧气等治疗措施外，配合静脉注射吗啡可迅速缓解患者气促和窒息感，获得良好疗效。可能机制如下：①吗啡扩张外周血管，降低外周阻力，减少回心血量，降低心脏负荷，有利于减轻肺水肿；②吗啡抑制呼吸中枢，降低呼吸中枢对CO_2的敏感性，减弱过度反射性呼吸兴奋，从而使短促的呼吸得以缓解；③其镇静作用可消除患者的焦虑、恐惧情绪，间接减轻心脏的负担。

3. **止泻**　用于急、慢性消耗性腹泻，可选用阿片酊或复方樟脑酊。伴有细菌感染者，应同服抗微生物药。

【不良反应】

1. **副作用**　治疗量吗啡可引起恶心、呕吐、眩晕、便秘、排尿困难、胆绞痛、荨麻疹和呼吸抑制等。

2. **耐受性和成瘾性**　连续多次用药易产生耐受性，表现为对吗啡的需求量增大及用药间隔时间缩短；成瘾性表现为停药后出现戒断症状，表现为兴奋、失眠、呕吐、流泪、出汗、虚脱、幻觉、意识丧失等。为避免戒断症状的痛苦，成瘾者常不择手段获取药物，对社会危害极大。

> ❓ **课堂问答：**
> 请同学们结合书中的内容，说出还有哪些药物能引起药物依赖性，并简单叙述一下这些药物所致的依赖性在程度上有什么不同？

3. **急性中毒**　吗啡过量可致急性中毒，主要表现为昏迷、体温过低、深度呼吸抑制、瞳孔极度缩小呈针尖样，伴有血压下降甚至休克。呼吸麻痹是主要死亡原因。抢救措施主要为人工呼吸、吸氧，静脉注射阿片受体拮抗药纳洛酮（见第四十三章解毒药）等，口服者还应立即洗胃。

4. **禁忌证**　支气管哮喘、肺源性心脏病、颅内压升高、肝功能严重减退患者禁用，分娩镇痛、哺乳期妇女镇痛、新生儿及婴儿禁用。

可待因（codeine，甲基吗啡）

本药为吗啡前体药物，口服易吸收，在体内转化为吗啡或其他具有活性的阿片类代谢产物，药理作用与吗啡相似，镇痛作用为吗啡的1/12~1/10，镇咳作用为吗啡的1/4，抑制呼吸、成瘾性比吗啡弱。连续使用亦可成瘾，属麻醉药品。

可待因是典型的中枢性镇咳药，临床上主要用于无痰干咳及剧烈频繁的咳嗽，也用于中等程度的疼痛。具体见第二十五章。

第二节　人工合成镇痛药

一、阿片受体激动药

哌替啶（pethidine）

本药为人工合成阿片受体激动药，口服生物利用度为52%，故临床上多采用皮下注射或肌内注射。主要在肝脏代谢，经肾排出。

【药理作用】哌替啶作用与吗啡相似而较弱，维持时间相对较短。

1. 中枢神经系统作用　镇痛作用约为吗啡的1/10，作用可维持2~4小时。治疗量具有镇静作用，可消除疼痛引起的紧张、烦躁不安等情绪反应，长期使用可产生依赖性和欣快感，被列为严格管理的麻醉药品。在给予与吗啡等效镇痛剂量时，呼吸抑制作用与吗啡相当，但持续时间短。少数患者可出现恶心、呕吐、眩晕。

2. 兴奋平滑肌作用　能兴奋胃肠道平滑肌及括约肌张力，但作用较弱，维持时间短，故不引起便秘。对妊娠末期子宫平滑肌无明显影响，不对抗缩宫素对子宫的兴奋作用，故对产程影响不大。

3. 心血管系统作用　促进组胺释放以及抑制血管运动中枢，治疗量可扩张外周血管和脑血管，对心脏具有负性肌力作用，因扩张脑血管而致颅内压升高，偶可引起直立性低血压。

【临床用途】

1. 各种剧烈疼痛　本药的成瘾性较轻且产生较慢，常代替吗啡用于外伤、手术后疼痛和癌症晚期等各种剧痛。可用于分娩镇痛，但产前4小时内不能使用，以免抑制新生儿呼吸。胆绞痛等内脏绞痛应合用解痉药阿托品。

2. 心源性哮喘的辅助治疗　本药可用于治疗心源性哮喘，作用机制与吗啡相同。

3. 麻醉前给药　麻醉前给予哌替啶，能使患者安静，消除术前紧张、恐惧情绪，减少麻醉药用量。

4. 人工冬眠　常与氯丙嗪、异丙嗪组成冬眠合剂用于人工冬眠。

【不良反应】

1. 副作用　主要有眩晕、出汗、口干、恶心、呕吐、直立性低血压等。

2. 耐受性和成瘾性　较吗啡轻，但仍需严格控制使用。

3. 急性中毒　可出现昏迷、呼吸抑制、肌肉痉挛甚至惊厥。纳洛酮可对抗呼吸抑制，合用抗惊厥药可治疗惊厥症状。

4. 禁忌证　支气管哮喘、肺心病、颅脑损伤者禁用。

与哌替啶相似的药物还有阿法罗定（alphaprodine，安那度）、匹米诺定（piminodine，去痛定）等作用强度和不良反应略有差异。

芬太尼（fentanyl）

本药属强效镇痛药，镇痛强度是吗啡的80~100倍。作用迅速（15分钟起效），持续时间短（1~2小时），可用于各种剧痛。镇痛剂量对呼吸抑制作用轻，成瘾性较弱。与全身麻醉药或局部麻醉药合用，可减少麻醉药用量。本药经常与抗精神分裂症药氟哌利多等合用实施"神经安定镇痛术"，用于患者有模糊意识、无痛的状态下进行清创、去痂以及各种小手术和探入性检查。不良反应与哌替啶相似。禁用于支气管哮喘、脑肿瘤或颅脑外伤引起昏迷者以及2岁以下儿童。

同类药物还有阿芬太尼（alfentanil）、舒芬太尼（sufentanil）、瑞芬太尼（remifentanil），多用于手术麻醉及相关镇痛治疗。

美沙酮（methadone）

本药药理作用性质与吗啡相同，但作用持续时间明显长于吗啡。药物的镇痛作用强度与吗啡相似，但是耐受性和成瘾性发生较缓慢且容易治疗，临床除替代吗啡用于各种剧痛，也广泛用于吗啡、海洛因等阿片类毒品依赖者的脱瘾治疗。

阿片受体激动药还有布桂嗪（bucinnazine）、羟考酮（oxycodone，氢考酮），以及羟考酮与对乙酰氨基酚的复方制剂以控释剂形式用于各种中等强度的疼痛。

二、阿片受体部分激动药

喷他佐辛（pentazocine）

本药口服吸收良好，首过效应明显，成瘾性很小，已列入非麻醉药品。其镇痛强度为吗啡的1/3，呼吸抑制作用约为吗啡的1/2。对胃肠和胆道平滑肌的作用弱，不引起便秘和胆内压升高。用于各种慢性疼痛。常见的不良反应有镇静、眩晕、出汗等，剂量增大能引起呼吸抑制、心率加快，甚至焦虑、幻觉等。纳洛酮能对抗其呼吸抑制。

此外，同类药物还有布托啡诺（butorphanol）、丁丙诺啡（buprenorphine）、纳布啡（nalbuphine），皆成瘾性小，戒断症状较轻，列入非麻醉药品管理之列。

第三节　其他镇痛药

本类药物不同于传统的安片类镇痛药，其机制多样化，大多通过影响痛觉兴奋发生和传导的相关递质而产生作用。新型镇痛药齐考诺肽（ziconotide）还可以阻滞N-型钙通道，影响痛觉传入神经经脊髓的上行投射。

曲马多（tramadol）

本药为非阿片类中枢镇痛药，镇痛机制与增加有关神经元去甲肾上腺素和5-羟色胺的含量有关。口服吸收迅速，20~30分钟起效，作用持续4~6小时。镇痛强度似喷他佐辛，有一定镇咳作用。治疗量时一般无呼吸抑制、便秘、欣快感等反应发生，静脉注射速度过快时，可出现心悸、出汗等。适用于中、重度的急慢性疼痛，如手术、创伤、关节痛、神经痛等，也可用于焦虑症、抑郁症的辅助治疗。常见不良反应有出汗、眩晕、恶心、口干等。静脉给药过快可出现呼吸抑制、心悸等。

罗通定（rotundine）

本药为罂粟科植物延胡索中提取分离得到的生物碱，有效部分为延胡索乙素的左旋体，即罗通定，现已人工合成。口服吸收良好，10~30分钟起效，维持2~5小时，有镇静、安定、催眠、镇痛和中枢性肌肉松弛的作用。主要用于胃肠及肝胆系统等内科疾病引起的钝痛、头痛、月经痛等，也可用于分娩痛。本药安全性较好，不良反应少，久用不易成瘾。

另外，来源于植物有效成分的乙酰乌头碱（acetylaconitine）、高乌甲素（lappaconitine）、荷包牡丹碱（dicentrine）也具有以上类似的镇痛作用和用途。

第四节　镇痛药的用药指导

一、用药前

1. 明确使用镇痛药的目的　疼痛是伤害性刺激引起的一种感觉，是机体的一种防御性反应，同时疼痛的性质和部位是诊断疾病的重要依据，所以对诊断未明的疼痛使用镇痛药要慎重，以免掩盖病情、贻误诊断。但疼痛可引起情绪反应，剧烈疼痛还可以导致生理功能紊乱，甚至诱发神经源性休克而危及生命，此时，正确使用镇痛药便显得十分重要；此外，对于癌性疼痛患者，合理使用镇痛药减轻其疼痛症状，有助于提高患者生活质量。

2. 有针对性地推荐适宜镇痛药　应先充分了解了解患者疾病史、用药史；了解患者血压、肝肾功能等生理指标。根据病情和疼痛实际情况推荐药物，并遵循有关标准或指南，如癌性疼痛患者应根据癌症三阶梯止痛疗法推荐或协助制订药物方案。

3. 处理好镇痛药与药物依赖性的关系　由于大多数镇痛药均有不同程度的致依赖性，为减少其发生，应全面了解不同种类药物的依赖性发生程度，有计划地选择和轮换药物，在用法上提倡非静脉给药或采用长效制剂。对于癌痛患者则是以充分发挥镇痛效果为主要目的。

> 🔗 **知识链接：**
>
> ### 癌症三阶梯止痛疗法的内容和意义
>
> 癌症三阶梯止痛疗法是根据癌痛程度不同，选用不同药物，通过合理给药方案，最大程度地减轻癌痛给患者带来的痛苦，提升生活质量。
>
> 第一阶梯：对轻度疼痛患者，给予阿司匹林、对乙酰氨基酚、布洛芬等解热镇痛抗炎药。
>
> 第二阶梯：对中度疼痛患者，选用弱效镇痛药如可待因、曲马多、罗通定与解热镇痛抗炎药合用。
>
> 第三阶梯：对剧烈疼痛患者，使用高效阿片类药物如吗啡，哌替啶、芬太尼、美沙酮等。
>
> 用药过程中尽量选择口服给药途径，规律按时给药而非按需给药，给药剂量个体化，根据病情变化和镇痛需要增加辅助药物。
>
> 疼痛数字评分法（NRS）见表15-1。
>
> **表 15-1　疼痛数字评分法**
>
> | 无痛 | | | 0分无痛 |
> |---|---|---|---|
> | 轻度疼痛 | 翻身、咳嗽、深呼吸时疼痛 | 1分 | 安静平稳不痛，翻身咳嗽时疼痛 |
> | | | 2分 | 咳嗽疼痛，深呼吸不痛 |
> | | | 3分 | 安静平卧不痛，咳嗽、深呼吸疼痛 |
> | 中度疼痛 | 安静平卧时有疼痛，影响睡眠 | 4分 | 安静平卧时，间歇疼痛 |
> | | | 5分 | 安静平卧时，持续疼痛 |
> | | | 6分 | 安静平卧时，疼痛较剧 |

无痛			0分无痛
重度疼痛	翻转不安，无法入睡，全身大汗无法忍受	7分	疼痛较重翻转不安，无法入睡
		8分	持续疼痛难忍，全身大汗
		9分	剧烈疼痛，无法忍受
		10分	最疼痛，生不如死

二、用药中

1. 提示医护人员应用吗啡期间应定时监测患者的血压、呼吸，观察患者瞳孔变化、舌唇有无发绀。如果发现患者瞳孔缩小、呼吸频率减慢、嗜睡等，应及时通知医生，以便及时处置。

2. 重点介绍尽管纳洛酮为吗啡中毒的特效解毒药，但在哌替啶中毒解救时，只能对抗呼吸抑制，不能缓解惊厥，故应合用抗惊厥药。应用吗啡过程中可出现腹胀、便秘等，应鼓励患者多食粗粮、多饮水、定时排便。

3. 建议患者用药后宜卧床，改变体位应缓慢，防止摔伤。该类药物多可引起镇静嗜睡，因此用药期间应避免高空、驾驶及其他机械操作等，用药期间应避免饮酒和同服镇静催眠药等中枢抑制药物。

三、用药后

1. 协助医护人员正确评价镇痛药使用后的效果，以便调整剂量或更换药物。由于痛觉受主观影响较大，应推广各类数值客观化的疼痛评价标准或体系。

2. 镇痛药不良反应较多，有些易受中枢抑制作用的掩盖，应提示医护人员和患者注意鉴别。对明显引起不适的反应（如便秘、缺氧）应采取对抗措施，要加强防治急性中毒的宣教。

3. 镇痛多数是对症治疗，为避免发福发作，应提示相关人员积极查找病因，除了癌痛患者或某些疾病终末期患者之外，镇痛药不主张长期应用。应做好相关心理支持和合理用药宣教。

药学服务岗位操作实践

岗位情境：

郑药师的朋友王先生一个月前被确诊为肝癌晚期，近来肝区疼痛有加重趋势，之前服用过的双氯芬酸缓释片未能缓解，医生诊断后医嘱口服氨酚羟考酮片，每6小时一次，每次一片。王先生查阅资料了解到吗啡、芬太尼等强效镇痛药治疗癌痛效果更好，于是带着疑虑找到郑药师咨询。

操作流程：

1. 首先耐心细致地接待王先生，安抚并倾听对方诉求。介绍上述治疗要遵循"癌痛三阶梯疗法"，其核心是将癌痛划分为轻、中、重三级，不同等级采用不同镇痛强度的药物。

2. 解释根据医生诊断，王先生目前是中等程度的癌痛，按规定应选用弱阿片类镇痛药，如可待因等。而氨酚羟考酮是弱阿片类药物羟考酮和解热镇痛药对乙酰氨基酚的复方制剂，有双重镇痛效果，是此等级镇痛效果最好的药物之一。

3. 癌痛采用阶梯选药是考虑镇痛药都会有耐受性，如果提早使用强效镇痛药，如吗啡、芬太尼等，会因过早出现耐受性而使以后的镇痛效果降低，增加剂量又会加重呼吸抑制等不良反应，故医生的处置是合理合规的。

4. 要求王先生应遵守医嘱服药，有不良反应及时反馈。同时建议其多关注权威医学媒体或医院公众号，后续药师也会跟进提供更全面的药学服务。

•····· 章末小结 ·····

1. 按来源及对阿片受体影响范围，镇痛药共分为三类，对药事管理法规严格管理的相关药品，应十分重视和熟悉，并将严格审核处方、调剂药品等贯穿于药学服务始终。

2. 代表药吗啡、哌替啶的特点各异，需注意区别应用。吗啡具有较多的药理作用和临床用途，主要用于镇痛、心源性哮喘等，不良反应较多，中毒以呼吸抑制为主要表现。

3. 哌替啶因成瘾性较轻且产生较慢，常代替吗啡用于镇痛。美沙酮除替代吗啡用于镇痛外，目前还常用于阿片类毒品成瘾的脱毒治疗。喷他佐辛等为阿片受体部分激动药，因成瘾性小，已列入非麻醉药品。曲马多为非阿片类中枢镇痛药，用于各种中、重度疼痛，属精神药品。

● ···· 思考与练习 ··

一、 单项选择题

1. 阿片类药物的镇痛机制是（　　）
   A. 激动阿片受体　　　B. 激动多巴胺受体　　　C. 拮抗阿片受体
   D. 拮抗多巴胺受体　　E. 激动 5-HT 受体

2. 治疗胆绞痛最好选用（　　）
   A. 阿司匹林　　　　　B. 吗啡　　　　　　　　C. 吲哚美辛
   D. 哌替啶＋阿托品　　E. 对乙酰氨基酚

3. 某男，53岁，慢性心功能不全病史3年，感冒后病情加重，端坐呼吸，且咳出粉红色泡沫样痰。除给予吸氧及强心、利尿、扩血管等治疗外，还可以选用的药物是（　　）
   A. 罗通定　　　　　　B. 芬太尼　　　　　　　C. 吲哚美辛
   D. 吗啡　　　　　　　E. 烯丙吗啡

4. 吗啡急性中毒最典型的特征是（　　）
   A. 呼吸麻痹　　　　　B. 血压下降　　　　　　C. 瞳孔极度缩小
   D. 昏迷　　　　　　　E. 便秘

5. 吗啡急性中毒抢救最有效的药物是（　　）
   A. 氟马西尼　　　　　B. 阿托品　　　　　　　C. 纳洛酮
   D. 美沙酮　　　　　　E. 喷他佐辛

二、 简答题

1. 常用的镇痛药有哪些种类？结合代表药说出各具有哪些特点。
2. 吗啡为何可用于心源性哮喘而禁用于支气管哮喘？
3. 可待因、哌替啶、芬太尼、喷他佐辛等与吗啡相比，其作用特点如何？

三、 应用题

案例分析：刘大哥今年38岁，一天清晨在田间劳动时突然感觉腰部疼痛，疼痛越来越重，难以忍受，出冷汗，紧急去医院就诊。尿常规显示红细胞阳性，B超显示右侧输尿管结石。

请思考并讨论：①为了迅速给患者镇痛，应选用何药？简要分析理由。②为更好地缓解肾结石引起的剧烈疼痛，可配伍什么药物？为什么？③药师如何在上述药学服务中体现出专业精神和职业素养。

（杨　静）

第十六章

解热镇痛抗炎药

学习目标

知识目标：

- 掌握　解热镇痛抗炎药分类以及阿司匹林的作用、用途、不良反应。
- 熟悉　解热镇痛抗炎药作用机制和用药指导要点。
- 了解　解热镇痛抗炎药的复方制剂。

技能目标：

- 熟练掌握　解热镇痛药的用药指导基本技能。
- 学会　观察、评价阿司匹林等药物的疗效和不良反应，并为合理用药提供依据。

素质目标：

- 具有关心发热、疼痛及炎症患者的专业素质和职业素养。

情境导入

情境描述：

　　张阿姨，54岁。患风湿性关节炎多年，时有关节疼痛，以肩关节、肘关节、膝关节常见。运动受限，影响了工作和生活。就医后遵医嘱服用阿司匹林缓释片等药物治疗，症状明显缓解。近半年来，因照顾患病老人，经常晨起后空腹服药，饮食也不规律。近两个月感到胸口烧灼痛、返酸、恶心，进食后加重。一天前，进食辛辣食物后突然感到胃部疼痛、呕吐，呕血约100ml。急诊入院，确诊为胃溃疡出血，住院治疗。张阿姨的表弟是医院药师，在探望时提示她的病情和使用解热镇痛抗炎药有关，应该在饭后服用药物，要重视不良反应的监测和防治。

同学们，解热镇痛抗炎药是治疗感冒、关节炎等的常用药，像张阿姨这样不合理用药现象也非常多见，是药师用药指导的重点领域。学好本章内容就可以帮助大家未来更好地胜任药学工作岗位，做好药学服务，体现职业价值。

解热镇痛抗炎药是一类具有解热、镇痛作用，其中大多数还具有抗炎、抗风湿作用的药物。因化学结构与甾体抗炎药糖皮质激素不同，又被称为"非甾体抗炎药"（nonsteroidal anti-inflammatory drug，NSAID）。本类药物共同作用机制为抑制体内环氧合酶（cyclooxygenase，COX）活性而减少组织前列腺素（prostaglandin，PG）的生物合成（图16-1）。

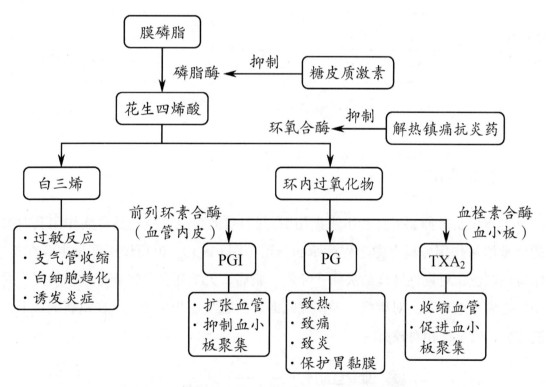

图16-1　解热镇痛抗炎药的作用环节示意图

第一节　解热镇痛抗炎药的基本作用

一、解热作用

　　下丘脑调节和支配正常体温，使散热和产热保持动态平衡。炎症反应时细菌内毒素等引起巨噬细胞释放的细胞因子又促使下丘脑合成PG，触发下丘脑体温调节中枢使体温调定点上移，增加产热使体温升高。

　　解热镇痛抗炎药抑制中枢PG合成，能降低发热者的体温，使其恢复至正常，几乎不影响正常人的体温（图16-2）。

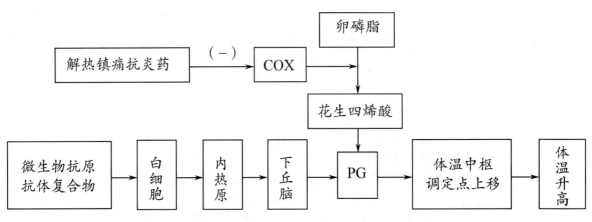

图16-2　解热镇痛抗炎药的解热作用机制示意图

二、镇痛作用

　　本类药物通过抑制炎症和组织损伤引起的PG的合成，减轻其致痛作用及对缓激肽的痛觉增敏作用，具有中等程度镇痛作用（图16-3）。镇痛作用部位主要在外周，临床应用广泛，对慢性钝痛如头痛、牙痛、肌痛、关节痛及月经痛等效果良好，尤以对炎性疼痛疗效显著。对刺痛、创伤性剧痛、内脏绞痛几乎无效。在镇痛剂量下，不抑制呼吸，安全性相对较高。

> **课堂互动：**
> 请同学们思考一下，吗啡具有镇痛作用，氯丙嗪可以降低体温，本章介绍的药物在解热和镇痛方面与以上两个药有何异同点。

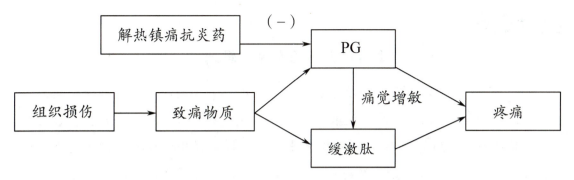

图16-3　解热镇痛抗炎药的镇痛作用机制示意图

三、抗炎、抗风湿作用

PG和缓激肽既是致痛物质，也是很强的致炎物质，两者还有协同作用。除苯胺类外，本类药物都有较强的抗炎、抗风湿作用，通过抑制炎症反应时局部PG的合成和释放，缓解炎性症状。临床上主要用于减轻风湿性关节炎与类风湿关节炎等疾病的炎症和疼痛，但不能根治，也不能阻止疾病进程和并发症的发生。

第二节　常用的解热镇痛抗炎药

目前已知有三种环氧合酶：COX-1、COX-2及COX-3。一般认为抑制COX-2，产生抗炎作用，抑制COX-1，产生胃肠道反应等毒副作用，COX-3在不同组织中表达不同。根据解热镇痛抗炎药对环氧合酶（COX）作用选择性不同，可分为非选择性COX抑制药和选择性COX-2抑制药两大类。

一、非选择性环氧合酶抑制药

非选择性环氧合酶抑制药的种类繁多，化学结构各异，包括水杨酸类、苯胺类、吲哚类、芳基乙酸类、芳基丙酸类、烯醇酸类、吡唑酮类、烷酮类、异丁芬酸类等。

📎 知识链接:

由阿司匹林的发现史想到的

人类很早就发现柳树类植物提取物（天然水杨酸）具有解热镇痛等作用，考古证实在古苏美尔人和古埃及人的文献中就有相关记载。在公元前四世纪古希腊学者希波克拉底的医学专著也有用柳树叶煎茶来缓解孕妇分娩疼痛的记录。而我国中医药学典籍《神农本草经》《本草纲目》中也收载了柳树叶、根茎具有清热、止痛的功效。十八世纪中叶，欧洲有些教士用晒干的柳树皮熬制汤药来治疗风湿热或关节痛。到了十九世纪，有多位科学家先后从柳树皮中提炼出水杨苷（salicin），进而水解获得水杨酸，但由于水杨酸对胃肠的刺激很大，限制了其应用。1897年，德国科学家费利克斯·霍夫曼为更好地治疗父亲的风湿性关节炎，不断改进水杨酸制备工艺，将其乙酰化为易于口服、不良反应更轻的乙酰水杨酸，并起名为aspirin（阿司匹林）。该药现在仍然是治疗风湿性关节炎、类风湿关节炎等疾病的首选药物之一，并开发了疗效更佳的缓释片、肠溶片等剂型。同时，人们对阿司匹林药理作用的深入研究也推动了解热镇痛抗炎新药的不断涌现和治疗方案的不断完善。从阿司匹林的发现史告诉我们，科学研究需要孜孜不倦的探索，这样将激励未来药学工作者不断努力前行，获取更好的职业成就。

（一）水杨酸类

阿司匹林（aspirin，乙酰水杨酸）

本药口服吸收迅速，小部分在胃、大部分在肠吸收，吸收后分布于各组织。本药主要由肝脏代谢，经肾排泄，排泄受尿液的pH影响。

【作用与用途】

1. **解热、镇痛及抗炎、抗风湿**　一般剂量（1g）有较强的解热、镇痛作用，用于感冒等引起的发热症状及头痛、牙痛、神经痛、肌痛、痛经等慢性钝痛。大剂量（4~6g）有较强的抗炎、抗风湿作用，迅速缓解关节红肿、疼痛症状，临床作为急性风湿性关节炎及类风湿关节炎发作时的首选药，还可使急性风湿热患者24~48小时内退热，故可作为急性风湿热的鉴别诊断依据。

2. **抑制血栓形成**　小剂量（75~150mg）通过抑制血小板中的COX，使血栓素 A_2（TXA_2）的合成减少，影响血小板的聚集和抗血栓形成，预防心肌梗死、动脉血栓、动脉粥样硬化。较大剂量阿司匹林直接抑制血管壁中COX，减少前列环素（PGI_2）合成，促血栓形成。长期大剂量使用会抑制凝血酶原的形成，导致自发性出血。

3. **其他** 治疗痛风、胆道蛔虫病，儿科用于治疗小儿川崎病（皮肤黏膜淋巴结综合征）等。

【不良反应】短期应用不良反应较轻，大剂量长期使用时不良反应较多。

1. **胃肠道反应** 最为常见，口服常引起上腹部不适、恶心、呕吐等。较大剂量诱发、加重上消化道溃疡甚至穿孔。产生原因与COX-1抑制，引发胃黏膜损伤有关，另外，本药为弱酸性对胃黏膜有直接刺激。大剂量使用则刺激延髓催吐化学感受区，也可导致不适。

2. **凝血障碍** 小剂量抑制血小板聚集，出血时间延长。大剂量或长期服用，引起凝血障碍，加重出血倾向，可用维生素K预防。

3. **过敏反应** 少数出现荨麻疹、血管神经性水肿和过敏性休克，个别患者应用阿司匹林或其他解热镇痛抗炎药后可诱发特殊的"阿司匹林哮喘"。支气管哮喘、鼻息肉、慢性荨麻疹患者禁用。

4. **水杨酸反应** 大剂量（每日5g以上）应用时易中毒，表现为头痛、眩晕、恶心、呕吐、耳鸣、视力及听力减退等，严重时可出现出血、昏迷、多器官衰竭，危及生命，此种现象称"水杨酸反应"。严重中毒者立刻停药，碱化尿液加速药物排泄。

5. **瑞氏综合征** 儿童病毒性感染（如水痘等）使用阿司匹林解热时偶可出现瑞氏综合征（Reye syndrome），以肝衰竭合并脑病为突出表现，少见但死亡率高，故病毒性感染的患儿不宜使用阿司匹林。

6. **对肾脏影响** 少部分老年人尤其是伴有心、肝、肾功能损害的患者，可引起水肿、多尿等肾小球功能受损的症状。

7. **加重甲状腺功能亢进** 与甲状腺结合球蛋白结合而释放游离甲状腺激素，使甲状腺功能亢进患者病情加重，故甲状腺功能亢进患者尤其是甲状腺危象禁用阿司匹林退热。

水杨酸类药物还有赖氨匹林（lysine acetylsalicylate）、双水杨酯（salsalate）、二氟尼柳（diflunisal）、美沙拉嗪（mesalazine，5-氨基水杨酸）等。

案例分析

案例：

患者，男性，55岁。高血压病8年，血脂高。3年前因右侧肢体活动障碍入院，确诊为脑血栓。经治疗后症状缓解出院。出院后，为了预防血栓复发，医嘱小剂量阿司匹林，每日1片（100mg）。服用1年后，患者胃部不适、反酸等，患者在网上查阅资料觉得自己出现了胃肠道反应，加上工作繁忙等原因，觉得没必要继续用药，自行停药。1个月前，患者再次出现一侧肢体活动障碍，口角歪斜等症状，经救治后病情缓解，但右侧半身不遂，生活自理受限，患者追悔莫及。

分析:

1. 采用每日75~150mg的小剂量长期服用阿司匹林,是有效预防心脑血管血栓疾病的措施之一。

2. 阿司匹林不良反应包括消化系统、凝血系统等的不良反应。服用阿司匹林可以预防血栓,但有诱发和加重溃疡出血的风险,应该兼顾疗效与不良反应的关系。

3. 药师应协助医护人员优化药物组成,为患者制订和实施更加合理的个体化给药方案,确保预防血栓的疗效,最大程度降低不良反应发生率,提高患者依从性。

(二)苯胺类

对乙酰氨基酚(paracetamol,扑热息痛)

本药是非那西丁在体内的代谢产物,非那西丁因毒性较大,仅保留复方制剂应用。

本药口服吸收快而完全,解热镇痛作用强度与阿司匹林相似,几无抗炎、抗风湿作用,主要用于解热和镇痛。因无明显胃肠刺激作用,故对阿司匹林不能耐受或过敏的患者适用本药。一次0.3~0.6g,每日不超2g,疗程不超10日。

本药治疗量不良反应少,长期反复应用可致药物依赖性。剂量过大可引起肝脏损害,一次过量(成人10~15g)服用引起急性中毒,可致肝坏死;3岁以下儿童及新生儿因肝、肾功能发育不全,应避免使用。

贝诺酯(benorilate)是对乙酰氨基酚与阿司匹林的酯化产物,作用强而胃肠道反应轻。

(三)吲哚类

吲哚美辛(indometacin,消炎痛)

本药是目前最强的COX抑制药之一,口服易吸收,具有显著的抗炎、抗风湿及解热镇痛作用,对炎性疼痛有明显的镇痛效果。因本药不良反应多且严重,主要用于其他解热镇痛药物不能耐受或疗效不显著的患者,对强直性脊柱炎、骨关节炎、腱鞘炎及滑囊炎效果较好,也用于癌性发热及其他难以控制的发热。

不良反应有胃肠道反应,长期应用可诱发消化性溃疡,甚至胃出血、胃穿孔等,采用栓剂、缓释片或同服抗溃疡药可减少不良反应的发生率。不良反应还有头痛、眩晕等中枢症状,及粒细胞减少、血小板减少的造血系统受损和过敏反应等,多数与剂量过大有关,应提示医护人员加强用药监护。

本药禁用于溃疡病、帕金森病、精神病、癫痫、支气管哮喘、肝肾功能不全者、孕妇及哺乳期妇女。

同类药物吲哚布芬(indobufen)因进行构效关系优化改造,解热镇痛作用减弱,抗血小板作用明显增强，主要用于各种血栓性疾病的防治和体外循环或血液透析时预防血栓形成，疗效优于阿司匹林，不良反应比吲哚美辛明显减轻。

（四）芳基乙酸类

双氯芬酸（diclofenac）

本药吸收迅速，有首过效应，经肝代谢后可迅速排出体外。解热、镇痛、抗炎作用强于吲哚美辛，是强效抗炎镇痛药之一。临床适用于各种中等程度疼痛及疼痛所致发热等。

长期使用无蓄积作用，不良反应与阿司匹林类似，另偶见肝功能异常，白细胞减少。

（五）芳基丙酸类

布洛芬（ibuprofen）

本药口服吸收迅速而完全，吸收较少受食物和药物影响，可缓慢进入滑膜腔，保持较高浓度。本药具有较强的抗炎、解热及镇痛作用，是治疗风湿性关节炎及类风湿关节炎等的一线药物。其效价强度与阿司匹林相似。

本药不良反应较轻，主要是胃肠道反应，但导致消化性溃疡的发生率低，长期应用会出现凝血功能障碍等。

同类药物还有萘普生（naproxen）、氟比洛芬（flurbiprofen）、右布洛芬（dexibuprofen）、酮洛芬（ketoprofen）等。

（六）烯醇酸类

吡罗昔康（piroxicam）

本药口服吸收完全。主要用于风湿病及类风湿关节炎的治疗，其疗效与阿司匹林相当，可口服或肌内注射。由于用药剂量小，不良反应也较轻，患者耐受性良好，剂量过大或长期应用可引起胃溃疡及大出血。

同类药物还有美洛昔康（meloxicam）、氯诺昔康（lornoxicam）等。

（七）吡唑酮类

保泰松（phenylbutazone）

本药口服吸收完全迅速，主要经肝代谢，肾排泄，羟化物为其活性代谢物，半衰期长达数天，长期使用易致蓄积中毒。抗炎、抗风湿作用强而解热镇痛作用较弱，主要用于类风湿关节炎、风湿性关节炎，同类药物还有安乃近（metamizole solium）、非普拉宗（feprazone）等。

（八）烷酮类

萘丁美酮（nabumetone）

本药口服后代谢物为有活性的6-甲氧基-2-萘基乙酸，可强效抑制COX，治疗类风湿关节炎疗效较好，不良反应较轻。

（九）异丁芬酸类

舒林酸（sulindac）

本药是吲哚乙酸类衍生物，进入人体代谢为硫化物后，具有抗炎、镇痛、解热等活性，作用强于阿司匹林，胃肠道刺激反应较同类药低，反应发生率较低，对肾血流量和肾功能的影响较小，故更适用于老年人、伴肾血流量潜在不足者。

（十）其他类

主要包括芬那酸类（灭酸类）的甲芬那酸（mefenamic acid）、氟芬那酸（flufenamic acid），多作为风湿性关节炎、类风湿关节炎和急性风湿热的替代药物，不良反应较多。来氟米特（leflunomide）、艾拉莫德（lguratimod）主要用于风湿性关节炎和类风湿关节炎的替代治疗，因需长期使用，不良反应发生率较高。

二、选择性环氧合酶-2抑制药

塞来昔布（celecoxib）

本药是二芳基吡唑类药物，选择性抑制COX-2，治疗剂量对体内COX-1无明显影响，故胃肠道不良反应、出血和溃疡发生率较非选择性COX抑制药低，抗炎、镇痛和解热作用与阿司匹林相当。口服易吸收，主要用于风湿病、类风湿关节炎和骨关节炎的治疗，也可用于术后镇痛、牙痛、月经痛等。仍有可能发生水肿、多尿、肾损害，慎用于高血栓倾向患者。

罗非昔布（rofecoxib）

本药是二芳基呋喃酮类药物，高度选择性抑制COX-2，具有解热、镇痛、抗炎作用，不抑制血小板凝集。主要治疗骨关节炎。胃肠道反应轻，近年来已证实该药有增加心肌梗死和心脏性猝死发病的危险。

尼美舒利（nimesulide）

本药是新型非甾体抗炎药，具有抗炎、镇痛和解热作用，对COX-2选择性抑制的作用较强。比布洛芬、对乙酰氨基酚抗炎作用强，副作用小。常用于类风湿关节炎和骨关节炎、腰腿痛、牙痛、痛经的治疗。儿童发热时慎用，并且口服制剂禁止用于12岁以下儿童。

依托考昔（etoricoxib）

本药选择性抑制COX-2，主要用于治疗急性期和慢性期骨性关节炎、急性痛风性关节炎和原发性痛经。治疗骨性关节炎最大推荐剂量每天不超过60mg。急性痛风性关节炎推荐剂量为120mg，但只适合症状急性发作期，最长使用8天。对该药过敏、活动性消化道溃疡或出血、支气管哮喘、充血性心力衰竭等情况禁用。

> **知识链接：** ....
>
> **警惕COX-2抑制药的心血管不良反应**
>
> 　　近年来，选择性COX-2抑制药的使用，减少了对COX-1抑制，降低了解热镇痛抗炎药引起胃肠道反应等不良反应的风险。但临床应用和多项大规模循证医学实验证实，此类药明显增加心脏病、脑卒中等心血管不良反应的发生率，使用受到限制，应高度重视对此类药物在心血管等方面的不良反应监测。

第三节　解热镇痛抗炎药的复方制剂

　　感冒大多有明显的发热、全身疼痛和炎症等症状，为提高疗效、减少不良反应，一般以解热镇痛抗炎药为主，配伍伪麻黄碱（收缩黏膜和血管，减轻鼻塞症状）、抗组胺药（缓解喷嚏、流涕等黏膜过敏症状）、抗病毒药及咖啡因（收缩脑血管，减轻头痛）等组成复方制剂（表16-1），用于治疗感冒等疾病。

表16-1　常用解热镇痛抗炎药的复方制剂

复方制剂	成分和含量/mg											用法和用量
	阿司匹林	非那西丁	对乙酰氨基酚	双氯芬酸	右美沙芬	咖啡因	人工牛黄	苯巴比妥	苯海拉明	氯苯那敏	伪麻黄碱	
扑尔感冒片	226	160				32				2		1~2片/次 3次/d
氯芬黄敏片			15			15				2.5		1~2片/次 3次/d

复方制剂	成分和含量 /mg											用法和用量
	阿司匹林	非那西丁	对乙酰氨基酚	双氯芬酸	右美沙芬	咖啡因	人工牛黄	苯巴比妥	苯海拉明	氯苯那敏	伪麻黄碱	
氨酚伪麻美芬片（白片）			325		15						30	1~2片/次 白片2次/d，早上、中午服用
氨麻苯美片（黑片）			325		15					25	30	1~2片/次 黑片1次/d，晚上服用

❓ **课堂问答**

同学们，治疗感冒的药物是大家生活中最常见的非处方药之一。请收集身边常用的感冒药说明书，对照表16-1，试分析它们的组成成分和药理依据？并模拟进行用药指导。

第四节　解热镇痛抗炎药的用药指导

一、用药前

1. 解热镇痛抗炎药种类多，剂量与作用、不良反应密切相关，应配合医生合理制订给药方案。一般解热多用对乙酰氨基酚，但儿童应先用布洛芬等，炎性疼痛可选布洛芬或双氯芬酸，较重时可选用吲哚美辛或保泰松等。同一药物不同剂量用途也不同，阿司匹林在小剂量多用于预防血栓发生，大剂量用于风湿病的治疗。

2. 本类药物不良反应与疗程和剂量呈正相关，长期用药需重点注意消化系统反应、凝血系统异常、肝肾损害及过敏反应，应提示详细询问病史和过敏史，注意禁忌证，做好用药监护和预防措施。

3. 由于发热、疼痛和炎症是最常见的病症，本类药物有明显的过度使用现象。加之许多复方制剂中均含有对乙酰氨基酚、布洛芬等成分，重复用药的可能性也比较大。本类药物的肾损害、凝血障碍早期多具有隐匿性，为确保安全用药，药师应重点做好上述内容的宣教和用药指导。

二、用药中

1. 解热镇痛药属于对症治疗药物，应密切注意致病因素和原发病灶，解热镇痛一般使用3~5天，疗效不佳及时换药，避免长期使用。解热时应合理补液和补充电解质，避免出汗过多导致休克；长期用药对凝血系统影响较为明显，应定期检查凝血时间，必要时给予维生素K预防，术前一周应停用本类药物。

2. 提示密切观察不良反应的发生，必要时采取合理剂型、饭后给药和配伍抗消化性溃疡药物。老年患者易出现中枢神经系统的损害，如精神恍惚、认知障碍等症状。孕妇应避免使用。

3. 本类药物在长期服用时，应注意不良药物相互作用的发生。如阿司匹林等会增加双香豆素、磺酰脲类、甲氨蝶呤、呋塞米等的血药浓度，易于出现中毒，嗜酒、吸烟、饮浓咖啡和酸性饮料者会增加不良反应发生率，如出现中毒反应，应及时调整剂量或停药。注意复方制剂成分，不可重复用药。

三、用药后

1. 提示注意本类药物有过敏现象的发生，阿司匹林哮喘应采用糖皮质激素治疗，过量中毒可碱化尿液有助于药物排泄。

2. 对长期使用药物者，定期检查血常规、血小板，出、凝血时间、肝肾功能等。提示患者出现不适，应及时前往医院就诊。

3. 本类药物有一定的药物依赖性，应加强宣传教育。一旦发生药物依赖性，应由专科医生具体诊治，药师可配合做好抗凝治疗和心理康复辅导。

药学服务岗位操作实践

岗位情境：

刘先生，71岁，因心肌梗死行冠状动脉血管支架术后，医嘱阿司匹林100mg，每日1次，长期服用，但每次服药后自觉有胃部不适、反酸、嗳气等不适，向药师进行用药咨询，希望换其他药物使用。药师将如何为该患者解答呢？

操作流程：

1. 首先热情接待刘先生，安抚其情绪，建议完善相关检查，排除其他导致胃部不适的疾病及心理因素。

2. 然后告知患者，每日 100 mg 的用药剂量属于小剂量，一般情况下，不会引起严重胃肠损害，应加强服药信心。

3. 建议戒除吸烟、饮酒等对胃肠有损伤的嗜好，餐后服用阿司匹林，必要时可复诊请医生给予抑酸药或胃肠黏膜保护药同服，也可遵医嘱换用胃肠道反应轻的抗血小板药，如吲哚布芬、氯吡格雷等。

4. 如果患者愿意，可以建立更方便的联系方式，也可关注医院公众号，提供更全面周到的药学服务。

章末小结

1. 本类药物用药前重点确定种类、剂量、疗程的合理性。在用药后要注意定期体检，避免不良反应的发生。

2. 短期用药在用药中要注意症状改善的评估，长期用药应采取措施，预防不良反应的发生。

思考与练习

一、单项选择题

1. 解热镇痛抗炎药发挥药理作用的机制是通过（　　　）

    A. 通过增强 COX 活性，使 PG 合成增多

    B. 通过增强 COX 活性，使 PG 合成减少

    C. 通过抑制 COX 活性，使 PG 合成增多

    D. 通过抑制 COX 活性，使 PG 合成减少

    E. 以上均不是

2. 以下何药几乎无抗炎作用（　　）

    A. 阿司匹林　　　　　　B. 对乙酰氨基酚　　　　C. 布洛芬

    D. 吲哚美辛　　　　　　E. 塞来昔布

3. 阿司匹林不宜用于下列哪种情况（　　）

    A. 牙痛　　　　　　　　B. 类风湿关节炎

    C. 伴哮喘的发热者　　　D. 风湿性关节炎

    E. 川崎病

4. 下列属于选择性COX-2抑制药的是（　　）

    A. 保泰松　　　　　　　B. 对乙酰氨基酚　　　　C. 舒林酸

    D. 阿司匹林　　　　　　E. 罗非昔布

5. 非甾体抗炎药最常见的不良反应是（　　）

    A. 过敏反应　　　　　　B. 消化道反应　　　　　C. 瑞氏综合征

    D. 神经系统症状　　　　E. 肾损害

6. 以下不是氨麻苯美片（黑片）复方成分的是（　　）

    A. 对乙酰氨基酚　　　　B. 氯苯那敏　　　　　　C. 苯海拉明

    D. 伪麻黄碱　　　　　　E. 苯海拉明

二、简答题

1. 简述阿司匹林等药物解热镇痛抗炎作用的具体机制。

2. 阿司匹林的不良反应有哪些？

3. 有家长欲给3岁的孩子购买退热感冒药，药师应告知含有哪种成分的感冒药不建议购买，为什么？

三、应用题

案例分析：患者，女，37岁，全身多处关节红肿疼痛，3周前出现右手近端指关节、掌指关节肿痛，晨僵10分钟左右，无皮疹、皮下结节。查体：一般状况良好，类风湿因子阳性。初步诊断为风湿性关节炎。医嘱：①阿司匹林片，每次1.0g，每日3次；②罗通定片，每次60mg，每日3次。

请思考并讨论：①该治疗方案是否合理，为什么？②针对此患者，药师应开展哪些药学服务工作？③在具体工作中，应如何体现专业精神和职业素养？

（冯稣　张庆）

第十七章
中枢兴奋药和促大脑功能恢复药

学习目标

知识目标：

- 熟悉　咖啡因、尼可刹米、洛贝林等中枢兴奋药的主要特点。
- 了解　促大脑功能恢复药和上述各药用药指导要点。

技能目标：

- 学会　中枢兴奋药和促大脑功能恢复药的作用指导基本技能。

素质目标：

- 具有尊重、关心呼吸衰竭等患者，开展中枢兴奋药等合理用药岗位服务的专业精神和职业素养。

🔁 情境导入

情境描述：

　　张大爷，69岁，吸烟30余年，每天一包烟。一周前着凉，出现乏力、发热、咳嗽、咳黄痰等症状。入院后诊断为慢性阻塞性肺疾病，急性上呼吸道感染。医嘱给予抗感染、祛痰、吸氧等治疗。夜间，张大爷病情突然加重，呼吸困难、喘憋严重、发绀、烦躁不安、意识模糊，血氧分压明显降低，确诊为急性呼吸衰竭。立即给予低流量低浓度吸氧、吸痰抢救，给予尼可刹米0.25g肌内注射。多次用药之后张大爷出现呼吸急促、肌肉震颤、手足抽搐、心率加快等症状，考虑呼吸兴奋剂药量过大，立即停药。经后续治疗后，张大爷病情得到缓解。

学前导语：

　　同学们，长期吸烟会导致多种心血管、呼吸系统疾病和肿瘤。呼吸道感染是加重相关疾病的重要诱因，本案例多种呼吸系统疾病最终导致呼吸衰竭，危及生命。呼吸衰竭一般使用呼吸机和吸氧等支持治疗措施，使用中枢兴奋药时应严格掌握剂量，以防出现惊厥、呼吸性碱中毒等不良反应，因此，学好本章内容，未来可以更好地胜任药学工作岗位，做好药学服务，体现职业价值。

第一节　中枢兴奋药

根据药物对各中枢部位兴奋作用的选择不同，中枢兴奋药可分为两类：主要兴奋大脑皮层的药物，如咖啡因；主要兴奋延髓呼吸中枢的药物，如尼可刹米、洛贝林等。

一、主要兴奋大脑皮层的药物

咖啡因（caffeine）

本药是从咖啡豆、茶叶中提取的黄嘌呤类生物碱，现已能人工合成。

【作用与用途】

1. 中枢作用　对中枢兴奋作用较弱。

（1）小剂量增强大脑皮层兴奋过程，振奋精神，减少疲劳。与溴化物合用，调节大脑皮层的兴奋与抑制，用于治疗神经症。

（2）较大剂量可兴奋延髓呼吸中枢及血管运动中枢，使呼吸加快加深、血压升高。主要用于解救急性感染中毒、催眠药、麻醉药、镇痛药中毒引起的呼吸、循环衰竭。

2. 收缩脑血管　与麦角胺配伍制成麦角胺咖啡因片，治疗偏头痛；与解热镇痛抗炎药配伍成复方制剂，治疗一般性头痛。

3. 其他作用　松弛支气管和胆道平滑肌、利尿、刺激胃酸和胃蛋白酶分泌。

【不良反应】少见且较轻，过量可出现失眠、烦躁、恐惧、耳鸣、视物不清、呼吸加快、心悸等表现，中毒剂量兴奋延髓，引起惊厥。久用会产生耐受性。婴幼儿高热时易发生惊厥，不宜使用。

二、主要兴奋延髓呼吸中枢的药物

尼可刹米（nikethamide，可拉明）

本药为人工合成药。能直接兴奋延髓呼吸中枢，也可通过刺激颈动脉体和主动脉体化学感受器，提高呼吸中枢对CO_2的敏感性，反射性兴奋呼吸中枢，使呼吸加深加快，作用温和、短暂；对血管运动中枢有微弱兴奋作用。临床用于中枢性呼吸及循环衰竭，麻醉药及其他中枢抑制药的中毒引起的呼吸抑制。对阿片类药物（如吗啡）中毒的解救效果较好，对巴比妥类药中毒的解救效果较差。

本药注射吸收好，一次静脉注射仅维持作用5~10分钟，临床上常采用皮下注射或肌内注射。中毒时可引起惊厥，儿童尤易发生，惊厥时应及时静脉注射苯二氮䓬类药或小剂量硫喷妥钠。

洛贝林（lobeline，山梗菜碱）

本药是从山梗菜中提取的生物碱，现已人工合成。通过刺激颈动脉窦和主动脉体化学感受器反射性兴奋呼吸中枢，使呼吸加深加快，治疗量不出现对呼吸中枢的直接兴奋作用。

临床主要用于新生儿窒息、一氧化碳中毒引起的窒息、吸入麻醉药及其他中枢抑制药（如阿片、巴比妥类）中毒、肺炎、白喉等传染病引起的呼吸衰竭等。常用盐酸洛贝林注射剂皮下注射或肌内注射，成人每次3~10mg，儿童每次1~3mg。本药作用维持时间短，仅数分钟，但安全范围大，不易导致惊厥，不良反应相对较小。

> 🔗 知识链接：
>
> #### 中枢兴奋药与抢救呼吸衰竭
>
> 中枢兴奋药曾广泛用于抢救呼吸衰竭，但易诱发惊厥，现已较少使用。呼吸衰竭的抢救原则主要是：①保持气道通畅，必要时人工辅助呼吸是抢救呼吸性呼吸衰竭的首要措施；②吸氧，升高血氧分压，维持有效循环血容量，保证重要脏器供血是预后的关键；③积极治疗原发疾病，如呼吸道感染等；④由传染病、毒血症、药物中毒等引起的中枢性呼吸衰竭，以及早产儿、新生儿因呼吸中枢抑制出现的窒息，可配合使用中枢兴奋药，但要严格控制剂量，避免出现惊厥，加重缺氧。

二甲弗林（dimefline，回苏灵）

本药为人工合成药。对呼吸中枢有强大的直接兴奋作用，其作用比尼可刹米强100倍，作用快而短。临床用于各种原因引起的中枢性呼吸衰竭，对肺性脑病也有较好的苏醒作用。常用盐酸二甲弗林片剂每次8~16mg，每日2~3次；或注射剂每次8mg，肌内注射或静脉注射。

本药安全范围小，过量易致抽搐和惊厥，儿童尤易发生。静脉注射应稀释后缓慢注射，并严密观察患者反应，准备短效巴比妥类药物，出现惊厥时急救用。吗啡中毒时应慎用。有惊厥病史者、孕妇、肝肾功能不全者禁用。

第二节　促大脑功能恢复药

促大脑功能恢复药也称大脑复健药，主要包括改善脑血管循环药和改善脑神经细胞营养与功能药，前者主要是氟桂利嗪等钙通道阻滞药，后者主要是本节介绍的内容。

甲氯芬酯（meclofenoxate，氯酯醒）

本药能兴奋大脑皮层，增加脑细胞对葡萄糖的利用，调节神经细胞代谢，促进蛋白质合成，使受抑制的中枢神经功能恢复，但作用缓慢，需反复用药。临床用于颅脑外伤后昏迷、脑动脉硬化及中毒所致意识障碍、新生儿缺氧、儿童精神迟钝、小儿遗尿、阿尔茨海默病等。

不良反应较轻。偶有失眠、血压波动、胃部不适等反应。

吡拉西坦（piracetam）

本药是GABA衍生物，具有激活保护和修复脑细胞的功能。直接作用于大脑皮层，促进脑组织对葡萄糖、氨基酸和磷酸的利用，促进蛋白质合成，增加脑血流量，改善脑缺氧及物理化学因素所引起的记忆障碍。临床主要用于治疗阿尔茨海默病、脑外伤所致记忆、思维障碍，也用于治疗儿童智力低下。

不良反应可出现胃肠道反应，与用药剂量有关，中枢神经系统症状可表现有头痛、睡眠障碍等，偶见肝脏损害。

奥拉西坦（oxiracetam）

吡拉西坦的类似物。可促进磷酰胆碱和磷脂乙酰胺合成，提高大脑腺苷三磷酸/

腺苷二磷酸（ATP/ADP）的比值，使大脑中蛋白质和核酸的合成增加。用于脑损伤及其引起的神经功能缺失、记忆与智能障碍的治疗。

不良反应有焦虑不安、皮肤瘙痒、皮疹、恶心、胃痛等，但停药后可自行消退。孕妇与哺乳期妇女禁用。

胞磷胆碱（citicoline）

本药通过促进卵磷脂合成而改善脑功能，促使脑功能恢复和苏醒。主要用于急性颅脑外伤和脑手术后的意识障碍。

偶可引起失眠、头痛、恶心、呕吐及一过性低血压等不良反应，停药后可恢复。

其他常用的促大脑功能恢复药还有：① 吡硫醇（pyritinol）是维生素B_6的类似物，艾地苯醌（idebenone）是辅酶Q_{10}的类似物，均可以促进脑细胞的能量代谢；② 阿米三嗪/萝巴新（almitrine/raubasine）可改善脑组织供养和代谢；③ 利鲁肽（riluzole）通过拮抗谷氨酸相关受体，保护脑组织；④ 银杏叶提取物（ginkgo leaves extract）具有抗氧化、清除自由基、改善微循环、促进脑组织代谢等多种作用。

第三节 中枢兴奋药和促大脑功能恢复药的用药指导

一、用药前

1. 提示医护人员认真核查剂量　中枢兴奋药的选择性作用与剂量有关，如使用剂量过大可引起惊厥，加重缺氧，严重时导致中枢神经抑制，甚至昏迷、致死，此时的中枢抑制和昏迷不能用中枢兴奋药解救。

2. 协助优化给药方案　给药一般应小剂量、间歇、多次给药或几种药物交替使用。对于中枢性呼吸衰竭，目前主要采用人工呼吸、吸氧等综合措施治疗，呼吸中枢兴奋药只作为辅助治疗。

二、用药中

1. 改善大脑皮层功能，治疗神经症等，应采取兴奋和抑制交替的治疗手段，一般口服溴咖啡因合剂，每次10~15ml，每日3次，饭后服用。解救中枢抑制时，一般皮下或肌内注射安钠咖（苯甲酸钠咖啡因）注射液，每次1~2ml，每日2~4ml；极量每日12ml。高热婴幼儿退热时避免选用含咖啡因的复方制剂，孕妇、胃溃疡患者慎用或禁用。

2. 用药过程中应密切观察病情，一旦出现烦躁不安、反射亢进、面部、肢体肌肉抽搐应立即减量或换药。若发生惊厥应立即注射地西泮等药物解救。

3. 口服促大脑功能恢复药应在睡前6小时用药，以防止失眠。颅内出血急性期不宜使用胞磷胆碱。

三、用药后

1. 协助正确评价药物疗效，加强不良反应监测。中枢兴奋药应用受到限制，促大脑功能恢复药实际效果个体差异很大，应综合分析给出客观评价。由于用药患者大多有严重疾病，上述药物带来新的不良反应会产生较为严重的后果。

2. 本类药物中咖啡因等有药物依赖性，被列为第二类精神药品，对含有咖啡因的复方制剂也应加强管理，认真做好药品登记和药具管理清点工作。同时要对医护人员和患者加强宣教工作。

3. 加强合理用药宣教。呼吸兴奋药一般为短期用药，疗效不佳或出现惊厥应马上换药或停药，促进大脑功能恢复的药物显效较慢，应告知患者及家属，需要配合康复治疗，鼓励患者积极参加社交活动和锻炼，有助于疾病康复。

药学服务岗位操作实践

岗位情境：

早自习时，班主任赵老师发现班里的小王同学没有到校，其家长也没有提前向老师请假，赵老师便给小王的妈妈打电话，但是电话一直处于无人接听状态。赵老师觉得应该去确认一下就赶到了小王家，敲门无人应答，屋内有刺激性气味，连忙拨打110和119。入室后发现一家人意识模糊、昏迷、呼吸微弱，紧急入院抢救，医生诊断为一氧化碳中毒，采取高压氧舱治疗，同时给予洛贝林兴奋呼吸中枢，甘露醇预防脑水肿，并配合能量支持等措施。不久后，小王同学一家人转危为安，并向赵老师表示了感谢。赵老师同时还是一名"双师型"药理教师，他结合这个事做了一次健康教育活动。

操作流程：

1. 首先认真细致询问小王同学及家人目前的身体状况。告知一氧化碳中毒采用高压氧舱是目前最有效的治疗手段，同时配合洛贝林兴奋呼吸中枢，安全性高，不易发生惊厥，其他措施预防并发症也非常合理。

2. 进一步介绍健康教育周围群众一氧化碳中毒对脑组织有一定损害，有可能出现认知和记忆障碍，休息不好会出现迟发性脑病，可遵医嘱选用促大脑功能恢复药奥拉西坦、胞磷胆碱等，同时配合康复治疗。

3. 建议小王同学一家出院后，加强安全意识教育。以此为例，和同学们一起在社区开展预防一氧化碳中毒的宣教活动。

4. 如果本人或家人愿意，可以关注权威健康教育媒体平台或国家职业教育精品课程平台，以期获得更多医药卫生健康知识。

章末小结

1. 中枢兴奋药用药量过大会诱发呼吸性碱中毒以及惊厥等的发生，应慎重规范用药。
2. 促大脑功能恢复药多为脑疾病的辅助用药，近期疗效不明显，应注意失眠等不良反应。

思考与练习

一、 单项选择题

1. 以下不属于中枢兴奋药的是（　　　）
   A. 咖啡因　　B. 洛贝林　　C. 尼可刹米　　D. 二甲弗林　　E. 吗啡

2. 新生儿窒息的首选药是（　　　）
   A. 尼可刹米　B. 二甲弗林　C. 咖啡因　　　D. 洛贝林　　　E. 胞磷胆碱

3. 中枢兴奋药的主要用途是治疗（　　　）
   A. 中枢性呼吸抑制　　B. 循环衰竭　　　　　C. 呼吸肌麻痹

D. 人工冬眠　　　　E. 阿尔茨海默病

4. 患者，男性，70岁。入院时昏迷，面色潮红、皮肤樱桃红色。问诊家人曾用过煤炉做菜，诊断为一氧化碳中毒。以下首选的药物是（　　　）

A. 洛贝林　　B. 咖啡因　　C. 吗啡　　　D. 茴拉西坦　　E. 二甲弗林

5. 下列属于促大脑功能恢复药的是（　　　）

A. 尼可刹米　　　　B. 咖啡因　　　　　C. 甲氯芬酯

D. 维生素B$_6$　　　　E. 二甲弗林

二、简答题

1. 采用中枢兴奋药治疗是不是抢救呼吸衰竭和循环衰竭的首选措施，为什么？

2. 常用的促大脑复健药有哪些？各自有什么特点？

3. 结合本章案例，讨论在药学服务工作中如何体现职业素养和专业精神。

（冯　稣）

第十八章
抗高血压药

学习目标

知识目标：

- 掌握　抗高血压药的基本作用与分类依据。
- 熟悉　常用抗高血压药的种类及代表药物。
- 了解　其他抗高血压药的主要特点。

技能目标：

- 熟练掌握　一线抗高血压药用药指导的基本技能。
- 学会　观察抗高血压药的疗效和不良反应，能为高血压患者提供合理用药的依据。

素质目标：

- 具有尊重、关心高血压患者开展防治高血压合理用药的专业精神和职业素养。

情境导入

情境描述：

　　刘阿姨工作多年，做事认真、仔细，今年刚退休，近期常感觉头晕、头痛，2周前在社区卫生中心测量血压，结果为165/100mmHg，疑似高血压，经复查，被确诊为高血压，建议使用硝苯地平缓释片、厄贝沙坦等药物。刘阿姨想看病也要"货比三家"，于是就跑遍市里三家大医院，结果发现高血压的诊断完全一致，但每个医院开出的抗高血压药却不尽相同，她还发现同一种药生产厂家不同，商品名不同，价格也差异不少。刘阿姨十分困惑，同一种病为何用的药差异这么大？她找到一家三甲医院药学门诊的专家咨询，专家耐心、细致的解释打消了刘阿姨的顾虑，她积极地开始了药物治疗。

学前导语：

　　同学们，高血压是一种严重危害人类健康的常见病、多发病，药物治疗是主要治疗方法，治疗高血压的药物种类繁多，其用途和不良反应有所不同，应针对不同高血压患者的病情和不同抗高血压药的特点来指导患者合理使用药物。本章将全面介绍抗高血压药，学好用好这些药物，未来可以更好胜任药学工作岗位，做好药学服务，体现职业价值。

　　高血压是指未使用抗高血压药的情况下，非同日3次测量血压，收缩压（SBP）≥140mmHg（1mmHg=0.133kPa）和/或舒张压（DBP）≥90mmHg。收缩压≥140mmHg和舒张压<90mmHg为单纯性收缩期高血压。患者既往有高血压史，目前正在使用抗高血压药，血压虽低于140/90mmHg，仍应诊断为高血压。糖尿病、肥胖、高血脂、肾功能不全等高危因素存在时，血压应控制在130/80mmHg以内。

　　临床上高血压可分为原发性及继发性两大类。原发性高血压又称高血压病，或简称高血压，发病原因不明，与遗传、环境等多种因素有关，占患病人群90%~95%。继发性高血压是继发于某些疾病，如肾实质病变、肾动脉狭窄、嗜铬细胞瘤等，或由妊娠、药物所致；治疗的重点在于去除病因，减少并发症。

　　高血压的临床表现各异。有些高血压并无特异性症状，有些则有头痛、头晕、恶心以及夜尿多、无力、发作性软瘫等，阵发性头痛、心悸、多汗，以及打鼾伴有呼吸暂停和胸闷气短等继发性高血压症状。

知识链接：

正常血压及高血压分级

《中国高血压防治指南（2018年修订版）》中关于正常血压及高血压分级见表18-1。

表18-1　正常血压及高血压分级　　单位：mmHg

类别	收缩压		舒张压
正常血压	<120	和	<80
正常高值	120~139	和/或	80~89
高血压	≥140	和/或	≥90

类别	收缩压		舒张压
1级高血压（轻度）	140~159	和/或	90~99
2级高血压（中度）	160~179	和/或	100~109
3级高血压（重度）	≥180	和/或	≥110
单纯收缩期高血压	≥140	和/或	<90

注：当收缩压与舒张压分属于不同级别时，应取较高的级别。

高血压治疗的根本目标是控制血压，降低与高血压相关的心、脑、肾及血管并发症的发生和死亡风险。治疗原则为根据患者血压和总体风险水平，改善生活方式，合理制订抗高血压药的治疗方案，同时干预相关的危险因素、靶器官损害和其他疾病。

第一节　抗高血压药的作用与分类

血压形成的基本因素是心排血量和外周血管阻力。前者主要受心脏功能、回心血量和血容量的影响，后者主要受小动脉紧张度的影响。体内有许多系统参与血压的调节，其中最重要的是交感神经系统和肾素-血管紧张素-醛固酮系统（renin-angiotensin-aldosterone system，RAAS）。

抗高血压药种类繁多，根据药物作用部位（图18-1）及作用机制，可将抗高血压药分为五大类（表18-2）。其中，血管紧张素转换酶抑制药、血管紧张素Ⅱ受体阻滞药、β受体拮抗药、钙通道阻滞药和利尿药临床较常用，又称为一线抗高血压药。

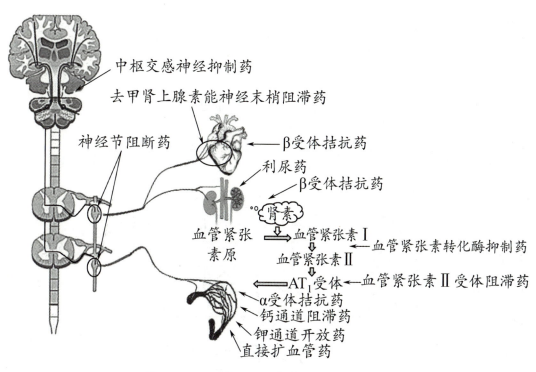

图18-1 抗高血压药作用部位示意图

表 18-2 抗高血压药的分类

药物分类			常用药物
肾素-血管紧张素-醛固酮系统抑制药	血管紧张素转换酶抑制药（ACEI）*		卡托普利、依那普利
	血管紧张素Ⅱ受体阻滞药（ARB）*		缬沙坦、氯沙坦
	肾素抑制药		阿利吉仑
钙通道阻滞药（CCB）			硝苯地平、氨氯地平
利尿药			氢氯噻嗪、吲达帕胺
交感神经抑制药	中枢性抗高血压药		可乐定、莫索尼定
	神经节阻断药		美卡拉明
	去甲肾上腺素能神经末梢阻滞药		利血平
	肾上腺素受体拮抗药	α受体拮抗药	哌唑嗪、特拉唑嗪、乌拉地尔、酚妥拉明
		β受体拮抗药*	普萘洛尔、美托洛尔、比索洛尔
		α、β受体拮抗药	拉贝洛尔、卡维地洛
血管扩张药			硝普钠、硝酸甘油

＊：一线抗高血压药。

第二节　常用抗高血压药

一、肾素－血管紧张素－醛固酮系统抑制药

肾素－血管紧张素－醛固酮系统及其抑制药的作用环节见图18-2。

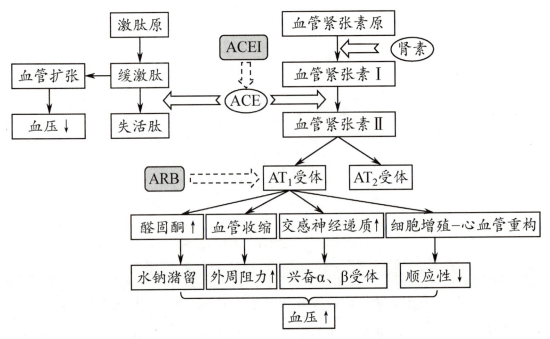

图18-2　肾素－血管紧张素－醛固酮系统及其主要抑制药的作用环节示意图

🔗 知识链接：

肾素－血管紧张素－醛固酮系统

肾素－血管紧张素－醛固酮系统（renin-angiotensin-aldosterone system，RAAS）或肾素－血管紧张素系统（renin-angiotensin system，RAS）是人体内重要的体液调节系统。RAS既存在于血液循环（循环RAS），也存在于血管壁、心脏、中枢、肾脏和肾上腺等组织（组织RAS），共同参与对靶器官的调节。在血浆和组织的血管紧张素转换酶（ACE）的作用下，血管紧张素Ⅰ转变为血管紧张素Ⅱ，血管紧张素Ⅱ具有广泛的心血管作用，血液循环中的血管紧张素Ⅱ可激动局部组织的血管紧张素Ⅱ受体，通过收缩外周血管，更直接地参与升高血压的调节。组织中的血管紧张素Ⅱ与血液循环中的血管紧张素Ⅱ不同，还可

作为一种细胞生长因子，引起心室重构（左室肥厚）和血管重构（管壁增厚），参与高血压、缺血性心肌病及慢性心功能不全等心血管病的病理生理过程，加重病情发展。

（一）血管紧张素转换酶抑制药

血管紧张素转换酶抑制药（ACEI）主要通过影响RAAS而发挥作用。由于能够有效地逆转心血管病理性重构，延缓疾病发展进程，提高生活质量，降低远期病死率，目前已成为临床上治疗高血压、充血性心力衰竭等心血管疾病的重要药物。

卡托普利（captopril，巯甲丙脯酸）

【作用与用途】本药为含巯基的ACEI，具有快而强的降血压作用，可降低外周阻力，增加肾血流量，预防和逆转心肌和血管重构，不伴有反射性心率加快。其降血压机制主要是：①抑制血管紧张素转换酶（ACE）活性，减少血管紧张素Ⅱ生成，减少醛固酮分泌；②因ACE可降解缓激肽，通过抑制ACE活性，阻止缓激肽的降解，扩张血管。

临床主要用于治疗各型高血压，尤其是伴有糖尿病及胰岛素抵抗、左心室肥厚、充血性心力衰竭、急性心肌梗死的高血压患者。

【不良反应】

1. **刺激性干咳**　与缓激肽积聚有关，是患者被迫停药的主要原因，女性较为多见，停药后可自行消失；还可以引起血管性水肿，常发生于嘴唇、舌头、口腔、鼻部和面部其他部位，偶可发生于喉头，威胁生命，一旦发生应立即停药。

2. **低血压反应**　与血管紧张素Ⅱ生成减少、用药量过大有关；肾功能损害，双侧肾动脉狭窄患者用药可加重肾功能损害，升高血浆肌酐浓度，甚至产生氮质血症；并列有高血钾现象，多见于肾功能不全或与保钾利尿药合用的患者。

3. **青霉胺样反应**　因结构含巯基（—SH）所致，如味觉障碍、皮疹、白细胞缺乏等。皮疹多为瘙痒性丘疹，常发生于用药几周内。

4. **其他反应**　包括胃肠道反应；头晕、头痛、疲倦等中枢神经系统反应；因增强对胰岛素的敏感性，引起低血糖反应；致畸作用等。

【用药须知】

1. 提示患者，食物可影响药物吸收，宜餐前1小时服用。

2. 提示患者，为防止发生首剂低血压现象，应从小剂量开始服用。

3. 提示医师本药对双侧肾动脉狭窄患者、孕妇禁用。

依那普利（enalapril）

本药为不含巯基的ACEI，对ACE的抑制作用约为卡托普利的10倍。依那普利作用起效缓慢，维持时间长，一次给药可持续24小时以上。口服吸收不受食物影响。主要用于治疗高血压和充血性心力衰竭。不良反应与卡托普利类似，因不含巯基，味觉障碍、皮疹等不良反应少见。

（二）血管紧张素Ⅱ受体阻滞药

血管紧张素Ⅱ受体阻滞药（angiotensin Ⅱ receptor blocker，ARB）是影响RAS的另一类重要药物。由于体内血管紧张素Ⅱ（AngⅡ）的形成并不完全由ACE催化所致，故与ACEI相比，ARB在影响RAS的作用上更为显著。

缬沙坦（valsartan）

【作用与用途】缬沙坦为选择性AT_1受体拮抗药，能竞争性拮抗AngⅡ与AT_1受体结合，产生扩张血管、抑制醛固酮分泌、逆转心血管重构的作用（图18-2）。

临床可用于各级高血压，特别是不能耐受ACEI所致的干咳等不良反应的高血压患者。

【不良反应】可见头晕、乏力等。因不影响缓激肽的降解，一般不引起干咳、血管性水肿等不良反应。应避免与补钾药或保钾利尿药合用。孕妇和哺乳期妇女禁用。

本类药物还有氯沙坦（losartan）、厄贝沙坦（irbesartan）、坎地沙坦（candesartan）等，作用强度和时间有所差异。

（三）肾素抑制药

作为RAAS的启动环节，血浆中肾素活性升高是高血压、动脉粥样硬化、糖尿病和心力衰竭等疾病发生发展的独立危险因素，通过抑制肾素，既可以阻止血管紧张素原转化为血管紧张素Ⅰ，进而抑制血管紧张素Ⅱ和醛固酮的生产，又能阻断使用噻嗪类利尿药和ACEI/ARB导致的肾素堆积，降压效果良好且对心率等无明显影响，本药与ACEI/ARB相比的优势是不影响缓激肽和前列腺素的代谢，不引起血浆肾素活性代偿性升高。可用于其他药物疗效不佳的高血压患者和慢性心力衰竭患者。目前较为常用的是阿利吉仑（aliskiren）为非肽类肾素抑制药，主要用于高血压和慢性充血性心力衰竭治疗方案中替代ACEI/ARB。不良反应主要是血钾升高，应密切监测电解质和肾功能，严重肾损伤、肾血管性高血压、钠或血容量不足者，18岁以下患者不宜使用。妊娠期和哺乳期禁用。

二、β 受体拮抗药

普萘洛尔（propranolol，心得安）

【作用与用途】普萘洛尔为非选择性β受体拮抗药，通过拮抗不同组织器官上的β型肾上腺素受体，产生缓慢、持久的降压作用：①拮抗心脏的$β_1$受体，减少心排血量；②拮抗肾小球旁细胞上的$β_1$受体，抑制肾素释放；③拮抗中枢的β受体，降低外周交感神经活性；④拮抗去甲肾上腺素能神经末梢突触前膜的$β_2$受体，抑制正反馈调节作用，减少去甲肾上腺素的释放；⑤促进前列环素的生成。

可单独使用或与其他抗高血压药合用治疗各级高血压。对青年高血压患者、心排血量及肾素活性偏高者疗效较好。对高血压伴有心绞痛、快速型心律失常或甲状腺功能亢进更为适宜。

【不良反应】可引起恶心、呕吐、轻度腹泻、心动过缓、房室传导阻滞、诱发或加剧支气管哮喘等不良反应。

【用药须知】

1. 用药个体差异大，从小剂量开始，逐渐加量，应加到可耐受的最大剂量。

2. 重点观察心率，谨防心率过低。不低于55次/min。目标剂量心率在60次/min左右。

3. 长期用药应警惕停药反应，停药时须逐渐递减剂量，至少经过3天，一般为2周。

4. 普萘洛尔可引起糖尿病患者血糖降低，并可掩盖低血糖时出汗、心悸等症状，糖尿病患者慎用。

5. 窦性心动过缓、重度房室传导阻滞、支气管哮喘、慢性阻塞性肺疾病、外周血管疾病、严重心功能不全患者禁用。

🔍 案例分析 ┈┈┈┈┈┈┈┈┈┈┈┈┈┈┈┈┈┈┈┈┈┈┈┈┈┈┈┈┈┈┈┈┈┈┈

案例：

患者，女，66岁，原发性高血压患者。目前血压为170/110mmHg，心率为85次/min。既往糖尿病病史9年，哮喘病病史3年。自述曾在家中间断服用普萘洛尔10mg，每日3次。

分析：

1. 本患者有糖尿病和哮喘病病史，不宜选用普萘洛尔。

2. 抗高血压药种类繁多，需要医生根据患者的病情和并发症情况合理选择药物，患者应遵医嘱服药，切忌自行用药。

3. 原发性高血压病因不明，目前无法根治，需要终身治疗，规范用药，患者不能自行停药或间断服用。

4. 应定期监测血压，保持心情舒畅。合理膳食，倡导健康生活方式等。

美托洛尔（metoprolol）

本药为 β_1 受体选择性拮抗药，对心脏的 β_1 受体有较强的选择性，治疗量对 β_2 受体的拮抗作用不明显，因此诱发支气管痉挛，引起间歇跛行，肢体循环不良等不良反应较少或不明显，对糖代谢的影响或掩盖低血糖的危险低于非选择性 β 受体拮抗药。

适用于高血压伴支气管哮喘或伴外周血管痉挛性疾病的患者。临床还可用于心绞痛、心肌梗死、肥厚型心肌病、主动脉夹层、快速性心律失常、甲状腺功能亢进、心脏神经症等治疗。

本药多长期用药，不可随意改变用药剂量；如需停药时，应逐渐停用，不可突然中断。孕妇、哺乳期妇女不宜使用。

比索洛尔（bisoprolol）

本药为选择性 β_1 受体拮抗药。用于高血压的降压治疗，可单独使用或与其他抗高血压药联合使用。本药可作为高血压合并心绞痛或心力衰竭的一线治疗药物。

β 受体拮抗药常用于治疗高血压的还有阿替洛尔（atenolol）、纳多洛尔（nadolol）、拉贝洛尔（labetalol）等。其中纳多洛尔与普萘洛尔作用相似，均为非选择性 β 受体拮抗药；阿替洛尔为选择性 β_1 受体拮抗药，对血管和支气管平滑肌上的 β_2 受体影响较小；拉贝洛尔兼有 α 及 β 受体拮抗作用，是有扩张血管特性的 β 受体拮抗药。

卡维地洛（carvedilol）

【作用与用途】本药是目前临床应用较好的一类抗高血压药，具有非选择性的 β 受体拮抗、α 受体拮抗和抗氧化等多种作用。卡维地洛通过选择性拮抗 α_1 受体使血管扩张，减少外周阻力；通过 β 受体拮抗作用抑制肾素-血管紧张素-醛固酮系统，具有抗氧化作用，具有保护心肌细胞的效应。主要用于：①原发性高血压的治疗，可单独使用或与其他抗高血压药特别是噻嗪类利尿药联合使用。②充血性心力衰竭，卡维地洛可降低充血性心力衰竭患者死亡率和心血管事件的住院率，改善患者症状并减慢疾病进展。

【不良反应】偶尔发生轻度头晕、头痛、乏力；治疗早期偶尔有心动过缓、直立性低血压；偶可出现皮肤过敏反应等。

【用药须知】推荐每日1次给药。开始用药的前2天，剂量为每次12.5mg，每日1次；以后每次25mg，每日1次。须个体化用药，治疗不能骤停，必须逐渐减量。服药时间与用餐无关，但对于伴充血性心力衰竭的患者必须饭中服用卡维地洛，以减缓吸收，降低直立性低血压的发生。

三、钙通道阻滞药

钙通道阻滞药（CCB）又称钙离子拮抗药，是非常重要的治疗心脑血管及相关疾病的药物，通过作用于相关细胞上的钙离子通道使细胞内钙离子水平降低，逆转钙超负荷等现象而发挥广泛的药理作用。根据化学结构不同，可分为二氢吡啶类（如硝苯地平等）和非二氢吡啶类（如维拉帕米、地尔硫䓬）两大类。其中二氢吡啶类对血管选择性较强，在高血压治疗中较为常用。

硝苯地平（nifedipine，心痛定）

本药属二氢吡啶类，是最早用于临床的钙通道阻滞药。

【作用与用途】通过选择性地阻滞血管平滑肌钙通道，抑制Ca^{2+}内流，使血管平滑肌松弛，血管扩张，外周阻力下降而降低血压。降压特点：①降压作用快而强，伴有反射性心率加快；②能扩张心、脑、肾等器官的血管，故在降低血压的同时不降低这些重要器官的血流灌注量；③可预防和逆转心肌、血管平滑肌肥厚，但效果弱于ACEI和ARB；④对血脂、血糖、尿酸及电解质等无不良影响。

用于各型高血压的治疗，尤其适用于伴有心绞痛、哮喘、糖尿病、高脂血症或肾功能不全的高血压患者。可单独使用，也可与利尿药，β受体拮抗药及血管紧张素转换酶抑制药等合用，目前推荐使用缓释或控释制剂。

【不良反应】常见有颜面潮红、心悸、头痛、眩晕、直立性低血压、踝部水肿、恶心、便秘等。

【用药指导】

1. 提示医护人员低血压症状常发生在首剂剂量过大或剂量调整期，特别是合用β受体拮抗药时，在此期间需提前告知患者直立性低血压的表现，从小剂量开始用药，加强血压监测，避免体位剧烈变化等。

2. 告知长期给药不宜突然停药，以免发生停药反跳现象。

3. 合并有充血性心力衰竭的高血压患者应注意将药物引起的外周水肿与左心室功能紊乱引起的水肿相区分。

4. 硝苯地平控释片含有光敏性的活性成分，应避光保存，从铝塑板中取出后应立即服用。

5. 孕妇及哺乳期妇女禁用。

氨氯地平（amlodipine）

氨氯地平属第三代二氢吡啶类钙通道阻滞药，为长效制剂。口服生物利用度高，半衰期为40~50小时。每日口服1次，降压效果可维持24小时。

对血管平滑肌有较高选择性，通过降低外周血管阻力达到降压目的。也可扩张小动脉和降低心肌耗氧量，增加冠脉血流量，对缺血心肌有一定的保护作用；此外，有逆转心肌肥厚，对抗钙超负荷保护靶器官的作用。长期应用对肾血流量、血脂无不良影响。

临床主要用于各级高血压和缺血性心脏病的治疗，与ACEI、ARB、利尿药或β受体拮抗药合用疗效更好。不良反应有头痛、心悸、颜面潮红、水肿等。

本类药物还有尼群地平（nitrendipine）、拉西地平（lacidipine）等，均属二氢吡啶类，作用与硝苯地平相似。其中尼群地平的降压作用较硝苯地平温和而持久，每日口服1~2次；拉西地平、氨氯地平均为长效钙通道阻滞药，每日口服1次。

⊕ **药学思政：**

惠民好政策——药品集中带量采购

王阿姨患高血压15年，服用过很多种抗高血压药，最终选定厄贝沙坦和氨氯地平两药合用，血压控制平稳且副作用少。最近，王阿姨发现政府实施药品集中带量采购以后，厄贝沙坦和氯地平都不同程度地降价了，为她一年节约了不少药费，很是开心。药品集中带量采购的好处是在保障药品质量和供应的同时，用中标企业的用量换取价格的降低，目的是让患者以比较低廉的价格用上同样质量好的药品，是一项利民、惠民的好政策。

四、利尿药

利尿药是治疗高血压的常用药物。本类药物降压作用温和，能增强其他抗高血压药的降压作用，无耐受性，因此作为基础抗高血压药被广泛用于临床，常用药物有氢氯噻嗪和吲达帕胺。

氢氯噻嗪（hydrochlorothiazide）

【作用与用途】用药初期，通过排钠利尿，减少细胞外液容量，使心排血量减少而降压；长期用药则因持续排钠，使血管平滑肌细胞内的 Na^+ 浓度降低，Na^+–Ca^{2+} 交换减少，使细胞内 Ca^{2+} 减少，从而使血管平滑肌细胞对缩血管物质的反应性降低，导致外周血管扩张，血压下降。

本药是治疗高血压的基础药物，可单独应用治疗1级和2级高血压，也可与其他抗高血压药联合应用治疗各类高血压。

【不良反应】长期应用可引起低血钾、高血糖、高血脂、高尿酸血症等。

【用药须知】

1. 单独使用剂量不宜超过25mg，若25mg仍不能有效控制血压，应合用或换用其他类型抗高血压药。超过25mg降压作用并不一定增强，而不良反应的发生率却可能增加。

2. 一般宜早晨或日间用药，以免夜间排尿次数增多。长期使用易导致低血钾，应注意补钾或与保钾利尿药合用。糖尿病、高脂血症、痛风患者慎用。

吲达帕胺（indapamide）

本药为长效、强效抗高血压药，兼具有利尿和钙通道阻滞双重作用。用于治疗1级和2级高血压。不良反应比氢氯噻嗪少，对血脂、血糖无影响。长期应用可使血钾降低和尿酸增高。严重肾功能不全、肝性脑病、低钾血症及对磺胺类药过敏者禁用。

第三节　其他抗高血压药

一、中枢性抗高血压药

可乐定（clonidine）

【作用与用途】主要通过激动延髓的咪唑啉受体和 α_2 受体，降低外周交感神经张力，使血压下降。降压作用中等偏强，降压时伴有镇静和抑制胃肠分泌及运动的作用。

适用于治疗2级高血压，特别是伴有消化性溃疡的高血压患者；还可用于阿片类镇痛药成瘾者的脱瘾治疗。

【不良反应】常见有口干、便秘、嗜睡、头晕、腮腺痛、阳痿等，停药后多自行消失。久用可致水钠潴留。

【用药须知】长期用药突然停药可出现心悸、情绪激动、血压升高等交感神经功能亢进的反跳现象，提示应逐渐减量停药。从事高空作业或驾驶机动车辆的患者不宜使用，以免因嗜睡、注意力不集中而发生意外。

莫索尼定（moxonidine）

本药为第二代中枢性抗高血压药，作用与可乐定相似，但对咪唑啉受体选择性高，对 α_2 受体作用较弱。降压效能略低于可乐定，但不良反应少，无显著的镇静作用和停药反跳现象。适用于治疗1级和2级高血压。

二、血管扩张药

本类药物通过直接松弛血管平滑肌，舒张血管而使血压下降。

硝普钠（sodium nitroprusside）

【作用与用途】口服不吸收，需静脉滴注给药。通过直接扩张小动脉和小静脉，降低心脏前、后负荷，使血压下降。降压作用快速、强效、短暂，静脉滴注30秒内起效，2分钟达最大降压效应，停药后5分钟血压回升。

主要用于高血压危象、高血压脑病和恶性高血压的治疗，也可用于治疗难治性心力衰竭，或急性心肌梗死的高血压患者，还可用于外科手术麻醉时控制性降压。用药时要加强监护，并控制给药速度。

【不良反应】静脉滴注时可因血压下降过快而出现恶心、呕吐、出汗、头痛、心悸等不良反应；长期或大剂量应用可转化为氰化物和硫氰酸盐在体内蓄积，导致中毒，表现为畏食、恶心、疲劳、定向障碍和中毒性精神病等症状和体征，肾功能受损患者更容易发生。

【用药须知】

1. 建议应缓慢静脉滴注，不可静脉注射。临床常用微量泵入。用药过程中应密切监视血压和心率，以防止其发生血流动力学反应。长期滴注药物时必须监测血中硫氰化物的浓度，其浓度不应超过0.1mg/ml，避免中毒现象发生。

2. 硝普钠对光敏感，溶液稳定性较差，滴注溶液应新鲜配制并迅速将输液瓶用黑纸或铝箔包裹避光。溶液的保存与应用不应超过24小时。溶液内不宜加入其他药品。

米诺地尔（minoxidil）

通过扩张小动脉而降压。降压作用强而持久，降压时伴有反射性心动过速和心排血量增加。常与利尿药或 β 受体拮抗药合用，治疗顽固性高血压和肾性高血压。不良反应主要有水钠潴留、心悸、多毛症等。

本类药物还有肼屈嗪（hydralazine）、双肼屈嗪（dihydralazine）、二氮嗪（diazoxide）

等。抗心绞痛药酸甘油（nitroglycerin）也可联合用于中、重度高血压的治疗。

三、α 受体拮抗药

哌唑嗪（prazosin）

【作用与用途】通过选择性地拮抗突触后膜的 α_1 受体，扩张小动脉和小静脉，降低外周阻力，使血压下降。对突触前膜的 α_2 受体无作用，降压时不影响 α_2 受体对去甲肾上腺素的负反馈作用，对心率、肾血流量影响小。对血脂代谢有良好作用。此外，还可松弛膀胱和尿道平滑肌，改善前列腺肥大患者排尿困难的症状。

适用于治疗1级和2级高血压，尤其伴有高脂血症或前列腺肥大的高血压患者。

【不良反应】主要是首剂效应，即部分患者首次用药后会出现严重的直立性低血压、心悸、晕厥等。

【用药须知】建议首次用量减为0.5mg，并于睡前服用，可避免首剂效应的发生。此外，还可见头痛、眩晕、口干、乏力等不良反应，停药后可消失。

本类药物还有特拉唑嗪（terazosin）、多沙唑嗪（doxazosin）等，作用均与哌唑嗪相似，但作用时间长。

乌拉地尔（urapidil）

【作用与用途】注射用于高血压危象，重度和极重度高血压以及难治性高血压，控制围手术期高血压。口服用于原发性高血压、肾性高血压、嗜铬细胞瘤引起的高血压。

【不良反应】常见血压降低引起的暂时症状，如眩晕、恶心、头痛。患者在用药期间应保持卧位，并严密监测血压，必要时减慢药物输注速度；少见乏力、心悸、胃肠不适及直立性低血压。哺乳期妇女禁用。孕妇仅在绝对必要的情况下方可使用。

本类药物还有酚妥拉明（phentolamine）等主要用于嗜铬细胞瘤引起的高血压患者，详见第九章。

四、去甲肾上腺素能神经末梢阻滞药

利血平（reserpine）

主要通过耗竭外周去甲肾上腺素能神经末梢中的递质，使血压下降。降压作用缓慢、温和、持久，不良反应较多，目前已不单独应用，多与其他抗高血压药联合组成复方制剂，如复方利血平片和复方利血平氨苯蝶啶片。抑郁症、消化性溃疡患者禁用。

第四节　抗高血压药的用药指导

一、用药前

1. 审核处方，对不合理用药及时反馈或指导

（1）明确诊断，合理选择药物：要根据患者的病情和并发症情况合理选择药物，如高血压危象首选硝普钠；伴有糖尿病或有蛋白尿的老年高血压患者，首选ACEI或ARB；合并心力衰竭者，首选ACEI或ARB、利尿药；伴有窦性心动过速、年龄在50岁以下者，首选β受体拮抗药；伴有前列腺肥大者，首选α受体拮抗药；合并心绞痛者，宜用硝苯地平、β受体拮抗药；肾素偏高的高血压者，可用普萘洛尔、ACEI或ARB。伴有支气管哮喘、慢性阻塞性肺疾病患者，不宜用β受体拮抗药；伴有糖尿病或痛风者，不宜用噻嗪类利尿药；伴有精神抑郁者，不宜用可乐定、利血平；合并二度或二度以上房室传导阻滞时，禁用β受体拮抗药和维拉帕米。

（2）建议优选缓释或控释制剂，确保降压过程平稳，减少血压的波动，及时达到目标血压（不超过140/90mmHg）。如果每日服药一次，以早晨7点为最佳服药时间；如每日服药2次，则以早晨7点和下午3点为宜，抗高血压药不宜在夜晚服用；一般应从小剂量开始，尽可能用长效制剂；对于2级高血压和/或伴有多种危险因素、靶器官损害或临床疾患的高危人群，往往初始即需要应用两种小剂量抗高血压药，如仍不能达到目标水平，可在原药基础上加量或可能需要三种，甚至四种以上抗高血压药。

临床主要推荐应用的优化联合给药方案是：①二氢吡啶类钙通道ACEI/ADB；②ACEI/ADB加噻嗪类利尿药；③二氢吡啶类钙通道阻滞药加噻嗪类利尿药；④二氢吡啶类钙通道阻滞药加β受体拮抗药。如需三种抗高血压药联合，治疗方案原则上应该包括利尿药。ACEI一般不与ARB合用。

高血压药物治疗流程见图18-3。

2. 告知患者或提示护理人员用药注意事项

（1）掌握正确的给药时间：利尿药宜选择早晨或日间给药；卡托普利宜餐前1小时服用；服用控释剂和缓释剂时，要嘱患者不能嚼碎服用。

（2）警惕不良反应，减少危险因素：给药前应告知患者药物可能出现的不良反应措施，如哌唑嗪首次用药时剂量减半，并于睡前服用。

二、用药中

1. 指导护理人员根据不同的药物采取不同的给药措施。如硝普钠遇光易被破坏，注射用药液要新鲜配制并严格避光。

2. 指导患者或医护人员警惕药物的不良反应，熟悉各种不良反应的处理措施。如服药过程中出现药物过敏反应，应及时停药；服用可引起明显的直立性低血压的药物，在改变体位（如从坐位起立或从平卧位起立）时动作应尽量缓慢，特别是夜间起床时更要注意，以免血压突然降低引起晕厥而发生意外；患者如长期服用普萘洛尔、可乐定等易致反跳现象的药物，在停药时应逐渐减量，不可突然停药；服用可乐定后不宜从事高空作业或驾驶机动车辆。

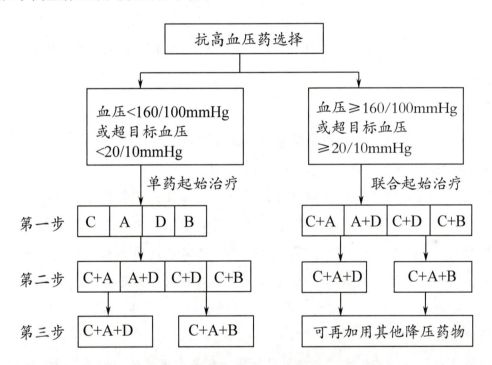

图18-3　高血压药物治疗流程图

注：A—ACEI和ARB类；B—β受体拮抗药；C—二氢吡啶类钙通道阻滞药；D—噻嗪类利尿药。其他抗高血压药包括醛固酮拮抗药（氨苯蝶啶）、可乐定、α受体拮抗药等。

三、用药后

1. 指导医护人员和患者密切关注用药反应（疗效、不良反应），及时调整给药方案。

2. 对患者进行用药教育，视患者情况修正其不当用药行为，指导患者安全用药。

（1）帮助患者明确合理使用抗高血压药的意义：合理使用抗高血压药不仅能控制血压，改善症状，还可减少心、脑、肾等并发症的发生，提高生存质量，延长寿命。

（2）向患者强调遵医嘱长期规律服药的重要性：原发性高血压病因不明，目前无法根治，需要终身治疗，非药物治疗只能作为药物治疗的辅助措施。告知患者不可凭主观感觉自行决定是否服药，这样容易造成血压的剧烈、频繁波动，不仅不利于血压的控制，还会加重心、脑、肾等重要脏器的损害。注意普萘洛尔、可乐定突然停药会有反跳现象。

（3）指导患者制定健康膳食方案，如服用氢氯噻嗪时要嘱患者多食用含钾食物；坚持低钠饮食；科学安排活动与休息，适当锻炼，减轻和控制体重，保持乐观、平和的心态等。

（4）配合慢性病管理，建立随访制度，定期检查血象、血压、心功能、电解质、肝肾功能等。

药学服务岗位操作实践

岗位情境：

陈先生，现年57岁，一年前确诊为原发性高血压，医嘱服用卡托普利和硝苯地平后有所好转，但干咳症状非常明显，影响了用药的规范性。近期，陈先生体检时血压为165/105mmHg，尿酸也偏高，此时看到同事王老师一直采用硝苯地平+氢氯噻嗪治疗高血压，效果很好，也不咳嗽，于是打算去药店买氢氯噻嗪配合原来的硝苯地平一起吃，药店的药师小钟遇到这种情况应如何处理？

操作流程：

1. 首先热情接待陈先生，介绍原发性高血压长期规律治疗的重要性，需规律服药、终身治疗，不得自行停药或改药。

2. 告知硝苯地平单用会引起水钠潴留，应配伍利尿药，但因患者尿酸偏高，不宜使用氢氯噻嗪，建议及时就诊，在医师指导下调整药物组成。

3. 推荐改用硝苯地平控释片和厄贝沙坦联合用药，并定期监测血压，做好健康教育。

4. 若患者愿意，可关注药店有关媒体平台，方便提供后续更细致的药学服务。

本章主要介绍了抗高血压药类别、作用机制、临床应用和不良反应等内容。其中一线治疗药物包括ACEI、ARB、β受体拮抗药、CCB和利尿药五类，重点是一线抗高血压药的作用、用途及不良反应；难点是一线抗高血压药的作用机制和用药指导要点。

1. 氢氯噻嗪的降压机制：早期与利尿、减少血容量有关，长期与持续排钠有关。主要不良反应是"三高一低"（高血糖、高血脂、高尿酸血症、低血钾）。

2. 普萘洛尔是β受体拮抗药，个体差异大，不宜突然停药，支气管哮喘等患者禁用。

3. 卡托普利是ACEI类药，可预防和逆转心肌和血管重构，是高血压伴糖尿病肾病的首选药，主要不良反应是干咳；与卡托普利相比，沙坦类的优点是一般不引起干咳。

4. 硝苯地平是钙通道阻滞药，扩张动脉作用强，主要不良反应是踝部水肿。

● · · · · **思考与练习** ·

一、 单项选择题

1. 以下不属于一线抗高血压药的是（　　　）
   A. 依那普利　　　　　B. 氯沙坦　　　　　　C. 氨氯地平
   D. 特拉唑嗪　　　　　E. 吲达帕胺

2. 血管紧张素Ⅱ受体阻滞药与血管紧张素转换酶抑制药相比，最明显的优点是（　　　）
   A. 逆转心血管病理性重构
   B. 影响肾素-血管紧张素-醛固酮系统
   C. 可升高血钾
   D. 孕妇和哺乳期妇女可用
   E. 不引起刺激性干咳

3. 对伴有哮喘、糖尿病的高血压患者宜选用以下哪个药物组合（　　　）

   A. 硝苯地平+厄贝沙坦

   B. 氢氯噻嗪+卡托普利

   C. 硝苯地平+氢氯噻嗪

   D. 美托洛尔+厄贝沙坦

   E. 硝苯地平+美托洛尔

4. 厄贝沙坦属于（　　　）

   A. 钙通道阻滞药

   B. 血管紧张素Ⅱ受体阻滞药

   C. 血管紧张素转换酶抑制药

   D. 中枢性交感神经抑制药

   E. 肾上腺素受体拮抗药

5. 为避免哌唑嗪的"首剂效应"，可采取的措施为（　　　）

   A. 空腹服用　　　　B. 饭后服用　　　　C. 小剂量睡前服用

   D. 首剂加倍　　　　E. 餐中服用

6. 高血压伴下列哪种疾病可选用普萘洛尔治疗（　　　）

   A. 支气管哮喘　　　B. 房室传导阻滞　　C. 肢端动脉痉挛

   D. 心率加快　　　　E. 心动过缓

7. 主要适用于高血压危象的是（　　　）

   A. 利血平　　　　　B. 卡托普利　　　　C. 可乐定

   D. 硝普钠　　　　　E. 普萘洛尔

8. 高血压伴心绞痛患者最宜选用以下哪个药物组合（　　　）

   A. 普萘洛尔+氢氯噻嗪

   B. 卡托普利+普萘洛尔

   C. 硝苯地平+美托洛尔

   D. 哌唑嗪+普萘洛尔

   E. 氢氯噻嗪+卡托普利

二、简答题

1. 药物是如何通过影响肾素−血管紧张素−醛固酮系统产生降低血压作用的？

2. β受体拮抗药抗高血压的作用机制有哪些？

3. 说出以下抗高血压药联合用药的主要目的和药理依据：①血管紧张素转换酶抑制药＋钙通道阻滞药；②利尿药＋钙通道阻滞药；③β受体拮抗药＋钙通道阻滞药；④钙通道阻滞药＋血管紧张素转换酶抑制药＋利尿药。

三、 应用题

1. 请用横线将下列抗高血压药与对应的不良反应连接起来。

药物名称	不良反应
卡托普利	踝部水肿
硝苯地平	首剂效应
硝普钠	诱发支气管哮喘
哌唑嗪	高尿酸
普萘洛尔	氰化物中毒
氢氯噻嗪	刺激性干咳

2. 案例分析：患者，女，60岁，患原发性高血压10年。近日检查：血压185/110mmHg，空腹血糖10.3mmol/L（正常值3.9~6.1mmol/L），尿蛋白285mg/24h（正常值<150mg/24h）。

请思考讨论：①患者应如何选用抗高血压药？②选用药物的不良反应有哪些？如何进行用药指导？③如何在药学服务中体现出职业素养和专业精神？

（黄小琼　张　庆）

第十九章
抗心律失常药

学习目标

知识目标：

• 熟悉　抗心律失常药的基本作用和分类。
• 了解　心律失常电生理学基础和常用抗心律失常药。

技能目标：

• 熟练掌握　常用抗心律失常药用药指导的基本技能。
• 学会　观察常用抗心律失常药的疗效和不良反应，为合理用药提供依据。

素质目标：

• 具有尊重、关心心律失常患者，开展合理用药等岗位服务的专业精神和职业素养。

情境导入

情境描述：

　　郭大叔今年56岁，性格开朗，体格健壮，经常兼职打工，近半年来频繁出现无明显诱因的心悸，常伴有头晕、胸闷、憋气等症状，开始按照感冒自行买药治疗，未见疗效，近期心悸发作频繁，有时猛地改变体位就会出现心悸，同时有窒息感。遂就医检查，初步诊断为阵发性室上性心动过速，医嘱给予维拉帕米口服治疗。

学前导语：

　　同学们，心律失常发病隐匿，症状不特异，易被忽视，延误病情，甚至出现不好后果。因此，一定要在医师或临床药师的指导下合理使用抗心律失常药。

心律失常主要是心动节律和频率的异常，分为缓慢型和快速型两种类型。缓慢型心律失常包括窦性心动过缓、房室传导阻滞等，常用阿托品或异丙肾上腺素等药物治疗。快速型心律失常包括房性或室性期前收缩、房性或室性心动过速、心房或心室扑动、心房或心室颤动、窦性心动过速、阵发性室上性心动过速等，其发病机制和药物治疗都比较复杂。本章主要介绍治疗快速型心律失常的药物。

知识链接：

心律失常不容忽视

心律失常是心血管疾病中重要的一组疾病，常表现为突发的规律或不规律的心悸、胸痛、眩晕、心前区不适、手足麻木等症状和晕厥，甚至呼吸困难、神志不清，部分患者也可无任何不适症状，仅在心电图检查中被发现。心律失常既是心肌病、高血压的继发性疾病，又是心力衰竭等的基础，也可直接导致猝死，应及早诊断治疗。心律失常治疗包括药物治疗和心脏起搏器、电复律、射频消融、手术等非药物治疗。药物治疗是常用方法，但目前没有一种药物能治疗所有的心律失常，而且大多抗心律失常药还有致心律失常的不良反应。

第一节　心律失常的电生理学基础

一、正常心肌电生理

正常心肌细胞在静息状态时，细胞膜两侧存在的内负外正且相对平衡的电位差即为静息电位。心肌细胞在静息电位基础上接受有效刺激后产生的一个迅速的可向远处传播的膜电位波动即为动作电位。动作电位由除极化和复极化两个过程组成，分为5个时相（图19-1）。0相为除极期，是大量Na^+迅速内流所致；1相为快速复极初期，主要是K^+短暂外流所致；2相为缓慢复极期（平台期），主要是Ca^{2+}和少量Na^+缓慢内流及K^+外流所致；3相为快速复极期，是K^+快速外流所引起；4相为静息期，离子泵（Na^+，K^+-ATP酶）主动转运，使细胞内外的离子浓度恢复到除极前状态。0~3相的时程合称动作电位时程（action potential duration，APD），自律细胞4相可发生自发性舒张除极。

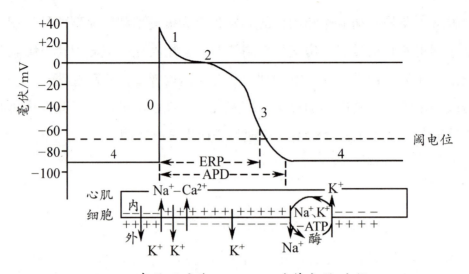

ERP—有效不应期；APD—动作电位时程。

图19-1 心肌细胞动作电位与离子转运示意图

二、心律失常发生的电生理机制

心律失常可由冲动形成异常和/或冲动传导异常引起。

（一）冲动形成异常

1. 自律性升高 ①自律细胞（如窦房结、房室结、浦肯野纤维）4期自动除极速率加快，最大舒张电位减小，使冲动形成增多，产生心律失常；②在某些病理情况下，如心肌缺血、缺氧、心肌梗死、强心苷中毒等，膜电位减小，非自律细胞（心房肌、心室肌）会出现异常自律性，产生心律失常。

2. 后除极与触发活动 后除极是指在一个动作电位中继0期除极后所发生的除极（图19-2）。后除极频率较快，振幅较小，膜电位不稳定，容易产生异常冲动发放，引起触发活动，出现心律失常。

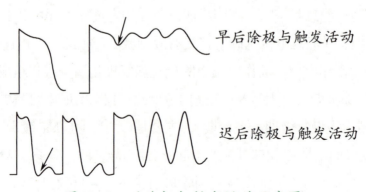

图19-2 后除极与触发活动示意图

（二）冲动传导异常

1. 单纯性传导异常　包括传导减慢、传导阻滞等，多是由传导系统出现病变所致。

2. 折返激动　指冲动经传导通路折回原处，再次兴奋此前已激动过的心肌，是引起快速型心律失常的重要机制之一。正常情况下，窦房结发出冲动经心房、房室结、希氏束-浦肯野纤维传至心室肌，并分别消失在对方不应期中。在病理状态下，如一侧分支发生单向传导阻滞，当冲动下达到此区时，因被阻滞而不能通过；但在另一侧分支，冲动能顺利通过，并经心室肌逆传至病变侧，而且能逆向通过阻滞区，如果这时正常一侧的不应期已过，则可因受到逆传冲动的影响而再次兴奋，然后冲动沿上述通道继续运行，形成折返（图19-3）。单次折返可产生期前收缩，连续折返产生阵发性室上性或室性心动过速、心房或心室扑动或纤颤等。

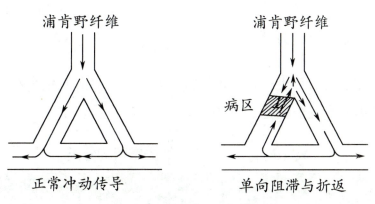

图19-3　正常传导和折返形成示意图

第二节　抗心律失常药的基本作用和分类

一、抗心律失常药的基本作用

心律失常形成的主要原因是冲动形成异常和/或冲动传导异常。抗心律失常药主要通过作用于细胞膜上的各种离子通道，影响 Na^+、K^+ 和 Ca^{2+} 等离子在膜两侧的转运和分布，降低自律性、改变传导和延长有效不应期而发挥抗心律失常作用。

1. **降低自律性** 通过抑制快反应自律细胞4期Na^+内流或抑制慢反应自律细胞4期Ca^{2+}内流，降低4期自动除极的速度而降低自律性；也可通过促进K^+外流而增大舒张电位，使膜电位与阈电位距离增大而降低自律性。

2. **改变传导** 可通过加快传导消除单向传导阻滞，或减慢传导使单向传导阻滞变为双向传导阻滞而终止折返激动；利多卡因等通过促进K^+外流而加快传导；奎尼丁、β受体拮抗药、钙通道阻滞药等可减慢传导。

3. **延长有效不应期** 从除极开始到膜电位恢复至能对刺激产生可扩布动作电位之前的这段时间，称为有效不应期（effective refractory period，ERP）。在此时期内，任何强度刺激都不能引起可扩布动作电位。抗心律失常药可通过绝对或相对延长ERP，使异常冲动有更多机会落入ERP中。

二、抗心律失常药的分类

目前临床常用的抗心律失常药物可按药物抗心律失常作用的电生理效应，分为五大类，其中Ⅰ类再分为三个亚类（表19-1）。

表 19-1　常用抗心律失常药的分类

分类	代表药物
Ⅰ类：钠通道阻滞药	
Ⅰ$_a$类适度阻滞钠通道	奎尼丁、普鲁卡因胺
Ⅰ$_b$类轻度阻滞钠通道	利多卡因、苯妥英钠
Ⅰ$_c$类明显阻滞钠通道	普罗帕酮
Ⅱ类：β受体拮抗药	普萘洛尔、美托洛尔 阿替洛尔、索他洛尔
Ⅲ类：延长动作电位时程药	胺碘酮
Ⅳ类：钙通道阻滞药	维拉帕米、地尔硫䓬
其他类	腺苷

第三节　常用抗心律失常药

一、Ⅰ类——钠通道阻滞药

奎尼丁（quinidine）

本药为金鸡纳树皮中提取的生物碱奎宁的右旋体。属 I_a 类药物，主要阻滞心肌细胞膜上的 Na^+ 通道，降低心肌自律性，减慢传导速度。作用强度介于 I_b 类和 I_c 类之间，还具有抗胆碱作用和外周α受体拮抗作用。本药为广谱抗心律失常药，用于心房纤颤、心房扑动、室上性和室性心动过速的复律和预防，也可用于频发室上性和室性期前收缩的治疗。用于治疗心房纤颤、心房扑动时，应先用钙通道阻滞药、β受体拮抗药或强心苷类药物抑制房室结的传导，以防心室率过快。

本药不良反应较多见，安全范围小，限制了临床应用。除胃肠道反应、过敏反应外，长期用药可出现金鸡纳反应，表现为头痛、头晕、耳鸣、恶心、视物模糊和眩晕等。本药的心血管系统不良反应较为严重。可致低血压、Q-T间期延长，高浓度可致各种心律失常及传导障碍，严重者可发展为奎尼丁晕厥，表现为突然意识丧失、四肢抽搐、呼吸停止等，甚至出现心室纤颤引起死亡。须立即进行人工呼吸、胸外按压、电除颤及采用异丙肾上腺素、乳酸钠等救治。用药前须测心率、血压等。

奎尼丁和多种药物存在药物相互作用，与肝药酶诱导剂如苯巴比妥、苯妥英钠等合用可加快奎尼丁的代谢；与地高辛合用，可减少后者的肾清除率而提高其血药浓度；西咪替丁、钙通道阻滞药可减慢奎尼丁在肝的代谢。

普鲁卡因胺（procainamide）

本药是局部麻醉药普鲁卡因的衍生物，作用和用途与奎尼丁相似，但无明显的抗胆碱作用和α受体拮抗作用。对房性、室性心律失常均有效。静脉注射或静脉滴注用于室上性和室性心律失常急性发作的治疗，但对于急性心肌梗死所致的持续性室性心律失常，普鲁卡因胺不作为首选。

口服常见胃肠道反应；静脉给药可引起低血压，大剂量有心脏抑制作用，出现窦性心动过缓、房室传导阻滞等；过敏反应较常见，出现皮疹、发热、粒细胞减少、肌痛等；久用后，少数患者可出现红斑狼疮样综合征，停药后可消失。用药期间，应监测血压及心电图的变化。肝肾功能不全、心力衰竭、房室传导阻滞者禁用。

利多卡因（lidocaine）

利多卡因既是局部麻醉药，也是较常用的抗心律失常药，广泛用于治疗各种原因引起的室性心律失常。

【作用与用途】属 I_b 类抗心律失常药，阻滞 Na^+ 通道作用比 I_a 类弱，同时具有促进 K^+ 外流的作用。可降低浦肯野纤维和心室肌的自律性，缩短 APD 和 ERP，且以缩短 APD 更显著，故相对延长 ERP。对心房肌作用弱。

主要治疗室性心律失常，是治疗急性心肌梗死诱发的室性期前收缩、室性心动过速和心室颤动的首选药，也用于强心苷中毒、心脏外科手术及心导管引起的室性心律失常的治疗。

【不良反应】可见头晕、嗜睡、感觉异常、肌肉震颤、惊厥、昏迷及呼吸抑制等中枢神经系统症状，眼球震颤是利多卡因中毒的早期信号；大剂量可引起心率减慢、房室传导阻滞和低血压等。二度和三度房室传导阻滞患者禁用。

> ⓘ **课堂问答：**
>
> 请同学们回顾第十章麻醉药和本章的内容，讨论回答利多卡因除了治疗室性心律失常外，还有什么临床用途？

I_b 类抗心律失常药还有苯妥英钠（phenytoin sodium）、美西律（mexiletine）等，抗心律失常作用和用途均与利多卡因相似。其中，苯妥英钠可与强心苷竞争 Na^+，K^+-ATP 酶，是治疗强心苷中毒所致的室性心律失常的首选药。美西律用于急、慢性室性快速型心律失常（特别是 Q-T 间期延长者）；常用于小儿先天性心脏病与室性心律失常。不良反应有恶心、呕吐、运动失调、震颤、步态障碍、皮疹；心血管方面有低血压（发生在静脉注射时）和心动过缓。

普罗帕酮（propafenone，心律平）

本药属 I_c 类抗心律失常药，阻滞 Na^+ 通道作用强于 I_a 和 I_b 类，能明显阻滞 Na^+ 通道，并具有轻度的 β 受体拮抗及 Ca^{2+} 通道阻滞作用。可降低窦房结、心房、心室、房室结及浦肯野纤维的传导速度和自律性，延长 ERP。临床主要用于各种类型室上性心动过速，室性期前收缩，难治性和致命性室性心动过速。不良反应包括眩晕、味觉障碍、视物模糊以及胃肠道反应；个别可能有支气管痉挛等现象；本药对心脏作用比较明显，常出现窦房结抑制、房室阻滞，甚至加重心力衰竭，应予以高度重视。

二、Ⅱ类——β受体拮抗药

普萘洛尔（propranolol，心得安）

【作用与用途】抗心律失常作用主要与拮抗β受体有关，大剂量时还具有膜稳定作用。可降低窦房结、心房和浦肯野纤维的自律性，减慢房室结传导，延长房室结ERP。在运动及情绪激动时作用尤为明显。

主要用于控制需要治疗的窦性心动过速，症状性期前收缩；心房扑动/心房颤动；尤其适用于交感神经兴奋性过高、甲状腺功能亢进等引起的窦性心动过速，可作为首选药物之一，还可降低冠心病、心力衰竭患者猝死率及总死亡率，是目前已明确的可以改善患者长期预后的抗心律失常药。

【不良反应】可致窦性心动过缓、房室传导阻滞、低血压、精神抑郁等，并可诱发支气管哮喘。长期使用可使脂质代谢及糖代谢异常，血脂异常及糖尿病患者慎用。突然停药可产生反跳现象。

常用药物还有美托洛尔、阿替洛尔、索他洛尔等。由于对β$_1$受体的选择性较好，在治疗心律失常时，对支气管、外周循环的影响较少。

三、Ⅲ类——延长动作电位时程药

胺碘酮（amiodarone）

【作用与用途】主要阻滞心肌细胞膜上的K$^+$通道，抑制K$^+$外流，明显延长心肌细胞膜APD和ERP；也可阻滞Na$^+$通道和Ca^{2+}通道，降低窦房结和浦肯野纤维的自律性，减慢房室结和浦肯野纤维传导。此外，对α和β受体也有一定的拮抗作用。

主要用于各种室上性（包括心房扑动与颤动）与室性快速型心律失常（不包括Q-T间期延长的有关室性心动过速）；心肌梗死后室性心律失常、复苏后预防室性心律失常复发，尤其适用于器质性心脏病、心肌梗死后伴心功能不全的心律失常。

【不良反应】不良反应与剂量大小和用药时间长短有关。心脏方面常见窦性心动过缓、房室传导阻滞、Q-T间期延长，偶见尖端扭转型心动过速；胃肠道反应较多见，如便秘、恶心、呕吐、食欲下降；还有角膜褐色微粒沉着、肝损害、甲状腺功能亢进或减退等；严重而罕见的不良反应是肺间质纤维化改变。

长期用药应定期检查肺、肝和甲状腺功能。对碘过敏者禁用。

胺碘酮的发现与应用带来的思考

胺碘酮又称乙胺碘呋酮，于1961年合成，最初仅发现其具有抗心绞痛作用；20世纪70年代初才发现胺碘酮有明显抗心律失常作用；20世纪80年代初尝试用来治疗顽固性心律失常，但因剂量过大出现严重毒副作用，应用受到限制；1989年和1991年心律失常抑制试验（CAST Ⅰ和Ⅱ）的结果表明，I_c类抗心律失常药氟卡尼、英卡尼等药物治疗心肌梗死后室性心律失常疗效不佳；人们开始重新评价胺碘酮治疗心律失常的地位，大量临床研究结果充分肯定了胺碘酮的地位；1990年重新确立胺碘酮在心律失常治疗中的重要地位。目前，胺碘酮是治疗各种其他药物无效的心律失常的重要药物。

从胺碘酮的发现与应用，我们应该体会到人们对药物的全面认识都会有一个过程，只有经得起实践考验的药物才能最终成为治疗疾病的有力武器。

四、Ⅳ类——钙通道阻滞药

维拉帕米（verapamil）

【作用与用途】本药通过阻滞心肌细胞膜上的Ca^{2+}通道，选择性抑制Ca^{2+}内流，降低窦房结自律性，减慢房室结传导，延长窦房结、房室结ERP。

主要用于各种折返性室上性心动过速；预防或终止阵发性室上性心动过速的发作，可作为首选药之一；也可用于心房扑动与颤动时减慢心室率；与其他药物合用治疗某些特殊类型室性心动过速等。

【不良反应】口服可见便秘、恶心、眩晕、头痛、皮疹等不良反应；静脉给药可引起直立性低血压、心动过缓、房室传导阻滞，甚至心脏停搏，必须在持续心电监测和血压监测下缓慢静脉注射，给药时间至少2分钟。

二度和三度房室传导阻滞、严重左心室功能不全、心源性休克和低血压患者忌用。

五、其他类

腺苷（adenosine）

本药为内源性嘌呤核苷酸，通过激活腺苷受体而发挥作用。静脉给药后，能迅速降低窦性频率、减慢房室结传导、延长房室结ERP。

本药是房室结折返或利用房室结的房室折返性心动过速的首选药物；心力衰竭、严重低血压者及新生儿均适用。因可被体内大多数组织细胞摄取，并被腺苷脱氨酶灭活，半衰期（$t_{1/2}$）只有10~20秒，给药时需静脉快速注射，否则药物在到达心脏前即被灭活。不良反应常见面部潮红、呼吸困难、支气管痉挛、胸部紧压感、恶心和头晕等，持续时间短暂，多于1分钟内消失。

第四节　抗心律失常药的用药指导

一、用药前

抗心律失常用药的目的是减少心律失常复发、减轻症状或改善患者预后。

1. 审核处方，对不合理用药进行反馈或指导

（1）明确诊断，合理选择药物：①心律失常患者药物治疗之前，应先了解病因、相关基础疾病及严重程度，有无可纠正的诱因，如心肌缺血、电解质紊乱、甲状腺功能异常，或抗心律失常药所致的心律失常作用等；②注意掌握抗心律失常药的适应证和用药时机。通常选择有明显症状，出现血流动力学障碍时合理选择药物，并非所有的心律失常均需应用抗心律失常药，若无明显症状、无明显预后意义的心律失常，如期前收缩，短阵的非持续性心动过速，心室率不快的心房颤动，一度或二度Ⅰ型房室阻滞，一般不需要抗心律失常药物治疗。

不同的抗心律失常药其电生理作用存在差异，临床用途各不相同，药学人员应根据药物的特性和循证医学结论推荐抗心律失常药（表19-2）。

表19-2　快速型心律失常的治疗药物选用参考表

药物	窦性心动过速	心房颤动、心房扑动	阵发性室上性心动过速	阵发性室性心动过速
奎尼丁		+	+	+
普鲁卡因胺			+	+
利多卡因				+
苯妥英钠			+	+

药物	窦性心动过速	心房颤动、心房扑动	阵发性室上性心动过速	阵发性室性心动过速
普罗帕酮			+	+
普萘洛尔	+	+	+	
索他洛尔	+	+	+	+
胺碘酮		+	+	+
维拉帕米	+	+	+	
腺苷			+	

注：+代表有效。

（2）选择适宜的给药途径：对于一般性治疗或预防发作，宜采用口服给药；对于危及生命的心律失常，应采用静脉给药。

（3）选择适宜的剂量：抗心律失常药的剂量和作用强度有很大的个体差异，应采用个体化用药，条件允许的情况下可借助血药浓度测定，确定患者的最佳剂量。

（4）注意各类药物的禁忌证：抗心律失常药的用药禁忌证很多，应高度重视。如钙通道阻滞药、β受体拮抗药、普罗帕酮延缓房室传导的作用显著，禁用于房室传导阻滞患者；有慢性肺部疾病的患者禁用胺碘酮，以避免药物所致的肺间质纤维化改变而加重病情；类风湿关节炎患者勿用普鲁卡因胺，以减少发生系统性红斑狼疮的可能性。

（5）注意药物相互作用：抗心律失常药发生不良相互作用的概率较高，导致药物毒性加大或疗效下降，临床应用时要注意调整用量或避免合用。如维拉帕米与地高辛合用时，维拉帕米能抑制地高辛经肾小管分泌，使地高辛的血药浓度升高50%~75%，引起缓慢型心律失常，故两药合同时须减少地高辛的剂量。

2. 告知患者或护理人员用药注意事项

（1）使用抗心律失常药物前先测心率和血压，同时详细了解患者用药史，避免发生不良药物相互作用。

（2）掌握正确的给药时间：口服抗心律失常药大多可引起胃肠道反应，一般宜饭后服用，但普萘洛尔应饭前或睡前服用，以提高生物利用度。

（3）警惕不良反应，减少危险因素：给药前应告知患者药物可能出现的不良反应及处理措施，如服用胺碘酮期间要避免在日光下暴晒，外出戴太阳镜，防止损伤眼睛等。

二、用药中

1. 应指导护理人员根据不同的药物采取不同的给药措施。如服奎尼丁期间应缓慢改变体位，以免发生直立性低血压。大多数抗心律失常药静脉给药时速度要慢，如维拉帕米缓慢静脉注射的时间应至少2分钟，但腺苷给药时需静脉快速注射。

2. 指导患者或医护人员警惕药物的不良反应，应注意症状和心律变化，建议必要时进行实时心电监测，熟悉各种不良反应的处理措施。

三、用药后

1. 注意抗心律失常药物的不良反应，包括对心功能的影响，致心律失常作用和对全身其他脏器与系统的不良作用，及时调整给药方案。

2. 对患者进行用药教育，改变其不当用药行为，指导患者安全用药。

（1）指导患者改变不良生活习惯，要求采取低盐、低脂、高蛋白、多种维生素饮食，少量多餐，不吃刺激性食物，不饮用浓茶、咖啡，保持大便通畅。注意劳逸结合，根据自身的情况选择合适的体育锻炼，如散步、太极拳、气功等。

（2）教育患者及家属应遵医嘱服药，不可自行停药或自行加用其他药物。如确属必要，特别是加服强心苷、利尿药、抗凝血药、降血糖药等，必须在医师或临床药师的指导下用药。

药学服务岗位操作实践

岗位情境：

药剂科童药师的邻居祝大爷患有心房扑动，长期口服盐酸胺碘酮片，近期出现少汗、怕冷、食欲差、精神萎靡等症状，专门到家里找童药师咨询，童药师应如何运用本章知识做好解答呢？

操作流程：

1. 认真细致地接待祝大爷，安抚其情绪，告诉他此症状可能是长期服用胺碘酮引起甲状腺功能减退的不良反应，建议立即到医院检查。

---

2. 如果确是该反应，一般停药或服用左甲状腺素钠进行替代治疗，均可减轻或恢复正常。并建议要养成良好的饮食和生活习惯。根据自身的情况选择合适的体育锻炼。

3. 指导服用胺碘酮期间，应定期检查肺、肝和甲状腺功能。

4. 如果本人愿意，可以建立更方便的联系方式，提供更全面、周到的药学服务。

章末小结

本章主要介绍了抗心律失常药的分类及代表药，常用药的临床用途和不良反应。分类包括：Ⅰ类——钠通道阻滞药、Ⅱ类——β受体拮抗药、Ⅲ类——延长动作电位时程药、Ⅳ类——钙通道阻滞药和其他类药。重点是抗心律失常药的临床应用及不良反应；难点是抗心律失常药的作用机制；要点如下。

1. 窦性心动过速首选β受体拮抗药；心肌梗死引起的室性期前收缩、室性心动过速首选利多卡因；地高辛中毒引起的室性心律失常首选苯妥英钠；阵发性室上性心动过速首选维拉帕米。

2. 抗心律失常药均有致心律失常作用；奎尼丁有金鸡纳反应和奎尼丁晕厥；普鲁卡因胺长期使用可发生狼疮样综合征；利多卡因可致眼球震颤；胺碘酮可引起肺间质纤维化改变、角膜褐色微粒沉着和甲状腺功能紊乱。

思考与练习

一、单项选择题

1. 最适宜治疗窦性心动过速的抗心律失常药是（   ）
   A. 腺苷   B. 利多卡因
   C. 胺碘酮   D. 奎尼丁
   E. 普萘洛尔

2. 维拉帕米对下列哪类心律失常疗效更好（　　　）
   A. 房室传导阻滞　　　　　　B. 室性心动过速
   C. 室性期前收缩　　　　　　D. 阵发性室上性心动过速
   E. 强心苷中毒所致的心律失常
3. 可引起"金鸡纳反应"的抗心律失常药是（　　　）
   A. 腺苷　　　　　　　　　　B. 利多卡因
   C. 胺碘酮　　　　　　　　　D. 奎尼丁
   E. 普萘洛尔
4. 可引起甲状腺功能紊乱的抗心律失常药是（　　　）
   A. 腺苷　　　　　　　　　　B. 利多卡因
   C. 胺碘酮　　　　　　　　　D. 奎尼丁
   E. 普萘洛尔
5. 长期应用可能引起红斑狼疮综合征的抗心律失常药是（　　　）
   A. 普萘洛尔　　　　　　　　B. 奎尼丁
   C. 维拉帕米　　　　　　　　D. 普鲁卡因胺
   E. 腺苷

二、简答题

1. 简述抗心律失常药的分类及各类代表药物的名称。
2. 简述胺碘酮的作用、用途及不良反应。

三、应用题

1. 请用横线将下列抗心律失常药与对应的临床用途连接起来。

药物名称	临床用途
利多卡因	强心苷中毒引起的室性心动过速
苯妥英钠	急性心肌梗死引起的室性心律失常
普萘洛尔	阵发性室上性心动过速
维拉帕米	窦性心动过速

2. 案例分析：患者，男，56岁，患原发性高血压8年。近期经常出现心慌、气短等症状，入院检查，心电图提示：频发性房性期前收缩、阵发性心房纤颤，给予美托洛尔治疗。

请思考并讨论：① 美托洛尔属于哪类抗心律失常药？基本作用是什么？② 该药物的不良反应有哪些？应如何进行用药指导？③ 如何在药学服务中体现出药学人员的专业精神和职业素养？

（黄小琼）

第二十章
抗充血性心力衰竭药

学习目标

知识目标：

- 掌握　抗充血性心力衰竭药的作用机制、分类及代表药物。
- 熟悉　常用抗充血性心力衰竭药的作用、用途和不良反应。
- 了解　非苷类正性肌力药和血管扩张药的作用特点。

技能目标：

- 熟练掌握　常用抗充血性心肌衰竭药用药指导的基本技能。
- 学会　观察常用抗充血性心力衰竭药的疗效和不良反应，能个性化指导患者合理用药。

素质目标：

- 具备尊重、关心充血性心力衰竭患者开展合理用药岗位服务，帮助患者树立治疗信心的专业精神和职业素养。

情境导入

情境描述：

　　李大妈今年63岁，有11年的高血压病史，用药不规律。近半年来出现乏力、气喘、下肢水肿等症状，服用氢氯噻嗪及抗高血压药后均能缓解，1周前进食剩饭后出现恶心、呕吐、上腹饱胀，按胃肠炎治疗未见好转，并出现胸闷、气短、缺氧等症状来医院就诊，初步诊断为充血性心力衰竭。医嘱给予口服卡托普利、地高辛等药物治疗。1周后，胃肠道反应消失，食欲有所增加，呼吸困难等症状明显改善，根据个人要求回家继续治疗，但3周后又出现了恶心、呕吐、食欲减退，且视物模糊，患者遂向邻居王药师咨询。

同学们，充血性心力衰竭是一种复杂的临床病理状态，是各种心脏病的严重和终末阶段，发病率和致死率均较高。合理使用药物能缓解充血性心力衰竭症状，控制其发展，提高患者的生活质量。李大妈消化道症状的"一波三折"，就是地高辛等强心苷类药物使用不当造成的，所以要想做好抗充血性心力衰竭药的用药指导，就必须学好本章内容，学好用好这些药物，未来可以更好胜任药学工作岗位，做好药学服务，体现职业价值。

第一节　概述

充血性心力衰竭（congestive heart failure，CHF，以下简称心力衰竭）是各种原因造成心脏结构和功能的异常改变，使心室收缩射血和/或舒张功能发生障碍，从而引起的一组复杂临床综合征，主要表现为运动耐量下降（如呼吸困难、乏力等）和体液潴留（如肺淤血、体循环淤血及外周水肿等）。

知识链接：

心力衰竭

心力衰竭（简称心衰）的基本病因是原发性心肌损害或心脏负荷过重。呼吸道感染、感染性心内膜炎、过度劳累、情绪激动、输液过快等均可诱发心力衰竭。根据心力衰竭发生的部位分为左心衰竭、右心衰竭和全心衰竭。左心衰竭主要表现为肺循环淤血的症状和体征，如呼吸困难、咳嗽、咳痰、乏力、疲倦、心慌、肺部湿啰音、心脏扩大等；右心衰竭主要表现为体循环淤血的症状和体征，如消化道症状、凹陷性水肿、肝大、颈静脉症等。根据心力衰竭的发展速度分为急性心力衰竭与慢性心力衰竭。急性心力衰竭是由于急性心脏病变引起心排血量显著、急骤降低导致组织器官灌注不足和急性淤血综合征。临床上以急性左心衰竭常见，表现为急性肺水肿，药物治疗选用血管扩张药硝普钠、利尿药呋塞米及平喘药氨茶碱等。慢性心力衰竭又称充血性心力衰竭（CHF），是不同病因的心脏疾病发展到晚期的临床综合征，也是最主要的死亡原因之一。

随着对心力衰竭的研究不断深入，心力衰竭药物治疗已从过去的增强心肌收缩力为主的治疗，转变到以抑制神经内分泌系统的过度激活从而阻断恶性循环为主的治疗。根据其药物的作用和作用机制的不同，目前临床用于治疗CHF的药物分为6类（表20-1）。

表 20-1　抗充血性心力衰竭药的分类及代表药

类别	代表药物
1. RAAS 抑制药	
（1）血管紧张素转换酶抑制药	卡托普利、依那普利
（2）血管紧张素Ⅱ受体阻滞药	氯沙坦、缬沙坦
（3）醛固酮拮抗药	螺内酯、依普利酮
2. β受体拮抗药	美托洛尔、比索洛尔、卡维地洛
3. 利尿药	呋塞米、氢氯噻嗪
4. 正性肌力药	
（1）强心苷类	地高辛
（2）非苷类正性肌力药	多巴酚丁胺、米力农
5. 血管扩张药	
（1）主要扩张动脉	肼屈嗪、氨氯地平
（2）主要扩张静脉	硝酸甘油、单硝酸异山梨酯
（3）扩张动脉和静脉	硝普钠、哌唑嗪、酚妥拉明
6. 其他类药	
	达格列净、伊伐布雷定、沙库巴曲缬沙坦

第二节　常用抗充血性心力衰竭药

一、肾素 – 血管紧张素 – 醛固酮系统抑制药

血管紧张素转换酶抑制药（ACEI）、血管紧张素Ⅱ受体阻滞药（ARB）及醛固酮拮抗药分别作用于肾素–血管紧张素–醛固酮系统（RAAS）的不同环节，在防止和

逆转心室重构、提高心脏及血管的顺应性方面发挥了重要作用。

（一）血管紧张素转换酶抑制药

血管紧张素转换酶抑制药（ACEI）主要通过抑制血管紧张素转换酶（ACE）活性，阻断血管紧张素Ⅱ（AngⅡ）的生成，减少醛固酮生成，增加缓激肽含量，防止和逆转心肌与血管重构而发挥抗充血性心力衰竭作用。ACEI不仅能消除或缓解充血性心力衰竭的症状、提高运动耐力、改进生活质量、降低病死率，还可延缓尚未出现症状的早期心功能不全者的进展、推迟充血性心力衰竭的发生。

ACEI是目前治疗充血性心力衰竭的首选药物之一，临床可用于治疗各种程度的各类充血性心力衰竭，包括无症状性左室功能不全及重度充血性心力衰竭。

目前认为，所有左室射血分数（LVEF）下降的心力衰竭患者必须终生使用ACEI，除非有禁忌证或不能耐受；心力衰竭高发的危险人群应考虑使用ACEI预防心力衰竭。ACEI对无体液潴留的患者作为初始治疗，有体液潴留的患者需合并应用利尿药。对中、重度CHF患者可与利尿药、β受体拮抗药以及强心苷类药物合用。

ACEI是治疗心力衰竭的基础药物。临床常用的药物有卡托普利（captopril）、依那普利（enalapril）、贝那普利（benazepril）、雷米普利（ramipril）等。

（二）血管紧张素Ⅱ受体阻滞药

血管紧张素Ⅱ受体阻滞药（ARB）可直接拮抗AngⅡ与AngⅡ的1型受体（AT_1）结合，对ACE途径和非ACE途径产生的AngⅡ均有拮抗作用，抑制AngⅡ缩血管与刺激醛固酮释放的作用，减轻心脏后负荷，治疗充血性心力衰竭；同时还能预防和逆转心血管重构，降低充血性心力衰竭患者的再住院率和病死率。ARB还可能通过加强AngⅡ与AngⅡ的2型受体结合而发挥相关治疗效果。

临床用途与ACEI基本相同，常作为ACEI无效或不能耐受ACEI的替代药物。因不影响缓激肽代谢，无咳嗽、血管神经性水肿等不良反应。孕妇及哺乳期妇女禁用。

常用药物有氯沙坦（losartan）、缬沙坦（valsartan）、厄贝沙坦（irbesartan）、坎地沙坦（candesartan）、替米沙坦（telmisartan）等。

（三）醛固酮拮抗药

充血性心力衰竭时血中的醛固酮浓度可明显提高，大量的醛固酮除了具有保钠排钾作用外，还有明显的促生长作用，可引起心房、心室、大血管的组织结构重构，加速心力衰竭恶化。心力衰竭患者的醛固酮生成及活化增加与心力衰竭严重程度成正比，因此，在充血性心力衰竭时，尽可能减少醛固酮的有害作用十分重要。如能在ACEI基础上加用醛固酮拮抗药，进一步抑制醛固酮的有害作用，对心力衰竭患者的综合治疗效果有益。

常用药是螺内酯（spironolactone）和依普利酮（eplerenone）。主要用于已使用ACEI（或ARB）和β受体拮抗药治疗，仍持续有症状的充血性心力衰竭患者。用药由小剂量起始，逐渐加量，推荐每日一次或隔日一次，每次10~20mg，尤其螺内酯不推荐使用大剂量，主要不良反应是高钾血症和肾功能损害，用药期间应定期监测血钾和肾功能。

二、β 受体拮抗药

心力衰竭治疗的传统观念认为，β受体拮抗药具有负性肌力作用，曾禁用于充血性心力衰竭。但随着CHF病理生理的研究进展，β受体拮抗药现已成为CHF的常规用药。多项临床试验证明，长期应用β受体拮抗药可以改善CHF的症状，提高患者生活质量，降低发病率和死亡率，尤其是降低猝死率。与ACEI合用，可进一步增加疗效。

β受体拮抗药抗充血性心力衰竭的主要机制是：①拮抗心脏β受体，拮抗过量的儿茶酚胺对心脏的毒性作用；②拮抗肾脏β受体，抑制肾素分泌，拮抗RAAS，防止高浓度的Ang Ⅱ对心脏的损害；③具有抗心肌缺血和抗心律失常作用，降低充血性心力衰竭猝死及心律失常的发生率。

【临床用途】主要包括：①伴左室射血分数（LVEF）下降的无症状心力衰竭患者；②心功能Ⅱ级、Ⅲ级的CHF患者，LVEF减少（LVEF<40%），病情稳定者应终生应用β受体拮抗药，除非有禁忌证或不能耐受；③应在ACEI和利尿药的基础上加用β受体拮抗药，也可与地高辛合用；④对扩张型心肌病及缺血性CHF，长期应用可阻止临床症状恶化，改善心功能、降低心律失常及猝死的发生率。

常用药物有选择性β₁受体拮抗药，如美托洛尔（metoprolol）、比索洛尔（bisoprolol）；α、β受体拮抗药，卡维地洛（carvedilol）等。

上述药物应用的目标剂量与静息心率相关。静息心率是评估心脏β受体有效拮抗的指标之一，通常患者心率降至55~60次/min的剂量为β受体拮抗药应用的目标剂量或最大耐受剂量。中国人群个体差异很大，因此β受体拮抗药的治疗宜个体化。

三、利尿药

利尿药通过排钠利尿，减少心力衰竭患者的血容量，有效缓解心力衰竭患者的呼吸困难及水肿，改善心功能和运动耐量，但对心力衰竭死亡率的影响尚不清楚。利尿药是治疗充血性心力衰竭的一线药物。对于有体液潴留的充血性心力衰竭患者，利尿药是唯一能充分控制和有效消除体液潴留的药物，恰当使用利尿药是其他治疗心力衰竭药物取得成功的关键和基础。

利尿药适用于有体液潴留的所有心力衰竭患者。常用的利尿药有袢利尿药和噻嗪类利尿药，首选袢利尿药如呋塞米（furosemide）或托拉塞米（torasemide）、布美他尼（bumetanide）特别适用于有明显体液潴留或伴肾功能受损的患者。临床目前最常用的是呋塞米，由于托拉塞米、布美他尼口服生物利用度更高，对部分患者利尿效果更好。噻嗪类利尿药仅适用于有轻度的体液潴留，伴有高血压而肾功能正常的心力衰竭患者。由于利尿药存在水、电解质紊乱以及对物质代谢有不利影响等诸多不良反应，且心力衰竭患者本身多有上述并发症，应高度重视药物间的相互作用，加强针对性的用药监护。

四、正性肌力药

（一）强心苷类

强心苷是一类选择性作用于心脏，增强心肌收缩力的苷类化合物。由糖和苷元组成，加强心肌收缩力的作用来自苷元，糖可增强苷元的作用及水溶性。临床主要用于治疗CHF及某些心律失常。常用药物有地高辛（digoxin）、洋地黄毒苷（digitoxin）、去乙酰毛花苷（deslanoside）、毒毛花苷K（strophanth K）等。其中以地高辛最为常用。常用强心苷类药物的分类及体内过程特点如表20-2所示。

表 20-2　常用强心苷类药物的分类及体内过程特点

分类	药物	给药途径	显效时间	药峰时间	主要消除方式	半衰期
长效	洋地黄毒苷	口服	2小时	8~12小时	肝代谢	5~7天
中效	地高辛	口服	1~2小时	4~8小时	肾排泄	33~36小时
速效	去乙酰毛花苷	静脉注射	10~30分钟	1~3小时	肾排泄	33~36小时
	毒毛花苷K	静脉注射	5~15分钟	1~2小时	肾排泄	21小时

其中地高辛服用后经小肠吸收，2~3小时血清浓度达高峰，4~8小时达最大效应，85%经肾脏清除，半衰期约为36小时，连续口服相同剂量经5个半衰期（约7天）后血清浓度可达稳态。

【作用机制】强心苷类药物是Na^+，K^+-ATP酶抑制剂，其作用机制主要是抑制心肌细胞膜 Na^+，K^+-ATP酶，使细胞内Na^+水平升高，促进Na^+-Ca^{2+}交换，提高细胞

Ca^{2+}水平，发挥正性肌力作用。此作用对于有衰竭倾向的心肌细胞更为显著。

【药理作用】

1. 增强心肌收缩力（正性肌力作用） 强心苷对心脏具有高度的选择性，能显著增强衰竭心脏的收缩力，其作用特点如下。

（1）加快心肌收缩速度：强心苷在增强心肌收缩力的同时，加快心肌纤维收缩速度，使心肌收缩有力而敏捷，收缩期缩短，舒张期相对延长。这不仅有利于静脉血液回流，减轻组织器官淤血症状，也有利于冠状动脉的血液灌注和改善心肌代谢情况，提高心脏功能。

（2）增加衰竭心脏的排血量：强心苷可通过增强心肌收缩力，反射性兴奋迷走神经，降低交感神经功能使外周血管扩张，心脏射血阻力减小；同时因舒张期相对延长，静脉血液回流增加，最终可使衰竭心脏的排血量增加。

（3）减少衰竭心脏的耗氧量：心肌的耗氧量取决于心室壁张力、心率和心肌收缩力，其中心室壁张力是最主要的因素。心力衰竭时，由于心肌收缩无力，每搏排血量减少，心室内的残余血量增多，心室代偿性增大，室壁张力增大，使心肌的耗氧量增多。应用强心苷后，因心肌收缩力增强，心室排血充分，心室内的残余血量减少，心室壁张力下降；同时因反射性兴奋迷走神经，使心率减慢，外周血管阻力下降。两个方面共同作用的结果是使心肌的耗氧量明显下降，抵消或超过因心肌收缩力增强而导致的耗氧量增加，故衰竭倾向的心肌的总耗氧量减少。

2. 减慢心率（负性频率作用） 心功能不全时因心排血量减少，反射性增强交感神经活性，使心率加快。治疗量的强心苷对正常心率影响较小，但对充血性心力衰竭患者则可反射性兴奋迷走神经，抑制窦房结，使心率减慢。

3. 抑制房室传导（负性传导作用） 治疗量的强心苷可反射性兴奋迷走神经，降低窦房结自律性，减慢房室传导，同时对心脏有关的传导系统有多种作用。

4. 其他 强心苷还可降低血浆中的肾素活性，进而减少 Ang Ⅱ 和醛固酮的含量；对心功能不全患者有明显的利尿作用。

【临床用途】

1. 充血性心力衰竭 强心苷主要用于收缩功能障碍为主的充血性心力衰竭（CHF）。对不同原因引起的 CHF 疗效有差异：①对伴有房颤和心室率快的 CHF 疗效最好；②对心瓣膜病、冠心病、高血压心脏病、先天性心脏病、风湿性心脏病（严重的二尖瓣狭窄除外）所致低排血量的 CHF 疗效良好；③对贫血、甲状腺功能亢进及维生素 B_1 缺乏引起的 CHF 疗效较差；④对肺源性心脏病、心肌炎或风湿活动期的 CHF 疗效差；⑤对心肌外机械因素所致的 CHF，如缩窄性心包炎及严重二尖瓣狭窄者无效。

强心苷适用于慢性心力衰竭已使用利尿药、ACEI（或ARB）、β受体拮抗药和醛固酮拮抗药，但左室射血分数（LVEF）≤45%，仍持续有症状的患者，伴快速心室率的心房颤动患者尤为适合。

2. **某些心律失常**　强心苷常用于治疗心房纤颤、心房扑动及阵发性室上性心动过速。

（1）心房纤颤（房颤）：是指心房肌发生快而细弱且不规则的纤维颤动，强心苷的作用不在于终止房颤，而是抑制房室传导从而减慢心室率，增加心排血量，改善CHF症状。

（2）心房扑动（房扑）：强心苷可缩短心房的有效不应期，使房扑变为房颤，继之减慢心室率，是治疗房扑的常用药物。

（3）阵发性室上性心动过速：强心苷通过反射性兴奋迷走神经，降低心房的兴奋性而发挥作用，有效但少用。

【不良反应】强心苷类安全范围小，一般治疗量已接近中毒量的60%，且生物利用度、敏感性等个体差异较大，故易发生不同程度的毒性反应。特别是在低血钾、高血钙、低血镁、心肌缺氧、肾功能不全及合并用药的情况下更易发生。

1. **毒性反应**

（1）胃肠道反应：是强心苷最常见的早期中毒症状，表现为畏食、恶心、呕吐、腹痛等。应注意与充血性心力衰竭的胃肠道症状相鉴别。

（2）中枢神经系统反应：表现为眩晕、头痛、疲倦、失眠、谵妄、视觉障碍（黄视症、绿视症、视物模糊）等。黄视症、绿视症是强心苷中毒的特有症状，是停药的指征，发生率约为30%。

（3）心脏毒性：是强心苷最严重的毒性反应，可出现各种类型的心律失常。①快速型心律失常：以室性期前收缩最为多见，约占心脏毒性的1/3。也可出现二联律、三联律，严重时可致室性心动过速，甚至心室颤动。②缓慢型心律失常：主要有房室传导阻滞和窦性心动过缓。出现一定次数的室性期前收缩和窦性心动过缓（心率低于60次/min）均是停药的指征。

2. **中毒的防治**

（1）避免中毒的诱发因素：如低血钾、高血钙、低血镁、心肌缺氧、肾功能不全及合并用药等。强心苷与排钾利尿药合用时应根据患者的肾功能状况适量补钾；强心苷使用期间严禁静脉注射钙剂，因其可引起致命性心律失常。

（2）及早发现中毒的先兆症状：如出现频发室性期前收缩，心率低于60次/min，黄视或绿视症时应立即停药。

（3）酌情补钾：应予口服或静脉补钾，即使患者血钾水平在正常范围。氯化钾是治疗强心苷中毒所致的快速型心律失常的有效药物。K$^+$能与强心苷竞争心肌细胞膜上的Na$^+$，K$^+$-ATP酶，减少强心苷与酶的结合，减轻或阻止中毒的发生和发展。但K$^+$不能将已与心肌细胞结合的强心苷置换出来，故应尽早使用。对并发传导阻滞的强心苷中毒不能补钾盐，否则可致心脏停搏。

（4）合理使用抗心律失常药：若出现快速型心律失常，首选苯妥英钠，次选利多卡因治疗；若出现缓慢型心律失常，无症状者可密切观察，有症状者可给予阿托品，必要时进行辅助起搏；对危及生命的严重地高辛中毒，可选用地高辛抗体Fab片段静脉注射，血液透析不能清除体内的地高辛。地高辛中毒纠正后，建议仔细分析中毒原因，慎重选择剂量和血药浓度监测方案，避免再次发生中毒。

【药物相互作用】苯妥英钠因能增加地高辛的消除而降低其血药浓度。奎尼丁、胺碘酮、普罗帕酮、维拉帕米可提高地高辛血药浓度，合用时应减少地高辛的用量，否则易发生中毒。排钾利尿药可致低血钾，从而加重强心苷的毒性，联合用药时应适量补钾。

【给药方法】

1. 传统给药方法　先给全效量再改维持量。全效量又称洋地黄化量，是指在短期内给予足量强心苷以充分发挥疗效。对于慢性患者，于2~4天内给足全效量；对于急重及2周内未使用过强心苷的患者，在1天内给足全效量。维持量是指每日给予小剂量补充每天消除量以维持疗效。此法显效快，但易致强心苷中毒，临床已少用。

2. 逐日恒量给药法　每日按维持量0.125~0.25mg/d恒定给药，经4~5个半衰期后，血药浓度达到稳态而发挥疗效。此法中毒发生率低，适用于慢性、轻症和易于中毒的患者。老年患者或肾功能受损者剂量减半。同时应密切监测地高辛不良反应及血药浓度。

🔍 案例分析 --

案例：

患者，男，61岁，慢性哮喘史3年，因下肢水肿，胸闷、气急、乏力、疲倦就诊，心脏彩超提示左心室壁增厚，左室射血分数（LVEF）为45%，诊断为慢性心功能不全，处方如下：

Rp.

地高辛片　0.25mg × 10片

用法：0.25mg　每日3次

氢氯噻嗪片　25mg × 30片

用法：25mg　每日3次

泼尼松片　　5mg × 30片

用法：10mg　每日3次

分析：

此处方不合理。原因主要有：①氢氯噻嗪能促进钠、水排泄，减少血容量，降低心脏的前、后负荷，消除或缓解静脉淤血及其所引起的肺水肿和外周水肿，但其可引起血钾降低；②泼尼松具有保钠、排钾作用，可引起水钠潴留而加重患者的水肿，同时降低血钾；③氢氯噻嗪与泼尼松合用可明显降低血钾，地高辛在低血钾时易引起中毒。

（二）非苷类正性肌力药

非苷类正性肌力药包括β受体激动药磷酸二酯酶抑制药以及新开发的钙增敏药。因循证医学发现该类药物可能增加CHF患者的病死率，故不宜作为常规治疗用药。

1. β受体激动药

多巴酚丁胺（dobutamine）

多巴酚丁胺是选择性β_1受体激动药，能激动心脏的β_1受体，增强心肌收缩力，降低血管阻力，使心脏前、后负荷降低，增加衰竭心脏的排血量。主要用于强心苷治疗效果不好的严重左心功能衰竭者，也用于急性心力衰竭的抢救。

2. 磷酸二酯酶抑制药　主要包括氨力农（amrinone）、米力农（milrinone）和维司力农（vesnarinone）本类药物主要通过抑制磷酸二酯酶Ⅲ的活性而提高心肌细胞内的环磷酸腺苷（cAMP）含量，增加细胞内的Ca^{2+}浓度，发挥正性肌力作用和扩张血管的双重作用，缓解心力衰竭症状。氨力农和米力农目前仅限于短期静脉给药缓解急性心力衰竭症状，不良反应有诱发心律失常、血小板减少和肝损害等，其中氨力农的毒性较大；维司力农为口服制剂，可长期用于缓解心力衰竭症状，主要不良反应是可逆性白细胞减少等。

3. 钙增敏药　本类药物主要有左西孟旦（levosimendan），其作用机制包括：① 正性肌力作用，通过直接与心肌细胞肌钙蛋白结合，从而使心肌收缩力增强，而心率、心肌耗氧量无明显变化；② 扩血管作用，该机制较为复杂，可使外周静脉扩张，心脏前负荷降低。本药常与利尿药、ACEI/ARB、α受体拮抗药和/或β受体拮抗药、醛固酮拮抗药等心衰治疗药物合用，用于需要增加心肌收缩力的急性失代偿心力衰竭

（ADHF）的短期治疗。使用期间需严密监测血压、心率等生命体征的监测，故仅用于住院患者。严重的肝肾功能不全和低血压患者禁用。

五、血管扩张药

常用的血管扩张药根据对血管的选择性不同分为三类：①主要扩张小动脉，降低心脏后负荷的药，如肼屈嗪（hydralazine）等；②主要扩张小静脉，降低心脏前负荷的药，如硝酸甘油、硝酸异山梨酯等；③扩张小动脉、小静脉药，如硝普钠、哌唑嗪、酚妥拉明等。其中，硝普钠、酚妥拉明只能静脉滴注，适合于急性心力衰竭；其余为口服给药，相对方便安全，适用于慢性心力衰竭。此外，钙通道阻滞药氨氯地平和非洛地平舒张血管作用强，而负性肌力作用弱，且反射性激活神经内分泌系统作用较弱，特别适合于冠心病、高血压及舒张功能障碍引起的CHF。

血管扩张药可导致水钠潴留、交感神经兴奋引起心率加快，长期用药疗效不佳，常与β受体拮抗药及利尿药合用。由于能降低血压，低血压者禁用。

🔗 知识链接：

充血性心力衰竭药物治疗的"金三角"与"新四联"

《中国心力衰竭诊断和治疗指南2014》明确提出了慢性心力衰竭治疗的"金三角"。血管紧张素转换酶抑制剂（ACEI）是被证实能降低心力衰竭患者死亡率的第一类药物，也是循证医学证据最多的药物，是治疗心力衰竭的基石和首选药物。β受体拮抗药的应用是因为长期持续的交感神经系统的过度激活和刺激，β受体拮抗药可拮抗交感神经系统及RAAS系统，恢复β_1受体的数量和功能。临床研究证实长期应用β受体拮抗药可以降低死亡率、再住院率，并且显著降低猝死率。衰竭心脏中醛固酮生成及活化增加，且与心力衰竭严重程度成正比。在ACEI基础上加用醛固酮拮抗药，可以进一步抑制醛固酮的有害作用，对心力衰竭患者有更大的益处。在ACEI和β受体拮抗药黄金搭档的基础上加用醛固酮拮抗药，三药合用称之为"金三角"，应成为CHF的基本治疗方案。

近年来，心力衰竭的药物治疗又有了新突破，2021年6月29日欧洲心脏病学会在欧洲心脏病学会心衰协会联合会议上发布了最新的心力衰竭指南，将标准的

"金三角方案"优化为"四联标准治疗方案",即在以往"金三角"治疗的基础上加用了钠-葡萄糖共转运蛋白2抑制剂(SGLT-2I),通过开启"新四联"以降低心力衰竭患者住院率及心血管死亡风险。

六、其他类

1. 钠-葡萄糖同转运体2(SGLT-2)抑制药　本类药物在治疗慢性心力衰竭中有较好疗效,是心衰治疗领域中备受瞩目的新药,代表药物主要有达格列净(dapagliflozin)、恩格列净(empagliflozin)等。有关权威心衰治疗指南推荐在"金三角"的基础上加用SGLT-2抑制药,用于治疗射血分数降低的心衰,心衰治疗"金三角"由此变成了"四重奏"。循证医学研究证实,SGLT-2抑制药可降低糖尿病和非糖尿病心衰患者的住院率和死亡率,在治疗第一年的绝对获益最大,对同时有糖尿病和其他心脑血管并发症的患者尤为适用。不良反应见抗糖尿病药的有关内容,主要是SGLT-2抑制药可使尿糖增加,可增加生殖器感染风险,对卧床和插导尿管的心衰患者更易发生。

2. 伊伐布雷定(ivabradine)　本药主要作为减慢窦性心律的药物,是单纯的窦房结If通道阻滞药。适用于窦性心律且心率≥75次/min、伴有心脏收缩功能障碍的NYHA Ⅱ~Ⅳ级慢性心力衰竭患者,与传统的β受体拮抗药联合用药,或者用于禁忌或不能耐受β受体拮抗药治疗的患者。对于非窦性心律如房颤患者无效。

3. 沙库巴曲/缬沙坦(sacubitril/valsartan)　本药是首个ARNI类药物,通过抑制血管紧张素受体和脑啡肽酶发挥阻断AT_1受体和增强利钠肽系统的作用。用于射血分数降低的慢性心力衰竭(NYHA Ⅱ~Ⅳ级,LVEF≤40%)成人患者,降低心血管死亡和心力衰竭住院的风险。另外,沙库巴曲/缬沙坦钠片可代替血管紧张素转化酶抑制剂(ACEI)或血管紧张素Ⅱ受体阻滞药(ARB),与其他心力衰竭治疗药物合用。

4. 奈西立肽(nesiritide)　本药是重组人B型利钠肽(脑钠肽,BNP),BNP是由心室分泌,促进排钠、排尿,对抗容量负荷过重及高血压的主要内分泌物质之一,本药较天然BNP更稳定,作用时间长,具较强的舒张血管作用,可对抗肾素-血管紧张素-醛固酮系统(RAAS)的缩血管作用,常用于急、慢性心力衰竭。采用静脉给药,起效快,更适用于急性心力衰竭。目前临床多用于其他药物疗效不佳的心衰治疗,使用时防止低血压反应等。

5. 阿利吉仑（aliskiren） 本药是新一代非肽类肾素抑制药，能在第一环节阻断RAS系统，与ACEI/ARB相比的优势是不影响缓激肽和前列腺素的代谢，不引起血浆肾素活性代偿性升高。可用于其他药物疗效不佳的高血压患者和慢性心力衰竭患者。具体见第十八章。

第三节　抗充血性心力衰竭药的用药指导

🔗 知识链接：

心力衰竭的分类和心功能分级

一般依据左室射血分数（LVEF），心力衰竭可分为LVEF降低的心力衰竭（HFrEF，又称收缩性心力衰竭）和LVEF保留的心力衰竭（HFPEF，又称舒张性心力衰竭）。其心功能级别可参考纽约心脏学会（NYHA）心功能分级。

Ⅰ级：活动不受限，日常体力活动不引起明显的气促、疲乏或心悸。

Ⅱ级：活动轻度受限，休息时无症状，日常活动可引起明显的气促、疲乏或心悸。

Ⅲ级：活动明显受限，休息时可无症状，轻于日常活动即引起显著的气促、疲乏或心悸。

Ⅳ级：休息时也有症状，稍有体力活动症状即加重。任何体力活动均会引起不适。其中如无须静脉给药，可在室内或床边活动者为Ⅳa级；不能下床并须静脉给药支持者为Ⅳb级。

一、用药前

1. 审核处方，对不合理用药进行反馈或指导

（1）明确治疗目标：心力衰竭的治疗目标不仅是改善症状、提高生活质量，更重要的是针对心肌重构的机制，防止和延缓心肌重构的发展，从而降低心力衰竭的病死率和住院率。

（2）去除诱发因素：各种感染（尤其上呼吸道和肺部感染）、肺梗死、心律失常、电解质紊乱和酸碱失衡、贫血、肾功能损害、过量摄盐、过度静脉补液以及应用损害心肌或心功能的药物等均可引起心力衰竭恶化，应及时处理或纠正。

（3）合理选择药物：要根据心力衰竭的程度、体液潴留及其严重程度和药物作用特点合理选择药物（表20-3）。可参考NYHA分级控制危险因素，在首选ACEI的基础上联合药物治疗。

表20-3　慢性心力衰竭药物治疗推荐

药物	推荐
ACEI	慢性HFrEF患者均应使用，且须终身使用，除非有禁忌证或不能耐受
ARB	LVEF≤40%、不能耐受ACEI的患者 LVEF≤40%、使用ACEI和β受体拮抗药后仍有症状，如不能耐受醛固酮拮抗药，可改用ARB
醛固酮拮抗药	已用ACEI（或ARB）和β受体拮抗药治疗，仍持续有症状（NYHA Ⅱ～Ⅳ级）且LVEF≤35%的患者，推荐使用；AMI后LVEF≤40%，有心力衰竭症状或既往有糖尿病病史，推荐使用
利尿药	有体液潴留证据的心力衰竭患者均应给予利尿药，且应在出现水钠潴留的早期应用
β受体拮抗药	慢性HFrEF、病情相对稳定，以及结构性心脏病且LVEF≤40%者均应使用，且须终身使用，除非有禁忌证或不能耐受
地高辛	适用于已应用ACEI（或ARB）、β受体拮抗药、醛固酮拮抗药和利尿药治疗，仍持续有症状，LVEF≤45%。尤其适用于心力衰竭合并心室率快的心房颤动者
伊伐布雷定	窦性心律、LVEF≤35%、已使用ACEI（或ARB）和醛固酮拮抗药治疗的患者，如β受体拮抗药已达到目标剂量或最大耐受剂量、心率≥70次/min，且持续有症状（NYHA心功能分级Ⅱ～Ⅳ级）；如不能耐受β受体拮抗药、心率≥70次/min，也可考虑使用
SGLT-2抑制药（SGLT-2Ⅰ）	慢性HFrEF患者建议同时启用β受体拮抗药和SGLT-2Ⅰ；SGLT-2Ⅰ可显著降低心力衰竭住院风险，并且可能降低β受体拮抗药使用后可能发生的短期内心力衰竭恶化风险

注：ACEI为血管紧张素转换酶抑制剂；ARB为血管紧张素拮抗药；SGLT-2Ⅰ为钠-葡萄糖耦联转运体2抑制剂；HFrEF为射血分数降低的心力衰竭；LVEF为左室射血分数；NYHA为纽约心脏病学会；AMI为急性心肌梗死。

（4）选择适宜的剂量：根据个体化差异合理使用药物剂量，一般从小剂量开始服用，逐渐增加剂量；地高辛常采用逐日恒量给药法。

（5）注意联合用药：如ACEI、β受体拮抗药和醛固酮拮抗药，三药合用是目前充血性心力衰竭的基本治疗方案。ACEI一般不与ARB合用；强心苷与排钾利尿药合用时要注意补钾；强心苷使用期间禁止静脉应用钙剂。

2. 告知患者或医护人员用药注意事项

（1）掌握正确的给药时间：利尿药宜选择早晨或日间给药；卡托普利宜餐前1小时服用；强心苷宜饭后服用。

（2）警惕不良反应，减少危险因素：给药前应告知患者药物可能出现的不良反应措施，如给予强心苷类药物前要避免低血钾、高血钙、低血镁、心肌缺氧、肾功能不全等易诱发中毒的因素。

二、用药中

1. 应指导护理人员根据不同的药物采取不同的给药措施。如强心苷类药物静脉给药时须稀释后缓慢静脉注射，肌内注射时宜选择较大肌肉进行深部注射且要经常更换注射部位；硝普钠必须现配现用并严格避光。

2. 指导患者或医护人员高度关注药物的不良反应，熟悉各种不良反应的处理措施。如在服用强心苷时应先检查患者的心率和节律，若成人心率<60次/min或节律异常时，应暂缓给药。

三、用药后

1. 指导医护人员和患者密切关注用药反应（疗效、不良反应等），及时调整给药方案。如服用强心苷后要警惕强心苷中毒的先兆症状，若出现频发室性期前收缩、心率低于60次/min、黄视或绿视症时，应立即停药。

2. 对患者进行用药教育，视患者情况改正其不当用药行为，指导患者安全用药。

（1）向患者强调配合治疗、遵医嘱服药的重要性，根据心衰病情，加强针对性的心理支持，帮助其保持良好的精神状态。

（2）告诉患者可能出现的药物不良反应措施：如教会患者服用强心苷前自测脉搏，当脉搏<60次/min时暂停服药并到医院就诊；服用血管扩张药的患者用药后起床宜缓慢，以防直立性低血压。

（3）指导患者合理饮食。要低钠、低脂饮食，遵医嘱适度进食富钾食物，戒烟，肥胖患者应减轻体重，严重心力衰竭伴明显消瘦（心脏恶病质）者应给予营养支持。失代偿期需卧床休息，多做被动运动以预防深部静脉血栓形成；临床情况改善后在不引起症状的情况下鼓励体力活动，以防止肌肉"去适应状态"（失用性萎缩）。

⏵ 药学思政⋮∙∙∙

防治心力衰竭，携手同行

目前心力衰竭的治疗有了很大进展，但心力衰竭仍是心血管疾病的主要死亡原因。据不完全统计，严重心力衰竭患者1年死亡率高达50%左右。研究表明，患者的抑郁、焦虑和孤独、绝望情绪在心力衰竭恶化中发挥重要作用，也是加速心力衰竭患者死亡的因素。所以，心理支持和精神辅助疗法同样非常重要。

实践中可以制订健康宣教计划和帮扶方案，尊重、关爱和鼓励患者，帮助其正确看待疾病，树立生活信心，并配合饮食、运动、健康生活方式和社会关系等方面的指导。

∙∙∙

药学服务岗位操作实践

岗位情境：

刘奶奶今年76岁，患风湿性心脏病12年，近年来感觉身沉、体乏、腿重，下肢出现浮肿，走路较慢，上楼梯后常气喘吁吁，自初冬感冒后，频频出现心慌、气短、头晕、乏力等症状，有时夜间睡卧时憋气难眠，近几日咳嗽并伴有粉红色泡沫样痰，遂到医院就诊，经检查诊断为慢性充血性心力衰竭，医师给以依那普利、美托洛尔、氢氯噻嗪治疗。刘奶奶的子女在病房碰到了临床药师小周，请他介绍治疗药物。

操作流程：

1. 耐心细致地倾听家属陈述，然后介绍依那普利＋美托洛尔＋氢氯噻嗪的药物组合是常规的心力衰竭治疗方案，给药后1周左右，气喘、心慌、乏力、下肢浮肿等症状会逐渐好转，长期规律用药后生活基本自理，并能延缓疾病进程。

2. 告知药物主要不良反应，如福辛普利会引起干咳，美托洛尔会引起四肢发冷，氢氯噻嗪引起口渴，注意低血钾现象等。如出现心悸、乏力、恶心、呕吐、腹泻等须立即报告医护人员，必要时可换用螺内酯等保钾利尿药。

3. 建议做好每日检查，重点是体重、尿量、血压、心率、血钾等；饮食应注意低钠、低脂肪、高营养等，适度补钾，控制水的摄入等。

4. 如家属愿意，可以建立更方便的联系方式，提供更全面周到的药学服务，并提醒医护同事注意反馈后续用药问题，药师及时跟进。

•••• 章末小结 ••••

本章主要介绍了抗充血性心力衰竭药的分类及各代表药，包括ACEI/ARB、β受体拮抗药、醛固酮拮抗药、利尿药、正性肌力药、血管扩张药和其他类药等，重点是ACEI/ARB、β受体拮抗药、强心苷等的作用、用途及不良反应；难点是心力衰竭用药指导要点、强心苷中毒机制及防治等；要点如下。

1. ACEI与ARB最主要的优点是可防止和逆转心肌与血管重构。

2. ACEI是治疗充血性心力衰竭的首选药物，包括无症状性左室功能不全。不能耐受ACEI的可改用ARB。ACEI基础上合用醛固酮拮抗药效果更佳。

3. 美托洛尔、比索洛尔、卡维地洛等β受体拮抗药主要治疗扩张型心肌病伴充血性心力衰竭。给药时起始剂量须小，递加剂量须慢。

4. 强心苷治疗充血性心力衰竭的主要药理学基础是正性肌力作用；临床用途包括充血性心力衰竭、心房纤颤、心房扑动和阵发性室上性心动过速。

5. 强心苷的安全范围较窄，毒性反应有胃肠道反应、神经系统反应和心脏毒性。引起的快速型心律失常应补钾，并首选苯妥英钠治疗；强心苷引起的缓慢型心律失常不宜补钾，首选阿托品治疗。

6. 对于有体液潴留的充血性心力衰竭患者，利尿药是唯一能充分控制和有效消除体液潴留的药物，一般首选呋塞米。

7. 血管扩张药是治疗充血性心力衰竭的辅助用药。肼屈嗪主要扩张小动脉；硝酸甘油、硝酸异山梨酯主要扩张小静脉；硝普钠扩张小动脉和小静脉药。

一、 单项选择题

1. 无症状性心力衰竭的首选药物是（　　　）

 A. 利尿药　　B. 强心苷　　C. ACEI　　D. 醛固酮拮抗药　　E. β受体拮抗药

2. 强心苷治疗充血性心力衰竭的主要药理学依据是（　　　）

 A. 利尿　　　　　　B. 扩张血管　　　　　C. 减慢心率

 D. 抑制房室传导　　E. 增强心肌收缩力

3. 强心苷中毒的早期症状是（　　　）

 A. 视觉障碍　　　　B. 畏食、恶心和呕吐　　C. 室性期前收缩

 D. 房室传导阻滞　　E. 窦性心动过缓

4. 应用强心苷治疗充血性心力衰竭期间禁止应用下列哪种药物（　　　）

 A. 钾盐　　　　　　B. 利多卡因　　　　　C. 苯妥英钠

 D. 钙剂　　　　　　E. 阿托品

5. 对血管扩张药治疗充血性心力衰竭的机制描述最确切的是（　　　）

 A. 降低心肌耗氧量　　　　　　　　　B. 增加心排血量

 C. 降低心脏前、后负荷　　　　　　　D. 降低外周阻力

 E. 扩张冠状动脉，增加心肌供氧

二、 简答题

1. 治疗充血性心力衰竭的药物有哪几类？请结合各自代表药介绍其特点。

2. ACEI/ARB治疗充血性心力衰竭有什么优势？与哪些药物合用能提高治疗效果？

3. 简述β受体拮抗药具有负性肌力作用，为何能用于治疗充血性心力衰竭？

4. 简述强心苷用于治疗充血性心力衰竭的药理学基础。

三、 应用题

1. 请用横线将下列抗充血性心力衰竭药与对应的类别、临床用途或不良反应连接起来。

类别	药物	临床用途或不良反应
ACEI	卡维地洛	是治疗充血性心力衰竭的"金三角"之一，但单用仅能发挥较弱的作用
ARB	呋塞米	抑制心肌收缩力，可能诱发和加重心力衰竭
醛固酮拮抗药	地高辛	适用于有明显的体液潴留或伴有肾功能受损的患者
利尿药	卡托普利	无症状性左室功能不全的首选药
β受体拮抗药	缬沙坦	可引起黄视症、绿视症
强心苷	螺内酯	适用于有明显的体液潴留或伴有肾功能受损的患者

2. 案例分析：患者，男，56岁，患有慢性心功能不全，长期口服地高辛，近日因食用海鲜过敏，医师给以葡萄糖酸钙静脉注射治疗。

   请思考并讨论：该治疗方案是否合理？为什么？

3. 材料分析题：心力衰竭是心脏疾病发展的终末阶段，是21世纪心血管疾病面临的最严峻的挑战之一，2021年全球主要国际心血管病学会都对心力衰竭诊疗推出多项新理念、新技术。2021年11月26日是第7个"全国心力衰竭日"，主题是"认识心力衰竭，规范诊治"。

   请同学们围绕上述内容，采取小组合作形式，查阅资料，开展心力衰竭相关防治知识的科普宣传，并讨论如何在具体工作中体现出职业素养和专业精神。

（黄小琼）

第二十一章
抗心绞痛药

第二十一章
数字内容

学习目标

知识目标：

- 掌握　抗心绞痛药的分类及各自作用、用途和不良反应。
- 熟悉　硝酸酯类、β受体拮抗药、钙通道阻滞药的用药指导特点。
- 了解　心绞痛的发病机制和药物治疗原则。

技能目标：

- 熟练掌握　进行抗心绞痛用药指导的基本技能。
- 学会　正确评价药物疗效，观察不良反应，为合理用药提供依据。

素质目标：

- 具有尊重、关心心绞痛患者，开展抗心绞痛药合理用药等岗位服务的专业精神和职业素养。

➡️ 情境导入

情境描述：

　　张大娘今年68岁，患有稳定型心绞痛，贴身的衣服口袋里常备着硝酸甘油。今天早晨张大娘外出散步时，突然下起大雨，于是急忙跑进超市躲雨。跑进超市不久后，张大娘就感觉心前区剧烈疼痛，同时伴有胸闷、憋气等症状，于是马上从衣服口袋中取出硝酸甘油放在舌下含服，但连续含服3次后，症状仍然没有得到缓解。

学前导语：

　　同学们，心绞痛是冠状动脉粥样硬化性心脏病常见的临床症状，若持续发作不能及时缓解则会发展为急性心肌梗死，故应采取有效措施及时缓解心绞痛。硝酸甘油舌下含服是缓解心绞痛急性发作的有效方法，但若药物贮存方法不当则会导致药物失效，在急需使用时，就丧失了缓解心绞痛发作的最佳时机。因此，掌握本章知识可以指导患者合理用药，维护健康，同时为未来的岗位服务工作打好基础。

心绞痛是缺血性心脏病的常见症状，是冠状动脉供血不足，心肌急剧的暂时缺血与缺氧所引起临床综合征，其典型临床表现为胸骨后或左心前区出现阵发性绞痛、闷痛或压榨性疼痛，可放射到左肩、左上肢。心绞痛持续发作不及时缓解则可能发展为急性心肌梗死，故应采取有效的治疗措施及时缓解心绞痛。心绞痛根据发作的状况和机制分为以下三种类型。

（1）稳定型心绞痛：与冠状动脉粥样硬化有关，多在劳累、情绪激动时发作，或其他增加心肌耗氧量的因素可诱发。

（2）不稳定型心绞痛：与心肌耗氧量无明显关系，在活动或休息时均可发作。与稳定型心绞痛相比，不稳定型心绞痛疼痛严重、持续时间长。可逐渐转变为稳定型心绞痛，也可恶化导致急性心肌梗死或猝死。

（3）变异型心绞痛：冠状动脉痉挛所致，常在夜间或休息时发作，严重时可引起心肌梗死、心律失常，甚至猝死。

心绞痛的主要病理生理基础是心肌耗氧与供氧平衡失调，导致心肌耗氧增加而供氧不足。药物治疗心绞痛的基本原理是减少心肌耗氧和/或增加心肌供氧，前者通过抑制心脏、降低心室壁张力和心率，减少心肌耗氧量，后者通过扩张冠状动脉及侧支循环和改善心肌代谢增加心肌供氧。目前常用的抗心绞痛药主要有硝酸酯类、β受体拮抗药和钙通道阻滞药三类。这三类药物均可降低心肌耗氧量，其中硝酸酯类和钙通道阻滞药还能解除冠状动脉痉挛而增加心肌供氧。

第一节 常用抗心绞痛药

一、硝酸酯类

本类药物有硝酸甘油、硝酸异山梨酯和单硝酸异山梨酯等，均具有硝酸多元酯结构，主要活性基团是—O—NO$_2$，化学性质较活泼，应注意避光、低温保存。本类药物以硝酸甘油最为常用。

硝酸甘油（nitroglycerin）

【药理作用】硝酸甘油的基本作用是松弛平滑肌，以松弛血管平滑肌作用最为明显。作用机制主要与其在平滑肌细胞内释放一氧化氮（NO）有关。NO被认为是血管内皮松弛因子，具有明显的扩张血管作用。

➡ **药学思政**：

由硝酸甘油的发现想到的

1847年，化学家索布雷洛用浓硝酸和浓硫酸处理甘油，发现了硝酸甘油。但由于其化学性质不稳定，易发生爆炸而无法使用。之后，许多化学家试图攻克这一难题也均告失败。1862年，诺贝尔经过反复试验，解决了硝酸甘油的稳定性问题，使之在军工领域应用得到极大发展。1878年，莫雷尔等发现硝酸甘油可以有效治疗心绞痛，并作为最有效药物之一广泛使用，但作用机制一直未明。直到20世纪80年代，弗奇戈特、伊格纳罗及穆拉德三位科学家研究证实硝酸甘油抗心绞痛机制是通过一氧化氮介导松弛血管平滑肌，硝酸甘油治疗心绞痛的作用机制终于有了答案。

通过这些，我们应该认识到科学发现需要坚持不懈地努力，需要百折不挠、开拓进取的创新精神。未来药学人员在自己岗位上要有认真求索，不断奋进的职业素养和专业精神。

1. **降低心肌耗氧量** 硝酸甘油能扩张静脉和动脉，对静脉扩张作用强。小剂量即可明显扩张静脉血管，减少回心血量，使心室容积缩小，心室壁张力下降，减轻心脏前负荷，降低心肌耗氧量；稍大剂量也可扩张动脉血管，降低外周阻力，减轻心脏后负荷，降低心肌耗氧量。

2. **增加心肌供氧量** 硝酸甘油能选择性扩张较大的心外膜血管、冠状血管及侧支血管，增加缺血区的血液供应，增加心肌供氧量。

3. **保护缺血的心肌细胞** 硝酸甘油释放NO，可促进内源性PGI_2、降钙素基因相关肽等物质的生成与释放，这些物质可减轻心肌缺血损害、改善左室功能、提高心室颤动阈，减少心肌缺血合并症，发挥保护缺血心肌的作用。

【临床用途】

1. **心绞痛** 可预防和治疗各种类型的心绞痛，是稳定型心绞痛急性发作的首选药。

2. **急性心肌梗死** 早期小剂量、短时间静脉注射给药，硝酸甘油不仅能降低心肌耗氧量，改善缺血区供血，还可抑制血小板聚集和黏附，减轻缺血损害，缩小梗死范围，降低梗死的病死率。但必须注意用量，过量易造成血压过低而加重心肌缺血。

3. **心力衰竭** 通过扩张外周血管，可减轻心脏前、后负荷，辅助治疗急、慢性心力衰竭。

【不良反应】

1. **血管扩张反应** 可引起颜面潮红、搏动性头痛、眼压升高、颅内压升高、反射性心率加快、直立性低血压及晕厥等。

2. **高铁血红蛋白血症** 剂量过大或长期用药时可发生，表现为发绀、呼吸困难等。停药后可恢复，必要时给予亚甲蓝治疗。

3. **耐受性** 连续用药2~3周可出现耐受现象，停药1~2周后可恢复敏感性。与其他硝酸酯类有交叉耐受现象。

【用药须知】

1. 口服首过效应明显，生物利用度仅为8%，心绞痛急性发作需采用舌下含服；缓解期预防性治疗可采用缓释片、气雾剂、贴剂等长效剂型。

2. 应注意避光、密封、阴凉处保存，建议随身携带急救小药盒，定期更换药物。舌下含服时应有灼热、麻刺感，否则药物可能失效。

3. 给药时宜采用坐位或者半卧位，症状缓解后应休息30分钟左右，改变体位不宜过快、过猛。

4. 采取小剂量、间歇给药法或补充含巯基药物可减少耐受性的发生。

5. 青光眼、颅内压升高者禁用。

硝酸异山梨酯（isosorbide dinitrate，消心痛）

作用机制与硝酸甘油相似，但作用较弱、起效较慢、维持时间较长。口服、舌下含服均有效。口服给药生物利用度低，个体差异大，主要用于心绞痛的预防和心肌梗死后心力衰竭的长期治疗。舌下含服生物利用度高，可快速缓解心绞痛，主用于心绞痛的急救。不良反应同硝酸甘油但较轻。

单硝酸异山梨酯（isosorbide mononitrate）

口服吸收完全，生物利用度几乎达到100%，作用持续时间长达8小时，主用于预防心绞痛，效果优于硝酸异山梨酯。

二、β受体拮抗药

β受体拮抗药如普萘洛尔（propranolol）、吲哚洛尔（pindolol）、噻吗洛尔（timolol），以及选择性β_1受体拮抗药美托洛尔（metoprolol）、阿替洛尔（atenolol）等均可用于心绞痛。

普萘洛尔（propranolol，心得安）

【抗心绞痛作用】

1. 降低心肌耗氧量　拮抗心脏β_1受体，使心肌收缩力减弱，心率减慢，心排血量减少，心肌耗氧量降低；拮抗肾脏β_1受体，肾素分泌减少，抑制肾素-血管紧张素-醛固酮系统功能，扩张动脉和静脉血管，减轻心脏的前、后负荷，降低心肌耗氧量。

2. 增加缺血区心肌供血　拮抗β_2受体，使非缺血区的阻力血管收缩，而缺血区的血管则由于缺氧呈代偿性扩张状态，因此缺血区与非缺血区的血管张力差增加，促使血液从非缺血区流向已代偿性扩张的缺血区。此外，由于心率减慢，舒张期延长，冠状动脉的灌流时间也相对延长，有利于血液从心外膜血管流向易缺血的心内膜区。

3. 改善心肌代谢　拮抗β_2、β_3受体，可抑制心肌的脂肪酸代谢，改善糖代谢，降低心肌的耗氧量。

4. 其他　促进氧合血红蛋白的解离，促进氧的释放，增加组织供氧。

【临床用途】适用于治疗稳定型和不稳定型心绞痛，尤其适用于合并高血压或快速型心律失常的患者。也可用于治疗心肌梗死的患者，能缩小梗死范围，降低病死率。不宜用于治疗冠状动脉痉挛引起的变异型心绞痛。

【不良反应】相对较轻，详见第十八章抗高血压药等有关内容。

🔍 案例分析 -

案例：

患者，男，62岁，患原发性高血压10年，最近劳累后总是感觉胸前区闷痛。昨日观看球赛过程中，情绪非常激动，突然感觉胸骨后绞痛，面色苍白，出冷汗，被迅速送去医院治疗。医生诊断为稳定型心绞痛，并开出以下处方。

Rp.

①硝酸甘油　0.5mg × 20片

用法：每次0.5mg，舌下含服　必要时

②普萘洛尔　10mg × 20片

用法：10mg　每日3次

分析：

本处方是合理的。硝酸甘油与普萘洛尔合用，可取长补短，既可提高疗效，又能减轻各自单用时的不良反应。两药都能降低心肌耗氧量，但机制不同，产生协同作用；普萘洛尔可对抗硝酸甘油引起的反射性心率加快、心肌收缩力增强的缺点；硝酸甘油则可对抗普萘洛尔所致的心室容积增大和冠状动脉收缩的缺点。但应注意的是，两个药物都可降低血压，合用时应适当减少剂量，避免合用导致的血压过低，反而不利于心绞痛的缓解。

三、钙通道阻滞药

硝苯地平（nifedipine，心痛定）

【药理作用】

1. **降低心肌耗氧量**　通过阻滞钙通道，阻滞Ca^{2+}内流，既可扩张血管，减轻心脏后负荷与前负荷，降低心肌耗氧量，又可抑制心脏，使心肌收缩力减弱，心率减慢，从而降低心肌耗氧量。

2. **增加心肌的血液供应**　扩张冠状动脉中的输送血管和阻力血管，解除冠状动脉痉挛，增加心肌供血；促进侧支循环开放，增加缺血区的血液供应；抑制血小板聚集，保持冠脉通畅，改善心肌供血。

3. **保护缺血心肌细胞**　心肌缺血时，细胞内"钙超载"可造成心肌细胞尤其是线粒体功能严重受损，钙通道阻滞药通过抑制Ca^{2+}内流而减轻"钙超载"，可保护心肌细胞的线粒体结构和功能。

【临床用途】主要用于治疗冠状动脉痉挛引起的变异型心绞痛，对稳定型和不稳定型心绞痛也有效。与β受体拮抗药合用可提高疗效，减少不良反应。

【不良反应】相对较轻，详见抗高血压药等有关章节。

本类药物还有维拉帕米（verapamil）和地尔硫䓬（diltiazem）等。其中维拉帕米扩张冠状动脉的作用较弱而抑制心脏的作用较强，特别适用于治疗伴有快速型心律失常的心绞痛患者，对变异型心绞痛不宜单独使用。地尔硫䓬扩张冠状动脉和抑制心脏的作用强度介于硝苯地平和维拉帕米之间，变异型、稳定型和不稳定型心绞痛均可使用。

⊘ **课堂问答**：

> 普萘洛尔和硝苯地平都是常用的抗心血管病药物，请同学们比较并归纳这两种药物分别能够治疗哪些心血管疾病，是否可以合用。

第二节　抗心绞痛药的用药指导

一、用药前

1. 审核处方，对不合理用药进行反馈或指导

（1）明确诊断，合理选择药物：要根据心绞痛的类型和药物作用特点合理选择药物。稳定型心绞痛急性发作首选硝酸甘油；变异型心绞痛首选硝苯地平；普萘洛尔不宜用于变异型心绞痛。

（2）选择适宜的剂型和给药途径：硝酸甘油控制心绞痛急性发作时，采用片剂舌下含服；预防发作时，采用贴剂或软膏剂外用；急性心肌梗死时，采用注射剂静脉给药。

（3）选择适宜的剂量：剂量应个体化，从小剂量开始应用。为减少耐受性的发生，硝酸甘油宜采用小剂量、间歇给药法。

（4）注意各类药物的禁忌证：青光眼、颅内压升高患者不宜选用硝酸甘油；支气管哮喘患者不宜选用普萘洛尔。

（5）注意联合用药：不同类型的抗心绞痛药联合应用可取长补短、增强疗效。如硝酸酯类药可与β受体拮抗药合用，硝酸酯类药可与钙通道阻滞药合用，普萘洛尔可与硝苯地平合用。但普萘洛尔不宜与维拉帕米或地尔硫䓬合用，以免导致过度的心动过缓、房室传导阻滞。

2. 告知患者或医护人员用药注意事项

（1）掌握正确的给药方法：硝酸甘油控制发作时应采取舌下含服，可事先湿润口

腔，将药片直接或嚼碎后置于舌下，不可吞服；喷雾给药时，应将药物喷在口腔黏膜上或舌下；贴膜剂应将其贴在毛发少的皮肤上，如胸前区或手腕等处；静脉给药时要掌握好输液速度和用药浓度。

（2）警惕不良反应，减少危险因素：给药前应告知患者药物可能出现的不良反应及防治措施。血管扩张引起的副作用一般可逐渐适应，若头痛持续不缓解且严重，应报告医师；为避免直立性低血压，服药时应采用坐位、半卧位或卧位，并缓慢更换体位。

二、用药中

1. 应指导护理人员，不同的药物采取不同的给药措施。如硝酸甘油在静脉滴注时，可被PVC塑料输液装置表面吸附80%左右，故输液装置宜用玻璃容器或用聚乙烯及聚烯烃塑料容器；此外，硝酸甘油静脉给药时还须采用避光措施。

2. 指导患者或医护人员警惕药物的不良反应，熟悉各种不良反应的处理措施。如硝酸甘油用药过程中患者若出现发绀、呼吸困难等症状，应考虑停药，必要时给予亚甲蓝治疗。

三、用药后

1. 指导医护人员和患者密切关注用药反应（疗效、不良反应），及时调整给药方案。若出现血压或心率的剧烈变化，及时告知医师。

2. 对患者进行用药教育，视患者情况改变其不当用药行为，指导患者安全用药。

（1）向患者强调遵医嘱服药的重要性。

（2）指导患者及家属合理贮存药物。硝酸甘油应避光、密封、阴凉处保管，随身携带时不可使用塑料容器，也要避免放在贴身的衣服兜里；已使用的硝酸甘油，3~6个月未用完的药物应弃去，换新药。

（3）要告知判断药物是否有效的简单鉴别方法。硝酸甘油舌下含服时应有少许甜味并带有灼热感、麻刺感，如没有则药物可能失效，应及时更换新物。

（4）要告知服药无效时的处理方法。舌下含服硝酸甘油一般2~3分钟见效，无效可再含服1~2片，可连续含服3次。若仍未能控制心绞痛，应警惕心肌梗死的可能性，需及时到医院诊治。

（5）指导患者合理饮食。坚持低钠、低脂、低胆固醇饮食，多吃富含维生素和膳食纤维的食物，要戒烟戒酒，要少食多餐，切忌暴饮暴食，特别是晚餐不宜吃得过饱。发作时应立刻休息，多数在停止活动后症状可缓解；缓解期要调整日常生活与工作量，减轻精神负担，保持适当的体力活动，但以不发生疼痛症状为度；一般不需卧床休息。

药学服务岗位操作实践

岗位情境：

社区药店小陈的邻居刘阿姨身体一直不是很好，有高血压病史10年、支气管哮喘史2年。最近总是在劳累后感觉心前区有压榨样、紧缩样的疼痛，并感觉胸闷，每次持续几分钟，休息后可缓解，于是家人带她去医院治疗，医生诊断为稳定型心绞痛。医生给刘阿姨开了普萘洛尔和硝酸甘油两种药物。刘阿姨来找小陈咨询，小陈应如何运用本章知识做好解答呢？

操作流程：

1. 明确刘阿姨因其患有支气管哮喘，不宜使用普萘洛尔，会加重哮喘的症状，建议其再次找医师，讲明自己的病情，请医师重新开具药物。

2. 指导刘阿姨硝酸甘油的正确服用方法、服用注意事项和贮存方法，并帮助刘阿姨检查自带的防治心绞痛小药盒。

3. 告诉刘阿姨要合理饮食、科学安排作息、适度活动。

4. 可在刘阿姨自愿情况下，建立方便的联系方式，及时沟通，提供咨询服务等。

章末小结

本章主要介绍了抗心绞痛药，其中重点是各类药物的作用、用途、不良反应及用药指导，难点是抗心绞痛药的发病机制。应主要掌握硝酸甘油的基本作用是扩张血管，是稳定型心绞痛急性发作的首选药。普萘洛尔禁用于变异型心绞痛。硝苯地平对变异型心绞痛疗效好。普萘洛尔和硝酸甘油合用效果更好。还应学会向患者介绍药品使用与保管知识，推荐健康的生活方式等。

思考与练习 · 第二十一章　抗心绞痛药

一、　单项选择题

1. 硝酸甘油的基本作用是（　　　）

　　A. 降低心肌收缩力　　　　B. 缩小心室容积　　　　C. 增加冠状动脉血流量

　　D. 松弛平滑肌　　　　　　E. 降低心肌耗氧量

2. 硝酸甘油没有下列哪一种作用（　　　）

　　A. 扩张容量血管　　　　B. 减少回心血量　　　　C. 增加心率

　　D. 增加心室壁张力　　　E. 降低心肌耗氧量

3. 硝酸甘油控制心绞痛急性发作的给药方法是（　　　）

　　A. 静脉注射　　　　　B. 静脉滴注　　　　C. 肌内注射

　　D. 口服　　　　　　　E. 舌下含服

4. 稳定型心绞痛急性发作的首选药是（　　　）

　　A. 硝酸甘油　　　　　B. 硝酸异山梨酯　　　　C. 普萘洛尔

　　D. 硝苯地平　　　　　E. 维拉帕米

5. 下列哪种药物最适用于变异型心绞痛（　　　）

　　A. 美托洛尔　　　　　B. 厄贝沙坦　　　　C. 硝苯地平

　　D. 卡托普利　　　　　E. 普萘洛尔

6. 普萘洛尔不可用于治疗（　　　）

　　A. 窦性心动过速　　　B. 变异型心绞痛　　　C. 肾素活性偏高的高血压

　　D. 稳定型心绞痛　　　E. 阵发性室上心动过速

二、　简答题

1. 简述抗心绞痛药的分类及代表药物的特点。

2. 简述硝酸酯类与β受体拮抗药联合用药的目的。

三、　应用题

1. 请用横线将下列抗心绞痛药与对应的主要特点连接起来。

药物	主要特点
硝酸甘油	非选择性β受体拮抗药
普萘洛尔	选择性β₁受体拮抗药
维拉帕米	释放NO
硝苯地平	变异型心绞痛的首选药
美托洛尔	阵发性室上性心动过速的首选药

2. 案例分析：患者，女，62岁，患有稳定型心绞痛，近1个月发作频繁，门诊医师给予治疗方案：①普萘洛尔片10mg，每日3次；②单硝酸异山梨酯片20mg，每日2次；③硝酸甘油0.5mg，疼痛时或活动前、大便前舌下含服。请思考并讨论：①此方案是否合理？为什么？②如何指导患者正确服用和贮存硝酸甘油？服用时的注意事项有哪些？③药学工作人员在具体工作中应如何体现职业素质和专业精神？

（冯敏超）

第二十二章
调血脂药

学习目标

知识目标：

- 熟悉　常用调血脂药的种类及代表药的作用、用途和不良反应。
- 了解　调血脂药的作用机制和用药指导。

技能目标：

- 学会　正确使用调血脂药，开展用药指导的基本技能。

素质目标：

- 具有尊重、关心高脂血症患者，开展调血脂药合理用药等岗位服务的专业精神和职业素养。

情境导入

情境描述：

　　刘先生今年50岁，平时吸烟、饮酒，应酬多，好吃美食，还不喜欢运动，导致身体肥胖。其父亲在64岁时因心肌梗死过世，母亲有高胆固醇和高甘油三酯血症。刘先生最近体检发现，其总胆固醇7.8mmol/L（正常参考值2.8~5.7mmol/L），低密度脂蛋白4.9mmol/L（正常参考值1.68~4.53mmol/L），高密度脂蛋白0.56mmol/L（正常参考值0.78~1.55mmol/L），血糖正常。后经医师诊断为高胆固醇型高脂血症，建议低胆固醇饮食、适度锻炼减体重和服用调血脂药治疗。

学前导语：

　　同学们，高脂血症的发生与遗传、肥胖、不良饮食和生活习惯等有关。高脂血症是动脉粥样硬化、缺血性心脑血管疾病的主要诱因之一。目前，高脂血症已成为影响我国居民健康的一大问题。在干预生活方式的基础上，合理使用调血脂药可以延缓上述疾病的发生和发展，并延长预期寿命。因此，学好本章知识有着非常重要的意义，可以指导患者合理用药，维护健康，同时为未来的岗位服务工作打好基础。

血脂是血浆中的胆固醇、甘油三酯和其他类脂如磷脂等的总称。循环血液中的胆固醇和甘油三酯必须与载脂蛋白（apo）结合形成脂蛋白，才能被运输到组织进行代谢。脂蛋白按密度从小到大分为五类：乳糜微粒（CM）、极低密度脂蛋白（VLDL）、中间密度脂蛋白（IDL）、低密度脂蛋白（LDL）和高密度脂蛋白（HDL）。高脂血症又称血脂异常，通常是指血浆中的总胆固醇和/或甘油三酯升高，高VLDL/LDL血症、低HDL血症也属血脂异常。高脂血症的危害主要是血脂成分在血管内皮沉积，引起一系列复杂病理变化最终导致动脉粥样硬化，这是冠状动脉粥样硬化性心脏病和周围血管病的病理生理基础。

第一节　常用调血脂药

调血脂药通过降低血浆胆固醇和/或甘油三酯，同时降低VLDL/LDL、升高HDL，可以明显降低冠状动脉粥样硬化性心脏病的发病率和病死率。比较常用的调血脂药主要有他汀类、贝特类、影响胆固醇吸收药、烟酸类等。

一、他汀类

他汀类药物又称羟甲基戊二酰辅酶A（HMG-CoA）还原酶抑制药，其中洛伐他汀为其代表药。

洛伐他汀（lovastatin）

【药理作用】HMG-CoA还原酶是肝细胞合成胆固醇过程中的限速酶，本药通过抑制该酶的活性，减少胆固醇的合成，可明显降低血清胆固醇含量，还可加快血浆中LDL的清除速度，同时甘油三酯的水平也略有降低，而HDL则有轻度增加。

【临床用途】他汀类是目前降低胆固醇最有效的药物。适用于治疗以胆固醇升高为主的高脂血症，特别是伴有LDL升高者，对混合型高脂血症以及糖尿病性、肾性高脂血症也有效。

【不良反应】

1. 消化道反应　表现为恶心、腹部不适等，较常见，但多不严重。

2. 肝脏毒性　表现为氨基转移酶增高，多为一过性，不引起持续的肝损伤。使用的前3个月必须定期检查肝功能。

3. 肌病　可出现肌痛、肌无力、血浆肌酸激酶升高等症状，严重者可出现横纹肌溶解症，虽然罕见，但是一旦出现可能危及生命，应立即停药。

➡ 药学思政 ···

调血脂药引起的横纹肌溶解症

西立伐他汀钠片是国外某医药公司曾经生产的一种调血脂药物。自1997年上市以来，全世界80多个国家超过600万患者使用过该药。2001年该公司宣布在全球停止销售此药，同时回收所有已售出的药物。其主要原因是美国食品药品管理局（FDA）公布了31例被认为与该药有关的横纹肌溶解导致死亡的事件。所谓横纹肌溶解症是一种横纹肌损伤，细胞膜的完整性改变，导致肌细胞产生的有害物质进入血液，引起肾衰竭的疾病。临床发现该药与贝特类药物（如吉非贝齐）合用可能导致横纹肌溶解、急性肾衰竭等严重不良反应。

由此可见，合理用药要高度警惕药物的不良反应，药物不仅需要帮助患者解除疾病带来的痛苦，还需要很高的安全性，避免发生新的药源性疾病，从而更好地维护患者的健康。

【用药指导】提示本类药物适用于高胆固醇血症患者，应定期检查肝功能和磷酸肌酸激酶活性。如出现全身性肌肉疼痛、僵硬、乏力，应警惕横纹肌溶解症的发生。孕妇和哺乳期妇女禁用。

其他常用的他汀类药物有辛伐他汀（simvastatin）、普伐他汀（pravastatin）、氟伐他汀（fluvastatin）、阿托伐他汀（atorvastatin）、匹伐他汀（pitavastatin）、瑞舒伐他汀（rosuvastatin）等（表22-1）。

表 22-1　常用他汀类药物特点比较

药物	分类	作用强度	特点
辛伐他汀	短效	中	睡前服药效果好，通过肝药酶CYP3A4代谢，与其他药物相互作用较多，联合用药时要加以注意
普伐他汀	短效	中	需要在睡前服药，不通过肝药酶代谢，与其他药物相互作用少，不良反应较少，对血糖影响较小
氟伐他汀	短效	中	需要在睡前服药，通过肝药酶CYP2C9代谢，与部分药物有相互作用
阿托伐他汀	长效	中	每天固定时间服药即可，主要经肝药酶CYP3A4代谢，与其他药物相互作用多，联合用药时应注意
匹伐他汀	长效	高	每天固定时间服药即可，服用剂量最小的他汀类药物，主要经粪便排泄，与其他药物相互作用少，副作用少，对血糖的影响最小
瑞舒伐他汀	长效	高	每天固定时间服药即可，主要经粪便排泄，部分经肾脏排泄，很少部分经肝脏代谢，与其他药物相互作用少，联合用药时安全性较高

注：以低密度脂蛋白胆固醇（LDL-C）降低的幅度，作为衡量药效的标准。高强度：他汀类每日剂量降低，LDL-C ≥ 50%；中强度：他汀类每日剂量降低，LDL-C 30%~50%；低强度：他汀类每日剂量降低，LDL-C<30%。

二、贝特类

本类药物也称苯氧酸类，最早应用的药物是氯贝丁酯，因毒性大而停用。目前应用的新型贝特类药，药效强、毒性低，包括非诺贝特（fenofibrate）、苯扎贝特（bezafibrate）、吉非贝齐（gemfibrozil）等，作用相似，强度和药动学特点略有差别。

非诺贝特（fenofibrate）

【作用与用途】本药能明显增加脂蛋白脂肪酶活性，降低血浆甘油三酯水平，也能加速 VLDL 分解，并提高 HDL 水平，也可适度降低总胆固醇水平。

临床主要用于甘油三酯或 VLDL 升高的高脂血症，亦可用于高胆固醇血症和混合型高脂血症。

【不良反应】较轻，可出现消化不良、腹痛、腹泻等消化道症状，长期使用可出现胆石症，以及增加其他肝胆疾病的发生率。与他汀类合用可增加肌病的发生率。应定期进行肝胆常规检查，并监测磷酸肌酸激酶水平。

三、影响胆固醇吸收药

（一）胆酸螯合药

常用药物主要有考来烯胺（colestyramine）、考来替泊（colestipol）等，作用相同，强度和时间略有差别。

考来烯胺（colestyramine）

【作用与用途】考来烯胺属于碱性阴离子交换树脂，口服后在肠道不被吸收，而与胆酸螯合，抑制胆酸经肠道吸收，阻断胆酸的肝肠循环，继而加速肝内的胆固醇转化为胆酸；除此之外，随着肝细胞内胆固醇的减少，肝脏对 LDL 的清除也随之加快。本类药物可使血清总胆固醇和 LDL 均明显降低，但对 HDL、甘油三酯和 VLDL 无明显影响。

临床主要用于总胆固醇及 LDL 升高的高脂血症，对高甘油三酯血症无效。对混合型高脂血症，应与贝特类配伍应用。

【不良反应】主要是胃肠道反应，如腹胀、便秘等，合用矫味剂和多食纤维性食物可减轻。但应注意本药可影响脂溶性维生素的吸收，应注意补充。

（二）直接抑制胆固醇吸收药

依折麦布（ezetimibe）

本药口服后附着于小肠绒毛刷状缘，抑制胆固醇的吸收，直接降低小肠中的胆固醇向肝脏中的转运，使得肝脏胆固醇贮量降低，从而增加血液中胆固醇的清除。本药不同于胆酸螯合药，不增加胆汁分泌，也不抑制胆固醇在肝脏中的合成。

临床主要用于总胆固醇升高的高脂血症，与他汀类联合应用，可进一步降低胆固醇水平，优于两种药物的单独应用。不良反应轻微且呈一过性，可出现血小板减少症、头晕、感觉异常、便秘、过敏反应、肌痛等。

四、其他类

烟酸类（nicotinic acids）

主要有烟酸（nicotinic acid）、烟酸肌醇酯（inositol nicotinate）、阿昔莫司（acipimox）。

【作用与用途】烟酸又称尼克酸，是一种水溶性维生素。烟酸肌醇酯使其酯化物，水解生成盐酸，均能强烈抑制脂肪组织释放游离脂肪酸，从而减少肝脏合成甘油三酯、VLDL 和 LDL，提高 HDL 水平，另外还有扩张血管、抗血栓的作用。

临床主要用于治疗以甘油三酯、VLDL 或 LDL 升高为主的高脂血症。

【不良反应】治疗初期常见皮肤潮红、瘙痒、头痛等。胃肠道症状也常见，如恶心、呕吐、腹泻等，可诱发溃疡。大剂量可引起血糖升高、尿酸增加、肝功能异常。长期用药应监测血糖、血尿酸和肝功能等。

阿昔莫司的药理作用与烟酸相似，但不良反应较烟酸少。

🔗 知识链接：

被重新认识的烟酸类药物

20 世纪 50 年代中期烟酸曾作为调血脂药物使用，但由于烟酸的副作用较大，患者难以耐受，其临床应用受到限制。近年来，随着烟酸类药物剂型的改进和烟酸衍生物的出现，如阿昔莫司、烟酸肌醇酯等，以及研究发现烟酸类还具有增加 HDL 和减少甘油三酯的作用，烟酸类药物重新受到关注。

依伏库单抗（evolocumab）、阿利库单抗（alirocumab）

本类药物是 PCSK9 抑制药，又称为神经细胞凋亡调节转化酶-1 抑制药，前蛋白转化酶枯草杆菌蛋白酶/kexin9 型（PCSK9）是一种参与调节肝脏低密度脂蛋白受体（LDLR）生命周期的分泌性蛋白。PCSK9 可与 LDLR 的胞外结构域结合，使 LDLR 在溶酶体中的降解增强，从而引起循环 LDL-C 水平升高。本类药物属于分子靶向药物，可与 PCSK9 结合，抑制循环系统中的 PCSK9 与低密度脂蛋白受体（LDLR）结合，从而防止 PCSK9 介导的 LDLR 降解，增加可利用的 LDLR 的数量，将 LDL 自血液中清除，从而降低 LDL-C 水平。

临床主要用于治疗总胆固醇、LDL-C 升高的高脂血症，对他汀类治疗无效的患者提供了新的选择。不良反应可出现头痛、头晕、肌痛、骨骼肌疼痛、高血压、腹泻、肠胃炎等。

洛美他派（lomitapide）

本药是微粒体甘油三酯转移蛋白（MTP）抑制药，可直接与内质网腔内的 MTP 结合，显著降低 VLDL、LDL 浓度。临床主要用于治疗 VLDL、LDL 升高的高脂血症。不良反应主要是肝脏 TG 堆积引起的肝脏脂肪变性，以及药物本身可能引起的胃肠道反应。

第二节 调血脂药的用药指导

一、用药前

1. 提示充分了解病史和治疗史信息，熟悉常用调血脂药的适应证和禁忌证、剂型、用法、用量等。注意给药方法，如他汀类药物在晚餐或睡觉前服用疗效更好。

2. 较严重的血脂异常联合用药可得到较为满意的治疗效果，如他汀类与胆固醇吸收抑制药合用，对降低胆固醇和LDL有协同作用；他汀类与烟酸类合用，在降低总胆固醇和提升HDL等方面有协同作用，而不良反应并没有增加。

3. 他汀类与贝特类合用，肌病的发生率升高10~20倍；他汀类与免疫抑制药、叶酸衍生物、红霉素等合用可增加肌病的发生率。

4. 他汀类药物与柚子类食物不能同时服用。因其内含呋喃香豆素，可以抑制细胞色素P450酶的活性，使他汀类药物血浓度升高，不良反应发生率也增加。

二、用药中

1. 提示应定期检查血常规、血脂、血糖、血尿酸及肝功能，并做好上述指标的长期对比分析。

2. 部分药物的副作用出现较快，如应用烟酸的患者可能出现面、颈、耳发红或皮肤瘙痒症状，服药前30分钟加服阿司匹林可减轻症状。

三、用药后

1. 提示密切观察用药后的疗效和不良反应，采取相应措施。如胆酸螯合药与他汀类合用降血脂作用增强，但其可引起脂溶性维生素缺乏，需要适当补充。

2. 教育患者高脂血症要首先采取控制饮食、加强体育锻炼、戒烟戒酒等综合治疗措施。

药学服务岗位操作实践

岗位情境：

药店小刘的老顾客陈叔叔最近总是感觉心悸、头晕、胸闷、失眠，体检发现胆固醇和甘油三酯均高于正常值。陈叔叔的朋友也有血脂高的情况，好像在吃洛伐他汀和吉非贝齐这两种药物。陈叔叔来找小刘咨询自己该用哪种药，小刘应如何运用本章知识做好解答呢？

操作流程：

1. 首先热情接待陈叔叔，安抚其心情，了解疾病及就医过程，找出洛伐他汀和吉非贝齐等药物的说明书及相关资料。

2. 向陈叔叔介绍其可能是混合型高脂血症，需要在医生指导下选择合理的治疗方案，随意组合药物又可能带来不良后果。比如，洛伐他汀片属于他汀类药物，是与贝特类的吉非贝齐合用会增加肌病的发生率，严重者可出现横纹肌溶解症。

3. 建议陈叔叔应去医院做全面检查，请医生制订合理的治疗方案。

4. 告诉陈叔叔要合理饮食、加强体育锻炼、戒烟戒酒等。可关注权威的健康教育媒体平台，药师也会跟进，提供更全面的药学服务。

●···· 章末小结 ····

本章主要介绍了调血脂药，其中重点是常用调血脂药的作用、用途及不良反应，难点是调血脂药的作用机制。

常用的调血脂药主要有他汀类、胆酸螯合药、贝特类、烟酸类等。他汀类和胆酸螯合药主要降低总胆固醇水平。贝特类和烟酸类主要降低甘油三酯水平。

建议用药前充分了解病史，提示合理联合用药；用药中提示定期检查血常规、血脂、血糖、血尿酸及肝功能；用药后提示密切观察药物的疗效和不良反应，教育患者高脂血症要采取综合治疗措施。

一、 单项选择题

1. 下列哪一种药物在肠道结合胆汁酸，阻止其通过肝肠循环回到肝脏（   ）
   A. 烟酸   B. 氯贝丁酯
   C. 考来烯胺   D. 阿昔莫司
   E. 洛伐他汀

2. 下面哪一种药物通过抑制HMG-CoA还原酶而降低胆固醇的合成（   ）
   A. 氯贝丁酯   B. 烟酸
   C. 考来烯胺   D. 洛伐他汀
   E. 非诺贝特

3. 调血脂药最常见的不良反应是（   ）
   A. 血压升高   B. 胃肠道反应
   C. 影响神经系统功能   D. 心悸
   E. 偏头痛

4. 通过增加脂蛋白酶活性产生调血脂作用的药物是（   ）
   A. 洛伐他汀   B. 阿司匹林
   C. 非诺贝特   D. 考来烯胺
   E. 烟酸

5. 治疗高胆固醇血症最有效的是（   ）
   A. 洛伐他汀   B. 烟酸
   C. 普罗布考   D. 考来烯胺
   E. 非诺贝特

二、 简答题

1. 用于调节血脂的药物有哪几类？请说出其代表药物。
2. 试述他汀类药物的降血脂作用机制和临床用途。
3. 结合情境导入的案例，简述药学人员如何正确指导患者使用调血脂药，如何体现专业精神和职业素养。

三、 应用题

请用横线将下列药物与对应的特点连接起来。

药物名称	主要特点
洛伐他汀	阻断胆酸的肝肠循环
非诺贝特	抑制NMG-CoA还原酶
依折麦布	抑制游离脂肪酸释放，减少TG、VLDL和LDL合成
考来烯胺	增加脂蛋白酶活性
烟酸	抑制胆固醇吸收，不增加胆汁的分泌

（冯敏超）

第二十三章
作用于血液和造血系统的药物

数字内容

学习目标

知识目标：

- 掌握　抗凝血药、抗血小板药的作用、用途及不良反应。
- 熟悉　促凝血药、溶栓药、抗贫血药的作用特点。
- 了解　促白细胞生成药、血容量维持药的作用特点。

技能目标：

- 熟练掌握　对血栓、贫血等疾病进行用药指导的基本技能。
- 学会　评价作用于血液和造血系统药物的疗效，观察不良反应，为合理用药提供依据。

素质目标：

- 具有尊重、关心贫血、血栓等疾病患者，开展作用于血液和造血系统药物的合理用药岗位服务的专业精神和职业素养。

➡ 情境导入

情境描述：

　　小王今年16岁，是药剂专业新生，在入学体检时，校医发现她面色苍白，精神萎靡，说话无力，身体消瘦，于是仔细问诊。小王自述15岁初次来月经后，每次月经量都比较多，而且经常持续时间长达10天，平常总是有头晕、乏力，食欲缺乏，睡眠欠佳，活动后心悸等症状。经血常规检查：血红蛋白90g/L（女性正常值110~150g/L），红细胞计数为3.2×10^{12}［女性正常值（3.8~5.1）$\times 10^{12}$］，确诊为小细胞低色素性贫血（缺铁性贫血）。医生开具了硫酸亚铁和维生素C，并连续服用3个月。陪同就诊的学长小刘结合学过的药理知识和药品说明书，向小王做了合理用药的进一步解释。

第二十三章　作用于血液和造血系统的药物 | 297

同学们，缺铁性贫血是一种良性贫血病，坚持补充铁剂后一般情况下是可以治愈的。铁剂配伍维生素C、稀盐酸、果糖等还原性药物，可以使Fe^{3+}还原为Fe^{2+}，能促进铁的吸收；相反牛奶、豆腐、茶叶及某些药物如四环素、氢氧化铝等抗酸药与铁剂同服，可发生络合反应，妨碍铁的吸收。血液和造血系统疾病比较常见，掌握本章知识可以更好地指导患者合理用药，维护健康，同时为未来的药学服务工作打好基础。

第一节　促凝血药

血液在循环系统内保持流动，在需要时发生凝固的生理功能是机体的凝血系统和抗凝血系统保持动态平衡所致。凝血系统主要是由12种凝血因子、血小板等构成，凝血刺激因素激活凝血因子，经过级联放大效应，纤维蛋白和血小板最终形成血栓，并刺激血管收缩，产生止血效应。抗凝血系统主要包括6种抗凝血酶和纤维蛋白溶解系统，前者灭活已经激活的凝血因子，抑制凝血过程；后者通过纤溶酶使新生血栓溶解，对抗凝血（图23-1）。

临床引起凝血机制障碍、出血不止的因素很多，主要有：①血液中凝血因子缺乏或活性降低；②纤维蛋白溶解系统（以下简称纤溶系统）激活；③维生素K缺乏症；④过量使用抗凝血药等情况。促凝血药又称止血药，通过影响上述因素发挥作用。常用药物有维生素K、氨甲环酸、垂体后叶素、酚磺乙胺等。

维生素K（vitamin K）

维生素K广泛存在于自然界。维生素K_1和维生素K_2为天然品，维生素K_1存在于植物如菠菜、西红柿中，维生素K_2由肠道细菌产生，两者均为脂溶性，需胆汁协助吸收；维生素K_3和维生素K_4为人工合成品，皆为水溶性，不需胆汁协助吸收。

【作用与用途】

1. 促凝血作用　维生素K作为羧化酶的辅酶，在肝内参与凝血因子Ⅱ、凝血因子Ⅶ、凝血因子Ⅸ、凝血因子Ⅹ的合成。维生素K缺乏或者肝脏疾病时凝血因子合成不足，导致凝血功能障碍，引起出血。

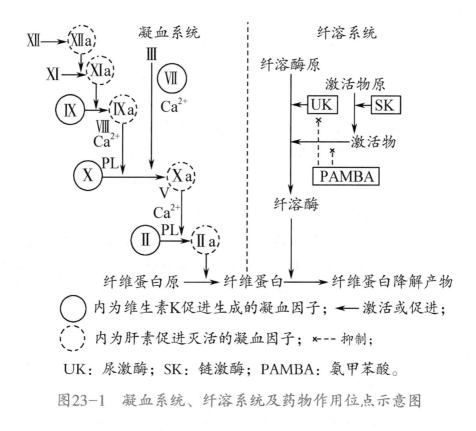

圆圈内为维生素K促进生成的凝血因子；←── 激活或促进；

虚线圆圈内为肝素促进灭活的凝血因子；✕--- 抑制；

UK：尿激酶；SK：链激酶；PAMBA：氨甲苯酸。

图23-1　凝血系统、纤溶系统及药物作用位点示意图

临床主要用于维生素K缺乏引起的出血。导致维生素K缺乏的常见情况有：①吸收障碍如胆瘘、阻塞性黄疸等导致胆汁分泌减少；②从食物中获取的维生素K减少；③长期应用广谱抗生素导致肠道正常菌群失调；④新生儿、早产儿肠道细菌较少，合成的维生素K不足；⑤长期使用拮抗维生素K的药物，如阿司匹林、华法林等药物。

2. 缓解平滑肌痉挛作用　维生素K_1或维生素K_3肌内注射有解痉作用，可用于缓解胆石症、胆道蛔虫症所致的胆绞痛。

【不良反应】

1. 口服维生素K_3、维生素K_4可致恶心、呕吐等消化道反应，宜饭后服用。

2. 维生素K_1静脉注射过快可出现面部潮红、出汗、胸闷、血压下降甚至休克，通常以肌内注射为宜。

3. 新生儿特别是早产儿大剂量使用维生素K_3可致溶血性贫血、高胆红素血症及黄疸。

4. 葡萄糖-6-磷酸脱氢酶缺乏的患者可诱发急性溶血性贫血。

新生儿出血症与维生素K缺乏

1934年，美国医师文特尔和兰瑟通过对200多名初生婴儿的观察研究，发现凝血功能障碍是缺乏维生素K，使凝血酶原合成减少所致。

新生儿易缺维生素K的原因是其尚不能靠肠道细菌来合成维生素K，如果又无法从母体获得足够的维生素K，就会导致维生素K不足，进而凝血因子缺乏或活性不足，出现出血甚至流血不止。采用维生素K治疗取得了满意的效果。如今，人们可对新生儿直接注射维生素K或者给分娩前产妇服用维生素K，以预防新生儿出血症。

氨甲苯酸（aminomethylbenzoic acid，PAMBA）

氨甲苯酸属于抑制纤维蛋白溶解的药物，又称抗纤溶药，通过抑制纤溶酶原激活为纤溶酶，防止纤溶酶溶解新形成的血栓而发挥止血作用。主要用于纤溶亢进引起的出血，如肝脏、子宫、前列腺、胰腺、肺等组织器官的手术出血、链激酶或尿激酶过量导致的出血等；对创伤性出血、癌症出血及非纤溶亢进引起的出血无效。本药不良反应较少，口服有胃肠道反应，注射给药可有头痛、头晕、视物模糊、嗜睡等。过量可致血栓形成，并可诱发心肌梗死。有血栓形成倾向者禁用。

抗纤溶药还有氨甲环酸（tranexamic acid），作用与氨甲苯酸基本相同，强度和持续时间略有差异，但不良反应较多。

垂体后叶素（pituitrin）

垂体后叶素由神经垂体（又称垂体后叶）分泌，含有升压素（又称抗利尿激素）和缩宫素（又称催产素）两种激素。口服无效，必须注射给药。升压素通过直接作用于血管平滑肌，能使小动脉、小静脉和毛细血管收缩而止血，尤其对内脏血管作用更明显。临床主要用于肺咯血和门静脉高压引起的上消化道出血。亦可以用于尿崩症的治疗。

本药注射过快可引起面色苍白、出汗、心悸、血压升高等，使用时应密切监测患者的血压和心率。心功能不全、高血压、动脉硬化的患者禁用。

酚磺乙胺（etamsylate，止血敏）

本药通过降低毛细血管通透性，增加血小板数量，增强血小板功能发挥促凝血作用，作用快速且持续时间长。常用于防治外科手术出血和血管因素引起的出血，如胃肠道出血、牙龈出血、鼻黏膜出血、血小板减少性紫癜等。不良反应较轻微，可有恶心、头痛、皮疹、暂时性低血压等，偶有过敏反应。

第二节　抗凝血药和抗血小板药

抗凝血药可抑制凝血因子活性或干扰凝血因子的合成，发挥抗凝血作用，防止血栓的形成，但对已经形成的血栓无溶解作用。

一、抗凝血药

肝素（heparin）

肝素因首先从肝脏发现而得名，也存在于肺、血管壁、肠黏膜等组织中。肝素天然存在于肥大细胞内，现药用肝素主要从猪小肠黏膜或牛肺组织中提取。肝素是一种黏多糖硫酸酯，呈强酸性，口服不吸收，需静脉给药。

➡ **药学思政：**

肝素发现过程带来的启示

肝素最早是被医学院大二学生麦克廉发现的。1916年麦克廉的指导教师豪厄尔教授要求其从动物脏器提取物中寻找促血液凝固的物质。麦克廉发现肝脏与心、脑组织不同，它的提取物不能促进凝血，反而会抗凝血。麦克廉报告给豪厄尔教授，但教授认为这是实验受到其他组织成分污染，后来他们又重新实验，最终印证了麦克廉的发现，并根据来源把这种抗凝血物质命名为"肝素"。后来肝素的抗凝血作用被证实是通过催化作用，增强抗凝血酶 Ⅲ 的活性发挥抗凝血作用的。现在肝素及其衍生物不仅是常用的抗凝血药，还广泛用于多种疾病的防治。

肝素发现富有戏剧性的一幕，启示我们科学发现需要艰辛、努力和智慧，要善于理性思考、大胆质疑和严谨实验，才能最终取得科学研究的成果。

【药理作用】肝素在体内、外均有迅速而强大的的抗凝血作用。其抗凝血作用与激活血浆中的抗凝血酶Ⅲ（AT-Ⅲ）有关。AT-Ⅲ是一种生理性抗凝血物质，能结合凝血因子Ⅱa、Ⅸa、Ⅹa、Ⅺa、Ⅻa和凝血酶等的丝氨酸残基，形成复合物，使其丧失活性，导致血液不能凝固。肝素与AT-Ⅲ结合后，通过改变该酶的空间构象，充分展开其活性中心，使AT-Ⅲ的活性大大提高，加速AT-Ⅲ抑制上述凝血因子和凝血酶，从而起到抗凝血作用。

【临床用途】

1. 防治血栓栓塞性疾病　及早使用肝素，通过降低高凝状态，防止心肌梗死、脑血管栓塞、静脉血栓以及手术后血栓的形成和发展，对改善相关疾病的预后有着重要意义。

2. 防治弥散性血管内凝血　早期应用肝素可防止微血栓形成，改善重要器官的供血，并可防止纤维蛋白原和凝血因子耗竭而引起的继发性出血。

🔗 知识链接：···

肝素与弥散性血管内凝血的抢救

弥散性血管内凝血（DIC）是非常凶险的急危重症。细菌毒血症引起的血管内皮损伤或者羊水栓塞、免疫异常等多种因素，均可导致体内凝血系统被过度激活，在微循环内形成播散性微血栓。这些血栓消耗了大量血小板和凝血因子，使血液从高凝状态转变为低凝状态，同时纤溶系统被激活，血栓又大量被溶解成小片段阻塞微循环。所以DIC的显著特点是"先凝血后出血"，患者最后死于大出血和微循环障碍。早期应用肝素可以预防微血栓的大量形成，保护凝血因子和血小板不被消耗，防止向晚期出血期发展，拯救患者生命。

3. 其他　广泛用于各类导管检查和介入治疗、体外循环、血液透析和留置针操作等时防止血液凝固。

【不良反应】

1. 自发性出血　肝素过量可致自发性出血，表现为黏膜出血、关节积血和伤口出血不止等。

2. 过敏反应　表现为呼吸短促、哮喘、荨麻疹、结膜炎、发热、全身瘙痒等。停药后多可恢复，或采取对症治疗。

3. 其他　长期应用还可引起血小板减少、脱发、骨质疏松和自发性骨折等。

【用药须知】

1. 用药前提示对肝素过敏者、血友病患者、有出血倾向或凝血机制障碍者、先兆临产或产后、创伤及手术后患者、活动性溃疡、活动性结核、严重高血压、肝肾功能不全等患者禁用肝素。

2. 用药中要提示普通肝素具有强酸性，静脉给药多采用5 000~10 000U肝素加入5%葡萄糖注射液100ml按20~30滴/min静脉滴注，随时观察有无过敏等不良反应。应避免注射部位渗出，也不可采用肌内注射给药，以免出现局部血肿等现象。

3. 用药后要定时测定凝血功能，一般控制凝血时间为给药前的1.5~3.0倍，如发生自发性出血者应立即停药，并注射鱼精蛋白对抗。长期维持抗凝血治疗的患者，应提前2~3天给予口服抗凝血药后停用肝素。

低分子量肝素（low molecular weight heparin，LMWH）

与普通肝素相比，低分子量肝素具有以下特点：①对凝血因子Xa的抑制作用比对凝血因子IIa强，抗凝血作用弱于普通肝素，具有较强的抗血小板作用和改善微循环作用；②出血倾向较少，也较少发生血小板减少症，自发性出血的发生率明显低于普通肝素；③生物利用度高，血浆半衰期长，可长达24小时；④给药方便，可皮下注射。

低分子量肝素主要是替代普通肝素，长期应用防治血栓性疾病。不良反应比肝素略轻。

华法林（warfarin）

华法林是香豆素类口服抗凝血药，与维生素K结构相似，竞争性拮抗维生素K的作用，抑制凝血因子II、凝血因子VII、凝血因子IX、凝血因子X的合成，使其停留在无活性的前体状态，从而发挥抗凝血作用。本药对已合成的凝血因子无影响，需在体内已合成的凝血因子耗竭后才能显效，因此起效缓慢，作用持久，且仅在体内有抗凝作用，在体外无效。临床常用于防治血栓栓塞性疾病。

不良反应主要为自发性出血，应经常监测和调节凝血功能。若出现自发性出血，除停药外，还应使用大剂量的维生素K加以对抗。

同类药物还有双香豆素（dicoumarol）、醋硝香豆素（acenocoumarol）等。

枸橼酸钠（sodium citrate）

枸橼酸钠只有体外抗凝血作用，其枸橼酸根离子与血浆中的Ca^{2+}结合形成可溶性络合物，血液中Ca^{2+}浓度降低，阻止血液凝固。临床用于新鲜血液的保存。不良反应主要是输血速度过快或大量输血（超过1 000ml）时，机体不能及时清除枸橼酸根离子，可引起低血钙，导致心功能不全、血压降低、手足抽搐，应用钙盐可防治。

二、抗血小板药

抗血小板药通过抑制血小板的黏附、聚集和释放，发挥抗凝血作用，防止血栓形成。用于预防和治疗心脑血管疾病及外周动脉血栓和静脉血栓形成。

阿司匹林（aspirin）

本药小剂量即可抑制血小板的环氧合酶，从而间接抑制血小板合成血栓素 A_2，产生抗血小板聚集的作用，防止血栓形成。临床上用于缺血性心脑血管疾病、动脉粥样硬化性心脏病等血栓栓塞性疾病的预防和治疗。

双嘧达莫（dipyridamole，潘生丁）

本药抑制血小板内磷酸二酯酶，增加细胞内的环磷酸腺苷（cAMP）而发挥抗血小板、抗血栓作用。用于血栓栓塞性疾病及缺血性心脏病的治疗。

噻氯匹定（ticlopidine）、氯吡格雷（clopidogrel）

本类药物都对腺苷二磷酸（adenosine diphosphate，ADP）诱导的血小板聚集有较强的抑制作用。其中，氯吡格雷抗血小板聚集的强度是噻氯匹定的6倍，还有能增加红细胞的变形性、降低血液黏滞度、改善微循环的作用等。

临床主要用于预防心肌梗死、缺血性脑卒中以及介入术后预防血栓等。与阿司匹林合用广泛用于急性冠脉综合征患者。

不良反应较轻，常见恶心、腹痛、腹泻和食欲减退等胃肠道反应，饭后服药可减轻。活动性病理性出血（如颅内出血、消化性溃疡出血）和严重肝肾功能不全者禁用。

普拉格雷（prasugrel）

本药可与血小板表面的ADP受体结合，使纤维蛋白原无法与糖蛋白GP Ⅱ b/ Ⅲ a受体结合，从而抑制血小板相互聚集。可用于防治心肌梗死，缺血性脑血栓，闭塞性脉管炎和动脉粥样硬化及血栓栓塞引起的并发症。不良反应可见出血、头痛、头晕、腰痛、肠胃不适等。

替格瑞洛（ticagrelorl）

本药是新型环戊基三唑嘧啶类（CPTP）口服抗血小板药物。CPTP是一种选择性二磷酸腺苷（ADP）受体拮抗药，作用于P2Y12ADP受体，以抑制ADP介导的血小板活化和聚集。临床用于不稳定型心绞痛、心肌梗死患者，包括接受药物治疗和经皮冠状动脉介入（PCI）治疗的患者，降低血栓性心血管事件的发生率。不良反应常见呼吸困难、挫伤和鼻出血等。

替罗非班（tirofiban）

本药阻止纤维蛋白原与糖蛋白Ⅱ b/ Ⅲ a结合，因而阻断血小板的交联及血小板的聚集。适用于不稳定型心绞痛、心肌梗死和急性缺血性心脏猝死等。不良反应可见出血、恶心、发热、头痛等。

阿昔单抗（abciximab）

本药阻止凝血因子 I、血管性假血友病因子（vWF）和其他黏附分子与活化的血小板 GP II b/ III a 受体位点结合，抑制血小板聚集。临床上作为经皮冠状动脉介入治疗的辅助用药，还用于预防心肌缺血的并发症。不良反应可见出血、心悸、头晕、排尿困难、恶心、呕吐、腹痛、腹泻等。

第三节　溶栓药

溶栓药又称纤维蛋白溶解药，能使纤溶酶原转化为纤溶酶，促进形成血栓的纤维蛋白溶解，使被血栓阻塞的血管再通，用于血栓性疾病初期的溶栓治疗，对血栓形成 6 小时内应用疗效最佳，对陈旧性血栓作用不明显。

链激酶（streptokinase）

本药是从 C 组乙型溶血性链球菌培养液中纯化得到的一种蛋白质，现在用基因工程技术获得。链激酶能与纤溶酶原结合，使之活化为纤溶酶，发挥溶解血栓的作用。临床上用于各种急性血栓栓塞性疾病，如肺栓塞、心肌梗死、深静脉血栓形成等。

本药的不良反应主要包括：①过敏反应，本药为异种蛋白，具有抗原性，可出现皮疹、发热等过敏反应，用药前需做皮肤过敏试验；②出血倾向，使用过量可能出现凝血机制障碍，严重者出现大出血，可以用氨甲苯酸等对抗。

尿激酶（urokinase，UK）

本药是从健康人尿中提取分离的，作用及用途与链激酶相似，但没有抗原性，不易出现过敏反应，临床评价优于链激酶。

阿替普酶（alteplase）

本药又称组织型纤溶酶原激活物（tissue-type plasminogen activator，t-PA），目前多采用重组 DNA 技术获得，能选择性与血栓表面的纤维蛋白结合，并激活与纤维蛋白结合的纤溶酶原转变为纤溶酶，从而发挥溶栓作用，而对循环中的纤溶酶原激活作用弱，因而不产生应用链激酶时常见的出血并发症，是目前较为理想的溶栓药。临床主要用于治疗急性心肌梗死和肺栓塞。

同类药还有第二代的阿尼普酶（anistreplase）和第三代的瑞替普酶（reteplase）等，对血栓的纤维蛋白选择性更高，出血现象更少。本类药物使用过量也可导致严重出血，可输血治疗，必要时可使用抗纤溶药物。

> ❓ **课堂问答:**
> 请同学们思考归纳肝素、华法林、枸橼酸钠和链激酶过量中毒都会引起出血，应该分别选择什么药物对抗或治疗？

第四节　抗贫血药和促白细胞生成药

一、抗贫血药

贫血是指血液中的红细胞数目或血红蛋白含量低于正常值。引起贫血的原因主要有缺乏造血原料如铁、叶酸等，慢性失血状态或疾病，骨髓造血功能异常，红细胞发生溶血增多或脾功能亢进，某些感染如疟疾等，以及肾衰竭，导致血成分丢失等。贫血一般包括小细胞低色素性贫血（缺铁性贫血）、巨幼红细胞贫血和再生障碍性贫血三类。治疗贫血首先要针对病因进行治疗，在此基础上可给予促进血细胞生成的抗贫血药。

铁制剂（preparation of iron）

本类药物制剂种类很多，主要有硫酸亚铁、枸橼酸铁铵、富马酸亚铁、右旋糖酐铁等，这些制剂的作用、用途相同，含量、吸收效率或生物利用度有所差异。

【作用与用途】离子铁在酸性条件下，易于以 Fe^{2+} 形式进入机体，参与血红蛋白、肌红蛋白和多种组织酶的合成。一般情况下，由于机体对红细胞的破坏，释放的铁可以回收再利用，每天又可从食物中补充部分铁，因此不易发生缺铁。但某些生理或病理状态会导致缺铁，常见的原因有以下几种。

1. 铁丢失过多，如月经量过多，痔疮、消化性溃疡、钩虫病等慢性失血性疾病。

2. 铁吸收障碍，如长期患有胃酸缺乏症或十二指肠疾病，以及服用抗酸药等。

3. 铁需要量增加，如儿童、孕产妇以及频繁献血者等。

4. 饮食结构不合理以及长期偏食、挑食，含铁丰富的食物摄入过少等。

铁剂主要用于缺铁性贫血的治疗。在消除病因的基础上补充铁剂，一般口服1周后，网织红细胞即可增多，10~14天达峰。血红蛋白于治疗4~8周后可恢复正常。血红蛋白恢复正常后，仍需减半量继续服药3~6个月，使体内铁的贮存量恢复到正常水平。

【不良反应】

1. 消化道反应　口服铁剂可出现恶心、胃部不适、呕吐等，宜饭后服用。

2. 便秘和黑便　铁剂在肠道内硫化氢的作用下生成硫化亚铁，可出现便秘、黑便，应注意与上消化道出血引起的黑便相区别。

3. 急性中毒　儿童误服1g铁剂可出现急性中毒，表现为恶心、呕吐、血性腹泻、休克、昏迷等，甚至可引起死亡。急救可应用磷酸盐或碳酸盐溶液洗胃。去铁胺是铁剂中毒的特效解救药，注入胃内可结合残存铁，阻止铁的吸收，减少中毒症状。

【用药须知】

1. 缺铁性贫血大多与各种原因引起的失血有关，应首先消除各种失血病因，再使用铁剂才能收到可靠的抗贫血效果。要根据实际情况合理选择剂型和剂量，并注意与再生障碍性贫血相区别。

2. 提示注意影响铁吸收的因素，如牛奶、豆腐、茶及某些药物如四环素、氢氧化铝等抗酸药与铁剂同服可发生络合反应，造成Fe^{2+}吸收减少；相反铁剂配伍维生素C、稀盐酸、果糖等还原性药物可以使Fe^{3+}还原为Fe^{2+}，能促进铁的吸收。

🔘 案例分析 ‧‧

案例：

患者，女，36岁。因月经量过多引起缺铁性贫血，目前正在服用铁制剂治疗。她平时有大量饮茶和喝牛奶的习惯，于是问医生现在能否继续？另外，还想了解补铁的同时能否补充维生素C和钙制剂呢？

分析：

1. 补铁的时候不能同时饮茶和喝牛奶，也不能同时补充钙制剂。因为茶叶中含的鞣酸、牛奶中含的钙均可与铁剂结合形成不易溶解的络合物，减少铁的吸收，Ca^{2+}与Fe^{2+}会发生竞争性吸收，也不利于铁的吸收。

2. 维生素C既具有弱酸性又是还原剂，既有利于离子铁的存在，又可使Fe^{3+}还原为Fe^{2+}，利于铁剂吸收。

‧‧

叶酸（folic acid）

本药属于B族维生素，广泛存在于动、植物中，人体不能合成叶酸，必须从食物中摄取。

叶酸进入体内后转化为二氢叶酸，后者被二氢叶酸还原酶活化成四氢叶酸，参与一碳单位的传递，进而参与核酸和蛋白质的生成。叶酸缺乏可引起红细胞成熟障碍，引起巨幼红细胞贫血，临床主要用于缺乏叶酸导致的各类疾病。

1. 治疗巨幼红细胞贫血　儿童、孕妇或吸收障碍等引起的叶酸缺乏，即营养性贫血，补充叶酸即可；二氢叶酸还原酶抑制药如乙胺嘧啶、甲氨蝶呤、甲氧苄啶（TMP）、苯妥英钠等过量引起的叶酸缺乏症，则应直接补充亚叶酸钙。

2. 预防胎儿先天性神经管畸形　妇女妊娠前及妊娠6个月内合理补充叶酸可有效预防胎儿先天性神经管畸形，是妊娠期和产前保健的重要措施。

不良反应较少，罕见过敏反应。长期用药可出现消化道反应。用药指导时提示医护人员治疗巨幼红细胞贫血在使用叶酸时合用维生素B_{12}可增强疗效。因亚叶酸钙为注射剂，需肌内注射。

维生素B_{12}（vitamin B_{12}）

本药是含钴元素的一组水溶性维生素的总称，在动物肝脏、牛奶、蛋黄中含量较多。

【药理作用】维生素B_{12}是生物体内多种生化反应的辅酶，主要参与机体的两种代谢过程。

1. 促进叶酸循环利用　维生素B_{12}使5-甲基四氢叶酸转变为四氢叶酸。维生素B_{12}缺乏时，叶酸代谢发生障碍，一碳基团供应减少，出现与叶酸缺乏相似的巨幼红细胞贫血。

2. 维持有髓鞘神经纤维功能　维生素B_{12}作为主要的辅酶参与三羧酸循环，参与神经髓鞘的合成。维生素B_{12}缺乏时，神经髓鞘的脂质合成受影响，表现出神经系统病变的症状，如感觉异常、皮肤瘙痒等。

【临床用途】主要用于恶性贫血、巨幼红细胞贫血的治疗；也可用于神经炎、神经萎缩等神经系统疾病的辅助治疗；还可作为慢性萎缩性胃炎的辅助治疗。口服维生素B_{12}后，需与壁细胞分泌的"内因子"结合，才能免遭胃酸破坏在回肠被吸收。由于慢性萎缩性胃炎引起的恶性贫血多有"内因子"缺乏，此时需注射给药。

【不良反应】偶发过敏反应，如皮疹、瘙痒等；极个别有过敏性休克发生。另有低钾血症和高尿酸血症发生的可能。

甲钴胺（mecobalamin）

本药是维生素B_{12}的活化形式，通常的维生素B_{12}是氰钴胺，需转化为甲钴胺发挥作用。甲钴胺的吸收不需要内因子参与，对神经组织作用更明显，主要用于周围神经病变，不良反应更轻微。

人红细胞生成素（erythropoietin，EPO）

本药是肾脏产生的糖蛋白激素，目前临床使用的EPO是用DNA重组技术合成的重组人红细胞生成素。

【作用与用途】EPO与红系干细胞表面上的EPO受体结合，导致细胞内磷酸化及Ca^{2+}浓度增加，促进红细胞增生和成熟。主要用于肾衰竭合并的贫血，对获得性免疫缺陷综合征（又称艾滋病）、恶性肿瘤伴发的贫血也有效；也可用于择期手术储存自体血需要反复采血的患者。

【不良反应】相对较轻，可引起血压升高、诱发脑血管意外或癫痫发作，个别患者有过敏反应。

【用药须知】

1. 提示本药一般采取静脉注射或皮下注射，用药前勿振摇，否则使糖蛋白变性影响疗效。用于肾性贫血治疗时，用药后如果疗效不理想，可能由于机体同时处于缺铁状态，要及时补铁。

2. 提示未控制的高血压患者、有血栓倾向的患者慎用，对人血白蛋白过敏者禁用。

3. 本药能明显提高运动耐力和血氧饱和度，属运动违禁药品，任何非医学目的使用本药均属违规违法行为。

二、促白细胞生成药

遗传、病理因素或多种理化因素引起的周围血中白细胞总数低于正常值，称白细胞减少症。白细胞减少症也是肿瘤化疗和放疗的主要并发症，目前采用各种细胞因子及相关基因重组药物可以达到较好的治疗效果。

非格司亭（filgrastim，重组人粒细胞集落刺激因子）

本药是通过DNA重组技术产生的人粒细胞集落刺激因子，其作用是促进中性粒细胞成熟并促进骨髓释放成熟的粒细胞入血，且能增强其趋化及吞噬功能。用于各种因素引起的中性粒细胞减少症，如肿瘤放、化疗，再生障碍性贫血，骨髓发育不良等。不良反应较少，偶有皮疹、骨痛等。

重组人粒细胞-巨噬细胞集落刺激因子（rhGM-CSF）

本药为淋巴细胞、单核细胞、成纤维细胞和内皮细胞合成的。此类产品有莫拉司亭（molgramostim）和沙格司亭（sargramostim）。其作用为刺激粒细胞、淋巴细胞和单核细胞增殖、分化和活化，使粒细胞、巨噬细胞、单核细胞的功能增加。用于骨髓移植、肿瘤化疗、获得性免疫缺陷综合征、再生障碍性贫血有关的白细胞减少症。不良反应偶有骨痛、发热、肌肉酸痛等反应，个别患者有过敏反应。

患者在使用抗肿瘤药或接触放射性物质和一些特殊的化学物质时，应定期检查血象，一旦出现白细胞减少，要在有经验的医师指导下使用此类药，不宜与肿瘤放、化疗药同时应用，剂量和疗程应个体化而定。

非格司亭和重组人粒细胞−巨噬细胞集落刺激因子均为粉针剂，皮下注射或用5%葡萄糖注射液稀释后静脉滴注，用药过程中定期检查血象，建议每周1~2次，血液中的白细胞计数升至理想水平即可停药。出现骨痛、发热等不良反应，多数患者可以在连续用药后消失，过敏体质者慎用。

第五节　血容量维持药

大量失血或失血浆可以引起血容量降低甚至导致休克，应及时补充血容量以维持正常循环血量。临床上除输血或输血浆外，使用血容量维持药提高血液胶体渗透压也是非常重要的治疗措施。常用药物是右旋糖酐。

右旋糖酐（dextran）

本药为葡萄糖的聚合物，按其分子量大小分为右旋糖酐70（中分子右旋糖酐）、右旋糖酐40（低分子右旋糖酐）和右旋糖酐10（小分子右旋糖酐）。

【作用与用途】

1. **扩充血容量**　中分子右旋糖酐的分子量较大，静脉滴注后不易透过血管壁，可提高血浆胶体渗透压而扩充血容量，故作用持久。临床上用于严重烧伤、手术出血等引起的低血容量性休克。

2. **渗透性利尿作用**　低分子右旋糖酐和小分子右旋糖酐能快速从肾小球滤过，而不被肾小管重吸收，所以产生渗透性利尿作用。临床上用于防治急性肾衰竭。

3. **抗血栓作用**　低分子右旋糖酐和小分子右旋糖酐能抑制红细胞和血小板聚集，降低血液黏滞性，临床上用于改善微循环和防止血栓形成。

【不良反应】个别可出现过敏反应，如荨麻疹，严重者可致过敏性休克。用量过大可致凝血障碍而出血，故每日量不宜超过1 500ml。右旋糖酐分子量不同的三种制剂，其药理作用和应用均有差异，不能相互代替。右旋糖酐禁用于充血性心力衰竭、严重的血小板减少及肝肾功能障碍者。

第六节 作用于血液和造血系统药物的用药指导

一、用药前

1. 了解患者的病史、过敏史，根据不同类型的血液或造血系统疾病进行不同侧重点的用药指导。

2. 提示密切检查血象，凝血时间是主要的检查指标。高凝状态会诱发血栓性疾病，应坚持预防用药。使用抗凝血药要提前做好预防自发性出血的措施，熟悉可能的出血症状，如血尿、呕血、黑便、牙龈出血、皮肤瘀斑、月经量增多等。肝素过量用注射鱼精蛋白对抗，华法林过量用维生素K对抗等。

3. 溶栓药用于血栓形成初期效果好，如脑血栓一般在6小时内、心肌梗死在2小时内采取溶栓治疗效果较好。充血性心力衰竭、严重的血小板减少、肝肾功能障碍及对右旋糖酐过敏者均禁用。

二、用药中

1. 密切注意药物反应，尤其是影响凝血的药物，避免出血和过度肝素化。告知患者进行溶栓治疗时凝血功能下降，不易止血。用药期间要注意自我保护，避免受伤引发出血。

2. 提示患者铁剂有轻度的胃肠道反应，宜饭后服用；以及强调影响铁剂吸收的因素及应对措施。

3. 提示护士高度重视有关药物的注意事项，正确给药。

（1）维生素K_1对光敏感，应避光存放；维生素K_3和维生素K_4宜饭后服药；垂体后叶素应缓慢静脉注射；酚磺乙胺宜单独注射，不能与氨基己酸混合使用。

（2）肝素不宜肌内注射，多采用静脉或皮下给药。皮下注射应选择细而短小的针头，静脉给药应单独使用静脉通道，经常更换注射部位，且不宜按摩揉搓。长期使用不可突然停药，应按医嘱逐渐减量。

（3）华法林可通过乳汁影响婴儿，乳母用药期间必须停止哺乳。用于血栓性静脉炎时，应告知患者不要长时间站立，不穿紧身衣服。链激酶等生物制品宜冷藏保存，临用前新鲜配制，不可剧烈振荡，以免降低活力。

（4）右旋糖酐分子量不同的三种制剂，其药理作用和应用均有差异，不可混淆。个别可出现过敏反应，如荨麻疹；严重者可致过敏性休克，应立即停药，并给予对应治疗。

三、用药后

1. 重点应告知患者用药后可能发生的不良反应，并进行指导和宣教。

应用促凝血药后，注意观察有无血栓形成的症状和体征，定期测定凝血酶时间以调整用量和给药次数；有缺血性心脑血管疾病的患者使用维生素K要严格控制用药剂量，以免加重病情。避免长期口服广谱抗菌药和水杨酸类药物，以免维生素K缺乏。

2. 提示患者服用铁剂后排出黑便属正常现象，系由于铁剂与肠内的硫化氢结合形成硫化亚铁；服用叶酸后尿液呈现黄色。

3. 告知患者治疗贫血必须有足够的用药时间，缺铁性贫血患者的血红蛋白正常后仍需服铁剂3~6个月。提倡尽可能从食物中获取足够量的铁剂和叶酸、维生素B_{12}。

药学服务岗位操作实践

岗位情境：

邻居张伯伯今年55岁，半年前确诊为慢性肾衰竭、尿毒症，现在定期到医院进行血液透析治疗，每次都会使用肝素抗凝。最近张伯伯经常会出现牙龈、鼻黏膜的出血不止现象。昨天张伯伯在小区散步的时候，不小心向前俯倒，回家后在胸部、膝盖、手掌以及着力关节部位都出现了大面积的淤青，他非常害怕，于是去附近药店向药师甲咨询。药师甲应如何运用本章知识做好解答呢？

操作流程：

1. 首先安抚邻居张伯伯情绪，解释出现的淤青斑块是因为皮下及关节腔的毛细血管破裂出血。

2. 告诉张伯伯出血的原因可能是：①肝素应用过量导致凝血障碍而出血；②慢性肾衰竭导致促使血液凝固的物质如凝血因子、血小板等减少，不宜形成血栓止血。

3. 建议由家属陪同去医院进一步检查，如果确诊肝素过量所致，可在透析

后注射鱼精蛋白对抗肝素的残留作用；如果红细胞、血小板等明显减少，则采取抗贫血治疗、补充维生素K，必要时采取成分输血补充血小板和凝血因子。

4. 如果张伯伯同意，可建立方便的联系方式，及时沟通，提供更全面的药学服务等。

章末小结

本章主要介绍了作用于血液和造血系统的药物，其中重点是止血药、抗凝血药、抗贫血药的作用、用途及不良反应，难点是有关药物的作用机制和注意事项。应主要掌握各种药物的适应证，学会参考凝血时间、血象等检查结果，提示及早应用药物；注意避免药物过量出现低凝或高凝状态，采取药物对抗；提醒医护人员加强对主要不良反应的监控，向患者介绍药物对血液成分的改善显效较慢，如不消除病因，复发率高等。

思考与练习

一、 单项选择题

1. 拮抗华法林作用的药物是（　　　）

　　A. 阿司匹林　　　　　　B. 叶酸　　　　　　　　C. 醋硝香豆素

　　D. 利血生　　　　　　　E. 维生素K

2. 恶性贫血患者宜用（　　　）

　　A. 维生素A　　　　　　B. 维生素B_1　　　　　C. 维生素B_{12}

　　D. 维生素B_2　　　　　E. 维生素C

3. 垂体后叶素适用于（　　　）

　　A. 便血　　　　　　　　B. 鼻出血　　　　　　　C. 肺咯血

　　D. 创伤出血　　　　　　E. 华法林所导致的出血

4. 肝素过量引起的出血可用下列哪一种药物对抗（　　　）

　　A. 鱼精蛋白　　　　　　B. 维生素K　　　　　　C. 氨甲苯酸

D. 华法林　　　　　　　E. 肾上腺素

5. 下列关于用铁剂治疗缺铁性贫血的注意事项中，哪一项是错误的（　　　）
   A. 常与维生素C合用，促进铁的吸收　　B. 服用铁剂时忌喝浓茶和牛奶
   C. 不宜与四环素类药物同服　　　　　　D. 胃酸缺乏时吸收减少
   E. 高磷、高钙食物可促进吸收

6. 维生素K不可用于下列哪些出血性疾病的治疗（　　　）
   A. 阻塞性黄疸性出血　　　　　　　　　B. 胆瘘手术后引起的出血
   C. 新生儿、早产儿出血　　　　　　　　D. 肺咯血
   E. 阿司匹林中毒引起的出血

二、简答题

1. 临床上可用于治疗出血的药物有哪些？主要用于何种类型的出血？
2. 预防血栓和溶解血栓的药物是不是同一类药物？如果不是，请举例说出它们各自的特点。
3. 肝素有哪些作用和用途？华法林与之相比有何特点？
4. 缺铁性贫血和巨幼红细胞贫血的治疗药物有何不同？药学人员如何正确指导患者使用抗贫血药，并体现职业素养和专业精神？

三、应用题

请用横线将下列药物与对应的特点连接起来。

药物名称	主要特点
肝素	主要治疗缺铁性贫血
华法林	主要治疗恶性贫血
硫酸亚铁	治疗急性血栓栓塞性疾病
叶酸	过量导致的出血可用维生素K对抗
维生素B$_{12}$	主要治疗巨幼红细胞贫血
链激酶	特异性对抗药为鱼精蛋白
右旋糖酐70	只有体外抗凝作用
枸橼酸钠	扩充血容量

（冯敏超）

第二十四章
抗变态反应药

第二十四章
数字内容

学习目标

知识目标：

- 熟悉 抗变态反应药的种类及代表药的作用、用途及不良反应。
- 了解 变态反应性疾病的用药指导要点。

技能目标：

- 学会 根据变态反应性疾病的治疗需要正确供给抗变态反应药并进行用药指导的基本技能。

素质目标：

- 具有尊重、关心变态反应性疾病患者，开展抗组胺药等合理用药岗位服务的专业精神和职业素养。

➡ 情境导入

情境描述：

　　刘女士，36岁，最近早上总是不停地打喷嚏，流清水样鼻涕，自行服用半个月的感冒药后没有好转，于是到医院就诊，确诊为过敏性鼻炎，医生给予氯苯那敏治疗。用药后症状虽然得到了缓解，但感觉很乏力，整天无精打采，想睡觉，严重影响了工作，于是她向药店的朱药师咨询，能否更换药物治疗。

学前导语：

　　同学们，刘女士这种变态反应性疾病很常见，治疗药物的不良反应也很常见，处理不好会影响患者的工作、生活。因此，掌握本章知识可以指导患者合理用药，维护健康，同时为未来的岗位服务工作打好基础，体现职业价值。

第一节 抗变态反应药

一、概述

变态反应又称过敏反应，是指机体与抗原物质（如细菌、病毒、寄生虫、花粉、食物、药物等）相互接触后引起的组织损伤或生理功能紊乱的特异性免疫反应。防治变态反应性疾病的药物称为"抗变态反应药"，又称"抗过敏药"。临床上常用的抗变态反应药物有抗组胺药、钙剂、过敏反应介质阻释药、白三烯受体拮抗药、糖皮质激素类、免疫抑制药等。

二、抗组胺药

组胺（histamine）是广泛存在于人体各组织中的自体活性物质，是组氨酸的脱羧产物。正常情况下，组胺以无活性（结合型）形式贮存在肥大细胞或嗜碱性粒细胞颗粒中。当机体发生变态反应或受到理化因素刺激和损伤时，引起组胺以活性（游离型）形式释放。组胺与靶细胞上的组胺受体（H_1、H_2和H_3）结合并激动受体，产生多种生物学效应（表24-1）。

表 24-1 组胺受体分布与效应

受体类型	分布	效应
H_1	平滑肌（支气管、胃肠道、子宫）	收缩
	皮肤血管	扩张、通透性增强
	心房肌、房室结	收缩增强、传导减慢
H_2	壁细胞	胃酸分泌增加
	血管	扩张
	心室肌、窦房结	收缩增强、心率加快
H_3	中枢与外周神经末梢	负反馈性调节组胺合成与释放

抗组胺药通过竞争性地与组胺受体结合，产生抗组胺作用。根据药物选择性不同，将其分为H_1受体拮抗药和H_2受体拮抗药。本章仅介绍H_1受体拮抗药，H_2受体拮抗药将在第二十五章中介绍。

抗组胺药的发现

抗组胺药最早是由法国巴斯德研究院的丹尼尔·博韦发现的。1903年，医生威廉·邓巴证明了过敏性鼻炎是机体接触划分后释放某种毒素所造成的。后来，亨利·戴尔于1910年在研究黑麦对人体产生类似效应时，发现了一种称作"组胺"的物质。经过大约16年的研究，他才证实组胺引起了过敏反应；还发现受损伤的细胞也会产生组胺。从1929年到1941年，博韦先后做了3 000多次试验，终于测定苯氧基乙胺结构具有很强的抗组胺作用，随后科学家们合成了大量衍生化合物，最终制成了一系列治疗变态反应性疾病的抗组胺药，丹尼尔·博韦也因在神经递质领域的贡献荣获了1957年的诺贝尔生理学或医学奖。

通过这些，我们应该认识到科学发现需要勇于实践，需要坚韧不拔的奋斗精神。未来药学人员在自己岗位上要有认真求索、不断奋进的职业素养和专业精神。

- -

目前，临床使用的H_1受体拮抗药分为两代。常用的第一代H_1受体拮抗药有苯海拉明（diphenhydramine）、异丙嗪（promethazine）、氯苯那敏（chlorpheniramine）、赛庚啶（cyproheptadine）等，作用时间较短，有明显的镇静和嗜睡作用，多数药物还具有抗胆碱作用；第二代H_1受体拮抗药有西替利嗪（cetirizine）、阿司咪唑（astemizole）、氯雷他定（loratadine）、特非那定（terfenadine）等，作用时间较长，不易通过血脑屏障，无明显的中枢抑制作用和抗胆碱作用。

【药理作用】

1. **拮抗H_1受体作用**　竞争性拮抗H_1受体，完全对抗组胺收缩支气管及胃肠道平滑肌作用，部分对抗组胺的扩血管作用，但对H_2受体引起的胃酸分泌无影响。

2. **中枢抑制作用**　第一代H_1受体拮抗药多数可通过血脑屏障，有不同程度的中枢抑制作用，产生镇静、嗜睡作用，以苯海拉明和异丙嗪最明显。第二代H_1受体拮抗药无明显的中枢抑制作用。

3. **抗胆碱作用**　部分H_1受体拮抗药有抗胆碱作用，可产生防晕止吐的作用。

常用的H_1受体拮抗药的作用特点比较见表24-2。

表 24-2 常用的 H_1 受体拮抗药的作用特点比较

分类	药物名称	抗过敏作用	中枢抑制	抗晕、镇吐	抗胆碱作用
第一代	苯海拉明	++	+++	++	+++
	异丙嗪	+++	+++	++	+++
	赛庚啶	+++	++	+	++
	氯苯那敏	+++	+	−	++
第二代	西替利嗪	+++	−	−	−
	阿司咪唑	+++	−	−	−
	特非那定	+++	−	−	−
	氯雷他定	+++	−	−	−

注：+++ 为强；++ 为中；+ 为弱；− 为无。

【临床用途】

1. 治疗皮肤黏膜变态反应性疾病 对以组胺释放为主的皮肤黏膜变态反应性疾病疗效好，如荨麻疹、花粉症、过敏性鼻炎、花粉病等；对昆虫咬伤引起皮肤瘙痒和水肿有良好疗效；对药疹、接触性皮炎、血清病有一定疗效；对支气管哮喘疗效差；对过敏性休克几乎无效，须用肾上腺素急救。

🔗 知识链接：

变态反应小常识

变态反应又称过敏反应，是机体对某些致敏物质（如细菌、花粉、食物或药物）或物理因素（如冷空气、紫外线等）所产生的病理性免疫反应。通常所说的变态反应性疾病均与组胺异常释放有关，如肥大细胞脱颗粒等，多发生在皮肤、黏膜、气管和心血管上，例如过敏性鼻炎、过敏性紫癜、过敏性皮炎以及比较严重的过敏性哮喘、过敏性休克等。变态反应性疾病具有发病率高、发病急等特点，对生活和工作影响大，临床治疗应首先寻找变应原，避免接触或脱敏治疗，同时可采用 H_1 受体拮抗药、糖皮质激素等对症治疗。

2. 治疗晕动病及呕吐 可用于预防晕车、晕船等引起的恶心、呕吐，应于乘坐车船前15~30分钟服用。对内耳性眩晕症有较好疗效，可用于梅尼埃病和其他迷路内耳眩晕症的治疗。

3. 治疗失眠症　异丙嗪、苯海拉明有明显中枢抑制作用，尤其适用于变态反应性疾病引起的焦虑失眠。异丙嗪常与氯丙嗪、哌替啶组成冬眠合剂，用于人工冬眠。

【不良反应】常见中枢抑制反应，表现为嗜睡、头晕、乏力、反应迟钝、注意力不集中、共济失调等；消化系统反应表现为恶心、呕吐、食欲缺乏、口干等。偶见粒细胞减少及溶血性贫血。阿司咪唑长期或过量应用可引起心律失常。

三、钙剂

临床常用钙剂主要有：葡萄糖酸钙（calcium gluconate）、氯化钙（calcium chloride）、碳酸钙（calcium carbonate）和乳酸钙（calcium lactate）等。

【作用与用途】

1. 抗过敏作用　钙离子能降低毛细血管的通透性，减少渗出，减轻过敏症状。适用于过敏性疾病，如荨麻疹、血管神经性水肿、血清病、接触性皮炎和湿疹等。

2. 维持神经肌肉组织的正常兴奋性　当血钙含量降低时（成人正常为 2.25~2.75mmol/L），神经肌肉的兴奋性升高，表现为手足抽搐。婴幼儿可见喉痉挛或惊厥，静脉注射钙剂可迅速缓解症状。

3. 促进骨骼和牙齿的正常发育　钙是构成骨骼和牙齿的主要成分，体内缺钙可引起佝偻病或软骨病，及时补充钙剂可以防治。此外，钙剂也可用于儿童生长发育期、骨质疏松、孕妇及哺乳期妇女钙缺乏的补充治疗。同时配伍应用维生素D可促进钙的吸收。

4. 对抗镁离子的作用　静脉注射钙剂能竞争性拮抗镁离子，用于镁盐过量中毒的解救。

【不良反应】钙盐刺激性强，不宜进行皮下注射和肌内注射，静脉注射须稀释后缓慢注射。

四、过敏介质阻释药

本类药物主要有色甘酸钠（sodium cromoglicate）和酮替芬（ketotifen），通过稳定肥大细胞膜，阻止组胺、缓激肽等过敏介质的释放，但对已经释放的过敏介质无效。主要用于预防各型哮喘，也可用于过敏性鼻炎、胃肠过敏性疾病等。具体内容见第二十六章。

五、白三烯受体拮抗药

本类药物主要有孟鲁司特（montelukast）和扎鲁司特（zafirlukast），能选择性拮抗白三烯受体，抑制白三烯介导的血管通透性增加、支气管平滑痉挛及体内的其他过敏反应性炎症。适用于哮喘及部分变态反应性疾病的预防和长期治疗。具体内容见第二十六章。

第二节 变态反应性疾病的用药指导

一、用药前

1. 提示重点询问患者过敏史和用药史，了解患者职业，如从事精密操作、驾驶、高空作业者应选用无中枢抑制作用的 H_1 受体拮抗药。

2. 青光眼、尿潴留、幽门梗阻者禁用，有明显抗胆碱作用的药物禁用于哺乳期妇女。苯海拉明有致畸作用，妊娠早期禁用。

二、用药中

1. 胃肠道反应明显的患者可饭后服药。

2. 本类药物有些中枢抑制作用较强，如异丙嗪、苯海拉明，提示会引起疲劳、嗜睡等，老年人可能会出现眩晕、记忆力减退甚至精神症状，不宜与其他中枢抑制药如镇静催眠药以及乙醇合用，以免增强中枢抑制。

3. 阿司咪唑、氯雷他定可致心脏毒性，严重者甚至死亡，虽然发生率低，但后果严重，提示患者使用期间需注意，必要时加强心电监测。

三、用药后

1. 对于抗胆碱作用引起的副作用，如口干建议少量多次饮水缓解，同时多吃蔬菜和水果以防便秘。

2. 提示过敏性疾病应尽可能确定变应原（又称过敏原），隔离变应原，单纯使用此类药物复发率很高，如过敏症状无明显缓解时，不可随意加大剂量或配伍其他药物，应及时就医。

药学服务岗位操作实践

岗位情境：

药房小刘的顾客李伯伯是位驾驶员，最近因为过敏性鼻炎总是打喷嚏、流鼻涕，严重影响了生活和工作，于是去医院治疗，医生给开了氯苯那敏片。李伯伯服用氯苯那敏片后，虽然症状得到了缓解，但总是感觉疲乏、想睡觉，导致不能正常工作。李伯伯认为是鼻炎病情加重了或者又得了新的疾病，于是来找小刘咨询。那么小刘应该如何运用本章知识给李伯伯做好解答呢？

操作流程：

1. 热情接待李伯伯，告诉李伯伯感觉疲乏、想睡觉是服用氯苯那敏片后的不良反应，用药后应注意休息，不宜从事驾驶工作。

2. 建议李伯伯再次找医师，讲明自己的职业，请医师重新开具药物。

3. 告诉李伯伯可以选用无中枢抑制作用药物如氯雷他定治疗过敏性鼻炎，则不影响正常的工作。

4. 告诉李伯伯尽量避免嗅闻刺激性气体，必要时可戴口罩、局部熏蒸，注意保暖御寒，适当运动，减少加重鼻炎的有关疾病如感冒等的发生。

5. 若李伯伯愿意，可关注药店有关媒体平台，药师也会跟进提供更全面的药学服务。

章末小结

本章主要介绍了抗变态反应药，其中重点是H_1受体拮抗药物的作用、用途、不良反应及用药指导。难点主要是用于治疗皮肤黏膜变态反应性疾病，且部分药物中枢抑制和抗胆碱作用强。掌握本类药物用药指导技能，如了解过敏史、加强不良反应的监测，注意联用药物时的配伍禁忌；建议患者明确变应原，避免再次接触等。

一、 单项选择题

1. H_1 受体拮抗药不宜用于治疗（   ）

   A. 变态反应性疾病　　　B. 过敏性休克　　　C. 晕动病

   D. 放射病引起的呕吐　E. 失眠

2. 治疗晕动病可选用（   ）

   A. 西咪替丁　　　　　　B. 苯海拉明　　　　C. 尼扎替丁

   D. 阿司咪唑　　　　　　E. 雷尼替丁

3. 不产生中枢镇静作用的 H_1 受体拮抗药是（   ）

   A. 苯海拉明　　　　　　B. 异丙嗪　　　　　C. 阿司咪唑

   D 曲吡那敏　　　　　　E.氯苯那敏

4. 下列药物中，抗胆碱作用最明显的是（   ）

   A. 西咪替丁　　　　　　B. 异丙嗪　　　　　C. 阿司咪唑

   D. 组胺　　　　　　　　E. 特非那定

5. 下列药物中，中枢抑制作用最明显的是（   ）

   A. 西咪替丁　　　　　　B. 氯丙嗪　　　　　C. 阿司咪唑

   D. 苯海拉明　　　　　　E. 特非那定

二、 简答题

1. 抗组胺药临床上可分为几类？列举它们的代表药物和临床用途。

2. H_1 受体拮抗药是如何分类的？其临床应用和不良反应有哪些？

三、 应用题

案例分析：某感冒药分为日、夜两种片剂，其中黑片比白片多一种成分——盐酸苯海拉明。

请思考并讨论：①盐酸苯海拉明的作用有哪些？②药学人员如何正确指导患者使用盐酸苯海拉明？③如何在后续药学服务中体现专业精神和职业素养？

（冯敏超）

第二十五章
作用于消化系统的药物

第二十五章
数字内容

学习目标

知识目标：

- 掌握　抗消化性溃疡药的类别、作用、用途和不良反应。
- 熟悉　其他消化系统药物的类别和主要特点。
- 了解　作用于其他消化系统药物的用药指导。

技能目标：

- 熟练掌握　消化系统药物用药指导的基本技能。
- 学会　评价消化系统药物疗效，观察和处置不良反应，为合理用药提供依据。

素质目标：

- 具有尊重、关心消化系统疾病患者，开展消化系统药物合理用药等药学服务的专业精神和职业素养。

➔ 情境导入

情境描述：

　　小佳今年38岁，是某企业高管，从上大学以来养成不吃早餐的习惯，工作后饮食很不规律，最近几年常出现间断性上腹疼痛，以冬春为重，偶尔有反酸、嗳气，自认为消化不良，多次服用一些治疗胃痛的非处方药，有时症状有所减轻。最近上腹痛时有发作，且常于进餐后加重，到医院就诊，诊断为胃溃疡。

学前导语：

　　同学们，胃溃疡等消化系统疾病是临床上的常见病、多发病。你应该如何为小佳正确选用药物并指导其用药呢？通过本章的学习，你就能够对消化系统疾病患者更好地开展药学服务了。

第一节　抗消化性溃疡药

消化性溃疡是指主要发生在胃和十二指肠的慢性溃疡，表现为与进食相关联的反复发作、周期性上腹部疼痛。溃疡的形成有各种因素，其中胃酸分泌过多、胃黏膜保护作用减弱和幽门螺杆菌感染被认为是引起消化性溃疡的主要因素。

抗消化性溃疡药按其作用机制主要分为四类：抗酸药、胃酸分泌抑制药、胃黏膜保护药和抗幽门螺杆菌药。

一、抗酸药

本类药物均为弱碱性（表25-1），口服后能中和胃酸，从而降低胃酸浓度和胃蛋白酶的活性，减弱胃酸对溃疡面的刺激和腐蚀作用，缓解疼痛，有利于溃疡愈合。抗酸药仅中和已经分泌的胃酸，不能抑制胃酸分泌，甚至可能造成反跳性的胃酸分泌增加，常用于轻度间歇性胃食管反流病引起的烧心，不是酸相关性疾病的首选药。临床上常采用复方制剂，利用各成分的特点相互作用，既能增强中和胃酸的能力，又能减轻或对抗铝盐、钙盐引起的便秘，镁盐引起的轻泻等不良反应。如复方氢氧化铝片、复方木香铝镁片。

表25-1　常用抗酸药的比较

药物名称	作用特点	不良反应
氢氧化铝	起效慢，作用较强、持久，有保护溃疡面、收敛止血的作用	便秘，与镁盐合用可纠正
三硅酸镁	起效慢，作用弱、持久，不易吸收	轻度腹泻，与铝盐合用可纠正。高镁血症禁用，肾功能不良者慎用

药物名称	作用特点	不良反应
氧化镁	起效慢，作用强、持久，不易吸收	同三硅酸镁
碳酸氢钠	起效快，作用弱、短暂，易吸收	产生CO_2引起嗳气、胃穿孔。碱中毒及严重溃疡病者禁用
铝碳酸镁	作用快而持久；有防止胃黏膜受损伤的作用	对胃排空和小肠功能影响很小，基本上抵消了便秘和腹泻等不良反应

> ❓ **课堂问答**：
>
> 复方氢氧化铝片是最常用的抗消化性溃疡药物之一，其说明书上标明每片含主要成分氢氧化铝0.245g、三硅酸镁0.105g、颠茄流浸膏0.002 6ml。
>
> 请同学们分析这个复方组成的合理性（提示：颠茄流浸膏的主要成分是阿托品）。

二、胃酸分泌抑制药

胃酸是由壁细胞分泌的，当壁细胞上的M_1受体、H_2受体或促胃液素受体被激动后，均可激活壁细胞内的质子泵（又称"H^+，K^+-ATP酶"），通过H^+-K^+交换，将H^+从胞质逆梯度泵向胃腔，形成胃酸。因此，药物通过拮抗上述受体或抑制H^+，K^+-ATP酶，均可抑制胃酸分泌（图25-1）。目前，胃酸分泌抑制药主要有H_2受体拮抗药、壁细胞质子泵抑制药、M_1受体拮抗药和促胃液素受体拮抗药四类，其中前两类较为常用。M_1受体拮抗药哌仑西平（pirenzepine）和促胃液素受体拮抗药丙谷胺（proglumide）也曾作为胃酸分泌抑制药使用，但由于受体选择性低、抑酸能力不足和不良反应等原因，已较少单独应用。

（一）H_2受体拮抗药

常用药物有西咪替丁（cimetidine）、雷尼替丁（ranitidine）、法莫替丁（famotidine）和罗沙替丁（roxatidine）。

本类药能有效抑制基础胃酸和各种刺激（如食物、组胺等）引起的胃酸分泌，主要用于治疗消化性溃疡、反流性食管炎、上消化道出血等，也可静脉给药治疗急性胃黏膜出血和应激性溃疡等。

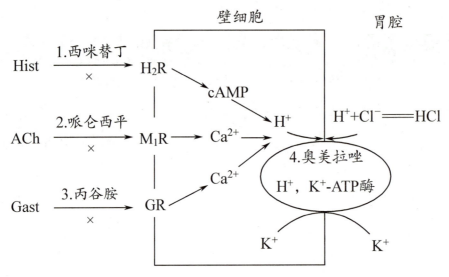

ACh—乙酰胆碱；Hist—组胺；Gast—促胃液素；M₁R—M₁受体；

H₂R—H₂受体；GR—促胃液素受体；cAMP—环磷酸腺苷；×—拮抗。

图25-1　胃酸分泌抑制药的作用部位

不良反应常见头痛、头晕、腹泻等，长期应用西咪替丁可引起男性乳房发育、性功能障碍及女性溢乳，偶有肝、肾损害。西咪替丁为肝药酶抑制剂，与其他药配伍使用需注意调整剂量。

（二）壁细胞质子泵抑制药

奥美拉唑（omeprazole）

本药是目前最常用的治疗消化性溃疡的药物，也是抑制胃酸分泌作用最强的药物之一。

【作用与用途】

1. 抑制胃酸分泌　通过抑制壁细胞的H⁺，K⁺-ATP酶，阻断了胃酸形成的最后步骤，使壁细胞的H⁺不能转运到胃腔形成胃酸，胃液中的胃酸含量大为减少。对基础胃酸及各种刺激引起的胃酸分泌均有很强的抑制作用，剂量过大可致无酸状态。

2. 促进溃疡愈合　能增加胃黏膜血流量和促进胃黏膜生长，有利于溃疡愈合。

3. 抗幽门螺杆菌作用　由于强烈改变了细菌原来生存的最适pH强酸性环境，可以抑制幽门螺杆菌生长，与阿莫西林、克拉霉素等抗生素联合应用可杀灭幽门螺杆菌，明显降低复发率。

临床广泛用于治疗胃溃疡、十二指肠溃疡、反流性食管炎、胃泌素瘤（又称佐林格－埃利森综合征）等上消化道疾病，也可用于反酸、烧心、上腹疼痛或不适等胃酸相关症状的对症治疗，还可用于根除幽门螺杆菌、治疗上消化道出血。

【不良反应】发生率较低，主要有恶心、呕吐、腹胀、便秘、头痛、失眠等。偶见皮疹、外周神经炎、溶血性贫血、氨基转移酶增高、男性乳腺发育等。神经系统可有感觉异常、头晕、头痛、嗜睡、失眠及外周神经炎等。个别过敏者出现血管神经性水肿。严重肝、肾功能不全者及婴幼儿慎用或禁用，必要时剂量减半。对本药过敏者禁用。

本类药物还有兰索拉唑（lansoprazole）、泮托拉唑（pantoprazole）、雷贝拉唑（rabeprazole）、艾司奥美拉唑（esomeprazole，埃索美拉唑）等。目前，新型胃酸分泌抑制药的研发比较多，其中钾离子竞争性酸抑制药（P-CABs）伏诺拉生等直接抑制质子泵作用更强，日益受到重视。

三、胃黏膜保护药

枸橼酸铋钾（bismuth potassium citrate）

本药口服难吸收，在胃内酸性条件下形成凝胶，附着于溃疡表面形成保护膜，从而防止胃酸、胃蛋白酶、食物对溃疡面的损伤。还具有杀灭幽门螺杆菌的作用。用于消化性溃疡和慢性胃炎等。服药期间可见舌及大便黑染，属正常现象。严重的肾功能不全、孕妇和哺乳期妇女禁用。

其他的铋剂还有胶体果胶铋等。

硫糖铝（sucralfate）

本药在酸性环境下形成胶冻状保护膜，保护溃疡面，还能降低胃蛋白酶的活性，促进胃黏膜再生和溃疡愈合，用于消化性溃疡。不良反应轻，偶有胃肠道反应、头晕等。

替普瑞酮（teprenone）

本药为萜类化合物，具有较好的组织修复作用，可促进胃黏膜微粒体有关物质合成，增加胃黏液层主要修复因子高分子糖蛋白和磷脂等的含量，对胃液分泌和微运动无作用。主要用于胃溃疡和急慢性胃炎的辅助治疗。本药不良反应主要有头痛、皮疹、付账、便秘、氨基转移酶升高等，停药后可恢复。

吉法酯（gefarnate，合欢香叶酯）

本药为异戊间二烯化合物，具有调节胃肠道功能、增加胃黏膜新陈代谢等作用，能够促进溃疡修复愈合，增加胃黏膜前列腺素等抗溃疡因子作用，促进可溶性黏液分泌，增加可视黏液层厚度，增强胃黏膜屏障，保护胃黏膜，用于消化性溃疡、急慢性胃炎、胃痉挛、结肠炎等，不良反应以胃肠道反应多见。

另外，前列腺素衍生物（如米索前列醇、恩前列醇等），通过抑制胃酸分泌、增强胃肠黏膜保护作用而产生抗溃疡作用。

四、抗幽门螺杆菌药

幽门螺杆菌感染与消化性溃疡的发生和复发有直接关系，抑制或杀灭幽门螺杆菌不仅有助于溃疡愈合，且能减少复发。常用药物有阿莫西林、庆大霉素、克拉霉素、甲硝唑等，详见第三十五章至第三十七章有关内容。因与常规抗感染治疗不尽相同，应重视有关药物的合理应用和配伍禁忌等。

🔵 **药学思政**

幽门螺杆菌与消化性溃疡

2005年的诺贝尔生理学或医学奖授予澳大利亚科学家巴里·马歇尔和罗宾·沃伦，以表彰他们发现了幽门螺杆菌以及该细菌对消化性溃疡病的致病机制。

两位科学家为了充分证实幽门螺杆菌诱发胃溃疡的机制，身先士卒，在自己身上进行实验，喝下含有幽门螺杆菌的培养液，历经多次实验最终验证了幽门螺杆菌与消化性溃疡之间的致病关系。这一发现产生了抗微生物药配伍治疗消化性溃疡的新方案，使疾病治愈率大大提升，为改善人类生活质量作出了贡献，这种为科学献身的精神很值得我们敬佩。在科学的道路上，大胆质疑和严谨实验会使我们有越来越多的发现，也许下一个科学成果就属于今天努力学习、善于思考的你！

第二节　其他作用于消化系统的药物

一、助消化药

助消化药多为消化液中的成分，如盐酸、消化酶等，主要用于消化液分泌不足引起的消化不良（表25-2）。

表 25-2　常用的助消化药

药物名称	作用特点	用药指导
稀盐酸（dilute hydrochloric acid）	促进胃蛋白酶活化，促进胰液及胆汁分泌，促进钙、铁吸收	饭前或饭时服。碱性环境下疗效降低。消化性溃疡和胃酸过多者禁用
胃蛋白酶（pepsin）	常与稀盐酸同服	不可与抗酸药合用，以免降低活性
胰酶（pancreatin）	在中性或弱碱性环境中消化功能增强	肠溶片，需整片吞服。对胰酶过敏者，对猪、牛蛋白过敏者禁用。胰腺炎早期者禁用
乳酶生（biofermin）	干燥的活乳酸杆菌制剂，可抑制肠道腐败菌的繁殖，防止发酵和产气	饭前服用，不宜与抗菌药、抗酸药及吸附药同服（间隔3小时），以免影响疗效
干酵母（dried yeast）	含B族维生素	宜嚼碎吞服，剂量过大引起腹泻

二、胃肠促动药和镇吐药

镇吐药（antiemetic）主要是通过抑制延髓催吐化学感受区（CTZ）和呕吐中枢发挥作用，有些镇吐药同时可以促进胃和十二指肠协调运动，促进胃排空，也称为胃肠促动药（表25-3）。

表 25-3　常用的胃肠促动药和镇吐药

药物名称	作用特点	不良反应和注意事项
甲氧氯普胺（metoclopramide，胃复安，灭吐灵）	拮抗中枢和胃肠道的DA受体，抑制延髓催吐化学感受区，促进胃肠蠕动和胃排空；刺激催乳素的释放。用于镇吐及胃肠功能失调所致的消化不良和胃胀气	头晕、困倦，长期用药可致锥体外系反应，乳房肿大、溢乳
多潘立酮（domperidone）	拮抗外周DA受体，增加胃肠道的蠕动和张力，促进胃排空，防止食物反流；促进腺垂体释放催乳素。用于消化不良，功能性、器质性、感染性疾病以及放、化疗所引起的恶心和呕吐	头痛、腹部痉挛、过敏、乳房肿大、溢乳等。不易导致锥体外系反应

药物名称	作用特点	不良反应和注意事项
莫沙必利	新型强效5-HT$_4$受体激动药，选择性作用于上消化道。治疗功能性消化不良、反流性食管炎、糖尿病性胃轻瘫、便秘等，缓解慢性胃炎伴有的烧心、早饱、上腹胀痛、恶心、呕吐	腹泻、腹痛、口干、嗜酸性粒细胞增多、三酰甘油升高。无锥体外系反应
昂丹司琼（ondansetron）	选择性拮抗中枢和迷走神经与呕吐有关的5-HT$_3$受体，无椎体外系反应和镇静作用。主要用于化疗、放疗药物或手术后的呕吐，对晕动病引起的呕吐无效	头痛、疲倦、便秘、腹部不适、皮肤温热潮红、口干等
格拉司琼（granisetron）	强效5-HT$_3$受体拮抗药，预防中、重度致吐化疗药引起的急性恶心、呕吐，与地塞米松等合用可提高疗效	头痛、头晕、便秘、腹泻、腹痛、疲劳、失眠等。消化道运动障碍者慎用。注射剂应现用现配，且避光保存
阿瑞匹坦（aprepitant）	新型神经激肽K$_1$（NK$_1$）受体拮抗药，用于预防抗肿瘤药化疗引起的呕吐，多与糖皮质激素和5-HT$_3$受体拮抗药合用	便秘、食欲减退、呃逆、疲乏无力、谷丙转氨酶水平升高

三、泻药与止泻药

（一）泻药

泻药是指通过增加肠内水分，软化粪便或润滑肠道，促进肠蠕动，加速排便的药物。一般包括容积性泻药、刺激性泻药和润滑性泻药等（表25-4）。

表25-4　常用泻药的特点

药物	作用特点	不良反应与注意事项
乳果糖（lactulose）	口服后几乎不被吸收，通过保留水分，增加肠内容物体积，发挥导泻作用；还可防治肝性脑病的昏迷等	长期应用会引起水盐代谢和酸碱紊乱

药物	作用特点	不良反应与注意事项
聚乙二醇4000	口服后几乎不被吸收，增加粪便含水量并软化粪便，促进排便的最终完成，也用于肠镜检查前的准备	少且轻，主要有恶心、饱胀感等
聚卡波非钙	吸水性很强的高分子聚合酶，可吸收肠道水分形成冻胶状，也可治疗水性腹泻	恶心、呕吐、口渴、谷丙转氨酶水平上升
比沙可啶（bisacodyl）	刺激结肠推进性蠕动而导泻。主要用于急、慢性便秘，也可用于肠道手术及腹腔脏器辅助检查前清肠	可致肠痉挛、直肠炎等。宜吞服且服药前2小时不得服牛奶或酸性药
开塞露（enema glycerin）	由甘油和山梨醇组成，润滑刺激肠壁，软化粪便，作用温和。适用于儿童及年老体弱者的便秘	不良反应轻微，需经肛门给药，保留灌肠，肛门括约肌松弛或严重痔疮者不宜使用
多库酯钠（docusate sodium）	为阴离子表面活性剂，促进水和脂肪类物质浸入粪便，通过物理性润滑肠道排便，作用温和，起效较慢	不良反应少。不适用于需要立即通便或肠镜检查前的清肠患者

硫酸镁（magnesium sulfate，泻盐）

本药属容积性泻药。口服后约有20%吸收入血，而后随尿排出。肌内注射或静脉注射后均经肾排泄，其排泄速度与血镁浓度和肾功能相关。

【作用与用途】具体与药物浓度和给药方法有关。

1. 导泻　口服后迅速提高肠腔内的渗透压而抑制肠内水分的吸收，增加肠腔容积，刺激肠壁增加推进性蠕动，导泻作用快而强。口服5%溶液用于清除肠内毒物，也可以与驱虫药同服促进肠道寄生虫的排出，以及急性便秘的治疗。

2. 利胆　将高浓度的硫酸镁口服或用导管直接灌入十二指肠，刺激肠黏膜，反射性地引起胆囊收缩、胆道括约肌松弛，促进胆囊排空，产生利胆作用。多用33%硫酸镁口服治疗阻塞性黄疸和慢性胆囊炎。

3. 抗惊厥　注射可产生强大的中枢抑制和骨骼肌松弛作用，从而产生抗惊厥作用。可用于多种原因引起的惊厥，尤其是子痫。

4. 降低血压　注射可直接松弛血管平滑肌，扩张血管，降低血压作用快而强。

多用于高血压危象、高血压脑病及妊娠高血压综合征。

5. 局部消肿　将50%的硫酸镁热敷患处，可改善局部血液循环，消除运动损伤、灼烫等引起的软组织或关节腔水肿。

6. 其他　本药尚能抑制子宫平滑肌收缩，用于先兆流产、习惯性流产等。

【不良反应】

1. 肾功能不全时，容易导致血镁浓度一过性过高，可出现眩晕甚至心律失常等。

2. 注射给药过快或过量可引起急性中毒，表现为中枢抑制、血压骤降、腱反射消失、呼吸抑制等，若抢救不及时，可导致死亡。一旦发生中毒，立即静脉注射钙剂，并行人工呼吸。中枢抑制药口服中毒须用硫酸钠导泻。

此外，微生态制剂可通过调节肠道菌群失衡，促进肠道蠕动和肠动力恢复。胃肠促动药伊托必利、莫沙必利，肠道促分泌药利那洛肽（linalotide）作为新型治疗便秘也在临床上使用。

（二）止泻药

腹泻是消化功能失调的表现之一，也是许多疾病的重要症状。剧烈而持久的腹泻可导致焦虑，疼痛，水、电解质紊乱，甚至脱水直至死亡。一般要在对因治疗的同时，适当使用止泻药缓解症状，对严重脱水者应及时补液。常用的止泻药有：抗动力药地芬诺酯、洛哌丁胺；吸附剂蒙脱石、药用炭；抗分泌药消旋卡多曲、次水杨酸铋；微生态调节剂芽孢杆菌、双歧杆菌三联活菌等。

地芬诺酯（diphenoxylate）

本药是哌替啶衍生物，通过激动肠道平滑肌上的阿片受体，减少肠蠕动而止泻。用于急、慢性功能性腹泻。久用具有成瘾性，过量服用可导致昏迷和呼吸抑制。

洛哌丁胺（loperamide）

本药是氟哌啶醇衍生物，选择性激动胃肠道平滑肌上的阿片受体，抑制肠蠕动作用强于地芬诺酯，药物依赖性较低，临床评价较高。如发生便秘、腹胀和肠梗阻，应立即停药。哺乳期妇女不宜使用，禁用于2岁以下患儿。

其他属于阿片受体激动药的还包括阿片酊和复方樟脑酊等，这类药物因存在药物依赖性，使用受到限制。

蒙脱石（dioctahedral smectite）

本药对消化道内的病毒、病菌及其产生的毒素、气体等有极强的固定、抑制作用，使其失去致病作用；还对消化道黏膜具有保护作用，具有平衡正常菌群和局部镇痛作用。临床适用于成人及儿童急、慢性腹泻。

消旋卡多曲（racecadotril）

本药是一种脑啡肽酶抑制药，口服作用于外周脑啡肽酶，不影响中枢神经系统的脑啡肽酶活性。具有抑制分泌作用，能减少大便的量并缩短腹泻持续时间。孕妇、哺乳期妇女及儿童禁用。

次水杨酸铋（bismuth subsalicylate）

本药口服后大部分被完全水解为铋和水杨酸。铋可覆盖于胃黏膜表面，保护胃黏膜，减少对胃的不良刺激，发挥止泻和改善胃肠道不适的作用，兼有抗分泌和吸附毒素的作用。

（三）微生态调节剂

正常肠道内共生菌群维持机体健康，如发生菌群失衡，需采用微生态调节剂治疗。一般包括益生菌、益生元和合生元三类。这里主要介绍益生菌制剂。益生元主要是乳果糖和功能性食物，如配方奶粉中的低聚果糖、低聚半乳糖等。合生元是益生菌与益生元的复合制剂。本类药物应避免与抗微生物药、药用炭、蒙脱石等肠道吸收剂合用。

地衣芽孢杆菌活菌（bacillus licheniformis）

本药为我国首次分离制得的益生菌活菌制剂，用于细菌或真菌引起的急慢性肠炎、腹泻，也可用于其他原因引起的胃肠道菌群失衡的防治。

双歧杆菌三联活菌

本药为口服复方活菌制剂，由长型双歧杆菌、嗜酸乳杆菌和粪肠球菌三种益生菌组成。用于因肠道菌群失衡引起的急慢性腹泻、便秘和消化不良。

另有双歧杆菌四联活菌，在三联活菌的基础上增加蜡样芽孢杆菌，可为益生菌提供厌氧环境，提高疗效。

四、影响肝胆和胰腺功能的药物

多烯磷脂酰胆碱（polyene phosphatidylcholine）

本药为必需磷脂类、维生素、烟酸胺的复方制剂，具体品种规格不同、含量不同。其中磷脂类作为细胞膜的重要组分，特异性地与肝细胞膜结合，促进肝细胞膜再生，增强细胞膜的防御能力，起到稳定、保护、修复细胞膜的作用。临床用于以肝细胞膜损害为主的急慢性肝炎、药物性肝炎、酒精性肝病、中毒性肝炎等。不良反应与给药剂量有关，偶有过敏反应发生。

甘草酸二铵（diammonium glycyrrhizinate）

本药来源于甘草提取物，具有较强的抗炎、保护肝细胞膜及改善肝功能的作用。

主要用于谷丙转氨酶升高的急、慢性肝炎。不良反应主要是长期应用对胃肠道、皮肤和心血管等方面的影响。严重低钾血症、高钠血症、高血压、心力衰竭、肾衰竭患者禁用。注射液未经稀释不得进行注射。

同类药物有复方甘草酸苷（compound glycyrrhizin）、异甘草酸镁（magnesium isoglycyrrhizinate）等。

硫普罗宁（tiopronin）

本药为含巯基的化合物，具有保护肝脏细胞线粒体和促进有肝毒性成分排出、清除自由基等多种作用，可用于改善各类急、慢性肝炎的肝功能，脂肪肝、酒精性肝病、药物性肝损伤的治疗及重金属的解毒，降低放、化疗的不良反应，并可预防放、化疗所致的外周白细胞减少。也用于老年性早期白内障和玻璃体混浊。

不良反应主要为过敏反应。孕妇、哺乳期妇女禁用。肝肾功能不全者，儿童、急性重症铅、汞中毒者，既往使用本药时发生过粒细胞缺乏症、再生障碍性贫血、血小板减少或其他严重不良反应者禁用。

同类药物还有谷胱甘肽（glutathione）等。

水飞蓟宾葡甲胺（silybin meglumine）

本药通过稳定肝细胞膜，保护转氨酶系统，用于急、慢性肝炎，初期肝硬化，中毒性肝损害的辅助治疗。孕妇、哺乳期妇女和儿童用药安全性尚不明确。

奥曲肽（octreotide）

本药为人工合成的内源性生长抑素的类似物，作用更强而持久。生长抑素具有多种生理效应，如抑制生长激素、多种消化功能激素的释放，对生长发育和消化系统有着广泛的影响。本药主要用于肝硬化所致食管-胃底静脉曲张出血的紧急治疗，也可用于重型胰腺炎及预防胰腺术后并发症等。常用剂型为注射剂。

不良反应主要为胃肠道反应，包括食欲缺乏、恶心、呕吐、痉挛性腹痛、胀气、稀便、腹泻及脂肪痢。在罕见的病例中，胃肠道反应可类似急性肠梗阻伴进行性严重上腹痛、腹部触痛、肌紧张和腹胀。长期使用可能导致胆结石的形成。

常用的本类药物还有：①联苯双酯（bifendate）、双环醇（bicyclol）等，主要用于各种类型慢性肝炎的氨基转移酶升高；②腺苷蛋氨酸（ademetionine）、熊去氧胆酸（ursodeoxycholic acid）等用于防治肝内胆汁淤积和胆囊胆固醇性结石；③茴三硫（anethol trithione）、苯丙醇（phenylpropanol）等用于治疗胆囊炎、胆固醇及消化不良；④抑肽酶（aprotinin）、加贝酯（gabexate）等用于急性胰腺炎的辅助治疗等。

第三节　作用于消化系统药物的用药指导

一、用药前

消化系统疾病是常见病、多发病，且易复发，应配合医生制订综合治疗方案。例如，确认消化性溃疡后，提示患者在药物治疗的同时需要注意休息，减少精神刺激，消除有害环境因素，饮食应有规律，并停用会导致溃疡和出血的药物。提示消化性溃疡应进行幽门螺杆菌感染阳性试验，确诊者可采用联合给药方案，现多用"质子泵抑制药＋铋剂＋抗微生物药"的三联疗法或者"质子泵抑制药＋铋剂＋两种抗微生物药"的四联疗法，根治率较高。胃肠功能紊乱多采用对症治疗，但用药前须排查是否为器质性病变引起的，且需寻找引起胃肠道运动紊乱的原因，选择合适的药物。

掌握常见消化系统药物的禁忌证：①催乳素瘤、嗜铬细胞瘤、乳癌患者、中重度肝功能不全者禁用多潘立酮。②哺乳期妇女禁用多潘立酮、莫沙必利、昂丹司琼，孕妇禁用昂丹司琼、比沙可啶。③硫酸镁口服后可刺激肠壁引起盆腔充血和失水，故肠道出血患者、急腹症患者、孕妇及月经期妇女禁用本品导泻。④肠梗阻、肠穿孔、溃疡性结肠炎等患者禁用乳果糖、聚乙二醇4000、聚卡波非钙等容积性泻药和比沙可啶等刺激性泻药；半乳糖血症禁用乳果糖；果糖不耐受者、8岁以下患儿禁用聚乙二醇4000等。

二、用药中

协助医护人员指导患者注意具体的给药时间：①抗酸药宜在餐后1~2小时服用，还需避免与酸性药物食物同服。②H_2受体拮抗药宜餐后用药。③质子泵抑制药应在餐前立即服用，多数质子泵抑制药为肠溶制剂，宜整片吞服。④铋剂和硫糖铝在餐前0.5~1小时服用或空腹服用，且不宜与碱性药（抗酸药）合用。⑤助消化药一般在餐前服用，送服时不宜用热水。因其多为酶或活菌制剂，应于阴凉、干燥处贮存，且长期保存效价会下降，超过有效期不得再使用。⑥胃肠促动药如多潘立酮应餐前半小时服用。⑦硫酸镁导泻作用一般于服药后1~6小时出现，宜清晨空腹服，并大量饮水以加速导泻作用和防止脱水。如导泻作用强，则不宜用于体弱者。利胆作用于饭前或两餐之间服用。⑧开塞露一般用药后30分钟见效，由肛门注入。

提示可能很快出现的不良反应：①H_2受体拮抗药，可能出现头晕、定向障碍等神经症状，不宜从事驾驶和高空作业等精细工作，或用后休息6小时再工作；②铋剂，可见大便黑染，提示为正常现象；③奥美拉唑，用药期间应注意消化道及神经系统反应，长期使用可使原有的焦虑、抑郁加重，并注意告知患者家属；④甘草酸二铵，治疗过程中应定期检测血压、血清钾、钠浓度，如出现高血压、水钠潴留、低血钾等情况应停药或适当减量。

注意药物相互作用：①奥美拉唑，可抑制肝药酶活性，可减慢华法林、地西泮、苯妥英钠、莫沙必利等药物的代谢，使半衰期延长，合用时应注意调整剂量。②多潘立酮，与抗酸药或胃酸分泌抑制药合用时，应间隔使用。③莫沙必利，与阿托品等莨菪碱类药物合用可能会减弱本药的作用。④聚卡波非钙，合用维生素D促进肠道钙吸收，易发生高钙血症；与四环素类、喹诺酮类形成螯合物，影响抗生素的吸收。

三、用药后

消化系统疾病及相关症状非常多见，使用药物大多为非处方药，用药指导应更加注重对患者的长期疗效评价、不良反应预判和健康教育。提示抗溃疡药存在长期不良反应，如H_2受体拮抗药对雄性激素的拮抗作用；使用奥美拉唑等会增加胃肠道癌前病变概率，需注意长期、定期检查。长期或剧烈腹泻时可引起体内水、电解质紊乱，应注意补充水和电解质。

药学服务岗位操作实践

岗位情境：

情境导入中的小佳服用奥美拉唑肠溶胶囊1周后症状得到有效缓解。2个月后，小佳因为暴饮暴食、消化不良而出现腹泻，她听说乳酶生是"消食药"，能帮助消化，诺氟沙星是"消炎药"能治疗拉肚子，因此要买这两种药一块吃，并自信满满地认为肯定好得快。作为药师应如何进行用药指导，做好药学服务呢？

操作流程：

1. 首先要耐心细致地接待小佳，介绍乳酶生是乳酸杆菌活菌制剂；诺氟沙星是抗微生物药，会抑制乳酸杆菌的活性，两者不能同时服用。

2. 解释消化功能失调引起的腹泻一般不必选用抗微生物药，可单用乳酶生

或其他微生态调节药，并指导其应在饭前用温水送服。提示购买的药品应放置于阴凉、干燥处，以免受热受潮失去活力而影响疗效。

3. 交代如用乳酶生腹泻没有缓解，应及时去医院就诊。同时，要注意补水或口服电解盐等药物，以防长期腹泻而脱水或水、盐电解质紊乱。

4. 如果本人同意，可以建议关注本单位新媒体平台或留下更方便的联系方式，便于加强沟通，提供更全面的药学服务。

●···· 章末小结

本章主要介绍了常见的消化系统疾病药物，重点是抗消化性溃疡药的类别、作用、用途、不良反应和用药注意事项，以及镇吐药、泻药的类别、作用、不良反应和用药注意事项；难点是消化系统药物的用药指导；应主要掌握结合不同临床需要，更好地应用消化系统药物，妥善处理药物不良反应和相互作用。

●···· 思考与练习

一、 单项选择题

1. 拮抗H_2受体的抗消化性溃疡药是（ ）
   A. 氧化镁　　　　　　B. 法莫替丁　　　　　　C. 奥美拉唑
   D. 枸橼酸铋钾　　　　E. 甲硝唑

2. 奥美拉唑减少胃酸分泌的作用机制是（ ）
   A. 抑制壁细胞质子泵　B. 拮抗组胺受体　　　　C. 拮抗促胃液素受体
   D. 拮抗M受体　　　　E. 拮抗DA受体

3. 关于氢氧化铝的叙述，以下正确的是（ ）
   A. 口服易吸收　　　　　　　　　　　B. 中和胃酸作用快而持久
   C. 致轻泻　　　　　　　　　　　　　D. 对溃疡面有保护作用
   E. 可治疗酸中毒

4. 下列药物中，选择性拮抗5-HT₃受体的镇吐药是（　　）

    A. 莫沙必利　　　　　B. 甲氧氯普胺　　　　C. 氯丙嗪

    D. 昂丹司琼　　　　　E. 多潘立酮

5. 下列药物中，既具有保护和改善肝脏功能又可以治疗某些重金属中毒的是
（　　）

    A. 昂丹司琼　　　　　B. 硫普罗宁　　　　　C. 甲氧氯普胺

    D. 甘草酸二铵　　　　E. 多烯磷脂酰胆碱

二、简答题

1. 抗消化性溃疡药按作用机制可分为哪几类？分别举一个代表药物。

2. 治疗消化性溃疡时给予抗微生物药的目的是什么？

3. 常见的治疗消化不良、恶心呕吐、腹泻的药物有哪些？如何做好用药指导？

4. 从医者仁心的角度，谈谈如何对便秘患者进行用药指导？

5. 临床常用的改善肝功能、降低氨基转移酶的药物有哪些？其主要特点是
什么？

三、应用题

案例分析：患者，女，28岁。初胎妊娠25周，由于妊娠高血压采用硫酸镁静脉滴注治疗，给药约20分钟后出现恶心、面部潮红、肌肉软弱无力、膝反射消失等现象。呼吸浅而慢，每分钟10次。初步判断为硫酸镁中毒反应。

请思考并讨论：①患者被确诊为硫酸镁中毒的依据有哪些？②后续应采取什么措施进行抢救？③药学人员应如何体现专业精神和职业素养？

（刘　佳）

第二十六章
作用于呼吸系统的药物

学习目标

知识目标：

- 掌握　平喘药的分类、作用、用途和不良反应。
- 熟悉　镇咳药和祛痰药代表药物及特点。
- 了解　作用于呼吸系统药物的用药指导原则。

技能目标：

- 熟练掌握　对咳嗽、痰多等症状，哮喘等疾病进行用药指导的基本技能。
- 学会　观察、评价呼吸系统药物的疗效和不良反应，并为合理用药提供依据。

素质目标：

- 具有尊重、关心呼吸系统疾病患者的药学服务等岗位服务的专业精神和职业素养。

情境导入

情境描述：

　　王大爷因一次感冒诱发咳嗽，至今已两个半月，他自行服用镇咳药和抗生素，未见好转。常会因为冷空气、刺激性气味、运动等诱发咳嗽，且夜间咳得更厉害，咳嗽严重影响了他的生活和休息。到医院就诊后，确诊为咳嗽变异性哮喘，医生给予丙酸倍氯米松气雾剂吸入治疗，并给予氨茶碱口服治疗，2周后咳嗽症状明显好转，1个月后咳嗽症状消失，医师建议他停用氨茶碱，继续用丙酸倍氯米松气雾剂吸入治疗，并逐渐减量，2个月后方可停药。

学前导语：

　　同学们，咳、痰、喘是呼吸系统疾病的常见症状，以上三种症状可单独出现，也可同时出现、并可相互转化。临床治疗包括：对因治疗；加用镇咳药、祛痰药或平喘药等对症治疗，缓解症状，防止病情恶化，同时提高患者的生活质量。本章将为大家介绍上述药物，学好用好这些药物，未来可以更好地胜任药学工作岗位，做好药学服务，体现职业价值。

第一节 镇咳药和祛痰药

咳嗽是人体的一种防御性反射，轻度咳嗽有利于痰液和呼吸道异物的排出，一般无须用药，但长期剧烈咳嗽会影响休息和工作，增加患者的痛苦，甚至出现严重并发症，降低生活质量。故应当用药物缓解。无痰的剧烈干咳一般采用对因治疗，配合加用镇咳药；有痰的咳嗽以祛痰为主，慎用镇咳药，防止发生呼吸道阻塞，引起窒息。

> **知识链接：**
>
> ### 咳嗽的小知识
>
> 咳嗽是呼吸系统疾病的主要症状之一，应用镇咳药是对症治疗的重要手段。合理应用镇咳药不仅可以减轻患者的痛苦，并可防止并发症的发生和原发疾病进一步恶化。但咳嗽是一种保护性反射活动，可将呼吸道内的积痰和异物排出，以保持呼吸道的清洁和畅通。只有在剧烈而频繁的咳嗽严重影响患者的生活和休息时，才需要用镇咳药。多痰、黏痰而引发咳嗽的患者，也不宜用镇咳药，因痰液可致气道阻塞，引起窒息。

一、镇咳药

镇咳药是作用于咳嗽反射中的某一环节而发挥作用的药物。根据其作用部位不同，分为中枢性镇咳药和外周性镇咳药两类。一般适用于无痰的干咳患者，多痰、黏痰患者慎用或禁用。

（一）中枢性镇咳药

中枢性镇咳药是一类通过直接抑制延髓咳嗽中枢而发挥镇咳作用的药物。

可待因（codeine）

本药是阿片类生物碱，与吗啡作用相似但较弱。镇咳作用强而迅速，疗效可靠，是目前临床应用最有效的镇咳药，同时兼有镇痛作用。适用于无痰的剧烈干咳，对于伴胸痛的干咳者尤其适用。

主要不良反应为成瘾性，含苯药成分的各类复方制剂均应按规定进行严格管理。治疗量不良反应少见，痰多者禁用。

右美沙芬（dextromethorphan）

本药的镇咳作用与可待因相当，起效快，无镇痛作用和成瘾性。主要用于无痰干咳及剧烈频繁的咳嗽，也是感冒药复方制剂中最常用的镇咳成分。本药不良反应相比较少，偶有头晕、嗜睡、恶心、呕吐等症状。

> **课堂问答：**
>
> 请同学们利用网络（如国家药品监督管理局官方网站）或到药店搜集感冒药说明书，找到哪些感冒药的复方制剂中含有右美沙芬。

喷托维林（pentoxyverine，咳必清）

本药为合成的非依赖性镇咳药，兼有中枢和外周镇咳作用。镇咳强度约为可待因的1/3，用于上呼吸道感染引起的干咳和小儿百日咳。无成瘾性，不良反应少见，偶有头晕、头痛、口干、恶心、腹胀、便秘等。青光眼患者慎用。

氯哌斯汀（cloperastin）

本药为苯海拉明的衍生物，兼有中枢和外周双重镇咳作用。用于急性上呼吸道感染及急慢性支气管炎引起的干咳，偶有口干、嗜睡等不良反应。

（二）外周性镇咳药

苯佐那酯（benzonatate）

本药为局部麻醉药丁卡因的衍生物，镇咳作用较可待因差，主要用于支气管炎、胸膜炎等引起的咳嗽。对干咳、阵咳效果良好。服用时需整片吞服，切勿嚼碎，以免引起口腔麻木。不良反应有轻度头晕、嗜睡等。

苯丙哌林（benproperine）

本药的镇咳作用比可待因强2~4倍，作用持续时间为4~7小时。用于多种原因引起咳嗽。服用时需整片吞服，切勿嚼碎，以免引起口腔麻木。偶见口干、头晕、食欲缺乏、胃部烧灼感和药疹等。

二、祛痰药

痰液是呼吸道炎症的产物，可刺激呼吸道黏膜引起咳嗽，并加重感染、诱发哮喘。祛痰药可使痰液稀释、分解、黏稠度降低，使呼吸道内的积痰排出，减弱对呼吸道黏膜的刺激，间接起到镇咳、平喘作用。祛痰药根据其作用机制主要分为恶心性祛痰药、刺激性祛痰药、黏痰溶解药等。

（一）恶心性祛痰药

氯化铵（ammonium chloride）

本药口服后刺激胃黏膜，通过兴奋迷走神经反射，使支气管腺体分泌增加，稀释痰液，易于咳出。用于急、慢性呼吸道炎症的痰多者。治疗剂量祛痰作用不强，大剂量可引起恶心、呕吐，主要作为祛痰复方制剂的组成成分。为减少胃肠道刺激，应餐后服用。

本药因可酸化体液和尿液，还可以用于某些碱血症的治疗。

愈创甘油醚（guaifenesin）

本药除反射性增加呼吸道腺体分泌增加外，还有镇咳、解痉、消毒、防腐等作用，主要用于呼吸道引起的咳嗽、多痰，多为复方制剂的成分之一。肺出血、肾炎、急性胃肠炎患者禁用。

（二）刺激性祛痰药

标准桃金娘油（gelomyrtol）

本药为脂溶性挥发油，口服吸收再经呼吸道排出，既能促进腺体分泌，稀释黏液；又能增强纤毛运动，使黏液移动速度加快，从而促进黏液排出；还有一定的β受体样作用和抗炎作用，有利于呼吸道疾病的治疗。适用于支气管、慢性阻塞性肺疾病（COPD）和哮喘黏痰不易咳出者，也可用于支气管造影术后促进造影剂排出等。不良反应有恶心、胃部不适，偶有过敏反应。本药为软胶囊剂，不可打开或嚼破后服用。宜餐前30分钟整粒吞服。

同类药物还有桉柠蒎（eucalyptol）、碘化钾（potassium iodide）等。

（三）黏痰溶解药

溴己新（bromhexine）

本药可裂解黏痰中的黏蛋白并抑制其合成，使痰液变稀易于咳出，口服也有恶心性祛痰作用，有利于黏痰咳出。适用于慢性支气管炎、哮喘、硅沉着病等黏痰不易咳出者，偶有恶心、氨基转移酶升高。消化性溃疡、肝功能不全者慎用。

氨溴索（ambroxol）

本药是溴己新的活性代谢物，作用明显增强，是目前最常用的祛痰药之一。主要通过对呼吸道黏膜的化学性刺激，反射性地增加痰量，还可抑制酸性黏蛋白合成，使痰液不易形成，也使痰液易于排出，有利于不易咳出的黏痰的清除。适用于多种原因的痰黏稠不易咳出者。注射给药用于预防肺部手术后的并发症以及新生儿呼吸窘迫综合征。不良反应主要是胃肠道反应，如恶心、呕吐等，个别有过敏反应。本药不宜与中枢性镇咳药合用，与平喘药和部分呼吸道抗感染药有协同作用。

乙酰半胱氨酸（acetylcysteine）

本药分子中的巯基能使黏蛋白中的二硫键断裂，黏蛋白变成小分子多肽，痰液黏稠度降低而易于咳出。雾化吸入或气管内滴入，用于急、慢性支气管炎及其他呼吸道疾病出现的痰液黏稠不易咳出者。因有蒜臭味，易致恶心、呕吐等。

同类药物还有羧甲司坦（carbocisteine）、厄多司坦（erdosteine）、美司钠（mesna）等。

第二节　平喘药

哮喘是一种以气道变态反应性炎症和气道高反应性为特征的疾病，在抗原和不良环境刺激下导致支气管平滑肌痉挛、气道狭窄与阻塞。平喘药是通过作用于不同环节，预防和缓解哮喘发作，主要包括支气管扩张药、抗变态反应性平喘药和抗炎性平喘药等。支气管哮喘的发生机制见图26-1。

一、支气管扩张药

（一）β受体激动药

主要作用于支气管平滑肌的 β_2 受体，激活腺苷酸环化酶，使细胞内的环磷酸腺苷（cAMP）生成增多，进而激活cAMP依赖的蛋白激酶，产生生化效应引起支气管平滑肌松弛，使支气管扩张。本类药物对呼吸道的选择性高，疗效好而不良反应少，是控制哮喘症状的首选药之一。多采用吸入给药，用于治疗和预防支气管哮喘或喘息性支气管炎等。少数病例可见头晕、心悸和手指震颤，过量可致心律失常。长期应用可产生耐受性。

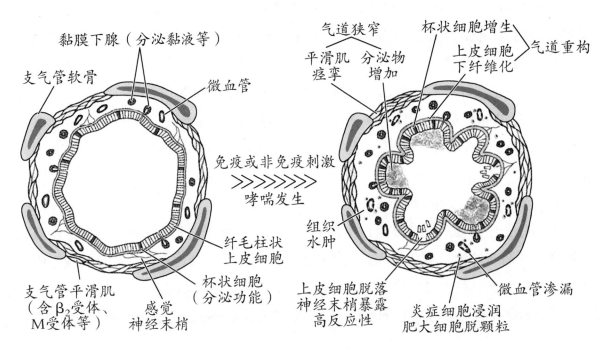

图26-1 支气管哮喘发生机制示意图

沙丁胺醇（salbutamol，舒喘灵）

本药口服有效，口服15~30分钟起效，可持续4~6小时；气雾剂吸入5~15分钟作用达高峰，可持续2~4小时。采用缓释和控释剂型，可延长作用时间。药物主要通过肝脏代谢，最后从尿液和粪便中排泄。

本药为短效选择性β_2受体激动药，对β_1受体的作用弱，对α_1受体基本无作用。平喘作用与异丙肾上腺素相当，但作用更持久，对心脏的兴奋作用仅为异丙肾上腺素的1/10。临床防治支气管哮喘和喘息性支气管炎，预防哮喘应口服给药，控制急性症状发作多气雾吸入或静脉给药。

不良反应常见恶心、头晕、骨骼肌震颤等。长期或过量使用可致快速型心律失常、血压升高、低血钾及低敏感性等。

其他选择性β_2受体激动药的不良反应与沙丁胺醇相似，特点见表26-1。

表 26-1　其他选择性 β_2 受体激动药的特点

药物	作用特点	用途及注意事项
特布他林（terbutaline）	平喘作用与沙丁胺醇相当，但心脏兴奋作用更弱	用于支气管哮喘、慢性支气管炎、肺气肿和其他伴有支气管痉挛的肺部疾病，不推荐用于12岁以下儿童
克仑特罗（clenbuterol）	平喘作用约为沙丁胺醇的100倍，对心血管的影响相对较小	防治支气管哮喘、喘息性支气管炎以及肺气肿等呼吸系统疾病所致的支气管痉挛
丙卡特罗（procaterol）	支气管扩张作用强于沙丁胺醇，持续时间更长	口服，对运动性哮喘和迟发性哮喘效果更好，避免合用其他β受体激动药
沙美特罗（salmeterol）	长效 β_2 受体激动药，尚有抑制过敏介质释放的作用	用于夜间哮喘、运动性哮喘及喘息性支气管炎。但起效慢，不宜用于急性哮喘发作
福莫特罗（formoterol）	作用强而持久，特别适用于哮喘夜间发作	可用于哮喘的维持治疗，不宜用于急性支气管痉挛

🔗 **知识链接：**··

克仑特罗不能作为饲料添加剂的原因

克仑特罗又称氨哮素，为强效选择性 β_2 受体激动药，是本类药物中最早使用的品种之一，其松弛支气管平滑肌的作用非常强，临床上用于防治哮喘、喘息性气管炎等，但对心脏病、高血压、甲状腺功能亢进患者的安全性较差。但在20世纪80年代，美国某公司发现将其添加在饲料中能促进动物生长，增加瘦肉产率，并称之为"瘦肉精"，后被用于养殖业。但后期有研究和实证表明，食用含有"瘦肉精"的肉及肉制品会危害人体健康，可产生恶心、呕吐、肌无力、心慌、不安、肌肉震颤、心动过速等症状。对于高血压、心脏病等患者的危害更大。因此，我国有关法律法规明确要求，严禁在饲料和动物饮用水中使用克仑特罗。

（二）茶碱类

本类药物属于甲基黄嘌呤衍生物，因从茶叶中提取而得名，属于磷酸二酯酶抑制药，抑制环磷酸腺苷（cAMP）水解，提高其浓度而发挥药理作用。另外，茶碱还是嘌呤受体拮抗药，对抗内源性腺苷对支气管平滑肌的收缩作用。茶碱还被证实能促进肾上腺髓质释放儿茶酚胺类物质，增强呼吸肌的收缩力等，这些也有助于平喘等作用。

氨茶碱（aminophylline）

本药为茶碱与二乙胺的复盐，在水中的溶解度较大，可口服或注射给药，亦可直肠给药。

【作用与用途】

1. 平喘作用　与松弛支气管平滑肌、抗炎及增强呼吸肌收缩力等有关。平喘作用确实可靠，平喘疗效稳定，是临床常用的平喘药。口服用于慢性哮喘和慢性阻塞性肺疾病，急性发作、重症或哮喘持续状态时须采用静脉注射给药。

2. 强心、利尿作用　具有增强心肌收缩力，增加心排血量，进而增加肾血流量，提高肾小球滤过率，并抑制肾小管对Na^+的重吸收，产生利尿作用。用于辅助治疗心源性哮喘和心源性水肿。

3. 利胆作用　可松弛胆道平滑肌，用于治疗胆绞痛等。

【不良反应】本药的安全范围窄，不良反应较多。采用长效制剂可降低发生率。

1. 局部刺激症状　本药的碱性较强，局部刺激性大，口服后易引恶心、呕吐、胃痛等胃肠道反应，饭后服用可减轻症状。

2. 中枢兴奋　多见失眠及不安，个别出现震颤、激动、狂躁等表现，大剂量偶见惊厥等反应。

3. 急性中毒　静脉注射过快或剂量过大可致心律失常、血压骤降、谵妄、惊厥、昏迷等，甚至呼吸、心搏骤停而死亡。

本类药物还有二羟丙茶碱（diprophylline）、胆茶碱（choline theophyllinate）、多索茶碱（doxofylline）等，作用和使用方法与氨茶碱相似，但不良反应较轻，患者易耐受。

（三）M受体拮抗药

抗胆碱药选择性拮抗支气管平滑肌上的M受体，松弛支气管，平滑肌，多以吸入给药。常用药物有异丙托溴铵（ipratropium bromide）、氧托溴铵（oxitropium bromide）等，主要联合用于支气管哮喘和喘息性支气管炎等的治疗。

二、抗变态反应性平喘药

色甘酸钠（sodium cromoglicate）

本药可稳定肥大细胞膜，抑制肥大细胞脱颗粒，减少组胺、5-羟色胺、白三烯等过敏介质释放，预防哮喘相关的变态反应发生。临床主要用于预防和减少哮喘发作，需提前用药，7~10天后起效；也可用于其他变态反应性疾病的预防，如过敏性结膜炎、过敏性鼻炎等；采用保留灌肠可治疗溃疡性结肠炎等。

不良反应较少，由于本药是微颗粒粉末制成的吸入剂，少数患者吸入时可引起呛咳、气急甚至诱发哮喘，可同时吸入少量β₂受体激动药预防。

酮替芬（ketotifen）

本药既可抑制过敏介质释放，又有很强的抗组胺和抗5-HT作用。口服易吸收，用于预防支气管哮喘和其他过敏性疾病，疗效优于色甘酸钠；对儿童哮喘疗效好，一般须用药12周以上。用药后可出现疲倦、头晕、乏力、口干等症状，连续用药可减轻症状，偶有皮疹及氨基转移酶升高等。

三、抗炎性平喘药

目前认为，炎症是哮喘发生、发展的关键因素，抗炎治疗是哮喘治疗最重要的手段之一。常用的抗炎药包括糖皮质激素类药物和白三烯调节药等。

1. 糖皮质激素类药物 本类药物具有很强的抗炎作用，是治疗哮喘持续状态或危重发作的重要药物。全身应用主要治疗哮喘持续状态或其他药物疗效不佳的危重症患者，但因作用广泛，不良反应多（详细内容见第二十九章）；采用局部气道给药，在显著抑制气道炎症反应的同时可以明显减少不良反应，达到长期防治哮喘发作的效果。因此，本类药物被国内外权威的哮喘诊治指南推荐为治疗哮喘的一线用药。

倍氯米松（beclomethasone）

本类吸入给药可在上呼吸道组织内获得较高浓度，充分发挥局部抗炎作用和抑制变态反应的作用，并可避免或减少全身性的药物不良反应。适用于轻中度哮喘或变异性鼻炎。不良反应主要有声音嘶哑、口咽部念珠菌感染等。

布地奈德（budesonide）

本药主要采用吸入剂，用于持续性哮喘的长期治疗，具有轻度持续性哮喘以上程度即可使用，是目前临床应用最广的抗炎平喘药之一，也可与其他药合用治疗慢性阻塞性肺疾病。中度和重度支气管扩张症患者禁用。不良反应以声音嘶哑最为多见，也可见口腔真菌感染、鼻黏膜溃疡等，可采取局部用药后漱口或对症治疗等措施。

本类药物还有氟替卡松（fluticasone）、糠酸莫米松（mometasone furoate）等。

2. 白三烯调节药 白三烯（LT）是花生四烯酸经5-脂氧合酶（5-LOX）代谢后的产物，能诱发气道炎症，促使支气管平滑肌痉挛性收缩，在哮喘发病中起重要作用。现已证实，抑制5-脂氧合酶的活性或拮抗白三烯受体均可有效地治疗支气管哮喘。

扎鲁司特（zafirlukast）、孟鲁司特（montelukast）

两药均为白三烯受体拮抗药，临床主要用于预防哮喘发作，尤其是对阿司匹林过敏引起的哮喘，可明显减少发作次数和症状。本药不宜用于治疗急性哮喘。

主要不良反应有轻度头痛、头晕及胃肠道反应等。孕妇、哺乳期妇女及幼儿慎用。

本类药物还有普仑司特（pranlukast）、泊比司特（pobilukast）、托鲁司特（tomelukast）等。

齐留通（zileuton）

本药为5-脂氧合酶抑制药，阻断白三烯的合成，发挥抗炎作用。在体内、体外均具有明显的抗变态反应及抗炎作用。主要用于哮喘或变应性鼻炎控制药物。本药主要有氨基转移酶升高等不良反应。孕妇和哺乳期妇女慎用。

第三节　作用于呼吸系统药物的用药指导

呼吸系统疾病种类多，病因、症状和病史都比较复杂，本章介绍的药物主要以对症治疗为主，其目的主要是尽快减轻患者症状，改善呼吸及相关功能，防止合并症和并发症的发生。

一、用药前

1. 正确选用药物，制订合理治疗方案。乙酰半胱氨酸溶液要现配现用，用剩的溶液应密封后放入冰箱，48小时内用完。沙丁胺醇缓解急性症状时选用气雾吸入给药，预防发作可口服。各类肾上腺素受体激动药之间会诱发心律失常，不能同时使用。正确指导气雾剂的选择、剂量控制，协助医护人员指导患者合理用药。提示哮喘患者需遵医嘱用药，不可随便加减剂量。

2. 注意用药的禁忌证。镇咳药不能用于黏痰无法咳出的患者，注意感冒药中含有右美沙芬，会加重咳痰困难症状；可待因要预防药物滥用；祛痰药氯化铵对于溃疡病、肝肾功能不全及代谢性酸血症患者禁用；乙酰半胱氨酸吸入会刺激气道，急性期的支气管哮喘患者禁用。急性心肌梗死伴有血压显著降低者禁用氨茶碱，肝肾功能不全、甲状腺功能亢进症、活动性消化性溃疡患者慎用氨茶碱。

3. 注意正确的给药方法。呼吸系统疾病常需应用溶液型气雾剂，应注意其正确用法，指导患者严格按说明书使用，学会用量控制和保存方法，同时提示患者同种药物因治疗需要会采取不同使用方法，如乙酰半胱氨酸喷雾吸入仅用于非紧急的情况下，临用前用氯化钠溶液配制成10%溶液，每次1~3ml，每日2~3次；急救时以5%溶液经气管插管或气管套管直接滴入气管内。

二、用药中

1. 平喘药宜睡前服用，因为凌晨0~2点是哮喘的高发时间，而氨茶碱以早晨7点用为宜，其缓释或控释片应整片吞服。扎鲁司特一般应饭前1小时或饭后2小时服用，孟鲁司特在睡前服用较好。

2. 气雾剂的使用方法分四步：①用前将气雾剂摇匀；②撕掉开口器上的盖子，深呼吸几次，缓缓呼气以尽量让肺部气体排尽；③用口唇包住整个开口，在深呼吸的同时按压气雾剂阀门，用力深吸气，将药物深深吸入肺中直到吸不动为止；④将气雾剂拿开，闭住嘴，屏气10秒后，缓缓将气体从鼻子呼出，喷雾后及时擦洗喷嘴。

3. 氯化铵的不良反应与剂量密切相关，大剂量或空腹使用胃肠道刺激症状较重，应餐后服用。氨茶碱口服后常出现消化道反应，饭后服用或与氢氧化铝同服可减轻局部刺激症状。茶碱类药物安全性差，必要时可进行血药浓度监测，保证疗效并防止毒性产生。

三、用药后

1. 镇咳药和祛痰药一般疗效确切，如连续口服1周症状未好转，应向医师咨询，及时查找病因，切勿耽误病情。

2. 糖皮质激素类药物气雾吸入的主要不良反应为声音嘶哑和口腔真菌感染，患者用药后应立即漱口。糖皮质激素类药物停药时，应按医嘱逐渐减量停药，患者不得自行停药或减量。

3. 应提示注意监测药物的长期不良反应。例如茶碱类可引起消化性溃疡、肾上腺素受体激动药会提高缺氧患者的心律失常发生率等。

4. 指导呼吸系统疾病患者养成健康的生活方式，在雾霾严重的季节减少外出或采取必要的防护措施，减少咳、痰、喘的发生频率。

药学服务岗位操作实践

岗位情境：

门诊药房的小李值班时接待了一位63岁的女性患者，她有10年慢性支气管炎病史，近1周因感冒出现咳嗽、咳痰，自行服用感冒药氨麻苯美片后，感到痰很难咳出，并有胸闷、憋气、乏力等症状，医师检查后，无其他并发症，给予氨溴索口服液进行治疗。患者到药房取药时，咨询小李为何只开一种药物，小李应如何进行用药指导？

操作流程：

1. 首先认真细致地接待患者，安抚其情绪，告诉患者其病情并不复杂，服用氨溴索口服液进行化痰治疗，可使阻塞的黏痰溶解，便于咳出，能使症状较快改善，故处方合理。

2. 患者先前服用的感冒药中含有右美沙芬，属中枢性镇咳药，且老年人气力不足，易发生痰液不易咳出的现象，用药时需停用该感冒药，再服用氨溴索。

3. 告知其今后遇到类似情况，不可擅用镇咳药，尤其是含有右美沙芬的感冒药，以免稀化的痰液堵塞气道。

4. 提醒患者如使用氨溴索7日后未见好转，不可自行增加剂量，应来院就医，做进一步检查。

5. 适时进行健康教育，建议要增强体质，预防感冒，外出活动时戴口罩，避免接触刺激性气体。如果患者本人或家属愿意，可以建立更方便的联系方式，提供更全面周到的药学服务。

● ·····章末小结

1. 中枢性镇咳药一般用于无痰的剧烈干咳，外周性镇咳药多用于刺激性干咳等，可待因有成瘾性不可过量使用或久用。祛痰药分三类，恶心性祛痰药、刺激性祛痰药、黏痰溶解药，用于痰多、黏痰的咳嗽患者。

2. 平喘药种类很多，其中沙丁胺醇气雾吸入是哮喘急性发作的首选，氨茶碱静脉给药是重症哮喘或哮喘持续状态的首选。预防哮喘可用色甘酸钠等。
3. 抗炎治疗是控制哮喘发生、发展的关键，糖皮质激素类药物是目前控制哮喘最有效的平喘药。
4. 呼吸系统疾病常见，药物种类多，用药前提示注意适应证、禁忌证和用药方法等。
5. 正确使用气雾剂的方法。
6 镇咳药、祛痰药等连续使用1周无明显效果或病情出现新的变化，应及时就医，做进一步检查。

思考与练习

一、 单项选择题

1. 可待因适用于（　　　）
   A. 长期慢性咳嗽　　B. 感冒咳嗽　　C. 伴有胸痛的干咳
   D. 多痰剧咳　　　　E. 痰多不易咳出

2. 具有明显的成瘾性的镇咳药是（　　　）
   A. 可待因　　　　　B. 右美沙芬　　C. 喷托维林
   D. 苯丙哌嗪　　　　E. 苯佐那酯

3. 具有局部麻醉作用的镇咳药是（　　　）
   A. 可待因　　　　　B. 右美沙芬　　C. 喷托维林
   D. 苯丙哌嗪　　　　E. 苯佐那酯

4. 沙丁胺醇的主要平喘作用机制是（　　　）
   A. 激动 β_1 受体，缓解水肿，减轻炎症
   B. 激动 β_2 受体，松弛支气管
   C. 拮抗 M 受体，松弛支气管
   D. 稳定肥大细胞膜，减少过敏介质释放
   E. 抗炎作用强

5. 色甘酸钠的平喘作用机制是（　　　）
   A. 松弛支气管平滑肌　　　　B. 拟交感作用，兴奋 β_2 受体

C. 抗炎、抗免疫　　　　　　D. 抑制过敏介质的释放

E. 抑制磷酸二酯酶，使支气管平滑肌细胞内的 cAMP 积聚

二、简答题

1. 说出平喘药的分类及代表药物的作用机制。

2. 分别说出镇咳药和祛痰药的分类及其代表药。

3. 如何指导患者正确使用气雾剂等呼吸系统疾病专用剂型？

三、应用题

案例分析：患者，男，38岁。阵发性呼吸困难多年，曾以"哮喘"发作多次治疗。1周前感冒、咳嗽，1天前突发气喘、胸闷、咳嗽，自行服药后不能缓解而入院治疗。诊断为：哮喘持续状态。给予氨茶碱0.25g，以生理盐水100ml稀释后缓慢滴注，一日2次。

请思考讨论：① 治疗哮喘的药物有哪些？为什么选择氨茶碱治疗？② 该药物在应用时应注意哪些问题？③ 如何在药学服务中体现出职业素养和专业精神？

（张振莲）

第二十七章
利尿药和脱水药

第二十七章
数字内容

学习目标

知识目标：

- 掌握　常用利尿药的药理作用、临床用途和不良反应。
- 熟悉　常用利尿药和脱水药的用药指导原则。
- 了解　利尿药和脱水药的用药指导要点。

技能目标：

- 熟练掌握　根据水肿等疾病的治疗需要，正开展利尿药和脱水药用药指导的基本技能。
- 学会　观察、评价本类药物的疗效和不良反应，为合理用药提供依据。

素质目标：

- 具有尊重、关心水肿等疾病患者，开展利尿药和脱水药合理用药岗位服务的专业精神和职业素养。

➜ 情境导入

情境描述：

　　王先生，52岁，10年前曾患肾盂肾炎，自述已愈。近两年来，经常感冒、低热，并时常有膀胱刺激征，未积极治疗。近一年查体发现高血压病，血压在160/110 mmHg左右，服用硝苯地平等抗高血压药。半年来常感双腿沉重、乏力，劳累后更明显，体重有所增加，自以为是年龄大了的缘故，没有理会。一周前突然恶心、呕吐、少尿，发现双下肢踝关节以下呈凹陷性水肿，以及眼睑肿胀。入院经检查确诊为慢性肾功能不全1期。遂给予利尿药等药物治疗，同时采取调整饮食，卧床休息的护理措施。

同学们，水肿是慢性肾功能不全的主要症状，高血压是并发症之一，给予利尿药可以减轻水肿症状，控制高氮血症，延缓肾衰竭进程。利尿药使用不当会加重水盐代谢、电解质紊乱，影响患者健康。学好本章内容，可以更好地胜任未来岗位工作，做好药学服务，实现职业价值。

第一节　利尿药

利尿药是一类选择性作用于肾脏，增加电解质和水的排出，使尿量增多的药物。临床上主要用于治疗各种原因引起的水肿，也可用于高血压、心功能不全等疾病的治疗。

常用利尿药根据其利尿作用强度分为三类：①高效利尿药，如呋塞米等；②中效利尿药，如氢氯噻嗪等；③低效利尿药，如螺内酯、氨苯蝶啶等。另外，还有一些不属于利尿药，但有利尿作用的药物，如氨茶碱、氯化铵以及具有脱水作用的渗透性利尿药。

一、概述

肾单位是肾脏的结构和功能单位，由肾小球和肾小管组成。肾脏的主要功能是生成尿液，尿液生成过程包括肾小球滤过、肾小管集合管重吸收和分泌三个环节。血浆在肾小球滤过生成原尿，原尿经肾小管、集合管的重吸收和分泌生成终尿。

利尿药主要作用于终尿生成环节，减少肾小管、集合管对水和电解质的重吸收而产生利尿作用。肾小管各段主要功能和利尿药的作用部位见图27-1。

1. 高效利尿药　如呋塞米是通过抑制肾小管髓袢升支粗段的 $Na^+-K^+-2Cl^-$ 同向转运系统，抑制该部位 Na^+、K^+、Cl^- 的重吸收，使肾的稀释功能与浓缩功能都降低，减少原尿中25%~35%的水的重吸收，产生强大的利尿作用。

2. 中效利尿药　如氢氯噻嗪是通过抑制髓袢升支粗段皮质部和远曲小管的 Na^+、

K^+、Cl^- 的重吸收，减少原尿中10%~20%的水的重吸收，利尿作用不及呋塞米。这两类利尿药在排钠排水的同时还能促进钾的排出，亦称为排钾利尿药。

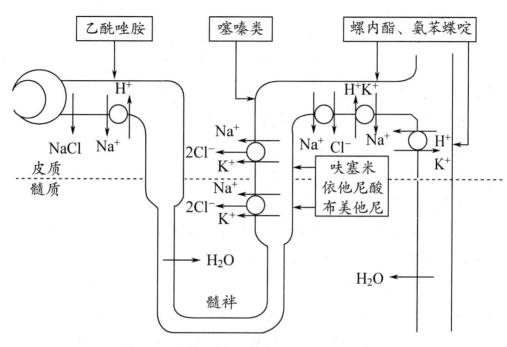

图27-1　肾小管各段主要功能和利尿药的作用部位

3. **低效利尿药**　如螺内酯是作用于远曲小管和集合管，通过拮抗醛固酮而产生排钠排水保钾的作用，而氨苯蝶啶则直接抑制远曲小管的 K^+ 与 Na^+ 的交换，这些药物仅能减少原尿中约5%的水的重吸收，其利尿作用最弱，在利尿的同时能抑制钾的排出，故称保钾利尿药。

二、常用利尿药

（一）高效利尿药

本类药物主要有呋塞米、依他尼酸（ethacrynic acid）、布美他尼（bumetanide）、托拉塞米（torasemide）等，作用特点相似，以呋塞米最常用。

呋塞米（furosemide，速尿）

本药是磺胺的衍生物，口服吸收良好，30分钟显效，作用持续6~8小时；静脉注射后5分钟显效，作用维持4~6小时，本药主要分布在肾等组织，大多以原形由肾小管分泌，经尿液排出。

【药理作用】

1. 利尿作用　本药抑制髓袢升支粗段的髓质部与皮质部的Na^+-K^+-$2Cl^-$共同转运系统，减少NaCl的重吸收，明显降低肾对尿液的浓缩和稀释功能，利尿作用强大、迅速、短暂，利尿的同时，也排出大量的Na^+、K^+、Cl^-、Ca^{2+}、Mg^{2+}、HCO_3^-，容易引起水、电解质、酸碱平衡紊乱，较多见的为低钾血症和低氯性碱中毒。

2. 扩血管作用　呋塞米可扩张肾血管，增加肾血流量，对受损的肾功能有保护作用，静脉注射可使肾血流量增加30%。还可以扩张小静脉，减少回心血量，扩张小动脉，降低外周阻力，减轻心脏负荷，降低左室充盈压，减轻肺水肿。

【临床用途】

1. 各类严重水肿　呋塞米常用于治疗心、肝、肾、肺、脑等脏器严重水肿，如急性肺水肿，静脉注射呋塞米，通过扩张外周血管，减少回心血量，可迅速减轻左心负荷，是肺水肿的首选药物，常与吗啡、强心苷等药合用。此外，呋塞米强烈快速的利尿作用使血液被浓缩，血浆渗透压升高，有利于消除脑水肿，常与甘露醇合用。

2. 急慢性肾衰竭　早期静脉注射呋塞米对急性肾衰竭有良好的防治作用，因其利尿作用强大、迅速，使阻塞的肾小管得到冲洗，可减少肾小管萎缩坏死，还可降低肾血管阻力，增加肾血流量，提高肾小球滤过率，促进氮质排出，有利于预防肾衰竭的发生和发展。

3. 其他应用

（1）排出毒物：对于某些以原形随尿排泄的药物或毒物引起的急性中毒，应用呋塞米，配合静脉输液，可增加尿量，加速毒物排出，可作为乙醇、巴比妥类、水杨酸类药物中毒时抢救的辅助用药。

（2）高钙血症及高钾血症：通过抑制Ca^{2+}、K^+的重吸收，明显增加其排泄，可迅速控制症状。

（3）高血压：一般不作首选，当噻嗪类疗效不佳，或伴有肾功能不全时较为适用。

【不良反应】

1. 水、电解质紊乱　为药物的利尿作用强大所致，表现为低血钾、低血钠、低氯碱血症、低血镁、低血容量等，以低血钾症最为多见，后果也最为严重，故应严密监测血钾浓度和心律，以便及时补充。

2. 耳毒性表现　长期大剂量静脉注射呋塞米，可引起眩晕、耳鸣、听力下降或暂时性耳聋等，与药物引起内耳淋巴液电解质成分改变，导致耳蜗管内基底膜上的毛细胞受损有关，肾功能不全者尤易出现。

3. 消化道反应　表现为恶心、呕吐、上腹不适，大剂量时可出现胃肠道出血，宜饭后服用。

4. 其他 由于抑制尿酸排泄可导致高尿酸血症而诱发痛风，还可引起一过性高血糖和高脂血症等。偶有粒细胞减少、血小板减少等过敏症状。

（二）中效利尿药

本类药物主要为以噻嗪类应用最多，包括氢氯噻嗪、苄氟噻嗪（bendroflumethiazide）、环戊噻嗪（cyclopenthiazide）等。

氢氯噻嗪（hydrochlorothiazide，双氢克尿塞）

本药是最常用的噻嗪类药物，脂溶性较高，口服吸收快而完全。一般1~2小时起效，作用持续6~12小时左右。

【药理作用】

1. 利尿作用 作用于髓袢升支粗段皮质部和远曲小管近端，抑制Na^+、Cl^-的重吸收，作用弱于呋塞米，并可轻度抑制碳酸酐酶而减少Na^+–H^+交换，主要排出Na^+、K^+、Cl^-和HCO_3^-等离子，但促进Ca^{2+}在远曲小管的重吸收，属排钾利尿药。

2. 抗利尿作用 机制尚不明确，可能与其促进Na^+排泄，降低血浆渗透压，可使尿崩症患者口渴感减轻，饮水量减少，尿量减少。

3. 降压作用 早期通过利尿作用降低血容量，后期因利尿同时排Na^+，从而降低了细胞内的Na^+–Ca^{2+}交换，导致细胞内Ca^{2+}减少，使外周血管扩张而发挥降压作用。

【临床用途】

1. 治疗水肿 本药是治疗轻、中度水肿的首选药。对心源性水肿及肾性水肿疗效较好，轻度心力衰竭患者可单独使用，中度以上应与血管紧张素转换酶抑制药（ACEI）、强心苷等合用，因排钾作用，容易引起强心苷中毒，应及时补钾。

2. 治疗高血压病 本药属于一线抗高血压药，轻度高血压可单用，中、重度高血压应与其他药物联合应用，可纠正其他抗高血压药的水钠潴留等不良反应。

3. 治疗尿崩症 主要用于轻症肾性尿崩症及使用升压素无效的垂体性尿崩症。

【不良反应】常见于长期用药者，主要表现为水、电解质紊乱（如低血钾、低血镁、高钙血症等），物质代谢异常（如高尿酸血症、高血糖、高脂血症等）。停药后多可恢复。

常用药物还有吲达帕胺（indapamide），利尿作用机制相似，作用更强，且兼有降压作用。不良反应更少，对血糖、血脂、血尿酸影响小，可作为氢氯噻嗪的替代品，用于治疗水肿和作为一线基础抗高血压药。

案例：

李阿姨，46岁，患慢性充血性心力衰竭2年，近期水肿加重，呼吸困难，运动受限。医嘱给予口服地高辛和氢氯噻嗪，尿量明显增加，憋气现象缓解，但在用药第7日出现心悸，心电图提示为室性期前收缩。医生给予患者口服氯化钾后心悸及室性期前收缩逐渐消失，请解释其原因，并指导其合理用药。

分析：

1. 氢氯噻嗪是排钾利尿，会引起低血钾。

2. 低血钾可增加地高辛的心脏毒性，容易诱发过速型心律失常，应及时处置。

3. 口服补钾可以对抗上述不良反应，应提示提前预防性给药。也可以配合使用具有保钾作用的低效利尿药。

4. 指导并关心李阿姨的饮食调整情况，重点是盐和水的摄入情况，嘱咐其注意卧床休息等。

（三）低效利尿药

低效利尿药临床上常用作保钾利尿药。

螺内酯（spironolactone，安体舒通）

【药理作用】本药是醛固酮的竞争性拮抗药，与醛固酮竞争远曲小管和集合管内的醛固酮受体，对抗醛固酮的保钠排钾，表现为排钠留钾作用，使Na^+、Cl^-排出增加，原尿中的水重吸收减少而利尿。作用弱而缓慢持久，属保钾利尿药。

【临床用途】主要用于治疗与醛固酮增多有关的顽固性水肿或腹水，如肾病综合征、肝硬化等引起的水肿或腹水，对慢性充血性心力衰竭，在减轻水肿的同时还可逆转心室重塑，远期效果更明显。

【不良反应】本药不良反应轻微，主要是血钾升高，此外还具有抗雄激素作用，肝肾功能不全及血钾偏高者禁用。

➡️ **药学思政：** --

利尿药被列入运动员禁用清单的原因

利尿药是一类选择性作用于肾脏，增加电解质和水的排出，使尿量增多的药物。临床上主要用于各种原因引起的水肿、高血压等疾病。然而利尿药在1988年就被列入运动员禁用清单。因为在一些按照体重划分级别的体育竞技项目中，某些运动员通过服用大剂量的利尿药快速减重以实现参加低体重级别的比赛，从而达到提高运动竞争力的目的。另外，通过利尿可以加速某些违禁药物从体内排出，掩盖其违规用药的行为。但是，滥用利尿药会导致机体脱水、疲劳、电解质紊乱等问题，剂量过大甚至会引起生命危险。因此，国际奥委会等体育组织均把利尿药列为运动员禁用药物名录。

药师要熟练掌握利尿药的相关知识，在药学服务中告知患者根据药物适应证严格遵医嘱用药，防止药物滥用。这也是药师爱岗敬业精神和安全、合理用药意识的体现。

氨苯蝶啶（triamterene）

【作用与用途】本药直接抑制远曲小管和集合管对Na^+的重吸收，使Na^+、Cl^-和水的排出增多，发挥利尿作用，同时因抑制Na^+、K^+交换而使K^+排出减少，属于保钾利尿药，作用比螺内酯快。多和高效、中效利尿药合用，纠正低血钾，提高治疗水肿的疗效。

【不良反应】主要有头晕、嗜睡、恶心、呕吐等症状，长期大剂量使用可致高钾血症，严重肝肾功能不全，高钾血症倾向者禁用。

常用利尿药特点比较见表27-1。

表27-1　常用利尿药特点比较

类别	药物	尿电解质排泄			用途	主要不良反应
		Na^+	K^+	Cl^-		
高效能利尿药（排钾利尿药）	呋塞米 布美他尼	↑	↑	↑	各类严重水肿、防治肾衰竭、加速毒物排泄	低钾血症、耳毒性
中效能利尿药（排钾利尿药）	氢氯噻嗪 吲达帕胺	↑	↑	↑	各类水肿、尿崩症、高血压	低钾血症、血糖血脂异常
低效能利尿药（保钾利尿药）	螺内酯 氨苯蝶啶	↑	↓	↑	治疗水肿、慢性心力衰竭	高钾血症等

注：↑为排泄增加，↓为排泄减少。

第二节 脱水药

脱水药又称渗透性利尿药，静脉注射给药后能迅速提高血浆渗透压，使组织内水分向血浆转移而使组织脱水，并产生利尿作用的药物。脱水药的共同特点是：①静脉注射后不易从毛细血管扩散进入组织；②在肾小球内可自由滤过，不易被肾小管重吸收；③在体内不被代谢或仅少量被代谢。

甘露醇（mannitol）

【作用与用途】

1. 脱水作用 本药20%的高渗水溶液静脉给药后，能迅速提高血浆胶体渗透压，使组织内、脑脊液、房水中的水分向血浆转移，产生组织脱水作用。可迅速降低颅内压，作用较持久，是用于防止脑疝以及急性脑水肿的首选药物之一；并可降低眼压而治疗青光眼。

2. 利尿作用 药物从肾小球滤过后，不被肾小管重吸收，在肾小管腔内形成高渗，减少Na^+和水的重吸收；也可扩张肾血管，增加肾血流量，增加肾小球滤过率，使终尿生成增加。可用于预防急性肾衰竭，减轻少尿、无尿对肾小管的损伤。

【不良反应】静脉滴注过快可引起恶心、呕吐、头痛、眩晕、视物模糊等。还可导致水和电解质紊乱、渗透性肾病、血栓性静脉炎，静脉滴注时如药液漏出血管外，可致局部组织肿痛，甚至坏死。

【禁忌证】甘露醇静脉给药后可显著增加血容量，加重充血性心力衰竭和活动性脑出血患者的症状，故应禁用。

同类药物还有山梨醇、50%葡萄糖等，作用相似，但疗效不如甘露醇。

◎ 案例分析

案例：

王先生，63岁，高血压、高脂血症病史15年，昨晚突然一侧肢体无力、说话时吐字不清，入院后诊断为脑血栓并伴有颅内高压，医护人员立即抢救治疗，医嘱中包括：20%甘露醇注射液250 ml，静脉滴注，每6小时1次。

医生使用甘露醇治疗的目的是什么，应用甘露醇应注意哪些事项？

分析：

1. 脑血栓可继发引起脑水肿，严重者会出现脑疝，导致死亡，使用甘露醇的脱水作用，可降低颅内压，挽救患者生命。

2. 甘露醇静脉滴注速度要快，且给药间隔时间要短，以确保迅速提升血液的胶体渗透压，否则不但无脱水作用，还可能引起血容量急剧增加，诱发急性心力衰竭。

3. 嘱咐患者饮食上要控制盐、糖等的摄入，注意休息。

第三节　利尿药与脱水药的用药指导

一、利尿药的用药指导

（一）用药前

提示医护人员注意利尿药的适应证和禁忌证。

1. **呋塞米**　应重点了解患者血压、体重、水肿情况，对行动不便患者要提前做好排尿的准备措施。呋塞米具有耳毒性，如与有耳毒性的药物（如氨基糖苷类、万古霉素）合用，可增强耳毒性。与强心苷合用应提前补钾，磺胺类药过敏者禁用，妊娠早期也应尽量避免应用；痛风患者慎用。静脉注射时宜用氯化钠注射液稀释，不宜用葡萄糖注射液稀释，不可加入酸性液体中使用。

2. **氢氯噻嗪**　应提示对糖尿病、高血脂、痛风患者慎用，患有此类疾病的患者建议用吲达帕胺替代。

3. **螺内酯和氨苯蝶啶**　较少单用于水肿，多与呋塞米或氢氯噻嗪合用纠正低血钾，前者治疗醛固酮过高的肝性水肿疗效更好。

（二）用药中

1. 用药过程要监测血液中水、电解质及酸碱平衡情况，如发现患者出现心悸、乏力、恶心等症状，应考虑低钾血症的可能，须及时补钾。

2. 长期应用排钾利尿药如呋塞米、氢氯噻嗪应注意预防低血钾，可配伍使用保钾利尿药。

3. 氢氯噻嗪与β受体拮抗药和血管扩张药等抗高血压药合用时，可降低血容量，增强降压效果。

（三）用药后

1. 加强宣教，告知患者利尿药的不良反应和禁忌证，注意预防因利尿和脱水可能引起的低血钾、血栓、血压下降过多等并发症。

2. 提示患者饮食控制对治疗有很大帮助，特别是肾衰竭患者在出院后应长期制订合理的水、盐类、糖类和蛋白质的摄入方案。

3. 长期使用氢氯噻嗪等药物会诱发高脂血症和痛风，建议定期检查，合理饮食，加强锻炼，可定期碱化尿液促进尿酸排泄，必要时配伍调血脂药和促进尿酸排泄的药物。

二、脱水药的用药指导

（一）用药前

脑水肿是许多疾病的并发症，处理不当会发生脑疝，导致死亡，故本类药物是常用的急救药物之一。甘露醇在气温较低时，常析出结晶，可用热水加温并振摇，溶解后使用。

（二）用药中

用药过程中应随时检查患者血压、肾功能及尿量，静脉滴注时如发生药液外漏，可用0.5%普鲁卡因溶液局部封闭，并热敷处理。患者用药后会出现尿量增加现象，应提示其做好相关的护理措施。

（三）用药后

脑水肿患者的头痛、意识模糊等症状一般在用药24小时内有明显改善，应提示其注意观察疗效。甘露醇静脉滴注后可能发生静脉硬化、血栓性静脉炎，所以要及时更换注射部位，并做好用药后的静脉护理。

药学服务岗位操作实践

岗位情境：

患者，女，51岁，1个月前确诊原发性高血压1期，医嘱硝苯地平控释片30mg，美托洛尔100mg，均每日1次，氢氯噻嗪25mg，隔日1次。患者嫌麻烦，均采用每日1次。连用6周后，血压维持在140/90mmHg左右，但经常出现心悸、四肢乏力、恶心、呕吐等症状，检查发现血钾浓度偏低，且血脂和尿酸含量均高于正常值。患者及家属非常紧张，取药时向临床药师咨询，请根据病情，分析原因后为患者及家属进行用药咨询和指导。

操作流程：

1. 首先认真细致地接待患者，安抚其情绪，主要介绍高血压患者在使用扩张血管药物如硝苯地平时，会出现水钠潴留，应配伍氢氯噻嗪等利尿药提高疗效，由于该药属于排钾利尿药，易引起低钾血症。出现心悸、四肢乏力、恶心、

呕吐等表现。同时还会导致血脂和尿酸升高。

2. 根据病情发展和医嘱，如果准备更换为卡托普利或厄贝沙坦等，配伍氢氯噻嗪，不易引起低钾血症。也可加服氯化钾或合用螺内酯，也可防止低钾血症的发生。

3. 针对患者特殊情况，强调指出利尿药对血脂和尿酸的不良影响，除严格遵医嘱，不得自行增加剂量外，需要注意调整饮食，增加运动，适当碱化尿液促进尿酸排泄，必要时给予相应药物治疗。

4. 如果本人或家属愿意，可以建立更方便的联系方式，提供更全面周到的药学服务。

●···· 章末小结 ·····

本章主要介绍了利尿药的分类、常用的利尿药及脱水药。其中重点是利尿药的药理作用、临床用途和不良反应。难点是学会对患者进行利尿药和脱水药的正确用药指导。建议通过熟练掌握常用利尿药和脱水药的临床应用和不良反应，能够根据水肿的类型选用适宜的药物，注意禁忌证和可能出现的不良反应。还应关注患者用药后的水盐代谢情况以及对血脂、尿酸的影响，以便及时采取相应措施。

●···· 思考与练习 ·····

一、 单项选择题

1. 急性肺水肿应首选以下哪种药物（　　　）

A. 螺内酯　　　　　　B. 甘露醇　　　　　　C. 呋塞米

D. 氢氯噻嗪　　　　　E. 高渗糖

2. 下列哪种药物的利尿作用通过拮抗醛固酮而产生（　　　）

A. 螺内酯　　　　　　B. 阿米洛利　　　　　C. 氢氯噻嗪

D. 呋塞米　　　　　　E. 布美他尼

3. 以下具有抗利尿作用的药物是（　　　）

A. 布美他尼　　　　B. 氢氯噻嗪　　　　C. 螺内酯

D. 甘露醇　　　　　E. 氨苯蝶啶

4. 不宜与氨基糖苷类抗生素合用的药物是（　　　）

A. 阿米洛利　　　　B. 螺内酯　　　　　C. 呋塞米

D. 氢氯噻嗪　　　　E. 甘露醇

5. 应用高效能利尿药消除水肿时，应及时补充（　　　）

A. 钾盐　　　　　　B. 钙盐　　　　　　C. 镁盐

D. 钠盐　　　　　　E. 葡萄糖

二、简答题

1. 简述呋塞米、氢氯噻嗪、螺内酯的药理作用、临床用途和主要不良反应。

2. 请列举常用的脱水药，并简述其临床应用。

3. 结合本章节的病例，讨论：如何在具体工作中体现出职业素养和专业精神？

三、应用题

案例分析：患者，男，60岁。患高血压10年，前日突然极度胸闷、气急、大汗淋漓、心率加快、咳嗽、粉红色泡沫样痰，端坐呼吸，听诊两肺布满湿啰音及哮鸣音，血压200/110mmHg。诊断为肺水肿。随即给予注射呋塞米救治。

请思考并讨论：①说出选用呋塞米治疗的原因；②给予呋塞米后，应做好哪些方面的用药指导？③在具体药学服务中，如何体现专业精神和职业素养？

（邰　怡）

第二十八章
作用于子宫和前列腺的药物

学习目标

知识目标：

- 掌握　宫缩素、麦角新碱等子宫兴奋药的作用、用途、不良反应及用药注意事项。
- 熟悉　作用于前列腺药物的主要特点。
- 了解　子宫兴奋药和治疗前列腺良性增生药物的用药指导。

技能目标：

- 学会　运用作用于子宫和前列腺的药物进行用药指导的基本技能。

素质目标：

- 具有尊重、关心生殖系统疾病患者开展合理用药等岗位服务的专业精神和职业素养。

⊙ 情境导入

情境描述：

　　26岁的小王临近产期了，产前检查提示其与胎儿一切正常，医师鼓励她试着经阴道自然分娩。像很多初产妇一样，她被焦虑和担忧的情绪困扰着，担心自己不能顺利分娩，犹豫着是否选择剖宫产。

学前导语：

　　同学们，自然分娩比起剖宫产有绝对优势，随着医学的发展，人们广泛借助子宫兴奋药帮助产妇分娩，疗效肯定。但该类药物若使用不当，会产生各种严重后果，学好、用好这些药物，未来可以更好地胜任药学工作岗位，做好药学服务，实现职业目标。

第一节　作用于子宫的药物

　　子宫兴奋药和子宫抑制药都是作用于子宫的药物。子宫兴奋药是指能选择性兴奋子宫平滑肌的药物，包括垂体后叶素类、麦角生物碱类、前列腺素类等药物，主要用于催产、引产等。子宫抑制药是一类能松弛子宫平滑肌，减弱子宫收缩力，减慢收缩频率，主要用于防治早产和痛经，包括 β_2 受体激动药、钙通道阻滞药、硫酸镁和前列腺素合成抑制剂等。

　知识链接：

子宫收缩的主要特点

　　孕妇出现子宫收缩是临产的重要标志。宫缩具有：① 节律性，即宫缩由弱变强，持续一段时间由强变弱，直至消失，子宫肌肉松弛一段时间开始下一次宫缩；② 对称性和极性，即正常宫缩由两侧子宫角开始，先向子宫底中部集中，再向子宫下段扩散，以子宫底收缩力最强；③ 子宫缩复作用，即宫缩时子宫体肌纤维变短而宽，间歇期肌肉松弛、变长，但不能完全恢复原来长度而略短的现象。

一、子宫兴奋药

（一）垂体后叶素类

缩宫素（oxytocin，催产素）

　　本药是垂体后叶素的主要成分之一，可从动物的神经垂体中提取分离，也可人工合成。口服易被胰蛋白酶破坏而失效，一般肌内注射或静脉滴注给药，也可经口腔黏膜及鼻黏膜给药，大部分经肝脏代谢破坏，少部分以原形经肾排出。

【药理作用】

　　1. **兴奋子宫**　缩宫素可直接兴奋子宫平滑肌，增加其收缩幅度、张力和频率，作用快而短暂，作用强度及性质与以下因素有关。

　　（1）用药剂量：小剂量（2.5~5U）可使子宫发生节律性、对称性和极性收缩；大剂量（5~10U）可使子宫强直性收缩。

（2）女性激素水平：雌激素增强子宫对缩宫素的敏感性，孕激素则降低其敏感性，故妊娠后期临产时对该药最敏感，有利于胎儿娩出，只需要小剂量的缩宫素即可催产和引产。

2. 促进泌乳　本药使乳腺腺泡周围的肌上皮细胞收缩，促进乳汁排泄，但不增加乳汁分泌总量。

3. 其他　大剂量可短暂松弛血管平滑肌，使血压下降，并有轻度的抗利尿作用。

【临床用途】

1. 催产和引产　小剂量的缩宫素静脉滴注适用于产道无异常，胎位正常、头盆相称而宫缩无力的难产、死胎、过期妊娠或患有心脏病、肺结核等严重疾病须终止妊娠者的催产和引产。

2. 产后止血　产后出血时，可皮下注射或肌内注射较大剂量的缩宫素，使子宫产生强直性收缩，压迫子宫肌层内的血管而止血。因作用不持久，常加用麦角制剂或益母草浸膏以维持疗效。

3. 促进排乳　在开始哺乳2~3分钟前，采用坐姿，向两侧鼻孔各喷入一次，协助初乳排出。

【不良反应】较少，偶见恶心、呕吐、心律失常及过敏反应等。但剂量过大或滴速过快均可引起子宫强直性收缩，导致胎儿宫内窒息或子宫破裂。

（二）麦角生物碱类

麦角新碱（ergometrine）

【药理作用】本药是麦角真菌产生的一类生物碱，易溶于水，口服、肌内注射或皮下注射均易吸收，选择性兴奋子宫平滑肌，使子宫收缩。其作用的强弱与子宫的生理状态和用药剂量有关，对子宫平滑肌的兴奋作用主要表现在：①对妊娠子宫比未孕子宫敏感，临产时及新产后最为敏感；②与缩宫素比较，宫缩作用强而持久，剂量稍大即可引起子宫平滑肌强直性收缩；对子宫体和子宫颈都有很强的收缩作用，故禁用于催产和引产。

【临床用途】

1. 子宫出血　产后、刮宫术后、月经过多等多种原因引起的子宫出血，均可口服或肌内注射麦角新碱引起子宫平滑肌强直性收缩，机械性地压迫肌层间的血管而止血。

2. 产后子宫复原　若产后子宫复原缓慢易致恶露不尽或宫内感染，口服麦角新碱可促进子宫收缩而复原。

【不良反应】麦角新碱注射可致恶心、呕吐、头晕、面色苍白、血压升高等反应；

偶见过敏反应；过快或过量用药，可出现抗利尿作用，导致水潴留和低钠血症。

同类药物还有麦角流浸膏、甲麦角新碱（methylergometrine）。

（三）前列腺素类

本类药物对机体的影响较为广泛，特别是对心血管、呼吸、消化及生殖系统有重要作用。可作为子宫兴奋药使用的药物有地诺前列酮（dinoprostone，PGE_2，前列腺素E_2）、地诺前列素（dinoprost，$PGF_{2\alpha}$，前列腺素$F_{2\alpha}$）、硫前列酮（sulprostone）和卡前列素（carboprost，15-甲基前列腺素$F_{2\alpha}$）等。其中PGE_2和$PGF_{2\alpha}$活性高，对分娩意义大。

该类药物兴奋子宫的特点是对妊娠各期子宫均有兴奋作用，对妊娠初期和早期的作用比缩宫素强，临产前的子宫对本类药物更为敏感。兴奋子宫作用与正常分娩时相似，使子宫体节律性、对称性和极性收缩，子宫颈松弛，促进胎儿娩出。

主要用于终止早期或中期妊娠和足月引产，也可用于宫缩无力导致的顽固性产后出血。给药方法有静脉滴注及阴道内、宫腔内或羊膜腔内给药。

本类药物可引起恶心、呕吐、腹痛、腹泻等消化道平滑肌兴奋现象，以及潮红、体温升高等不良反应。青光眼、哮喘及过敏体质者不宜使用。

此外，同化激素类普拉睾酮（prasterone）有松弛子宫颈管、促进宫颈成熟、使宫口开大、缩短分娩时间，提高引产率等作用。

二、子宫抑制药

（一）β_2受体激动药

利托君（ritodrine）

本药口服易吸收，但首过效应明显，生物利用度低，能通过胎盘屏障，经肝脏代谢后其产物及部分原形随尿排出。

【作用与用途】本药为选择性β_2受体激动药。通过激动子宫平滑肌中的β_2受体，抑制子宫平滑肌收缩，使子宫活动减少而延长妊娠期，用于防治早产。一般先采用静脉滴注，取得疗效后，口服给药维持疗效。

【不良反应】较严重，可致恶心、呕吐、心率加快、头痛、神经过敏、高血糖、低血钾、过敏性休克等。

（二）其他子宫抑制药

硫酸镁（magnesium sulfate）

本药明显抑制子宫平滑肌收缩，使子宫收缩强度减弱、收缩频率减少。用于防治早产、妊娠高血压综合征及子痫。对β_2受体激动药禁忌者可用本药。另外，还有导泻、利胆、抗惊厥、降血压等作用。

硝苯地平（nifedipine）

本药为钙通道阻滞药，通过抑制子宫平滑肌细胞的Ca^{2+}内流，松弛子宫平滑肌，减弱子宫收缩力。用于治疗早产。

吲哚美辛（indometacin）

本药为前列腺素合成酶抑制剂，可使胎儿动脉导管过早关闭，已被用于早产。本药仅在β_2受体激动药、硫酸镁等药物无效或使用受限时应用，且限于34周前使用。

第二节　作用于前列腺的药物

前列腺良性增生（BPH）是中老年男性的常见病和多发病，一般在40岁后开始发生增生的病理改变，50岁后出现相关症状。临床表现有：尿频、尿急、排尿困难，夜尿增多，急、慢性尿潴留等。前列腺良性增生治疗药物主要包括α_1受体拮抗药、$5\alpha-$还原酶抑制药等。

一、α_1受体拮抗药

前列腺体、包膜及膀胱颈部均含有丰富的α_1受体。α_1受体拮抗药拮抗这些部位的受体，可使前列腺平滑肌松弛及尿道闭合压下降，改善梗阻症状，缓解排尿困难。本类药物有坦洛新（tamsulosin，坦索罗辛）、赛洛多辛（silodosin）、多沙唑嗪（doxazosin）、特拉唑嗪（terazosin）、阿夫唑嗪（alfuzosin）等。

不良反应主要有恶心、胃痛、腹泻、头晕、头痛等症状，也可见口干、心动过速、胸痛、乏力、嗜睡、过敏及直立性低血压。

二、$5\alpha-$还原酶抑制药

非那雄胺（finasteride）

本药是4-氮甾体激素化合物，为$5\alpha-$还原酶特异抑制剂。$5\alpha-$还原酶能将睾酮

代谢成更强效的雄激素二氢睾酮，二氢睾酮是前列腺生长所依赖的物质。本药用于治疗良性前列腺增生，使增大的前列腺缩小，其逆转过程需3个月以上。

不良反应主要是雌激素样作用，如乳房增大和压痛。偶见性功能障碍及皮疹、口唇肿胀等变态反应。

同类药物还有爱普列特（epristeride，依立雄胺）、度他雄胺（dutasteride）。另外，来自花粉提取物的普适泰（prostat）能够阻滞双氢睾酮与其受体结合，且有抑制前列腺素、白三烯等炎症介质合成作用，可以用于前列腺良性增生和前列腺炎的治疗。不良反应以胃肠道反应为主。

第三节　作用于子宫和前列腺药物的用药指导

一、用药前

应重点提示注意严格掌握各药的禁忌证：① 凡产道异常、胎位不正、头盆不称、前置胎盘、3次以上的经产妇或两年内有剖宫产史者禁用缩宫素；② 催产和引产、高血压及冠状动脉粥样硬化性心脏病等患者禁用麦角新碱；③ 凡妊娠不足20周、分娩进行期者、严重的心血管疾病患者、糖尿病患者、过敏者禁用利托君；④ 因前列腺癌和前列腺增生症有许多相同的症状，且可合并存在，故在用前列腺良性增生的治疗药物前应先排除前列腺癌。

二、用药中

本类药物多采用静脉给药，应密切注意给药速度，建议使用滴速调节器，并随时观察患者反应。

缩宫素用于催产或引产时每次2.5~5U，用0.9%氯化钠注射液稀释至每1ml含有0.01U，开始每分钟不超过0.001~0.002U。根据胎心和宫缩情况随时调整滴速，最快每分钟不超过0.02U，若宫缩过强，立即停药；严格根据胎心、血压、子宫收缩情况等调整滴速，避免出现胎儿宫内窒息或子宫破裂。缩宫素用于治疗产后子宫出血时在胎盘排出后肌内注射，每次5~10U。

麦角新碱治疗产后子宫复原不全时每次0.2~0.5mg，每日2~3次，连用2~3日；产后或流产后止血，子宫颈注射0.2mg（注射于子宫颈左右两侧），静脉注射不宜常规使用。

利托君静脉滴注时，应严密监测母亲及胎儿的心率、母亲的血压等情况，及时调整滴速或停药。

坦洛新等α_1受体拮抗药过量使用可致血压下降，尤其与抗高血压药合用时，应注意血压变化。

三、用药后

协助医护人员做好有关药物疗效的评估工作，若有过敏情况，应提示患者避免再次使用。配合医护人员，对患者和家属加强宣教，鼓励产妇保持心情愉快，注意饮食和体育锻炼。坦洛新用药后有可能出现眩晕，不宜从事高空作业、汽车驾驶等伴有危险性工作。

➡ 药学思政：

自然分娩的益处

在本章情境导入中的小王为自然分娩带来的忧思忧虑而寝食难安、影响备产时，医护人员走进来对她宣讲了自然分娩的好处：① 宝宝的肺可以得到锻炼，出生后呼吸系统疾病的发生率大幅降低；② 宝宝的头部受到挤压可提高脑部呼吸中枢的兴奋性，有利于宝宝出生后迅速建立正常的呼吸；③ 宝宝在产道内受到触、味、痛觉及本位感的锻炼，促进大脑及前庭功能发育，对运动及性格的健全发育有好处；④ 自然分娩过程中，免疫球蛋白可由妈妈传给宝宝，使宝宝一出生就具有更强的抵抗力；⑤ 自然分娩有利于恶露排出，子宫复原更快。

出于母爱的本能，也为了宝宝更健康，小王在医护人员的帮助下，顺利自然分娩了。

药学服务岗位操作实践

岗位情境：

情境导入中的小王顺利自然分娩了，但产后恶露不尽，经查体和B超检查提示子宫复原不全，请配合医生制订药物治疗方案。

操作流程：

1. 首先与患者和家属沟通应细致耐心，了解病情。如确定选用麦角新碱加速子宫复原，应提醒医生用药前，评估小王是否有高血压及冠状动脉粥样硬化性心脏病等麦角新碱的禁忌证。

2. 治疗期间根据患者采用的给药方法，给予不同的用药指导。一般主张采用口服，如需静脉滴注，应用5%葡萄糖注射液稀释后缓慢滴入，并提醒医护人员加强随访，观察出血情况，随时配合医生做好评价和调整方案。

3. 治疗结束时，提示注意观察不良反应及特殊表现，如血管收缩引起血压升高或头痛、头晕等症状，个别出现手足、皮肤苍白、冰凉，恶心、呕吐，应及时通知医生，必要时对症治疗。同时配合医护人员做好健康宣教等工作。

4. 如果本人或家属愿意，可以关注单位健康教育公众号或建立更方便的联系方式，提供更全面周到的药学服务。

章末小结

本章主要介绍了作用于子宫和前列腺的药物，重点是缩宫素和麦角新碱的作用、用途、不良反应和用药注意事项；难点是作用于子宫的药物的用药指导；应主要掌握缩宫素等药物合理用药和不良反应处置的药学服务技能。

思考与练习

一、单项选择题

1. 缩宫素对以下妊娠各期敏感性最高的是（　　　）
   A. 妊娠各期均无差别　B. 妊娠早期　　　　　　C. 妊娠中期
   D. 妊娠后期　　　　　　E. 妊娠早期和中期

2. 关于缩宫素的药动学，下列叙述错误的是（　　　）
   A. 口服有效　　　　　　B. 肌内注射有效　　　　C. 鼻黏膜给药有效
   D. 静脉滴注有效　　　　E. 口腔黏膜吸收有效

3. 利托君抑制子宫平滑肌收缩是通过（　　）

　　A. 阻滞钙离子通道　　　B. 激动 β_2 受体　　　C. 拮抗 β_2 受体

　　D. 抑制环氧合酶　　　E. 兴奋环氧合酶

4. 下列作用于前列腺的药物中，易引起直立性低血压的是（　　）

　　A. 依立雄胺　　　B. 坦洛新　　　C. 普适泰

　　D. 度他雄胺　　　E. 非那雄胺

5. 下列不属于缩宫素禁忌证的是（　　）

　　A. 胎位不正　　　B. 前置胎盘　　　C. 产道异常

　　D. 1次经产妇　　　E. 有剖宫产史者

6. 以下不是麦角新碱临床用途的是（　　）

　　A. 催产　　　B. 引产　　　C. 子宫复原

　　D. 子宫出血　　　E. 偏头痛

二、简答题

1. 结合实例，讨论比较宫缩素和麦角新碱的异同点。

2. 治疗前列腺良性增生的药物有哪些？如何做好用药指导？

三、应用题

案例分析：某孕妇，40岁，孕42周，二胎，10小时前出现规律性宫缩入院待产，经检查胎位、产道，均正常，无剖宫术史；但因体形较胖、年龄偏大等因素，宫缩变长，产程延长，胎儿有宫内窘迫倾向，拟采用药物催产。

请思考并讨论：①应采用哪种药物进行催产？②药物应用时应注意哪些事项？③如何在具体工作中体现药学工作者的专业精神？

（刘　佳）

第二十九章
肾上腺皮质激素类药物

学习目标

知识目标：

- 掌握 糖皮质激素类药的作用、用途、不良反应。
- 熟悉 糖皮质激素的分类和体内过程。
- 了解 盐皮质激素类药、促皮质素及皮质激素抑制药的特点及肾上腺皮质激素类药的用药指导要点。

技能目标：

- 熟练掌握 根据疾病需要进行糖皮质激素用药指导的基本技能。
- 学会 指导患者正确使用肾上腺皮质激素类药，正确评价疗效，减少不良反应。

素质目标：

- 具备尊重、关心激素治疗患者，开展合理用药等岗位服务的专业精神和职业素养。

情境导入

情境描述：

　　药学专业学生小张放假回家去邻居李阿姨家串门，敲开门后见到一个体态臃肿，脸庞肥大，却手臂纤细、肤色暗沉的妇人。小张十分惊讶，然而李阿姨熟悉的声音却告诉她并没有走错门，可是原来苗条白净的李阿姨怎么成了现在这个样子了？李阿姨告诉她，因为得了哮喘，才吃了半年多的激素，就成了现在这样了。作为药学专业的学生，李阿姨询问小张，这是什么原因，小张根据自己所学的知识，对李阿姨进行了用药指导，并对激素的不良反应真的深有体会了。

学前导语：

同学们，糖皮质激素类药是个典型的"双刃剑"，既可以治疗多种疾病，又会引起许多不良反应，大家要掌握好激素的有关知识，今后才能更好地指导患者合理用药，减少药物不良反应的发生。在工作实践中，要根据患者的用药情况，予以患者关心与关爱，认真主动开展药学服务，实现自己的职业目标。

肾上腺皮质激素（adrenocortical hormone）是由肾上腺皮质分泌的各种激素的总称，它包括糖皮质激素、盐皮质激素和性激素。因其化学结构中均有甾核，故称为甾体类化合物。临床所说的肾上腺皮质激素多指糖皮质激素。

🔗 知识链接 :

肾上腺皮质的分泌功能与激素种类

肾上腺皮质由外向内分为三层，最外层为球状带，分泌盐皮质激素醛固酮，主要具有保钠排钾的作用；中层为束状带，分泌糖皮质激素可的松等；内层为网状带，分泌微量的性激素。上述激素的分泌有着灵敏而高效的反馈调控机制，维持机体内激素平衡和正常生理活动。（图29-1）。

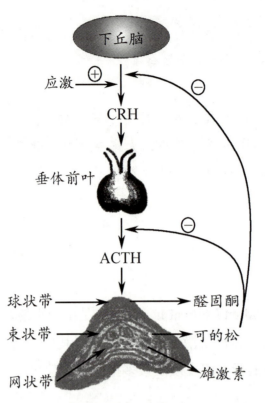

CRH—促肾上腺皮质激素释放激素；ACTH—促皮质素。

图29-1 肾上腺皮质激素分泌的调节示意图

第一节 糖皮质激素类药物

糖皮质激素类药物的种类比较多，按用途分为全身使用药物和局部使用药物两大类。其中，全身使用药物可根据其半衰期长短的不同，分为短效类、中效类和长效类（表29-1）。局部使用药物常用的有布地奈德（budesonide）、氟替卡松（fluticasone）、莫米松（mometasone）、哈西奈德（halcinonide）、氟米龙（fluorometholone）、卤米松（halometasone）等。这些药物更适于制成外用剂型治疗呼吸道、皮肤及五官的相关疾病。常用药物可根据其半衰期长短的不同，分为短效类、中效类和长效类（表29-1）。

【体内过程】糖皮质激素类药物脂溶性高，口服、注射均易吸收，还可关节腔内注射和皮肤黏膜局部用药。药物吸收后，部分与血浆中的皮质激素转运蛋白和白蛋白结合，不同药物的结合率高低不同，故作用强度不同。主要经肝脏代谢，肾脏排泄。

可的松和泼尼松需在肝脏内转化为氢化可的松和泼尼松龙才有活性，故肝功能不全者不宜选用可的松和泼尼松。

表 29-1　常用糖皮质激素类药的分类及作用比较

分类	常用药物	抗炎作用（比值）	水盐代谢（比值）	血浆半衰期 /min	生物半衰期 /h	等效剂量 /mg
短效类	氢化可的松（hydrocortisone）	1.0	1.0	90	8~12	20
	可的松（cortisone）	0.8	0.8	90	8~36	25
中效类	泼尼松（prednisone）	3.5	0.6	>200	8~12	5
	泼尼松龙（prednisolone）	4.0	0.6	>200	12~36	5
	曲安西龙（triamcinolone）	5.0	0.1	>200	12~36	4
长效类	地塞米松（dexamethasone）	30	0.1	>300	36~54	0.75
	倍他米松（betamethasone）	25~35	0.1	>300	36~54	0.6

【药理作用】生理剂量的糖皮质激素主要影响物质代谢过程，超过生理剂量的糖皮质激素除影响物质代谢外，还具有抗炎、抗免疫、抗休克等重要的药理作用。

1. 抗炎作用　本类药物的抗炎作用非常强大。其特点是：①对各种原因引起的炎症都有明显的抑制作用。②对炎症发展的不同阶段均有作用：在炎症早期能抑制渗出、水肿、毛细血管扩张、白细胞浸润和吞噬反应，从而缓解炎症的红、肿、热、痛等症状；在炎症后期或对慢性炎症能减少肉芽组织的生成，防止粘连和瘢痕形成。③抗炎不抗菌：炎症反应是机体的一种防御功能，糖皮质激素在抗炎的同时降低了机体的防御和修复功能，且不具有抑菌或杀菌作用，不能消除感染原，故可引起感染扩散。

2. 抗免疫作用　本类药物对免疫过程的多个环节均有抑制作用，小剂量主要抑制细胞免疫，大剂量可抑制体液免疫。糖皮质激素在抗免疫的同时也能降低机体的正常免疫力，但不能改变个体的过敏体质。

3. 抗毒作用　本类药物不能中和或破坏细菌内毒素，对细菌外毒素无效，可缓解细菌内毒素所致的机体高热、乏力、食欲减退等症状。对病原微生物无杀灭或抑制作用，一般认为是通过提高机体对内毒素的耐受力发挥抗内毒素作用。

4. 抗休克作用　大剂量的糖皮质激素对各型休克均有效，特别是感染中毒性休克。其抗休克的机制主要有：①通过抗炎、抗毒、抗免疫作用，消除休克的诱发因素；②使痉挛血管扩张，改善微循环；③稳定溶酶体膜，减少水解酶的释放，减少心肌抑制因子（MDF）的形成，增强心肌收缩力，增加心排血量，阻断休克时的恶性循环。

5. 对血液和造血系统的影响　刺激骨髓造血功能，使红细胞、血小板、中性粒细胞、血红蛋白、纤维蛋白原含量增高，但淋巴细胞、单核细胞、嗜酸性粒细胞等减少。

6. 影响代谢　促进糖原异生，减少葡萄糖的分解和利用，可增加肝糖原、肌糖原含量，升高血糖；促进蛋白质分解，抑制其合成；促进脂肪分解，抑制其合成；影响水盐代谢，产生水钠潴留、排钾、排钙作用。对代谢的影响是糖皮质激素的生理作用，有利于保障机体供能及应激反应；但超生理剂量应用时，则大多表现为不良反应。

7. 其他　影响骨骼，干扰骨质形成的多个环节，且促进排钙，减少骨盐，导致骨质疏松及儿童骨骼发育障碍；能增加胃酸、胃蛋白酶的分泌，同时又抑制促胃液素分泌，降低胃黏膜抵抗力，大剂量或长期应用可诱发或加重消化性溃疡；能提高中枢神经系统的兴奋性，可致欣快、失眠、激动等反应，偶可诱发精神病和癫痫，大剂量可诱发儿童惊厥。

【临床用途】

1. 严重感染或预防炎症后遗症　①用于严重急性感染，如中毒性菌痢、中毒性肺炎、重症伤寒、暴发性流行性脑炎、急性血行播散性肺结核及败血症等，能迅速缓解中毒症状，防止心、脑等重要脏器损害，帮助患者渡过危险期。但需和有效、足量的抗感染药物合用。②防止某些炎症后遗症，如结核性脑膜炎、脑炎、心包炎、风湿性心瓣膜炎、损伤性关节炎、睾丸炎以及烧伤后瘢痕挛缩等，减少炎症损害或恢复时产生的粘连和瘢痕。早期应用糖皮质激素可以减轻症状和防止后遗症发生。③病毒性感染一般不主张应用糖皮质激素，但严重的病毒感染如传染性肝炎、严重急性呼吸综合征、流行性腮腺炎、流行性乙型脑炎等，为迅速控制症状可采用糖皮质激素治疗，防止或减轻并发症和后遗症。

知识链接：

"非典"与糖皮质激素

　　严重急性呼吸综合征（曾称"传染性非典型肺炎""非典"）是由SARS冠状病毒引起的严重呼吸系统疾病，传染迅速，病情凶险。在没有抗病毒特效药物的情况下，短期、大剂量使用糖皮质激素能迅速缓解患者高热、呼吸困难等症状，因为糖皮质激素有抗炎、抗免疫等作用，对预防呼吸衰竭有重要作用。大量的治疗实践也证实了这一方案的有效性，但要高度重视长时间大量使用糖皮质激素带来的不良反应，如股骨头坏死、继发性感染等症状。

　　2. 休克　本类药物可用于治疗各种休克。①过敏性休克：本类药物应与肾上腺素、抗组胺药合用；②心源性休克：须结合病因进行治疗；③低血容量性休克：应先补足液体、电解质或血液；④感染中毒性休克：在合用足量有效抗感染药的情况下，及早、大剂量、突击治疗的疗效较好。

　　3. 自身免疫性疾病和变态反应性疾病　①自身免疫性疾病：如风湿热、风湿性心肌炎、风湿性关节炎及类风湿关节炎、系统性红斑狼疮、重症肌无力、皮肌炎、硬皮病、自身免疫性溶血性贫血及肾病综合征等，糖皮质激素只能缓解症状，须综合治疗；②变态反应性疾病：如荨麻疹、花粉症、血清病、血管神经性水肿、过敏性鼻炎、严重的输血反应、过敏性皮炎、过敏性血小板减少性紫癜和过敏性休克等，均可用糖皮质激素联合治疗；③异体器官移植手术后产生的排斥反应也可联合环孢素等共同应用，有助于提高移植成功率。

案例分析

案例：

　　患者，女，28岁。因全身皮肤风团、剧痒，经采用抗组胺药等治疗5天无效而就诊。患者全身的风团大小不等，呈淡红色，此消彼长，奇痒难耐。医师诊断为荨麻疹。已服用了阿司咪唑、维生素C及清热解毒的中成药，但病情未见改善。在原有的治疗方案上，医师为其增开了3日量的泼尼松，具体为：每次10mg，口服，每日3次。该患者服药1日后，病情开始好转。

分析：

　　1. 该患者是典型的荨麻疹，找出病因，排除发病因素是合理的治疗方法。若病因不明时，可对症处理，以内服药物为主。一般选用H_1受体拮抗药氯苯那敏、苯海拉明、阿司咪唑等，对抗组胺的致过敏作用。

2. 如效果不好，可加用糖皮质激素类药物，以缓解症状，增强疗效。糖皮质激素不良反应多，与疗程和剂量密切相关，因此一般皮肤黏膜的过敏性疾病用药不要超过3日。

4. 血液系统疾病 本类药物对急性淋巴细胞白血病、淋巴瘤有较好疗效；对再生障碍性贫血、粒细胞减少症、血小板减少症和过敏性紫癜等也有效，但维持时间短，停药易复发。

5. 皮肤病 本类药物是治疗与免疫功能有关的皮肤病的常用药物之一。接触性皮炎、湿疹、银屑病等常采用局部给药的方式；全身用药用于治疗天疱疮、剥脱性皮炎等。

6. 替代疗法 生理剂量用于急性或慢性肾上腺皮质功能不全、腺垂体功能减退症和肾上腺次全切除术后的补充。

7. 其他 严重疾病如脑水肿、严重的心肌梗死、顽固性心力衰竭、重症中毒性心肌炎、完全性房室传导阻滞等，辅助用糖皮质激素可降低机体反应性，改善临床症状。也可用于某些恶性肿瘤，如转移性乳腺癌、前列腺癌术后的辅助治疗。

【不良反应】

1. 长期大量用药后引起的不良反应

（1）药源性肾上腺皮质功能亢进症：可引起脂质代谢和水盐代谢紊乱，表现为满月脸、水牛背、向心性肥胖、皮肤及皮下组织变薄、痤疮、多毛、低血钾、高血压、骨质疏松和糖尿病等（图29-2）。

（2）诱发或加重感染：因糖皮质激素能降低机体的防御能力，且无抗微生物作用，可诱发感染或使体内的潜在感染灶扩散。

（3）诱发或加重溃疡：诱发或加重胃、十二指肠溃疡，甚至导致消化道出血或穿孔。不宜与能引起胃出血的药物（如阿司匹林、吲哚美辛等合用）。少数患者可诱发脂肪肝、胰腺炎。

（4）诱发或加重心血管疾病：诱发高血压和动脉粥样硬化、冠状动脉粥样硬化性心脏病。

（5）诱发糖尿病：可影响糖代谢，升高血糖。

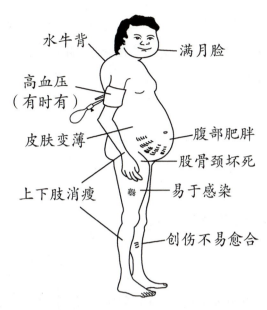

水牛背

满月脸

高血压
（有时有）

皮肤变薄

腹部肥胖

股骨颈坏死

上下肢消瘦

易于感染

创伤不易愈合

图29-2　药源性肾上腺皮质功能亢进症的典型表现

（6）其他：延迟伤口愈合，引起骨质疏松，抑制生长激素分泌，影响儿童生长发育。诱发白内障和青光眼。有中枢兴奋作用，可诱发精神失常、癫痫，诱发儿童惊厥。对孕妇偶可致畸胎。

➡ 药学思政：┈┈┈┈┈┈┈┈┈┈┈┈┈┈┈┈┈┈┈┈┈┈┈┈┈┈┈┈┈┈┈┈┈┈┈┈┈┈

说说"激素的过度恐慌"现象

糖皮质激素广泛用于治疗各种疾病，同时伴有明显的不良反应，在临床使用中一直是一把"双刃剑"。药师在药学服务中，经常会遇到患者大多对医药知识不甚了解或道听途说，当医嘱要使用激素的时候，第一反应就是"激素那么多的不良反应，能不用吗？"然而很多疾病的治疗，激素占据不可替代的地位，因此在未来的岗位工作中，药学工作者要对这样的"激素过度恐慌"的患者进行安抚宣教，要积极协助医生进行劝导，告诉合理使用糖皮质激素可以最大程度地将不良反应的危害降到最低水平，相比较疾病带来的痛苦和危害，科学规范的激素治疗是非常正确的治疗选择。这样既提高患者的用药依从性，也充分体现药师的优良职业精神和人文素养。

┈┈┈

2. 停药反应

（1）医源性肾上腺皮质功能减退症：长期超生理剂量使用，可通过负反馈抑制作用，使肾上腺皮质发生失用性萎缩。突然停药、减药量过快或停药一段时间内遇有应激情况时，萎缩的肾上腺皮质不能分泌足够的皮质激素，会引起肾上腺皮质功能不足的一系列症状，如肌无力、低血糖、低血压，甚至发生昏迷或休克等。

（2）反跳现象：长期大剂量使用糖皮质激素，如突然停药或减药太快，会使原有疾病复发或恶化，称为反跳现象。原因可能是患者对激素产生了依赖性或疾病没有完全控制。

第二节　盐皮质激素类药物

盐皮质激素包括醛固酮（aldosterone）和去氧皮质酮（desoxycortone），能促进肾小管和远曲小管对 Na^+、Cl^- 的重吸收和对 K^+、H^+ 的排出，具有保钠排钾作用，参与维持水、电解质平衡。临床常与糖皮质激素合用于替代疗法，治疗慢性肾上腺皮质功能减退症（又称艾迪生病）和低钠血症。用药过量时可引起水钠潴留，导致高血压、水肿、低血钾，严重者可致心力衰竭等。

第三节　促皮质素与皮质激素抑制药

一、促皮质素

促皮质素（corticotropin，ACTH）

本药是由腺垂体在下丘脑促肾上腺皮质素激素释放激素（CRH）的作用下合成和分泌的一种激素，能维持肾上腺正常形态和功能。口服易被消化酶破坏，须注射给药。

本药能促进肾上腺皮质合成和分泌糖皮质激素，但对肾上腺皮质功能完全丧失者无效。临床主要用于测定肾上腺皮质功能（ACTH 兴奋试验）。

二、皮质激素抑制药

皮质激素抑制药可以代替外科的肾上腺皮质切除术，临床常用药物有米托坦和美替拉酮。

米托坦（mitotane，双氯苯二氯乙烷）

本药选择性地作用于肾上腺皮质束状带和网状带细胞，使其萎缩、坏死，血中的氢化可的松和其代谢产物迅速减少，但不影响球状带，故不影响醛固酮分泌。临床用于不宜手术切除的肾上腺皮质癌、切除后复发癌及皮质癌术后的辅助治疗。不良反应有胃肠道反应、中枢抑制、运动失调等。

美替拉酮（metyrapone，甲吡酮）

本药为11β-羟化酶抑制药，能抑制皮质醇的合成，导致体内的内源性糖皮质激素减少，并能反馈性促进ACTH分泌。临床用于治疗肾上腺皮质肿瘤所致的肾上腺皮质功能亢进症，测定腺垂体分泌ACTH的功能（垂体释放ACTH功能试验）。不良反应少，有眩晕、胃肠道反应等。

第四节　肾上腺皮质激素类药的用药指导

糖皮质激素为本章的主要内容，正确、合理应用糖皮质激素是提高其疗效、减少不良反应的关键。现对其用药指导叙述如下。

一、用药前

1. 提醒医护人员要对患者的整体情况进行全面的评估：① 充分了解患者的身体状况、病情、病史、用药史以及过敏史；② 了解患者的辅助检查结果，特别是肝功能、肾功能、心电图、血常规及电解质紊乱等；③ 了解患者是否有药物的禁忌证；④ 应注意排除潜在感染，或有尚未治愈的感染性疾病等。

2. 严格掌握适应证和禁忌证，避免滥用。认真审核处方，分析糖皮质激素及相关药物使用的合理性。根据患者的具体情况，选择合适的药物及用药方法（表29-2）。特别提醒医生和患者，当适应证和禁忌证并存时，应全面分析，权衡利弊，谨慎使用。待病情稳定后，应及时停药或减量。

3. 糖皮质激素禁用于：① 缺乏有效对因治疗的感染性疾病，如麻疹、水痘、真菌感染、活动性消化性溃疡病；② 近期做过胃肠吻合术、骨折、创伤修复前；③ 严重高血压、糖尿病、妊娠期、严重精神病、癫痫、肾上腺皮质功能亢进症等。

表29-2 糖皮质激素类药的适应证及用药方法

用药方法	药物	适应证	剂量
大剂量突击疗法	氢化可的松	急性、严重、危及生命疾病的抢救	首次静脉滴注200~300mg，一日量可达1g以上，以后逐渐减量，疗程一般为3~5日
一般剂量长期疗法	泼尼松	肾病综合征、顽固性支气管哮喘、结缔组织病及各种恶性淋巴瘤等	每日30~40mg，分3次，有效后最小有效量维持口服
隔日疗法	根据病情选择	同上	隔日早上8点给药
小剂量替代疗法	可的松或氢化可的松	垂体功能减退症、肾上腺皮质功能不全及肾上腺次全切除术后	可的松每日12.5~25mg或氢化可的松每日10~20mg
局部用药	吸入：倍氯米松气雾剂	支气管哮喘	每次100~200μg，每日2~3次
	外用：氟轻松	皮肤病等	每日3~4次

二、用药中

1. 用药期间应提示医护人员密切监测药物不良反应，警惕诱发感染或旧有疾病复发，长期用药者需注意个人卫生，必要时合用抗微生物药。

2. 定期检查血压、血钾、血钙、血糖、血脂、心率、体重等指标；告诉患者采用低盐、低糖、低脂、高蛋白饮食，多食含钾食物，补充维生素D、钙剂。

3. 协助医护人员及患者解答治疗过程中出现的问题，如药物不良反应的鉴别、剂量的调整、药物的相互作用等。

三、用药后

1. 提示医护人员密切观察用药后患者的病情变化，全面评价治疗效果。

2. 统计患者用药期间出现的不良反应，做好记录，并提醒医护人员及时处理；提示医护人员定期对患者进行随访，掌握患者的身体状况。

3. 对患者进行用药宣教，教育患者长期用药停药时须逐渐减量至停药，必须按医嘱规定时间、剂量用药，不可任意停药。适时辅以促皮质素（ACTH），自我监测药物治疗的不良反应，并定期到医院检查，出现不适及时就医。

药学服务岗位操作实践

岗位情境：

药房小彭的表嫂生小孩大出血昏迷，经抢救后无生命危险，但出院后出现精神淡漠、反应迟钝、无汗、无食欲、便秘、体温偏低、脉搏缓慢、血压降低、面色苍白、贫血、水肿、消瘦、体重下降等症状。医师确诊为希恩综合征，医生诊断后，给予地塞米松、甲状腺激素、黄体酮治疗。用药后出现满月脸、水牛背、向心性肥胖、上下肢变细、痤疮、多毛，小彭的阿姨特别着急，专程来药店找小彭咨询，小彭该如何运用本章知识做好解答呢？

操作流程：

1. 首先要耐心细致了解病情，重点介绍希恩综合征是由于腺垂体缺血性萎缩，腺垂体及其所支配的靶器官所分泌的各种激素剧烈减少而出现的一系列临床表现，患该病应该与分娩过度失血有关。

2. 向阿姨解释，患者出现的症状，是因为甲状腺、肾上腺皮质、性腺等功能低下，相关激素缺乏，医生根据这一情况，给予长期的相关激素替代治疗，补充糖皮质激素、甲状腺激素、雌激素等，维持患者的正常代谢和生理功能。

3. 仔细说明患者出现满月脸、水牛背、向心性肥胖、上下肢变细、痤疮、多毛是长期应用地塞米松的不良反应，只要注意饮食、休息、心情愉快，停药后可以恢复。

4. 让阿姨转告表嫂，树立信心，安心养病，积极配合治疗，早日康复。必要时可关注药店公众号或其他方便交流平台，随时联系，后续提供更加周到细致的药学服务。

1. 糖皮质激素的主要药理作用有抗炎、抗免疫、抗内毒素、抗休克作用。
2. 糖皮质激素在临床应用广泛，可用于治疗严重感染性疾病、炎症、休克、过敏性疾病、自身免疫性疾病、血液病、恶性肿瘤等。
3. 糖皮质激素的不良反应主要是长期用药后引起的医源性肾上腺皮质功能亢进征和停药反应。
4. 盐皮质激素类药包括醛固酮和去氧皮质酮。主要用于治疗慢性肾上腺皮质功能减退症等。
5. 促皮质素主要有米托坦和美替拉酮，主要用于代替外科的肾上腺皮质切除。
6. 皮质激素给药方法有：一般剂量长程疗法、大剂量突击疗法和小剂量替代疗法。用药指导要重点做好防止激素滥用和防治不良反应。

●···· **思考与练习** ···

一、 单项选择题

1. 下列药物中抗炎作用最强，作用持续时间最长的糖皮质激素药物是
   (   )
   A. 地塞米松　　　　B. 氢化可的松　　　　C. 曲安西龙
   D. 可的松　　　　　E. 泼尼松龙
2. 糖皮质激素于清晨一次给药可避免（   ）
   A. 反跳现象
   B. 类肾上腺皮质功能亢进
   C. 减少感染机会
   D. 反馈抑制垂体肾上腺皮质功能
   E. 减少对胃蛋白酶原分泌的抑制作用
3. 糖皮质激素隔日治疗最好的给药时间是每隔日的（   ）
   A. 中午12点　　　　B. 上午8点　　　　C. 下午8点
   D. 下午5点　　　　　E. 晚上11点

4. 糖皮质激素诱发和加重感染的主要原因为（　　　）

A. 激素用量不足，无法控制症状

B. 患者对激素不敏感

C. 激素促进了病原微生物的繁殖

D. 病原微生物毒力过强

E. 降低了机体的防御功能

5. 糖皮质激素治疗严重急性感染的主要目的是（　　　）

A. 减轻炎症反应　　　B. 减轻后遗症　　　C. 增强机体抵抗力

D. 增强机体应激性　　E. 缓解症状，帮助患者渡过危险期

6. 糖皮质激素有抗毒作用是因为其（　　　）

A. 中和内毒素　　　B. 对抗外毒素　　　C. 提高机体耐受力

D. 破坏内毒素　　　E. 杀灭病毒

7. 糖皮质激素大剂量突击疗法适用于（　　　）

A. 感染中毒性休克　　B. 肾病综合征　　　C. 结缔组织病

D. 恶性淋巴瘤　　　E. 顽固性支气管哮喘

8. 以下不属于糖皮质激素禁忌的是（　　　）

A. 严重感染及炎症

B. 活动性消化性溃疡病，新近胃肠吻合术

C. 骨折，创伤修复期，角膜溃疡等

D. 严重高血压，糖尿病

E. 抗微生物药不能控制的感染，如水痘、真菌感染等

二、 简答题

1. 简述糖皮质激素的作用、用途和不良反应。

2. 糖皮质激素治疗严重感染时应注意哪些问题？

3. 结合本章节情境导入病例，讨论如何在药学服务中体现出职业素养和专业精神？

三、 应用题

请用线将糖皮质激素的具体种类、剂量、用法和适应证连接起来。

适应证	药物名称和剂量	用法
严重感染	可的松12.5mg	小剂量替代疗法
自体免疫疾病	泼尼松20mg	大剂量突击疗法
肾上腺切除术后	氢化可的松200mg	一般剂量长期疗法

（全　娜）

第三十章
甲状腺激素类药和抗甲状腺药

学习目标

知识目标：

- 掌握　抗甲状腺药的作用、用途、不良反应与用药指导。
- 熟悉　甲状腺激素类药的作用、用途与不良反应。
- 了解　本章药物的用药指导原则。

技能目标：

- 熟练掌握　根据病情需要进行甲状腺激素类药与抗甲状腺药用药指导的基本技能。
- 学会　观察、评价有关药物疗效，指导患者正确用药和防控不良反应。

素质目标：

- 具有尊重、关心甲状腺疾病患者，积极地为患者提供合理用药等岗位服务的专业精神和职业素养。

情境导入

情境描述：

　　王阿姨今年43岁，平素自感身体健康，但近1年来常有饥饿感，饭量大增，多汗，口渴，手发抖，心跳加快，身材渐瘦，疲倦乏力。今天在工作时突然双腿发软，倒在地上，被送医就诊，经诊断为甲状腺功能亢进症（简称"甲亢"）。医师给予丙硫氧嘧啶加普萘洛尔治疗，3个月后症状明显好转，但经常咽喉肿痛"上火"，王阿姨听说这是药物"杀白细胞"所致，十分恐慌，想停药，又怕症状复发或加重，遂来社区药店找熟识的李药师咨询。

同学们，甲状腺功能亢进症的治疗方法有药物治疗、手术治疗及放射治疗。药物治疗是目前的主要治疗手段，但起效慢，治疗周期长，有粒细胞减少等不良反应，需要长期坚持服药。药师要做好甲亢的用药咨询，就要学好、用好这些药物，未来可以更好地胜任药学工作岗位，做好药学服务，实现职业目标。

第一节　甲状腺激素类药

一、甲状腺激素

甲状腺激素（thyroid hormone）

甲状腺激素是由甲状腺合成、分泌的，包括甲状腺素（thyroxine；四碘甲状腺原氨酸，tetraiodothyronine，T_4）和三碘甲状腺原氨酸（triiodothyronine，T_3），T_3是甲状腺激素主要活性物质，其活性为T_4的3~5倍。

【体内过程】甲状腺激素的体内过程较复杂，分五步完成（图30-1）。

1. **碘的摄取、氧化**　甲状腺滤泡细胞摄取血液中的I^-，在过氧化物酶的作用下，I^-氧化成活性碘（I^0）。

2. **酪氨酸的碘化**　活性碘与甲状腺球蛋白上的酪氨酸残基结合，生成一碘酪氨酸（MIT）和二碘酪氨酸（DIT）。

3. **偶联**　在过氧化物酶的作用下，一分子一碘酪氨酸和一分子二碘酪氨酸偶联T_3，两分子二碘酪氨酸偶联T_4。合成的T_3和T_4仍与甲状腺球蛋白结合，储存在滤泡腔内的胶质中。

4. **水解、释放甲状腺激素**　球蛋白上的T_3、T_4在蛋白水解酶和促甲状腺激素的作用下释放入血。

5. **分泌调节**　腺垂体分泌的促甲状腺激素（thyroid stimulating hormone，TSH）能促进甲状腺细胞的增值、碘的摄取和甲状腺激素的合成、分泌。TSH又受下丘脑分泌的促甲状腺激素释放激素（thyrotropin releasing hormone，TRH）的调节。当血液中游离的T_3、

T_4浓度过高时，又可对下丘脑和腺垂体产生负反馈调节作用，可引起TSH合成、分泌减少。下丘脑－腺垂体－甲状腺调节环路可维持甲状腺激素分泌的相对恒定（图30-1）。

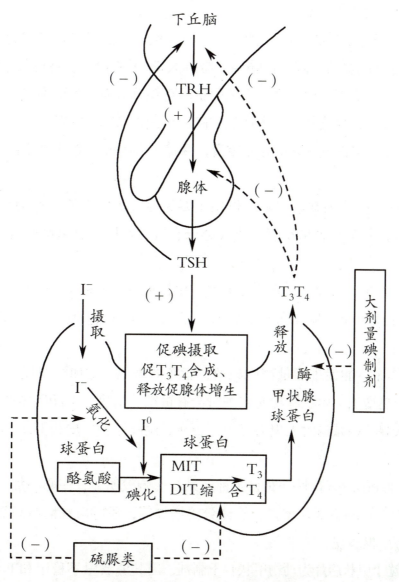

（+）—促进；（－）—抑制；TRH—促甲状腺激素释放激素；I^0—活性碘；I^-—碘离子；
MIT—碘酪氨酸；DIT—二碘酪氨酸；T_3—三碘甲状腺原氨酸；T_4—甲状腺素。
TRH—促甲状腺激素释放激素；TSH—促甲状腺激素。

图30-1　甲状腺激素的合成、释放、调节和抗甲状腺药的作用环节示意图

🔵 **药学思政：** ┈┈┈┈┈┈┈┈┈┈┈┈┈┈┈┈┈┈┈┈┈┈┈┈┈┈┈┈┈┈┈┈┈┈┈┈

食盐加碘，利国利民

当人体碘缺乏时，甲状腺激素会合成不足，甲状腺代偿性增生导致甲状腺肿。我

国外环境缺碘，曾是世界上碘缺乏危害最严重的国家之一。20世纪90年代初期，全国有1 778个县流行碘缺乏病，地方性甲状腺肿患者776万，典型的地方性克汀病（又称呆小病）患者18.8万。

1994年，我国正式把食盐加碘作为一项国策，因为食盐是日常饮食必不可少的，通过20多年的全民食盐加碘，我国甲状腺肿大率、甲亢和毒性弥漫性甲状腺肿（又称格雷夫斯病）发病率明显下降、临床甲状腺功能减退症（简称甲减）的患病率保持在低位。长期以来，我国坚持实施食盐加碘的碘缺乏病防治策略，加强碘盐监测和碘缺乏病病情监测，推进碘缺乏病健康教育，保障了人民群众的身体健康。

【药理作用】甲状腺激素的生理作用主要为促进机体生长发育和影响物质代谢。如缺乏此激素，儿童会患呆小病，成人会患黏液性水肿。过多则会发生甲状腺功能亢进。

1. 维持正常生长发育　T_3 和 T_4 主要影响中枢神经系统和长骨的发育。婴幼儿缺乏甲状腺素导致的呆小病，躯体和智力发育均受影响，表现为身体矮小、肢体粗短、智力愚笨。

2. 促进代谢　能促进能量物质如糖、脂肪的氧化，增加组织耗氧量，提高基础代谢率，使产热增加。甲状腺功能亢进时会有饥饿、怕热、出汗、多食、多便、消瘦等症状；甲状腺功能减退时表现为乏力、畏寒、眼睑浮肿、皮肤干冷，甚至出现黏液性水肿。

3. 维持神经系统兴奋性　对自主神经系统影响较明显，使心率加快、血压升高、心耗氧量增加、胃肠道蠕动增强、腺体分泌增加等，还可出现情绪高涨、反应敏捷、易激惹兴奋等中枢表现。

【临床用途】甲状腺片为动物甲状腺干制剂，因其 T_4 含量不稳定和 T_3 含量较高，已少使用，临床主要使用左甲状腺素。

1. 呆小病　确诊后应尽早使用，婴幼儿若治疗及时，发育可基本正常。若治疗过晚，即使躯体能正常发育，智力仍然低下。

2. 黏液性水肿　本病是由于代谢障碍导致黏多糖沉积于真皮及皮下组织的非凹陷性水肿。使用甲状腺素应从小剂量开始，逐渐增加至有效量，并维持治疗至症状改善。

3. 单纯性甲状腺肿　缺碘者应补碘。无明显原因者可以给予适量甲状腺片，以补充内源性的不足，且能抑制TSH的过多分泌，以缓解甲状腺组织代偿性增生肥大。

【不良反应】过量可引起甲亢，如基础代谢率升高、多汗、怕热、呕吐、腹泻、体重下降、急躁、失眠、神经过敏、心动过速、心悸、心绞痛、手指震颤等。老年人及有心血管疾病的人易诱发心律失常、心绞痛、心力衰竭、心肌梗死，一旦发生，应立即停药，并给予β受体拮抗药对抗。待症状消失一周后再从小剂量开始服用。

【用药须知】

1. 甲减治疗需从小剂量开始服用，逐渐加量；最好清晨空腹顿服。治疗期间，应定期复查甲状腺激素指标。

2. 孕妇在甲状腺替代治疗期间，必须严密监护血清T_3、T_4水平，以免对胎儿造成不良影响。非甲状腺功能减退性的心力衰竭、快速型心律失常以及对甲状腺激素过敏患者禁用。

3. 长期用药时，提示香豆素类、阿司匹林、口服降血糖药等可以增强甲状腺激素的作用，合用时注意调整剂量。

二、左甲状腺素

左甲状腺素（levothyroxine）为人工合成的甲状腺素（T_4），是临床甲状腺功能减退及相关疾病患者主要使用药物。本药显效慢、作用弱、维持时间长，作用、临床用途、不良反应与甲状腺素片相似。黏液性水肿昏迷患者可静脉注射，症状改善后改用口服制剂。

第二节　抗甲状腺药

抗甲状腺药是指能阻止或减少甲状腺激素的合成与释放，消除甲状腺功能亢进症状的药物。目前常用有硫脲类、碘及碘化物、放射性碘及β受体拮抗药。

一、硫脲类

硫脲类可分为硫氧嘧啶类和咪唑类，前者包括甲硫氧嘧啶（methylthiouracil，MTU）、丙硫氧嘧啶（propylthiouracil，PTU）等；后者包括甲巯咪唑（thiamazole，他巴唑）和卡比马唑（carbimazole，甲亢平）等。

【药理作用】

1. 抑制甲状腺激素合成　硫脲类药物抑制甲状腺细胞内的过氧化物酶，使碘化物不能氧化成活性碘（I^0），I^0不能与酪氨酸结合生成一碘酪氨酸（MIT）和二碘酪氨酸（DIT），MIT和DIT不能偶联成T_3和T_4，从而抑制甲状腺激素的生物合成（图30-1）。对已合成的甲状腺激素无对抗作用，亦不能影响其释放。

2. 抑制外周组织中的T_4转化为T_3　丙硫氧嘧啶能抑制T_4转化为T_3，能快速降低血清中的T_3含量。

3. 免疫抑制作用　硫脲类轻度抑制免疫球蛋白的生成，使血液中的甲状腺刺激性免疫球蛋白降低。因甲亢发病与异常免疫反应有关，所以本类药物除控制甲亢症状外，对病因也有一定的治疗作用。

【临床用途】

1. 甲亢内科治疗　适用于轻症或不适宜手术和放射性碘治疗的轻、中度甲亢患者，也可以作为放射性碘治疗的辅助治疗。一般用药后2~3周症状开始减轻，1~3个月基础代谢率恢复正常，疗程多为1~2年。

2. 甲状腺手术前准备　对甲状腺次全切除术的患者，术前应先服用硫脲类药物，使甲状腺功能恢复到正常或接近正常水平，防止手术并发症及甲状腺危象的发生。还应在术前2周加服碘剂，使甲状腺缩小、变硬，以利于手术进行及减少出血。

3. 甲状腺危象的辅助治疗　甲亢患者由于精神刺激、感染、手术、创伤等，甲状腺激素突然大量释放入血，导致病情恶化，出现高热、心力衰竭、肺水肿、电解质紊乱等而危及生命，称甲状腺危象。除应用大剂量碘剂和采取其他综合措施外，大剂量服用硫脲类可作为辅助治疗，以阻断T_4转化为T_3。

【不良反应】

1. 过敏反应　最为常见，表现为皮疹、瘙痒、荨麻疹等，也可引起红斑狼疮样综合征、淋巴结病及关节痛等。

2. 消化道反应　包括畏食、恶心、呕吐、腹痛、腹泻等。

3. 粒细胞减少症　为严重的不良反应，一旦发现，应立即停药。患者用药后有发热、咽喉痛等症状应引起注意，要及时检查血象等指标。

4. 甲状腺肿和甲状腺功能减退症　多在长期应用后发生，及时停药可自愈，必要时可用甲状腺素替代疗法予以治疗。

【用药须知】

1. 妊娠期、哺乳期甲亢患者应遵医嘱使用，甲状腺肿瘤患者忌用；用药中监测生命体征，定期查血象、肝功能、甲状腺激素水平；用药后如发生皮肤、巩膜黄染，低热，咽痛应及时就诊。

2. 向医护人员及时提供药物相互作用的有关知识：① 与口服抗凝血药合用会使后者的作用增强；② 磺胺类、对氨基水杨酸、对氨基苯甲酸、保泰松、巴比妥类、酚妥拉明、磺酰脲类及维生素 B_{12} 等药物具有抑制甲状腺功能的作用。

二、碘及碘化物

常用药物有 5% 复方碘溶液、碘化钾、碘化钠等。

【作用与用途】本类药物剂量不同，其作用也不同。

1. 促进甲状腺素合成　小剂量碘是合成甲状腺激素的必要原料，可防治单纯性甲状腺肿。对早期病例疗效较好，晚期病例甲状腺肿不易完全消退。在食盐中加入适量碘化物可有效预防单纯性甲状腺肿发生。

2. 抗甲状腺作用　大剂量碘产生抗甲状腺作用，主要是通过抑制 T_3、T_4 释放入血，还可抑制促甲状腺激素（TSH）的分泌，使腺体缩小、变硬、血管减少，有利于手术的顺利进行。与硫脲类合用于甲亢的术前准备及甲状腺危象的治疗。

> ❓ 课堂问答：
>
> 碘是人体必需的微量元素之一，1994年起，我国大范围开始推行食用加碘精制盐。那么甲亢患者能食用加碘盐吗？为什么？

【不良反应】

1. 过敏反应　主要有呼吸道刺激症状、黏膜水肿、皮疹、药物热、血管神经性水肿、喉头水肿或窒息，出现后停药，并加服食盐和水以加快排碘及抗过敏治疗。

2. 慢性碘中毒　表现为口内铜腥异味，口腔、咽喉烧灼感，唾液分泌增多，眼刺激症状等。

3. 诱发甲状腺功能紊乱　长期服用可诱发甲亢、甲减或甲状腺肿；能进入乳汁中，也能通过胎盘影响新生儿和婴幼儿，导致新生儿、婴幼儿甲状腺功能异常。

【用药指导】

1. 提示妊娠期、哺乳期妇女慎用，对碘有过敏者禁用。

2. 应告诉患者用药过程中可能出现的不适，提高用药的依从性。用药期间注意监测甲状腺功能，如基础体温、血 T_3 和 T_4 水平、心率、血压等；监测甲状腺的大小、硬度及血管杂音的改变；注意观察患者的呼吸情况，及时发现碘过敏征兆。

3. 提示大剂量碘长期应用会引起甲状腺的摄碘能力降低，丧失抗甲状腺作用，甚至诱发甲状腺危象，故不可长期应用，且不用于甲亢的内科治疗。

三、放射性碘

临床用的放射性碘是 ^{131}I，半衰期为8天。

【作用与用途】甲状腺有高度的摄碘能力，应用的 ^{131}I 可被甲状腺大量吸收，并可放出β射线（占99%）。β射线在组织内的射程仅为0.5~2mm，因此其辐射损伤只限于甲状腺内，很少波及其他组织，起到类似于切除部分甲状腺的作用，用于治疗甲亢。适用于不宜手术或手术后复发及对硫脲类过敏或使用无效的甲亢患者。

碘（^{131}I）化钠胶囊和口服溶液制剂等新的放射性治疗产品可用于治疗甲状腺癌。利用放射性 ^{131}I 放出的γ射线（1%）能在体外测得，可用于检查甲状腺摄碘功能。

🔗 知识链接：..

^{131}I 治疗方案的优点

^{131}I 治疗甲亢具有快速、安全、简便、相对经济等优点，一般给药一次即可达到理想效果。而内科抗甲状腺药物治疗则要连续服药1年以上，并且有明显的粒细胞减少等不良反应。同样，外壳采用的甲状腺切除手术也有禁忌证较多、术后有复发和并发症等缺点。因此，^{131}I 治疗方案目前是成人甲亢的首选方法之一，总有效率达95%以上。

【不良反应】主要是剂量过大导致甲状腺功能低下。一旦发生，用甲状腺激素对抗。20岁以下、孕妇或哺乳期妇女、肾功能不良者禁用。

四、β受体拮抗药

β受体拮抗药如普萘洛尔、美托洛尔等是甲亢及甲状腺危象的辅助治疗药物，可使甲亢患者的心率减慢、血压降低、焦虑症状减轻，且可抑制外周 T_4 转变为 T_3，常作为辅助治疗措施。主要用途包括：①配合硫脲类用于甲亢的内科治疗；②配合大剂量碘、硫脲类用于抢救甲状腺危象；③用于甲亢手术治疗或放射性治疗前的准备；④用于不宜用抗甲状腺药、手术和 ^{131}I 治疗的甲亢患者。不良反应与用药注意事项见

第二十六章相关内容。

案例分析 --

案例：

小甲，女，16岁，中职二年级学生，近半年来明显消瘦、多汗、多食、心悸，常烦躁易怒，双手经常不自主地颤抖，颈部肿大。经检查后诊断为甲状腺功能亢进症。医师给予丙硫氧嘧啶片和盐酸普萘洛尔片进行治疗。

分析：

1. 该患者出现的是甲亢的典型症状，丙硫氧嘧啶片能抑制甲状腺激素的合成，可以减轻甲状腺激素过多入血引起的代谢增强症状；普萘洛尔可对抗甲亢引起的心悸和焦虑症状。

2. 甲亢治疗还有 ^{131}I 和手术治疗方案。该同学目前暂不适合放疗和手术，甲亢内科药物治疗只要按医嘱长期、规范用药，治疗效果同样非常明显。应注意粒细胞减少的不良反应，定期检查血象等，如有咽痛、乏力等症状，应及时就医查找原因，并及时调整治疗方案。

第三节　甲状腺激素和抗甲状腺药的用药指导

一、用药前

1. 应提示医护人员要充分了解患者的身体状况，包括患者的用药史、病史及过敏史等，尤其对孕妇、儿童、年老体弱者要特别注意，要了解患者有无禁忌证，结合临床检查对患者的整体情况作出全面评估，制订合理的治疗方案，认真审核处方并逐一进行查对，仔细分析处方的合理性。

2. 应告诉患者在用药过程中可能出现的不适，提高用药的依从性。要严格掌握药物的适应证和剂量，切忌滥用。要叮嘱患者遵医嘱坚持按疗程服药。

二、用药中

1. 服用硫脲类药期间提醒患者注意可能出现的反应，若出现皮肤与巩膜黄染、低热、咽痛等要及时告诉医师，同时配合医护人员处理出现的问题。

2. 提醒医护人员用药期间要监测甲状腺的功能和甲状腺的大小、硬度及血管杂音的改变，注意患者的呼吸情况，及时发现碘过敏征兆；了解药物联合应用时出现的相互作用，合理调整用药剂量；注意疾病症状与不良反应的鉴别，及时发现问题，并及时解决问题。

3. 建议甲亢患者均衡膳食，补充足热量、蛋白质和维生素，适当控制膳食纤维的摄入。避免服用含碘的药物（如胺碘酮、西地碘等），并禁食富碘食物（如海带、紫菜、虾皮等海产品、碘盐等）。保持良好生活习惯，睡眠充足、避免情绪波动。

三、用药后

1. 提示医护人员注意患者用药后的病情变化，全面评价治疗效果。统计用药后出现的不良反应并做好记录。要定期随访及定期检查。

2. 对患者进行用药宣教，重点是告诉患者要加强药物不良反应的监护，要熟悉各类药物的不良反应措施。应定期到医院复查甲状腺功能，以便医生根据病情调整用药剂量；特别是若出现甲状腺功能低下时，要及时用甲状腺激素类药物治疗等。

药学服务岗位操作实践

岗位情境：

邻居刘姐姐30岁，近两年来，食欲减退，常感乏力、怕冷，便秘、体重增加，毛发脱落较多，月经紊乱，近1个月出现胸闷、憋气渐加重，最近半年备孕一直没有成功，到医院检测，心率55次/min，甲状腺功能T_3、T_4含量低于正常标准，促甲状腺激素（TSH）含量超高，医生诊断为原发性甲状腺功能减退症，医生给予左甲状腺片治疗。刘姐姐来找药师小王咨询，主要想了解：①身体不适是否与甲减相关；②患有甲减还能受孕吗？③用药前、用药中、用药后都有哪些注意事项？小王应如何完成这些药学服务任务？

操作流程：

1. 首先细致耐心地接待刘姐姐，安抚其情绪，介绍食欲减退，乏力，怕冷，便秘，毛发脱落较多，月经紊乱，心率慢，胸闷、憋气等都是甲减常见的表现，用药后会得到改善，应提示刘姐姐当甲状腺功能指标正常后是可以受孕的。

2. 根据患者病情和精神状态，为提高用药依从性，可从用药前、用药中、用药后三个阶段对其进行用药指导。

（1）用药前：原发性甲减需要终身用药，应遵医嘱，从小剂量开始服用。

（2）用药中：左甲状腺片应于早餐前半小时空腹用水送服；叮嘱刘姐姐定期到医院复查甲状腺功能，以便医生调整合理剂量。用药期间如果患上其他疾病，应提醒医生自己患有甲减，注意药物相互作用；如果受孕成功，应定期到医院检查，甲状腺激素对胎儿正常发育非常重要。

（3）用药后：叮嘱刘姐姐应注意保暖，不要劳累，不要熬夜，经常晒太阳，适当进行运动。

3. 如果本人或家属愿意，可以建立更方便的联系方式或关注有关健康宣教媒体平台或医院公众号，后续及时跟进，提供更全面、周到的药学服务。

章末小结

1. 甲状腺疾病用药前要确认适应证，呆小症和甲状腺功能减退症采用甲状腺素替代疗法；甲状腺功能亢进主要使用硫脲类、碘化物、^{131}I和普萘洛尔等药物治疗。

2. 用药中和用药后要密切观察甲状腺功能的变化，重点注意长期用药的不良反应等。

思考与练习

一、单项选择题

1. 甲巯咪唑可用于治疗（　　）

　　A. 心律失常　　　B. 甲状腺功能亢进　　C. 糖尿病

　　D. 高血压　　　　E. 心绞痛

2. 硫脲类药物抗甲状腺激素的作用是（　　）

 A. 抑制促甲状腺激素的分泌

 B. 抑制甲状腺激素的释放

 C. 抑制甲状腺对碘的摄取

 D. 抑制甲状腺激素的合成

 E. 促进甲状腺激素的代谢

3. 治疗甲状腺危象宜选用（　　）

 A. 大剂量碘 + 硫脲类

 B. 单独使用大剂量碘剂

 C. 单独使用硫脲类

 D. 单独使用小剂量碘剂

 E. 单独使用β受体拮抗药

4. 甲亢手术治疗的术前准备宜选用（　　）

 A. 单独使用大剂量碘

 B. 单独使用小剂量碘

 C. 硫脲类，术前2周加用大剂量碘

 D. 单独使用硫脲类

 E. 小剂量碘与 ^{131}I 联合使用

5. 粒细胞减少是下列哪种药物的毒性反应（　　）

 A. 碘制剂　　　　　　　　B. 甲状腺素

 C. β受体拮抗药　　　　　D. 胰岛素

 E. 硫脲类

6. 治疗甲亢时以下药物不可选用的是（　　）

 A. 普萘洛尔　　　　　B. 丙硫氧嘧啶　　　　　C. 硝苯地平

 D. ^{131}I　　　　　　　E. 碘化钾

二、简答题

1. 简述甲状腺素的作用和用途。

2. 抗甲状腺药有哪几类？其主要特点有哪些？

3. 试述硫脲类药物的临床用途和用药要点。

4. 比较碘剂和 ^{131}I 在治疗甲亢中的异同点。

三、 应用题

1. 请用横线将下列药物与对应的分类及药理作用连接起来。

分类	药物	药理作用
碘及碘化物	普萘洛尔	小剂量促进甲状腺素的合成
硫脲类	^{131}I	抑制甲状腺素的生物合成
β受体拮抗药	甲亢平	减慢心率，降低血压，缓解焦虑
放射性碘	碘化钾	放出β射线而破坏甲状腺组织

2. 某男，27岁，近期感觉身体疲乏，并伴出汗、心慌、发热、饭量大增，经医院检查确诊为甲状腺功能亢进症。

请思考并讨论：①该患者宜选用哪些抗甲状腺药进行治疗？②可能会出现哪些不良反应？该如何进行用药指导？③在具体指导中如何体现出职业素养和专业精神？

（潘　莉）

第三十一章
降血糖药

学习目标

知识目标：

- 掌握　胰岛素的作用、用途、不良反应。
- 熟悉　非胰岛素类降血糖药的类型和代表药物的作用、用途与不良反应。
- 了解　降血糖药的用药指导。

技能目标：

- 熟练掌握　根据糖尿病治疗需要进行用药指导的基本技能。
- 学会　观察、评价降血糖药的疗效和不良反应，协助指导患者合理使用各类降血糖药。

素质目标：

- 具有尊重、关心糖尿病患者，开展合理用药等岗位服务的专业精神和职业素养。

情境导入

情境描述：

　　邻居杨叔叔今年49岁，半年前无明显诱因出现疲乏、易饿、视力下降、皮肤瘙痒等症状，去医院检查发现空腹血糖9.8mmol/L，餐后2小时血糖12.8mmol/L，糖化血红蛋白含量7.1%，诊断为2型糖尿病。给予二甲双胍治疗，但空腹血糖始终在7~9mmol/L。杨叔叔很担心，遂来药房找小王药师咨询。小王详细了解了杨叔叔的治疗过程，告知血糖达标是治疗的关键。降血糖药的种类非常多，目前杨叔叔的病情单用二甲双胍不够理想，应在医生指导下及时调整治疗方案，并配合饮食和运动疗法。杨叔叔遂去医院复诊，医生诊断后调整用药为格列本脲合用二甲双胍，同时在小王的帮助下注意控制饮食和加强锻炼。半个月后，检查空腹血糖6.2mmol/L，身体感觉也更好了。

学前导语：

同学们，糖尿病一种以高血糖为特征的代谢性疾病。合理应用降血糖药，坚持长期治疗，结合饮食、运动疗法，可以保持血糖稳定达标，避免并发症，延缓疾病进程，提高生活质量。所以同学们要掌握好降血糖药的有关知识，积极服务患者，具备指导患者合理用药的能力，以更好地开展药学服务，胜任药学工作岗位，实现职业目标。

糖尿病是机体分泌的胰岛素绝对或相对不足，引起以糖代谢紊乱、血糖升高为主要症状的代谢性疾病。主要类型包括：①1型糖尿病，也称胰岛素依赖型糖尿病，约占糖尿病患者总数的10%，常发生于儿童和青少年，起病急，血糖显著升高，需要终生应用胰岛素替代治疗；②2型糖尿病，也称非胰岛素依赖型糖尿病，约占糖尿病患者总数的90%，发病年龄多数在35岁以后，起病缓慢、隐匿，部分患者是在健康检查或检查其他疾病时发现；③妊娠糖尿病，孕妇孕前未发现糖尿病，在妊娠期，通常在妊娠中期或后期才发现的糖尿病；④其他疾病所致的罕见糖尿病，如甲状腺功能亢进症、胰腺炎等。

随着人们生活水平的提高，糖尿病的发病率越来越高，尤其是2型糖尿病，发病越来越低龄化。目前尚无根治糖尿病的方法，合理应用药物，可以在一定程度上控制血糖水平，减轻症状，预防并发症，提高生活质量。

第一节 胰岛素

胰岛素是由胰岛β细胞分泌的一种蛋白质激素。药用胰岛素多从动物胰腺提取，也可通过DNA重组技术人工合成人胰岛素。本药口服无效，须注射给药，皮下注射吸收快，紧急情况下可静脉给药。普通胰岛素代谢快，须反复用药。加入碱性蛋白质（如精蛋白、珠蛋白）可使吸收缓慢；加入微量锌使之稳定，可延长一次给药的作用时间。胰岛素制剂根据作用特点可分为超短效、短效、中效、长效和预混五类（表31-1）。

表 31-1　胰岛素制剂及其作用时间

分类	药物	来源	注射途径	注射时间	作用时间 /h	
					开始	持续
超短效	门冬胰岛素、赖脯胰岛素	胰岛素类似物	皮下	紧邻餐前，3次/d	0.1~0.2	3~5
短效	普通胰岛素	动物	静脉、皮下	急救、按病情需要	即刻	0.5~1
				餐前0.5小时，3~4次/d	0.5~1	5~7
	生物合成人胰岛素注射液	基因工程	同上	餐前0.5~1小时，3次/d	1~2	8
	重组人胰岛素注射液	基因工程	同上	餐前0.5~1小时，3次/d	1~2	8
中效	低精蛋白锌胰岛素	动物	皮下	早、晚餐前1小时，1~2次/d	2~4	18~24
	精蛋白生物合成人胰岛素注射液	基因工程	皮下	早（晚）餐前1小时，1次/d	1~2	24
	精蛋白锌重组人胰岛素注射液	基因工程	皮下	早（晚）餐前1小时，1次/d	1~2	24
长效	精蛋白锌胰岛素	动物	皮下	早（晚）餐前1小时，1次/d	3~4	24~36
	甘精胰岛素	胰岛素类似物	皮下	每日固定时间，1次/d	2~5	18~24

分类	药物	来源	注射途径	注射时间	作用时间 /h 开始	作用时间 /h 持续
预混	双时相低精蛋白锌单锋胰岛素		皮下	每日固定时间，1次/d	0.5	24

注：预混胰岛素中数字代表了短效和中效胰岛素各种所占的比例，如 30 组成为 30% 短效胰岛素加 70% 中效胰岛素；50 组成为 50% 短效胰岛素加 50% 中效胰岛素。

🡒 药学思政

我国首次人工合成牛胰岛素

有一种疾病，很"甜蜜"，带来的却是一辈子的痛。历史上对于糖尿病的文字记载，可以追溯到公元前 1550 年。1955 年，英国化学家桑格完成了胰岛素的全部测序工作，并于 1958 年获诺贝尔化学奖，但某国际权威学术刊物却发表评论断言："合成胰岛素将是遥远的事情。"

中华人民共和国成立初期，生物化学研究人才匮乏，仪器设备几乎完全空白，合成胰岛素需要大量、多种氨基酸以及生化试剂，国内买不到，境外购买也难以实现，且价格昂贵。这些困难都没有打败科研人员对科学的执着信念与坚强意志。中科院生物化学研究所、中科院有机化学研究所和北京大学等单位共同协作，发扬自力更生精神，自己动手设计、制作一些实验必需的仪器设备。中国科学院生物化学研究所创办了"东风生化试剂工厂"，专门生产各种氨基酸及各种必需的化学试剂，不仅为合成胰岛素提供了"原材料"，也为全中国的生物化学研究的开展提供了基础支持。1965 年 9 月 17 日，我国科学家首次人工合成结晶牛胰岛素，这也是世界首次合成具有活性的人工蛋白。

通过这些，我们应该认识到老一辈科学家对"科学强国梦"的执着追求，乐于奉献的"胰岛素精神"。未来药学人员在自己岗位上要有认真求索，不断奋进的职业素养和专业精神。

【药理作用】

1. 降低血糖 胰岛素通过使血糖的"去路"增加、来源减少而降低血糖。其降血糖的机制主要有：①促进血中的葡萄糖进入组织细胞，并加速其酵解和氧化利用；②促进血中的葡萄糖进入肝细胞，合成肝糖原；③减少糖异生；④抑制糖原分解（图31-1）。

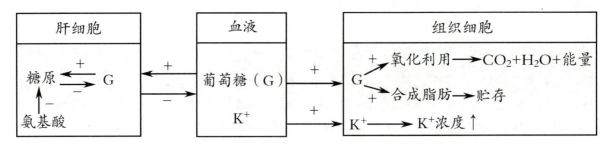

+—胰岛素的促进作用；——胰岛素的抑制作用。

图31-1 胰岛素降血糖作用机制

2. 影响脂代谢 抑制脂肪分解，促进脂肪合成和贮存，使血中的游离脂肪酸和酮体的生成减少。

3. 影响蛋白质代谢 促进蛋白质合成，抑制蛋白质分解。

4. 促进钾离子转运 促进钾离子进入细胞内能激活细胞膜上的Na^+，K^+-ATP酶，使血钾浓度降低。

【临床用途】

1. 糖尿病 对胰岛素缺乏的各型糖尿病都有效，主要用于以下情况：①1型糖尿病；②经饮食控制和口服降血糖药不能控制的2型糖尿病；③伴有各种急性或严重并发症的糖尿病，如酮症酸中毒、非酮症性高渗性昏迷、乳酸性酸中毒伴高血糖等；④糖尿病合并重症感染、消耗性疾病、高热、妊娠、创伤及手术的各型糖尿病。

2. 纠正细胞内缺钾 与葡萄糖、氯化钾联合组成极化液（GIK）合剂，可促进钾离子内流，纠正细胞内缺钾，防治心肌梗死等心脏病导致的心律失常。

【不良反应】

1. 低血糖反应 为最常见的不良反应，多由过量或未按时进餐所致，患者出现饥饿感、不安、心慌、出汗、面色苍白、头痛、震颤，严重者出现低血糖昏迷、惊厥、休克等，甚至引起脑损伤及死亡。轻者可口服糖水或摄食，重者应立即静脉注射50%葡萄糖注射液20~40ml进行救治。

❓ **课堂问答**：————————————————

某老年糖尿病患者，采用胰岛素及口服降血糖药治疗，最近自测血糖较高，故略增加胰岛素的剂量，30分钟后突感心慌、出冷汗、饥饿、头晕、肌肉震颤。请同学们根据此病例，讨论并回答以下问题。

1. 该患者可能发生了什么情况？应采取什么救治措施？

2. 这个现象告诉我们应用胰岛素制剂时要注意哪些事项？

2. 过敏反应　与制剂不纯有关，表现为荨麻疹、血管神经性水肿等，可用抗过敏药或糖皮质激素药治疗，也可换用高纯度制剂或人胰岛素。

3. 胰岛素耐受性（胰岛素抵抗）　机体对胰岛素的敏感性降低的现象称胰岛素耐受性，可分为急性和慢性两种类型。①急性型：每日用量>200U时即为急性耐受，可由创伤、感染、手术、情绪激动等所引起，处理方法是消除诱因并加大胰岛素用量；②慢性型：可能与体内产生抗胰岛素的抗体或靶细胞膜上的胰岛素受体数目减少有关，处理方法是换用高纯度制剂或人胰岛素，并适当调整用量。

4. 局部反应　注射局部可出现红肿、硬结、皮下脂肪萎缩等。

5. 其他　可见体重增加、胰岛素水肿、屈光不正等。

【用药指导】

1. 使用胰岛素必须严格遵医嘱，用药剂量和给药次数视病情而定，根据所用制剂的不同，于餐前皮下注射，必要时静脉滴注。

2. 应告诉患者，使用纯度不高的动物胰岛素皮下注射，易出现注射部位皮下脂肪萎缩或肥厚，改用高纯度人胰岛素可使局部萎缩脂肪恢复正常。另外，每次注射应变换不同部位，两次注射点要间隔2cm。

3. 未开启的胰岛素应冷藏保存，不可冷冻；使用中的胰岛素不宜冷藏，在室温（最高25℃）下最长可保存4周。

第二节　非胰岛素类降血糖药

目前临床应用的胰岛素制剂以注射剂为主，患者的依从性差。双胍类、磺酰脲类、葡萄糖苷酶抑制剂、胰岛素增敏剂等口服降血糖药，用药方便，但作用较胰岛素慢而弱，只宜用于轻、中度2型糖尿糖患者，不能单独用于控制1型糖尿病。

🔗 知识链接：

口服降血糖药的发现史

1918年，科学家发现胍类化合物有降血糖的作用；1926年，科学家曾试用于临床治疗，因其严重的肝毒性而终止。1930年，科学家发现磺胺药物可以引起低血糖，特别是1950年前后在使用磺胺治疗细菌感染时，多次观察到低血糖反应。1954年，科学家合成了第一个磺酰脲类药物，至此拉开了研制口服降血糖药的序幕。近年来，一些新型降血糖药的研制成功又为糖尿病提供了新的治疗药物。

一、双胍类

本类药物主要是二甲双胍（metformin，甲福明）。苯乙双胍因有不良反应，不推荐使用。

【作用与用途】对糖尿病患者有降血糖作用，但对正常人几乎无作用。二甲双胍是2型糖尿病患者控制高血糖的一线用药和联合用药中的基础用药。其降血糖的机制有：①抑制肠道对葡萄糖的吸收；②加速外周组织对葡萄糖的摄取和利用；③抑制肝糖原异生；④抑制胰高血糖素的释放。

主要用于轻、中度2型糖尿病，尤其对胰岛素耐受的肥胖患者疗效较好。与胰岛素合用于中、重度糖尿病，可增强疗效，减少胰岛素的用量。

【不良反应】

1. 胃肠道反应　较常见，表现为恶心、呕吐、腹泻、口中有金属味等，停药后症状可减轻或消失。

2. 巨幼红细胞贫血　与抑制维生素B_{12}在肠道的吸收有关，极少发生。

3. 乳酸性酸中毒　本药在治疗剂量范围内，引起乳酸性酸中毒较罕见，一旦发生，严重者可危及生命。

【用药指导】并发严重糖尿病肾病或糖尿病眼底病变者、孕妇及哺乳期妇女禁用。乙醇能强化二甲双胍的降血糖和升高乳酸作用，服药期间应禁酒。

二、磺酰脲类促胰岛素分泌药

第一代磺酰脲类包括甲苯磺丁脲（tolbutamide，D_{860}）、氯磺丙脲（chlorpropamide），因对肾脏不良反应大，已少用；第二代磺酰脲类包括格列本脲（glibenclamide，优降糖）、格列吡嗪（glipizide）、格列齐特（gliclazide）、格列喹酮（gliquidone）、格列波脲（glibornuride）等；第三代有格列美脲（glimepiride）。

【作用与用途】

1. 降血糖作用　其作用机制有：①促进胰岛素分泌，同时减少肝脏对胰岛素的清除；②长时间使用能改善外周组织胰岛素敏感性，增加胰岛素受体数量和促进胰岛素与其受体的结合；③促进葡萄糖的利用以及糖原和脂肪的合成。

临床用于单用饮食疗法不能控制的胰岛功能尚存的轻、中度2型糖尿病，对1型糖尿病或重症糖尿病无效。

2. 抗利尿作用 氯磺丙脲有抗利尿作用，可用于治疗尿崩症。

3. 影响凝血功能 格列齐特等第二代药物还具有抑制血小板黏附，促进纤溶降解作用，改善微循环，对预防或减轻糖尿病患者的微血管并发症有一定作用。

【不良反应】

1. 低血糖反应 与用药剂量有关，轻度表现为心悸、虚弱、冷汗、晕厥等，应注意突然剧烈的低血糖反应。可诱发冠状动脉粥样硬化性心脏病患者的心绞痛和心肌梗死，也可诱发脑血管意外。严重而持久的低血糖反应可引起患者昏迷，甚至死亡。

2. 消化道反应 表现为食欲缺乏、恶心、腹泻、肝功能损害、胆汁淤积性黄疸，偶见中毒性肝炎。

3. 过敏反应 引起皮疹、药物热、荨麻疹，罕见严重过敏。

4. 影响血液系统 第一代磺酰脲类可引起粒细胞数量减少，严重可致全血细胞数量减少。

【用药指导】肝肾功能不全、慢性心功能不全、有酮症倾向及对磺胺类药物过敏者，1型糖尿病患者禁用。孕妇及哺乳期妇女禁用。糖皮质激素、噻嗪类利尿药、巴比妥类药物可降低该类药物的降血糖作用；保泰松、水杨酸钠、吲哚美辛、双香豆素等高血浆蛋白结合率的药物可增强该类药物的降血糖作用，合用易引起低血糖反应。

❓ **课堂问答**：

邻居王叔叔今年62岁，15年前诊断为2型糖尿病。最近2年服用格列吡嗪和二甲双胍缓释片治疗，空腹血糖始终在8~10mmol/L，餐后2小时血糖在15mmol/L以下。

请同学们通过网络搜集资料，讨论王叔叔的血糖控制情况如何，是否需要调整用药剂量或品种。

三、非磺酰脲类促胰岛素分泌药

目前应用的药物主要有瑞格列奈（repaglinide）、那格列奈（nateglinide）等。本类药物可快速促进胰岛β细胞释放胰岛素，起效快，作用时间短，需在餐前即刻服用，对改善餐后高血糖非常有效，因此被称为"餐时血糖调节剂"。主要适用于2型糖尿病，亦适用于糖尿病肾病患者。不良反应轻而短暂，常见的是低血糖反应和体重增加等。严重肝肾功能不全者、孕妇及哺乳期妇女禁用。

四、α-葡糖苷酶抑制药

目前临床所用的药物有阿卡波糖（acarbose）、米格列醇（miglitol）、伏格列波糖（voglibose）。降血糖机制是在小肠竞争抑制α-葡糖苷酶，抑制淀粉等多糖的水解，延缓葡萄糖吸收，降低餐后血糖。适用于餐后血糖高的2型糖尿病患者。用餐前即刻吞服或与第一口食物一起服用。如果发生急性的低血糖，不宜使用蔗糖，而应该使用葡萄糖纠正低血糖反应。孕妇及哺乳期妇女禁用。

五、胰岛素增敏药

主要为噻唑烷二酮衍生物，目前应用的药物有罗格列酮（rosiglitazone）、环格列酮（ciglitazone）、吡格列酮（pioglitazone）、曲格列酮（troglitazone）、恩格列酮（englitazone）等，故也称格列酮类药物。本类药物的作用有：①增强肌肉和脂肪组织对胰岛素的敏感性，改善胰岛素抵抗而降低血糖，并减少发生低血糖的危险；②改善脂代谢紊乱，纠正胰岛素依赖患者的脂质代谢异常；③改善胰岛β细胞功能，增加患者胰岛的面积、密度和胰岛中胰岛素的含量，对正常胰岛素分泌无影响。适用于2型糖尿病，也可与双胍类或磺酰脲类合用治疗单用时血糖控制不佳者。本类药物最常见的不良反应是贫血，也可增加女性骨折风险。

六、其他新型治疗糖尿病的药物

近年来，降血糖药研发较快，随着对血糖调控机制的更新认识，众多新型降血糖药（表31-2）投入到临床使用，较传统降血糖药有很大优势，丰富了治疗方案，让糖尿病患者更加受益。

表 31-2　其他新型降血糖药

药物分类	代表药物	特点	临床应用
胰高血糖素样肽-1受体激动剂	艾塞那肽 利拉鲁肽	增加葡萄糖依赖性胰岛素分泌，抑制餐后胰高血糖素释放	适用于单用二甲双胍、磺酰脲类，或两药合用不能有效抑制血糖的2型糖尿病成人患者的辅助治疗。仅用于皮下注射
二肽基肽酶（DPP-4）抑制剂	西格列汀 利格列汀	升高血清GLP-1水平，促使胰岛素的分泌增加，发挥降血糖作用。不易诱发低血糖和增加体重。在中重度肾损伤患者中具有良好的耐受性与安全性	用于2型糖尿病成人患者，可与双胍类药物合用提高疗效
钠-葡萄糖耦联转运体2抑制剂（SGLT-2 I）	达格列净 恩格列净	通过增加尿糖排泄帮助降低血糖，可以全面改善血糖。主要的副作用是容易引起尿路感染	在饮食和运动基础上，用于2型糖尿病成人患者，也可和其他降血糖药联合应用
胰淀粉样多肽类似物	普兰林肽	延缓葡萄糖的吸收、抑制胰高血糖素的分泌，减少肝糖生成和释放，因而具有降低糖尿病患者体内血糖波动频率和波动幅度，改善总体血糖控制的作用	用于1型、2型糖尿病的辅助治疗。严禁与胰岛素混合，应分开使用

第三节　降血糖药的用药指导

一、用药前

1. 应提醒医护人员要充分了解患者的身体状况，要熟悉患者的各项临床检查结果及有无禁忌证，并结合临床检查做出正确评估，制订合理的治疗方案，仔细审核处方并逐一进行查对，认真分析处方的合理性。

2. 要严格掌握药物的适应证、剂量，不可滥用。

3. 教会患者糖尿病治疗的"五驾马车"：科学饮食、有效运动、合理用药、血糖监测和糖尿病教育。科学饮食、有效运动和控制体重是血糖控制的基石。同时还应预防并发症和关注患者心理健康。

4. 糖尿病是终身性疾病，应帮助患者树立战胜疾病的信心，叮嘱患者遵医嘱按疗程坚持长期用药，达到控制病情的目的。

二、用药中

1. 提醒医护人员密切观察患者的反应，注意疾病症状与不良反应的鉴别，配合医护人员解决患者出现的不良反应，提醒患者不能擅自使用或更换降血糖药。

2. 用药期间应定期检查尿糖、血糖、肾功能、视力、眼底视网膜血管、血压及心电图等，及时掌握治疗情况。

3. 及时调整治疗方案，用药剂量和给药次数视病情而定，结合临床检查结果，根据患者病情，对治疗方案进行调整。

4. 在联合用药时要注意药物之间的相互作用，合理调整用药剂量。

（1）口服抗凝血药、同化激素、雄激素、单胺氧化酶抑制药增强胰岛素的作用；磺胺类、抗凝血药、甲氨蝶呤、水杨酸盐和胰岛素竞争血浆蛋白，也增强胰岛素的作用。保泰松、水杨酸钠、吲哚美辛等高蛋白结合率的药物可增强该类药物的降血糖作用，合用可引起低血糖反应。乙醇能强化二甲双胍的降血糖和升高乳酸作用，服药期间应禁酒。

（2）噻嗪类、呋塞米、二氮嗪抑制内源性胰岛素分泌；糖皮质激素、口服避孕药、甲状腺激素、肾上腺素、苯妥英钠均可降低胰岛素的作用。糖皮质激素、噻嗪类利尿药、巴比妥类药物可降低该类药物的降血糖作用。

（3）β受体拮抗药能阻断低血糖时的代偿性升血糖反应，且可掩盖心动过速等早期的低血糖症状，应避免合用。

三、用药后

1. 教会患者正确使用血糖仪自我监测血糖。降血糖药可诱发低血糖和休克，严重者甚至致死，应提醒患者警惕低血糖的出现，一旦出现头晕、乏力、出冷汗、饥饿感等低血糖症状，立即口服葡萄糖水，或舌下含服糖块、巧克力等，严重者静脉注射葡萄糖注射液。

2. 告诉患者要定期检查，监测治疗效果，评估糖尿病相关并发症。

药学服务岗位操作实践

岗位情境：

赵老师最近半年常感觉嘴干口渴，体重也减轻不少，半个月前不小心摔伤，小腿擦破一大块，在家消毒处理一直未见好，去医院检查发现血糖、尿糖均升高，确诊为2型糖尿病，医师给予二甲双胍缓释片进行治疗。赵老师对疾病和治疗都非常困惑，特意找到药房孙药师咨询。主要想了解：①嘴干口渴，体重也减轻，伤口难愈合是否与患糖尿病相关；②用药前、用药中、用药后都有哪些注意事项？小孙应如何完成这些药学服务任务？

操作流程：

1. 首先细致耐心地接待赵老师，安抚其情绪，介绍糖尿病典型症状"三多一少"：多饮、多尿、多食和体重减轻。长期高血糖状态会影响免疫力，同时缺乏血小板生长因子，影响组织再生修复功能，糖尿病患者身上的小伤口就会好得特别慢。有效控制血糖后，这些情况将会缓解。

2. 根据患者病情和精神状态，为提高用药依从性，可从用药前、用药中、用药后三个阶段对其进行用药指导。

（1）用药前：叮嘱赵老师二甲双胍缓释片的用法用量，应整片吞服；教会赵老师从科学饮食、有效运动、合理用药、血糖监测和糖尿病教育五个方面有效控制血糖；并帮助赵老师树立有效控制血糖，减少并发症的信心。

（2）用药中：叮嘱赵老师应定期到医院复查身体；如果用药期间同时有其他疾病，应提醒医生自己患有糖尿病，注意药物相互作用。

（3）用药后：教会赵老师正确使用血糖仪自我监测血糖。学会识别低血糖反应，一旦出现头晕、乏力、出冷汗、饥饿感等低血糖症状，立即口服葡萄糖水，或舌下含服糖块、巧克力等，严重者静脉注射葡萄糖注射液。

3. 如果本人愿意，可以建立更方便的联系方式，也可关注健康教育方面的专业网络平台或医院公众号，提倡建立慢性病管理档案，后续及时跟进，提供更全面周到的药学服务。

1. 根据糖尿病类型确定选用胰岛素和/或口服降血糖药。1型和2型糖尿病患者需终身用药治疗。

2. 1型糖尿病、重症糖尿病及糖尿病伴并发症，主要以胰岛素治疗为主。正规胰岛素可皮下注射和静脉注射，其他胰岛素一般采用皮下注射给药。单用饮食控制无效的2型糖尿病主要使用口服降血糖药。

3. 低血糖反应是降血糖药最主要的不良反应，轻者应进食，重者应立即静脉注射50%葡萄糖注射液急救。

思考与练习

一、单项选择题

1. 胰岛素的常用给药途径是（　　　）
   A. 皮内注射　　　　　B. 静脉注射　　　　　C. 皮下注射
   D. 肌内注射　　　　　E. 口服

2. 糖尿病患者应用短效胰岛素，以下哪项是正确的（　　　）
   A. 饭前半小时皮下注射　　　　　　　B. 饭前1小时肌内注射
   C. 饭后半小时肌内注射　　　　　　　D. 饭后半小时皮下注射
   E. 进餐时同服

3. 格列本脲的临床适应证是（　　　）
   A. 重型糖尿病
   B. 糖尿病昏迷
   C. 胰岛功能完全丧失的糖尿病
   D. 胰岛功能尚未完全丧失的轻、中度2型糖尿病
   E. 单用饮食控制有效的轻度糖尿病

4. 糖尿病酮症酸中毒和糖尿病昏迷患者宜选用（　　　）
   A. 短效胰岛素　　　B. 珠蛋白锌胰岛素　　　C. 低蛋白锌胰岛素
   D. 精蛋白锌胰岛素　　　E. 甲苯磺丁脲

5. 下列对胰岛素药理作用的叙述，哪项是错误的（　　）

    A. 促进葡萄糖的利用

    B. 抑制糖原分解

    C. 减少糖原异生

    D. 促进血糖转运

    E. 促进脂肪分解

6. 胰岛素的适应证不包括以下哪项（　　）

    A. 1型糖尿病

    B. 饮食疗法及口服降血糖药治疗无效的2型糖尿病

    C. 糖尿病出现严重并发症

    D. 心力衰竭

    E. 糖尿病患者突遇严重创伤

7. 以下不是治疗糖尿病的药物是（　　）

    A. 磺酰脲类   B. 硫脲类   C. 双胍类

    D. 胰岛素   E. 阿卡波糖

二、简答题

1. 简述胰岛素的不良反应及用药指导。

2. 非胰岛素降血糖药有哪几类？各举例说明其特点。

三、应用题

1. 请用横线将下列药物与对应的药物分类连接起来。

药物	药物分类
氯磺丙脲	双胍类
二甲双胍	葡萄糖苷酶抑制剂
瑞格列奈	磺酰脲类促胰岛素分泌药
阿卡波糖	胰岛素增敏药
曲格列酮	非磺酰脲类促胰岛素分泌药

2. 案例分析：某患者，57岁，于20年前无明显诱因下出现多饮、多食、多尿，伴有消瘦，体重由90kg渐降至70kg，现约50kg。3天前入院复查，测空腹血糖11.51mmol/L，总蛋白54.2mmol/L，白蛋白30.3mmol/L，血尿素氮（BUN）15mmol/L，随机血糖30mmol/L以上。门诊拟以2型糖尿病收入院。

请思考讨论：①应该怎样为该患者制订治疗方案？②用药过程中应该注意哪些可能出现的不良反应？如何进行用药指导？③如何在用药指导中体现出职业素养和专业精神？

（潘　莉）

第三十二章
抗痛风药和抗骨质疏松药

学习目标

知识目标：

- 熟悉　抗痛风药、抗骨质疏松药的作用、用途及不良反应。
- 了解　抗痛风药、抗骨质疏松药的用药指导。

技能目标：

- 学会正确进行抗痛风药和抗骨质疏松药的用药指导基本技能。

素质目标：

- 具有尊重、关心痛风和骨质疏松患者开展合理用药等岗位服务的专业精神和职业素养。

情境导入

情境描述：

　　刘先生，40岁，体型偏胖，平时喜欢遍尝美食，尤其偏好海鲜、啤酒等。两个月前开始感觉足趾关节疼痛，夜间疼痛尤为显著，以为是关节炎，于是自行口服布洛芬，用药后症状时轻时重。近日体检发现，血尿酸高达871μmol/L，后诊断为痛风，医生开具秋水仙碱，并叮嘱刘先生适量多饮水。刘先生取药时向药师询问相关用药知识。

学前导语：

　　同学们，痛风是高尿酸血症为诱因的代谢性疾病，患者感受十分痛苦，合理使用治疗药物可以显著改善症状，提高患者的工作和生活质量。因此，掌握本章知识可以更好地指导患者合理用药，提高服务质量，维护患者的健康，同时为未来的岗位服务工作打好基础，实现职业目标。

第一节　抗痛风药

一、概述

痛风为嘌呤代谢紊乱所致的疾病，表现为血中尿酸增高，导致尿酸以钠盐的形式在关节、结缔组织及肾组织中结晶沉积，可引起粒细胞浸润和关节炎症。抗痛风药是一类可通过减少尿酸生成或促进尿酸的排泄，以降低血中尿酸水平，减轻痛风症状和病程的药物。

二、常用的抗痛风药

（一）抑制尿酸生成药

别嘌醇（allopurinol）

本药是次黄嘌呤的异构体，是类嘌呤氧化酶抑制药。口服易吸收，可使尿酸合成受阻，减少尿酸生成，避免尿酸盐结晶在关节的沉积。临床主要用于慢性原发性或继发性痛风、痛风性肾病等。不良反应较少，偶见皮疹、胃肠道反应、氨基转移酶升高，粒细胞减少。

非布司他（febuxostat）

本药抑制黄嘌呤氧化酶活性，减少尿酸合成，降低血清尿酸浓度，可用于患者高尿酸血症的长期治疗，不推荐用于无临床症状的高尿酸血症。用药初期可能会引发痛风发作，这是因为血尿酸水平的改变导致组织沉积的尿酸盐被动员出来。不良反应常见胃肠道反应、肝功能异常、过敏反应等。

（二）促进尿酸排泄药

丙磺舒（probenecid）

本药口服吸收完全，大多经肾近曲小管主动排泄。因其脂溶性强，易被肾小管重吸收，此时可竞争性抑制尿酸重吸收，增加尿酸排泄而降低血中尿酸浓度，本类药物需要较大剂量才有明显作用。本药竞争性抑制青霉素在肾小管的分泌，可减慢青霉素的排泄，提高其血药浓度。主要用于治疗慢性痛风，因无镇痛和抗炎作用，不适于急性痛风。不良反应少，少数人可见胃肠道反应、皮疹、发热等。治疗初期可使痛风症状加重，这是尿酸盐由关节移除所致，加服碳酸氢钠并大量饮水可防止尿酸在泌尿道沉积，促进其排出。

苯溴马隆（benzbromarone）

本药作用与丙磺舒类似，减少肾小管对尿酸的重吸收而促其排泄。用于原发性和继发性高尿酸血症、痛风及痛风性关节炎非急性发作期。不良反应主要有胃肠道反应、肝功能异常等。若出现持续性腹泻应立即停药。长期使用应定期查肝功能。

（三）抑制炎症反应药

秋水仙碱（colchicine）

本药通过阻断细胞有丝分裂，抑制痛风急性期的粒细胞浸润，具有选择性的抗炎、镇痛作用，可在12小时内迅速解除急性痛风症状，但对一般疼痛及其他类型关节炎无效，也不影响血中尿酸浓度和尿酸排泄，主要用于痛风性关节炎的急性发作。不良反应多见，常见胃肠道反应，中毒时出现水样腹泻及血便、脱水、休克。对肾及骨髓也有损害。慢性痛风患者禁用。

另外，非甾体抗炎药、糖皮质激素类药物等也可以用于急性痛风的治疗，具体参见有关章节。

三、抗痛风药的用药指导

（一）用药前

1. 了解患者出现的症状、发病时间、相关疾病史等；是否使用过与痛风、关节炎症有关的药物，使用后有无发生过敏反应。

2. 掌握患者的年龄、营养状况及心、肝、肾功能，有无高危因素如妊娠、哺乳、过敏体质等。宣传疾病防治和相关药物知识，告诉患者使用该药物后可能出现的不良反应，帮助患者调整心理状态，解除思想压力，指导患者改善生活方式。

3. 根据患者的病情、体质和药物特性合理选用药物，严格掌握剂量、给药途径和疗程，注意特殊人群的用药禁忌。

（二）用药中

1. 秋水仙碱不宜长期应用，若长期应用可引起骨髓抑制、血尿、少尿、肾衰竭、胃肠道反应等不良反应。严重肾功能不全者、孕妇禁用；年老体弱者、骨髓造血功能不全者、严重心功能不全者和胃肠疾病者慎用。

2. 别嘌醇禁用于痛风急性期，因其不仅无抗炎镇痛作用，而且会使组织中的尿酸结晶减少和血尿酸下降过快，促使关节内痛风石表面溶解，形成不溶性结晶而加重炎症反应，引起痛风性关节炎急性发作。应用初期可发生尿酸转移性痛风发作，故于初始4~8周内宜与小剂量秋水仙碱联合服用。酒精、浓茶和咖啡均可降低别嘌醇的疗效。

3. 丙磺舒禁用于痛风急性发作期，此药无镇痛和抗炎作用。治疗初期，由于尿酸盐从关节析出，可能会加重痛风发作，可继续服用原剂量，同时给予秋水仙碱和非甾体抗炎药。在用药期间应摄入充足的水分，并维持尿液呈弱碱性，以减少尿酸结晶、痛风石及肾内尿酸沉积的危险。

4. 丙磺舒与别嘌醇联合应用时需酌情增加别嘌醇的剂量，因丙磺舒可加速别嘌醇的排泄，而别嘌醇则可延长丙磺舒的血浆半衰期。丙磺舒不宜与阿司匹林等水杨酸盐联合服用，阿司匹林可抑制尿酸的排出，丙磺舒也可抑制阿司匹林由肾小管的排泄，使阿司匹林的毒性增加。

（三）用药后

1. 定期检查血常规及肝肾功能，密切观察患者的症状和体征，及时进行疗效评估。

2. 预防相关慢性疾病如高血脂、高血压、肥胖、高血糖等，避免摄入高嘌呤食物及升高血尿酸药物。

3. 加强健康教育。痛风与饮食结构和生活方式密切相关，应指导患者积极采取健康、科学的膳食方案，加强锻炼，优化生活习惯等。

第二节　抗骨质疏松药

一、概述

骨质疏松症（osteoporosis，OP）是一种代谢性骨病，多种原因导致的骨密度和骨质量下降，骨微结构破坏，造成骨脆性增加，从而容易发生骨折的全身性骨病。常见的类型有：①原发性骨质疏松症，又分为绝经妇女骨质疏松症（Ⅰ型）、老年性骨质疏松症（Ⅱ型）和特发性骨质疏松症（包括青少年型）三种。绝经后骨质疏松症一般发生在妇女绝经后5~10年内；老年性骨质疏松症一般指老年人70岁后发生的骨质疏松；而特发性骨质疏松症主要发生在青少年，病因尚不明。②继发性骨质疏松，由疾病（如甲状腺功能亢进症、甲状旁腺功能亢进或减退、糖尿病、白血病等）或药物（如糖皮质激素、甲氨蝶呤等）等一些因素诱发的骨质疏松症。

关心关爱老年人，从预防骨质疏松做起

目前，骨质疏松已成为困扰中老年人群的主要疾病，其患病率已经紧随糖尿病、阿尔茨海默病跃居为老年疾病的第三位，如何预防和治疗骨质疏松成为社会关注的重点之一。一项调查发现，我国50岁以上人群骨质疏松症的患病率持续升高，且有大量低骨量人群存在相对高的骨折风险。而我国总体人群骨质疏松症相关知识知晓率却偏低。目前有关机构正在启动全国性骨质疏松筛查项目，以提升我国骨质疏松症的筛查和诊断能力，助力"健康中国2030"建设。

通过这些，我们应该认识到骨质疏松症的预防比治疗更重要。作为药学工作者，有责任在自己的岗位上充分发挥职业素养和专业精神，担负起预防骨质疏松症的健康宣教任务，维护好中老年人的健康。

二、常用抗骨质疏松药

（一）抑制骨吸收药

双膦酸盐类

常用药物有依替膦酸二钠（第一代），氯屈膦酸二钠、帕米朋酸钠（第二代），阿仑膦酸钠、唑来膦酸等（第三代）。

阿仑膦酸钠（alendronate sodium）

本药通过抑制破骨过程维持骨结构，改善和化程度增加皮质厚度和骨密度，从而提高骨强度，减轻和预防骨质疏松，有效降低全身各配位（尤其是髋部）骨折风险。临床主要治疗绝经后的骨质疏松症，也可用于男性骨质疏松症等。

不良反应比较轻微，一般不需要停止治疗，如腹泻、腹痛、腹胀、便秘等消化道症状及皮肤瘙痒、皮疹等过敏反应。儿童、孕妇、哺乳期妇女、肾功严重不全者食管狭窄或弛缓，每天站立或坐直少于30分钟者、低钙血症禁用。

用药时应注意：①每周固定的某天早餐前半个小时，用空腹温开水（200~300ml）送服，不能咀嚼；②在服药后至少30分钟之内，应保持直立（站立或坐直），不能仰卧，在此期间，不宜进食牛奶、果汁等饮品以及其他任何食品、药品；③不应在睡前及清早起床前服用，否则会增加发生食管不良反应的危险。

唑来膦（zoledronic acid）

本药是一种具有较强抑制骨吸收和潜在的促进骨形成作用的双膦酸盐类药

物，并可缓解骨痛。临床上主要用于治疗绝经后妇女的骨质疏松。多采用5mg唑来膦酸静脉滴注，每年1次，连续3年，可有效治疗骨质疏松症，降低脆性骨折的风险。一般应在使用本药治疗的10天之内，尽量保持供给比较充足的维生素D和钙制剂，以有利于本药发挥作用。本药不良反应类似于阿仑膦酸钠，以发热等过敏反应多见。

降钙素（calcitonin）

本药是甲状腺滤泡旁细胞分泌的，参与钙和骨质代谢的多肽激素。能迅速抑制破骨细胞，明显降低血钙浓度，适应骨骼发育的需要，对骨代谢疾病引起的骨痛效果显著。主要用于预防和治疗骨质疏松，尤其适用于绝经妇女骨质疏松症；也可用于治疗各种痛性骨病和高钙血症。目前临床应用的降钙素类药物有鲑降钙素和鳗降钙素两种，皮下注射或肌内注射，也有鼻腔给药途径，在治疗高钙血症时可静脉注射。不良反应有胃肠道反应、面部潮红等，非人来源的降钙素可引起过敏反应，用药前须做皮试。

替勃龙（tibolone）

本药通过雌激素活性、孕激素活性和弱雄激素活性的综合结果，能够稳定妇女在更年期卵巢功能衰退后的下丘脑-垂体系统，促进绝经期妇女分泌雌激素，抑制破骨细胞的骨吸收作用，使骨基质形成增加。用于防治绝经后骨质疏松。不良反应少，偶有体重改变、眩晕、头痛、阴道出血、多毛、水肿等，用量较大时应定期加服孕激素。

依普黄酮（ipriflavone）

本药是异黄酮衍生物，具有增敏雌激素抗骨质疏松作用的特点，无生殖系统影响，能促进骨形成，同时抑制骨吸收。用于改善原发性骨质疏松的症状，提高骨量减少者的骨密度。不良反应有胃肠道反应，罕见消化性溃疡、出血或恶化症状。消化性溃疡及有消化性溃疡病史者应慎用。用药期间需补钙。不宜用于孕妇和哺乳期妇女。

课堂问答：

绝经后女性为何会出现骨质疏松症？可选择治疗的药物有哪些？

（二）促进骨形成药

氟制剂

常用药物有氟化钠（sodium fluoride）、一氟磷酸二钠（sodium monofluoropho-sphate）、氟磷酸谷氨酰胺（glutamine monofluorophosphate）等。本类药促进成骨细胞有丝分裂，使成骨细胞数量增加，促进骨的形成。用于骨质疏松症的治疗，要注意同时补钙，必要时加服$1,25$-二羟维生素D_3（骨化三醇）。不良反应主要有胃肠道反应、胃出血、肢体疼痛综合征等。肾功能不全者慎用。

特立帕肽（teriparatide）

本药为是一种人工合成的甲状旁腺激素的活性片段，通过优先刺激成骨细胞活性（相对于破骨细胞活性），增加新骨在松质骨和皮质骨表面的积聚，可以显著提升骨密度，增强骨骼的坚韧程度，从而改善骨质疏松症。临床主要用于有骨折高发风险的绝经后妇女骨质疏松症的治疗。本药可显著降低绝经后妇女椎骨和非椎骨骨折风险，但对降低髋骨骨折风险的效果尚未证实。用药期间应监测血钙水平，防止高钙血症的发生。治疗期限不宜超过2年。常见不良反应有眩晕、关节及全身疼痛。禁用于未满18岁的青少年、疑似骨肿瘤的患者。

🔗 **知识链接:** ....

甲状旁腺功能异常与骨质疏松症

甲状旁腺是位于甲状腺侧叶的后方，即颈部甲状腺后侧，像黄豆大小的四个腺体，甲状旁腺虽然腺体最小，但是功能巨大，主要分泌甲状旁腺激素，调节着骨骼的钙磷代谢。当甲状旁腺激素分泌过多时，会把骨骼的钙、磷等矿物质吸收入血，并通过尿排出来，引起骨质疏松，甚至骨折，这就是甲状旁腺功能亢进性骨质疏松症。当甲状旁腺功能减低时，也会造成骨质疏松，这是因为甲状旁腺激素分泌减少，破骨细胞作用减弱，骨钙动员和释放减少，同时肾脏排磷减少，血磷升高，使得维生素D_3生成减少，共同造成低钙血症，骨形成的原料缺乏，同样会引起骨质疏松症。

（三）骨矿化促进药

包括钙剂（calcium）和维生素D（vitamin D）。钙是构成人体矿物质的重要元素，对骨质疏松症的患者补充钙剂，可促进骨矿化，增加骨强度，有利于骨的形成。

维生素D经转化后生成有活性的$1,25$-二羟维生素D_3，能增加小肠对钙、磷的吸收，维持钙磷平衡；可增加成骨细胞活性，促进骨形成。目前多采用维生素D的活性成分，如骨化三醇（calcitriol）或阿法骨化醇（alfacalcidol）等。钙剂和维生素D常合用于预防骨质疏松。

三、抗骨质疏松药的用药指导

（一）用药前

1. 明确用药依据 雌激素受体调节药可能增加静脉血栓栓塞事件的危险性，对正在或既往患有血栓、静脉血栓栓塞患者，包括深静脉血栓、肺栓塞、视网膜静脉血栓者禁用；对绝经期超过2年以上的妇女方可应用。不可擅自用药，骨质疏松症的病因复杂，药物治疗应在医师的指导下进行。

2. 正确选择药物 ①老年性骨质疏松症：钙制剂＋维生素D＋骨吸收抑制剂（双膦酸盐）；②绝经妇女骨质疏松症：钙制剂＋维生素D＋雌激素或雌激素受体调节药；③继发性骨质疏松症：首先治疗原发病，同时使用降钙素。若为抗癫痫药所致的骨质疏松，则应长期口服维生素D。

（二）用药中

1. 提示医生密切监测血钙、血磷浓度和相关指标，这不仅是反映抗骨质疏松药疗效的客观标准，也是判断药物不良反应的重要依据。

2. 采取有效措施，减轻不良反应，如双膦酸盐的主要不良反应为食管炎、粪便潜血，凡有食管孔疝、消化性溃疡、皮疹等不宜应用。为避免对食管的刺激，应以早晨空腹给药，用200ml水送服，保持坐位或立位。服药后半小时内不宜进食或卧位；服药后两小时内不宜喝牛奶、咖啡、茶、果汁和含钙饮料等。

3. 本类药物多需要长期应用，易发生不良反应的药物相互作用，应利用药品说明书等信息手段加强用药指导。

（三）用药后

1. 大多数骨质疏松都是衰老或生理功能退化后的继发结果，且治疗周期长，治疗效果差异大，应预防为主，提倡早发现、早干预、早治疗。

2. 保持健康生活习惯，戒烟限酒，减少咖啡摄入量，适度运动，接受日光照射。

3. 定期进行骨密度检查，预防跌倒和外伤，在医生指导下合理选择、规律服用抗骨质疏松药，注意服药方式及药物间相互作用。

岗位情境：

社区药店小董的邻居唐叔叔1天前因大量饮啤酒出现右足第一跖趾关节疼痛，逐渐扩展到右踝关节，于是家人带他去医院治疗。经过查体和实验室检查，医生诊断为急性痛风。医生给唐叔叔开了双氯芬酸秋水仙碱片口服治疗。唐叔叔来找小董咨询，小董应如何运用本章知识做好解答呢？

操作流程：

1. 首先细致、耐心地接待唐叔叔，针对医生处方，结合药品所明书介绍双氯芬酸和秋水仙碱是治疗急性痛风的主要药物，疗效可靠，可缓解痛风性关节炎急性发作的疼痛等不适。

2. 特别告诉唐叔叔遵照医嘱服用秋水仙碱，不要随意增加或减少剂量或疗程。该药保管要避光、密封保存于儿童不能接触的地方。

3. 建议唐叔叔要保持心情愉快，合理饮食，尤其要介绍如何避免摄入高嘌呤食物，采取碱化尿液等措施，适度体育锻炼。如果本人愿意，可以关注药店健康教育公众号或建立更方便的联系方式，提供更全面周到的药学服务。

• • • • 章末小结 •

本章主要介绍了抗痛风药和抗骨质疏松药，其中重点是抗痛风药和抗骨质疏松药物的作用、用途、不良反应及用药指导，难点是抗痛风药的作用机制。

1. 治疗痛风的药物分为三类：抑制尿酸生成的别嘌醇，促进尿酸排泄，减少尿酸重吸收的丙磺舒，抑制痛风炎症反应的秋水仙碱。别嘌醇、丙磺舒适用于治疗慢性痛风，秋水仙碱、吲哚美辛、布洛芬及强的松等适用于治疗急性痛风。

2. 治疗骨质疏松的药物分为三类：抑制骨吸收的双膦酸盐、降钙素、雌激素等，促进骨形成的氟制剂，骨代谢调节剂钙剂及促进骨细胞分化增加骨量的维生素D。建议应用中注意药物的不良反应，指导患者去除诱因、控制症状、防止复发和减少并发症的发生。

思考与练习

一、 单项选择题

1. 痛风急性发作时为控制炎症，宜尽快使用下列何药（　　）

   A. 秋水仙碱　　　　　　　B. 别嘌醇　　　　　　　C. 丙磺舒

   D. 吲哚美辛　　　　　　　E. 泼尼松龙

2. 可在痛风发作间歇期使用以抑制尿酸生成的药物（　　）

   A. 丙磺舒　　　　　　　　B. 别嘌醇　　　　　　　C. 秋水仙碱

   D. 对乙酰氨基酚　　　　　E. 吲哚美辛

3. 抑制近端肾小管对尿酸盐的重吸收，减少尿酸沉积的药物是（　　）

   A. 别嘌呤　　　　　　　　B. 丙磺舒　　　　　　　C. 秋水仙碱

   D. 塞来昔布　　　　　　　E. 阿司匹林

4. 属于促进尿酸排泄药的是（　　）

   A. 丙磺舒　　　　　　　　B. 秋水仙碱　　　　　　C. 别嘌醇

   D. 尼美舒利　　　　　　　E. 苯溴马隆

5. 小剂量抑制骨吸收，大剂量抑制骨形成具有双向作用的药物是（　　）

   A. 帕米膦酸二钠　　　　　B. 依替膦酸二钠　　　　C. 阿仑膦酸钠

   D. 唑来膦酸　　　　　　　E. 降钙素

6. 属于人工合成甲状旁腺激素类抗骨质疏松药的是（　　）

   A. 特立帕肽　　　　　　　B. 降钙素　　　　　　　C. 替勃龙

   D. 依普黄酮　　　　　　　E. 依替膦酸二钠

二、 简答题

1. 常用的抗痛风药有哪几类?

2. 常用的抗骨质疏松药有哪几类? 请结合各自代表药介绍其特点。

三、 应用题

案例分析：患者，女，48岁。5年前无诱因出现手指、足趾关节肿痛，夜间加剧；近期因指关节僵硬、破溃前来就诊。患者自述平时工作繁忙，应酬多，喜吃海鲜，爱饮酒；常在夜深人静之时，特别是食用海鲜、饮酒之后，剧痛难忍，目前左指关节和右拇趾内侧的肿胀和疼痛较重，自行服用布洛芬、双氯芬酸后，疼痛有所缓解，时轻时重，未根治。查体：左示指中指肿胀、破溃，右拇趾内侧也肿胀，血尿酸713μmol/L，耳郭、跖骨关节处有痛风石。诊断：痛风。

请思考并讨论：①该患者痛风发作的诱因有哪些？②该患者可以选用哪些药物治疗，为什么？③药学人员应如何指导患者合理用药，并在后续药学服务中体现职业素养和专业精神？

（冯敏超）

第三十三章

性激素类药物和调节生育药

学习目标

知识目标：

- 熟悉　性激素与抗性激素药的类别、代表药的主要特点。
- 了解　调节生育药的种类、特点，以及本章药物用药指导要点。

技能目标：

- 学会　合理规范指导性激素类药物、调节生育药使用的基本技能。

素质目标：

- 具有尊重、关爱患者，积极开展性激素等药物合理用药等岗位服务的专业精神和职业素养。

➡ 情境导入

情境描述：

　　李女士，48岁，刚刚进入围绝经期，近一年来原本规律的月经变得紊乱，经期长短不一，并且伴有潮热出汗，而且情绪不稳定，经常无端焦虑、猜疑甚至抑郁悲伤，对她身体和工作造成了严重影响。近日，李女士找到朋友刘药师，想咨询有什么药物能帮助她度过这一特殊时期。

学前导语：

　　同学们，围绝经期是由于妇女性激素水平发生剧烈变化所致，其反应程度差异较大。像李女士这种情况，可以在医生指导下，采用相应药物进行治疗，药师则应配合做好用药指导等工作。学好、用好这些药物，未来可以更好地胜任药学工作岗位，做好药学服务，实现职业目标。

第一节　性激素类与抗性激素药

性激素为性腺分泌的类固醇激素，属于甾体化合物，主要包括雌激素、孕激素和雄激素。临床应用的性激素类药物大多为人工合成品及其衍生物。

性激素的产生和分泌受下丘脑－腺垂体的调节。下丘脑分泌促性腺激素释放激素（GnRH），促进腺垂体分泌卵泡刺激素（FSH）和黄体生成素（LH）。对女性，FSH促进卵泡的生长发育，使LH受体数量增多；FSH与LH共同作用，促进成熟卵泡分泌雌激素和孕激素。对男性，FSH可促进睾丸中精子的生成；LH可促进睾丸间质细胞分泌雄激素。另外，卵巢颗粒细胞和睾丸支持细胞分泌的糖蛋白激素抑制素等，可选择性抑制FSH分泌，对性腺也有局部旁分泌作用。

性激素通过对下丘脑和腺垂体分泌的正、负反馈作用，维持机体生理状态激素水平的动态平衡和生殖功能。女性激素分泌与调节的过程见图33-1。

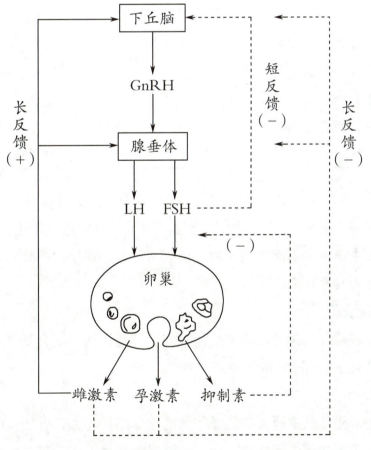

（＋）—正反馈调节；（－）—负反馈调节。

GnRH—促性腺激素释放激素；FSH—卵泡刺激素；LH—黄体生成素。

图33-1　女性激素分泌与调节示意图

一、雌激素类与抗雌激素药

（一）雌激素类

天然的雌激素有卵巢分泌的雌二醇（estradiol，E_2）和从孕妇尿液中提取的雌酮（estrone，E_1）、雌三醇（estriol，E_3）等。口服生物利用度低，需注射给药。人工合成品包括雌激素高效衍生物如炔雌醇（ethinylestradiol，EE）、炔雌醚（quinestrol）、戊酸雌二醇及环戊酸雌二醇等；合成的类固醇类雌激素药物如美雌醇、硫酸雌酮、马烯雌酮等；具有雌激素样作用的非甾体类化合物如己烯雌酚（diethylstilbestrol）。可口服，疗效较好，雌激素类的药理作用与临床用途见表33-1。

表 33-1 雌激素类的药理作用与临床用途

药理作用	临床用途
促进性器官发育、成熟，维持女性第二性征	卵巢功能不全
促进子宫内膜增生	功能性子宫出血
维持正常月经周期	闭经、月经过少
促进阴道上皮增生、发育	老年性阴道炎
抑制性激素分泌，抑制排卵（大剂量）	避孕、晚期乳腺癌
抑制卵泡素分泌（大剂量）	退乳
抑制骨吸收，促进骨钙沉积	抗骨质疏松症
抗雄激素作用	前列腺癌、痤疮

【不良反应】常见有畏食、恶心、呕吐及头晕等，减少剂量或从小剂量开始逐渐增加至有效剂量可减轻症状。长期大量应用可使子宫内膜过度增生，发生子宫出血，增加子宫癌的发生率；可引起水钠潴留，引起水肿、高血压。另外，妊娠期使用雌激素可能会导致胎儿发育异常。

（二）抗雌激素药

本类药物大多数为选择性雌激素受体双向调节药，选择结合受体所处的组织和部位不同，呈现出对雌激素不同的激动或拮抗效应。

氯米芬（clomifene）

本药是雌激素受体拮抗药，与己烯雌酚的化学结构相似，有较弱的雌激素活性和中等程度的抗雌激素作用。因拮抗下丘脑的雌激素受体，消除雌二醇负反馈抑制，促进腺垂体分泌而促性腺激素，可诱发排卵。用于无排卵性的闭经和不孕症。大剂量长期应用可引起卵巢肥大，一般停药后能自行恢复。卵巢囊肿者禁用。

他莫昔芬（tamoxifen）

本药能与乳腺癌细胞的雌激素受体结合，选择性抑制依赖雌激素才能持续生长的肿瘤细胞。用于治疗绝经后晚期乳腺癌患者，疗效较好。治疗初期多会出现癌痛一过性加剧，不良反应相对较轻，大多数患者可以耐受长期连续治疗，以消化道症状为主，偶见血象改变、视力障碍等。

雷诺昔芬（raloxifene）

本药是第二代选择性雌激素受体调节药，用于绝经后妇女的骨质疏松症。不良反应相对较少，长期应用有增加深静脉血栓的危险性。对骨骼相关雌激素受体呈现激动作用，对子宫、乳腺等组织无该作用，可明显改善因缺乏雌激素所导致的骨代谢异常，减少骨量流失。

二、孕激素类与抗孕激素药

（一）孕激素类

天然的孕激素主要是由黄体分泌的黄体酮（progesterone，孕酮），含量低，口服无效，需肌内注射或舌下给药。药用多为人工合成品，如醋酸甲羟孕酮（medroxyprogesterone acetate，安宫黄体酮）、醋酸甲地孕酮（megestrol acetate）、氯地孕酮（chlormadinone）、己酸羟孕酮（hydroxyprogesterone caproate）、炔诺酮（norethisterone）、双醋炔诺酮（ethynodiol diacetate）、炔诺孕酮（norgestrel，甲炔诺酮）等。孕激素类的药理作用及临床用途见表33-2。

表33-2　孕激素类的药理作用及临床用途

药理作用	临床用途
促使子宫内膜由增殖期转化为分泌期	保胎、治疗功能性子宫出血、闭经
抑制子宫平滑肌收缩	痛经、先兆流产
抑制黄体生成素分泌，抑制排卵	避孕、治疗子宫内膜异位症及子宫内膜癌
与雌激素一起促进卵泡发育	促进受孕
升高体温	预测排卵

【不良反应】偶见恶心、呕吐及头痛等。有时可致乳房胀痛、腹胀。有些与孕激素衍生物具有类雄激素活性有关，如性欲改变、多毛或脱发、痤疮。大剂量使用黄体酮可致胎儿生殖器畸形。

（二）抗孕激素药

抗孕激素药物可干扰黄体酮的合成和影响黄体酮的代谢。

米非司酮（mifepristone）

本药是孕激素受体拮抗药，同时具有抗孕激素和抗皮质激素活性，还具有较弱的雄激素活性。由于米非司酮可对抗黄体酮对子宫内膜的作用，具有抗着床作用。本药单用不完全流产率高，应与前列腺素药物合用终止49天内的妊娠。也可单独口服600mg用于事后紧急避孕。应用该药抗早孕需要在医生的指导和监护下进行，不良反应较轻，多以胃肠道反应为主。应密切观察用药后出血量和阴道分泌情况，如有异常或不适，应及早就医处置。

同类药物还有孕三烯酮（gestrinone）、环氧司坦（epostane）、曲洛司坦（trilostane）和阿扎斯丁（azastene）等。

三、雄激素类与抗雄激素药

（一）雄激素类

天然的雄激素为睾酮（testosterone，睾丸酮），临床多用人工合成的睾酮衍生物，如甲睾酮（methyltestosterone）、丙酸睾酮（testosterone propionate）及苯乙酸睾酮（testosterone phenylacetate）等。睾酮不仅有雄激素活性，还有促进蛋白质合成的作用（同化作用）。某些人工合成的睾酮衍生物雄激素活性明显减弱，其同化作用保留或增强，这些药物称为"同化激素"，如苯丙酸诺龙（nandrolone phenylpropionate）、美雄酮（metandienone）和司坦唑醇（stanozolol）等。雄激素类药的药理作用与临床用途见表33-3。

表33-3　雄激素类药的药理作用与临床用途

药理作用	临床用途
促进男性生殖系统发育、成熟	无睾症、类无睾症、男性性功能减退
促进蛋白质合成，减少其分解	慢性消耗性疾病、骨折及伤口愈合延迟
提高骨髓造血能力	再生障碍性贫血
调节免疫力	慢性感染、某些自体免疫性疾病
调节心血管系统，交感张力提高	恢复体力、某些遗传性血管性水肿等
抑制促性腺激素分泌和抗雌激素	功能性子宫出血、更年期综合征、乳腺癌、卵巢癌

【不良反应】主要是女性男性化，长期用于女性患者可引起多毛、痤疮、声音变粗、

闭经等男性化现象，不良反应严重时应停止用药。有一定的肝损害，多数雄激素可干扰肝内毛细胆管的排泄功能，引起胆汁淤积性黄疸，如发现黄疸应立即停药。

肾炎、肾病综合征、肝功能不全、高血压及心力衰竭患者慎用。孕妇及前列腺癌患者禁用。

（二）抗雄激素药

本类药物通过干扰下丘脑-性腺分泌轴，拮抗雄激素受体，影响睾酮生物合成等多种途径发挥对抗雄激素生理效应的作用。

环丙孕酮（cyproterone，色普龙）

本药具有较强的孕激素作用，还可拮抗雄激素受体。可用于抑制男性严重性功能亢进，其他药物无效或患者无法耐受的前列腺癌，与雌激素合用治疗女性严重痤疮和特发性多毛症，与炔雌醇组成复方避孕药用于避孕。本药抑制性功能和性发育，禁用于未成年人。因本药影响肝功能、糖代谢、血象和肾上腺皮质功能，用药期间应严密观察患者。

非那雄胺（finasteride）

本药是 II 型 5α-还原酶抑制药，可特异性地抑制睾酮转化为二氢睾酮，降低雄激素样作用。主要用于治疗前列腺良性增生，可以减少由于前列腺增生导致的尿潴留现象。另外，由于头发毛囊在雄激素作用下会加快萎缩，故本药对雄激素水平较高导致的脱发有一定疗效。

四、促性腺激素类药

促性腺激素类药物最早是从孕妇、绝经期妇女的尿液中提取，具有促进卵泡生成、成熟和促排卵作用，同时也能促进和维持黄体功能。常用药物有绒促性素（chorionic gonadotropin）、尿促性素（menotropins）和尿促卵泡素（urofollitropin）等。主要用于不孕症、功能性子宫出血、流产、隐睾症和男性性腺功能减退症等。另外还有人工合成的促性腺激素类药物，应用更为方便。

戈那瑞林（gonadorelin）

本药是人工合成促性腺激素释放激素（GnRH），又称促黄体生成素释放素（LHRH），对于女性可促进雌激素的分泌，有助于卵泡发育和成熟；对于男性可促进雄激素的分泌，有助于精子的产生。主要作为促排卵药，治疗下丘脑性闭经所致的不育、原发性卵巢功能不足；也可用于男性性器官发育不全、小儿隐睾症等。不良反应以过敏反应多见，并有局部注射疼痛等。孕妇、哺乳期妇女、垂体腺瘤患者、垂体相关性闭经者禁用。

同类药物还有亮丙瑞林（leuprolide）、戈舍瑞林（goserelin）等。

生育是生命延续之本，调节生育药包括抗生育药和促生育药两部分。生殖过程包括精子和卵细胞的形成、成熟、排放、受精、着床、胚胎发育、分娩等多个环节，阻断其中任何环节均可达到避孕或终止妊娠的目的（图33-2）。抗生育药就是利用这个机制而发挥作用的一类药物，包括避孕药和抗早孕药。现有的避孕药大多为女性用药，男性用药较少。促生育药大多是性激素的衍生物，调节促进生育过程，详见本章第一节有关内容。

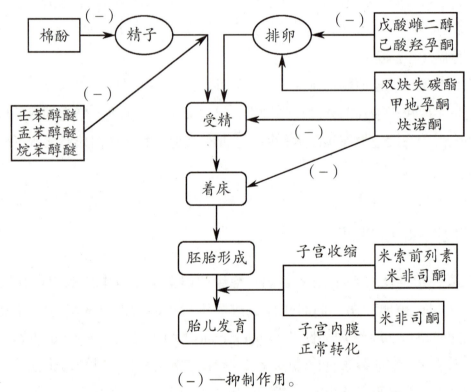

（－）—抑制作用。

图33-2　生殖过程与抗生育药作用环节示意图

一、避孕药

（一）主要抑制排卵的避孕药

本类药物均为不同类型的雌激素与孕激素组成的复方制剂（表33-4），是最常用的女性避孕药之一，具有使用相对方便，避孕效果可靠，停药后生殖能力恢复快等特点。

表 33-4　常用抑制排卵的避孕药组成及用法

分类及制剂名称		组成成分及剂量		用法
		孕激素	雌激素	
短效口服避孕药	复方炔诺酮片*（口服避孕药Ⅰ号）	炔诺酮0.6mg	炔雌醇0.035mg	每月月经周期第5天起，每晚1片，连服22天，不能间断，若有漏服，应在24小时内补服1片
	复方甲地孕酮片*（口服避孕药Ⅱ号）	甲地孕酮1mg	炔雌醇0.035mg	
长效口服避孕药	左炔诺孕酮炔雌醚片	左炔诺孕酮6mg	炔雌醚3mg	月经周期第5天服1片，第25天服第2片，以后均按第2次服药日期，每月服1片
	复方次甲氯地孕酮片	次甲氯地孕酮12mg	炔雌醚3mg	月经周期第5天服1片，第25天服第2片，以后每隔26天服1片
长效注射避孕药	复方己酸羟孕酮注射液（避孕针1号）	己酸羟孕酮250mg/ml	戊酸雌二醇5mg/ml	月经周期第5天深部肌内注射2ml，以后于每次月经周期的第10~12天肌内注射1ml
	复方甲地孕酮注射液	醋酸甲地孕酮25mg/ml	雌二醇3.5mg/ml	月经周期第5天和第12天各注射1ml。以后均按第2次注射日期，每隔30~31天注射1ml，或于每月月经周期第10~12天注射1ml

上述药物的不良反应主要有：①类早孕反应，如头晕、恶心、挑食及乳房胀痛等不适，坚持用药2~3个月后症状减轻或消失，也可口服维生素B_6、维生素C、山莨菪碱等缓解症状；②子宫不规则出血，少数用药者可发生，予炔雌醇处理；③闭经，极少发生，若连续2个月闭经，应予停药；④可诱发血栓性静脉炎、肺栓塞或脑血管栓塞等栓塞性疾病，应予注意；⑤个别患者可有血压升高，哺乳期妇女用药可使乳汁分泌减少。乳房肿块及宫颈癌患者禁用。

知识链接：

口服避孕药中的三相片

目前临床上推荐使用适合人体性激素变化规律的口服避孕药的三相片，如左炔诺孕酮炔雌醇三相片（第一相1~6片：炔雌醇0.03mg + 左炔诺孕酮0.05mg，第二相7~11片：炔雌醇0.04mg+ 左炔诺孕酮0.075mg，第三相12~21片：炔雌醇0.03mg+ 左炔诺孕酮0.125mg）等，这类药物能减少月经期间不规则出血，不良反应轻，避孕效果更好。

（二）主要阻碍受精的避孕药

小剂量的孕激素会改变宫颈黏液的理化性质，阻碍受精。其机制是：孕激素能抑制宫颈黏液的分泌，使黏液量减少但黏稠度增高，细胞含量增加，不利于精子穿透，使精子不易通过，达到阻碍受精的效果；另外，在孕激素处于优势的情况下，精子获能受到抑制，失去受精能力，因而影响受精。临床常用植入剂型或避孕环。其优点是不含雌激素，副作用较少。但避孕效果较雌激素和孕激素的复方制剂差，且不规则出血的发生率较高，已少用。

（三）主要干扰受精卵着床的避孕药

干扰受精卵着床药也称探亲避孕药，大多为单方孕激素制剂，能迅速抑制子宫内膜的发育和分泌功能，干扰受精卵着床而产生抗生育作用。优点是在使用时间上灵活方便，不受月经周期的限制，无论在排卵前、排卵期或排卵后服用都有效。避孕工具失败或没有采取措施者，均可口服本类药物作为避孕的应急措施。药物包括甲地孕酮片（探亲避孕1号片）、双炔失碳酯片（53号抗孕片）、炔诺酮片。

（四）主要影响精子的避孕药

棉酚（gossypol）

本药是从棉花的根、茎、种子中提取的一种黄色酚类物质。棉酚破坏生精上皮细胞，使精子数目减少，停药后逐渐恢复，是目前唯一疗效确切的男用避孕药。棉酚从阴道给药也具有较强的杀精子活性。

不良反应有胃肠道刺激症状、心悸、肝功能改变等。少数服药者发生低血钾，出现疲乏无力症状。长期应用可能导致永久性不育，故应用受限。

壬苯醇醚（nonoxinol）、孟苯醇醚（menfegol）及烷苯醇醚（alfenoxynol）

本类药具有较强的杀精作用，可制成胶浆、片剂或栓剂等作为外用避孕药使用。将此类药物放入阴道后，药物可自行溶解而散布在子宫颈表面和阴道壁，发挥杀精作用，从而达到避孕目的。这种避孕药的副作用小，罕见全身性不良反应。

二、抗早孕药

本类药物代表药是米非司酮，口服能拮抗孕激素活性，妊娠早期使用可破坏子宫蜕膜，收缩子宫平滑肌，使宫颈管软化、扩张而诱发流产。临床多与米索前列醇合用，用于抗早孕。具体见本章抗孕激素药有关内容。

三、促进生育药

生育过程主要受性激素调控系统的影响，并具体作用于相关激素受体发挥作用。其中抗雌激素药氯米芬可诱发排卵，用于无排卵性的闭经和不孕症。促性腺激素类药戈那瑞林对于男性有助于精子的产生，对于女性可促进排卵，用于不孕症（详见本章第一节）。

第三节　性激素类药物和调节生育药的用药指导

一、用药前

1. 明确用药目的　用于治疗性激素失调所致的各种疾病和调节生育等。

2. 掌握基本资料　了解患者的机体状况、既往病史、用药史和生活习惯。肝功能不全者、抑郁症患者、子宫内膜炎患者慎用雌激素，妊娠期使用本药可导致胎儿发育异常。抗孕激素药米非司酮终止早期妊娠时，可能会发生大出血，须在医师指导下用药。孕妇及前列腺癌患者禁用雄激素类药物。抗雄激素类药禁用于未成年人。避孕药慎用于充血性心力衰竭及其他水肿倾向患者，禁用于宫颈癌患者。

3. 进行健康教育　宣讲有关性与生殖等方面的知识。告知按时用药的重要性，不能漏服，万一发生应在医生或药师指导下采取补救措施。说明可能会出现的不良反应，如恶心、呕吐、腹痛等。强调药物与食物同服或睡前服用可降低药效。

二、用药中

1. **注意药物配伍** 主要包括：①维生素C可增强口服避孕药的作用；与苯巴比妥、对乙酰氨基酚、利福平、氨苄西林等合用，炔诺酮和炔雌醇的代谢加速，导致避孕失败。②雌激素类：与口服抗凝血药同服可降低其抗凝作用，与三环类抗抑郁药同服可增加该药的毒性。③雄激素类：与肾上腺皮质激素、促皮质素同用可增加发生水肿的可能性，与抗凝血药同用将增强抗凝效果，与降血糖药同用可使其降血糖作用增强，与保泰松、羟基保泰松同用可使水钠潴留等作用增强。

2. **注意药物配制与贮存** ①性激素类药物应避光、防潮、室温存放，不可冷冻。②绒促性素配成水溶液后极不稳定，故需临用前配制。

3. **注意给药方法** 应根据药物用途和特性选择不同方法。例如：①前列腺素可口服、注射或阴道用药。②抑制排卵的药物可口服或注射。③杀灭精子、影响受精及受精卵着床的药物应阴道用药。

三、用药后

1. **监测健康指标** 用药期间定期检查血压、血脂、血糖、体重；患者每年需做乳腺和盆腔检查，每2~3年需做子宫内膜活检。

2. **评价药物疗效** 观察患者的症状和体征有无明显改善，有无明显的药物不良反应发生。

药学服务岗位操作实践

岗位情境：

顾客王女士因探亲与丈夫同房后想选购避孕药品，自述约10小时前与丈夫同房未采取避孕措施，现在为月经周期第8天，问是否需要使用避孕药？如需要，该如何选药及正确服用？

操作流程：

1. 药房执业药师要主动细致耐心地接待王女士。首先要建议此情况应使用紧急避孕药，可选择干扰受精卵着床的避孕药或抗早孕药。

2. 同时指导王女士及时服药，用药期间注意出现不良反应及时就诊，告诫此类药物不宜长期作为常规避孕药使用。

---

3. 建议王女士近期如无备孕计划,可尽快选择适宜的避孕方法,并适时向李女士进行相关合理用药宣教,提供有关生殖避孕方面的健康处方或用药小贴士。

4. 如果本人愿意,可以关注药店新媒体平台或建立更方便的联系方式,提供更全面、周到的药学服务。

章末小结

本章主要介绍了性激素类药物与调节生育药,重点是雌激素、孕激素、雄激素以及其他性激素类药的作用、用途和不良反应;难点是上述药物用药指导要点和避孕药的特点;应主要掌握性激素类药物和调节生育药合理应用,妥善处理不良反应等药学服务知识和技能。

思考与练习

一、 单项选择题

1. 以下不是孕激素的临床用途的是 ( )

   A. 避孕　　　　　　　B. 子宫内膜癌　　　　C. 功能性子宫出血

   D. 预测排卵　　　　　E. 前列腺癌

2. 治疗先兆流产可用 ( )

   A. 己烯雌酚　　　　　B. 黄体酮　　　　　　C. 苯丙酸诺龙

   D. 棉酚　　　　　　　E. 甲睾酮

3. 下列药物在不孕症的治疗中可诱发排卵的是 ( )

   A. 黄体酮　　　　　　B. 雌二醇　　　　　　C. 氯米芬

   D. 睾酮　　　　　　　E. 棉酚

4. 以下不是雄激素类药物临床用途的是 ( )

   A. 无睾症　　　　　　B. 功能性子宫出血　　C. 伤口愈合延迟

   D. 缺铁性贫血　　　　E. 阳痿

5. 以下具有抗早孕作用,并可作为事后紧急避孕药使用的是 ( )

A. 米非司酮　　　　　B. 氯米芬　　　　　C. 戈那瑞林

D. 非那雄胺　　　　　E. 甲睾酮

二、简答题

1. 简述性激素类与其拮抗药都有哪些。请结合代表药介绍各类药物的主要特点。

2. 常用的避孕药主要有哪几类？各举一个代表药。

3. 从关爱围绝经期妇女的角度，谈谈如何对雌激素类药物进行用药指导？如何在具体工作中体现出专业精神和职业素养？

（刘　佳　张　庆）

第三十四章
抗微生物药概述

学习目标

知识目标：

- 掌握　抗生素、抗菌谱、耐药性、抗菌后效应等基本概念。
- 熟悉　抗微生物药的应用和用药指导原则。
- 了解　抗微生物药的作用机制、耐药性发生机制。

技能目标：

- 熟练掌握　运用抗微生物药有关概念和原理分析解释相关治疗问题的基本技能。
- 学会　指导抗微生物药的合理应用，完成药学服务岗位任务。

素质目标：

- 具有尊重、关心感染性疾病患者开展抗微生物药合理应用等岗位服务的专业精神和职业素养。

情境导入

情境描述：

　　药剂班同学小王在药店实习。一位小伙子来买阿莫西林胶囊，小王表明阿莫西林是处方药，无医师处方不能销售。这时店长张药师过来询问，原来这位顾客最近经常加班熬夜，昨晚吃了火锅后，今早出现咽喉肿痛，自感"上火"，想吃点"消炎药"。张药师耐心向顾客介绍合理使用抗生素的知识，建议忌食辛辣食物，多饮水，注意休息，也可选用清热解毒的中成药非处方药，症状未缓解应及时就医。顾客满意离去，小王也学到了新知识。

学前导语：

　　同学们，感染性疾病非常常见，预防滥用抗生素，指导合理使用抗微生物药，提高社会公众对耐药性危害的认识是药师的一项重要任务。自本章开始，我们将带领大家系统学习上述有关知识，学好、用好这些药物，未来可以更好胜任药学工作岗位，做好药学服务，实现职业目标。

第一节　基本概念与原理

微生物（microorganism）在自然界广泛存在，其中部分微生物可以侵犯人体引起疾病，这些微生物被称为病原微生物，是导致感染性疾病的最常见的病原体。

病原微生物、寄生虫和肿瘤细胞等是引起人类疾病的重要诱因。通过化学物质杀灭和抑制病原微生物、寄生虫和肿瘤细胞等，这种治疗疾病的方法叫作化学治疗，简称化疗，化学治疗药物包括抗微生物药、抗寄生虫药、抗恶性肿瘤药。其中，抗微生物药是指对病原微生物具有抑制或杀灭作用，用于防治感染性疾病的药物，它包括抗细菌药、抗病毒药和抗真菌药等。

💊 **药学思政**：--

人类与病原体

细菌、真菌、病毒、衣原体、支原体、螺旋体、立克次体等病原微生物以及寄生虫感染人体所引起的局部或全身性疾病称"感染性疾病"。感染性疾病多具有传染性，也常是其他疾病的并发症，是危害人类健康的多发病和常见病。

几千年来，在人类与病原微生物的斗争中，科学家们找到引起不同疾病的病原体，从而为我们与传染病作斗争奠定了基础。而医学，这个"一切为了生命，为了生命的一切"的学科，则是汇聚了所有科学的精粹。它不仅是一门科学，更是一种使命，给人类带来希望。

合理应用抗微生物药，必须充分考虑机体、病原微生物和药物三者之间的相互关系（图34-1）。既要调动机体的抗病能力，与药物共同发挥杀灭或抑制病原微生物的

作用，还要注意药物对机体产生的不良反应或用药不当可能造成的耐药性，同时良好的体内过程也是药物充分发挥作用的保障。

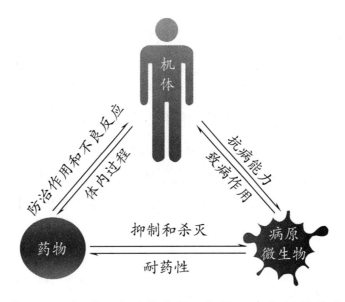

图34-1　机体-病原微生物-药物三者之间的关系

一、基本概念

1. 抗生素　是指某些微生物（包括细菌、放线菌、真菌）在代谢过程中产生的具有抑制或杀灭其他病原微生物作用的化学物质。包括天然抗生素和半合成抗生素，其中半合成抗生素是以天然抗生素为母核，进行化学结构改造而得到的。

抗菌药习惯上代指抗生素等药物，现规范用词为抗微生物药，包括抗生素、化学合成抗微生物药等。

2. 抗菌谱　是指抗微生物药的抗菌范围。抗菌谱是临床选择用药的重要依据，根据抗菌谱可将药物分为窄谱和广谱抗微生物药。仅对某一种或某一类病原微生物有效的抗微生物药称为窄谱抗微生物药，如异烟肼仅对结核分枝杆菌有作用；对多种病原微生物有效的抗微生物药则称为广谱抗微生物药，如四环素不仅对革兰氏阳性菌和革兰氏阴性菌有抗菌作用，而且对衣原体、支原体、立克次体等均有抑制作用。

3. 最低抑菌浓度和最低杀菌浓度　用来比较和评价药物抗微生物作用强度，多采取体外微生物培养实验测定药物的有效浓度的方法。药物抑制某种微生物的最低浓度称为最低抑菌浓度（MIC），药物杀灭某种微生物的最低浓度称为最低杀菌浓度（MBC），药物的最低抑菌浓度要明显低于最低杀菌浓度。

4. 化疗指数 为评价化疗药物安全性及应用价值的重要指标，是指化疗药物的半数致死量（LD₅₀）和半数有效量（ED₅₀）的比值。化疗指数（CI）越大，表明药物越安全，临床应用的价值就越高。

5. 耐药性 又称抗药性，是指在化学治疗中，病原微生物、寄生虫或肿瘤细胞对化疗药物的敏感性降低或消失的现象。如果病原微生物对某种抗微生物药产生耐药性，同时对其他抗微生物药也同样耐药，则称为交叉耐药性。

6. 二重感染 是指广谱抗生素长期使用，使敏感菌受到抑制，不敏感菌（如真菌等）趁机在体内繁殖生长，造成二重感染，又称菌群失调症。

7. 抗菌后效应 是指抗微生物药对病原微生物的抑制作用持续到最低抑菌浓度（MIC）以下或脱离接触之后的现象。抗菌后效应（PAE）长的药物，给药间隔时间延长而疗效不减。

二、抗微生物药的作用机制

抗微生物药主要通过干扰病原微生物的生化代谢过程，影响其结构与功能而产生抗微生物作用（图34-2）。主要作用机制有以下几个方面。

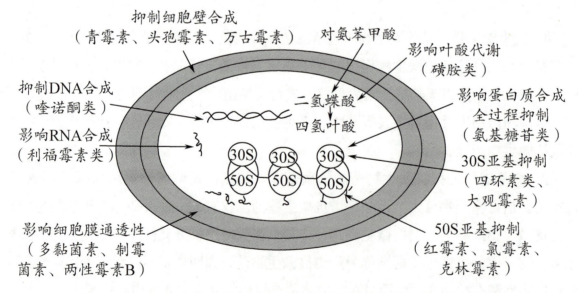

图34-2　抗微生物药的作用机制示意图

1. 抑制细菌细胞壁的合成 抗微生物药可阻碍细菌细胞壁肽聚糖的合成，导致细胞壁破损，水分不断进入，引起细菌膨胀破裂而死亡。如β-内酰胺类抗生素。哺乳动物的细胞没有细胞壁，不受这类药物的影响。

2. **影响细胞膜的通透性** 抗微生物药可与细菌细胞膜相互作用，增强细菌细胞膜的通透性，使细菌内部的有用物质漏出菌体或电解质平衡失调而死亡。如多黏菌素和制霉菌素等。

3. **抑制蛋白质的合成** 抗微生物药可分别作用于蛋白质合成的不同阶段，使细菌细胞存活所必需的结构蛋白和酶不能被合成。如四环素类、大环内酯类、氨基糖苷类等。

4. **干扰核酸合成** 抗微生物药可阻碍细菌DNA的复制和转录，导致细菌细胞分裂繁殖受阻、合成蛋白的过程受阻。如化学合成的抗微生物药喹诺酮类。

5. **干扰叶酸代谢** 抗微生物药可抑制细菌叶酸代谢过程的二氢叶酸合成酶和二氢叶酸还原酶，影响叶酸代谢。因为叶酸是合成核酸的前体物质，叶酸缺乏导致核酸合成受阻，从而抑制细菌生长繁殖。如磺胺类和甲氧苄啶。

三、病原微生物耐药性的发生机制

病原微生物产生耐药性是治疗感染性疾病所面临的最大困难之一，可导致抗感染治疗无效，并出现耐药菌扩散，引发院内感染等；由于不得不需要更换新药，还会增加患者出现新的药物不良反应的风险，加重患者的经济负担。因此，合理使用抗微生物药，避免或减缓病原微生物耐药性的发生是合理用药的重点内容之一。耐药性的发生机制主要有以下四种。

1. **产生灭活酶** 耐药菌株可以通过基因突变或诱导表达等机制，破坏药物结构或产生影响药物作用的特异性的灭活酶。一般有两种：①水解酶，如耐药金黄色葡萄球菌等可产生β-内酰胺酶，该酶能水解β-内酰胺环，β-内酰胺环是青霉素或头孢菌素的灭菌活性结构，从而产生耐药性。②钝化酶，又称合成酶，耐药菌株产生可催化某些基团，通过结合到抗生素的—OH或—NH_2上，使抗生素灭菌的活性结构失活。如氨基糖苷类抗生素的结构被钝化酶催化后发生化学结构改变，失去抗菌活性从而出现耐药性。

2. **改变细菌细胞膜通透性** 耐药菌株可通过各种途径使菌体细胞膜的跨膜转运机制发生改变，使抗微生物药不易进入菌体，从而失效。如革兰氏阴性杆菌的细胞外膜对青霉素等药物有天然屏障作用，某些耐红霉素的菌株其胞质内的药物浓度远远低于敏感菌株的胞内浓度。

3. **细菌体内药物结合的靶位结构发生改变** 主要包括：①耐药菌株改变了细胞内膜上的抗生素结合靶蛋白，导致抗菌失败。例如某些肺炎球菌、淋球菌对青霉素耐药是由于细菌改变了原来的青霉素结合位点，使青霉素无法与之结合。②细菌与抗生素接触后产生新的靶蛋白，保护性地与抗微生物药物结合。例如耐甲氧西林金黄色葡萄球菌（MRSA）等。

4. 其他　相对较多，如细菌对磺胺类产生耐药性，可能因为对磺胺类药物具拮抗作用的底物对氨基苯甲酸（PABA）的产生增多；某些影响病原体物质代谢的化疗药物，也可能使耐药病原体改变对代谢物的需要或改变代谢途径而出现了耐药现象。

➡ 药学思政

抗生素帮助人类克服感染性疾病

在抗生素问世之前，人类在感染性疾病面前无力反抗。

青霉素G是最早广泛用于临床治疗并延续至今的第一个天然抗生素。青霉素的问世，是人类有效控制感染性疾病的里程碑，标志着抗生素时代的到来，是药物治疗史上的宏伟篇章。青霉素G的发现全面诠释了科学研究真谛。科学探索的道路没有捷径，只有沿着崎岖小道艰辛攀登的人，才有希望到达光辉的顶点。

"健康所系、性命相托"，步入神圣医学领域，铮铮誓言，时刻激励我们不忘救死扶伤之初心，牢记医者仁心之使命，执着追求，砥砺前行！

第二节　抗微生物药的用药指导原则

一、用药前

1. 明确病因，严格掌握适应证。根据临床诊断初步确定感染的病原体，再根据拟选用的抗微生物药的抗菌谱、耐药性、适应证、不良反应、药动学特点以及感染部位等综合情况选择恰当的品种和方案，尤其要注意了解患者的用药史、过敏史；如感染反复发生，应考虑有无耐药现象或免疫功能异常。

2. 提示治疗方案应充分考虑特殊人群。如肝肾功能相对较低的老年人、新生儿、幼儿，其药物消除能力下降，易发生中毒反应。及时提出孕妇、哺乳期妇女应用抗微生物药的禁忌等。

3. 加强合理实施预防性用药的宣传，如流感症状期间、休克、心力衰竭、无菌的外科手术后，应严格控制为预防感染而使用抗微生物药。预防性使用抗微生物药并未显著减少患者的继发性感染，而会导致耐药菌株产生，增加不良反应的发生率。

二、用药中

1. 规范用药方法和剂量。一般轻度感染可口服给药，中度感染可肌内注射给药，严重感染则应静脉给药，病情缓解后再改为口服给药。强调擅自调整给药方案不仅影响疗效，还会增加耐药性。

2. 积极推广，依据药动学/药效学（PK/PD）相结合原理指导临床用药。抗生素的抗菌作用、中毒反应与血药浓度、作用时间之间存在高度相关性，有条件时，可采用临床药理学中的血药浓度监测技术。

3. 密切关注病情变化调整疗程。提示医护人员密切观察感染改善的有关指征，如体温、血象的改变等。急性感染如果用药48~72小时病情仍未见改善，应建议及时调整给药方案。但治疗急性骨髓炎、急性或亚急性细菌性心内膜炎的疗程为4~8周，治疗浸润型肺结核（初治病例）的疗程则延长达几个月甚至更长。一般急性感染患者，经治疗后体温恢复正常、症状消失3~4天后即可停药。治疗严重感染（如败血症）则应在体温正常7~10天后才能停药。过早停药易引起感染的复发或转为慢性疾病，药物治疗时间过长则造成浪费和毒性反应。

三、用药后

1. 协助医护人员正确评价治疗效果。常见的感染性疾病一般预后较好，评价不能仅限于症状消失，而是以病原学检查阴性为指标；对于延迟不愈的感染应综合分析其原因，制订合理的方案。部分感染会有反复发作的特点，应采取提高机体免疫力等策略，而非长期的药物性预防。

2. 结合治疗效果，加强预防抗微生物过度联合用药的宣教。联合用药的目的是扩大治疗方案中的抗菌谱，发挥药物的协同抗菌作用，延缓或减少耐药性的产生而提高疗效，并降低毒性反应。联合应用抗微生物药必须有明确的指征，并重点关注药物相互作用，避免出现毒性反应叠加、治疗作用拮抗等不良后果的发生。

3. 注意观察毒性反应，做好预防策略宣教。抗微生物药的不良反应较多，部分属于亚急性和慢性毒性反应，应提示注意观察，尤其是对肾脏、肝脏以及神经系统的毒性反应，要做较长时间的观察。教育患者及家属正确使用抗微生物药，配合合理膳食、心理调适和体育锻炼等辅助治疗措施。

药学服务岗位操作实践

岗位情境：

患儿，男，5岁。半年前因淋雨受凉，出现发热、缺氧、剧烈咳嗽伴铁锈样泡沫痰等，经检查诊断为大叶性肺炎，入院予以青霉素静脉滴注为主的治疗，1周后痊愈出院。该患儿1周前感冒伴有低热、咳嗽、胸闷等症状，曾自行口服阿莫西林胶囊，1日前病情加重而就医，经检查，诊断为社区获得性肺炎，给予阿奇霉素静脉滴注，配合祛痰镇咳等药物院外治疗。患儿母亲感到不解，都是"肺炎"为何用药不同？本次治疗为何不用住院治疗？将青霉素和阿奇霉素一块用会不会更"保险"呢？

药师针对患者家属的疑问，开展有关药学服务工作。

操作流程：

1. 药师要耐心、细致地接待患儿母亲，安抚其情绪，首先告知治疗感染性疾病是典型的"对因治疗"，致病菌不同，选药不同。大叶性肺炎是由肺炎链球菌引起的，首选药是青霉素；社区获得性肺炎一般由支原体引起，最常规的药物就是阿奇霉素。

2. 结合患儿大叶性肺炎治愈的事实做好宣教工作。常见的感染性疾病采取抗菌谱合理、无耐药性的单一抗微生物药疗效较好，新发感染无必要联合用药，否则会增加不良反应和耐药性的发生概率。

3. 如果患儿母亲愿意，可以关注医院的健康公众号或建立更方便的联系方式，便于后续及时跟进，提供更全面周到的药学服务。

•·····章末小结·······

本章主要介绍抗微生物药的概述，其中重点是抗生素、抗菌谱、化疗指数、二重感染、耐药性和抗菌后效应等的概念和原理，难点是抗微生物药的作用机制和病原微生物耐药性的发生机制，同时要重点学习抗微生物药合理用药基本原则，正确选择抗微生物药，避免滥用抗微生物药。

一、 单项选择题

1. 以下药物不属于化学治疗药物的是（　　）
   A. 抗胆碱药　　　　　B. 抗生素　　　　　C. 抗恶性肿瘤药
   D. 抗微生物药　　　　E. 抗寄生虫药

2. 抗菌药物的抗菌范围是（　　）
   A. 抗菌活性　　　　　B. 化疗指数　　　　C. 抗菌谱
   D. 药物剂量　　　　　E. 耐药性

3. 化疗药物的 LD_{50}/ED_{50} 比值的意义为（　　）
   A. 比值越大，临床疗效越好
   B. 比值越小，临床疗效越好
   C. 反映抗菌活性大小
   D. 反映药物毒性大小
   E. 指数越大，说明药物毒性低而疗效高

4. 抗微生物药的作用机制不包括以下哪项（　　）
   A. 抑制细菌细胞壁合成
   B. 改变了细菌细胞膜通透性
   C. 抑制细菌菌体蛋白质合成
   D. 影响核酸合成
   E. 影响细菌体内葡萄糖的应用

5. 指导合理应用抗微生物药的原则不包括（　　）
   A. 尽早确定感染原，根据药敏试验结果选用合适药物
   B. 严格按适应证选药，注意即使同类药物也存在着药效学和药动学的差异
   C. 尽量联合用药以防止产生耐药性
   D. 必要时联合用药以防止产生耐药性
   E. 根据结核病的特点，抗结核治疗是应尽可能做到联合用药

二、 简答题

1. 解释以下概念并举例：①抗生素；②抗菌谱；③化疗指数；④耐药性；⑤二重感染。

2. 简述抗微生物要作用机制，并说出主要的代表药物。

3. 病原微生物产生耐药性的主要机制有哪些？如何避免耐药性的发生？

4. 结合情境导入案例，讨论如何利用机体－病原微生物－药物三者关系做好合理宣教，并体现药学人员的专业精神和职业素养。

（沈孝丽）

第三十五章
抗生素

学习目标

知识目标:

- 掌握　β-内酰胺类抗生素的类别、抗菌作用、临床用途、不良反应和用药指导要点。
- 熟悉　大环内酯类抗生素、氨基糖苷类抗生素的代表药物主要特点和用药指导要点。
- 了解　其他常用抗生素及其用药指导要点。

技能目标:

- 熟练掌握　根据治疗感染性疾病的需要，进行各种抗生素用药指导的基本技能。
- 学会　运用抗生素有关知识技能，开展合理用药等药学服务。

素质目标:

- 具有尊重、关心感染性疾病等患者，积极开展抗生素合理用药岗位服务的专业精神和职业素养。

🛬 情境导入

情境描述:

　　小陈最近半年扁桃体炎反复发作，熬夜疲劳或着凉感冒，扁桃体就肿胀疼痛难忍，并有脓液，有时还伴有发热、头痛等症状。遵医嘱先后用过阿莫西林胶囊、头孢胶囊、罗红霉素胶囊等，不甚理想，他听说几种抗生素一起用才能"去根"，于是向药店药师小金请教。请结合抗生素的有关知识，模拟为小陈做好这次合理用药咨询服务工作。

第一节　β- 内酰胺类抗生素

　　β-内酰胺类抗生素高效、低毒，临床评价高，是目前常用的抗生素。其化学结构中都有β-内酰胺环，一旦该环破裂即抗菌活性消失。本类药物包括青霉素类、头孢菌素类和其他β-内酰胺类三大类。

　　β-内酰胺类抗生素通过阻碍细菌细胞壁肽聚糖的合成，造成细胞壁缺损，丧失维持菌体内高渗状态的功能，外界水分渗入，菌体膨胀破裂而死亡，属于繁殖期杀菌剂。部分细菌可产生β-内酰胺酶，破坏β-内酰胺环，导致耐药性的发生。

一、青霉素类

　　本类药物按来源分为天然青霉素和半合成青霉素，其基本化学结构是由6-氨基青霉烷酸（6-APA）及侧链组成的（图35-1），侧链不同，可获得不同品种的半合成青霉素。

（一）天然青霉素

青霉素（penicillin G，苄青霉素，benzylpenicillin）

　　青霉素为有机酸，其钠盐或钾盐易溶于水，水溶液性质不稳定，在室温中放置24小时，大部分降解失效，并产生具有抗原性的青霉烯酸和青霉噻唑，故应现用现配。

　　【体内过程】青霉素不耐酸，不宜口服，一般采用肌内注射或静脉滴注。肌内注射吸收快而完全，吸收后广泛分布于各组织中，但不易透过血脑屏障。青霉素绝大部分以原形从尿排出，其$t_{1/2}$为0.5~1小时，因抗菌后效应，有效作用时间可维持4~6小时，故一般感染每日注射2次即可。

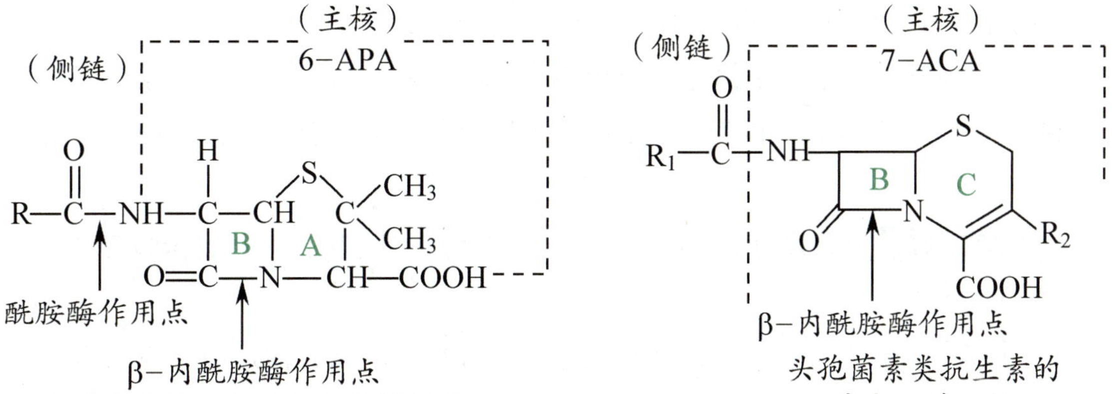

（侧链）　（主核）6-APA　（侧链）　（主核）7-ACA

A—青霉噻唑环；B—β-内酰胺环；C—头孢噻吩环。

图35-1　β-内酰胺类抗生素的基本结构及灭活酶的作用部位

【药理作用】

1. **抗菌谱**　青霉素的抗菌活性强，抗菌谱较窄，对其敏感的病原微生物有：①革兰氏阳性球菌，如溶血性链球菌、甲型溶血性链球菌、肺炎球菌、敏感的金黄色葡萄球菌等；②革兰氏阳性杆菌，如白喉棒状杆菌、破伤风梭菌、产气荚膜梭菌、炭疽芽孢梭菌等；③少数革兰氏阴性球菌，如脑膜炎奈瑟菌、淋病奈瑟菌等；④螺旋体，如梅毒螺旋体、钩端螺旋体等；⑤放线菌，对大多数放线菌均有效。

2. **作用特点**　①对革兰氏阳性菌作用强，对革兰氏阴性菌作用弱，革兰氏阴性杆菌的细胞壁主要由磷脂蛋白和脂多糖组成，且菌体内的渗透压较低，故青霉素对其不敏感；②由于影响细胞壁的合成，对繁殖期细菌作用强，对静止期细菌作用弱；③动物和真菌无细胞壁，故对人类、动物和真菌无作用。

3. **耐药性**　多数敏感菌不易产生耐药性。金黄色葡萄球菌等耐药菌可产生青霉素酶（β-内酰胺酶），裂解青霉素的β-内酰胺环而使其失去抗菌活性。其他如淋病奈瑟菌等也具有高度耐药性。

【临床用途】

1. **革兰氏阳性球菌感染**

（1）溶血性链球菌感染引起的咽炎、扁桃体炎、中耳炎、蜂窝织炎、心内膜炎、猩红热等；甲型溶血性链球菌和肠球菌引起的心内膜，应与氨基糖苷类合用。

（2）肺炎链球菌感染引起的大叶性肺炎、支气管炎、脑膜炎、中耳炎等。

2. **革兰氏阴性球菌感染**　如脑膜炎奈瑟菌引起的脑膜炎，青霉素与磺胺嘧啶并列为首选药。

3. **革兰氏阳性杆菌感染**　如白喉、破伤风、气性坏疽等。因青霉素对这些细菌所产生的外毒素无作用，必须合用抗毒素或抗毒血清。

4. 螺旋体感染　本药是梅毒、钩端螺旋体病的首选药，亦可治疗螺旋体引起的回归热等。临床应用时，在控制并发症的同时，宜采用大剂量、长疗程，达到根治目的。

5. 放线菌感染　需大剂量、长疗程用药，如局部肉芽肿样炎症、脓肿等。

【不良反应】

1. 过敏反应　正常剂量青霉素对人体的毒性反应轻微，但过敏反应较常见，以药疹、皮炎和血清样反应多见，停药后可消失；严重可致过敏性休克，抢救不当可致死。

防治过敏反应的措施有：①询问过敏史，对青霉素过敏者禁用；②初用、间隔3天以上或换批号者必须做皮肤敏感试验，皮试阳性者禁用；③注射液应现用现配；④用药后需观察30分钟，无反应者方可离去；⑤避免饥饿时注射青霉素，避免在无急救条件下使用，避免局部用药；⑥使用青霉素前应备齐抢救药品和器械，一旦发生过敏性休克，应立即皮下注射或肌内注射肾上腺素0.5~1.0mg，严重者应稀释后缓慢静脉注射或静脉滴注，必要时加入糖皮质激素和抗组胺药。

> ❓ **课堂问答：**
> 临床上把防治青霉素过敏反应的措施归纳为"一问、二试、三观、四救、五注意"，请同学们展开说一说、记一记。

2. 赫氏反应　用于治疗梅毒、钩端螺旋体病、炭疽病时，初始剂量较大或给药较快，可使菌体大量死亡，出现异种蛋白排斥现象。表现为全身不适、寒战、发热、咽痛、肌痛、心悸等症状，可危及生命。

3. 青霉素脑病　静脉大剂量快速给药时可引起头痛、反射性肌肉震颤、昏迷等神经系统症状。婴儿、老年人及肾功能不全的患者尤易发生。

4. 局部刺激　肌内注射时可出现局部红肿、疼痛、硬结等症状。

药学服务岗位操作实践

岗位情境：

患者，男，17岁。扁桃体炎，拟采用青霉素800万U滴注治疗，皮试为阴性，给药约1分钟后，该患者出现大汗淋漓、面色苍白、呼吸困难、脉搏细弱，血压降至30/20mmHg。诊断为过敏性休克，立即停用青霉素并就地抢救，先后给予肾上腺素、苯海拉明等药物，并配合吸氧等措施，30分钟后症状缓解。

药师根据此案例，思考如何防治青霉素的过敏反应，提供相应的药学服务。

操作流程：

1. 药师在预防青霉素过敏性反应，防治过敏性休克方面也有着非常重要的作用。首先要协助医护人员在青霉素使用前要做好预防措施。可归纳为："一问"，询问有无青霉素过敏史，有过敏史者禁用；"二试"初用、间隔3天以上或换批号者必须做皮肤敏感试验，皮试阳性者禁用；"三观"，用药后需观察30分钟，无反应者方可离去；"四救"，用药前准备好抢救的药品，一旦发生过敏性休克，应立即皮下注射或肌内注射肾上腺素0.5~1.0mg；"五注意"，注意注射液应现用现配，避免饥饿时注射青霉素，避免在无急救条件下使用，避免局部用药。

2. 提示医护人员肾上腺素是抢救过敏性休克的首选药，应立即皮下注射或肌内注射，也可采取静脉滴注、静脉推注以及心内注射。给药后应观察到支气管痉挛、血管扩张、血压过低等症状明显缓解，为提高抢救成功率，可配伍抗组胺药和糖皮质激素等，并配合吸氧等支持措施。

3. 加强对用药人群有关青霉素过敏反应的科普宣传，例如：不要局部使用青霉素，有些牲畜因使用兽用青霉素，其肉、奶产品也存在潜在致过敏性。要注意青霉素过敏试验有假阴性，激素等药物可影响皮试结果等。

4. 针对上述患者，在抢救成功后的恢复期，应主动跟进，积极开展相关疾病和用药的科普教育，适时发放健康处方和用药贴士，如果本人愿意，可以关注医院的合理用药公众号，建立更方便的联系方式，提供更全面、周到的药学服务。

（二）半合成青霉素

半合成青霉素弥补了天然青霉素的抗菌谱窄、不耐酸、不耐酶、易引起过敏反应等不足，其抗菌机制和不良反应与天然青霉素相同，与天然青霉素有交叉过敏反应，故使用天然青霉素或本类药前应做皮试。常用的半合成青霉素（表35-1）。

表 35-1　半合成青霉素的分类和作用特点

类别	药物名称	作用特点及用途
耐酸青霉素类	青霉素 V（penicillin V）	耐酸，可口服，但不耐酶；抗菌谱与青霉素相似，但活性不及青霉素；用于防治敏感菌轻度感染
耐酸耐酶青霉素类	苯唑西林（oxacillin） 氯唑西林（cloxacillin） 氟氯西林（flucloxacillin）	耐酸，可口服，不能透过血脑屏障；对革兰氏阳性菌作用不及青霉素，但对产生 β–内酰胺酶的金黄色葡萄球菌有效；用于耐药金黄色葡萄球菌感染
广谱青霉素类	氨苄西林（ampicillin） 阿莫西林（amoxicillin，羟氨苄青霉素）	耐酸，可口服，但不耐酶，对耐药金黄色葡萄球菌无效；抗菌谱广，对革兰氏阳性菌和革兰氏阴性菌均有杀灭作用，对革兰氏阴性菌的作用优于青霉素；用于各种敏感菌所致的伤寒、副伤寒、呼吸道、泌尿道和胆道等感染
抗铜绿假单胞菌广谱青霉素类	羧苄西林（carbenicillin） 哌拉西林（piperacillin） 替卡西林（ticarcillin） 呋布西林（furbucillin）	不耐酸，不耐酶；抗菌谱广，对革兰氏阳性菌的作用与青霉素近似，对革兰氏阴性菌作用强，主要用于革兰氏阴性菌感染，尤其是铜绿假单胞菌感染，常与庆大霉素合用。其中，哌拉西林的抗菌谱最广、作用最强，与氨基糖苷类抗生素合用效果更佳
抗革兰氏阴性杆菌青霉素类	美西林（mecillinam） 替莫西林（temocillin）	不宜口服，须注射给药；对革兰氏阴性杆菌作用强，对革兰氏阳性菌作用弱，对铜绿假单胞菌无效；主要用于尿路感染，对大肠埃希菌感染者疗效好

二、头孢菌素类

头孢菌素是具有 β–内酰胺环结构的半合成抗生素。其作用机制、理化特性等方面与青霉素相似，但具有抗菌谱更广、灭菌力强、对胃酸及 β–内酰胺酶稳定、过敏反应相对较少（与青霉素仅有部分交叉过敏反应）等优点，故临床应用较为广泛。

根据头孢菌素类药物不同的抗菌谱、抗菌活性、对 β–内酰胺酶的稳定性、肾毒性以及研制、应用的时间，将其分为五代（表35-2）。

表35-2　头孢菌素类的作用特点及用途

分类	常用药物	作用特点及用途
第一代	头孢氨苄（cefalexin） 头孢羟氨苄（cefadroxil） 头孢唑林（cefazolin，先锋霉素Ⅴ） 头孢拉定（cefradine，先锋霉素Ⅵ） 头孢噻吩（cephalothin）	对革兰氏阳性（G⁺）菌的作用仅次于青霉素，较第二代、第三代强；对革兰氏阴性（G⁻）菌的作用弱，对铜绿假单胞菌、耐药肠杆菌和厌氧菌无效；对青霉素酶较稳定，但可被G⁻菌的β-内酰胺酶破坏；有一定的肾毒性，较第二代、第三代肾毒性大；主要用于耐青霉素的金黄色葡萄球菌及其他敏感菌引起的呼吸道、软组织、泌尿系统等感染
第二代	头孢孟多（cefamandole） 头孢呋辛（cefuroxime） 头孢克洛（cefaclor）	对G⁻菌的作用较第一代强，对G⁺菌的作用较第一代稍弱；对部分厌氧菌有效，对铜绿假单胞菌无效；对多种β-内酰胺酶较稳定；肾毒性低于第一代头孢菌素；主要用于敏感菌所致的呼吸道、皮肤软组织、胆道及泌尿道感染
第三代	头孢噻肟（cefotaxime） 头孢他啶（ceftazidime） 头孢曲松（ceftriaxone） 头孢哌酮（cefoperazone） 头孢克肟（cefixime）	对G⁻菌的作用更强，对G⁺菌的作用不及第一代、第二代；对厌氧菌、铜绿假单胞菌的作用较强，对多种β-内酰胺酶高度稳定；穿透力强，体内分布广泛；基本无肾脏毒性；主要用于敏感菌株引起的重症感染及以G⁻杆菌为主要致病菌，兼有G⁺菌和厌氧菌的混合感染，其中头孢他啶对铜绿假单胞菌的作用最强
第四代	头孢匹罗（cefpirome） 头孢吡肟（cefepime）	广谱、高效，对某些G⁻菌和G⁺菌均有强大的抗菌作用；对多种β-内酰胺酶的稳定性极高；一般对肾脏无毒性；主要用于对第三代头孢菌素耐药的G⁻杆菌的重症感染。由于穿透力强，脑脊液中的药物浓度高，对细菌性脑膜炎效果更佳

分类	常用药物	作用特点及用途
第五代	头孢洛林（ceftaroline） 头孢吡普（ceftobiprole）	对G⁺菌有更广的抗菌谱和更强的抗菌作用，特别是对耐甲氧西林金黄色葡萄球菌（MRSA）有较强的抗菌作用；对G⁻菌的作用与第四代相似；对β-内酰胺酶的稳定性最高；无肾毒性；主要用于治疗社区获得性肺炎，及复杂性皮肤组织感染和耐药菌株引起的多种感染

【不良反应】

1. 过敏反应 常见皮疹、药物热、血管神经性水肿或血清病样反应，偶见过敏性休克。对青霉素过敏者有5%~10%对头孢菌素类过敏，故对青霉素过敏的患者慎用。发生过敏性休克的处理同青霉素。

2. 肾损害 大剂量应用第一代头孢菌素可出现肾毒性，导致血中的尿素氮和肌酐升高，肾功能不全者慎用。

3. 双硫仑反应 用药期间或用药后的1周内，饮酒后会出现面部潮红、皮肤瘙痒、头痛、腹痛、恶心、视物模糊，甚至眩晕、低血压、休克等症状。应提示用药期间和停药5~7天内避免饮酒或同时服用含乙醇的饮料或药物。

🔗 **知识链接：**

饮酒前后多久可以使用头孢菌素？

双硫仑样反应的机制是头孢菌素等药物抑制肝脏中的乙醛脱氢酶，导致乙醇的中间代谢产物乙醛不能继续氧化成乙酸，使乙醛堆积发生双硫仑样反应。那么使用头孢菌素后，多久能饮酒？这取决于乙醛脱氢酶恢复活性的时间，一般认为是5~7天。饮酒后，多久能使用头孢菌素？这取决于乙醇代谢的速度，乙醇在体内以一级动力学和零级动力学两种方式消除，一般在不过量的情况下，以第一种形式消除为主，2~3天可完全消除，此时使用头孢菌素是安全的。

三、其他 β- 内酰胺类

（一）碳青霉烯类

本类药物具有抗菌谱广，对革兰氏阳性菌和革兰氏阴性菌及厌氧菌均有效，抗菌活性强大，对β-内酰胺酶稳定等优点。代表药物有亚胺培南（imipenem）、美罗培南（meropenem）、帕尼培南（panipenem）等。临床主要用于多重耐药菌引起的严重感染以及严重需氧菌和厌氧菌的混合感染。本类药物毒性小，大剂量应用可引起肾损害以及头痛、惊厥、抽搐等中枢神经系统的不良反应。与青霉素有交叉过敏现象。

亚胺培南在体内可被肾脱氢肽酶水解灭活，故需与抑制肾脱氢肽酶的西司他丁（cilastatin）按1:1联合应用才能发挥作用。

（二）头霉素类

头霉素类的代表药物是头孢西丁（cefoxitin）。其抗菌活性和抗菌谱与第二代头孢菌素相似，对G⁻菌作用较强，对厌氧菌作用强，对β-内酰胺酶稳定。临床主要用于治疗腹腔、盆腔、妇科的需氧菌和厌氧菌的混合感染。常见的不良反应有皮疹、静脉炎、蛋白尿、嗜酸性粒细胞增多等。

本类药物还有头孢美唑（cefmetazole）、头孢替坦（cefotetan）、头孢拉宗（cefbuperazone）、头孢米诺（cefminox）等。

（三）氧头孢烯类

代表药物是拉氧头孢（latamoxef），本药与第三代头孢菌素类特点相似，抗菌谱广、对革兰氏阴性菌作用强、对β-内酰胺酶稳定。临床主要用于呼吸道、尿道、妇科感染及脑膜炎、败血症的治疗。最常见的不良反应是皮疹、药物热等。

本类药物还有氟氧头孢（flomoxef）等。

（四）单环 β- 内酰胺类

代表药为氨曲南（aztreonam），该药对革兰氏阴性菌有强大的抗菌作用，对革兰氏阳性菌、厌氧菌作用弱，具有耐酶、低毒的特点。主要用于治疗大肠埃希菌、沙门菌属、克雷伯菌和铜绿假单胞菌等所致的下呼吸道、泌尿道、软组织感染及脑膜炎、败血症。不良反应少而轻，主要为皮疹、血清氨基转移酶升高、胃肠道反应等。与青霉素类、头孢菌素类很少发生交叉过敏，可用于对青霉素、头孢菌素过敏的患者。

同类药物还有卡芦莫南（carumonam）等。

（五）β- 内酰胺酶抑制药

本类药物本身没有抗菌活性或抗菌活性很低，但可通过抑制多种β-内酰胺酶而保护不耐酶抗生素的β-内酰胺环不被破坏，使其耐药性降低、抗菌谱扩大、抗菌作用增强。常用药有克拉维酸（clavulanic acid，棒酸）、舒巴坦（sulbactam）、他唑巴坦（tazobactam，三唑巴坦），临床常与青霉素类或头孢菌素类制成复方制剂，可显著增强上述药物的治疗效果，如氨苄西林－舒巴坦（sultamicillin，舒他西林）、阿莫西林－克拉维酸钾（augmentin，奥格门汀）等。广泛用于呼吸道、泌尿道以及皮肤和软组织等部位的感染。

四、β- 内酰胺类抗生素的用药指导

（一）用药前

1. 明确适应证，严重感染建议通过药物敏感试验确定具体药物，提示充分了解患者的感染程度、症状和体征，重点是有无青霉素、头孢菌素类药物过敏史及禁忌证，备好抢救过敏反应的药物。

2. 合理选择剂型，规范给药方法。预防感染或避免赫氏反应可采用长效青霉素制剂如普鲁卡因青霉素、苄星青霉素肌内注射，一般感染采用口服或肌内注射，严重感染则采用静脉给药。有些疾病使用青霉素的剂量比较大，如脑膜炎奈瑟菌引起的脑膜炎，青霉素需采用1 000万~2 000万U/d，分4次静脉滴注；梅毒等螺旋体感染采用青霉素钠盐500万~2 000万U/d静脉滴注，2~4周为1个疗程，部分三期梅毒也可采用长效制剂长程疗法。

（二）用药中

1. 不良反应的观察与处理。提示在用药后应观察20~30分钟，若有胸闷、心慌、出汗及呼吸困难，应及时告知医护人员。静脉给予大剂量的青霉素钾盐可出现高钾血症，肾功能不全或心功能不全者容易发生心律失常等，故钾盐禁止静脉推注，静脉滴注时也应注意血钾的变化。头孢菌素类用药期间应注意观察尿量及尿液的颜色改变，尿少、血尿可与第一代头孢菌素类的肾毒性有关，应避免合用同样有肾毒性的氨基糖苷类抗生素、高效利尿药，并定期做血液尿素氮、肌酐和尿液检查。

2. 注意药物合用的影响。青霉素遇酸、碱、醇、重金属离子、氧化剂均易被破坏，应避免配伍。长期使用头孢哌酮、头孢孟多影响肠道内维生素K的合成，可导致出血倾向，故不宜与抗凝血药合用，必要时补充维生素K。头孢曲松与多种药物存在配伍禁忌，如红霉素、四环素、万古霉素、环丙沙星、苯妥英钠、氨茶碱等，并可与金属形成络合物，故一般单独给药。

（三）用药后

1. 评估疗效，调整方案。提示注意给药后感染是否得到控制，主要考察体温等的

变化、有无耐药性出现和严重不良反应的发生，一般给药2~3天内症状无改善，应配合药物敏感试验，及时修正给药方案。

2. 做好不良反应的收集和上报。第三代、第四代、第五代头孢菌素和其他β-内酰胺类抗生素上市品种较多，临床使用时间较短，应协助医护人员做好药物不良反应收集和上报工作。

●····节末小结·············

本节介绍了β-内酰胺类抗生素，包括青霉素类、头孢菌素类、其他β-内酰胺类三类。其中重点是天然青霉素和头孢菌素类的抗菌谱、用途、不良反应，难点是抗菌机制、半合成青霉素的特点和各代头孢菌素的特点，还应重点培养根据抗菌谱、耐药性推荐具体药物品种，做好用药指导的能力。

第二节　大环内酯类抗生素

大环内酯类抗生素是一类含有大内酯环结构的碱性抗生素，其抗菌机制是与细菌核糖体50S亚基结合，抑制蛋白质合成而起到快速抑菌作用。细菌可通过核糖体上靶部位结构改变而产生灭活酶，改变细胞壁的渗透性或主动外排系统参与等途径对本类药物产生耐药性。本类药物之间存在部分交叉耐药性。

本类药物种类较多，一般可分为三代药物。

第一代药物：红霉素、麦迪霉素、乙酰螺旋霉素等。疗效肯定且无严重不良反应。但对胃酸不稳定，口服吸收不完全而且胃肠道反应多。

第二代药物：罗红霉素、克拉霉素、阿奇霉素和氟红霉素等。在第一代的基础上，具有对酸稳定、口服吸收较好、$t_{1/2}$延长等优点，同时抗菌活性增强，不良反应减少，对需氧革兰氏阳性球菌具有较强的抗菌后效应，广泛用于呼吸道、泌尿道等感染。

第三代药物：泰利霉素和喹红霉素等。近年新研制上市，抗菌活性强大，且对许多耐大环内酯类抗生素的菌株仍然有效，尤其是耐药肺炎链球菌所致的呼吸道感染疗效较好。

一、常用药物

红霉素（erythromycin）

本药是从链丝菌培养液中提取的碱性抗生素，在碱性环境中抗菌活性强。口服不耐酸，并受食物干扰，故常采用肠溶片或制成酯类及酯化合物的盐类，如琥乙红霉素（erythromycin ethylsuccinate）等。

【药理作用】

1. 抗菌谱与青霉素相似且略广，抗菌活性较青霉素弱。对大多数革兰氏阳性菌如金黄色葡萄球菌、肺炎链球菌等有较强的抑制作用；对部分革兰氏阴性菌如脑膜炎奈瑟菌、淋病奈瑟菌、百日咳鲍特菌、流感嗜血杆菌、弯曲菌及军团菌、螺旋体、肺炎支原体、衣原体及立克次体等有效。

2. 多数细菌对红霉素易产生耐药性，连用不宜超过1周。但停药数月后可恢复其敏感性。

【临床用途】

1. 主要用于治疗耐青霉素金黄色葡萄球菌引起的感染和对β-内酰胺类抗生素过敏的患者。

2. 是治疗支原体肺炎、百日咳、弯曲菌所致的肠炎以及军团病的首选药，亦用于厌氧菌引起的口腔感染和肺炎支原体、衣原体等引起的呼吸道、泌尿生殖道感染。

【不良反应】

1. 消化道反应 红霉素对胃肠道有局部刺激作用，且可促进胃肠道蠕动，表现为恶心、呕吐、腹痛、腹泻等胃肠道反应，换用酯化红霉素或饭后服用可减轻症状，但不能完全避免，这是患者不能坚持用药的主要原因。

2. 肝损害 大剂量或长期服用可致肝脏氨基转移酶升高、胆汁淤积性肝炎等，一般停药数日后即可恢复，长期肝功能异常患者不宜应用。

3. 其他 个别患者可有皮疹、药物热等过敏反应，以及耳鸣、暂时性耳聋等，偶见心律不齐等。静脉滴注时易引起静脉炎。

乙酰螺旋霉素（acetylspiramycin）

本药的抗菌谱与红霉素相似，对金黄色葡萄球菌、链球菌的抗菌活性与红霉素相近，临床主要用于敏感菌引起的呼吸道和软组织等感染，特别是不能耐受红霉素的患者。胃肠道反应较红霉素轻。

罗红霉素（roxithromycin）

本药对胃酸稳定，口服生物利用度高。分布较广，在扁桃体、中耳、肺、前列腺及泌尿生殖道中均可达有效治疗浓度。半衰期长达8~16小时。抗菌谱、抗菌作用与红霉素相似，抗菌活性较红霉素强。临床用于敏感菌所致的呼吸道、泌尿生殖道、皮肤和软组织、耳鼻咽喉等部位感染。胃肠道反应较红霉素少。

克拉霉素（clarithromycin，甲红霉素）

本药口服吸收迅速完全，但首过效应明显，生物利用度仅55%，血浆$t_{1/2}$为3.5~4.9小时。对革兰氏阳性菌、军团菌、肺炎支原体的作用在本类药物中最强，临床主要用于呼吸道、泌尿生殖系统及皮肤软组织感染，与其他药物联合用于幽门螺杆菌感染。胃肠道反应较红霉素低。

阿奇霉素（azithromycin）

本药为临床上最常用的抗菌药物之一。性质稳定，耐酸，口服生物利用度高于红霉素。分布广泛，在扁桃体、肺、前列腺及泌尿生殖系统中浓度高。血浆$t_{1/2}$为大环内酯类抗生素中最长的，可长达2~3天，每日仅需给药一次。抗菌作用较红霉素广而强，特别是对肺炎支原体的作用是本类药物中最强的，耐药性相对较少。主要用于治疗呼吸道、泌尿道、皮肤和软组织等感染，是治疗由肺炎支原体引起的社区获得性肺炎的首选药物，一般采取静脉给药。不良反应与红霉素相似，但发生率较红霉素低。

泰利霉素（telithromycin）

本药为第三代中较为常用的药物。口服吸收良好，不受食物影响。抗菌谱类似于红霉素，但抗菌活性强于阿奇霉素。与其他大环内酯类药物之间无交叉耐药性。主要用于敏感菌引起的呼吸道感染。有轻、中度消化道反应。

二、大环内酯类抗生素的用药指导

（一）用药前

1. 注意特殊人群。孕妇、肝功能不良者不宜应用红霉素，婴幼儿慎用。

2. 提示护士红霉素乳糖酸红霉素粉针剂忌用0.9%氯化钠注射液溶解，因可致沉淀。可先用少量灭菌注射用水溶解成5%溶液后，再添加到5%葡萄糖注射液500ml中缓慢静脉滴注。

3. 食物可影响红霉素的吸收，建议红霉素服用时不宜摄入酸性食物。必要时可同服碳酸氢钠，以减少胃酸的破坏。

（二）用药中

1. 提示用药期间应定期做肝功能检查，并注意有无皮肤和巩膜黄染、全身不适、恶心、呕吐、畏食等症状，一旦出现应及时停药。

2. 红霉素、阿奇霉素对胃肠道刺激大，提示应饭后用药，症状严重可服用胃黏膜保护药缓解。红霉素注射剂的刺激性较大，可引起局部疼痛或静脉炎，故红霉素不宜肌内注射及静脉注射，静脉滴注浓度应小于0.1%，速度也应缓慢。

3. 红霉素与氨茶碱、辅酶A、细胞色素C、青霉素、氨苄西林、头孢噻吩、氯霉素、四环素等混合时易产生沉淀或降低疗效，故不宜与其他药物在注射器内混合使用。阿奇霉素与含铝或含镁的抗酸药同时服用，可降低自身血药峰浓度，应避免同时服用，可在抗酸药服用前1小时或服用后2小时给予。

（三）用药后

1. 协助医护人员正确评价疗效，本类药物临床主要作为青霉素过敏或耐药的替代药物，如给药后症状缓解不明显，应协助医师调整治疗方案。

2. 本类药物有交叉或部分交叉耐药性，同类药物中应按照代别选用药物，新一代耐药则不可选用上一代药物。

● · · · · 节末小结

本节主要介绍了大环内酯类抗生素，重点是红霉素的抗菌作用、临床用途、不良反应和用药指导，难点是第二代、第三代大环内酯类的特点和应用，学会根据抗菌谱、耐药性推荐首选药物，介绍用药注意事项等。

第三节　氨基糖苷类抗生素

一、氨基糖苷类抗生素的共性

氨基糖苷类抗生素由氨基糖分子和非糖部分称苷元的氨基环醇通过醚键连接而成，分为天然和半合成两大类。天然来源的有链霉素、庆大霉素、新霉素、卡那霉素、妥布霉素、西索米星、小诺霉素等，半合成品种的有阿米卡星、奈替米星等。另外大观霉素属于氨基环醇类，结构和特点与氨基糖苷类相似。

氨基糖苷类抗生素具有以下共同特点。

1. **理化性质** 均为强有机碱，易溶于水，性质稳定，解离度大，脂溶性小。在碱性环境中抗菌活性增强。

2. **体内过程** 口服难吸收，仅适用于肠道感染。全身感染多采用肌内注射给药。主要分布在细胞外液，可透过胎盘屏障，但不易透过血脑屏障。氨基糖苷类抗生素在体内基本不代谢，90%以原形由肾排泄，适用于泌尿道感染。

3. **抗菌作用**

（1）抗菌谱：对革兰氏阴性杆菌如大肠埃希菌、肠杆菌属、变形杆菌属、克雷伯菌属、志贺菌属等有强大的抗菌活性；对革兰氏阳性球菌如葡萄球菌包括耐药金黄色葡萄球菌有较好的抗菌活性；对厌氧菌无效。妥布霉素、庆大霉素、阿米卡星对铜绿假单胞菌有较强的作用；链霉素、卡那霉素、阿米卡星对结核分枝杆菌有效。

（2）抗菌机制：本类药物与细菌的30S核糖体亚基结合，可抑制其蛋白质合成，并增加细菌细胞膜通透性，使菌体内的重要物质外漏而死亡。为静止期杀菌药，并具有明显的抗菌后效应，与β-内酰胺类抗生素合用产生协同作用。

（3）耐药性：本类药物之间有部分或完全交叉耐药性，其机制是耐药菌株核糖体上的氨基糖苷类结合位点发生改变，药物失去作用靶点。

4. **不良反应**

（1）耳毒性：包括前庭功能与耳蜗神经损害。其中，前庭神经损害出现较早，表现为眩晕、恶心、呕吐、共济失调等，停药后多可恢复；耳蜗神经损害较迟，表现为耳鸣、听力减退，严重者可致耳聋，一般是不可逆性的，并能影响到胎儿。如与有耳毒性的药物如高效利尿药、万古霉素、甘露醇等合用，则不良反应的发生概率明显提高。

所有氨基糖苷类抗生素均有耳毒性，但发生概率不一样。前庭神经损害的发生率依次为新霉素＞卡那霉素＞链霉素＞西索米星＞阿米卡星＞庆大霉素≥妥布霉素≥奈替米星；耳毒性的发生率依次为新霉素＞卡那霉素＞阿米卡星＞西索米星＞庆大霉素＞妥布霉素＞奈替米星＞链霉素。

🔵 **药学思政**: --

对药源性耳聋的反思

药源性耳聋是因为用药不当所引起的耳蜗听神经的毛细胞的严重损害，是后天耳聋的主要原因。2005年央视春晚的《千手观音》舞蹈节目中，21位参演聋哑演员中，其中多位演员是由于幼年时发热，使用氨基糖苷等抗生素不当导致的"药源性耳聋"。

药物是治疗疾病的武器，也是一把双刃剑，没有绝对安全的药物，只有不断加强安全用药意识。作为未来的药学工作者，应该努力学习专业知识和实践技能，不断提高合理用药水平，才能避免药害事件重演，践行药学工作者的初心使命，为患者的用药安全保驾护航。

（2）肾毒性：在肾皮质高浓度蓄积，可引起蛋白尿、管型尿、血尿等，甚至发生少尿、氮质血症及急性肾衰竭。肾毒性的发生率依次为新霉素＞卡那霉素＞庆大霉素＞妥布霉素＞阿米卡星＞奈替米星＞链霉素。

（3）神经肌肉麻痹：常见于大剂量腹膜内或胸膜内应用后，静脉滴注速度过快也可引起，是急性毒性反应。早期出现口唇和手脚感觉麻木、四肢无力，严重时可引起心肌抑制、血压下降、肢体瘫痪、呼吸衰竭，应立即静脉注射新斯的明和钙剂抢救。本类反应以新霉素、链霉素与卡那霉素多见。

（4）过敏反应：可引起各种皮疹、发热等症状，甚至引起严重的过敏性休克，以链霉素最为常见且严重。

二、常用氨基糖苷类抗生素

链霉素（streptomycin）

本药是由链霉菌培养液中分离获得。目前临床主要用于：①多重耐药的结核病，是治疗结核病的一线药物，需与其他抗结核药如利福平、异烟肼等联合应用，增强疗效，延缓耐药性的产生；②鼠疫和兔热病，可作为首选药；③溶血性链球菌、甲型溶血性链球菌及肠球菌等引起的心内膜炎，常与青霉素合用。

本药的不良反应多，耳毒性和神经肌肉接头阻滞最常见，也可引起过敏性休克。用药前应做皮试，一旦发生过敏性休克，应立即注射葡萄糖酸钙、肾上腺素等药物抢救。

> ❓ 课堂问答：
>
> 在我们已经学过的药物中，除氨基糖苷类外，还有哪些药物具有耳毒性？对药师工作有何指导意义？

庆大霉素（gentamicin）

本药为临床较常用的氨基糖苷类抗生素，对多数革兰氏阴性杆菌有灭菌作用，尤其是对沙雷菌属作用强大；对革兰氏阳性菌如金黄色葡萄球菌（包括耐药菌株）有效。铜绿假单胞菌、变形杆菌、克雷伯菌属等对本药的耐药率较高。

临床主要用于：①革兰氏阴性杆菌感染，如败血症、骨髓炎、肺炎、脑膜炎等；②铜绿假单胞菌感染，需与羧苄西林或头孢菌素等合用；③与青霉素、羧苄西林、头孢菌素等联用治疗心内膜炎；④口服治疗细菌性痢疾、伤寒等肠道感染或用于结肠术前消毒和预防术后感染。

本药的肾毒性多见，肾功能不全者慎用；耳毒性以对前庭的影响较耳蜗更明显；偶见过敏反应。

其他氨基糖苷类抗生素的特点见表35-3。

表35-3 部分氨基糖苷类抗生素的特点比较

药物名称	临床特点和应用
妥布霉素（tobramycin）	抗菌作用与庆大霉素相似，抗铜绿假单胞菌活性比庆大霉素强2~5倍，对耐药菌株作用强。主要用于铜绿假单胞菌严重感染。不良反应轻
奈替米星（netilmicin，乙基西梭霉素）	抗菌谱与庆大霉素相似。耐酶性好，对耐其他氨基糖苷类的革兰氏阴性杆菌和耐青霉素类的金黄色葡萄球菌仍然有效。用于各种敏感菌引起的严重感染。在本类药物中，毒性反应的发生率最低
阿米卡星（amikacin，丁胺卡那霉素）	抗菌谱最广、耐酶性好；主要用于耐氨基糖苷类菌株所致的感染。与β-内酰胺类抗生素联用可获得协同作用。耳毒性的发生率较高，肾毒性较小
卡那霉素（kanamycin）	毒性较大及耐药性多见，临床已少用。可口服用作腹部术前肠道消毒及用于肝性脑病的辅助治疗
小诺米星（micronomicin）	抗菌谱与庆大霉素相似，耐药性少见，主要用于中耳炎、胆道、泌尿道、呼吸道感染
异帕米星（isepamicin）	抗菌谱与庆大素近似，对革兰氏阴性杆菌的抗菌活性高；用药时间超过14天时，应检查肝、肾功能和听力
大观霉素（spectinomycin）	仅对淋病奈瑟菌有较强的抗菌活性，容易耐药。临床用于对青霉素、四环素耐药或青霉素过敏的淋病患者

三、氨基糖苷类抗生素的用药指导

1. **用药前** 建议通过病原学检查，确定为氨基糖苷类药物敏感菌感染，了解患者的感染程度、症状。通常不主张静脉注射给药，以免血药浓度过高导致不良反应，提示护士准备好抢救药物葡萄糖酸钙、肾上腺素、糖皮质激素等，若出现胸闷、心慌、呼吸困难等与过敏性休克或神经肌肉阻滞有关的症状时应及时抢救。

2. **用药中** 要注意听力检测，一旦出现耳聋先兆如眩晕、耳鸣、听力减退等应遵医嘱及时停药。还应注意尿量的改变及注意血液与尿液检查，以防止肾脏损害。必要时遵医嘱减量或停药。注意与β-内酰胺类混合时具有相互拮抗作用，故提示不能混入同一容器。

3. **用药后** 为防止出现严重不良反应，应用氨基糖苷类抗生素的疗程一般不超过7日。本类抗生素之间禁止合用，以免加重毒性。氨基糖苷类抗生素与强效利尿药、甘露醇、镇吐药、万古霉素等合用可增强耳毒性，而抗组胺药苯海拉明、美克洛嗪、布克力嗪等则可掩盖其耳毒性。与两性霉素B、杆菌肽、头孢菌素类、磺胺类、多黏菌素、万古霉素等合用可增强其肾毒性。

> **● ···· 节末小结** ····
>
> 本节介绍了氨基糖苷类抗生素，其中重点是常用药物的特点和用药指导，难点是氨基糖苷类抗生素的共性，尤其要注意本类药物的毒性反应，如耳毒性、肾毒性、神经肌肉接头阻滞等以及防治措施，还要重视药物配伍对疗效和不良反应的影响。

第四节　其他常用抗生素

一、四环素类抗生素

本类药物可分为天然品和半合成品两类。天然品包括四环素、土霉素、金霉素等；半合成品有多西环素、米诺环素等。本类药物属于酸、碱两性化合物，由于其在碱性溶液中易降解，在酸性环境中稳定，故临床常用其盐酸盐。

四环素（tetracycline）、土霉素（oxytetracycline）

本药口服吸收不完全，易受食物影响，与多价金属离子形成络合物而妨碍吸收。本药广泛分布于各组织内，可沉积于骨及牙组织内，易渗入胸腹腔、胎儿血液循环及乳汁中，但不易透过血脑屏障。主要以原形由肾排泄，有利于治疗泌尿道感染。部分经胆汁排泄，会形成肝肠循环，也可用于肝胆系统的感染。

【药理作用】

1. 抗菌谱广　对多数革兰氏阳性菌和革兰氏阴性菌作用强，对立克次体、肺炎支原体、衣原体、螺旋体、某些厌氧菌及放线菌均有抑制作用，对阿米巴原虫也有间接抑制作用。但对铜绿假单胞菌、结核分枝杆菌、伤寒杆菌、副伤寒杆菌、病毒、真菌等无效。

2. 抗菌机制　本类药物与核糖体30S亚基结合，抑制细菌蛋白质的合成，属速效抑菌药。对革兰氏阳性菌的作用强于革兰氏阴性菌。

3. 耐药性　本类药物耐药情况严重，限制了应用，其机制多与耐药菌细胞膜上的药物转运系统发生变化有关。天然品之间有交叉耐药性，对天然四环素类耐药的菌株可能对半合成四环素类仍敏感。

【临床用途】本药因对常见致病菌的疗效差、耐药菌株多和不良反应较多，临床应用已明显减少。目前主要用于某些传染病的治疗，具体如下。

1. 立克次体引起的斑疹伤寒、恙虫病，支原体引起的社区获得性肺炎和泌尿生殖系统感染，衣原体所致的鹦鹉热和性病性淋巴肉芽肿，以及螺旋体感染所致的回归热等。

2. 鼠疫、布鲁菌病、霍乱的最主要的病原学治疗药物。对幽门螺杆菌感染引起的消化性溃疡、肉芽肿荚膜杆菌感染引起的腹股沟肉芽肿，四环素是常规药物，现多首选多西环素。

3. 阿米巴痢疾和肠道细菌性感染　可选用肠道局部药物浓度高的四环素品种进行治疗。

【不良反应】

1. 局部刺激　口服可引起恶心、呕吐、上腹不适、腹胀、腹泻等消化道症状，以土霉素多见，饭后或与食物同服可减轻。由于刺激性大，不宜肌内注射。长期静脉滴注可引起血栓性静脉炎，故应稀释后缓慢滴入。

2. 二重感染（菌群失调症）　抵抗力低下的老年人、幼儿，体质虚弱的患者易发生；合并应用糖皮质激素或抗肿瘤药更易引起。常见二重感染有白念珠菌感染引起的鹅口疮、艰难梭菌引起的假膜性肠炎等，预后较差。

3. 影响骨骼、牙齿生长 四环素能与新形成的骨、牙齿中所沉积的钙相结合，从而导致牙齿黄染，影响牙釉质发育和幼儿骨骼的发育，故孕妇、哺乳期妇女及8岁以下的儿童禁用。

4. 肝、肾毒性 大剂量长期口服或大剂量静脉给药（每日超过1~2g）可引起急性肝细胞脂肪性坏死，也可加剧原有的肾损伤。孕妇及肝肾功能不全者尤易发生，应禁用。

🔗 **知识链接：**

四环素对儿童牙齿的影响

在牙齿发育期服用四环素后，可因四环素的堆积使牙齿内层染色变黄，表现为微褐色、灰褐色、微蓝色，变色的严重程度取决于四环素应用的时间和剂量。四环素对光敏感，日光和紫外线都可使其变色，所以随着时间的推移，牙齿变色会逐渐加深。四环素牙除了影响美观，严重还会引起牙体组织脱落，牙釉质发育不全，牙体组织的缺损，甚至造成牙髓炎。

多西环素（doxycycline，强力霉素，脱氧土霉素）

本药脂溶性高，口服吸收快而完全，且不受食物影响。抗菌谱与四环素相似，但抗菌活性比四环素强2~10倍，具有速效、强效和长效的特点。对耐天然四环素的金黄色葡萄球菌仍有效。临床已取代天然四环素用于各种适应证，对泌尿生殖系统感染较为常用。此外，特别适用于胆道系统感染和肾功能不全患者的肾外感染，也可用于酒渣鼻、痤疮、前列腺炎和呼吸道感染等。

不良反应以胃肠道反应多见，如恶心、呕吐、腹泻等，饭后服用可减轻。

米诺环素（minocycline，二甲胺四环素）

本药是四环素类药物中抗菌活性最强、分布最广的品种，对耐四环素、耐青霉素的金黄色葡萄球菌、链球菌、流感嗜血杆菌和大肠埃希菌仍敏感。临床应用同多西环素。还可作为严重痤疮的辅助治疗。

不良反应可引起前庭反应，如恶心、呕吐、眩晕、共济失调等，常发生于用药3日后。用药期间不宜从事高空、高速作业、驾驶和精密作业。

二、氯霉素类抗生素

氯霉素（chloramphenicol）

本药脂溶性高，口服吸收较肌内注射好，临床多采用口服及静脉滴注。吸收后广泛分布，脑脊液中的药物浓度较高。

【作用与用途】本药通过抑制菌体蛋白质合成而呈现广谱抗菌作用，为速效抑菌药，高浓度时也有杀菌作用。对革兰氏阴性菌的作用强于革兰氏阳性菌；对支原体、衣原体、立克次体、螺旋体也有较好的抑制作用。细菌对氯霉素的耐药性产生较慢，与其他抗微生物药之间无交叉耐药性。

临床可用于伤寒、副伤寒的治疗，可作为首选药物之一，对细菌性脑膜炎疗效较好，也可用于立克次体感染以及衣原体引起的沙眼等。

【不良反应】

1. 抑制骨髓造血功能　为氯霉素最严重的毒性反应，表现为：①可逆性的红细胞、白细胞、血小板减少，发生率和严重程度与用量和疗程有关，停药2~3周后可逐渐恢复；②不可逆性的再生障碍性贫血，与剂量和疗程无关，虽极少见，但病死率高，可发展为粒细胞性白血病。应严格掌握用药指征，注意疗程和剂量，用药期间定期检查血象，同时避免长期应用。

2. 灰婴综合征　早产儿、新生儿的葡糖醛酸结合能力差，肾脏排泄功能尚未发育完善，易导致氯霉素在体内蓄积而干扰线粒体、核糖体的功能。临床表现为恶心、呕吐、腹胀、发绀、进行性皮肤苍白、循环衰竭等，称为灰婴综合征。故早产儿、新生儿，妊娠末期及哺乳期妇女禁用。

3. 其他　主要有胃肠道反应、过敏反应、视神经炎、二重感染、中毒性精神病等。

> ② 课堂问答：
> 氯霉素滴眼液是临床上一种常见的滴眼液，可用于结膜炎、角膜炎、沙眼等疾病的治疗。为什么氯霉素的不良反应多而严重，却还能用于局部给药？

三、林可霉素类抗生素

林可霉素（lincomycin，洁霉素）、克林霉素（clindamycin，氯林可霉素，氯洁霉素）

两药的抗菌谱和抗菌机制均相同，但由于克林霉素的口服吸收率明显优于林可霉素，抗菌作用较强且毒性较小，故临床较常用。

口服均可吸收，克林霉素吸收迅速而完全，受食物影响小。两药分布广泛，在大多数组织中可达有效浓度，骨组织中的药物浓度尤其高，可通过胎盘屏障，但不能通过血脑屏障。

【作用与用途】抗菌谱和抗菌机制与大环内酯类相似，作用于敏感菌核糖体的50S亚基，抑制细菌蛋白质的合成而抗菌。对大多数厌氧菌及革兰氏阳性菌如金黄色葡萄球菌（包括耐青霉素的菌株）、溶血性链球菌、甲型溶血性链球菌、肺炎球菌等有良好的抗菌作用。克林霉素比林可霉素的抗菌作用强4~8倍，两药可呈交叉耐药，本类药与大环内酯类也存在交叉耐药性。

临床主要用于：①厌氧菌或厌氧菌与需氧菌的混合感染，如盆腔炎、腹膜炎、吸入性肺炎、肺脓肿等；②β-内酰胺类抗生素治疗无效或对该药过敏的金黄色葡萄球菌感染。其中，金黄色葡萄球菌引起的急、慢性骨髓炎和关节感染为首选药；③与乙胺嘧啶合用治疗弓形虫在获得性免疫缺陷综合征患者中引起的脑炎，亦可与伯氨喹合用治疗获得性免疫缺陷综合征患者的轻度肺孢子菌肺炎；④克林霉素与杀菌剂（青霉素或万古霉素）联合用于治疗因链球菌属或葡萄球菌属释放毒素导致的中毒性休克综合征。

【不良反应】常见恶心、呕吐、腹痛、腹泻等胃肠道反应，口服比注射多见，克林霉素比林可霉素的发生率高。严重时可引起假膜性肠炎，除对症治疗外，可口服万古霉素与甲硝唑治疗。偶见皮疹、肝毒性等。

四、多肽类抗生素

（一）万古霉素类

万古霉素（vancomycin）、去甲万古霉素（norvancomycin）、替考拉宁（teicoplanin）

本类药物口服均不易吸收，肌内注射可引起剧烈疼痛和组织坏死，故只宜静脉给药。不易透过血脑屏障，主要经肾排泄。万古霉素和去甲万古霉素的半衰期约为6小时，替考拉宁的半衰期长达47小时。

【作用与用途】药物通过阻碍细菌细胞壁合成，对繁殖期的革兰氏阳性菌呈现快速灭菌作用，但抗菌活性不如β-内酰胺类抗生素。细菌一般不易产生耐药性，且与其他抗生素之间无交叉耐药性。因其毒性大，仅用于革兰氏阳性菌严重感染，特别是耐青霉素及其他抗微生物药的金黄色葡萄球菌引起的严重感染和对β-内酰胺类抗生素过敏者的严重感染，如败血症、肺炎、心内膜炎、结肠炎等。口服用于某些抗生素如克林霉素引起的假膜性肠炎。

【不良反应】多且严重，替考拉宁的毒性较小。

1. 耳毒性　大剂量、长时间应用可出现耳鸣、听力减退甚至耳聋，监测听力常能较早发现，及时停药一般可恢复听力。应避免合用有耳毒性的药物。

2. 肾毒性　主要为肾小管损伤，轻者出现蛋白尿和管型尿，重者出现少尿、血尿，甚至肾衰竭。

3. 其他反应　偶可发生恶心、寒战、药物热、皮疹、皮肤瘙痒及血栓性静脉炎等。

（二）多黏菌素类

多黏菌素类是从多黏杆菌培养液中提取的，常见有多黏菌素 B（polymyxin B）、多黏菌素 E（polymyxin E，黏菌素，抗敌素）和多黏菌素 M（polymyxin M）。

【作用与用途】本类药物为慢效、窄谱抗生素，仅对革兰氏阴性杆菌有杀灭作用，特别是对铜绿假单胞菌作用强大，不易产生耐药性。

临床用途主要有：①局部外用于敏感菌引起的五官、皮肤、黏膜感染及烧伤后铜绿假单胞菌感染；②口服用于肠道术前消毒、其他抗微生物药耐药的细菌性肠炎、痢疾等；③其他抗微生物药无效的铜绿假单胞菌或革兰氏阴性杆菌引起的严重感染。不建议本药单独应用。

【不良反应】毒性较大，常用量下即可出现明显的不良反应，主要包括肾毒性及神经毒性。大剂量快速静脉滴注可引起神经肌肉接头阻滞而导致呼吸抑制，此时采用新斯的明抢救无效，应以生命支持措施为主要抢救手段。

> **· · · · 节末小结**
>
> 本节介绍了四环素类、氯霉素类、林可霉素类、多肽类抗生素和其他新型抗生素等，其中上述药物的代表药及其特点是重点，用药指导是难点，还应注意相关不良反应，特别是二重感染以及耐药性防控措施等。

药学服务岗位操作实践

岗位情境：

本章情境导入中小陈的扁桃体炎先后选用了阿莫西林、头孢氨苄、罗红霉素等抗生素。他向药师咨询：①以上药物选择是否正确？②治疗效果不好的原因可能是什么？③上述哪几个药物同时服用可以提高疗效？

药师应根据所学知识技能做好相关药学服务。

操作流程：

1. 药师首先要耐心、细致地接待小陈，先介绍扁桃体炎是由溶血性链球菌引起，该菌对青霉素高度敏感，一般采取青霉素注射给药，严重时可采取静脉滴注。选用的阿莫西林、头孢氨苄、罗红霉素均对该菌有作用，但强度弱于青霉素，轻症时作为口服给药的替代品，治疗效果不好与此有关，也应考虑耐药性等情况。

2. 然后重点解释同一类别且抗菌谱相似的抗生素一般不能联合用药，阿莫西林和头孢氨苄不宜合用。罗红霉素是大环内酯类抗生素，属于静止期抑菌药，不能与繁殖期杀菌药的 β- 内酰胺类如青霉素、阿莫西林、头孢氨苄等合用，会降低后者的抗菌作用。

3. 最后适时给小陈提出健康建议，避免扁桃体炎反复发作。如果本人同意，可以邀请小陈关注本药店的新媒体平台或留下更方便的联系方式，便于加强沟通，提供更全面的药学服务。

思考与练习

一、 单项选择题

1. 下列关于氨苄西林的叙述中错误的是（　　　）

A. 广谱，对 G^- 杆菌抗菌作用强

B. 耐酸，可口服给药

C. 耐酶，对耐药金黄色葡萄球菌抗菌作用强

D. 对铜绿假单胞菌无效

E. 脑膜炎时，在脑脊液中浓度较高

2. 肾功能不良者应选择以下哪种头孢菌素类药物（　　）

    A. 头孢噻吩　　　　　　B. 头孢噻肟　　　　　　C. 头孢氨苄

    D. 头孢唑林　　　　　　E. 头孢拉定

3. 金黄色葡萄球菌对青霉素产生耐药性的机制主要是（　　）

    A. 产生灭活青霉素的β-内酰胺酶

    B. 产生蛋白水解酶

    C. 合成对氨基苯甲酸

    D. 细菌改变代谢途径

    E. 以上都不是

4. 关于头孢菌素特点的叙述中错误的是（　　）

    A. 第一代对G^+菌抗菌作用强，对G^-菌抗菌作用弱

    B. 第三代头孢菌素对铜绿假单胞菌、厌氧菌抗菌活性高

    C. 第三代头孢菌素的抗菌能力比第一代强

    D. 第一代头孢菌素对肾脏毒性较大

    E. 头孢菌素类药物与青霉素类有部分交叉过敏反应

5. 以下不属于大环内酯类的药物是（　　）

    A. 红霉素　　　　　　　B. 林可霉素　　　　　　C. 克拉霉素

    D. 阿奇霉素　　　　　　E. 罗红霉素

6. 在以下大环内酯类药物中，对肺炎支原体作用最强的是（　　）

    A. 红霉素　　　　　　　B. 克拉霉素　　　　　　C. 交沙霉素

    D. 阿奇霉素　　　　　　E. 吉他霉素

7. 军团菌感染可首选以下哪个药物（　　）

    A. 青霉素　　　　　　　B. 氨苄西林　　　　　　C. 羧苄西林

    D. 红霉素　　　　　　　E. 第一代头孢菌素

8. 过敏性休克发生率最高的氨基糖苷类药物是（　　）

    A. 庆大霉素　　　　　　B. 妥布霉素　　　　　　C. 阿米卡星

    D. 卡那霉素　　　　　　E. 链霉素

9. 氨基糖苷类抗生素与呋塞米合用可（　　）

    A. 增强耳毒性　　　　　B. 增强肾毒性　　　　　C. 降低抗菌疗效

    D. 加速抗药性产生　　　E. 增强对呼吸的抑制

10. 四环素类抗生素对以下哪种病原微生物无效（　　　）
    A. 肺炎支原体　　　　　B. 立克次体　　　　　C. 梅毒螺旋体
    D. 大肠埃希菌　　　　　E. 真菌
11. 氯霉素最严重的不良反应是（　　　）
    A. 抑制骨髓造血功能
    B. 灰婴综合征
    C. 胃肠道反应
    D. 二重感染
    E. 精神病
12. 林可霉素类可能发生的最严重的不良反应是（　　　）
    A. 过敏性休克　　　　　B. 肾功能损害　　　　　C. 永久性耳聋
    D. 胆汁淤积性黄疸　　　E. 假膜性肠炎
13. 肾功能不全患者发生铜绿假单胞菌感染可选用（　　　）
    A. 多黏菌素E　　　　　B. 头孢哌酮　　　　　C. 氨苄西林
    D. 庆大霉素　　　　　　E. 克林霉素
14. 可引起幼儿牙釉质发育不良并黄染的药物（　　　）
    A. 红霉素　　　　　　　B. 林可霉素　　　　　C. 青霉素
    D. 四环素　　　　　　　E. 多黏菌素E

二、简答题

1. 请结合青霉素的缺点，简述半合成青霉素的特点。
2. 防治青霉素过敏性休克的措施有哪些？
3. 分析各代头孢菌素的特点，简述发展的规律。
4. 分析β-内酰胺酶抑制剂常与哪些抗生素组成复方制剂，为什么？
5. 红霉素临床首选用于哪些感染性疾病？
6. 氨基糖苷类抗生素的共性是什么？
7. 四环素和氯霉素都是广谱抗生素，为什么临床应用并不多？
8. 孕妇、儿童和老年人的用药应特别慎重，请归纳特殊人群不宜使用的抗生素种类，思考并讨论如何为特殊人群提供更优质的药学服务？

三、 应用题

1. 案例分析

（1）患者，女,44岁。13年前因心跳，气促，水肿，诊断为"风湿性心脏病，二尖瓣狭窄"。此后多次复发，均用药物控制，也曾多次使用青霉素，未出现过敏反应。就诊时做青霉素皮试阴性，但肌内注射120U后出现头晕，面色苍白，随即晕倒，昏迷，脉搏消失，心脏停搏，瞳孔散大，直径7mm。

请思考讨论：①该患者发生了哪种药物不良反应？②应该如何来防治这种药物不良反应？③针对该病例，如何在药学服务中体现职业素养和专业精神？

（2）患者，男,30岁，三日前因受凉出现低热症状，未治疗。昨日因淋雨，晚间出现高热、寒战，继而出现胸痛，咳嗽，无痰，呼吸困难，紧急就医。经查体、血常规及胸部X线检查，医生诊断为支原体肺炎。

请思考讨论：①该患者宜首选何药治疗？为什么？②该药使用时应有哪些注意事项，如何做好用药指导？③针对该病例，如何在药学服务中体现专业精神和职业素养？

2. 请用线将具体药物与其对应的临床应用和特点连接起来。

药物	临床应用	特点
青霉素	社区获得性肺炎	与青霉素有交叉过敏反应
四环素	铜绿假单胞菌感染	影响骨骼、牙齿生长
羧苄西林	淋病	用药前须做皮试
红霉素	细菌性骨髓炎	可引起假膜性肠炎
克林霉素	伤寒、副伤寒	抑制骨髓造血功能
阿奇霉素	立克次体引起的恙虫病	不可用生理盐水调配
链霉素	军团菌感染	胃肠道反应常见
氯霉素	鼠疫	用葡萄糖酸钙、肾上腺素抢救

（沈孝丽 张 庆）

学习目标

知识目标：

- 掌握　喹诺酮类药物的抗菌作用、临床用途及不良反应。
- 熟悉　磺胺类、甲氧苄啶、硝基咪唑类药物的主要特点。
- 了解　硝基呋喃类药物的临床用途。

技能目标：

- 熟练掌握　根据治疗需要进行化学合成抗微生物药用药指导的基本技能。
- 学会　正确指导患者合理使用化学合成抗微生物药。

素质目标：

- 具有尊重、关心感染性疾病等患者，运用化学合成抗微生物药开展合理用药等岗位服务的专业精神和职业素养。

⤵ 情境导入

情境描述：

　　周阿姨是学校宿舍管理员，工作一直很出色，近日因调整宿舍，更加繁忙，加之天气阴冷，1周前感觉腰酸背痛，并有尿频、尿急、尿痛等症状，周阿姨以为是感冒，不想耽误工作，认为"扛几天就好了"，但昨日起畏冷、乏力，并有下腹部不适及尿道烧灼感，药剂班同学小华发现了这一情况，询问后，带着周阿姨来医院就医。经诊断为大肠埃希菌性尿路感染，医师给予左氧氟沙星静脉滴注治疗，当日，阿姨症状明显减轻，3日后痊愈。

学前导语：

　　同学们，感染性疾病不仅可以使用抗生素治疗，采用左氧氟沙星等化学合成抗微生物药也非常有效，而且更方便、经济。本章将带领大家学习喹诺酮类、磺胺类、咪唑类等药物，为今后更好地开展岗位工作打好基础，实现职业目标。

第一节　喹诺酮类药物

一、概述

喹诺酮类药物具有4-喹诺酮母核的基本结构，种类较多，按照药物的化学结构、抗菌作用和临床应用分为四代。第一代药物萘啶酸，只对部分革兰氏阴性菌有效，因其疗效不够理想，现已被淘汰。第二代药物吡哌酸（PPA）对大多数革兰氏阴性菌有效，可用于急、慢性泌尿道和肠道感染，现也较少使用。第三代为氟喹诺酮类，常用的有诺氟沙星、环丙沙星、氧氟沙星、左氧氟沙星、洛美沙星、氟罗沙星、司帕沙星等，口服吸收好、分布广、广谱、高效，目前广泛应用。第四代产品为新氟喹诺酮类，如莫西沙星、加替沙星、吉米沙星、加雷沙星等，不仅口服吸收好、分布广、$t_{1/2}$延长，抗菌谱也进一步扩大、抗菌活性更强，对绝大多数敏感菌所致感染的疗效已达到或超过β-内酰胺类抗生素。

【作用机制】喹诺酮类药物通过抑制DNA回旋酶，阻碍DNA的复制、转录和重组而导致细菌死亡。

【药理作用】

1. **抗菌谱**　第三代喹诺酮类药物属于广谱抗菌药，尤其对革兰氏阴性菌有强大的杀菌作用，包括大肠埃希菌、变形杆菌、伤寒沙门菌、流感嗜血杆菌及淋病奈瑟菌等。对革兰氏阳性球菌包括金黄色葡萄球菌、肺炎链球菌、溶血性链球菌、炭疽杆菌等也有较强的抗菌作用。某些药物对铜绿假单胞菌、分枝杆菌属、支原体、衣原体及厌氧菌也有抑制作用。第四代喹诺酮类药物提高了对厌氧菌的抗菌活性。

2. **耐药性**　由于喹诺酮类药物广泛应用于临床，耐药菌株呈增长趋势，常见耐药菌有金黄色葡萄球菌、肠球菌、大肠埃希菌和铜绿假单胞菌等。本类药物间有交叉耐药性，但本类药物与其他抗微生物药之间无交叉耐药性。

【临床用途】

1. 广泛用于泌尿生殖系统感染、呼吸系统感染、消化系统感染及皮肤软组织感染。因在骨组织中的浓度超过其他药物，可作为急、慢性骨髓炎和化脓性关节炎等的首选药物。

2. 由于给药方便、经济和耐药性相对较少，可替代β-内酰胺类抗生素用于敏感菌所致的全身感染。可替代大环内酯类药物用于支原体或衣原体肺炎以及嗜肺军团菌所致的军团病。对伤寒沙门菌高度敏感，可替代氯霉素作为伤寒治疗的首选药物。

【不良反应】

1. 胃肠道反应　最为常见，以环丙沙星和培氟沙星为多见，表现为轻度恶心、消化不良、腹痛、腹泻等。

2. 中枢神经系统反应　发生率仅次于胃肠道反应，轻者表现为头痛、眩晕、焦虑、失眠，停药后可缓解，重者表现为精神异常、抽搐、惊厥等。有精神病病史或癫痫病史的患者不宜使用。

3. 关节病变和影响软骨发育　多种幼龄动物实验结果证实，药物可损伤负重关节的软骨；临床研究发现儿童用药后可发生关节痛、关节水肿和肌腱炎等症状，故18岁以下的青少年、孕妇、哺乳期妇女不宜使用。

4. 其他　如过敏反应等，可见药疹、瘙痒、红斑、光敏反应（光毒性）等，用药期间应避免阳光直射。

课堂问答

喹诺酮类药物是广谱、高效的抗微生物药，临床广泛应用。请同学们讨论并回答能否用于儿科、产科的感染性疾病？为什么？

二、常用药物

诺氟沙星（norfloxacin，氟哌酸）

本药是第一个用于临床的氟喹诺酮类药物，抗菌谱广，抗菌活性强，口服血药浓度低，泌尿道、肠道、胆道中的浓度高。临床主要用于敏感菌所致的泌尿生殖道、肠道感染及淋病。

环丙沙星（ciprofloxacin）

本药口服血药浓度低，必要时可静脉滴注以提高血药浓度。为抗菌谱最广的喹诺酮类药物之一，对金黄色葡萄球菌、肠球菌、铜绿假单胞菌、流感嗜血杆菌、淋病奈瑟菌、链球菌、军团菌等的抗菌活性优于同类药物。对氨基糖苷类、β-内酰胺类抗生素耐药的菌株对本药仍敏感，但对多数厌氧菌无效。适用于敏感菌所致的呼吸道、泌尿生殖道、消化道、皮肤和软组织、骨与关节感染。

氧氟沙星（ofloxacin）

本药口服吸收迅速而完全，体内分布广泛，尤其是在尿液、脑脊液及胆汁中浓度高。除具有环丙沙星的抗菌特性和其良好的抗耐药菌特性外，还对部分厌氧菌、结核分枝杆菌及沙眼衣原体有较强的抗菌作用。

临床适用于呼吸道、泌尿生殖道、胆道、皮肤软组织和耳鼻咽喉等部位的感染。由于与其他抗结核药之间无交叉耐药性，可与其他抗结核药联合用于耐链霉素、异烟肼、对氨基水杨酸的结核分枝杆菌的治疗。

左氧氟沙星（levofloxacin）

本药是氧氟沙星的左旋体。口服具有极高的生物利用度，85%以原形经尿液排泄。抗菌活性是氧氟沙星的2倍。用于敏感菌所致的各种急、慢性感染，难治性感染，效果良好。本药的不良反应相对较低。

洛美沙星（lomefloxacin，罗氟沙星）

本药口服吸收完全，体内分布广，$t_{1/2}$ 可达7小时以上，尿中及胆汁中的药物浓度亦较高，抗菌谱及抗菌活性类似于氧氟沙星，但对厌氧菌的活性不如氧氟沙星。临床主要用于敏感菌所致的呼吸道、消化道、泌尿生殖道、皮肤软组织和骨组织感染。本药最易发生光敏反应，用药期间应注意避免日光。

莫西沙星（moxifloxacin）

本药为第四代新氟喹诺酮类。口服吸收良好，分布广泛，$t_{1/2}$ 为12~15小时。对多数革兰氏阳性和阴性致病菌、厌氧菌、结核分枝杆菌、衣原体和支原体均有强大的抗菌活性。临床适用于呼吸道、泌尿生殖道、皮肤软组织等感染。不良反应少，几乎无光敏反应等。

奈诺沙星（nemonoxacin）

本药为喹诺酮类新结构类型的代表药，药动学特点突出。对多种病原菌，如金黄色葡萄球菌及多重耐药的肺炎链球菌均有显著抑菌作用。适用于治疗由金黄色葡萄球菌、流感嗜血杆菌、肺炎链球菌、肺炎克雷伯菌以及肺炎支原体、肺炎衣原体和嗜肺军团菌所致的轻、中度成人社区获得性肺炎。不良反应主要有皮疹、瘙痒等过敏现象。

喹诺酮类药物的光敏反应

使用喹诺酮类药物的患者皮肤暴露在阳光下或者紫外线照射后，光照的皮肤会出现烧灼感、红肿、水疱等，多发于面部、胸上V型区、四肢等暴露部位。所以，喹诺酮类药物在运输和储存期间要注意避光。对于使用喹诺酮类药物的患者，我们要提醒其做好防护，避免阳光照射，从而减少光敏反应发生的概率。

三、喹诺酮类药物的用药指导

1. **用药前** 建议通过病原学诊断确定是喹诺酮类药物的敏感菌感染，提示不宜同服含钙、镁、锌等二、三价金属阳离子的食物，以免与其螯合而影响生物利用度。18岁以下的儿童和孕妇禁用本类药物。

2. **用药中** 应避免阳光直射，以免引起光敏反应；可多喝水，饭后服用以减轻药物引起的胃肠刺激症状；密切观察是否出现关节肿胀等软骨组织损害和肌腱炎的症状，必要时遵医嘱停药。

3. **用药后** 协助医护人员做好药物疗效评估，常规感染一般在治疗的1~3日内症状明显改善，严重感染治疗不宜超过5日，及时根据血象、体温等调整剂量。本类药物在院外使用较为普遍，对疗效和不良反应应长期观察，加强对患者及家属的合理用药教育。

第二节 磺胺类药物与甲氧苄啶

一、磺胺类药物

磺胺类抗微生物药是最早用于防治全身感染的化学药物，曾广泛应用于临床。近年来，随着耐药菌株的出现，加上各类抗生素和化学合成抗微生物药的快速发展，磺胺类药物的治疗地位逐渐被取代。但由于其性质稳定、使用方便、价格低廉，对某些感染性疾病包括流行性脑脊髓膜炎、鼠疫等具有显著疗效，特别是磺胺增效剂甲氧苄啶被发现后，使磺胺类药物抗菌谱扩大，抗菌活性增强，对部分菌株甚至由抑菌作用变为杀菌作用，重新引起临床的重视。

磺胺类抗微生物药可分为肠道易吸收类、肠道难吸收类和外用类。肠道易吸收类按$t_{1/2}$长短又分为短、中、长效类。

多数磺胺类药物口服易吸收，可用于全身感染，少数难吸收的药物适用于肠道感染。主要在肝内乙酰化代谢而失活，以原形或乙酰化代谢产物从肾脏排出。尿中的原形药物浓度高的品种宜用于泌尿道感染。

【作用机制】磺胺类药的敏感菌以二氢蝶啶、对氨基苯甲酸（PABA）等为原料，在二氢叶酸合成酶的催化下生成二氢叶酸，后者在二氢叶酸还原酶的催化下还原为四氢叶酸。四氢叶酸作为一碳基团转移酶的辅酶参与嘧啶核苷酸和嘌呤的合成。磺胺类药的结构与PABA相似，竞争性抑制二氢叶酸合成酶，阻碍细菌二氢叶酸的合成，导致细菌核酸合成障碍，从而产生抑菌作用（图36-1）。

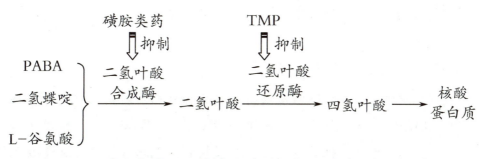

图36-1　磺胺类药和甲氧苄啶（TMP）抗菌作用机制示意图

【药理作用】

1. 抗菌谱　抗菌谱广，对大多数革兰氏阳性菌和阴性菌均有良好的抗菌活性，以溶血性链球菌、肺炎链球菌、脑膜炎奈瑟菌、淋病奈瑟菌、鼠疫耶尔森菌、痢疾志贺菌最为敏感；对葡萄球菌、大肠埃希菌、变形杆菌属和沙门菌属有良好的抑菌效果；对沙眼衣原体、放线菌等有抑制作用。此外，磺胺米隆和磺胺嘧啶银对铜绿假单胞菌也有抑制作用。本类药物对病毒、支原体、螺旋体、立克次体无效。

2. 耐药性　细菌对磺胺类药物极易产生耐药性，一旦耐药，通常为永久性不可逆，各种磺胺类药之间也存在交叉耐药性，与甲氧苄啶合用可延缓耐药性的产生。

常用磺胺类药的分类、作用特点和临床用途见表36-1。

【不良反应】

1. 泌尿系统损害　磺胺类药及其乙酰化代谢产物在尿中的溶解度低，易析出结晶，出现结晶尿、血尿、管型尿、尿痛甚至尿闭，尿液呈酸性时更易发生。治疗中宜采取多饮水，同服等量的碳酸氢钠碱化尿液，定期检查尿液等措施预防。

表 36-1　常用磺胺类药的分类、作用特点和临床用途

分类	药物名称	临床特点及用途
肠道易吸收类	磺胺异噁唑 （SIZ，菌得清）	属短效类。吸收快、排泄快，尿中浓度高，但溶解度高，不易析出结晶，主要用于尿路感染
	磺胺嘧啶 （SD，磺胺哒嗪）	属中效类。口服易吸收，血脑屏障透过率最高。抗菌力强，为流脑的首选药，也首选用于诺卡菌属引起的感染，与乙胺嘧啶合用于急性弓形虫病的治疗。肾毒性多见
	磺胺甲噁唑 （SMZ，新诺明）	属中效类。口服易吸收，血脑屏障透过率低于SD，可用于流脑的预防，尿中浓度较高。抗菌力强，适用于呼吸道、皮肤、泌尿道感染等
	磺胺对甲氧嘧啶 （SMM） 和磺胺多辛 （SDM，周效磺胺）	均属长效类。维持时间长，但抗菌力弱，可用于轻症或预防感染。现已少用
肠道难吸收类	柳氮磺吡啶 （SASP）	口服难吸收，在肠内释放出有抗菌活性的磺胺噻唑和有抗炎、抗免疫作用的5-氨基水杨酸。适用于治疗溃疡性结肠炎。少量吸收易出现恶心、呕吐及过敏反应
	磺胺米隆 （SML，甲磺灭脓）	抗菌谱广，对金黄色葡萄球菌、铜绿假单胞菌和破伤风杆菌有效，不受分泌物、脓液、坏死组织和PABA的影响。可迅速渗入创面和焦痂，适用于烧伤、创伤创面感染。局部可出现疼痛、灼烧感等
外用类	磺胺嘧啶银 （SD-Ag，烧伤宁）	可抑制大多数细菌和真菌，尤其对铜绿假单胞菌的作用强于SML，银盐尚具有收敛作用。抗菌作用不受脓液中PABA的影响。主要用于烧伤及创伤创面感染。给药部位可有一过性刺激性疼痛
	磺胺醋酰 （SA）	SA钠盐溶液呈中性，几乎无刺激性。局部应用穿透力强，可透入眼部晶状体及眼内组织，适用于沙眼、结膜炎和角膜炎等

2. 过敏反应　药热、皮疹较多见，在皮肤黏膜交界处出现固定性色素沉积是本类药物过敏的特异性表现。严重者可出现剥脱性皮炎、多形红斑，甚至死亡。磺胺类

药物之间有交叉过敏现象，有过敏史者禁用。

3. 造血系统损害　长期用药可能抑制骨髓造血功能，偶见粒细胞减少、血小板减少及再生障碍性贫血。对葡萄糖-6-磷酸脱氢酶缺乏者可致溶血性贫血。

4. 其他　主要有消化道反应、新生儿核黄疸等。偶见肝损害甚至暴发性肝衰竭。肝功能减退者应避免使用。

二、甲氧苄啶

甲氧苄啶（trimethoprim，TMP，磺胺增效剂）

口服吸收迅速、完全，体内分布广泛，半衰期与SMZ相近，主要以原形由肾排泄。

【作用与用途】抗菌谱与磺胺类药相似，抗菌活性较SMZ强数十倍，与磺胺类药或某些抗生素合用有增效作用。作用机制是抑制细菌二氢叶酸还原酶，使二氢叶酸不能还原成四氢叶酸，最终阻止了敏感菌核酸的合成（图36-1）。如与磺胺类药合用，可双重阻断细菌叶酸代谢，抗菌作用增强，甚至呈现杀菌作用，并能减少耐药菌株的产生。

TMP单用易产生耐药性，但与其他抗微生物药之间无交叉耐药性。

临床常与SMZ或SD组成复方制剂（分别为复方磺胺甲噁唑和双嘧啶）等合用于敏感菌所致的呼吸道、泌尿道、皮肤软组织及肠道感染。

【不良反应】包括胃肠道反应及偶见变态反应等。但大剂量或长期应用可引起叶酸缺乏症，应注意检查血象，必要时给予亚叶酸钙治疗。

三、磺胺类药物与甲氧苄啶的用药指导

1. 用药前　磺胺类药物竞争二氢叶酸的能力较PABA相差很远，常采用首剂加倍的给药方法以保证疗效。局部麻醉药普鲁卡因、丁卡因等在体内水解释放出PABA，可降低磺胺类药的疗效，故不宜合用。脓液和坏死组织中亦含有大量PABA，须排脓清创后方可使用磺胺类药。

2. 用药中　注意观察患者是否出现皮炎、皮疹等过敏反应症状，如出现及时停药并给予抗过敏药治疗。定期检查尿液，记录出入水量，嘱咐患者多饮水，可同服等量的碳酸氢钠以碱化尿液，增加磺胺类药的溶解度，防止出现肾损害。发现结晶尿及尿少、血尿等及时停药。

3. 用药后　正确评价疗效，注意疗程和长期不良反应，提示应密切观察患者有无咽痛、发热、疲乏等症状，并定期检查血常规，以防发生骨髓造血功能损害。

第三节　硝基咪唑类和硝基呋喃类

一、硝基咪唑类

甲硝唑（metronidazole，灭滴灵）

本药是硝基咪唑类的代表药物，具有疗效确切、价廉物美的特点。

【作用与用途】

1. 抗阿米巴原虫作用　对肠内、肠外阿米巴滋养体均有强大的杀灭作用，是治疗肠内、肠外阿米巴病的首选药。但肠腔内的药物浓度偏低，单用甲硝唑治疗阿米巴痢疾复发率较高，宜与抗肠内阿米巴病药合用。

2. 抗滴虫作用　对阴道滴虫有直接杀灭作用，是治疗阴道滴虫病的首选药。疗效好、口服方便、毒性小、适应范围广，口服后可分布于阴道分泌物、精液和尿液中，对女性和男性泌尿生殖道滴虫感染都有良好疗效。

3. 抗厌氧菌作用　对厌氧菌有较强的杀灭作用，用于治疗敏感厌氧菌引起的败血症、腹腔和盆腔感染、口腔感染及牙周炎、鼻窦炎、骨髓炎等。是治疗厌氧菌感染的首选药物之一。

4. 抗贾第鞭毛虫作用　是治疗贾第鞭毛虫感染的首选药物，治愈率可达90%。

【不良反应】常见恶心、呕吐、食欲缺乏、舌炎、口腔金属味等胃肠道反应；大剂量时可引起头痛、头晕，偶有肢体麻木、感觉异常等神经系统反应。少数患者可发生皮疹、白细胞减少、甲硝唑脑病等，及时停药后可恢复正常。

甲硝唑可抑制乙醇代谢，服药期间禁饮酒或含乙醇的饮料。孕妇、哺乳期妇女、器质性中枢神经系统疾病患者及血液病患者禁用。

其他硝基咪唑类药物还有替硝唑（tinidazole），是甲硝唑的衍生物，其半衰期较长，对多种致病厌氧菌和滴虫均有明显的杀灭作用，其活性较甲硝唑强2~4倍，对阿米巴痢疾和肠外阿米巴病的疗效与甲硝唑相当，而毒副作用明显比甲硝唑低。不良反应较甲硝唑少见且轻微，偶有消化道反应、头痛、眩晕、皮肤瘙痒、皮疹、便秘及全身不适等。

服用甲硝唑后要注意什么？

药师应时刻强化合理、安全用药意识。如在为服用甲硝唑的患者进行用药指导时，应注意告知患者药物常见的不良反应，如：恶心、呕吐等胃肠道反应，对于不能耐受的患者可建议其改用替硝唑。另外，要嘱咐患者服药后不能饮酒以及注意口腔卫生等问题。对于不能理解甲硝唑作用、用途的患者要耐心地解释，直至其理解为止。这也是药师职业责任感和爱岗敬业精神的体现。

二、硝基呋喃类

本类药物的优点是抗菌谱广、不易产生耐药性，且与其他抗微生物药无交叉耐药性；但给药后血药浓度较低，不宜用于全身感染。

呋喃妥因（nitrofurantoin，呋喃坦啶）

本药口服吸收快而完全，40%以原形经肾排泄。抗菌谱广，对大多数革兰氏阳性菌和革兰氏阴性菌均有抗菌作用，同服氯化铵酸化尿液可增强抗菌活性。主要用于敏感菌引起的急性下尿路感染、反复发作的慢性尿路感染等。

不良反应有胃肠道反应，偶见过敏反应，大剂量或长时间使用可引起头痛、头晕、嗜睡等，甚至引起周围神经炎。

药学服务岗位操作实践

岗位情境：

小王是电脑程序员，近日加班赶任务，出现牙龈红肿、咽喉疼痛难忍，连喝水都非常困难，大大影响了工作和生活。医师检查后，拟给予青霉素静脉滴注+甲硝唑口服。小王取药时发现甲硝唑又名"灭滴灵"，大惑不解，为什么牙痛要吃治疗阴道滴虫的药，于是他向药房药师咨询。

操作流程：

1. 药师应耐心细致地做好解释，牙龈及咽喉感染大多是厌氧菌所致，医师根据小王的病情和药物的抗菌谱，选用青霉素+甲硝唑的方案是合理的，有利于尽快缓解其症状。而且甲硝唑在全身各组织中分布广泛，治疗牙龈感染的效果很好。

---

2. 告知小王甲硝唑用途较多，治疗阴道滴虫是其中之一，与其病无关。提醒小王用药期间应禁酒，同时注意口腔卫生，经常用淡盐水漱口等。

　　3. 如果本人愿意，可以关注医院的健康教育公众号或建立更方便的联系方式，提供更全面、周到的药学服务。

● · · · · 章末小结

　　本章主要介绍了喹诺酮类、磺胺类和硝基咪唑类化学合成抗微生物药。其中重点是常用的喹诺酮类药物及其抗菌作用特点、临床应用和不良反应。难点是根据治疗需要及时有效地为患者提供喹诺酮类和硝基咪唑类药物，并进行用药指导。建议熟练掌握药物的临床应用和不良反应，遵循药物的抗菌谱合理选药，采取合理措施减小耐药性的发生。

● · · · · 思考与练习

一、 单项选择题

1. 喹诺酮类药物的抗菌作用机制是（　　　）
    A. 抑制敏感菌二氢叶酸还原酶
    B. 抑制敏感菌二氢叶酸合成酶
    C. 改变细菌细胞膜通透性
    D. 抑制细菌DNA回旋酶
    E. 以上都不是

2. 喹诺酮类药物的不良反应不包括（　　　）
    A. 胃肠道反应　　　　　B. 光过敏反应　　　　　C. 中枢神经系统反应
    D. 抑制骨髓造血功能　　E. 影响软骨发育

3. 预防磺胺嘧啶所致的肾脏损害，应该采取的措施是（　　　）
    A. 大量喝水　　　　　B. 服用等量的碳酸氢钠　　C. 采用静脉滴注
    D. 与维生素B_6合用　　E. A+B

4. 复方磺胺甲噁唑是指（　　　）

A. SD+TMP　　　　　B. SIZ+SD　　　　　C. SMZ+TMP

D. SIZ+SMZ　　　　　E. SD+SMZ

5. 甲硝唑最常见的不良反应是（　　　）

A. 头痛　　　　　　　B. 白细胞减少　　　　C. 惊厥

D. 肢体麻木　　　　　E. 恶心和口内金属味

二、简答题

1. 简述氟喹诺酮类药物的临床用途和不良反应。

2. 复方磺胺甲噁唑的药物组成是什么？其增强抗菌活性的作用机制是什么？

3. 简述甲硝唑的作用和用途。

4. 结合本章情境导入中的病例，讨论如何在药学服务中体现出职业素养和专业精神？

三、应用题

案例分析：患者，女，32岁。因全身不适、发热、腹痛、腹泻，每日稀便近十余次就诊。经查体，体温38.7℃，下腹部明显压痛，粪便培养镜检可见大量大肠埃希菌。诊断为急性细菌性肠道感染。医嘱给予左氧氟沙星静脉滴注+口服补液盐治疗。

请思考并讨论：①该治疗方案是否合理，为什么？②针对该患者应如何做好用药指导？③如何在具体药学服务中体现专业精神和职业素养？

（邵　怡　张　庆）

第三十七章
抗结核药

学习目标

知识目标:

- 熟悉 常用抗结核药的种类、特点和用药指导要点。
- 了解 结核病的治疗原则和用药指导要点。

技能目标:

- 学会根据结核病治疗需要,开展用药指导的基本技能。

素质目标:

- 具有尊重、关心结核病患者开展合理用药等岗位服务的专业精神和职业素养。

情境导入

情境描述:

　　某卫校学生小美的爸爸得了肺结核,现在已用抗结核药治疗了两个多月,咳嗽、乏力、食欲缺乏和午后低热症状都基本消失,爸爸感觉情况良好,但是抱怨每天需要吃异烟肼、利福平等好几种药,而且还要加服维生素 B_6,可不可以少吃一两种呢?小美根据药理课上学到的知识,告诉爸爸结核病治疗要严格遵守医嘱,坚持联合用药半年以上,才能彻底痊愈。

学前导语:

　　同学们,结核病是常见的传染病,正确使用抗结核药是提高治愈率的关键。通过学习本章内容,可以帮助大家全面掌握抗结核药,为今后更好地开展岗位服务打好基础,做好药学服务,实现职业目标。

一、概述

结核病是由结核分枝杆菌引起的慢性传染性疾病，可发生在全身各组织器官，以肺结核病最为常见。抗结核药是指能抑制或杀灭结核分枝杆菌的药物。临床常将疗效好、毒性较小的异烟肼、利福平、乙胺丁醇、吡嗪酰胺、链霉素等列为一线药，绝大多数结核病患者联合应用这些药物可以达到治疗目的；而将疗效低或毒性大但耐药性不强的对氨基水杨酸、丙硫异烟胺、氧氟沙星、环丙沙星等列为二线药，针对一线用药产生耐药或者患者免疫功能低下时使用的药物。近些年又开发出一些疗效较好，毒副作用相对较小的新一代抗结核药，如利福喷丁、利福定和司帕沙星等。

二、常用的抗结核药

异烟肼（isoniazid，雷米封）

本药口服吸收迅速、完全，分布广泛，易透过血脑屏障和细胞膜，并能渗透到浆膜腔、纤维化或干酪样病灶中；主要在肝内乙酰化代谢失活，有快、慢两种代谢类型，代谢产物及小部分原形药物经肾排泄。

【作用与用途】本药具有疗效高、毒性小、口服方便、价格低廉等优点。对结核分枝杆菌具有高度的选择性，低浓度抑菌，高浓度杀菌，尤其对繁殖期细菌作用明显，但对其他细菌几乎无效。单用易耐药，但与其他抗结核药间无交叉耐药性。

主要用于治疗各种类型的结核病，是治疗结核病的主要药物，为异烟肼敏感株而患者又能耐受的结核病首选药物。为增强疗效、延缓耐药性的产生，除预防和治疗早期轻症肺结核可单用外，常需与其他一线抗结核药联合应用。对急性粟粒型结核和结核性脑膜炎则需增大剂量，必要时采用静脉滴注。

【不良反应】

1. 周围神经炎　长期或大剂量应用可引起周围神经炎和中枢神经系统症状，表现为四肢麻木、刺痛、震颤以及兴奋、失眠，甚至惊厥、精神错乱等，可应用维生素 B_6 防治。癫痫及精神病患者慎用。

2. 肝毒性　多为暂时性氨基转移酶升高，极少数人可发生黄疸，严重者可致肝细胞坏死。

3. 过敏反应　偶见皮疹、药物热、粒细胞和血小板减少等。

4. 其他　因可抑制乙醇代谢，故用药期间不宜饮酒。

利福平（rifampicin，甲哌利福霉素）

本药为半合成抗生素，口服吸收快而完全，但与食物、对氨基水杨酸等同服可减少其吸收，故需空腹服用。体内广泛分布，穿透力强，可进入细胞、脑脊液、痰液、结核空洞内，与异烟肼同为目前治疗结核病最有效的药物。主要在肝内代谢，代谢产物呈橘红色，可经尿、粪、泪液、痰和汗液排泄。

【药理作用】为广谱抗生素，对结核分枝杆菌、麻风杆菌和多数革兰氏阳性球菌尤其是耐药金黄色葡萄球菌有强大的抗菌作用，对部分革兰氏阴性菌如大肠埃希菌、变形菌、流感嗜血杆菌及沙眼衣原体也有效。抗结核作用与异烟肼相当，且对繁殖期、静止期均有效。单用易耐药，与其他抗结核药之间无交叉耐药性。

利福平特异性抑制细菌依赖DNA的RNA多聚酶，阻碍mRNA的生成，从而呈现抗菌作用。

【临床用途】主要与异烟肼等其他抗结核药合用于各种结核病及重症患者；也可用于耐药金黄色葡萄球菌及其他敏感菌引起的感染、沙眼和麻风病等。

【不良反应】

1. 胃肠道反应　常见恶心、呕吐、腹痛、腹泻等，一般不严重。

2. 肝损害　为主要不良反应，原有肝病或与异烟肼合用时较易发生，表现为黄疸、氨基转移酶升高、肝大等。

3. 过敏反应　偶见皮疹、药物热、血小板和白细胞减少等过敏反应及溶血性贫血等。对本药过敏患者禁用。

4. 其他　对动物有致畸作用，妊娠早期及哺乳期妇女禁用。

链霉素（streptomycin）

本药是第一个有效的抗结核药。抗结核分枝杆菌作用和穿透力均较异烟肼和利福平弱。单用易产生耐药性，长期用药耳毒性发生率高，与其他抗结核药联合应用可延缓耐药性产生和降低耳毒性。主要用于结核病急性期联合用药。

乙胺丁醇（ethambutol）

本药口服吸收良好，分布广泛。对细胞内外的结核分枝杆菌均有较强的抗菌作用，但对其他细菌无效。单用可缓慢产生耐药性，与其他抗结核药间无交叉耐药性。常与异烟肼、利福平等合用治疗各种结核病。

本药大剂量可导致球后视神经炎，表现为视力下降、视野缩小、红绿色盲，是一种剂量依赖性及可逆性病变，及时停药可恢复。

其他抗结核药见表37-1。

表 37-1 部分抗结核药的特点与临床用途

药物名称	作用特点与临床用途
吡嗪酰胺（pyrazinamide）	口服易吸收，分布广，渗透力强。对结核分枝杆菌有抑制和杀灭作用，单用易耐药，对异烟肼、链霉素耐药者仍有效。常合用于其他抗结核药治疗失败的复治患者。大剂量、长疗程可见较严重的肝毒性
利福定（rifandine）	抗菌谱与利福平相似，而抗菌效力比利福平强3倍以上，$t_{1/2}$为6小时。与利福平有交叉耐药性，不良反应同利福平
利福喷丁（rifapentine）	抗菌谱与利福平相似，抗菌活性为利福平的8倍以上，$t_{1/2}$为30小时，每周只需给药1~2次，不良反应同利福平
对氨基水杨酸钠（sodium aminosa-licylate，PAS）	渗透力差，对结核分枝杆菌作用弱。优点是产生耐药性较慢。与其他抗结核药合用以增强疗效、延缓耐药性产生。常见胃肠道反应及过敏反应，不宜与利福平同服
丙硫异烟胺（prothionamide）	抗结核作用弱，但渗透力强且与其他抗结核药无交叉耐药性。不良反应多见，可导致外周神经炎、肝损害、过敏反应等。仅作为二线药与其他药物合用于复治患者
司帕沙星（sparfloxacin）	第三代氟喹诺酮类中具有抗结核作用的代表药，对分枝杆菌有较强的杀灭作用，耐药性和不良反应均较少。可作为传统一线药物不耐受的替代品
罗红霉素（roxithromycin）	大环内酯类中抗结核分枝杆菌作用最强的药物，耐药少，长期应用不良反应轻。作为一线药物不耐受时的替代药使用

➡ **药学思政：**

结核病防治管理和免费治疗

为进一步做好结核病防治工作，有效预防、控制结核病的传播和流行，保障人体健康和公共卫生安全，我国制定《结核病防治管理办法》，对结核病的预防、治疗、管理等进行详细规定。为规范肺结核患者的免费治疗管理工作，我国制定了

《初治涂阴活动性肺结核患者免费治疗管理指南（试行）》，初治涂阴活动性肺结核患者是指从未因结核病接受过抗结核药物治疗的涂阴活动性肺结核患者或因结核病接受抗结核药物化疗不足一个月的涂阴活动性肺结核患者，给予免费抗结核药品治疗。

请同学们自己查询相关知识，围绕上述内容，开展进一步的讨论：国家为什么要免费治疗肺结核？

三、抗结核药的用药指导

（一）用药前

强调"早期、联合、适量、规律和全程用药"的用药原则。协助医护人员实施全程督导用药，结合病原学检查确定具体给药方案，提高用药的依从性，保证患者完成全疗程。

1. **早期用药**　结核病早期，结核杆菌正处于繁殖期，对药物敏感，加上早期病变多为渗出性反应，未形成纤维空洞、干酪样组织，病灶区域的血液循环良好，药物易渗入，故疗效显著。

2. **联合用药**　临床常将两种或三种抗结核药联合应用以增强疗效、降低剂量和毒性、延缓耐药性的产生。初治病例大多用利福平与异烟肼联用，若病灶广泛、病情严重者，则采用三联或四联用药。对于体质较弱或传统药物不良反应明显的患者，可选用新型的具有抗结核作用的大环内酯类抗生素或氟喹诺酮类药物，这些药物因长期应用不良反应较少而日益受到重视。

3. **规律用药**　足够的疗程和剂量是保证疗效和防止复发的关键。目前广泛采用6个月短期强化疗法，即前2个月给予异烟肼、利福平与吡嗪酰胺联合治疗，病情严重则可四联（乙胺丁醇或链霉素），迅速控制病情，后4个月给予两种抗结核药如异烟肼和利福平等联用巩固治疗。

4. **全程督导**　全程化疗期间，医务人员应监视患者的病情、用药及复查，确保规范用药。同时，对回归家庭和社会的患者，要定期家访，做好家庭和社区支持保障工作。

（二）用药中

注意各药的禁忌证、不良反应、药物相互作用，以减少不良反应、保证用药的安全性，尤其警惕利福平和异烟肼所致的肝肾损伤。为提高血浆药物峰浓度，异烟肼、利福平、利福喷丁、氟喹诺酮类药宜顿服。服用大剂量的异烟肼时可加服维生素B_6防治其神经毒性，但后者可降低异烟肼的抗菌活性，故应间隔服用。服用利福平时，应告诉患者其尿液、痰液可呈红色。

（三）用药后

协助做好疗效评价，应以标本转阴率结合症状改善情况来判断疗效，如果出现耐药现象应及时调整方案，要强调联合化疗方案中的各药物不良反应会出现叠加和新变化，有些不良反应出现较晚。因此，在治疗后的一段时期应定期复查，确定结核是否复发，同时注意肝肾功能等的变化。

药学服务岗位操作实践

岗位情境：

本章情境导入中小美爸爸的治疗方案是异烟肼+利福平+吡嗪酰胺+维生素B_6，口服疗程为6个月，作为药师要向小美和患者提供更全面的药学服务。

操作流程：

1. 要积极主动地与小美和其父亲沟通交流，安抚其情绪。在用药前，重点介绍抗结核药使用必须遵守的基本原则，强调早期、联合、足量、规律用药是治疗成功的关键。

2. 由于治疗方案是标准的"6个月短期强化疗法"，需耐心解释口服疗程为6个月的原因，严格按照医嘱规范用药，初次感染者有效治疗6个月后，症状缓解、影像学检查和标本转阴率均很高，为结核病痊愈打好基础；要告知异烟肼和利福平的抗结核作用好，毒性小，配伍有协同作用，吡嗪酰胺可以延缓耐药性的发生。

3. 要仔细交代药物的不良反应措施，异烟肼引起的周围神经炎应用维生素B_6来预防，同时膳食补充维生素B_6；利福平和吡嗪酰胺具有肝毒性，应定期检查肝功能，避免使用其他有肝毒性的药物；服用利福平时，体液分泌物呈橘红色等。

4. 做好健康宣教工作，告知结核病的康复与自身免疫力关系密切，注意合理营养、心理调适和劳逸结合，促进疾病痊愈。如果小美和其父愿意，可以关注医院新媒体平台，建立更方便的联系方式，提供更全面周到的药学服务。

思考与练习

一、单项选择题

1. 异烟肼的主要不良反应是（　　　）

    A. 周围神经炎

    B. 中枢抑制、嗜睡

    C. 骨髓抑制

    D. 损伤第Ⅷ对脑神经

    E. 过敏反应

2. 下列不是一线抗结核药的是（　　　）

    A. 利福平　　　　　　B. 链霉素　　　　　　C. 吡嗪酰胺

    D. 异烟肼　　　　　　E. 丙硫异烟胺

3. 利福平抗结核分枝杆菌的作用机制是（　　　）

    A. 抑制 RNA 多聚酶

    B. 抑制蛋白质合成

    C. 抑制结核分枝杆菌合成

    D. 抑制结核分枝杆菌叶酸的代谢

    E. 抑制二氢叶酸还原酶

4. 连续大量使用导致球后视神经炎的药物有（　　　）

    A. 利福平　　　　　　B. 乙胺丁醇　　　　　C. 链霉素

    D. 异烟肼　　　　　　E. 吡嗪酰胺

二、 简答题

1. 一线抗结核药有哪些？各有什么特点？

2. 抗结核药的应用原则有哪些？

3. 结合本章节病例，讨论：如何在药学服务中体现出职业素养和专业精神？

三、 应用题

案例分析：患者，女，34岁。干咳伴乏力，低热、夜间盗汗、体重减轻3月余。经检查后确诊为肺结核，拟用异烟肼、利福平、吡嗪酰胺进行联合治疗。

请思考并讨论：①三种药物联合应用的目的是什么？②三药联用后，最严重的不良反应是什么？③如何在药学服务中体现出职业素养和专业精神？

（张振莲）

第三十八章
抗真菌药

第三十八章
数字内容

学习目标

知识目标：

- 熟悉　常用抗真菌药的种类、代表药及其特点。
- 了解　抗真菌药的用药指导要点。

技能目标：

- 学会　根据真菌感染治疗需要，进行用药指导的基本技能。

素质目标：

- 具有尊重、关心真菌感染患者，积极开展抗真菌药合理用药等岗位服务的专业精神和职业素养。

情境导入

情境描述：

　　宝宝出生只有7个月，5月龄时因肺炎采用多种抗生素治疗后痊愈出院。但近半个月又出现大便稀，呈豆渣样，多泡沫，有酸败味，每次量较少，伴低热，溢奶并哭闹不休，入院诊断为念珠菌性肠炎。医师拟给予制霉菌素治疗。家长取药时发现该药为口服治疗，感觉不如注射给药效果好，遂向药师咨询。

学前导语：

　　同学们，真菌感染性疾病并不少见，有些疾病如念珠菌性肠炎等还比较严重，合理使用抗真菌药可以有效治疗此类疾病。本章就将带领大家学习常用的抗真菌药，为今后的岗位服务打好基础，做好药学服务，实现职业目标。

一、概述

抗真菌药指能抑制真菌生长、繁殖或杀灭真菌的药物，用于治疗真菌感染性疾病。真菌感染按侵害部位不同分为浅部感染和深部感染。浅部感染发病率高，多由各种癣菌引起，主要侵犯皮肤、毛发、指（趾）甲等，引起各种癣症，药物治疗效果明显，但易复发。深部感染多见于免疫缺陷患者、癌症晚期患者等，常由白念珠菌（酵母菌属）、新型隐球菌、组织胞浆菌等引起，主要侵犯内脏器官和深部组织，发病率低，但危害性大，重可危及生命，药物治疗方案较复杂，是本章主要介绍的内容。

> 🔗 **知识链接：** ⋯⋯⋯⋯⋯⋯⋯⋯⋯⋯⋯⋯⋯⋯⋯⋯⋯⋯⋯⋯⋯⋯⋯⋯⋯⋯⋯⋯⋯
>
> ### 抗真菌药的研究进展
>
> 1957年，两性霉素B的发现是抗真菌药发展的一个里程碑，虽然静脉给药毒性很大，但至今仍是治疗深部真菌感染的有效药物。20世纪70年代，咪唑类抗真菌药面市；20世纪80年代，三唑类如氟康唑、伊曲康唑由于疗效确切，不良反应少，被迅速广泛用于真菌感染治疗。之后高效低毒的特比萘芬和布替萘芬上市，进入21世纪，棘白菌素类抗真菌药如卡泊芬净、第二代三唑类等相继上市，再次带来抗真菌药物重大进展。

二、常用抗真菌药

常用抗真菌药包括：①抗生素类抗真菌药，如两性霉素B、制霉菌素、灰黄霉素等；②唑类抗真菌药，又分为咪唑类和三唑类，咪唑类如克霉唑、咪康唑等，三唑类如伏立康唑、泊沙康唑等；③丙烯胺类抗真菌药，如特比萘芬、布替萘芬、萘替芬。

两性霉素B（amphotericin B）

口服和肌内注射吸收差，故主要采用静脉滴注给药；脑脊液中的浓度低，脑膜炎时需鞘内注射。对多数深部真菌有强大的抑制作用。主要用于真菌性肺炎、心包膜炎、脑膜炎及泌尿道感染等，是治疗深部真菌感染的常用药物。

不良反应多见且严重，应住院应用。静脉滴注时可出现寒战、高热、头痛、恶心、呕吐等，静脉滴注过快可引起惊厥、心律失常。约80%的用药者会出现肾损害，表现为蛋白尿、管型尿、血尿素氮升高。亦可出现肝损害、听力损害、低血钾、贫血等。

灰黄霉素（griseofulvin）

本药为治疗浅部真菌感染的抗生素。口服易吸收，油脂食物可促进其吸收。脂肪、皮肤、毛发等组织中的分布含量高，能渗入并储存在皮肤角质层、毛发及指（趾）甲角质内，抵御真菌继续入侵。

对各种皮肤癣菌有较强的抑制作用，但对深部真菌无效。口服用于头癣、体癣、股癣、甲癣等癣病的治疗，以头癣疗效最好，对指（趾）甲癣疗效较差。因本药不直接灭菌，需服用数月直至被感染的皮肤、毛发或指甲脱落方可治愈。本药不易透过表皮角质层，故外用无效。

不良反应较多见，常见恶心、腹泻、皮疹、头痛、白细胞计数减少等。孕妇、哺乳期妇女禁用。

制霉菌素（nystatin）

本药为抗生素类抗真菌药。其体内过程、抗菌作用与两性霉素B相似而毒性更大，不做注射给药。对白念珠菌等酵母菌属的作用较强，局部用于口腔、皮肤、阴道的念珠菌等感染。由于口服难吸收，可用于防治二重感染导致的消化道念珠菌病。

口服常见恶心、呕吐等胃肠道反应，阴道用药可致白带增多。

克霉唑（clotrimazole）

本药是最早应用的咪唑类药物，口服吸收不规则，毒性大，仅作为局部用药治疗浅部真菌病，如各种癣病，但对头癣无效。局部用药不良反应少见。

咪康唑（miconazole）

本药口服吸收差，不易透过血脑屏障，局部用于治疗皮肤、黏膜真菌感染，尤其是各类手足癣病，疗效优于克霉唑。静脉滴注用于两性霉素B无效或不能耐受时的深部真菌感染。不良反应为血栓性静脉炎、恶心、呕吐及过敏反应等。

酮康唑（ketoconazole）

本药是第一个对浅部、深部真菌均有效的药物，由于口服的肝毒性较大，全身用药受限，多为外用。临床应用同咪康唑，多用于各种真菌、酵母菌引起的皮肤黏膜感染，由于对皮肤角质层的穿透力较强，作用部位持续时间较长、疗效较好。不良反应为恶心、呕吐及过敏反应，肝毒性较大。

氟康唑（fluconazole）

本药是目前最常用的广谱抗真菌药之一，对皮肤真菌、酵母菌属、隐球菌属、球孢子菌属等的抗菌活性均较高，抗菌强度是酮康唑的5~20倍。口服吸收良好，也可以静脉给药，可分布于全身各组织和体液中，脑脊液中的浓度高，半衰期在35小时以上。目前广泛用于各种真菌引起的脑膜炎，及消化道、泌尿道等深部组织感染，是治疗获得性免疫缺陷综合征患者隐球菌性脑膜炎的首选药，与氟尿嘧啶合用可提高疗效。也可用于器官移植患者、白细胞减少症患者的真菌感染的防治。

本药的肝毒性相对较低，可见轻度的消化道反应、头疼、头晕及肝功能异常等。6个月以下的婴幼儿不推荐使用。

⇒ **药学思政:** ---

从氟康唑的"药物警戒"谈起

国外药品管理机构曾发布关于氟康唑的药物警戒，妊娠早期长期大剂量服用氟康唑（400~800mg/d），可能与一些罕见且显著的婴儿出生缺陷的发生有关，此类缺陷特征包括：短头、宽头、面容异常、颅盖发育异常、唇裂/腭裂、弓形股骨、肋骨及长骨细薄、肌无力、关节畸形以及先天性心脏病。

世界卫生组织（WHO）将药物警戒定义为：发现、评价、认识和预防药品不良作用或其他任何药物相关的科学研究及活动。其中一个重要意义就是对药品使用的利弊、药品的有效性和风险进行评价，促进合理用药。妊娠期合理用药是确保母婴平安的重要措施，这也是药学工作者的天职，为此，我们在未来的药学岗位上要及时收集和发布有关药物警戒信息，提醒医护同行和患者高度关注此类突发的药物不安全事件，用尽心尽责的态度，体现药学工作中的初心和使命。

伊曲康唑（itraconazole）

本药是口服广谱抗真菌药。口服吸收较好，可广泛分布于皮肤和甲组织中，且保留有效浓度的时间是目前同类药物中最长的。作用、用途与氟康唑相似，对多种浅、深部真菌有较强抑制作用，可用于治疗罕见真菌如芽生菌感染，也是目前治疗甲癣（灰指甲）疗效最好的药物之一。

不良反应主要是胃肠道反应，应饭后服用。偶见头痛、皮肤瘙痒、血管性水肿等过敏症状。长期应用有肝毒性。肝肾功能不全者、孕妇等禁用。

特比萘芬（terbinafine）

本药为目前临床评价较高的抗真菌药，口服吸收良好，可分布于皮肤组织中，代谢较慢，真皮等部位的药物浓度较高。抗菌谱相对较窄，对毛癣菌、絮状表皮癣菌等引起的皮肤、头发和甲的感染和各类癣病均有较好疗效，也可以治疗由白念珠菌等引起的皮肤感染，以及由发霉菌引起的甲癣，但作用较弱。

本药不良反应较轻，最常见的有胃肠道反应，如食欲缺乏、恶心、腹痛及腹泻；个别患者出现过敏反应，如皮疹、荨麻疹、药物热等。

联苯苄唑（bifonazole）

本药具有广谱抗真菌作用，对癣菌、酵母菌、白念珠菌、糠秕马拉色菌等都具有较强作用。本药外用能很好地透过被感染的皮肤，作用迅速并持续时间长，一般可超过48小时。主要用于各种皮肤真菌病，特别是各类癣病以及白念珠菌引起的鹅口疮和酵母菌感染等均有较好疗效。对糠秕马拉色菌所引起的花斑癣、棒状杆菌所致的红癣也有较好疗效。

本药外用不良反应轻微，偶见过敏反应。个别患者局部发生瘙痒、灼热感、红斑等反应。

三、其他新型抗真菌药

近年新开发的抗真菌药主要有：① 棘白菌素类抗真菌药如卡泊芬净、米卡芬净、阿尼芬净；② 硫代氨基甲酸酯类，如利拉萘酯、托西拉酯、硫双萘酯；③ 吗啉衍生物类，如阿莫罗芬。

卡泊芬净（caspofungin）

本药是第一个棘白菌素类抗真菌药，属脂肽类半合成抗生素，通过抑制真菌细胞壁的合成发挥抗真菌作用，作用机制与常规抗真菌药不同。具有较广谱的抗真菌作用。口服不吸收，临床可用于腹内囊肿、腹膜炎、腹膜腔的真菌感染等，在治疗念珠菌感染时，疗效与两性霉素B相似，毒性更低。还是中性粒细胞减少伴发热的疑似真菌患者经验治疗的常用药物。

本药的不良反应主要有发热、头痛、腹痛、腹泻、恶心、呕吐、肝药酶增高、贫血、静脉炎、血栓性静脉炎、皮疹、瘙痒等。孕妇禁用，哺乳期妇女应暂停哺乳，18岁以下儿童不宜用。本药为冻干粉针剂，应在2~8℃保存，并对溶液配制有特殊要求。

米卡芬净（micafungin）

抗真菌作用机制同卡泊芬净，目前主要用于侵袭性曲霉菌病的治疗。不良反应少，可有发热、头痛、腹痛、腹泻、静脉炎和肝功能异常，一般不需停药。

阿尼芬净（anidulafungin）

较同类药物有更广谱的抗菌活性。静脉注射用于治疗侵袭性念珠菌病和念珠菌血症的成人患者，也适用于其他类型的念珠菌感染如腹腔脓肿、腹膜炎和食管念珠菌病。本药不良反应相对较少。

利拉萘酯（liranaftate）

利拉萘酯属角鲨烯环氧化酶抑制剂，通过阻碍真菌细胞膜成分麦角甾醇的合成发挥作用。抗真菌作用更强，抗菌谱更广。本药对皮肤癣菌、暗色真菌、双向真菌、其他霉菌和酵母菌有抗菌活性。

阿莫罗芬（amorolfine）

本药通过干扰真菌细胞膜中麦角甾醇的生物合成发挥抗真菌作用，对白念珠菌和皮肤癣菌作用更好。主要采用搽剂等外用剂型，用于治疗浅部真菌病，对甲癣治疗效果较好。不良反应主要有局部刺激感、痒感、局部发红等。

> ② **课堂问答：**
> 请同学们思考并回答，浅部真菌感染和深部真菌感染多可以选用哪些药物治疗？

四、抗真菌药的用药指导

（一）用药前

真菌感染的类型较多，应提示根据真菌类型选药，确定剂型及给药方法。

1. **浅部真菌感染** 如手、脚、头癣病多采外用咪康唑、酮康唑和联苯苄唑，也可以选用十一烯酸、水杨酸等酸性制剂；如果感染面积较大，如体癣等，可口服特比萘芬、灰黄霉素；顽固的浅部真菌感染可口服伊曲康唑。

2. **深部真菌感染** 以酵母菌属最为常见，主要是白念珠菌引起的鹅口疮、肠炎等，一般用制霉菌素、特比萘芬、酮康唑、联苯苄唑、咪康唑等，局部或口服均可。其他类型的深部真菌感染，如隐球菌属、球孢子菌属的感染大多都很严重，应在病原学检查和药物敏感试验的基础上确定用药，两性霉素B因毒性大而应用受限，此类感染宜采取静脉给药。

（二）用药中

1. 部分口服抗真菌药在酸性环境中易溶解吸收，故不能与抗酸药、抗胆碱药和H_2受体拮抗药同服，必要时至少间隔2小时以上。灰黄霉素需要同时进食脂肪餐促进其吸收。

2. 真菌治疗普遍疗程较长，治疗浅部真菌感染的疗程一般为数周至数月。为降低毒性，可根据药物在皮肤和甲组织中保留有效浓度的时间，合理间隔给药。深部真菌感染应以标本培养转阴作为疗效评价的主要依据，避免复发。用药期间应定期做血钾、血常规、尿常规、肝肾功能和心电图检查。

3. 静脉滴注两性霉素B可引起发热和疼痛，故静脉滴注浓度不超过0.1mg/ml，静脉滴注前预防性应用解热镇痛药和抗组胺药，或于滴注液中加入生理量的氢化可的松或地塞米松。

（三）用药后

1. 教育患者浅部真菌感染极易复发且具有一定的传染性，要注意个人卫生，接触衣物经常清洗和消毒。深部真菌患者大多有免疫缺陷或营养不良等诱因，与滥用抗生素也有相关性，应提示医护人员注意消除可能的诱因，提高治愈率。

2. 口服或静脉给予抗真菌药会产生明显的肝、肾毒性，且出现较晚，在停药后应继续观察机体的各项指标和反应，以防出现器官损害。

药学服务岗位操作实践

岗位情境：

本章情境导入中患儿患念珠菌性肠道感染，家长质疑为何选用制霉菌素口服治疗，而不是选用其他药物注射给药，请模拟药师作出解答。

操作流程：

1. 应耐心细致地接待患儿家长，安抚其情绪，在用药前，告知该病由念珠菌感染所致，制霉菌素因口服吸收较少，肠道局部浓度高，且毒性较小，治疗效果较好，比静脉给予氟康唑进行全身治疗更为合理。

2. 同时根据患儿家长疑惑，有重点地介绍其他抗真菌药如氟康唑、特比萘芬等都可治疗此病。但采取口服容易被吸收，治疗肠道感染疗效较差；如采用静脉注射氟康唑等，不良反应较多，除非危重病症，一般不适宜婴幼儿使用。

3. 在患儿用药后，提示家长，患儿有菌群失调症倾向，与前期使用多种抗生素，影响了正常的菌群分布等有关。

4. 如果患儿家长愿意，可以关注药房公众号或建立更方便的联系方式，后续跟进，提供更全面周到的药学服务。

思考与练习

一、 **单项选择题**

1. 以下抗真菌药中，静脉滴注时常见寒战、高热、呕吐的是（   ）
   A. 氟康唑　　　　　　B. 两性霉素B　　　　　C. 制霉菌素
   D. 克霉唑　　　　　　E. 酮康唑

2. 氟康唑治疗以下哪种真菌感染效果最好（   ）
   A. 隐球菌性脑膜炎　　B. 甲癣（灰指甲）　　　C. 白念珠菌引起的鹅口疮
   D. 花斑癣　　　　　　E. 足癣（脚气）

3. 以下对甲癣（灰指甲）最有效的药物是（   ）
   A. 灰黄霉素　　　　　B. 制霉菌素　　　　　　C. 克霉唑
   D. 伊曲康唑　　　　　E. 酮康唑

4. 可用于治疗甲癣、足癣、体癣和股癣等浅表性真菌感染的丙烯胺类药物是
   （   ）
   A. 氟胞嘧啶　　　　　B. 伏立康唑　　　　　　C. 卡泊芬净
   D. 特比萘芬　　　　　E. 两性霉素B

5. 以下治疗中性粒细胞减少伴发热的真菌感染药物是（   ）
   A. 两性霉素B　　　　B. 氟康唑　　　　　　　C. 阿莫罗芬
   D. 特比萘芬　　　　　E. 环丙酮胺

二、 **简答题**

1. 常用抗真菌药可以分为哪几类？各举一代表药并说明其特点。

2. 两性霉素B有哪些不良反应？如何防治？

3. 新型抗真菌药有哪些？举例说明其特点。

案例分析：患儿，女，4岁。因手臂丘疹到医院就诊，口述瘙痒已经持续了几天，并且丘疹越来越大，家人没有此类情况。患儿没有发热和其他症状，最近也没有食用新的食物、服用新的药物或使用新的洗手液和肥皂。检查皮肤可以看到左前臂有多个圆形斑疹，可见红色突起的边界，中心清楚，其他检查正常，诊断为：体癣，拟采用克霉唑乳膏局部外用治疗。

请思考并讨论：①治疗真菌感染的药物有哪些？②可否用克霉唑片进行口服治疗？③如何在药学服务中体现出职业素养和专业精神？

（张振莲）

第三十九章
抗病毒药

学习目标

知识目标：

- 熟悉　治疗常见病毒感染药物的主要特点和抗人类免疫缺陷病毒（HIV）药主要类别。
- 了解　常用抗病毒药的用药指导原则。

技能目标：

- 学会　根据病毒感染需要，开展用药咨询服务，进行用药指导的基本技能。

素质目标：

- 具有尊重、关心病毒性疾病患者，开展抗病毒要合理用药岗位服务的专业精神和职业素养。

🔄 情境导入

情境描述：

　　小美今年4岁，活泼可爱，在幼儿园上中班，1周前班里有小朋友相继发热、生麻疹。昨天，小美突然发热，体温37.9℃，面部、躯干、四肢皮肤均见淡红色斑疹，部分皮疹中央部有似露珠样小水疱，入院查体疱疹刮片查到多核巨细胞，诊断为水痘。给予抗病毒药阿昔洛韦静脉滴注治疗，同时配合补液，局部使用收敛止痒药物等，几天后小美症状逐渐消失，脸上又露出了开心的笑容。

学前导语：

　　同学们，水痘是病毒感染引起的急性传染病，也是常见病和多发病，及早采用抗病毒药物治疗效果较好。本章将介绍抗病毒药的有关知识，为今后的岗位工作打下良好基础。

病毒是体积最小的原始微生物，临床感染性疾病中80%~85%是由病毒引起的，如流行性感冒、传染性肝炎、腮腺炎、麻疹、脊髓灰质炎等。病毒由于其严格的胞内寄生特性和病毒复制时依赖于宿主细胞的许多功能，因此，疗效确切、安全低毒的高选择性抗病毒药很少。目前治疗病毒感染性疾病还主要依赖于疫苗、抗体、干扰素等免疫学手段，以增强宿主细胞的抗病毒能力。本章介绍的抗病毒药主要通过干扰或抑制病毒复制、转录、翻译等功能发挥作用。主要有抗流感病毒药、抗疱疹病毒药、抗肝炎病毒药和抗人类免疫缺陷病毒药等。干扰素等免疫调节药物见第四十三章有关内容。

第一节 常用的抗病毒药

一、抗流感病毒药

利巴韦林（ribavirin，病毒唑）

本药的抗病毒谱较广，可抑制多种DNA和RNA病毒的复制，也可抑制病毒mRNA的合成。对甲型流感病毒、乙型流感病毒、呼吸道合胞病毒、副流感病毒、丙型肝炎病毒等均有抑制作用。临床用于呼吸道合胞病毒引起的病毒性支气管炎及肺炎，慢性丙型肝炎的治疗，以及通过滴鼻给药防治病毒性上呼吸道感染。

本药采用气雾剂等通过鼻黏膜吸收时不良反应较少，口服或静脉给药时部分患者可出现头痛、腹泻、乏力等。大剂量使用可导致白细胞减少及可逆性贫血等。致畸性较强，孕妇禁用。

金刚烷胺（amantadine）、金刚乙胺（rimantadine）

两药均可特异性地抑制甲型流感病毒，大剂量也可抑制乙型流感病毒和风疹病毒等。临床主要用于甲型流感的预防和治疗，也常作为治疗感冒的复方制剂的成分之一。金刚烷胺还可以治疗帕金森病。本药的不良反应主要有嗜睡、眩晕及胃肠道反应等。孕妇慎用，哺乳期妇女禁用。

奥司他韦（oseltamivir）

本药是神经氨酸酶的特异性抑制药，通过抑制神经氨酸酶抑制成熟的流感病毒脱离宿主细胞，来发挥抗病毒作用。临床主要用于甲型和乙型流感的预防和治疗。在流感症状出现36小时内开始给药，连续用药5天，可明显改善流感症状和病程，并可减少并发症的发病率。

不良反应主要有：①消化道系统症状，如恶心、呕吐、腹泻、腹痛等；②呼吸系统症状，如咳嗽、多痰等；③中枢神经系统症状，如眩晕、头痛、失眠、疲劳等。

二、抗疱疹病毒药

阿昔洛韦（aciclovir，无环鸟苷）

本药口服吸收率约20%，必要时可静脉给药以提高血药浓度，主要经肾排出。本药为疱疹病毒感染的首选药之一，尤其是单纯疱疹病毒感染如角膜炎、皮肤黏膜感染、生殖器疱疹和带状疱疹等；也可与其他药物合用治疗乙型肝炎等。

不良反应相对较少，可见胃肠道反应及局部刺激症状，不宜肌内注射。孕妇禁用，肾功能不全者慎用。

伐昔洛韦（valaciclovir）

本药在体内水解为阿昔洛韦发挥作用，作用及适应证均相同。主要特点是口服吸收完全、体内持续时间较长，适于治疗带状疱疹，也可用于预防单纯性疱疹病毒感染的复发。不良反应同阿昔洛韦而略轻。

阿糖腺苷（vidarabine，Ara-A）

本药通过抑制DNA聚合酶而抑制病毒DNA的合成。临床用于单纯疱疹病毒性脑炎、角膜炎、新生儿单纯疱疹，免疫抑制患者的带状疱疹和水痘感染，以及乙型肝炎等感染。局部用药可治疗单纯疱疹病毒性角膜炎。

不良反应主要是眩晕和消化道反应，剂量过大偶见骨髓抑制、白细胞和血小板计数减少等。孕妇禁用。

碘苷（idoxuridine，疱疹净）

本药可抑制单纯疱疹病毒和水痘病毒，对RNA病毒无效。由于亦能影响宿主细胞的DNA，故全身应用毒性较大。目前仅限于局部给药用于单纯疱疹病毒所导致的急性疱疹性角膜炎、结膜炎。

局部反应有眼部刺痛、痒、水肿等。偶见过敏反应。

膦甲酸钠（foscarnet sodium）

本药口服吸收差，临床采用外用或静脉给药。本药毒性大，用于对阿昔洛韦耐药的免疫缺陷者的皮肤黏膜单纯疱疹病毒感染或带状疱疹病毒感染。不良反应主要为电解质紊乱，如低钙血症、高钙血症、低钾血症等，还可引起头痛、乏力等。

三、抗肝炎病毒药

拉米夫定（lamivudine）

本药能有效抑制乙型肝炎病毒的复制，用于乙型肝炎的治疗，能减轻或阻止肝纤维化。常见的不良反应有头痛、失眠、疲劳和腹泻等，长期使用病毒可发生变异产生耐药性。

恩替卡韦（entecavir）

本药属于鸟嘌呤核苷类似物，具有较强的抗乙肝病毒作用，长期应用耐药的发生率低于拉米夫定，可有效治疗慢性乙型病毒性肝炎。常见不良反应包括头痛、疲劳、眩晕、恶心等，不可突然停药，以免乙肝病情反跳性复制，加重病情。

同类药物还有替诺福韦等。

四、抗人类免疫缺陷病毒药

➡ **药学思政:**···

获得性免疫缺陷综合征应积极治疗，阻断病毒传播

12月1日是"世界艾滋病日"。截至2020年底，我国有约105万人类免疫缺陷病毒感染者，累计死亡人数35万，近年来，青年学生成人类免疫缺陷病毒感染高发人群。获得性免疫缺陷综合征（又称艾滋病）目前没有特效药治疗，也没有有效的疫苗能够预防感染获得性免疫缺陷综合征，但通过正规抗病毒治疗，可以大大延长寿命。

获得性免疫缺陷综合征患者大多在面临令人绝望的病情的时候，也缺乏相应的人文关怀。作为药学专业的学生，在建立自身防护意识以外，还应学会用科学、宽容的态度对待获得性免疫缺陷综合征患者，减轻其心理负担、增强用药的依从药，帮助其建立健康道德的行为规范，可提高疾病的社会控制效果。

请同学们围绕上述内容，开展进一步的讨论，并提升个人思想认识。

···

目前抗人类免疫缺陷病毒药（简称抗HIV药）共有六大类30多种药物，分别为核苷类反转录酶抑制剂（NRTI）、非核苷类反转录酶抑制剂（NNRTI）、蛋白酶抑制剂（PI）、整合酶抑制剂（INSTI）、融合抑制剂（FI）及趋化因子受体5（CCR5）抑制剂。

国内的抗反转录病毒治疗药物为前五大类。

（一）核苷类反转录酶抑制剂

NRTI 为最早使用的抗 HIV 药，可以与脱氧核苷竞争性地结合反转录酶，从而抑制 HIV 的复制。本类药物主要有齐多夫定、拉米夫定、阿巴卡韦、替诺福韦等，抗病毒活性高，生物利用度好，抗获得性免疫缺陷综合征的短期效果最好，是治疗获得性免疫缺陷综合征的首选药。但有抑制骨髓的严重不良反应，并且连续用药 6 个月后容易产生耐药性。

（二）非核苷类反转录酶抑制剂

非核苷类反转录酶抑制剂通过与反转录酶的非底物结合部位结合，而抑制 HIV 反转录酶的活性。该类药物主要有去羟肌苷（didanosine）、奈韦拉平、地拉夫定（delavirdine）、依非韦仑（efavirenz）等。

（三）蛋白酶抑制剂

本类药通过抑制 HIV 蛋白酶的活性，使被感染的宿主细胞产生不成熟并且无感染能力的 HIV 病毒颗粒。常用药物有利托那韦（ritonavir）、沙奎那韦（saquinavir）、茚地那韦（indinavir）、奈非那韦（nelfinavir）。该类药物需与齐多夫定等核苷类联用，即高效抗反转录病毒治疗（联用 3 种或 3 种以上的抗病毒药物进行治疗），又称"鸡尾酒疗法"，可减少耐药性和不良反应。

🔗 **知识链接：**

人类免疫缺陷病毒暴露后的阻断用药

如果明确有人类免疫缺陷病毒（HIV）高危暴露，是不是只剩被动感染了？不是的，还有一种 HIV 阻断药可以用来避免感染。

HIV 阻断药是在发生了高危行为之后，用来防止 HIV 病毒扩散的药。最佳的阻断时间是暴露后 2 小时，成功率一般可达到 99%；之后成功率逐渐下降，但在 72 小时内，依然有阻断效果。

在我国，常用方案都是三联用药，目前首选的阻断方案是拉替拉韦联合恩曲他滨和替诺福韦一起服用。HIV 阻断药在医院门诊就可以获取，如果是非上班时间，可以到急诊科，一般在 2 小时之内就可以获取药物。

（四）其他

类型	作用机制	代表药物
整合酶抑制剂	抑制逆转录病毒复制过程，阻断催化病毒DNA与宿主染色体DNA的整合	拉替拉韦、埃替拉韦
融合抑制剂	阻止病毒进入到宿主细胞内	艾博卫泰
CCR5抑制剂	阻断病毒的感染	马拉韦罗（maraviroc）

第二节 抗病毒药的用药指导

一、用药前

应重点向医护人员和患者介绍抗病毒药物治疗的实际意义。

1. 病毒感染性疾病多为自限性疾病，一般采用对症治疗或辅助治疗手段，通过提高机体免疫功能来发挥治疗作用。此外，病毒的突变率高，极易发生耐药性，故多数抗病毒药临床疗效有限。

2. 选择的理想抗病毒药应对细胞内的病毒具有高度选择性。如阿昔洛韦等对疱疹病毒，拉米夫定对乙型肝炎病毒，奥司他韦对流感病毒的作用较为肯定。

3. 临床多将作用于HIV不同环节的药物联合使用，即将包括两种不同机制的反转录酶抑制剂以及蛋白酶抑制剂等多种药物联合长期使用，降低了耐药的发生率，取得了显著疗效。

二、用药中

1. 免疫功能正常的患者感染流感等疾病时，一般5~7天均可痊愈，如使用药物则疗程较短，不良反应较轻。乙型肝炎等慢性病毒感染的疗程多超过6个月，HIV患者则需要终身给药，针对上述情况应重点监测中枢神经系统、血液系统、肝肾功能、物质代谢功能等。注意患者是否出现疲乏、眩晕、共济失调、代谢紊乱等症状。

2. 治疗效果不佳的病毒性感染多由耐药性所致，应及时更换药物。HIV携带者应坚持规律用药，避免漏服或药量不足，减少耐药性发生，必要时更换新一代的反转录酶抑制药或加用HIV蛋白酶抑制药，定期检查CD_4^+等特异性指标配合HIV耐药性检测可作为优化HIV药物治疗方案的主要依据。

三、用药后

鉴于病毒性疾病多发，且具有传染性和治疗效果不理想的情况，应重点做好健康教育。

1. 宣传病毒性疾病以预防为主的策略，很多病毒感染疾病有相应的疫苗，比如乙型肝炎、水痘等，应提倡预防接种；其他病毒性疾病应从提高免疫力等方面入手，免疫功能低下者，在疾病流行期确有必要预防性地应用免疫调节药如胸腺素等。

2. 获得性免疫缺陷综合征目前没有疫苗可以预防，普及正确的防控知识和技能是预防获得性免疫缺陷综合征的重要措施。

3. 教育患者健康的生活方式和积极乐观的精神状态可以提高免疫力，有利于病毒性感染的治疗。

药学服务岗位操作实践

岗位情境：

杜阿姨今年59岁，最近几年冬季嘴周围常长疱疹，5天前唇上部出现发红、发痒，有烧灼感，随即出现水疱，疱小成簇，疱液清亮红斑，自感刺痒、灼热，且这两天有加重，即到药店找王药师咨询购买药物。请完成以下任务。

1. 杜阿姨唇上长的是什么，应该推介什么药物？

2. 应向提醒杜阿姨介绍哪些用药注意事项？

操作流程：

1. 首先细致耐心地接待杜阿姨，告知她是疱疹病毒感染，阿昔洛韦是目前较为理想的治疗药物，可使用阿昔洛韦软膏外用。

2. 根据患者病情和精神状态，为提高用药依从性，可从用药前、用药中、用药后三个阶段对其进行用药指导。

（1）用药前：提醒杜阿姨疱疹可通过直接或间接接触传播，生活中应注意防护。

（2）用药中：涂药时可使用棉签，一日涂药4~6次，吃东西前需将残留的药洗净。注意患处清洁干燥，避免局部细菌感染。如连续使用7日，症状未缓解，请咨询医师。

（3）用药后：疱疹容易复发，治愈后应加强锻炼，改变生活习惯，提高免疫力，降低复发率。

3. 若杜阿姨愿意，可关注药店有关媒体平台，获得更为全面、周到的药学服务。

章末小结

本章主要介绍了治疗流感病毒、疱疹病毒、肝炎病毒、人类免疫缺陷病毒的常用药物。其中重点是代表性药物的主要特点，难点是有关药物的不良反应和防控。同时应掌握抗病毒治疗需要提高抗体免疫力，还需要联合用药，提高疗效，减少耐药性发生。还应了解抗HIV药物的治疗进展和防控原则，积极开展健康教育等。

思考与练习

一、单项选择题

1. 以下不属于抗病毒药的是（　　　）
   A. 金刚烷胺　　　　　B. 阿糖腺苷　　　　　C. 氟胞嘧啶
   D. 拉米夫定　　　　　E. 干扰素

2. 以下是疱疹病毒感染首选药的是（　　　）
   A. 阿昔洛韦　　　　　B. 利巴韦林　　　　　C. 阿糖腺苷
   D. 碘苷　　　　　　　E. 膦甲酸钠

3. 以下既用于治疗乙肝病毒感染，又可以治疗HIV感染的药物是（　　　）
   A. 阿昔洛韦　　　　　B. 利巴韦林　　　　　C. 阿糖腺苷
   D. 拉米夫定　　　　　E. 利托那韦

4. 以下属于非核苷类反转录酶抑制剂的是（　　　）
   A. 齐多夫定　　　　　B. 拉米夫定　　　　　C. 替诺福韦
   D. 利托那韦　　　　　E. 依非韦伦

5. 以下属于HIV蛋白酶抑制剂的是（　　　）

A. 齐多夫定　　　　　B. 拉米夫定　　　　　C. 依非韦伦

D. 利托那韦　　　　　E. 替诺福韦

二、简答题

1. 利巴韦林、阿昔洛韦和拉米夫定主要治疗哪些病毒性疾病？

2. 抗HIV药有哪几类？各举出一个代表药物。常用的抗病毒治疗方案由哪些药物组成，应如何做好用药指导？

3. 结合本章案例，讨论如何在药学服务工作中体现职业素养和专业精神？

（潘　莉　张　庆）

第四十章
抗寄生虫药

学习目标

知识目标:

- 熟悉　氯喹、青蒿素、伯氨喹、乙胺嘧啶等抗疟药的作用与用途和不良反应。
- 了解　抗肠蠕虫药的驱虫谱和不良反应,抗阿米巴病药、抗血吸虫病药、抗丝虫病药的主要特点,常用抗寄生虫药的用药指导原则。

技能目标:

- 学会　根据疟疾、阿米巴病、肠虫病治疗需要,进行抗寄生虫药用药指导的基本技能。

素质目标:

- 具有尊重、关心寄生虫病患者,开展合理用药岗位服务的专业精神和职业素养。

情境导入

情境描述:

　　某公司经理王先生要赴非洲洽谈工程项目,出发前进行健康体检,主检医师嘱其于出发前1周开始口服乙胺嘧啶片,每周1次,每次25mg。回国后继续应用1个月。

学前导语:

　　同学们想知道医生的用药目的吗?通过本章的学习,了解抗寄生虫药的应用,同学们的疑问就迎刃而解了。

第一节　抗疟药

疟疾是由疟原虫引起、由雌性按蚊传播的传染病，以间歇性寒战、高热、出汗和脾大、出血等为特征。根据临床表现分为良性疟（间日疟、三日疟）和恶性疟。抗疟药是用来预治疟疾的药物，通过影响疟原虫生活史（图40-1）发挥不同作用，具体可分为三类：①主要用于控制症状的药物，如氯喹、奎宁、青蒿素等；②主要用于控制复发和传播的药物，如伯氨喹等；③主要用于病因性预防的药物，如乙胺嘧啶等。

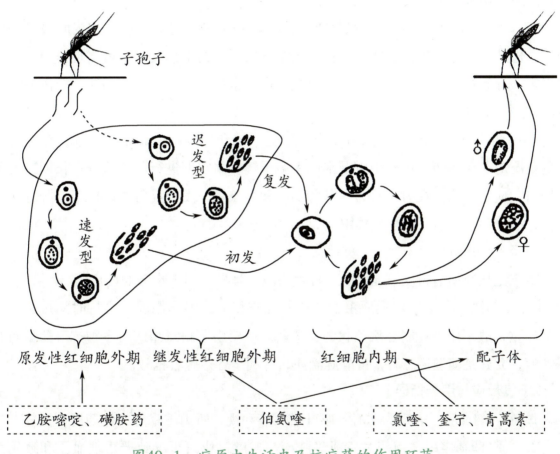

图40-1　疟原虫生活史及抗疟药的作用环节

一、主要用于控制症状的抗疟药

氯喹（chloroquine）

本药是人工合成的4-氨基喹啉类衍生物。口服吸收快而完全，1~2小时即可达到血药浓度的高峰。

【作用与用途】

1. 抗疟作用 能杀灭红细胞内期疟原虫。起效快、疗效高、作用持久，为控制疟疾临床症状的首选药。服药后24~48小时内临床症状消退，48~72小时血中的疟原虫消失。对其他各期疟原虫无效，故不能作病因性预防，也不能阻断疟疾传播。对非迟发型红外期的恶性疟有根治作用。

2. 抗肠外阿米巴病作用 氯喹对阿米巴滋养体有强大的杀灭作用，口服后肝内浓度高，是治疗肠外阿米巴病的常用药。肠内药物浓度低，对阿米巴痢疾无效。

3. 免疫抑制作用 大剂量的氯喹能抑制免疫反应，对类风湿关节炎、系统性红斑狼疮等疾病有一定疗效。

【不良反应】治疗剂量时少且轻微，偶有轻度头晕、胃肠道反应和皮肤瘙痒、皮疹等，停药后迅速消失。长期或大量应用常见较严重的不良反应，可出现角膜和视网膜损害，导致视力障碍；少数患者可引起心律失常；对听力、肝肾功能、造血系统等也有较严重的毒性。

【用药指导】用药前建议患者重点对感觉系统和神经系统做用药评估，存在潜在高危情况应避免用药；用药中应嘱咐患者戴墨镜，并定期进行眼科检查；长期或大量应用时，应定期检查视力、听力、肝肾功能和血象等，发现异常立即停药。肝肾功能不全、心脏病患者慎用；孕妇禁用。

奎宁（quinine）

奎宁是从金鸡纳树皮中提取的一种生物碱，是最早用于临床的抗疟药。

【作用与用途】奎宁对疟原虫的作用与氯喹相似，但作用弱，维持时间短，不良反应严重，故不作为控制疟疾症状的首选药。主要用于耐氯喹或对多种抗疟药耐药的恶性疟，尤其是脑型疟患者，可静脉滴注，有利于昏迷患者抢救。

【不良反应与用药指导】

1. 金鸡纳反应 表现为恶心、呕吐、头痛和视、听力下降等，停药后可恢复。

2. 心脏抑制作用 用药过量或静脉给药速度过快时可导致严重低血压和致死性心律失常。故静脉用药时应缓慢滴入，并密切观察患者的心脏和血压变化，禁止静脉推注。

3. 特异质反应 极少数先天性葡萄糖-6-磷酸脱氢酶（G-6-PD）缺乏的患者和恶性疟患者即使应用小剂量也可诱发严重的急性溶血。对有药物溶血史者禁用，用药期间发现尿液呈酱油色或严重贫血时应立即停药。

4. 兴奋子宫平滑肌可诱发早产、流产，故孕妇禁用。

青蒿素（artemisinin）

本药是我国学者从菊科植物黄花蒿中提取的一种萜类成分，为新型、高效、速效、低毒的抗疟药，现已能人工合成。主要用于治疗间日疟和恶性疟，与氯喹的交叉耐药性不明显。临床主要用于对氯喹耐药的疟原虫感染和脑型疟的抢救。但作用时间短，用量和疗程不足时复发率高，与其他抗疟药联合应用可降低复发率。

不良反应相对较少，少数患者有恶心、呕吐、腹痛、腹泻、四肢麻木及血清氨基转移酶轻度升高。注射部位较浅时易引起局部疼痛和硬块，宜深部肌内注射。孕妇慎用。

⬅ 药学思政 ⋅⋅

青蒿素的发现

1972年，中国科学家屠呦呦等人从菊科植物黄花蒿中提取出了新型抗疟药青蒿素，随后又陆续合成了三个衍生物：双氢青蒿素、蒿甲醚和青蒿琥酯。上述药物能够迅速、有效、安全地治疗间日疟和恶性疟，并且对耐氯喹的疟原虫有效，在国内外得到广泛应用和好评。2011年9月，屠呦呦获得拉斯克临床医学奖，2015年10月获得诺贝尔生理学或医学奖，获奖理由是"因为发现青蒿素——一种用于治疗疟疾的药物，挽救了全球特别是发展中国家数百万人的生命"。这是我国科学家对人类作出的巨大贡献，在医学史上具有里程碑式的意义。科学家们的创新思维能力和献身科学的精神值得我们每位药学工作者认真学习。

二、主要用于控制复发和传播的抗疟药

伯氨喹（primaquine）

本药口服吸收迅速而完全。对继发性红外期的疟原虫迟发型子孢子和各种疟原虫的配子体均有较强的杀灭作用，是目前用于预防良性疟复发和控制疟疾传播的首选药物，由于对红内期作用弱，因此不能用于控制症状。

本药的毒性较大。治疗量即可出现头晕、恶心、呕吐、腹痛、发绀等，停药后逐渐消失。少数G-6-PD缺乏者可发生严重的急性溶血性贫血和高铁血红蛋白血症。有蚕豆病史及其家族史者禁用。

用药前应确定患者的疟疾症状得到有效控制，并提示有用药禁忌者不得使用；用药过程中如发生急性溶血性贫血，应立即停药，给予地塞米松或泼尼松等，严重者输

血；如发生高铁血红蛋白血症，可静脉注射亚甲蓝1~2mg/kg。G-6-PD缺乏者禁用。孕妇及肝肾功能不全患者慎用。

🔍 案例分析 --

案例：

王女士，35岁，因寒战、高热、出汗等症状周期性发作就诊。由于王女士半个月前曾到东南亚旅游，血涂片检查发现疟原虫，诊断为间日疟。治疗方案：①氯喹：首剂1g，第2日、第3日各0.5g，顿服；②伯氨喹：每日39.6mg，顿服，连服8日。由于王女士对自己反复发作的病情感到非常焦虑，医生耐心地进行了心理疏导，解释了用药原因，并指导其合理用药。

分析：

1. 疟疾治疗既要控制症状，又要防止复发及传播。氯喹起效快、疗效高、作用持久，为控制疟疾症状的首选药；伯氨喹是预防间日疟复发和控制疟疾传播的首选药物，但不能用于控制症状。所以两药合用既能控制症状，又能防止复发及传播。

2. 关心患者的情绪状态，指导其合理用药及饮食调整，嘱咐患者注意休息。

三、主要用于病因性预防的抗疟药

乙胺嘧啶（pyrimethamine）

本药是人工合成的非喹啉类抗疟药，口服吸收慢而完全，主要经肾排泄，$t_{1/2}$为4~6天，作用持久，用药后有效血药浓度可维持2周。其作用机制是抑制疟原虫的二氢叶酸还原酶，干扰疟原虫的叶酸代谢。乙胺嘧啶对恶性疟及间日疟的原发性红细胞外期有抑制作用，是疟疾病因性预防的首选药。对红细胞内期未成熟的裂殖体也有抑制作用，但对已成熟的裂殖体无效。起效慢，不用于疟疾发作期的治疗。不能直接杀灭配子体，但能抑制蚊体内的有性生殖，起到阻断传播的作用。

本药毒性低，治疗量不良反应较轻。长期大剂量应用可干扰人体叶酸代谢，引起叶酸缺乏症或导致巨幼红细胞贫血，停药或应用亚叶酸钙可逐渐恢复。药物带有甜味，易被儿童大量误服中毒，表现为恶心、呕吐、发热、发绀、惊厥甚至死亡，应妥善保管。肾功能不全者慎用；孕妇、哺乳期妇女禁用。

第二节　抗肠道蠕虫病药和其他抗寄生虫药

一、抗肠道蠕虫病药

　　肠道蠕虫分为肠道线虫、肠道绦虫和肠道吸虫三大类。肠道线虫包括蛔虫、蛲虫、钩虫和鞭虫等，在我国肠道蠕虫病以肠道线虫感染最为普遍。抗肠道蠕虫病药是驱除或杀灭肠道蠕虫的药物。临床常用抗肠道蠕虫病药的特点比较见表40-1。

表40-1　抗肠道蠕虫病药的特点比较

药物	抗肠道蠕虫的作用					主要不良反应及用药须知
	蛔虫	蛲虫	钩虫	鞭虫	绦虫	
甲苯咪唑（mebendazole）	√	√	√	√	√	大剂量偶见氨基转移酶升高、脱发、粒细胞减少等。孕妇、哺乳期妇女、2岁以下的儿童、肝肾功能不全者禁用
阿苯达唑（albendazole）	√	√	√	√	√	大剂量偶见白细胞减少和氨基转移酶升高。孕妇、哺乳期妇女、2岁以下的儿童、肝肾功能不全者禁用
左旋咪唑（levamisole）	√	√	√			剂量过大偶见粒细胞减少、肝功能减退。妊娠早期、肝肾功能不全者禁用
噻嘧啶（pyrantel，抗虫灵）	√	√	√			偶见氨基转移酶升高。肝肾功能不良、溃疡病、心脏病患者慎用，孕妇及2岁以下的儿童禁用
哌嗪（piperazine，驱蛔灵）	√	√				大剂量可引起神经系统反应，如嗜睡、眩晕、眼球震颤、共济失调、肌肉痉挛等。1岁以上的幼儿均可使用。孕妇、肝肾功能不全和神经系统疾病者禁用
氯硝柳胺（niclosamide，灭绦灵）					√	不良反应少，可引起胃肠道反应

注：√表示药物对该蠕虫有疗效。

治疗肠道蠕虫病要病原治疗与对症治疗相结合，预防为主、防治结合，控制感染率和发病率。病原治疗须根据患者感染肠虫的种类、病情轻重、药物疗效、药物不良反应、个人或是集体治疗等情况，合理选择驱虫药物。抗肠道蠕虫病药的合理选择可参考表40-2。

表 40-2　常用抗肠道蠕虫病药的适应证和合理选用

适应证	首选药物	次选药物
蛔虫感染	甲苯咪唑、阿苯达唑	噻嘧啶、哌嗪、左旋咪唑
蛲虫感染	甲苯咪唑、阿苯达唑	噻嘧啶、哌嗪、左旋咪唑
钩虫感染	甲苯咪唑、阿苯达唑	噻嘧啶、左旋咪唑
鞭虫感染	甲苯咪唑	阿苯达唑
绦虫感染	吡喹酮	氯硝柳胺

二、抗阿米巴病药

阿米巴病由溶组织阿米巴原虫感染引起。根据感染部位不同分为肠内阿米巴病和肠外阿米巴病。其原发病变在结肠黏膜，结肠壁中的阿米巴原虫可随血液进入肝、肺、脑等器官引起继发性脓肿。根据药物的作用部位，该类药物可分为：① 抗肠内、肠外阿米巴病药，如甲硝唑、依米丁等；② 抗肠外阿米巴病药，如氯喹等；③ 抗肠内阿米巴病药，如二氯尼特、卤化喹啉类。

甲硝唑（metronidazole）

本药为人工合成的5-硝基咪唑类化合物。口服吸收迅速而完全，体内分布广泛，能渗入全身组织和体液，可通过胎盘屏障和血脑屏障，脑脊液中可达到有效药物浓度。

【作用与用途】

1. 抗阿米巴原虫作用　对肠内、肠外阿米巴滋养体均有强大的杀灭作用，是治疗肠内、肠外阿米巴病的首选药。但肠腔内的药物浓度偏低，单用甲硝唑治疗阿米巴痢疾复发率较高，宜与抗肠内阿米巴病药合用。

2. 抗滴虫作用　对阴道滴虫有直接杀灭作用，是治疗阴道滴虫病的首选药。疗效好、口服方便、毒性小、适应范围广，口服后可分布于阴道分泌物、精液和尿液中，对女性和男性泌尿生殖道滴虫感染都有良好疗效。

3. 抗厌氧菌作用　是治疗厌氧菌感染的首选药物（详见第三十六章）。

4. 抗贾第鞭毛虫作用　是治疗贾第鞭毛虫感染的首选药物，治愈率达90%。

【不良反应】

1. 胃肠道反应　常见恶心、食欲减退、口内金属味，偶见呕吐、腹痛、腹泻、舌炎。

2. 过敏反应　少数患者出现荨麻疹、红斑、瘙痒等症状，停药后即可恢复。

3. 神经系统反应　少数患者出现眩晕、惊厥、共济失调和肢体感觉异常等症状。一旦出现，应立即停药。

4. 双硫仑反应　甲硝唑可抑制乙醛脱氢酶，导致乙醛堆积，出现血压下降、意识模糊，甚至昏迷等中毒症状。用药前后应禁酒，也包括含有乙醇的制剂或饮料等。

本药妊娠早期、哺乳期妇女禁用。

其他抗阿米巴病药见表40-3。

表40-3　其他抗阿米巴病药的特点比较

药物	作用特点和用途	主要不良反应
替硝唑 （tinidazole，替尼达唑）	是甲硝唑的衍生物，其作用与甲硝唑相似，作用维持时间较甲硝唑久	不良反应与甲硝唑相似，毒性略低
依米丁 （emetine，吐根碱） 去氢依米丁 （dehydroemetine）	对肠壁和肠外滋养体有作用，用于急性阿米巴痢疾与阿米巴肝脓肿；对肠腔内滋养体无效，不宜用于慢性阿米巴痢疾	毒性大，主要引起心脏毒性，应在医师监护下使用；孕妇、儿童和患有心、肝、肾疾病者禁用
喹碘方 （chiniofon） 双碘喹啉 （diiodohydroxyquinoline） 氯碘羟喹 （clioquinol）	口服吸收少，在肠腔内浓度较高；主要用于慢性阿米巴痢疾及无症状排包囊者；对肠外阿米巴病无效	长期大量应用可引起严重的视觉障碍，许多国家已禁用或限用；甲亢、肝肾功能不良及对碘过敏者禁用
二氯尼特 （diloxanide）	为目前最有效的杀包囊药物，对无症状排包囊者有良好疗效；对慢性阿米巴痢疾有效；对肠外阿米巴病无效	不良反应轻，偶有恶心、呕吐等

药物	作用特点和用途	主要不良反应
巴龙霉素 （paromomycin）	为氨基糖苷类抗生素，口服吸收少，肠腔内浓度高；主要用于急性阿米巴痢疾	胃肠道反应
氯喹 （chloroquine）	口服吸收迅速完全，肝脏内的药物浓度高，肠壁药物浓度很低；对肠内阿米巴病无效，仅用于甲硝唑治疗无效或存在禁忌的阿米巴肝脓肿	长期大剂量应用可引起视力障碍，应定期进行眼科检查；肝肾功能不良者慎用，孕妇禁用

课堂问答：

药学专业学生小李长期有"拉肚子"的问题，吃药也不见好。这次入学查体时，校医见其身体消瘦、精神萎靡，安排进行粪便涂片检出阿米巴活滋养体，诊断为慢性阿米巴痢疾。

请同学们结合所知识，尝试给出治疗方案，并模拟进行用药指导。

三、抗滴虫病药

滴虫病主要是由阴道毛滴虫所导致的滴虫性阴道炎、尿道炎和前列腺炎。多数通过性接触传染。

治疗阴道滴虫病的常用药物有甲硝唑、替硝唑、乙酰胂胺等，其中甲硝唑是治疗阴道滴虫病的首选药物。

乙酰胂胺（acetarsol）

本药为五价胂剂，其复方制剂外用治疗阴道滴虫病。对耐甲硝唑滴虫感染，可改用乙酰胂胺局部给药。对局部有轻度刺激，可使阴道分泌物增多，已婚者应夫妇双方同时治疗。

四、抗血吸虫病药

血吸虫有日本血吸虫、曼氏血吸虫、埃及血吸虫等，我国流行的血吸虫病是日本血吸虫所致，主要分布于长江流域及其以南地区。治疗血吸虫病应用最早的药物是酒石酸锑钾，因其毒性大，逐渐被吡喹酮取代。

吡喹酮（praziquantel）

本药为广谱抗血吸虫和抗绦虫药物，是治疗血吸虫病的首选药。具有高效、低毒、疗程短、口服有效等优点。在治疗血吸虫病时，可使虫体失去吸附能力而死亡。不良反应轻，可出现恶心、腹痛、腹泻、头痛、眩晕、嗜睡等。

五、抗丝虫病药

丝虫病是由丝虫寄生于人体淋巴系统所引起的疾病，早期表现为淋巴管炎和淋巴结炎，晚期出现淋巴管阻塞症状。丝虫病一般对生命威胁不大，但反复发作的淋巴管炎、淋巴结炎和晚期象皮肿会影响劳动能力。丝虫病患者是传染源，由蚊虫传播，因此积极对患者治疗可以控制疾病的传播。

乙胺嗪（diethylcarbamazine，海群生）

本药仅用于丝虫病的治疗，疗效高，毒性低，是治疗丝虫病的首选药。将本药掺拌于食盐中制成药盐，用于流行区的全民防治。不良反应主要是胃肠道反应。用本药前应先驱蛔虫，以免引起胆道蛔虫病。肾功能不全患者应适当减少剂量。

第三节　抗寄生虫药的用药指导

一、用药前

1. 患者健康评估

（1）疾病史和用药史：了解患者的职业、发病情况、身体状态、生活习惯及生活环境，是否有驱虫史，所用驱虫剂的名称、剂量、给药途径、治疗效果，有无不良反应等。

（2）机体状况：了解患者的年龄、营养状况，检查患者的呼吸、脉搏、心率、血压、体温、瞳孔大小、心肝肾功能，有无高危因素（如妊娠、哺乳、过敏体质）等。

2. **健康教育** 宣传疾病防治和相关药物知识，告诉患者使用该药物后可能出现的不良反应，消除患者的恐惧心理，帮助患者调整心理状态，解除思想压力，积极配合治疗。

3. **用药评估** 提示医护人员明确诊断，根据患者的病情、体质和药物特点合理选用药物，严格掌握剂量、给药途径和疗程，注意特殊人群的用药禁忌。

二、用药中

1. 坚持足量、足疗程和规律用药的原则，选择适宜的给药途径。如脑型疟应采用静脉给药，肠道寄生虫病一般空腹口服，必要时加服泻下药。

2. 不良反应较大的药物应加强用药监护。提示及时调整治疗方案。

三、用药后

1. **疗效评价** 密切观察患者的症状和体征，及时进行疗效评估。

2. **不良反应监测** 重点检测患者的中枢神经系统、消化道、视力、听力、心电图、血液指标、肝肾功能。

3. 及时对患者进行健康教育，指导患者改善居住环境，养成较好的个人卫生习惯。特别是蛔虫、钩虫、鞭虫等感染，多由误食虫卵所致，要通过坚持饭前便后洗手、生食食物严格消毒等措施防控。

药学服务岗位操作实践

岗位情境：

李女士，39岁，已婚，近日来外阴瘙痒，白带增多、有异味，并有尿痛、尿频等，经阴道涂片检查为滴虫感染，确诊为滴虫阴道炎。医师给予治疗方案：甲硝唑片口服，每次0.2g，每日3次，连用7日。用药期间，饮用少量含乙醇的饮料后出现醉酒反应，遂求助药师小王。

操作流程：

1. 小王药师应耐心细致地接待李女士，重点介绍甲硝唑治疗滴虫阴道炎的方案规范、合理，治愈率非常高。

2. 由于阴道滴虫可经性行为传播，为了根治并防止复发，患者和其丈夫应同时治疗。

3. 甲硝唑可抑制乙醛脱氢酶，出现乙醛堆积中毒，用药前后应禁酒。若醉酒样反应严重，应及时去医院救治。

4. 如果本人愿意，可以关注药店新媒体平台，或建立更方便的联系方式，提供更全面周到的药学服务。

•···· 章末小结 ·····

本章主要介绍了常用的抗疟药、抗肠道蠕虫病药和其他抗寄生虫药。其中重点是常用抗疟药的作用与应用和不良反应。难点是根据疟疾、阿米巴病、肠虫病治疗需要，正确及时地向患者提供药品并为其进行用药指导。寄生虫病要预防为主，防治结合。抗寄生虫病药的用药指导要按照用药前、用药中和用药后三个程序，重点是给药方法和不良反应监控。

•···· 思考与练习 ·····

一、 单项选择题

1. 控制疟疾临床症状的首选药是（　　　）
   A. 氯喹　　　　　　　　B. 乙胺嘧啶　　　　　　C. 伯氨喹
   D. 奎宁　　　　　　　　E. 青蒿素

2. 既可控制疟疾临床症状，又可治疗肠外阿米巴病的药物是（　　　）
   A. 氯喹　　　　　　　　B. 乙胺嘧啶　　　　　　C. 伯氨喹
   D. 甲硝唑　　　　　　　E. 青蒿素

3. 可控制疟疾复发，又能阻止传播的药物是（　　　）
   A. 氯喹　　　　　　　　B. 乙胺嘧啶　　　　　　C. 伯氨喹
   D. 奎宁　　　　　　　　E. 青蒿素

4. 以下药物可用于治疗绦虫感染的是（　　　）

A. 阿苯达唑　　　　B. 哌嗪　　　　C. 噻嘧啶

D. 依米丁　　　　E. 吡喹酮

5. 治疗肠内、肠外阿米巴病的首选药物是（　　　）

A. 喹碘方　　　　B. 巴龙霉素　　　　C. 氯喹

D. 甲硝唑　　　　E. 依米丁

二、简答题

1. 抗疟药有哪些？简述其作用与用途。

2. 简述甲硝唑的作用、用途、主要不良反应及用药指导。

3. 结合本章节病例，讨论如何在药学服务中体现出职业素养和专业精神？

三、应用题

请将下列寄生虫病与最适宜的治疗药物用横线连接起来。

适应证	首选药物
蛔虫病	吡喹酮
丝虫病	甲硝唑
血吸虫病	阿苯达唑
滴虫病	青蒿素
恶性疟	乙胺嗪

（邰　怡）

第四十一章
抗恶性肿瘤药

学习目标

知识目标：

- 熟悉　抗恶性肿瘤药的分类和主要不良反应，常用药物的主要特点。
- 了解　抗恶性肿瘤药的用药指导原则。

技能目标：

- 熟练掌握　根据癌症化疗需要，开展抗恶性肿瘤药用药指导的基本技能。
- 学会　根据癌症治疗需要，协助患者合理用药，减少不良反应，提高治疗效果。

素质目标：

- 具有尊重、关心肿瘤患者，开展抗恶性肿瘤药合理用药药学服务的专业精神和职业素养。

情境导入

情境描述：

　　刘先生，50岁，自感身体非常健康，近1年来，体重减轻，有疲劳感，并有胸闷气短症状，自认为是工作繁忙，缺乏休息所致，故未到医院检查。1个月前感冒、咳嗽、痰多，延迟未愈。随后出现痰中带血，呼吸困难、气促等症状，到医院就医后确诊为肺癌。刘先生听说分子靶向药治疗肺癌的效果很好，到药房向张药师咨询治疗方案。

学前导语：

　　同学们，恶性肿瘤是严重危害人类健康的疾病，目前尚无特效治疗药物。但积极的治疗有助于患者提高生活质量，延长生命。因此学好抗恶性肿瘤药，一方面可以更好地说服患者，树立信心，积极配合治疗；另一方面，未来可以更好胜任药学工作岗位，做好药学服务，实现职业目标。

恶性肿瘤常称癌症，是严重危害人类健康的常见病、多发病，其发病原因和发病机制目前尚不完全清楚，尚无特效治疗药物，治疗恶性肿瘤多采用手术、放射治疗、化学治疗（药物治疗）、免疫治疗及中医中药治疗等方法综合治疗，从而提高疗效，改善患者的生活质量。近年来，随着对肿瘤研究的不断深入，新型抗恶性肿瘤药也不断出现。部分恶性肿瘤的药物治疗效果明显提升。

第一节　概述

一、细胞增殖周期

细胞从前一次分裂结束到下一次分裂完成所需的时间称细胞增殖周期。根据肿瘤细胞生长增殖的特点可将其分为增殖细胞群和非增殖细胞群（图41-1）。

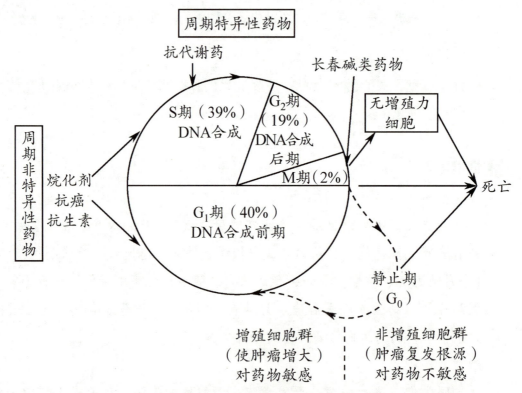

G_1期—DNA合成前期；S期—DNA合成期；G_2期—DNA合成后期；
M期—分裂期；G_0期—静止期。

图41-1　肿瘤细胞增殖方式及药物作用环节示意图

1. **增殖细胞** 增殖细胞指增殖周期中不断分裂、增殖迅速的细胞，是肿瘤发生、发展的根源。这类细胞对多数抗恶性肿瘤药敏感。增殖细胞又分为四个亚期：DNA合成前期（G_1期）、DNA合成期（S期）、DNA合成后期（G_2期）、分裂期（M期）。

根据抗恶性肿瘤药对增值周期及其亚期的选择性不同，可以将药物分为周期特异性药物和周期非特异性药物。

2. **非增殖细胞** 静止期细胞（G_0期细胞）、无增殖能力细胞，这部分细胞对药物不敏感。但当增殖期中对药敏感的肿瘤细胞被杀灭后，G_0期的细胞可进入增殖期，这是肿瘤复发的根源。

二、抗恶性肿瘤药的分类

目前临床应用的抗恶性肿瘤药种类多且发展迅速，分类方式多样，但整体来说可以分为细胞毒类药物和非细胞毒类药物。

1. **细胞毒类药物** 根据药物的生化作用机制，细胞毒类抗肿瘤药可分为以下五类。

（1）抗代谢药：甲氨蝶呤、氟尿嘧啶等。

（2）破坏DNA结构与功能的药物：烷化剂、铂剂等。

（3）干扰转录过程，阻止RNA合成的药物：放线菌素D、柔红霉素等抗生素。

（4）干扰蛋白质合成的药物：长春碱类、三尖杉酯碱等植物来源的抗肿瘤药。

2. **非细胞毒类药物** 本类药物发展迅速，多是具有新作用机制的药物，包括影响体内激素平衡的药物、靶向药物、免疫治疗药物等。

> 🔗 **知识链接：**
>
> ### 抗恶性肿瘤药的发展趋势
>
> 随着分子生物学、细胞动力学和免疫学的发展，抗恶性肿瘤药从传统的细胞毒性作用向针对肿瘤发生机制的多环节作用发展。新型的肿瘤治疗药物如单克隆抗体、生物反应调节剂、信号转导抑制剂、分化诱导剂、细胞凋亡诱导剂、血管生成抑制药、肿瘤疫苗以及各种细胞因子等，为恶性肿瘤的治疗开辟了新途径，对改善癌症患者的生活质量，延长患者生存期有重要意义。

三、抗恶性肿瘤药的作用机制

（一）细胞毒类抗肿瘤药的作用机制

细胞毒类抗肿瘤药通过影响细胞周期的生化过程或调控细胞周期，对不同周期的肿瘤细胞产生细胞毒作用。依据药物对各周期肿瘤细胞的敏感性不同，可分为细胞周期特异性药物和细胞周期非特异性药物。

（二）非细胞毒类抗肿瘤药的作用机制

随着分子水平对肿瘤发病机制、细胞分化增殖和凋亡调控机制认识的深入，药物逐渐转向针对肿瘤分子病理过程的关键基因和调控分子等靶点的靶向治疗。

1. 改变激素平衡失调状态的某些激素或其拮抗药。

2. 以细胞信号转导分子为靶点的酶抑制剂，促分裂原活化蛋白激酶信号转导通路的抑制剂和细胞周期的调控剂。

3. 针对某些与增殖相关细胞信号转导受体的单克隆抗体。

4. 减少肿瘤细胞脱落、黏附和基底膜降解的抗转移药。

5. 以端粒酶为靶点的抑制剂。

6. 促进恶性肿瘤细胞向成熟分化的分化诱导剂等。

第二节 常用的抗恶性肿瘤药

一、细胞毒类药物

（一）抗代谢药

本类药物主要作用于S期，属细胞周期特异性药物，与合成核酸的必需物质如叶酸、嘌呤碱、嘧啶碱等发生竞争性拮抗作用，从而影响代谢功能，可干扰肿瘤细胞DNA合成，阻止分裂增殖。

甲氨蝶呤（methotrexate，MTX，氨甲蝶呤）

【作用与用途】本药与叶酸的结构类似，对二氢叶酸还原酶有强大而持久的抑制作用，使DNA及蛋白质合成受阻。临床主要用于儿童急性白血病的治疗，疗效显著，亦用于治疗绒毛膜上皮癌（简称绒癌）、恶性葡萄胎、头颈部肿瘤、消化道癌、卵巢癌等。为联合化疗方案中的常用药。

【不良反应】主要为口腔溃疡等消化道反应，是毒性反应的首发特征之一。骨髓抑制明显，可致白细胞和血小板减小等。长期大量应用可致肝肾损害、脱发和"三致反应"等。

应加强口腔卫生，注意监测血象，必要时同时服用亚叶酸钙（别名：甲酰四氢叶酸钙）解救甲氨蝶呤中毒，减轻损害症状。

其他抗代谢药（表41-1）的作用和用途，不良反应和注意事项均不尽相同。

表41-1 其他抗代谢药的主要特点

药物名称	作用和用途	不良反应和注意事项
氟尿嘧啶（fluorouracil，5-氟尿嘧啶，5-FU）	抗嘧啶药。对消化道癌及乳腺癌疗效好，亦用于其他生殖泌尿道癌	胃肠道反应、骨髓抑制、脱发、局部刺激性，偶见肝肾损害。出现严重血性腹泻、白细胞计数减少等应调整方案
巯嘌呤（mercaptopurine，6-巯基嘌呤，6-MP）	抗嘌呤药。主要用于儿童急性淋巴细胞白血病，亦用于绒毛膜上皮癌、恶性葡萄胎等	胃肠道反应、骨髓抑制较常见。应监测血象及肝肾功能
阿糖胞苷（cytarabine，Ara-C）	抗嘧啶药。是急性粒细胞白血病和单核细胞白血病的主要治疗药物	骨髓抑制较严重，静脉注射可致静脉炎
羟基脲（hydroxycarbamide，HU）	核苷酸还原酶抑制药。主要用于慢性粒细胞白血病、黑色素瘤等	骨髓抑制明显，大剂量引起胃肠道反应及肝损害。可致畸，孕妇禁用

（二）干扰蛋白质合成的药物

长春碱（vinblastine，VLB）、长春新碱（vincristine，VCR）

【作用与用途】两药为长春花中提取的生物碱，主要作用于M期，干扰细胞分裂中期形成的纺锤丝微管蛋白的合成，抑制细胞的有丝分裂。长春碱主要用于急性白血病、恶性淋巴瘤，也用于乳腺癌、绒毛膜上皮癌。长春新碱对儿童急性白血病、恶性淋巴瘤疗效较好。

【不良反应】长春碱对骨髓的造血功能抑制明显，应定期监测血象，必要时配合刺激造血系统的药物。药液外漏可致组织坏死，可用生理盐水注射冲洗，或采用普鲁卡因等局部封闭。长春新碱对外周神经损害较重，如出现应及时处理或调整给药方案。

同类药物还有半合成衍生物长春瑞滨（vinorelbine，去甲长春碱）等。

其他常用的抑制蛋白质合成的抗肿瘤药（表41-2）的作用和用途，不良反应和注意事项均不尽相同。

表 41-2　其他抑制蛋白质合成药物的主要特点

药物名称	作用和用途	不良反应和注意事项
三尖杉酯碱（harringtonine）	抑制蛋白质合成起始阶段，对急性粒细胞白血病、急性单核细胞白血病疗效明显	骨髓抑制、消化道反应、心肌损害、脱发等。注意监测血象、心电图等
紫杉醇（paclitaxel）	选择性地促进微管蛋白并抑制其解聚，进而影响纺锤体功能。对转移性卵巢癌、乳腺癌疗效较好	骨髓抑制、周围神经炎、心脏毒性等。注意监测血象，给予维生素B$_6$对抗有关症状
门冬酰胺酶（asparaginase）	水解肿瘤细胞生长必需的门冬酰胺，使肿瘤生长受抑制。主要用于急性淋巴细胞白血病	骨髓抑制较轻，有消化道反应、精神症状等，偶有过敏反应，应进行皮试。其他同上

🔗 知识链接：

从药用植物中发现的抗肿瘤新药

利用植物有效成分研发抗肿瘤新药一直备受关注，中国丰富的药物植物为开发抗肿瘤新药提供了独特的来源。20世纪50年代，鬼臼毒素、长春碱、长春新碱等植物来源抗肿瘤药的应用提高了肿瘤化疗水平。1971年从红豆杉树皮中提取的紫杉醇对晚期卵巢癌、乳腺癌有突出疗效，被认为是抗肿瘤药的标志性突破。

（三）破坏 DNA 结构与功能的药物

1. 烷化剂（alkylation agent，烃化剂）　是一类结构中含活泼烃基的化合物，能对细胞中功能基团，如DNA或蛋白质分子中的氨基、巯基、羧基等起烷化作用，从而破坏DNA结构和功能。因其对肿瘤细胞和正常细胞的选择性不高，故毒性较大。

环磷酰胺（cyclophosphamide，CTX）

口服吸收良好，在体外无抗肿瘤活性，经体内肝微粒体酶系转化为醛磷酰胺，再在肿瘤细胞内转化为磷酰胺氮芥后才具有抗癌作用。

【作用与用途】

（1）抗恶性肿瘤作用：抗瘤谱广，对恶性淋巴瘤、急性淋巴细胞白血病等疗效显著，对卵巢癌、乳腺癌、多发性骨髓瘤、肺癌、鼻咽癌等有一定疗效。

（2）免疫抑制作用：能抑制T淋巴细胞和B淋巴细胞，用于治疗器官移植后的排斥反应，也可用于自身免疫性疾病等的治疗。

【不良反应】常见骨髓抑制、脱发、消化道反应、口腔炎等。对膀胱的刺激性大，可引起出血性膀胱炎。大剂量时可有心肌损害和肾毒性等。

【用药指导】本药水溶液不稳定，应在溶解后短期内使用。应提前告知患者有关不良反应，定期监测血象、尿常规、肝肾功能，加强心理护理。出血性膀胱炎的表现为尿频、尿急、血尿及蛋白尿等，应鼓励患者多饮水，同时给予美司钠可减轻或预防不良反应。

其他常用的烷化剂类药（表41-3）的作用和用途，不良反应和注意事项均不尽相同。

表41-3 其他常用烷化剂的主要特点

药物名称	作用和用途	不良反应和注意事项
白消安（busulfan，马利兰）	对慢性粒细胞白血病的作用显著，但对其他肿瘤疗效不明显	消化道反应和骨髓抑制，长期应用可致肺纤维化、闭经、睾丸萎缩等。定期监测血象和进行胸部X线检查等
塞替派（thiotepa，TSPA）	主要用于乳腺癌、卵巢癌、膀胱癌、肝癌等	不良反应主要为骨髓抑制，消化道反应较轻；本药在酸性环境下易降解，注射剂稀释时如出现混浊则不可使用
卡莫司汀（carmustine，卡氮芥，BCNU）	脂溶性高，能透过血脑屏障，用于脑瘤、恶性淋巴瘤及小细胞肺癌，对恶性黑色素瘤、多发性骨髓瘤等也有效	迟发性骨髓抑制，一般给药4~6周后白细胞减少至最低值，再次用药应间隔6~8周；可引起肝肾功能异常

2. 铂类抗恶性肿瘤药　本类药物以金属铂络合物为活性中心，与细胞DNA上的碱基形成交叉连接，破坏其功能而发挥作用。

顺铂（cisplatin，顺氯氨铂，DDP）、卡铂（carboplatin，碳铂）

顺铂抗瘤谱较广，对多种实体瘤有效，可用于睾丸癌、卵巢癌、乳腺癌、膀胱癌、肺癌、头颈部癌及前列腺癌等的治疗，为联合化疗的常用药物。卡铂主要用于肺癌及不能耐受顺铂的晚期卵巢癌、睾丸癌、头颈部癌等。

顺铂不良反应主要有消化道反应、肾毒性、骨髓抑制以及耳毒性等。卡铂为第二代铂剂，不良反应减轻，主要是骨髓抑制。使用本类药物的输液容器应避光，大剂量用药时应指导患者多饮水，必要时配伍呋塞米、甘露醇利尿。

奥沙利铂（oxaliplatin）为第三代新型铂类抗肿瘤药，临床评价相对较高。

（四）抗肿瘤抗生素

本类药物可直接破坏DNA或嵌入DNA干扰RNA转录，干扰核酸复制和蛋白质合成而发挥其作用。

多柔比星（doxorubicin，adriamycin，hydroxydaunorubicin，阿霉素）

细胞周期非特异性药，对S期和M期肿瘤细胞的作用最强，抗瘤谱广，常用于急性白血病、恶性淋巴瘤、乳腺癌、肺癌及其他多种实体瘤等。常见的不良反应有骨髓抑制、心脏毒性、脱发及胃肠道反应，应定期监测血象、心电图及肝功能。其心脏毒性与用药总剂量有关，配伍辅酶Q、维生素C和维生素E可降低心脏毒性。若药液外漏，可引起静脉炎。用药后尿液可呈红色，应提前告知患者。

其他常用的抗肿瘤抗生素（表41-4）的临床用途，不良反应和注意事项均不尽相同。

表41-4　其他常用的抗肿瘤抗生素的主要特点

药物名称	临床用途	不良反应和注意事项
柔红霉素（daunorubicin，正定霉素，DNR）	主要用于治疗急性粒细胞白血病、急性淋巴细胞白血病	骨髓抑制、心脏毒性。心脏病患者禁用。注射时药液勿外漏
放线菌素D（dactinomycin，更生霉素）	绒毛膜上皮癌、肾母细胞瘤、神经母细胞瘤、横纹肌肉瘤等	骨髓抑制、消化道反应，少数患者有脱发、肝损害等。注意监测血象、检查肝功能。药液勿外漏

药物名称	临床用途	不良反应和注意事项
博来霉素（bleomycin，争光霉素）	对鳞状上皮（宫颈、阴茎、食管、头颈、口腔等）癌的疗效好	骨髓抑制轻，肺毒性严重。用药期间应注意检查肺部，如出现肺炎样变，应停药
平阳霉素（pingyangmycin，A5）	与博来霉素的作用相近，对鳞状细胞癌有较好疗效	与博来霉素相比，肺部病变机会较小。应注意监测呼吸系统症状、预防过敏反应等
丝裂霉素（mitomycin，自力霉素，MMC）	对多种实体瘤有效，特别是消化道癌更常用	骨髓抑制、消化道反应常见。用药期间严格检查血象

? 课堂问答

抗生素不仅可以抑制和杀灭细菌，还有治疗恶性肿瘤、寄生虫病甚至抗病毒的作用。请同学们结合学过的知识，写出下列有关药物的名称。

1. 抗革兰氏阳性菌抗生素：_____

2. 抗革兰氏阴性菌抗生素：_____

3. 抗真菌抗生素：_____

4. 抗病毒抗生素：_____

5. 抗寄生虫抗生素：_____

6. 抗肿瘤抗生素：_____

二、非细胞毒类药物

（一）影响体内激素平衡的药物

某些激素或其拮抗药可通过调节体内激素的平衡状态而抑制某些肿瘤（如乳腺癌、宫颈癌、卵巢癌、甲状腺癌、前列腺癌、睾丸肿瘤等）的生长。本类药物对骨髓无明显的抑制作用，但由于激素作用广泛，使用不当也会带来各种危害。

不同类别的激素类抗肿瘤药（表41-5）各有特点。

表 41-5　其他激素类抗肿瘤药的主要特点

类别	代表药物	作用和用途	不良反应
糖皮质激素类	泼尼松、地塞米松	对急性淋巴细胞白血病和恶性淋巴瘤效果好	可抑制免疫，引起肿瘤扩散、继发性感染等
雄激素	丙酸睾酮	可用于多线治疗失败的晚期乳腺癌的姑息治疗，现少用	女性患者男性化、肝损害。前列腺癌禁用
抗雄激素	氟他胺、比卡鲁胺	联合应用于晚期前列腺癌的治疗	肝功能改变（氨基转移酶升高，黄疸），心力衰竭等
雌激素	己烯雌酚、炔雌醇	绝经后乳腺癌	消化道反应等，有时引起肝功能不正常
抗雌激素	他莫昔芬、托瑞米芬、雷洛昔芬	晚期乳腺癌和卵巢癌	消化道反应、骨髓抑制、肝功能异常等
孕激素	甲羟孕酮、甲地孕酮	乳腺癌、子宫内膜癌、前列腺癌等	血栓性静脉炎、血栓栓塞性疾病、严重肝功能不全等患者禁用
促黄体素释放激素类似物	戈舍瑞林、亮丙瑞林、曲普瑞林	前列腺癌、子宫内膜异位症等	有过敏史者、孕妇等禁用

（二）分子靶向药物

非细胞毒类药物主要有靶向药物（表41-6）等，根据其来源作用机制可分为小分子靶向药和抗体靶向药。

表 41-6　非细胞毒类抗肿瘤药的主要特点

类别	代表药	作用和用途	不良反应
酪氨酸激酶抑制剂	伊马替尼	慢性粒细胞白血病	大多数较轻，严重者有肝脏损害、血细胞降低等

类别	代表药	作用和用途	不良反应
酪氨酸激酶抑制剂	吉非替尼、厄洛替尼	主要用于晚期或转移的非小细胞肺癌治疗	主要是皮疹和腹泻，偶发间质性肺病，过敏者禁用
	索拉非尼	用于治疗晚期肾细胞癌，原发性肝细胞癌	不良反应多，可引起高血压，并能增加出血和心脑血管事件的风险
	伊布替尼	可用于慢性淋巴细胞白血病/小淋巴细胞淋巴瘤患者的治疗	胃肠道反应、间质性肺病、骨髓抑制等
	维莫非尼	转移性黑色素瘤、非小细胞肺癌	不良反应多，有消化道反应、呼吸系统反应等
抗体靶向药物	利妥昔单抗	非霍奇金淋巴瘤	主要是输液相关的体征和症状及过敏反应等
	曲妥珠单抗	主要用于治疗Her-2过度表达的转移性乳腺癌	不良反应主要有腹痛、胸痛、肌痛、水肿、消化道反应、神经系统反应等
	尼妥珠单抗	用于与放疗联合治疗表皮生长因子受体（EGFR）表达阳性的Ⅲ/Ⅳ鼻咽癌	主要有发热、寒战、恶心、呕吐等，少数患者有严重过敏
其他	亚砷酸	用于急性早幼粒细胞性白血病	过敏、消化道反应等，肝肾功能不全者禁用
生物反应调节剂	干扰素	主要用于治疗晚期毛细胞白血病、肾癌、黑色素瘤、慢性粒细胞白血病等	轻度骨髓抑制，具有一般生物制剂的反应，如发热、流感样症状等

三、肿瘤化疗辅助用药

抗恶性肿瘤药物的毒性大，单一用药的疗效难以令人满意。为了增强抗肿瘤药的治疗效果，减少其不良反应，常在化疗时合用一些其他药物（表41-7）。

表41-7　常用的化疗辅助用药

药物名称	主要作用和用途	不良反应和注意事项
沙格司亭 （sargramostim）	用于肿瘤化疗引起的白细胞减少，减少感染并发症，使患者易于耐受化疗	发热、肌痛、骨痛等，需监测血象。孕妇及未成年人慎用
地菲林葡萄糖苷 （diphyllin glycoside）	促进骨髓增生，主要增多白细胞，用于化疗时防治白细胞减少症	过量时可致肝肾功能损害，长期应用时应定期检查肝肾功能
亚叶酸钙 （calcium folinate，CF）	用于大剂量甲氨蝶呤的解救和增强氟尿嘧啶的药理作用	不良反应较轻，偶见皮疹、荨麻疹等，需注意血钙的变化
美司钠 （mesna）	含巯基的保护剂。与环磷酰胺等合用，可用于泌尿系统损害	不良反应较少见
昂丹司琼 （ondansetron）	竞争脑内的5-HT受体，用于化疗时的镇吐	头痛、腹痛、腹泻或便秘
香菇多糖 （lentinan）	用于肺癌、胃癌和乳腺癌等辅助治疗	一过性皮疹、潮红、胸闷、多汗
氨磷汀 （amifostine）	正常细胞保护剂，可减轻化疗药物所产生的肾脏、骨髓、心脏、耳及神经系统的毒性	头晕、恶心、呕吐、乏力等

第三节　抗恶性肿瘤药的主要不良反应

目前临床使用的细胞毒类抗肿瘤药缺乏理想的选择作用，对恶性肿瘤细胞和人体生长较快的正常组织如骨髓、消化道黏膜、淋巴组织、免疫系统、肝脏、肾脏、皮肤、毛囊、生殖细胞等也会产生损害。毒性反应成为化疗时使用剂量受到限制的关键因素，也影响患者的生命质量。分子靶向药物可以特异性地作用于肿瘤细胞的某些特定靶标分子，通常安全性高和耐受性好，毒性反应较轻。细胞毒类药物常见的毒性反应如下。

1. **骨髓抑制**　是最严重的不良反应之一，表现为白细胞、血小板计数减少，甚至全血细胞计数减少。

2. **消化道反应**　恶心和呕吐常见且严重，也可损害消化道黏膜组织，容易引起口腔炎、口腔溃疡等，甚至出现胃肠道出血。应注意口腔卫生，防治感染。

3. **肝毒性和肾毒性**　多数抗肿瘤药经肝代谢、由肾排泄，可损害肝脏和肾脏，严重者可导致组织坏死和器官衰竭等。

4. **免疫抑制**　多数抗肿瘤药可抑制机体的免疫功能，导致机体抵抗力降低，诱发或加重感染。

5. **其他**　部分药物可引起神经系统、呼吸系统、肺纤维化、心血管系统的损害，并能导致脱发、不育症，甚至有致突变、致畸、致癌作用。

第四节　抗恶性肿瘤药的用药指导

一、用药前

恶性肿瘤的发生、发展复杂，影响预后的因素很多，医护人员应以自己所学知识，结合患者的疾病史、治疗史合理作出评估，制订化疗程序。重点识别化疗的高危人群或高危状况，高危患者使用抗肿瘤药会出现明显的治疗矛盾，必须帮助医师采取有效的干预计划和措施提高疗效，为患者讲解病情、治疗方案、效果及可能发生的不良反应，加强心理支持，增强患者信心，提高化疗依从性。

二、用药中

应协助医师指导护理人员根据不同的给药方法采取相应措施。

1. **口服给药** 为减轻消化道反应，可饭后服药，鼓励患者坚持用药，注意调整饮食，选择高热量、高蛋白饮食，以半流质为主，避免高糖、高脂、产气过多和辛辣的食物。必要时可应用镇吐药（如昂丹司琼）预防或治疗、用药减量或停药。

2. **肌内注射** 应做深部肌内注射，避免较强的局部刺激。注射前应制订注射轮换计划，轮换注射部位，并及时按摩等促进循环。

3. **静脉注射** 应保护好血管，合理配制给药浓度，建立专用通道。穿刺前应先排空针头内的药液，避免反复穿刺同一部位。用药全过程要密切观察局部皮肤有无水肿、变色等情况。若有药液外漏应立即停药，并立即局部注入生理盐水稀释和冲洗，必要时冰敷并外涂氟轻松以防局部溃烂，烷化剂等也可用含有巯基的药物如半胱氨酸、美司钠等进行保护。

4. **肿瘤内注射** 应先将肿瘤附近的渗出液抽干后注入化疗药物，注药后要协助患者更换合适体位以促进药液扩散，并注意无菌操作，以防感染。

5. **其他给药方式** 其他给药方式（如动脉插管、区域灌入、肿瘤实体内注射以及局部外用等）要严格遵照医嘱进行，注意给药速度、溶液浓度和作用时间等。

由于大部分抗恶性肿瘤药对正常细胞具有致诱变作用，在配制和使用相关药物时，医护人员应做好个人防护，佩戴手套和防护镜，避免药液接触皮肤和黏膜。如发生，应用清水反复冲洗。目前提倡在静脉用药集中配置中心进行配制。

三、用药后

应重点提示医护人员加强不良反应的监护，熟悉各种药物的主要不良反应及表现。①要定期检查血象，密切观察患者有无出血和继发性感染等情况。若白细胞计数 $<2.5 \times 10^9$/L、血小板计数 $<6 \times 10^{12}$/L 应停用骨髓抑制较明显的药物，必要时采取隔离、使用抗生素、输血、给予升白细胞药物等措施。②如出现器官严重毒性，如心肌损害、肝功能异常、中毒性肾炎、化学性膀胱炎、肺纤维化，或发生真菌性继发性感染等严重并发症等，应停药并配合进行抢救治疗。

章末小结

1. 抗恶性肿瘤药种类多，可分为细胞毒类药和非细胞毒类药，也可以按照其作用机制分类。临床常用药物对细胞的选择性差，不良反应以骨髓抑制、胃肠道反应、黏膜损害等多见。

2. 癌症化疗时配合辅助药物，进行对症治疗，可以减轻抗恶性肿瘤药的不良反应。

3. 用药指导要关注用药前、用药中和用药后三个方面，重点掌握给药方法和不良反应监控。

药学服务岗位操作实践

岗位情境：

药房小彭的邻居张阿姨的女儿小华，今年10岁，1周前因长期低热、出血等入院，确诊为急性淋巴细胞白血病。医生制订的化疗方案为长春新碱+柔红霉素+门冬酰胺酶+泼尼松，使用1周后小华的头发脱落，口腔溃疡，呕吐不止，不能正常吃饭，张阿姨非常着急，专门来药房找小彭咨询。小彭该如何运用本章知识做好解答呢？

操作流程：

1. 小彭应耐心细致地接待张阿姨，安抚其情绪，首先介绍儿童急性淋巴细胞白血病是目前少数可以明显缓解甚至治愈的癌症，此联合化疗方案是国内外公认的最佳临床治疗方案之一，可以从不同途径抑制肿瘤细胞增殖。

2. 对其讲解，医生选用的四种药物都有黏膜溃疡、脱发、恶心、呕吐等不良反应，今后会给以镇吐药，加强口腔护理，以及采用肠外营养等方法加以克服。

3. 劝说张阿姨应尽快调试心情，帮助小华树立战胜疾病的信心，加强饮食，保持心情愉快，才会尽快缓解甚至痊愈。

4. 如果张阿姨愿意，可以关注医院健康教育公众号，或建立更方便的联系方式，提供更全面周到的药学服务。

思考与练习

一、 单项选择题

1. 为了减轻甲氨蝶呤的毒性反应常合用（　　）
   A. 叶酸　　　　　　　B. 亚叶酸钙　　　　　　C. 维生素B_{12}
   D. 碳酸氢钠　　　　　E. 维生素C

2. 过量使用可导致出血性膀胱炎的药物是（　　）
   A. 白消安　　　　　　B. 环磷酰胺　　　　　　C. 雄激素
   D. 长春新碱　　　　　E. 阿糖胞苷

3. 治疗急性粒细胞白血病效果较好的抗生素是（　　）
   A. 柔红霉素　　　　　B. 博来霉素　　　　　　C. 丝裂霉素
   D. 放线菌素D　　　　E. 平阳霉素

4. 影响体内激素水平的抗肿瘤药是（　　）
   A. 长春新碱　　　　　B. 白消安　　　　　　　C. 顺铂
   D. 泼尼松　　　　　　E. 塞替派

5. 下列哪种药不属于非细胞毒类抗肿瘤药（　　）
   A. 伊马替尼　　　　　B. 氟尿嘧啶　　　　　　C. 利妥昔单抗
   D. 氟他胺　　　　　　E. 干扰素

6. 单克隆抗体抗肿瘤药不包括（　　）
   A. 英利昔单抗　　　　B. 利妥昔单抗　　　　　C. 曲妥珠单抗
   D. 贝伐珠单抗　　　　E. 西妥昔单抗

二、 简答题

1. 什么是细胞毒类药物和非细胞毒类药物？请分别列举两个药物说明。
2. 抗恶性肿瘤药的不良反应有哪些？各举一个药物例证。

三、 应用题

案例分析：患者，女，47岁。3个月前体检发现单侧乳房有一肿块，边缘不清，无痛，经病理活检确诊为乳腺癌，并有淋巴转移。采取手术治疗外，同时给予环磷酰胺+紫杉醇进行化疗。

请思考并讨论：①使用上述两个药物的药理依据是什么？②联合化疗后可能会发生哪些的不良反应？③相应的用药指导应注意哪些事项？④针对该病例，如何在药学服务中体现职业素养和专业精神？

（仝　娜）

第四十二章
调节免疫功能药

学习目标

知识目标：

- 熟悉　免疫抑制药环孢素等药物的作用、用途及不良反应。
- 了解　免疫增强药左旋咪唑、白细胞介素-2、干扰素的主要特点和计划免疫药的应用以及本章药物的用药指导原则。

技能目标：

- 学会　根据治疗需要进行调节免疫功能药用药指导的基本技能。

素质目标：

- 具有尊重、关心免疫系统疾病患者，开展调节免疫功能药合理用药岗位服务的专业精神和职业素养。

情境导入

情境描述：

　　患者，男，49岁，近日因双肾衰竭行右肾移植。按医嘱自术前3小时口服环孢素软胶囊，每日10mg/kg，分2次服，同时给予糖皮质激素辅助治疗。连用1~2周后根据血药浓度逐渐减至维持量，每日5mg/kg，目前未出现排斥反应，肾功能基本正常，手术效果良好。

学前导语：

　　同学们，异体器官移植会出现排斥反应，使用免疫抑制药如环孢素可以明显提高器官移植成功率。同样，当机体免疫功能异常时，也可导致严重疾病，使用调节免疫功能药能够使过高或过低的免疫功能调节至正常水平，可减轻危害。因此，掌握本章知识可以指导患者合理用药，维护健康，同时为未来的岗位服务工作打好基础。

免疫功能是指机体识别和处理抗原性异物的功能，包括免疫防护、免疫稳定和免疫监视三大功能。当机体免疫功能异常时，可出现病理性免疫反应，包括变态反应、自身免疫性疾病、免疫缺陷病和免疫增殖病等，严重时甚至导致死亡，此时用影响免疫功能的药物以调节机体的免疫过程。

第一节　免疫抑制药

免疫抑制药是指能抑制有关免疫细胞的增殖和功能，降低机体免疫反应的药物。主要用于治疗自身免疫性疾病和防治器官移植后的排斥反应。此类药物对正常免疫功能也有抑制作用，故不良反应较严重。除各药特有的毒性外，长期用药还易出现因降低机体的抵抗力而诱发严重感染，降低机体清除恶变细胞的能力而使恶性肿瘤的发生率显著增高，并有致畸作用等，应用时须严格掌握适应证。

环孢素（ciclosporin，cyclosporine A，CsA）

本药从真菌代谢产物中提取得到，是由11个氨基酸组成的环状多肽，现可人工合成。口服吸收个体差异大，生物利用度为20%~50%，$t_{1/2}$为10~27小时，主要经肝代谢，由胆汁排泄。

【作用与用途】本药可选择性地抑制T辅助细胞产生细胞因子特别是白细胞介素-2，从而阻断T细胞对抗原的分化增殖性反应，抑制自然杀伤细胞的杀伤能力；还可抑制T细胞产生干扰素。由于环孢素仅抑制T细胞介导的细胞免疫，对B淋巴细胞、粒细胞和巨噬细胞的影响较弱，故不影响机体的一般防御能力。另外，对免疫介导的炎症反应也有抑制作用。

临床广泛用于防治器官移植或骨髓移植时的排斥反应；也适用于治疗类风湿关节炎、系统性红斑狼疮等自身免疫性疾病。

【不良反应】

1. **肾毒性**　最为常见，用药时应控制剂量，避免与氨基糖苷类抗生素、两性霉素B、他克莫司等有肾毒性的药物合用。

2. **肝损害**　多见于用药早期，表现为高胆红素血症、氨基转移酶升高。用药期间宜检查肝、肾功能。

3. **神经毒性**　表现为震颤、惊厥、精神错乱、共济失调、昏迷等，减量或停用后可缓解。

4. 继发性感染　长期用药可引起病毒感染。

肾上腺皮质激素类

常用药物包括泼尼松、泼尼松龙和地塞米松等。此类药物对免疫反应的多个环节均有明显的抑制作用，主要用于变态反应性疾病、器官移植后的排斥反应、自身免疫性疾病及肿瘤的治疗。长期使用不良反应多且重。

⚲ 知识链接：···

自身免疫性疾病

免疫系统最基本的功能是认识自身和识别异体，达到保护自身和排斥异体的目的。正常人体血清中可存在多种针对自身抗原的抗体，但它们的水平极低，不足以破坏自身成分，可清除衰老的自身组织，这就是自身免疫反应。这种反应过强，导致严重的组织损伤，表现出临床症状，这类疾病称为自身免疫性疾病。常见的免疫性疾病有类风湿关节炎、系统性红斑狼疮、系统性硬化症等。

烷化剂

常用药物有环磷酰胺、白消安、塞替派等。此类药物能明显地抑制 B 淋巴细胞，大剂量也能抑制 T 淋巴细胞，还可抑制免疫母细胞，从而阻断体液免疫反应和细胞免疫反应。主要用于糖皮质激素不能缓解的自身免疫性疾病，如系统性红斑狼疮、难治性类风湿关节炎等，也可用于器官移植后的排斥反应。不良反应有骨髓抑制、胃肠道反应、出血性膀胱炎及脱发等。用药过程应定期检查血象，如出现白细胞减少或血小板减少，应停用，孕妇禁用。

他克莫司（tacrolimus，FK-506）

本药为大环内酯类强效免疫抑制药。口服吸收慢且不完全，个体差异较大，经肝代谢。作用与环孢素相似，但更强。主要用于肝、肾移植后的排斥反应及顽固性自身免疫性疾病。不良反应主要为肾毒性、神经毒性。孕妇及哺乳期妇女禁用。

硫唑嘌呤（azathioprine）

本药在体内转变为巯嘌呤而发挥作用，抑制 DNA、RNA 和蛋白质合成，使抑制性淋巴细胞增殖受阻。本药对 T 淋巴细胞的抑制作用较强，较小剂量即可抑制细胞免疫；较大剂量也可抑制 B 淋巴细胞而抑制体液免疫。作用慢而持久，常与糖皮质激素合用于器官移植抗排斥反应及治疗自身免疫性疾病。硫唑嘌呤的毒性较小，不良反应主要有过敏反应、骨髓抑制、胃肠道反应、肝损害等。

抗淋巴细胞球蛋白（antilymphocyte globulin，ALG）

本药主要作用于T细胞，对细胞免疫有较强的抑制作用。其特点是无骨髓抑制。可用于防治器官移植的排斥反应和治疗自身免疫性疾病。现已能用单克隆抗体技术生产，作用强，特异性高，安全性好。常见不良反应有皮疹、发热、寒战、血小板减少、低血压及过敏性休克。过敏体质者慎用。

吗替麦考酚酯（mycophenolate mofetil，MMF）

本药具有独特免疫抑制作用。临床主要用于肾脏及心脏移植术后器官排斥反应的预防，并能与环孢素合用，降低环孢素的用药剂量和毒性。主要不良反应为腹泻，减量或对症治疗可消除，无明显的肝、肾毒性。

第二节　免疫增强药

免疫增强药是指能激活一种或多种免疫活性细胞，增强机体免疫反应的药物。临床主要用于免疫缺陷病、某些慢性病毒或真菌感染及恶性肿瘤的辅助治疗。

卡介苗（bacillus Calmette-Guérin vaccine，BCG）

本药是牛结核分枝杆菌的减毒活菌苗，能刺激多种免疫活性细胞的增生，增强机体的非特异性免疫功能，也能提高机体的体液免疫和细胞免疫功能。除用于预防结核病外，还可用于黑色素瘤、白血病和其他肿瘤的治疗。不良反应较多，可见注射部位红斑、硬结或溃疡，也可出现寒战、发热和全身不适等；反复瘤内注射能发生过敏性休克，严重的可致死亡。

胸腺素（thymosin）

本药又名胸腺肽，是从小牛或猪胸腺分离提取的一组活性多肽，现已采用基因工程生物合成。胸腺素可促进T细胞分化成熟，增强T细胞对抗原或其他刺激的反应，同时增强白细胞、红细胞的免疫功能，并调节机体的免疫平衡。主要用于细胞免疫缺陷性疾病（包括获得性免疫缺陷综合征）、某些自身免疫性疾病、晚期肿瘤和病毒感染。常见发热等不良反应，少数人出现过敏反应。注射前或停药后，再次注射时应做过敏试验。

转移因子（transfer factor，TF）

本药是从健康人白细胞或猪脾、牛脾中提取制得的一种多核苷酸的小分子多肽，无抗原性，为细胞免疫促进剂。它可将供体的细胞免疫信息转移给受体的淋巴细胞，使之增殖、分化为致敏淋巴细胞，从而获得供体样的细胞免疫功能。由此获得的免疫力较为持久，可持续6个月，但不转移体液免疫，不起抗体作用。主要用于先天性或获得性细胞免疫缺陷病的补充治疗，还可用于某些难以控制的病毒性或真菌性感染（如带状疱疹、乙型脑炎、白念珠菌感染等）以及恶性肿瘤的辅助治疗。不良反应少，不会被胃蛋白酶、胰蛋白酶分解，也不会被胃酸破坏，可以口服。

左旋咪唑（levamisole，LMS）

本药为口服有效的免疫调节药。对免疫功能低下者，促进抗体生成，使低下的细胞免疫功能恢复正常，还能增强巨噬细胞的趋化和吞噬功能，但对正常人和动物几乎不影响抗体的产生。主要用于免疫功能低下者恢复免疫功能，增强机体抗病能力；与抗肿瘤药合用治疗恶性肿瘤，可巩固疗效，减少复发或转移，延长缓解期；对多种自身免疫性疾病如类风湿关节炎、系统性红斑狼疮等可改善症状。不良反应主要有恶心、呕吐、腹痛等，少见发热、头痛、乏力等，偶见肝功能异常、白细胞减少及血小板减少等。

干扰素（interferon，IFN）

本药是宿主细胞在病毒感染或其他诱生剂刺激下产生的一类小分子糖蛋白。根据细胞来源和抗原特异性不同，可分为干扰素α、干扰素β和干扰素γ三类。现采用DNA重组技术生产。具有免疫调节作用，作用效果因剂量及注射时间不同而异。小剂量时能增强细胞免疫和体液免疫，大剂量则产生免疫抑制作用。此外，还具有广谱抗病毒和抗肿瘤作用。主要用于病毒感染（如乙肝等）的综合治疗，也可用于免疫功能低下或免疫缺陷所致的复发性或慢性感染；或用于肿瘤化疗、放疗、手术后的辅助用药；还可用于自身免疫性疾病如类风湿关节炎、红斑狼疮等。不良反应初次给药多有流感样症状，如寒战、发热、周身不适等，其他还有头晕、恶心、呕吐、腹痛、乏力等，偶见白细胞、血小板计数减少等。

白细胞介素-2（interleukin-2，IL-2）

本药又称T细胞生长因子，由辅助性T细胞产生，主要功能是促进T细胞增殖，诱导产生细胞毒性淋巴细胞，活化自然杀伤细胞，诱导激活杀伤细胞，对B淋巴细胞有促进增殖和分化作用。临床主要用于慢性肝炎、免疫缺陷病及恶性肿瘤的辅助治疗。不良反应多数出现流感样症状、胃肠道反应、神经系统症状、肾功能减退、水肿、血压升高等，剂量减少可减轻。

第三节 计划免疫药

计划免疫是根据传染病、流行病的特点，按照一定的免疫程序，有计划地利用免疫药物对机体进行预防接种，以提高机体的免疫力，达到控制和消灭传染病的目的。预防接种所用的生物制品称为"疫苗"。

一、计划免疫程序

计划免疫是指按年龄有计划地进行各种预防接种。计划免疫包括两个程序：一个是全程足量的基础免疫，即在1岁内完成的初次接种；二是之后的加强免疫，即根据疫苗的免疫持久性及人群的免疫水平和疾病流行情况适时地进行复种，进而达到巩固免疫效果、预防疾病的目的（表42-1）。

表 42-1 我国儿童计划免疫程序表

年龄	接种的疫苗	预防的传染病
出生儿（24小时内）	乙型肝炎疫苗（1次）、卡介苗	乙型肝炎、结核病
1月龄	乙型肝炎疫苗（2次）	乙型肝炎
2月龄	脊髓灰质炎糖丸（1次）	脊髓灰质炎
3月龄	脊髓灰质炎糖丸（2次）、百白破疫苗（1次）	脊髓灰质炎、百日咳、白喉、破伤风
4月龄	脊髓灰质炎糖丸（3次）、百白破疫苗（2次）	脊髓灰质炎、百日咳、白喉、破伤风
5月龄	百白破疫苗（3次）	百日咳、白喉、破伤风
6月龄	乙型肝炎疫苗（3次）	乙型肝炎
8月龄	麻疹疫苗、乙脑疫苗	麻疹、乙型脑炎
1.5~2岁	麻疹疫苗（加强）、乙脑疫苗（加强）、百白破疫苗（加强）	麻疹、乙型脑炎、百日咳、白喉、破伤风
4岁	脊髓灰质炎糖丸（部分地区）	脊髓灰质炎

续表

年龄	接种的疫苗	预防的传染病
6岁	乙脑疫苗（加强）	乙型脑炎
7岁	麻疹疫苗（加强）、白破二联疫苗（加强）	麻疹、百日咳、白喉、破伤风
12岁	卡介苗（加强，农村）	结核病

注：括号中的数字表示接种针（剂）次。

🔗 **知识链接：**

积极预防接种的好处

预防接种是预防传染病的有效方法，就是把预防某种传染病所用的生物制品通过注射或口服的方法接种到人体后，刺激人体的免疫系统，使人体产生对抗相应的细菌或病毒的抵抗力。通过预防接种使人体产生抵抗某种传染病的抗体，这一过程称为"主动免疫"。大多数病毒性疾病缺乏有效药物，通过预防接种，把"预防为主"的健康理念落实到每个人身上，是药学工作者应尽的职责。

❓ **课堂问答：**

儿童6岁之前的应该预防接种哪些疫苗？接种疫苗的目的是什么？

二、常用的计划免疫疫苗

疫苗是将病原微生物（如细菌、立克次体、病毒等）及其代谢产物，经过人工减毒、灭活或利用基因工程等方法制成的用于预防传染病的自动免疫制剂。常用的计划免疫疫苗包括乙型肝炎疫苗、卡介苗等（表42-2）。

表 42-2 常用的计划免疫疫苗

疫苗	用途及使用方法	不良反应及注意事项
乙型肝炎疫苗（HBV）	预防乙型肝炎。上臂三角肌部位肌内注射。用于易感人群	偶见低热、接种部位红肿、压痛等症状，一般在1~2天内消失
卡介苗（BCG）	预防结核病。上臂三角肌外侧皮内注射，儿童皮内注射。用于出生3个月以内的婴儿及结核菌素纯蛋白衍化物试验阴性者	常见接种局部红肿、浸润、化脓。应初次接种2~3个月后再做结核菌素纯蛋白衍化物试验
麻疹减毒活疫苗（MV）	预防麻疹。上臂三角肌皮下注射。主要用于8月龄以上的易感者和麻疹疫情出现时的应急接种	常见发热，偶见皮疹。禁用于患严重疾病、发热或有过敏史者（特别是有鸡蛋过敏史者）
乙脑疫苗（JEV）	预防流行性乙型脑炎。上臂三角肌外侧皮下注射。用于乙脑流行地区6月龄~10岁的儿童以及由非疫区进入疫区的儿童和成人	常见发热、注射部位疼痛等
脊髓灰质炎减毒活疫苗（OPV）	预防脊髓灰质炎。口服糖丸剂型疫苗。主要为学龄前儿童	偶见发热、皮疹及胃肠道反应。接种前后的半小时内禁止进食包括母乳在内的热的食物和饮料

第四节 调节免疫功能药的用药指导

一、用药前

1. 患者健康评估

（1）疾病史和用药史：了解患者出现的疾病症状、发病时间、性质；是否使用过与免疫系统疾病有关的药物，使用后有无发生过敏反应。

（2）机体现状：掌握患者的年龄、营养状况及心、肝、肾功能，有无高危因素如妊娠、哺乳、过敏体质等。

2. 健康教育　宣传疾病防治和相关药物知识，告诉患者使用该药物后可能出现的不良反应，帮助患者调整心理状态，解除思想压力，指导患者改善生活方式。

3. 用药评估　根据患者的病情、体质和药物特性合理选用药物，严格掌握剂量、给药途径和疗程，注意特殊人群的用药禁忌。

二、用药中

1. 环孢素的肾毒性较常见，用药时应控制剂量，并避免与氨基糖苷类抗生素、两性霉素B等有肾毒性的药物合用。

2. 胸腺素须做皮肤过敏试验。

3. 注射用计划免疫疫苗注射部位常出现红斑、硬结，可在注射2小时后热敷。

4. 冷链管理的药品要存放于2~8℃环境中，现用现取。

三、用药后

1. 疗效评价　密切观察患者的症状和体征，及时进行疗效评估。

2. 不良反应监测　重点检测患者的中枢神经系统、消化道、视力、听力、心电图、血液指标、肝肾功能等。

药学服务岗位操作实践

岗位情境：

社区药房小张的邻居齐女士在医院顺产一健康宝宝，出院后发现婴儿左上臂有一小脓包，怀疑得了化脓性感染，于是齐女士的丈夫李先生来找小张咨询，小张应如何运用本章知识做好解答呢？

操作流程：

1. 耐心、细致地接待李先生，首先解释这是婴儿接种疫苗后的正常现象，无须治疗。

2. 告诉李先生按照计划免疫程序，新生儿出生后的24小时内需要接种乙型肝炎疫苗和卡介苗，预防乙型肝炎和结核病。

3. 反复强调李先生以后要带宝宝按年龄有计划地进行各种预防接种。如果愿意，可以关注药房健康教育公众号或建立更方便的联系方式，提供更全面周到的药学服务。

章末小结

本章主要介绍了调节免疫功能药，其中重点是调节免疫功能药物的作用、用途、不良反应及用药指导，难点是调节免疫功能药的机制。免疫抑制药主要用于治疗自身免疫性疾病和防治器官移植后的排斥反应。免疫增强药可以治疗与免疫功能低下有关的疾病。实施计划免疫是降低传染病发病率的根本手段。

思考与练习

一、 单项选择题

1. 环孢素是（   ）

   A. 免疫抑制药　　　　　B. 免疫增强药　　　　　C. 消毒防腐药

   D. 抗肿瘤药　　　　　　E. 抗肠虫药

2. 临床常用的免疫抑制药不包括（   ）

   A. 硫唑嘌呤　　　　　　B. 泼尼松　　　　　　　C. 他克莫司

   D. 胸腺素　　　　　　　E. 环孢素

3. 环孢素主要抑制下列哪种细胞（   ）

   A. 巨噬细胞　　　　　　B. 自然杀伤细胞　　　　C. T淋巴细胞

   D. B淋巴细胞　　　　　 E. 淋巴因子激活的杀伤细胞

4. 我国推荐的儿童基础免疫中，麻疹疫苗应于何时接种（   ）

   A. 3月龄　　　　　　　　B. 4月龄　　　　　　　C. 5月龄

   D. 8月龄　　　　　　　　E. 12月龄

二、简答题

1. 简述免疫抑制药的临床用途。
2. 简述环孢素的临床用途和不良反应。

三、应用题

案例分析：新生儿，女，足月产，出生后医学评估健康，按计划免疫要求进行皮内注射卡介苗以预防结核病。

请思考讨论：①新生儿接种卡介苗后，药学工作人员应指导家长注意观察什么反应？②卡介苗的其他应用有哪些？③药学工作人员指导家长，1岁内婴幼儿需要接种哪些疫苗？④如何在后续药学服务中体现职业素养和专业精神？

（冯敏超）

第四十三章

解毒药

学习目标

知识目标：

- 掌握　阿托品、氯解磷定、碘解磷定等常见农药中毒及解毒药的作用、临床应用和用药疗效观察。
- 熟悉　常见药物中毒的特异性解毒药的特点。
- 了解　其他常见化合物中毒和解毒药的特点，解毒药的用药指导。

技能目标：

- 学会　观察解毒药的疗效和不良反应，并进行用药指导的基本技能。

素质目标：

- 具有尊重、关心中毒患者，开展积极救治和合理用药岗位服务的专业精神和职业素养。

情境导入

情境描述：

　　某患者因为头发长了虱子、头皮瘙痒，又不想剃发影响美观，就用敌敌畏农药经温水稀释后洗头，洗完10分钟后出现了中毒症状：表现恶心、腹痛、腹泻、出冷汗、胸闷、视物模糊等症状，随即至急救中心就诊，患者经过积极救治，病情好转。

学前导语：

　　据不完全统计，中毒是继恶性肿瘤、脑血管疾病、心脏病、呼吸系统疾病后的第五大死亡原因。其中，急性中毒的毒种主要有乙醇、药物、一氧化碳、食物、农药、鼠药6大类。做好预防中毒、常见毒物的危害和中毒急救措施的科普宣传是药学人员的职责，学好、用好这些中毒的抢救药物，未来可以更好地胜任药学工作岗位，做好药学服务，实现职业目标。

中毒是指某化学物质进入人体后，与人体组织发生反应，破坏机体的正常生理功能，引起机体的功能性或器质性病理改变，导致暂时性或持久性损害的过程。在短时间内引起机体病理改变和疾患的称为急性中毒；长期少量逐渐进入体内，蓄积到一定浓度再出现症状的称为慢性中毒。

临床常见中毒的原因有：①农药使用不当或误服；②药物治疗中剂量过大、用药时间过长、给药速度过快或机体对药物过度敏感；③其他原因氰化物、亚硝酸盐、金属及类金属等。

解毒药是指能直接对抗毒物或解除毒物所致的毒性反应的一类药物，包括一般性解毒药和特异性解毒药。特异性解毒药具有高度专一性，在中毒的抢救中占有重要地位。

中毒的常规处理原则如下。

1. 清除毒物　包括：①终止毒物继续吸收，立即脱离中毒环境，清洗污染的体表。口服毒物的应采取洗胃、催吐、导泻的方法加速毒物排出体外。②加速毒物的体内消除，立即建立静脉通道，通过增加血容量稀释毒物，应用高效利尿药强迫利尿和改变体液的pH加速毒物的排出。必要时进行血液透析。

2. 对症治疗　维持生命体征，为毒物在体内的消除和解毒药物发挥作用争取时间。

3. 特异性治疗　根据毒物种类和特点，选用特异性解毒药，并避免新发不良反应。

第一节　常见农药的中毒及解毒药

一、有机磷酸酯类农药中毒及解毒药

有机磷酸酯类（简称有机磷）主要用作农林业杀虫剂，亦称农药，如对硫磷（1605）、内吸磷（1059）、甲拌磷（3911）、马拉硫磷（4049）、乐果（rogor）、敌

敌畏（DDVP）、美曲膦酯（敌百虫，metrifonate）等，和战争用神经毒剂如沙林、塔朋、梭曼等。

（一）有机磷酸酯类的中毒机制

有机磷酸酯类可通过消化道、呼吸道、皮肤及黏膜等多种途径进入机体，与胆碱酯酶结合，形成磷酰化胆碱酯酶，使胆碱酯酶失去活性，导致乙酰胆碱不能被水解而大量蓄积，激动胆碱受体，引起一系列胆碱能神经系统功能亢进的中毒症状。若不及时使用胆碱酯酶复活药，磷酰化胆碱酯酶则不容易被解离，胆碱酯酶难以复活，形成所谓的酶"老化"现象。此时即使再用胆碱酯酶复活药，也不能使胆碱酯酶恢复活性，须等待新生的胆碱酯酶出现，才能恢复水解乙酰胆碱的能力（图43-1）。

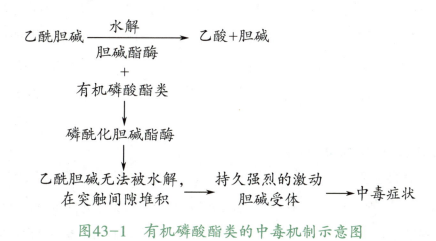

图43-1　有机磷酸酯类的中毒机制示意图

（二）有机磷酸酯类的中毒症状

1. M样症状　表现为恶心、呕吐、腹痛、腹泻、大小便失禁、瞳孔缩小、视物模糊、心动过缓、血压下降、出汗、流涕、呼吸道分泌物增加、肺部湿啰音、胸闷、呼吸困难、发绀等。

2. N样症状　激动 N_2 受体引起肌肉震颤、抽搐，严重者导致呼吸肌麻痹；激动 N_1 受体引起心动过速、血压升高。

3. 中枢症状　先兴奋后抑制，表现为躁动不安、失眠、谵语、昏迷、窒息、血压下降、呼吸抑制等。

轻度中毒以M样症状为主；中度中毒同时出现明显的M样及N样症状；重度中毒时除M样和N样症状明显加重外，还有明显的中枢症状。死亡原因主要为呼吸中枢麻痹及循环衰竭。

阿托品（atropine）

【作用与用途】阿托品是有机磷中毒的首选解救药物之一。阿托品可拮抗M受体，使乙酰胆碱不能与M受体结合，导致瞳孔括约肌和睫状肌松弛、腺体分泌减少、呼吸道及胃肠道平滑肌舒张、心脏兴奋性增强等，从而迅速解除M样症状；同时又能通过血脑屏障进入脑内消除部分中枢症状，对呼吸中枢的兴奋作用还可以对抗有机磷中毒引起的呼吸中枢抑制。

可单独用于轻度中毒。因其不能拮抗N_2受体，对肌束颤动无效，也不能使胆碱酯酶复活，故对中度、重度中毒者必须联合应用胆碱酯酶复活药。

治疗有机磷中毒时，阿托品的用量可不受药典规定的极量限制，使用量视中毒程度而定。使用原则为及早、足量、反复给药直至阿托品化，然后改用维持量。"阿托品化"的指征为瞳孔较前扩大、口干、皮肤干燥、心率加快（90~100次/min），肺部湿啰音显著减少或消失等。此时，应减少阿托品剂量，如出现高热、瞳孔明显扩大，神志模糊、烦躁不安、抽搐、谵妄和昏迷等症状，应是阿托品中毒，须立即停药。

其他M受体拮抗药如东莨菪碱、山莨菪碱等也能对抗有机磷中毒引起的M样症状。

戊乙奎醚（penehyclidine）

本药是选择性胆碱受体拮抗药，对外周M受体和中枢M受体、N受体均有作用；对M受体具有明显的选择性，能透过血脑屏障，在脑组织维持时间长，不仅能较强地拮抗有机磷酸酯类中毒引起的M样作用、N样作用，还能拮抗中毒导致的中枢症状，如惊厥、中枢呼吸循环衰竭和烦躁不安等。首次用药需与氯解磷定合用。另外，本药对呼吸道腺体的选择性强于阿托品，对心脏中的M_2受体无作用，不良反应相对较轻。

氯解磷定（pralidoxime chloride，氯化派姆）

本药是胆碱酯酶复活药。水溶性高，溶液稳定，使用方便，可静脉给药，也可肌内注射。

【药理作用】

1. **与有机磷结合**　氯解磷定能与体内游离的有机磷酸酯结合，形成无毒的磷酰化氯解磷定由尿中排出，阻止毒物继续抑制胆碱酯酶。

2. **恢复胆碱酯酶活性**　氯解磷定可与磷酰化胆碱酯酶中的磷酰基结合，使胆碱酯酶游离，恢复其水解乙酰胆碱的活性。

【临床用途】目前解救有机磷酸酯类中毒的首选药之一，能迅速解除N样症状，消除肌束颤动。但对M样症状效果差，故应与阿托品合用。对马拉硫磷、敌百虫、敌敌畏、乐果、甲氟磷（dimefox）、丙胺氟磷（mipafox）和八甲磷（schradan）等的中毒效果较差；对氨基甲酸酯杀虫剂所抑制的胆碱酯酶无复活作用。

【不良反应】注射后可引起恶心、呕吐、心率加快、心电图出现暂时性S-T段压低和Q-T时间延长。注射速度过快引起眩晕、视物模糊、复视、动作不协调。剂量过大可抑制胆碱酯酶、抑制呼吸和引起癫痫样发作。

氯解磷定可肌内注射，也可静脉注射若中毒时间过长，磷酰化胆碱酯酶会"老化"，应尽早给药，首剂足量，重复应用，疗程延长至各种中毒症状消失，用药过程中要随时测定血胆碱酯酶作为用药监护指标，要求血胆碱酯酶维持在50%~60%以上方可停药。

碘解磷定（pralidoxime iodide，派姆）

本药的解毒作用和临床应用与氯解磷定相似，但作用弱，不良反应多，只能静脉给药，不能肌内注射。

➡️ **药学思政：**┈┈┈

医者仁心，6 000支阿托品背后的故事

6月13日下午4点多，一名因服用甲胺磷的农药中毒的患者被送进了某医院重症监护病房（ICU），此时该患者已神志模糊，呼吸衰竭，胆碱酯酶极低且呈下降趋势，病情十分危急。该院ICU立即组织全科医护人员对其进行机械通气、血液净化、洗胃及补液解毒等抢救措施。医护人员放弃休息，通宵作战，累计为患者徒手掰6 000支阿托品安瓿，他们双手已经被玻璃割破流血，幸运的是终于将患者从死亡线上救回。

每一个生命的抢救都来之不易，每次抢救工作医护人员都全力以赴，不放弃一丝一毫的机会。

当患者面对生死考验时，医务人员的行动，正是对"医者仁心，救死扶伤，生命至上"的职业精神最好的诠释。

请同学们围绕上述内容，结合药学专业学生职业素养和专业精神，开展进一步的讨论。

┈┈

二、其他常用农药中毒的解救药物

农药除有机磷酸酯类外，还包括有机氮类、菊酯类及杀鼠剂等，其中毒的常用解救药物及应用见表43-1。

表 43-1　其他常用农药中毒的解救药物应用

农药种类	代表药物	解救药物	用药须知
有机氮农药	杀虫脒	无特效解毒药；多用小剂量的亚甲蓝或大剂量的维生素C	亚甲蓝1~2mg/kg，25%葡萄糖溶液稀释后缓慢静脉推注，每2~6小时重复给药；维生素C 4~6g/d，静脉滴注
菊酯类农药	除虫菊	无特效解毒药；多对症治疗	惊厥采用地西泮对抗，也可以选用中枢性肌肉松弛药美芬新；避免与普萘洛尔、氯丙嗪合用
杀鼠剂	二苯茚酮（敌鼠钠）	大剂量的维生素K_1，必要时配伍维生素C和糖皮质激素辅助治疗	维生素K_1静脉注射或肌内注射，10~20mg/次，2~3次/d，疗程视病情而定
杀鼠剂	毒鼠磷	阿托品和胆碱酯酶复活药氯解磷定	同"有机磷酸酯类中毒"

第二节　常见药物中毒和解毒药

药物治疗中药物剂量过大、用药时间过长或机体对药物过度敏感可导致中毒，引起机体严重损害。其中毒的常用解救药物及应用见表43-2。

表 43-2　各类常见药物中毒和解救药物的应用

药物种类	主要中毒症状	解救药物	用药须知
阿片类药物	中枢抑制、呼吸麻痹	纳洛酮	纳洛酮0.4~0.8mg，肌内注射或静脉注射；严重者可0.8~1.2mg，持续静脉注射。也可以采用烯丙吗啡5~10mg，肌内注射或静脉注射

药物种类	主要中毒症状	解救药物	用药须知
巴比妥类药物	中枢抑制，呼吸、血管运动中枢麻痹	无特效解毒药，多对症治疗	使用碳酸氢钠碱化血液和尿液；使用甘露醇和呋塞米加速毒物排泄；尼可刹米0.25~0.5g，每1~2小时肌内注射或静脉注射，对抗呼吸抑制作用，但需注意剂量和给药速度，避免引起惊厥
苯二氮䓬类药物	中枢抑制，呼吸、血管运动中枢麻痹	氟马西尼	氟马西尼每次0.3~0.6mg，静脉注射；对症治疗
吩噻嗪类药物	神经系统毒性、心血管系统毒性等	无特效解毒药，多对症治疗	贝美格50~150mg，缓慢静脉滴注，对抗中枢抑制症状；血压过低可采用间羟胺，禁用肾上腺素；心律失常可采用利多卡因；肌肉痉挛可采用苯海拉明对抗等
阿托品类药物	中枢兴奋、惊厥、昏迷、麻痹等	毛果芸香碱、新斯的明	毛果芸香碱5~10mg，皮下注射，间隔15~20分钟给药1次；新斯的明0.5~1.0mg，肌内注射，每3~4小时给药1次
洋地黄类药物	心律失常	无特效解毒药，多对症治疗	苯妥英钠125~250mg，缓慢静脉推注，2~3次；也可以用地高辛抗体片段或利多卡因；过缓型心律失常首选阿托品
乙醇	中枢先兴奋后抑制、酒依赖、脏器损害	无特效解毒药，多对症治疗	纳洛酮0.4~1.2mg，加入50%葡萄糖溶液20ml中静脉注射；胰岛素10U加入10%葡萄糖溶液500ml中静脉滴注，同时肌内注射维生素$B_1$100mg

第三节　其他常见化合物中毒和解救药

一、氰化物中毒和解毒药

氰化物的毒性作用强而快。工业生产中常用的氰化物有氢氰酸、氰化钾、氰化钠；桃仁、苦杏仁、银杏及木薯等食物也含有氰苷，水解后产生氢氰酸，大量食用也可中毒。此外，硝普钠过量也可引起氰化物中毒。

氰化物的中毒机制是氰化物进入体内释放出氰离子（CN⁻），与机体内的细胞色素氧化酶结合形成氰化细胞色素氧化酶，使该酶失去传递电子的能力，使呼吸链中断，引起细胞内窒息出现中毒症状，严重者迅速死亡。

氰化物中毒后应迅速脱离中毒现场，并尽快给予高铁血红蛋白形成剂和供硫剂进行治疗。

🔗 知识链接：

氰化物中毒的表现

吸入高浓度氰化氢气体或吞服大剂量的氰化钠（钾）后，患者可在数分钟内呼吸、心搏骤停而死亡。一般急性氰化物中毒症状分为四期。①刺激期：眼和上呼吸道刺激症状、头痛、头晕、恶心、呕吐、震颤、大便急迫感等；②呼吸困难期：胸闷、心悸、呼吸困难，瞳孔先缩小后逐渐扩大，有恐怖感、意识逐渐模糊甚至昏迷、痉挛等；③痉挛期：阵发性或强直性痉挛，严重者角弓反张、牙关紧闭、大汗淋漓、大小便失禁、血压下降，晚期可出现肺水肿；④麻痹期：意识完全丧失，痉挛停止，瞳孔散大，反射消失，呼吸、循环中枢麻痹死亡。

亚硝酸钠（sodium nitrite）

本药是高铁血红蛋白形成剂，可迅速缓解中毒症状。

【作用与用途】亚硝酸钠在体内可使血红蛋白氧化为高铁血红蛋白，后者对氰离子（CN⁻）的亲和力强，结合牢固，从而恢复细胞色素氧化酶的活性，可有效解救氰化物中毒。

【不良反应】

1. 亚硝基的扩张血管反应　恶心、呕吐、眩晕、头痛、低血压等。用药时应注意速度和剂量。

2. 高铁血红蛋白血症反应　本药大剂量可引起发绀、呼吸困难、晕厥、循环衰竭。孕妇禁用。

本类药物还有亚硝酸异戊酯、亚甲蓝及新型高铁血红蛋白生成剂二甲氨酚（dimethylaminophenol，DMAP）和对氨苯丙酮（para-aminopropiophenone，PAPP）。

硫代硫酸钠（sodium thiosulfate）

本药是供硫剂，用于彻底解除氰化物中毒。

【作用与用途】

1. **氰化物中毒**　硫代硫酸钠有活泼的硫原子，在转硫酶（硫氰酸酶）的作用下，与氰离子结合生成无毒的硫氰酸盐，随尿排出体外而解毒。用于氰化物中毒的抢救，与高铁血红蛋白生成剂合用提高解毒疗效。

2. **钡盐中毒**　本药在血液中还可转化为亚硫酸钠，后者可与钡离子结合为无毒的亚硫酸钡，故还是钡盐中毒的特效解毒药。

3. **其他**　因其具有抗过敏作用，还可用于治疗荨麻疹、皮肤瘙痒症等。

【不良反应】偶见头晕、乏力、恶心、呕吐等。静脉注射过快可引起血压下降，故应缓慢注射。氰化物中毒时应先用作用较快的亚硝酸类化合物，再用硫代硫酸钠，不能混合注射。

亚甲蓝（methythioninium chloride，美蓝）

本药为氧化–还原剂，对血红蛋白有双重作用。与血药浓度有关，低浓度时，可在还原型烟酰胺腺嘌呤二核苷酸（还原型辅酶Ⅰ）作用下转变为还原型亚甲蓝，后者可将高铁血红蛋白还原成血红蛋白，自身转化为氧化型亚甲蓝。主要用于伯氨喹、亚硝酸盐、苯胺及硝酸甘油引起的高铁血红蛋白症。高浓度时，可将血红蛋白氧化为高铁血红蛋白，用于解救氰化物中毒，但效果不如亚硝酸钠。

剂量过大可致恶心、腹痛、胸闷、头痛及昏迷等。禁用于皮下注射和肌内注射，以防组织坏死。

二、金属和类金属中毒和解救药

常引起中毒的金属和类金属包括铜、铅、汞、铬、砷、锑等。动物体内含巯基的酶可与这些物质中的金属离子结合而失去活性。本类解毒药通过与金属离子络合成为可溶性无毒或低毒的化合物排出体外，而达到解毒的目的。

二巯丙醇（dimercaprol，巴尔）

【作用与用途】二巯丙醇分子中含两个巯基，与金属和类金属结合的能力强，能夺取组织中已与含巯基酶结合的金属，恢复含巯基酶的活性，从而解除中毒症状，主要用于治疗砷、汞和金中毒。

对慢性中毒的细胞酶无复活作用，效果较差。排铅作用不及依地酸钙钠，排铜作用不及青霉胺，对锑和铋无效。与镉、铁、硒、银、铀结合形成的复合物毒性比原金属更大，故禁用。

【不良反应】本药有特殊的蒜臭味。常见的不良反应依次有恶心、呕吐、头痛、唇和口腔烧灼感、咽和胸部紧迫感、流泪、流涕、流涎、多汗、腹痛、肢端麻木和异常感觉、肌肉和关节酸痛。剂量超过5mg/kg时出现心动过速、高血压、抽搐和昏迷，持续应用可损伤毛细血管，引起血浆渗出，导致低蛋白血症、代谢性酸中毒、血浆乳酸增高和肾脏损害。

【用药指导】使用二巯丙醇时应及早给药，最好在接触毒物后的1~2小时内给药，超过6小时解毒作用减弱；应反复给药，保持本药与金属在剂量上2∶1的优势，需要一直用到中毒金属排尽和毒性作用消失为止。肾功能不良者慎用。

二巯丁二钠（sodium dimercaptosuccinate，二巯琥钠）

本药是我国研制的解毒药，水溶液不稳定，必须新鲜配制。注射给药，血药浓度很快达到药峰浓度，并迅速由血液转移，由肾排泄，无蓄积作用。

【作用与用途】解毒作用与二巯丙醇相同，对酒石酸锑钾的解毒作用比二巯丙醇强10倍，对汞、砷、铅中毒有明显的解毒和促排作用，对铜、钴、镍等中毒也有疗效；还可用于肝豆状核变性病。

【不良反应】毒性比二巯丙醇小。注射后可有口臭、头痛、头晕、恶心、全身乏力及四肢酸痛，减慢注射速度，症状会减轻。偶见过敏反应。使用时应早期用药、反复用药。

二巯丙磺钠（sodium dimercaptopropanesulfonate）

本药的作用机制与二巯丙醇相同，为治疗汞、砷中毒的首选药；对铬、铋、铅、铜及锑中毒有一定疗效；也可作为农药杀虫双、杀虫单中毒的特效解毒药。常用量肌内注射无明显的副作用。静脉注射过快可引起恶心、头晕、口唇发麻、面色苍白及心悸等，少数人可发生过敏反应，甚至过敏性休克。

依地酸钙钠（calcium disodium edetate，解铅乐）

本药能与多种金属离子（铅、钴、铜等）络合形成可溶性络合物，随尿排出，使金属离子失去毒性作用。主要用于铅中毒，也可用于铜、锰、铬、镉等中毒和放射性物质中毒。

不良反应少，部分患者可出现短暂的头晕、恶心、关节酸痛、乏力等反应。大剂量对肾有损害，用药期间应注意检查尿液，肾病患者禁用。

青霉胺（penicillamine）

本药为青霉素的水解产物，为含巯基的氨基酸。可与金属离子螯合成可溶的螯合物，迅速自尿液排出。青霉胺是治疗肝豆状核变性（铜代谢障碍）的首选药，对铅、汞、锌中毒也有效。可引起头痛、乏力、恶心、腹痛、腹泻，也可引起发热、皮疹、关节痛、白细胞及血小板减少；与青霉素有交叉过敏反应，故用前必须做青霉素皮肤过敏试验，对青霉素过敏者禁用。

去铁胺（deferoxamine）

本药是特效的铁络合剂，可与组织中的铁络合成无毒物后从尿中排出。主要用于铁中毒，但口服吸收差，必须肌内注射或静脉注射。该药注射过快可引起面部潮红、低血压等，注射局部可出现疼痛。

第四节　解毒药的用药指导

一、用药前

1. 协助进行各项评估

（1）疾病史和用药史：了解患者的职业、中毒时间、毒物类型、中毒症状，是否做过解毒治疗，所用解毒药的名称、剂量、给药途径、治疗效果，有无不良反应等。

（2）机体现状：了解患者的年龄、营养状况，检查患者的体温、脉搏、呼吸、血压、心率、瞳孔大小、心肝肾功能，有无高危因素如妊娠、哺乳、过敏体质等。

2. 配合进行健康教育　宣传疾病防治和相关药物知识，告诉患者使用该药物后可能出现的不良反应，消除患者的恐惧心理，帮助患者调整心理状态，解除思想压力，积极配合治疗。

3. 用药评估　提示医护人员明确诊断，根据患者的病情、体质和药物特性合理选用药物，严格掌握剂量、给药途径和疗程，注意特殊人群的用药禁忌。

二、用药中

1. 提示医护人员抢救重度有机磷酸酯类农药中毒患者应遵循尽早用药、足量用药、联合用药、反复用药的原则。阿托品的用量不受极量的限制。

2. 二巯丙醇应深部肌内注射，且每次更换注射部位；亚硝酸钠和硫代硫酸钠不可混合注射，注射速度不可过快。

三、用药后

1. 协助医护人员进行疗效评价，密切观察患者的症状和体征，及时进行疗效评估。

2. 提示医护人员不良反应监测，重点检测患者的血液指标、肝肾功能、中枢神经系统、消化道、视力、听力、心电图等。

药学服务岗位操作实践

岗位情境：

患者，女，34岁。因夫妻吵架赌气喝有机磷农药对硫磷约半瓶，立即送入院，患者表现为瞳孔缩小、肌震颤、烦躁不安、呼吸困难、流涎、大汗淋漓等，诊断为急性有机磷重度中毒。请结合所学的医药知识，尝试给出抢救方案，并进行用药指导。

操作流程：

1. 急诊科迅速按农药中毒抢救规范进行救治，先彻底洗胃，硫酸钠导泻，同时迅速建立静脉输液通道，确保液体能及时进入体内，以加速毒物从尿中排出，同时可滴注碳酸氢钠碱化尿液，保持水、电解质以及酸碱平衡。

2. 及时早期、反复、足量应用阿托品，以迅速达到阿托品化，密切观察"阿托品化"的指标以防中毒；尽早使用氯解磷定，促使胆碱酯酶复活。另外还应针对患者出现的症状对症治疗；保持患者呼吸道通畅，必要时给予呼吸机辅助呼吸、吸氧等。

3. 临床药师在参与查房时可多与患者及家属沟通劝解，配合进行心理抚慰，介绍有关农药中毒危害和治疗后注意事项，使患者恢复生活的信心和勇气。

4. 如本人或家属愿意，建议关注医院健康教育公众号或其他新媒体资源，也可与药师保持联系，获得更全面的药学服务。

本章主要介绍了解毒药，重点是阿托品、氯解磷定、碘解磷定、盐酸戊乙奎醚的主要特点；难点是中毒时选择合理的药物救治。

主要内容：

1. 有机磷酸酯类农药中毒的解救药物有阿托品、氯解磷定、碘解磷定等。轻度中毒可单独使用阿托品或氯解磷定，中度、重度中毒需两药合用。

2. 抢救重度有机磷酸酯类农药中毒患者应遵循尽早用药、足量用药、联合用药、反复用药的原则。及时使用胆碱酯酶复活药可有效防止磷酰化胆碱酯酶"老化"；足量使用阿托品以有效对抗乙酰胆碱的蓄积，此时阿托品的用量不受极量的限制；联合用药可同时减轻 M 样和 N 样症状；反复用药可以对抗乙酰胆碱持续堆积。

3. 氰化物中毒合用高铁血红蛋白形成剂和供硫剂进行治疗。常用的高铁血红蛋白形成剂有亚硝酸钠、亚甲蓝等，供硫剂有硫代硫酸钠等。

4. 二巯丁二钠对酒石酸锑钾中毒的有较好疗效；二巯丙磺钠为治疗汞、砷中毒的首选药；依地酸钙钠主要用于铅中毒；青霉胺是治疗肝豆状核变性（铜代谢障碍）的首选药；去铁胺是特效的铁络合剂，主要用于铁中毒。

思考与练习 ·····

一、单项选择题

1. 铅中毒治疗首选（　　　）
   A. 依地酸钙钠　　　　　B. 二巯丁二钠　　　　　C. 亚硝酸钠
   D. 硫代硫酸钠　　　　　E. 亚甲蓝

2. 使用前须做皮试的解毒药物是（　　　）
   A. 亚甲蓝　　　　　　　B. 青霉胺　　　　　　　C. 二巯丙醇
   D. 依地酸钙钠　　　　　E. 二巯丁二钠

3. 治疗砷中毒应首选（　　　）
   A. 依地酸钙钠　　　　　B. 二巯丙醇　　　　　　C. 二巯丁二钠
   D. 青霉胺　　　　　　　E. 硫代硫酸钠

4. 能使血红蛋白氧化成高铁血红蛋白的药物是（　　　）

    A. 二巯丙醇   B. 青霉胺   C. 大剂量的亚甲蓝

    D. 依地酸钙钠   E. 亚硝酸钠

5. 治疗有机磷中毒，阿托品不能缓解的症状是（　　　）

    A. 中枢症状   B. 消化道症状   C. 骨骼肌震颤

    D. 呼吸困难   E. 出汗

二、简答题

1. 简述急性中毒的一般处理原则。

2. 简述有机磷酸酯类中毒的解救药物。

三、应用题

请把下列中毒与最适宜的解救药物用横线连接起来。

中毒名称	解救药物
有机磷中毒	氟马西尼
氰化钾中毒	阿托品＋氯解磷定
吗啡中毒	亚硝酸钠＋硫代硫酸钠
地西泮中毒	纳洛酮

（黄小琼）

第四十四章
其他临床常用药物

学习目标

知识目标：

- 熟悉 盐类、调节酸碱平衡药、维生素类药、皮肤科常用药物、五官科用药及诊断用药的作用、用途、不良反应。
- 了解 消毒防腐药的作用特点及用途，糖类及酶类药物的分类、作用与用途。

技能目标：

- 学会 观察其他临床常用药物的疗效和不良反应，并进行用药指导的基本技能。

素质目标：

- 具备尊重、关心患者，开展相关药物合理用药等岗位服务的专业精神和职业素养。

➡ 情境导入

情境描述：

　　小青怕上学迟到，没吃早饭就匆忙走了。第四节课时，小青感到心慌、饥饿、腿软、出汗、面色苍白、头晕、坐不稳，一下倒在地上，同学们把他送到了医务室，校医做了检查后，到药房端出来一杯温水，慢慢给小青喝下，很快小青就舒服多了，同学们很诧异，是什么药物那么神奇。校医告诉大家，小青喝的就是一杯葡萄糖水。

学前导语：

　　同学们，小青晕厥是因为没吃早饭，上课消耗能量较多，出现了低血糖反应，及时补充葡萄糖缓解了症状，这样的实际问题在临床工作中会经常遇到。学好本章知识，今后就能更好地胜任药学服务岗位，做好药学服务，实现职业目标。

第一节　糖类、盐类及调节酸碱平衡药

一、糖类

糖类按照含有的糖基数目不同分为三类。

1. **单糖**　包括葡萄糖、果糖等。其中葡萄糖存在于组织中，是机体最主要的能量来源，维持机体的正常代谢和生理活动。

2. **低聚糖（寡糖）**　包括蔗糖、麦芽糖等。热值相对低，除供给能量外，在消化道可抑制腐败菌生长繁殖。

3. **多糖**　包括右旋糖酐、淀粉、纤维素、肝素、透明质酸、硫酸软骨素等。是机体的重要组成和活性物质，种类不同其作用和用途也不相同。

葡萄糖（glucose）

本药口服或静脉给药可快速补充体液、维持血糖、供给能量以及具有强心、利尿、解毒等作用。不同浓度的葡萄糖溶液用途不同，5%葡萄糖溶液的等渗液体主要用于静脉给药时的溶剂，也用于各种急性中毒的排毒，或出汗、呕吐、腹泻引起的体液丢失；10%~50%的高渗液体用于纠正低血糖和营养不良，也可用于心力衰竭、脑水肿、肺水肿的辅助治疗等。

口服浓度过高、过快会出现恶心、呕吐等，有时也可出现反应性低血糖。

二、盐类

盐类药物主要是氯化钠和氯化钾，临床上需根据需要配制成不同浓度的溶剂。主要特点如表44-1所示。

表44-1　常用盐类药物的特点

药物	主要用途	用药指导
氯化钠（sodium chloride）	常用浓度为0.9%，多作为注射用药的溶剂或稀释剂；用于各种原因所致的失水，纠正低钠血症，维持血容量；高渗性非酮症糖尿病昏迷；还可用于治疗艾迪生病；外用冲洗眼部、洗涤伤口等	高血压、心力衰竭、肾功能不全者慎用；酸血症患者可引起高氯性酸中毒，故采用含碳酸氢钠和乳酸钠的复方氯化钠注射液；禁止与能量合剂、乳糖酸红霉素、乳酸钠配伍

药物	主要用途	用药指导
氯化钾 （potassium chloride）	用于治疗和预防各种原因（进食不足、呕吐、严重腹泻、应用排钾利尿药或长期应用糖皮质激素和肾上腺皮质激素、失钾性肾病、Bartter综合征等）引起的低钾血症，亦可用于心源性水肿、肾性水肿以及洋地黄等强心苷中毒引起的频发性、多源性期前收缩或快速心律失常	有刺激性，宜稀释后饭后服用；禁止静脉注射，静脉滴注宜缓慢，浓度为0.2%~0.3%；尿少时不能补钾，尿量达30~40ml/h及以上再补钾。禁用于肾功能严重损害、尿少或尿闭未改善及血钾过高的患者
口服补液盐 （oral rehydration salt）	根据其具体成分和配比不同，可分为三种规格。腹泻或呕吐引起的急性腹泻和电解质紊乱；静脉补液后的维持疗法	腹泻缓解后应立即停用；心功能不全，高钾血症，急、慢性肾衰竭禁用

三、调节酸碱平衡药

碳酸氢钠（sodium bicarbonate）

【作用与用途】

1. 纠正代谢性酸中毒　碳酸氢钠静脉滴注，作用迅速，疗效确切，可作为首选药之一。

2. 碱化尿液　碳酸氢钠经肾排泄时碱化尿液，防止弱酸性药物在泌尿道析出结晶，加速磺酸类药物、苯巴比妥、阿司匹林等中毒时自肾的排泄，也可增强氨基糖苷类药物治疗泌尿道感染的疗效。

3. 治疗高钾血症　碳酸氢钠升高血液的pH，K^+在pH升高时易于由细胞外进入细胞内，从而降低血钾。

【不良反应】本药呈碱性，局部有刺激性，静脉注射切勿外漏；口服中和胃酸产生CO_2而增加胃内压，常见嗳气，严重的溃疡患者有穿孔的危险；剂量过大会加重水钠潴留和低血钾，也可引起代谢性碱中毒。

心力衰竭，急、慢性肾衰竭，低钾血症慎用。

乳酸钠（sodium lactate）

本药在体内代谢后可转化为碳酸氢钠，发挥纠正酸中毒的作用。主要用于治疗代谢性酸中毒，也可治疗高钾血症。作用不如碳酸氢钠迅速，过量可致碱血症。肝功能不良的患者禁用。

第二节　消毒防腐药

消毒药是指能杀灭环境中的病原微生物的药物；防腐药是指能抑制病原微生物生长繁殖的药物。两者没有严格界限，低浓度的消毒药有防腐作用，高浓度的防腐药有消毒作用，故统称为消毒防腐药。因本类药物对人体往往有强烈的毒性，因此不作全身用药，主要用于体表、器械、排泄物和周围环境的消毒。

一、酚类、醇类、醛类和酸类

酚类、醇类、醛类和酸类均属于含有羟基的化合物。其中酚、醇对细菌、真菌有效，对芽孢和病毒无作用；醛类作用最强，对各种微生物包括芽孢有效；酸类相对较弱，对细菌、真菌作用较强（表44-2）。

表44-2　酚、醇、醛和酸类消毒防腐药的主要特点

药物	主要用途	用药指导
苯酚（phenol）	0.5%~1%水溶液或2%软膏用于皮肤止痒；1%~2%苯酚甘油溶液用于中耳炎；3%~5%溶液用于手术器械、房屋消毒	有腐蚀性，避免用于伤口；禁与生物碱盐、铁盐、铝凝胶、火棉胶等配伍
甲酚（cresol）	抗菌作用比苯酚强，毒性和腐蚀性较小，2%溶液用于皮肤等消毒；3%~5%溶液用于器械消毒；5%~15%溶液用于环境及排泄物消毒	因有臭味，不宜用于食具和厨房消毒。浓度>2%对皮肤、黏膜有刺激性

药物	主要用途	用药指导
乙醇 （alcohol）	25%~30%溶液皮肤擦浴，用于高热患者物理降温；40%~50%溶液用于皮肤涂搽降温或防止压疮；75%溶液灭菌力较强，用于皮肤和器械消毒	强刺激性，禁用于伤口、黏膜消毒；大面积涂搽可导致体温过低
甲醛 （formaldehyde）	2%溶液用于器械消毒，加等量水加热蒸发，用于环境消毒；40%溶液用于消毒、固定标本；甲醛配成干髓剂填充髓洞，使牙髓失活	强刺激性，避免对黏膜和呼吸道的刺激
醋酸 （acetic acid）	0.1%~0.5%溶液冲洗治疗滴虫阴道炎；0.5%~2%溶液用于烧伤感染；按2ml/m³加热消毒环境	注意浓度的准确性
水杨酸 （salicylic acid）	3%~6%醇溶液或5%软膏用于表皮癣病；10%~25%溶液溶解角质层，治疗鸡眼和疣	易溶于醇，微溶于水
苯甲酸 （benzoic acid）	常与水杨酸制成复方溶液，用于体癣、手足癣；每100mg食物中加本品0.1mg，用于食物防腐	在酸性环境中作用增强，忌与铁盐、重金属盐配伍

二、卤素类和氧化剂类

两类药物均能释放卤素离子或活性氧，破坏微生物的活性基团，对细菌、真菌、芽孢及病毒均有强大的灭菌作用，是最为常用的消毒防腐药物（表44-3）。

表44-3　卤素类和氧化剂类消毒防腐药的主要特点

药物	主要用途	用药指导
聚维酮碘（碘伏） （iodophor）	刺激性小，无腐蚀性。0.05%溶液用于餐具消毒；0.5%溶液手术部位皮肤消毒；5%~10%溶液治疗烫伤	避光密闭保存；对碘过敏者慎用；不宜大面积涂抹

続表

药物	主要用途	用药指导
含氯石灰 （chlorinated lime）	0.5%溶液用于非金属用具及无色衣服消毒；1∶5的干粉用于粪便消毒；1 000ml水中加入16~32mg，用于饮水消毒；含氯石灰硼酸溶液用于化脓性创面、脓疱疮冲洗及湿敷	密闭干燥保存；有漂白作用，对皮肤有刺激性，对金属有腐蚀作用
过氧乙酸 （peracetic acid）	强灭菌剂。0.04%溶液用于食具、空气、家具等消毒；0.1%~0.2%溶液用于洗手消毒；0.3%~0.5%溶液用于器械消毒；1%溶液用于衣服、被单等消毒，须浸泡2小时	勿用于金属器械消毒；稀释液易分解，宜现配现用；气温低于10℃，延长消毒时间；易燃，在阴凉处保存
高锰酸钾 （potassium permanganate）	强氧化剂，有较强的杀菌作用。低浓度有收敛作用，高浓度有刺激和腐蚀作用。0.0125%溶液用于阴道冲洗或坐浴；0.01%溶液用于足癣浸泡；0.01%~0.02%溶液用于洗胃；0.02%溶液用于口腔科冲洗感染；0.1%溶液用于蔬菜、水果消毒；0.1%~0.5%溶液用于膀胱和创面洗涤	溶液有刺激性，会损伤皮肤；配制时用凉开水；应现配现用，久放失效；密闭保存，防潮，不宜与甘油、乙醇、糖、碘放在一起
过氧化氢 （hydrogen peroxide）	遇有机物放出氧分子产生气泡，可消除脓块、血痂、坏死组织，除臭。1%溶液用于化脓性、坏死性组织的局部冲洗；3%溶液用于清除创伤、松动痂皮尤其是厌氧菌感染的伤口	遇光、热易分解变质；高浓度对皮肤、黏膜有刺激性，形成疼痛性"白痂"；连续漱口会出现舌头肥厚，停药可恢复
环氧乙烷 （ethylene oxide）	广谱高效气体灭菌消毒剂。用于器械、仪器、被服、装备、敷料、塑料及橡胶制品、书籍及包装材料的消毒；工业产品如烟草、皮革等的灭菌。物品置于消毒袋或灭菌室，用量为300~700g/m³，在38~54℃下消毒6~24小时	易燃易爆，严密防火，消毒后放通风处1小时才可使用；对眼、呼吸道有刺激性，可引起中枢抑制等，常温下易挥发，应密闭于阴凉处保存

三、表面活性剂、染料和重金属盐类

表面活性剂可降低表面张力，使油脂乳化，清除油污，清洁防腐。其中阳离子型表面活性剂可改变细菌细胞膜通透性，使菌体成分外渗而灭菌。染料、重金属盐的阴、阳离子可与细菌蛋白质基团结合，抑制细菌的生长繁殖。上述药物对多种微生物均有效，作用强度中等（表44-4）。

表44-4　表面活性剂、染料和重金属盐类消毒防腐药的主要特点

药物	主要用途	用药指导
苯扎溴铵（benzalkonium bromide）	去污快，毒性小。0.01%~0.05%溶液用于黏膜和创面消毒；0.05%~1.00%溶液用于外科手术前洗手（浸泡5分钟）；0.1%溶液用于食具和器械消毒	不宜用于膀胱镜、眼科器械、痰液、粪便、呕吐物等的消毒；忌与肥皂、洗衣粉等合用
氯己定（chlorhexidine）	属于表面活性剂，抗菌谱广，作用快，强，毒性小。0.02%溶液用于手术前消毒；0.05%溶液用于冲洗伤口及口腔感染；0.1%溶液用于器械消毒；0.5%醇溶液用于手术前皮肤消毒；1%软膏用于创伤、烧伤表面消毒	不可与碘酊、高锰酸钾、红汞配伍；不可和肥皂、合成洗涤剂合用；高温易分解
甲紫（龙胆紫）（methylrosanilinium chloride）	收敛，无刺激性。1%~2%溶液用于皮肤、黏膜、创伤感染、烫伤及真菌感染，也可以用于小面积烧伤	不宜在黏膜或开放的创面上使用；脓血、坏死组织等可降低其效力
硝酸银（silver nitrate）	灭菌力强，腐蚀性强。常用棒剂腐蚀黏膜溃疡、出血点、肉芽组织过度增生及疣；0.25%~0.5%水溶液用于结膜炎、沙眼、睑缘炎等；10%水溶液可用于重症坏死性牙龈炎及牙本质脱敏	稀释和配制均应用蒸馏水，并避光保存；用后即用生理盐水冲洗以免损伤组织

第三节 维生素及酶类药物

一、维生素类

维生素是维持机体正常代谢和生理功能所必需的活性物质。除少数由人体内合成或肠道细菌合成外，大部分需从食物中获得。机体每天对维生素的需要量甚微，但维生素在调节物质代谢和维持生理功能方面起着重要作用，是人体不可缺少的一类营养素。机体在某些特殊情况下如妊娠期、哺乳期，儿童生长发育期等生理需要量增加，或因某些疾病影响了维生素的供给、吸收和代谢，或使用了维生素的拮抗剂，均有可能引起维生素缺乏，须及时补充。若长期大剂量服用不仅造成浪费，还可给机体带来危害。维生素按其溶解性分为水溶性维生素和脂溶性维生素。部分常用药用维生素的主要特点如表44-5、表44-6所示。

表44-5 常用水溶性维生素的主要特点

维生素名称	主要用途	用药指导
维生素B_1（vitamin B_1）（硫胺素，thiamine）	维生素B_1缺乏症（脚气病）、心肌炎、神经炎、肝炎、消化不良等辅助治疗；感染、高热、甲亢、乙醇中毒引起的维生素B_1缺乏	静脉注射偶见过敏性休克，应避免静脉注射；不宜和碳酸氢钠、氨茶碱、阿司匹林同时服用
维生素B_2（vitamin B_2）（核黄素，riboflavin）	维生素B_2缺乏症，防治口角炎、唇炎、舌炎、角膜炎、视网膜炎、结膜炎、阴囊炎、脂溢性皮炎和四肢躯干的皮炎	空腹吸收不良，遇光、碱及加热易破坏，应避光贮存
维生素B_6（vitamin B_6）（吡哆辛，pyridoxine）	治疗呕吐、周围神经炎；辅助用于肝炎、肝硬化、脂溢性皮炎、粒细胞减少症等	过敏者禁用
烟酸（nicotinic acid）（维生素B_5）烟酰胺（nicotinamide）（维生素B_3）	治疗高脂蛋白血症、心脏传导阻滞；糙皮病、口炎、舌炎、顽固性腹泻；辅助治疗末梢血管痉挛、冻疮、中心视网膜炎、脉络膜炎、内耳眩晕症等	溃疡病、动脉出血、糖尿病患者忌用或慎用烟酸

维生素名称	主要用途	用药指导
维生素C（vitamin C）（抗坏血酸，ascorbic acid）	维生素C缺乏症及原发性高血压的脑出血，高铁血红蛋白血症、克山病导致的心源性休克；辅助用于急、慢性传染病，病后恢复期，伤口愈合不良者，各种慢性中毒，过敏性疾病，贫血，癌症	因影响氨苄西林、红霉素的稳定性，不宜同用；痛风、糖尿病、尿酸盐性结石等慎用
谷维素（oryzanol）（阿魏酸酯）	用于自主神经功能失调、周期性精神病、更年期综合征、经期紧张症、血管性头痛等	过敏者慎用，不良反应明显者停用
曲克芦丁（venoruton）（维生素P_4，vitamin P_4）	用于闭塞性脑血管疾病、心肌梗死、中心性浆液性脉络膜视网膜病变、血栓性静脉炎、动脉硬化、血管通透性增加引起的水肿	一般不静脉注射给药

表44-6 常用脂溶性维生素的主要特点

维生素名称	主要用途	用药指导
维生素A（vitamin A，视黄醇）	维生素A缺乏症：夜盲症、眼干燥症、角膜软化症、皮肤干燥或粗糙症；补充儿童、孕妇的需要量增加；预防上皮癌、食管癌	成人剂量不超过100万U/次，儿童不超过30万U/次；妊娠期每日用量不超过6 000U，婴幼儿慎用
维A酸（vitamin A acid）	鱼鳞病、毛囊角化病、毛发红糠疹、扁平苔癣、黏膜白斑、痤疮、银屑病、基底细胞上皮瘤；急性早幼粒细胞白血病等肿瘤的辅助治疗	妊娠前3个月禁用，哺乳期间暂停用药，急性或亚急性皮炎、湿疹患者禁用
维生素D（vitamin D）	佝偻病、骨软化症、慢性肾衰竭引起的肾源性低钙血症及婴幼儿手足抽搐症；常与钙剂合用	避免长期大量服用；孕妇、哺乳期妇女每日剂不超过500U

维生素名称	主要用途	用药指导
维生素E（vitamin E，生育酚）	临床上用于习惯性流产；配合黄体酮用于先兆流产；男、女不育症的辅助治疗；也可用于防治高脂血症、动脉粥样硬化	应该避光保存；长期服用要在医师指导下进行

② 课堂问答：

脚气病和脚气的区别

1. 脚气病是缺乏哪种维生素引起的？
2. 脚气病和脚气是同一种病吗？请分析说明。

➡ 药学思政：

维生素过量引起的肝损伤

冯女士，近期自感体乏无力，听朋友介绍定期吃维生素，可以增强体质，于是她自行服用复合型的维生素，服用一段时间后，感觉效果不明显，决定加大剂量，从原来的1天1片，改为1天5片，3个月后出现恶心、脱发、食欲缺乏等症状，经医师检查为药物性肝炎，与其过量服用维生素有关。

目前滥用维生素类药物的情况比较常见，尤其是在大剂量长疗程应用时更容易出现不良反应。作为药学专业的学生，应结合药学专业知识做好维生素及相关和保健食品的合理用药宣教工作。

二、常用的酶类药物

酶类药物用途广泛，其来源包括动植物提取、微生物发酵以及基因工程获得。具体可分为十类：助消化酶类、治疗损伤组织酶类、凝血和抗凝血酶类、解毒酶类、抗肿瘤酶类、辅酶类、治疗遗传性疾病酶类、治疗感染性疾病酶类、诊断性酶类、其他酶类。

1. 助消化酶类 本类药物研究较早、品种较多。主要有胃蛋白酶、胰酶、淀粉酶、纤维素酶、木瓜酶、凝乳酶等。主要作用是消化和分解食物中的各种成分，便于胃肠道吸收，补充和纠正体内消化酶的不足，恢复正常的消化功能。

2. 治疗损伤组织酶类 本类药物发展较快、用途较广。主要有糜蛋白酶、双链酶、α-淀粉酶、胰脱氧核糖核酸酶等，多为蛋白水解酶，能分解发炎部位纤维蛋白的凝结物，消除伤口周围的坏疽、腐烂组织和组织碎屑等。

3. 凝血和抗凝血酶类 主要有链激酶、尿激酶、纤溶酶和蛇毒溶栓酶等。主要从血液中提取，发挥促进纤溶和抗血栓作用。

4. 解毒酶类 主要有青霉素酶、过氧化氢酶和组胺酶等。主要用于解除体内因注射某种药物产生的有害物质。

5. 抗肿瘤酶类 可以用来诊断和治疗某些肿瘤。可以通过测定细胞内的端粒酶活性，诊断细胞是否癌变。第一种用于治疗肿瘤的酶是L-天冬酰胺酶，对治疗白血病有显著疗效。此类药物还有神经氨酸苷酶、纤维蛋白酶等。

6. 辅酶类 主要有烟酰胺腺嘌呤二核苷酸（辅酶Ⅰ）、烟酰胺腺嘌呤二核苷酸磷酸（辅酶Ⅱ）、黄素单核苷酸、黄素腺嘌呤二核苷酸、辅酶Q_{10}、辅酶A等。它们在酶促反应中起着传递氢、电子或基团的作用，对酶催化的过程起着关键作用。广泛用于肝胆疾病、代谢疾病和心脑血管疾病的治疗。

7. 治疗遗传性疾病酶类 主要包括：①腺苷脱氨酶类，可用于重症联合免疫缺陷病（SCID）；②玻璃酸酶，可用于黏多糖贮积症；③葡萄糖苷酶，可用于唐氏综合征等。

8. 治疗感染性疾病酶类 主要有溶菌酶，可抑制杀灭病原微生物，并有止血消肿和加快组织功能恢复的作用。临床用于慢性鼻炎，急、慢性咽喉炎，口腔溃疡，水痘，带状疱疹和扁平疣等。

9. 诊断性酶类 由于健康人体内某些酶的含量或活性是恒定在一定范围内的。当发生某些疾病时，相应的某些特异性酶的含量或活性会发生变化，以此可以用来诊断某些疾病。如酸性磷酸酶活力增高，见于前列腺癌、肝炎、甲亢等；氨基转移酶活力测定已经在肝脏疾病和心肌梗死等的诊断中得到广泛应用。

10. 其他 有多种药用酶，如超氧化物歧化酶，具有抗氧化、抗辐射、抗衰老等作用，对系统性红斑狼疮、肌皮炎、结肠炎及氧中毒等疾病有显著疗效；葡聚糖酶可以预防龋齿；核酸类酶可以阻断某些不良基因的表达，用于特定疾病的基因治疗等。

第四节 皮肤科常用药物

一、皮肤疾病的用药原则

1. **药物选择** 皮肤疾病种类繁多，所使用的药物也很多，性质和作用差异明显，主要有清洁药、温和保护药、局部麻醉药、止痒药、消毒防腐药、抗生素、抗真菌药、抗病毒药、杀虫药、收敛药等，要针对不同的皮肤疾病和症状使用不同的药物。

2. **剂型选择** 皮肤科用药除掌握药物作用和用途外，还应注意到药物剂型，常用的有粉剂、水剂、霜剂、软膏或硬膏剂等，其局部作用和全身作用有明显差异，会带来不同的治疗效果。

3. **用药浓度选择** 要注意正确选择药物浓度，皮肤娇嫩和黏膜处用药浓度宜稍低，待耐受后再增加浓度；皮肤病急性期用药宜平和，以免造成刺激；而慢性期用药宜加强，缩短治疗时间。皮损面积过大时，用药浓度应慎重，必要时先局部试用，以防过敏反应和全身作用。

4. **给药方法选择** 外用给药也要注意给药方法，如创面须先清洗后再用药；粉剂或洗剂应一日涂搽数次，要避免因用法不当而降低疗效或增加不良反应的发生率。

二、皮肤科的常用药物

皮肤科用药按其用法分为外用药和内服药两大类，本节仅介绍外用药。外用药是治疗皮肤疾病的主要手段，主要包括外用抗感染药、外用糖皮质激素类、治疗痤疮的外用药、治疗角化性皮肤病的外用药、症状缓解药和其他皮肤科外用药等，其他章节涉及的药物本节不再介绍（表44-7）。

表44-7 皮肤科常用外用药的主要特点

药物	主要作用	用途与用药指导
过氧化苯甲酰凝胶（benzoyl peroxide gel）	对痤疮丙酸杆菌有杀灭作用，也能减少皮脂腺内的脂质和游离脂肪酸，减轻痤疮皮损	用于各种痤疮的治疗

药物	主要作用	用途与用药指导
维A酸乳膏 （tretinoin cream）	加速表皮细胞更替，减少粉刺形成，促进角质溶解，还能抑制皮脂腺分泌	用于寻常性痤疮、扁平苔藓、毛发红糠疹和面部单纯糠疹等。也可用于治疗多发性寻常疣以及角化异常类的各种皮肤病如鱼鳞病、毛囊角化症等
阿达帕林凝胶 （adapalene gel）	具有溶解粉刺、纠正表皮细胞异常角化作用，阻止痤疮形成；有抗炎作用，改善痤疮的炎性皮损	用于以粉刺、丘疹和脓疱为主的寻常型痤疮的皮肤治疗；亦可用于治疗面部、胸和背部的痤疮
煤馏油 （whole coal tar，煤焦油）	阻滞感觉神经末梢，止痒、镇痛。早期促角质层生成，后期持续抑制表皮角化，角质层萎缩、脱落	治疗角化性皮肤病，如银屑病等，对肥厚性斑片损害及大范围的孤立病变效果较好，其中1%~5%浓度为角质促成剂、10%~20%浓度为角质离解剂
卡泊三醇 （calcipotriol）	能抑制皮肤细胞（角质形成细胞）增生和诱导其分化，从而使银屑病皮损的增生和分化异常趋于正常	治疗银屑病，重症与甲氨蝶呤、维A酸、环孢素合用。有局部刺激性，面部及皮损广泛或急性期患者不宜使用。每日用量不能超过100g
肝素钠 （heparin sodium）	经皮吸收后，可以增进血管的通透性，增加血流量，改善微循环，促进皮肤的新陈代谢	用于浅表性静脉炎、软组织挫伤、冻疮、皲裂、溃疡及慢性湿疹等。有出血倾向的患者慎用

第五节　五官科常用药物

一、眼科常用药物

眼科常见疾病有白内障、青光眼、角膜病、结膜炎、沙眼、视网膜病、视神经炎等。药物在眼科疾病的诊断、治疗中占据着重要的地位。

由于血－眼屏障，药物难以渗入眼球内部。所以眼部疾病的治疗除了采用口服和注射给药外，常常采用局部冲洗、滴眼药水、涂眼药膏、局部注射（结膜下注射、前房内注射、球后注射、球筋膜下注射）等多种局部用药方法。

眼科局部应用药物的剂型主要有滴眼液、眼膏剂。新研制的长效滴眼液、膜控释药系统、眼用脂质体、眼用凝胶制剂等也已在临床上广泛应用。

眼科常用药物主要有抗感染药、传出神经系统药物、糖皮质激素、维生素等，有关内容见相关章节。

二、口腔科常用药物

口腔疾病按其病因可分为感染性、免疫性和创伤性口腔疾病等，除采用手术、修补等手段外，药物也是治疗的重要手段之一。药物治疗有全身治疗和局部治疗。口腔药物除了溶液剂、散剂等常用剂型外，还有口含片、膜剂、黏附片、凝胶等。本节仅介绍局部应用治疗牙体牙髓病、牙周病的药物（表44-8）和治疗口腔黏膜病的药物（表44-9）。

表 44-8　治疗牙体牙髓病、牙周病的常用药物

药物名称	主要特点	用药指导
氟化钠 （sodium fluoride）	增强釉质的抗酸能力，降低其溶解度；促进釉质再矿化；抑菌，抑制酶的酵解，改变口腔生态环境，防止牙菌斑的形成	片剂或0.05%溶液剂，局部涂搽或含漱，不可用玻璃容器放置
樟脑苯酚溶液 （camphor and phenol solution）	抗菌、镇痛，用于消毒窝洞或感染较轻的根管，也可用于牙髓炎的镇痛及牙周脓肿	用线条蘸取药液置牙周袋中

药物名称	主要特点	用药指导
碘甘油（iodine glycerol）	抗菌、防腐、收敛，减少炎性渗出物。用于牙龈炎、牙周炎和冠周炎的局部抗炎	局部涂搽，碘过敏者忌用
甲硝唑凝胶、氯己定片（metronidazole gel, chlorhexidine chip）	抗菌，用于治疗牙周病。为缓释制剂，持续时间可达24小时以上	配合牙周刮除术，放入牙周袋内，局部有烧灼感、红肿应停药
牙周塞治剂（periodontal pack）	止血、镇痛、防腐，防止肉芽组织增生，保护手术创面，防止感染。用于牙龈切除术	将液体和粉剂混合后，可附着在牙周术后创面上，用前应充分清洁用药部位

表 44-9　治疗口腔黏膜病的药物

药物名称	主要特点	用药指导
溶菌酶含片（lysozyme buccal tablets）	抗菌、止血、消肿、促进组织修复，用于口腔黏膜溃疡、舌乳头炎以及急、慢性咽喉炎	含化，偶有过敏现象
西地碘含片（cydiodine buccal tablets）	主要成分为分子碘，对厌氧菌、需氧菌和真菌均有灭菌作用，细菌不易产生耐药性。本药的刺激性较小，用于口腔黏膜溃疡、慢性牙龈炎、牙周炎和慢性咽喉炎	含化，长期含服舌苔染色，停药后可恢复。偶有过敏现象，碘过敏者禁用
醋酸地塞米松口腔贴片（dexamethasone acetate adhesive tablets）	抗炎、抗过敏，用于口腔黏膜充血、糜烂及溃疡性病损	口腔真菌感染者禁用，不能长期使用或较大面积使用
曲安奈德凝胶（triamcinolone acetonide gel）	抗炎、抗过敏，其作用强而持久，用于口腔黏膜充血、糜烂及溃疡性病损	口腔真菌感染者禁用

药物名称	主要特点	用药指导
复方四环素泼尼松膜（compound tetracyline hydrochloridc and prednisone acetate pellicles）	抗菌、抗炎、抗过敏、镇痛、减少炎性渗出，促进溃疡愈合，治疗复发性口疮、糜烂型扁平苔藓、球菌性口炎、天疱疮等	剪取与病损大小相当的薄膜，贴于患处，每天3~4次。饭前半小时或临睡前使用效果更佳。口腔真菌感染者禁用
克霉唑口腔药膜（clotrimazole oral pellicles）	抗真菌药，适用于鹅口疮、口角炎和口腔真菌病等	擦干黏膜，黏于口腔内患处，一日3次。溶化后可咽下。有严重的肝损害者慎用

尽管口腔黏膜病多表现为局部损害，但常与全身因素有关，故在治疗过程中应重视全身因素的系统治疗。

三、耳鼻咽喉科常用药物

耳鼻咽喉科疾病种类较多，治疗药物也多，主要包括抗微生物药、糖皮质激素药、抗过敏药、表面麻醉药、鼻黏膜润滑药、鼻黏膜减充血药及部分中药制剂等。常用的给药方法主要包括皮肤黏膜给药（如滴鼻、滴耳、雾化吸入等），鼻窦穿刺，鼻窦、鼻腔、耳道冲洗，含漱等。局部应用的药物剂型主要有滴剂、软膏剂、油剂、酊剂及喷雾剂等。根据具体病情采用全身用药或局部、全身配合用药。本节仅对一些代表性药物做简要介绍。

（一）耳科代表性药物（表44-10）

表44-10　耳科代表性药物

制剂名称	作用与用途	用药指导
氧氟沙星滴耳液（ofloxacin ear drops）	为喹诺酮类广谱抗菌外用制剂，用于敏感菌株所引起的中耳炎、外耳道炎、鼓膜炎	滴耳后进行约10分钟耳浴，每日1~2次，根据症状适当增减滴耳次数；对儿童滴数酌减

制剂名称	作用与用途	用药指导
酚甘油滴耳液 （phenol inglycerine ear drops）	有杀菌、止痛和消肿的作用，用于急性中耳炎、鼓膜未穿孔时及外耳道炎症	滴耳，每日3次，应将药液充满耳内，并保留1~3分钟
碳酸氢钠滴耳液 （sodium bicarbonate ear drops）	软化耵聍，用于外耳道耵聍栓塞及外耳道冲洗	滴耳，每日3次，每次用量需将药液充满耳内，并保留1~3分钟

（二）鼻科代表性药物（表44-11）

表44-11　鼻科代表性药物

制剂名称	作用与用途	用药指导
呋喃西林麻黄碱滴鼻液 （ephedrine and furacilin nasal drops）	主要用于鼻黏膜炎症肿胀引起的鼻腔堵塞，因呋喃西林具有杀菌作用，麻黄碱具有收缩毛细血管作用	滴鼻，每日3次，不可长时间使用，否则可引起药物性鼻炎；呋喃西林还可引起鼻黏膜纤毛损伤，麻黄素对心脏也有一定损害
色甘酸钠滴鼻液 （disodium cromoglycate nasal drops）	可以抑制变应性物质的释放，用于防治过敏性鼻炎	滴鼻，每日3~4次对于季节性患者，在易发季节应提前2~3周使用
复方薄荷脑滴鼻液 （compound menthol）	润滑鼻黏膜、除臭，并能刺激神经末梢，促进鼻黏膜恢复功能。用于萎缩性鼻炎，也可用于防止鼻出血等	滴鼻，每日3次，可采用侧卧位给药，避免药液进入口腔

（三）咽喉科代表性药物（表44-12）

表44-12　咽喉科代表性药物

药剂名称	作用与用途	用药指导
复方硼砂含漱液（compound borax solution）	消毒、防腐、收敛、清洁口腔。用于口腔炎、急慢性咽炎，扁桃体炎等的口腔消毒防腐	一次取少量（约10ml）加5倍量的温开水稀释后含漱，5分钟后吐出，一日3~4次
度米芬喉片（domiphen bromide tablets）	杀灭葡萄球菌和链球菌，起到局部抗菌作用。用于咽喉炎、喉头炎、扁桃体炎、鹅口疮、溃疡性口炎的辅助治疗	每隔2~3小时含化1~2片，过敏者禁用
冰硼散	清热解毒、消肿止痛，用于热毒蕴结所致的咽喉疼痛、牙龈肿痛、口舌生疮	吹敷患处，一日数次，个别有溃疡一过性疼痛加剧，唾液分泌增加等现象

第六节　诊断用药

诊断用药是指可用于辅助诊断疾病的药物。本类药物主要有X线造影剂和器官功能检查用药。

一、X线造影剂

X线造影剂是指在X线检查中，可使无明显密度差别的组织或器官显示出有差别影像的物质。

造影检查与造影剂

在人体某些部位尤其是腹部，因为多种器官、组织的密度大致相似，不能形成良好的自然对比。要使这些器官或组织显出影像，就必须导入对人体无害而密度高的物质（如硫酸钡）或密度低的物质（如气体），人为地提高对比度。这种以人工方法提高对比度的检查方法称为造影检查，采用的物质称为造影剂。

（一）钡造影剂

硫酸钡（barium sulfate）

本药为无味的白色粉末，性质稳定，不溶于水和有机溶剂。口服或灌肠不被吸收，全部以原形随粪便排出。口服用于食管、胃、十二指肠和肠道的单、双对比造影检查，灌肠用于结肠或直肠的造影检查。

应注意检查前24小时禁用泻药、阿托品、钙剂等药物，检查前一天晚餐后禁食；钡剂灌肠者应在检查前一天晚上和当日清晨清洁灌肠各1次。食管大出血或破裂、急性胃肠出血或穿孔者禁用，有气管-食管瘘或结肠梗阻、可疑先天性食管闭锁者不宜使用。

（二）碘造影剂

碘造影剂根据其性质、排泄途径和用途可分为四类（表44-13）。碘造影剂的主要不良反应是对碘过敏。应用该类药物时需要注意：①肝肾功能不良、甲状腺功能亢进、活动性肺结核及对碘过敏者禁用；②用药前要进行外观检查，并注意失效期，若溶液变黄，不可使用；③用药前必须做碘过敏试验；④静脉推注时速度宜缓慢。

表44-13　常用碘造影剂的特点

药物名称	分类	主要用途	不良反应与用药指导
泛影酸钠（sodium diatrizoate，泛影钠）	主要经肾排泄的造影剂	水溶性造影剂。静脉注射后从尿中排出，常用于尿路造影，也可用于肾盂、心血管、脑血管、周围血管、胆管等的造影	不良反应有恶心、呕吐、眩晕、荨麻疹等，过敏反应及低血压时可用肾上腺素解救。肝肾功能障碍、甲亢、活动性结核及对碘过敏者禁用

药物名称	分类	主要用途	不良反应与用药指导
胆影葡胺（meglumine adipiodone，胆影葡胺甲胺）	主要经胆道排泄的造影剂	胆道造影剂。用于胆管和胆囊造影，也可用于子宫输卵管造影	缓慢静脉注射，注意血压，肝肾功能障碍、甲亢及对碘过敏者禁用
碘化油（iodinate oil，碘油）	碘化油脂类造影剂	气管、子宫、输卵管、鼻窦、瘘管和某些腔道造影	不良反应有局部刺激性，可产生呛咳、头痛。注意避光保存，药物变棕色后不能应用
甲泛葡胺（metrizamide）	脑室及椎管造影剂	脑室、脑池、椎管、神经根鞘造影，或脑血管、脊髓动脉、冠状动脉及CT检查的增强剂	直接注射于病灶部位下方或蛛网膜下腔。中枢神经系统炎症者禁用，注意有头痛、背痛、下肢疼痛和体温轻度升高等不良反应

（三）气体造影剂

因空气、氧气、二氧化碳等的密度远远低于人体软组织的密度，可使充盈的器官显影密度降低，故又称为阴性造影剂。主要用于气腹、盆腔充气造影、腹膜后充气造影，特别是对观察子宫、卵巢的病变具有独特的价值。

二、器官功能检查用药

在常用剂量下，本类药物并无明显的药理活性，它可以通过某些组织或器官排泄或染色，或使功能发生变化，借此来判断组织或器官的功能是否正常，作为临床诊断疾病的参考（表44-14）。

表44-14 常用器官检查用药的主要特点

药物	作用与用途	不良反应与用药指导
五肽促胃液素（pentagastrin）	促进胃酸、胃蛋白酶及内因子的分泌，用于胃液分泌功能的检查	恶心、腹痛、皮肤潮红、头痛、眩晕、嗜睡、低血压等。急性消化性溃疡和对该药过敏者禁用

药物	作用与用途	不良反应与用药指导
荧光素钠（fluorescein sodium）	诊断眼角膜损伤、溃疡和异物，眼底血管造影和循环时间测定	恶心、呕吐、荨麻疹。需在紫外线灯下观察，测定血液循环时间时静脉注射，观察内唇黏膜
磺溴酞钠（sulfobromophthalein sodium，酚四溴酞钠，BSP）	静脉注射后大部分由肝胆排泄，通过测定血中含量检查肝功能等	可引起过敏性休克，用前须做过敏试验。因局部刺激性强，故注射速度宜慢，勿漏出血管外。黄疸、脂肪肝、肝硬化、肝癌患者禁用
酚红（phenol red，酚磺酞，PSP）	注入体内后大部分由肾小管排泄，测定其最早出现于尿中的时间及在规定时间内的排泄总量，可以反映肾小管功能	检查前须补充规定饮水量，不良反应轻微

药学服务岗位操作实践

岗位情境：

某急性白血病患儿，医师给予甲氨蝶呤治疗，治疗一段时间后，患儿出现口腔溃疡，影响进食，患儿家长向药师咨询。同学们，我们该如何利用所学的知识解答该患儿出现的问题呢？

操作流程：

1. 首先耐心、细致地接待患儿和家长，安抚其情绪，主要介绍甲氨蝶呤对儿童急性白血病的治疗效果较好，但口腔溃疡是主要的不良反应，建议患儿进食无刺激性饮食，保持口腔清洁。可以选用治疗口腔黏膜病的药物，促进溃疡愈合，如碘甘油、溶菌酶含片、地塞米松黏附片、曲安奈德凝胶等。

2. 同时提醒在应用地塞米松黏附片、曲安奈德凝胶时，要注意患者的病情，口腔真菌感染者禁用，不能长期使用或较大面积使用，以免出现全身性不良反应。

3. 适时进行合理用药和健康教育，鼓励积极配合治疗，提高战胜疾病的信心。

4. 如果本人或家属愿意，可以关注医院健康教育公众号或建立更方便的联系方式，药师及时跟进，提供更加全面、周到的药学服务。

●····· 章末小结

本章主要介绍了盐类、调节酸碱平衡药、维生素类药、皮肤科常用药物、五官科常用药物及诊断用药的代表药物、主要特点与用药指导要点。重点是临床常用药物的特点，难点是合理用药要点。还应学会根据临床需要正确推荐有关药物和提供具体方案。

●····· 思考与练习题

一、单项选择题

1. 代谢性酸中毒的首选药是（　　　）
   A. 乳酸钠　　　　　　B. 氯化钠　　　　　C. 氯化钾
   D. 碳酸氢钠　　　　　E. 以上都不对
2. 易燃易爆的消毒防腐药是（　　　）
   A. 甲紫　　　　　　　B. 聚维酮碘（碘伏）　C. 苯酚
   D. 氯己定　　　　　　E. 环氧乙烷
3. 脚气病是缺乏下列哪种维生素（　　　）
   A. 维生素 B_1　　　　B. 维生素 B_2　　　　C. 维生素 B_3
   D. 维生素 B_5　　　　E. 维生素 B_6
4. 下列哪种药物不能用于眼部感染（　　　）
   A. 磺胺醋酰钠　　　　B. 碘苷　　　　　　　C. 利福平

D. 阿昔洛韦　　　　E. 碘甘油

5. 泛影酸钠不用于以下哪种器官的检查（　　）

A. 肾盂　　　　　　B. 膀胱　　　　　　C. 心脏大血管

D. 脑血管　　　　　E. 尿道

二、简答题

1. 简述常用水溶性维生素的名称及主要用途。

2. 简述皮肤疾病的用药原则。

三、应用题

请用横线将下列药物与对应的药物分类连接起来。

药物	药物分类
苯酚	X线造影剂
烟酸	酚类消毒防腐药
硫酸钡	水溶性维生素
泛影酸钠	皮肤科用药
煤焦油	碘造影剂
聚维酮碘（碘伏）	卤素类消毒防腐药

（黄小琼）

实践指导

　　《药理学》实践内容包括模拟岗位训练和验证性实验两部分，共有27项模拟任务或实验项目。

　　1. 模拟岗位训练　是根据药剂专业临床调剂岗位和相关药品营销、药品服务、药品咨询等岗位实际需要，结合本教材内容设计的实践环节，通过利用"情境导入""案例分析""药学服务岗位操作实践"等内容，结合具体岗位的实践程序，完成实践训练，使学生在尽快熟悉工作岗位情境的同时，体会运用药理学知识和技能完成工作任务的乐趣和意义。建议采用混合式等教学模式，充分利用本教材中的数字资源和国家职业教育智慧教育平台中的资源进行模拟训练。模拟岗位训练包括10项模拟任务。

　　2. 验证性实验　主要是通过动物实验，验证有关药理知识，这是药理学课程特色之一。学生亲手操作完成这些实验，既能够加强感性认识，提高学习兴趣，又能强化科学精神和药学人员职业素质。验证性实验包括药理学实验基础和具体药物的验证性实验，共17项实验项目。

第一部分　模拟岗位训练

模拟任务一　药品调剂中的药理学应用

【实训目的】

　　1. 复习药品调剂的一般程序，正确、高效完成岗位任务。

　　2. 能运用药理学知识技能判断处方合理性，完成用药咨询和服务任务。

【实训准备】

　　1. 原理依据　药品调剂是指药学专业技术人员自接受处方笺到交付药品的全过程。一般包括以下过程：收方、审方、调配、复核、发药。药师（药剂士）必须遵循"四查十对"的操作规范，即：①查处方，对科别、姓名、年龄；②查药品，对药名、剂型、规格、数量；③查配伍禁忌，对药品性状、用法用量；④查用药合理性，对临床诊断。

药理学知识技能贯穿在调剂工作全过程，是安全、合理、高效用药的保证，特别是在审方和用药咨询中，起着非常关键的作用，应熟练、准确运用药理学知识和技能，才能胜任调剂任务。

2. **场所地点**　模拟药房或见习药房。

3. **材料器械**　常见疾病处方（可按照教材中"情境导入""案例分析""药学服务岗位操作实践"等内容准备）和常用药品。

参考处方一：

××× 医院

普通

处方笺

门诊/住院号　__223__　　科室　__消化内科__　　费别　　自/公　　床号_____

姓名　__彭××__　　　　性别　__男__　　　　年龄　__42 岁__

临床诊断　__消化性溃疡__　　　　　　　　　　　__2014__ 年 __11__ 月 __1__ 日

Rp.

1. 奥美拉唑胶囊　20mg×7 粒
   用法：20mg，p.o.，q.d.
2. 枸橼酸铋钾胶囊　0.3g×40 粒
   用法：0.3g，p.o.，q.i.d.，每餐前和睡前半小时
3. 阿莫西林胶囊　0.5g×20 粒
   用法：0.5g，p.o.，t.i.d.

医师　__季××__　　　　　　　　　　　　　金额_____

审核_____　　调配_____　　核对_____　　发药_____

参考处方二：

××× 医院

普通

处方笺

门诊/住院号　__23__　　科室　__心内__　　费别　　自/公　　床号　__15__

姓名　__杜××__　　　　性别　__女__　　　　年龄　__61 岁__

临床诊断　__高血压、变异型心绞痛__　　　　　　__2023__ 年 __4__ 月 __24__ 日

Rp.

厄贝沙坦片　75mg×24 片

用法：75mg，p.o.，b.i.d.

硝苯地平控释片　　30mg×10 片

用法：30mg，p.o.，q.d.

普萘洛尔片　　10mg×100 片

用法：10mg，p.o.，t.i.d.

医师　于××

金额_____

审核_____　　调配_____　　核对_____　　发药_____

【内容与指导】学生分组进行角色扮演，根据参考处方中的实例，模拟药房环境，完成药品调剂过程。

1. **收方问好**　采用药学礼仪规范用语接待患者或顾客，收取处方。

2. **审核处方**

（1）常规审核：检查处方书写是否清晰完整，重点是麻醉药品处方、急诊处方、儿科处方、普通处方的规范性、合法性和有效性。

（2）审核用药的适宜性，此项内容为药理学知识技能的重点应用。

1）规定必须做皮试的药品，处方医师是否注明过敏试验及结果的判定。

2）处方用药与临床诊断的相符性。

3）剂量、用法和疗程的正确性。

4）选用剂型与给药途径的合理性。

5）是否有重复给药现象或潜在的药物滥用现象。

6）是否有潜在临床意义的药物相互作用和配伍禁忌。

7）其他用药不适宜情况。

（3）对不合理或不规范的处方或有其他疑问时，应拒绝调配，并联系处方医师进行干预，经医师改正并签字确认后，方可调配。对发生严重药品滥用和用药失误的处方，应当按有关规定报告。

3. **调配处方**　按调剂规范进行，细阅处方逐一调配，特殊药品登记账卡。药品调配齐全后，认真标识、注明、核对并加以确认。

4. **复核处方**　处方调配完成后由另一药师进行核查。各项均应确认无误，复核签字确认。

5. **发药**　发药是调剂的最后环节，也是面对患者或顾客直接进行用药指导和服务的最主要环节，也是药理学知识技能的具体应用。

（1）核对患者姓名及科室或病种，同时应注意尊重患者隐私。

（2）逐一核对药品与处方的相符性，检查药品剂型、规格、剂量、数量、包装，并签字。

（3）向患者交代每种药品的使用方法、特殊要求和注意事项，耐心细致回答患者提出的用药问题。协助患者拿取药品，必要时提供方便袋等措施。

（4）根据实际情况，主动、积极地对患者进行用药指导，对较复杂的问题可建议到用药咨询窗口。

随着智慧药品调剂系统的逐渐推广普及，以上调剂流程会有相应变化。

【结果与讨论】

1. 结果结论　根据同学角色扮演或模拟操作的情况，按照模拟任务表1-1赋分。

模拟任务表 1-1　处方调剂模拟任务考核赋分表

处方调剂	考核指标（分值）	规范性要求及评分标准
接收处方（5分）	收方问好（5分）	① 使用"您好！有什么可以帮助您？"等礼貌用语（3分） ② 面有微笑，态度和蔼（2分）
审查处方（35分）	查处方，对科别、姓名、年龄以及有无医生签名（5分）	① 正确说出科别、姓名及年龄（3分） ② 指出漏填的自然项目（2分）
	查药品，对药名、剂型、规格、数量（10分）	① 正确说出处方上的药品名称、剂型和规格（5分） ② 说出处方上各种药品的数量（5分）
	查配伍禁忌，对药品性状、用法、用量（10分）	① 仔细审查确定有无药物间的配伍禁忌（5分） ② 说出处方上各种药品的性状、用法、用量（5分）
	查用药合理性，对临床诊断（10分）	① 正确说出诊断的病症（2分） ② 判断处方药品与诊断是否一致（8分）

处方调剂	考核指标（分值）	规范性要求及评分标准
调配处方 （30分）	查看有效期（5分）	①展示查看了有效期（2分） ②正确说出药品有效期（3分）
	质量检查（5分）	①口服药品看包装的完整性（1分） ②小针剂看有无破损，标识是否清楚，有无其他药品混入，批号及有效期，水针剂的色泽及澄明度（4分）
	药品种类数量正确（5分）	调配的药品种类和数量正确（4分）
	标明用法用量（15分）	①贴标签并写明用法用量或直接写用法用量（5分） ②标明药品贮存方法和服用注意事项（5分） ③上述标示的内容正确，字迹清楚（5分）
复核发药 （30分）	核对患者姓名（3分）	①询问患者姓名（2分） ②礼貌用语（1分）
	核对并告知药品种类数量（5分）	①正确告诉患者药品名称（3分） ②正确告知患者每种药品的数量（2分）
	核对并告知用法用量（10分）	①正确告诉患者药品的用法用量（5分） ②告知患者主要的用药注意事项（5分）
	加分项目（10分）	①告知患者特殊的储存条件（4分） ②告知药物的主要不良反应（6分）
	结束语（2分）	①表情神态（1分） ②礼貌用语（1分）

2. 结果讨论

（1）药品调剂过程中的哪些环节需要使用药理学知识技能？

（2）如果患者是老年人，应该采取哪些措施提高工作质量？

模拟任务二　程序化用药指导的应用

【实训目的】

1. 学会程序化用药指导的步骤、要求和实施方法。

2. 能运用程序化用药指导完成药学服务的基本岗位任务。

【实训准备】

1. **原理依据** 程序化用药指导是全程化药学服务的核心工作，其规范与标准具体到用药前、用药中、用药后三个步骤，具体到用药评估、制订计划、实施计划、用药评价和信息分享五个要素，形成工作流程，确保临床药物治疗疗效在药学人员参与下不断提高。

2. **场所地点** 模拟药房或见习药店，也可在符合要求的理实一体化实训室。

3. **材料器械** 程序化用药指导流程图或教学课件，用药的教学案例或视频等，药品标本和说明书，有关用具器械，多媒体教学设备。

【内容与指导】

1. 把学生分成若干组，设立组长。

2. 让学生观看程序化用药指导的教学课件或视频，对照示例，熟悉程序化用药指导的步骤和要求。

（1）岗位任务示例：

卫校女生小丹今年16岁，月经量偏多已经2年，近半年，经常感到头昏、乏力、食欲减退，活动后心慌、气短，经血常规检查：血红蛋白值：97g/L（女性正常值110~150g/L），红细胞计数为3.4×10^{12}/L［女性正常值：（3.8~5.1）$\times 10^{12}$/L］，医生确诊为小细胞低色素性贫血（缺铁性贫血）。

拟定处方：①右旋糖酐铁口服液50mg，每日2次；②维生素C 100mg，每日2次。

请根据上述情况，完成程序化用药指导岗位任务。

（2）用药指导示例（模拟任务表2-1）

模拟任务表2-1 程序化用药指导表

用药步骤	要素	要点	具体示例
用药前	用药评估 制订计划 信息分享	了解患者及病情，审方评估，找出潜在问题	患者因月经失血过多导致缺铁性贫血，血常规检查符合诊断，处方合理，选用铁剂的用法、疗效，及配伍维生素C是否合理，排除患者有肝肾功能不全、消化性溃疡等，同时建议积极治疗原发疾病

用药步骤	要素	要点	具体示例
用药前	用药评估制订计划信息分享	根据用药特点和预期目标，拟订工作计划	非处方药，右旋糖酐铁口服液比硫酸亚铁片吸收好，对胃肠刺激轻，配伍维生素C提高还原性和酸性，有利于吸收，服药2周后血常规指标和症状改善，重点提高患者用药依从性和观察疗效、不良反应
		启动用药指导，介绍药物和提前干预措施	参照说明书介绍药品，每日三次，饭后服用减轻胃肠刺激，避免同饮牛奶、浓茶水，避免与抗酸药、四环素等合用，有便秘、黑便现象
用药中	实施计划用药评价信息分享	协助用药，提示配伍禁忌和给药注意事项	药品有50mg/10ml和25mg/5ml两个规格，正确选药，检查有无沉淀，注意正确保管
		协助观察疗效和不良反应，提出应对策略	除前述用药禁忌外，注意对食欲影响较明显，一般用药2~3天后出现便秘、黑便，适当补充粗纤维蔬菜和水果等
		评估用药依从性，做好心理帮助和合理用药宣教	与患者保持定期联系，了解原发疾病治疗情况，告知血常规指标和症状改善需要时间，期间应注意休息，避免过度劳累引起心脏等并发症
用药后	用药评价信息分享	协助停药，预评估药物远期疗效和不良反应，提出建议	一般用药4~6周，结合失血病因性治疗结果和血常规等指标予以停药，应做肝肾功能检查，提示有无铁负荷沉积现象
		回顾、总结整个用药指导过程，完成用药评价，提供客观依据，协助评价给药方案	患者全程用药，在治疗基础疾病的同时，血常规指标改善，症状消失，但选用制剂体积大，携带使用有所不便，汇集信息反馈
		开展以合理用药为中心的健康教育和心理帮助，提高长期疗效	提示患者如原发疾病治疗不佳则会复发，定期复查，应增加摄取富含铁的食物

3. 各组学生对照上表，讨论学习用药指导三个步骤的要点，并利用药品进行模拟用药指导或角色扮演，教师和其他组同学进行点评。

4. 让各组学生选用以下案例或在教材选用"情境导入""案例分析""药学服务岗位操作实践"等内容，找到相应药品标本和说明书，按上表制订用药指导方案，分别扮演患者、药师等角色，进行模拟用药指导练习。

参考案例：患儿，男，5岁。受凉流涕3天，在家服用感冒药未见好转，现又伴有剧烈咳嗽、憋气、吐饭、精神萎靡等现象。入院后诊断为上呼吸道感染，患儿有青霉素过敏史，采取门诊治疗，3天后复诊。

处方：①阿奇霉素 0.25g，首日 0.5g 顿服，次日 0.25g；②小儿氨酚黄那敏颗粒 2 g，温水冲服，每日 3 次；③小儿百部止咳糖浆 10 ml，每日 3 次。

5. 各组将用药指导的要点记录在结果结论中。

【结果与讨论】

1. 结果结论

用药步骤	用药指导要点
用药前	
用药中	
用药后	

2. 结果讨论

（1）什么是用药指导的"三个步骤"和"五个要素"？

（2）药品说明书能够在用药指导中提供哪些信息？

模拟任务三　药品剂型与药品说明书的解读

【实训目的】

1. 能够正确认读药品剂型和包装标示，了解规格、批号、有效期等内容。

2. 能独立完成根据药品说明书正确的选药、配药和用药，并能向患者做好解释说明。

【实训准备】

1. 原理依据　临床调剂和药品营销等岗位的基本任务就是正确识别处方或顾客购买意愿中的药品名称、药品剂型，并通过解读说明书指导患者或顾客合理用药，这项技能既涉及药剂学、药品营销的有关知识，更多需要熟练运用药理学的知识和技能，特别是药效学、药动学、影响药物作用因素等有关章节的内容。

2. **场所地点** 校内智慧实训室或模拟药房，也可在见习医院的药房或社会药店。

3. **材料器械** 本教材第一章到第四章有关内容，药品制剂固体、液体、半固体等代表剂型若干种，药品说明书每人2~3份（可由学生收集或教师准备）。

【内容与指导】学生以实训小组为单位（一般6~8人）进行以下实训。

1. **剂型的识别与介绍** 分别从准备的药品剂型标本或货架中找出以下剂型，并说明理由和给药途径。

（1）液体剂型。药物名称：_____；给药途径：_____。

（2）固体剂型。药物名称：_____；给药途径：_____。

（3）软体剂型。药物名称：_____；给药途径：_____。

（4）气雾剂。药物名称：_____；给药途径：_____。

（5）其他剂型。药物名称：_____；给药途径：_____。

2. **正确观察阅读包装标示和说明书** 以小组为单位，从标本或货架中选取适宜药品，通过包装标示和说明书介绍每种药的以下信息。

（1）处方药、非处方药、国家基本药物。

（2）毒剧药、麻醉药品、精神药品等特殊管理药品。

（3）药品名称：通用名、商品名、化学名。

（4）性状：外观性状与标示不符或发生改变的，为变质药品。

（5）注意事项

1）慎用：谨慎使用，注意观察。

2）忌用：避免使用，最好不用。

3）禁用：禁止使用。

（6）药物相互作用：配伍禁忌、拮抗作用、协同作用。

（7）规格：药物的单剂量标准。

（8）批准文号格式：国药准字+1位拼音字母+8位数字。

（9）生产厂家：该药的生产企业，承担责任的单位有关信息，信息不全的药品需慎用。

（10）批号和生产日期：两者有相关性，但不完全相同。国内多采用6~8位数表示。

（11）有效期：表示方法有3种，直接标明有效期、直接标明失效期、标明有效年限等。

（12）其他：如药品追溯码、中国药品电子监管码等。

3. **用药指导情境模拟练习** 以小组为单位，将药品进行分类，每组确定1~2个品种，按药品类别对应的教材章节，参考教材提供的"情境导入""案例分析""药学服务岗位操作实践"进行角色扮演，分别扮演顾客、患者、家属、药师或药剂士等，以相应药品为道具，要求做到以下方面。

（1）根据"情境导入""案例分析""药学服务岗位操作实践"中提供的病例或疾病治疗方案，在教师指导下设计处方，选用不同规格和剂型的药物。

（2）模拟用药咨询岗位，审方，取药，进行药品包装外观检查。

（3）根据药品说明书中的信息，拟定用药前、用药中、用药后的咨询或指导要点。

（4）按说明书和拟定要点，模拟全程指导患者用药，并说明有关注意事项。

（5）按照模拟任务表3-1，进行赋分评定成绩。

【结果与讨论】

1. 结果结论

（1）结合模拟任务表3-1考核实训结果，并写出实训结论。

模拟任务表 3-1　解读药品剂型与药品说明书模拟任务考核赋分表

项目		操作步骤	评分等级				总评	备注
			好	较好	一般	差		
选取和辨认剂型		读方审方，确认药名和剂型，说明依据及给药途径等	20	16	12	8		
阅读药品包装标示和说明书		依次说出：药物名称、规格、形状、注意事项、药物相互作用、批准文号、生产厂家、生产日期和批号	20	16	12	8		
情境模拟练习	确定品种	取药，确定类别，按对应章节"情境导入""案例讨论""药学服务岗位操作实践"内容准备角色扮演或模拟操作	10	8	6	4		
	用药前	包装外观检查，作出正确判断，介绍合理给药方法等	20	16	12	8		
	用药中	向患者或家属交代用药注意事项，耐心听取患者的疑问	10	8	6	4		
	用药后	介绍药物预期疗效及可能发生的不良反应，做好用药宣教等	20	16	12	8		
总分		考核组别：＿＿＿＿组 人数：＿＿＿＿＿＿人						

（2）结论：_____。

2. 结果讨论

（1）药物的剂型、给药途径如何影响药物的作用？

（2）如何充分用好药品说明书，做好用药指导？

模拟任务四　休克的用药指导

【实训目的】

1. 通过模拟用药指导，了解常用抗休克药的药理作用和临床应用。

2. 学会抗休克药的合理应用和用药指导要点。

【实训准备】

1. **原理依据**　休克是微循环障碍导致有效血容量不足，重要脏器血液灌注障碍导致的综合征。一般选用血管活性药物抢救。具体见本教材第五章至第九章有关内容。

2. **场所地点**　校内理实一体化实训室或模拟病房，也可在见习医院病房。

3. **材料器械**　病案1份，多媒体教学课件、休克有关视频资料，有关药品标本、说明书和有关道具等。

【内容与指导】

1. 学生分组，提前预习病案，协助教师准备有关药品标本等。

2. 组长介绍病案。

辛某，女，32岁。长期有低热、腹泻症状，原因未明。一日前，因淋雨后突发寒战、高热、呼吸困难、胸部刺痛入院。入院查体：患者急性病容、咳铁锈色痰、口唇发绀、四肢冰冷、意识模糊、反应迟钝、少尿。体温39.8℃，心率125次/min，呼吸浅快（33次/min），血压75/55mmHg；血象：白细胞计数升高，达25×10^9/L，中性粒细胞占85%，可见核左移或胞质内毒性颗粒。血气分析：血氧分压（PaO_2）下降，酸中毒。胸部X线检查：肺叶、肺段分布片状均匀致密阴影。

诊断：肺炎并发感染性休克。

抢救治疗，给予：

①青霉素注射剂　800万U　皮试（－）后　静脉滴注

②多巴胺注射剂　20mg　静脉滴注

③氢化可的松注射剂　200mg　静脉滴注

④5%碳酸氢钠　250ml　静脉滴注

同时给予物理降温、高流量给氧、扩充血容量等支持措施，待临床症状缓解，继续观察治疗。

3. 分组讨论病例，同时观看休克的有关课件和视频，提出用药前、用药中、用药后的用药指导要点，并填写结果结论。

4. 每组按照用药前、用药中、用药后的有关要点，模拟进行用药指导，应注意由于患者处于休克状态，模拟对象应包括医生、护士和家属等。

【结果与讨论】

1. 结果结论

用药步骤	用药指导要点
用药前	
用药中	
用药后	

根据每组的表现进行评定赋分。

2. 结果讨论

（1）本病案中选择四种药物的药理依据是什么？

（2）如果患者对青霉素过敏或出现耐药性，应如何调整治疗方案？

（3）感染性休克用药指导要点有哪些？

模拟任务五　药物依赖性的防控

【实训目的】

1. 了解药物依赖性和麻醉药品戒断症状的表现，认识药物滥用的危害。

2. 学会预防药物依赖性发生的基本策略和方法。

【实训准备】

1. 原理依据　药物依赖性包括心理和生理两个表现，一般心理性依赖容易发生，多表现为习惯性用药，经不断强化有些可发展为明显的生理性依赖，突然停药会出现戒断症状。麻醉药品如阿片类镇痛药等具有明显的心理和生理性依赖，精神药品如中枢兴奋药、镇静催眠药等，则心理性依赖作用更强。合理使用麻醉药品、精神药品是防控的关键。有关内容参见本教材第二章及第十章到第十五章。

2. 场所地点　校内理实一体化实训室、模拟病房或校外药物依赖解除中心。

3. 材料器械　临床或社区药物依赖案例，有关禁毒宣传的音像资料，调查问卷等。

1. 学生分组并确定组长，提前预习并协助教师准备处方、药品标本等。

2. 组长介绍案例。

刘某，44岁，三年前因工作压力大出现失眠，开始睡前服用地西泮片，每日一次，每次5mg；逐渐因催眠效果欠佳增加到10~15mg，后经医生调整换用阿普唑仑1mg。约一年前失眠明显加重，且白天出现紧张、焦虑等症状，经某病友推荐，并设法获得药物，自行调整为地西泮每日两次，每次10mg；阿普唑仑睡前1~2mg。三天前因临时出差忘记带药而停服，当晚出现烦躁不安，整夜无法睡眠，第二日出现寒战、恶心、关节痛、乏力等症状，自认为患了感冒，服用含有氯苯那敏（扑尔敏）、对乙酰氨基酚的复方感冒药后症状有所减轻，但仍无法完全入睡；第三日因需要参加大型活动，早餐大量饮用浓咖啡，约3小时后出现流涕、流泪、恶心、呕吐、浑身疼痛、颤抖抽搐、虚汗不断，并出现幻觉、神情异常、情绪不能自控等症状，遂就医。经医生综合分析诊断为苯二氮䓬类药物依赖导致的戒断症状，静脉滴注地西泮10mg后症状缓解，建议回当地专科医院继续治疗。

3. 学生在老师指导下，学习有关课件，观看有关药物依赖性及禁毒、戒毒录像或宣传材料，也可以通过网络搜集资料进行讨论，并回答以下问题，由组长汇总为本组答案，在课堂上汇报。

（1）本案例中的地西泮、阿普唑仑是否是同一类药物？镇静催眠药因为什么会出现药物依赖性？患者出现的"出汗、无力、打哈欠、流泪、周身疼痛"是什么症状？

（2）刘某服用氯苯那敏等感冒药为何症状有所减轻？

（3）刘某回到当地后应该怎样进行后续治疗？应如何指导用药？

4. 教师组织学生讨论完成有关问题，启发指导和内容点评。

5. 学生以组为单位设计一份预防药物依赖性的板报或调查问卷。

6. 通过网络搜集镇静催眠药、解热镇痛药、中枢兴奋药的药物依赖性案例，并课后讨论。也可到药物依赖戒除中心或戒毒所参观。

【结果与讨论】

1. 结果结论　学生应能够独立正确回答有关问题，并完成有关作业。

2. 结果讨论

（1）结合本案例，试说明如何预防药物依赖性的发生？如何正确进行脱瘾治疗。

（2）搜集镇静催眠药、镇痛药、解热镇痛药的药物依赖性案例，讨论应如何在用药指导中鉴别、预防药物依赖性？

模拟任务六　高血压的用药指导

【实训目的】

1. 通过模拟用药指导，熟悉常用抗高血压药的药理作用和临床用途。

2. 学会高血压病的用药指导要点。

【实训准备】

1. **原理依据**　高血压需要配伍用药，应根据各自特点合理用药，提高降压效果，降低不良反应。具体见教材第十九章。

2. **场所地点**　校内理实一体化实训室或模拟病房，也可到见习医院心血管内科病房。

3. **材料器械**　病案2份，多媒体教学课件及视频资料，相关药品标本和道具等。

【内容与指导】

1. 学生分组，确定组长，提前预习，协助教师准备病例和药品等。

2. 每组由组长介绍案例。

案例一

患者，女，27岁，妊娠26周，头痛、恶心、上腹部不适，血压165/110mmHg，间隔6小时后再测血压，仍是165/110mmHg。患者无高血压患病史。尿蛋白检查（+）。

诊断：子痫前期。

医嘱：

① 25%硫酸镁注射液40ml

　5%葡萄糖注射液500ml ／ 静脉滴注，q.d.

② 盐酸肼屈嗪片10mg，口服，t.i.d.

案例二

患者，男，46岁，私营业主，高血压13年，最高时230/120mmHg，无明显自觉症状，未规律用药，否认其他病史，吸烟26年（20支/d），父亲有高血压脑出血病史。查体：血压185/115 mmHg。心电图、心脏超声检查显示左心室肥厚改变。尿常规（−）。血脂、血糖均在正常范围内。

诊断：高血压3级、高危。

医嘱：

① 卡托普利25mg，口服，t.i.d.

② 氢氯噻嗪25mg，口服，q.d.；1周后改为12.5mg，口服，q.d.

③ 硝苯地平缓释片10mg，口服，b.i.d.

一周后患者自诉有时从平卧突然站立时感觉头昏不适，测血压110/70mmHg。

医嘱调整：将硝苯地平缓释片改为5mg，口服，b.i.d.，其他药同前。几天后头昏不适的症状消失，血压132/84mmHg。

二周后医嘱再调整：将硝苯地平缓释片恢复为10mg，口服，b.i.d.，其他药同前。患者无不适症状，血压114/70mmHg，维持长期治疗。

3. 分组讨论上述病例，观看有关教学课件和视频，参照"模拟任务三"，完成两个案例的用药前、用药中、用药后的指导要点，填写结果结论。

4. 每组由组长组织，在教师指导下，通过角色扮演完成各个案例的用药指导，同学间互相点评。

【结果与讨论】

1. 结果结论　完成以下记录，并根据模拟用药指导的实效进行评比赋分。

案例一

用药步骤	用药指导要点
用药前	
用药中	
用药后	

案例二

用药步骤	用药指导要点
用药前	
用药中	
用药后	

2. 结果讨论

（1）两个抗高血压药治疗方案是否合理？用药指导的重点应该是什么？

（2）医嘱如此调整是否合理，依据是什么？如何向患者解释？

（3）上述方案中的卡托普利和硝苯地平还可以换用其他什么药物或剂型？

模拟任务七　血栓性疾病的用药指导

【实训目的】

1. 通过模拟用药指导，熟悉抗凝血药的药理作用和临床用途。

2. 学会血栓性疾病的用药指导要点。

【实训准备】

1. 原理依据　防治血栓性疾病主要有抗凝血药、溶栓药和抗血小板药，一般以预防血栓生成和发展为主，溶栓治疗应在血栓发生六小时内，并注意剂量和疗程，使用不当会出现凝血障碍和出血。具体内容见本教材第二十四章。

2. 场所地点　校内实训室或模拟病房，也可在见习医院有关病房。

3. 材料器械　病案2份，多媒体教学课件、视频资料和网络平台资源，相关药品标本和道具等。

【内容与指导】

1. 学生分组，确定组长，提前预习并协助教师准备药品标本及道具等。

2. 组长介绍病案。

患者，男，60岁，高血压病史10余年，采用抗高血压药治疗，具体药物和血压控制情况不详。昨夜因寿宴饮酒较多，今晨醒来后感到头晕，左侧肢体发麻无法活动2小时入院。

查体：体温36.7℃，心率90次/min，呼吸25次/min，血压150/100mmHg。神经科检查：神志清，语言流利，查体合作，双侧眼球运动正常，对光反射灵敏。左侧鼻唇沟较右侧浅，露齿时口角右偏，左侧上下肢体肌力为0级。右侧上下肢体肌力5级，左侧肢体肌张力略高，左侧肱二、肱三头肌反射亢进，左侧巴宾斯基征阳性。左侧面部和肢体痛觉较右侧明显减退。辅助检查：头颅CT示右侧大脑中动脉区低密度缺血灶。

诊断：急性脑梗死。

治疗：给予①尿激酶1万U

　　　　　10%葡萄糖20ml

用法：静脉注射，b.i.d.

②三磷酸腺苷40mg

辅酶A 100单位

10ml氯化钾

5%葡萄糖500ml

用法：静脉滴注，q.d.

③氯吡格雷片　75mg×7

用法：75mg，口服，q.d.

④硝苯地平缓释片　10mg×7

用法：10mg，口服，q.d.

配合给予吸氧等其他治疗，12小时后，给予甘露醇静脉滴注预防脑水肿，待临床症状缓解，继续观察治疗。

3. 分组讨论病例，在教师指导下观看血栓性疾病药物治疗的课件和视频，参照模拟任务三，提出用药前、用药中、用药后的用药指导要点，记录结果结论。

4. 组长组织采取角色扮演等方式进行模拟用药指导，由于是血栓住院患者，应注意设计药师如何协助医护人员完成治疗活动。

5. 在教师指导下，互相点评模拟用药指导的效果，并评价赋分。

【结果与讨论】

1. 结果结论

用药步骤	用药指导要点
用药前	
用药中	
用药后	

2. 结果讨论

（1）本案例治疗急性脑梗死所选用药物的依据是什么？还有哪些药物可以替换？

（2）上述药物的用药指导要点有哪些？

模拟任务八　糖皮质激素治疗的用药指导

【实训目的】

1. 通过模拟用药指导，了解糖皮质激素类药的药理作用和临床用途。

2. 学会糖皮质激素类药的用药指导要点。

【实训准备】

1. 原理依据　糖皮质激素应用广泛，其中治疗风湿性关节炎、类风湿关节炎、红斑狼疮、肾病综合征较为常用，一般采取中等剂量长程疗法，为减少不良反应，可采取间隔和局部给药方法。具体见本教材第二十九章。

2. 场所地点　校内实训室或模拟病房，也可在见习医院相关科室病房。

3. 材料器械　病案1份，糖皮质激素类及相关药物标本，有关教学课件或视频，模拟教学道具等。

1. 学生分组，确定组长。提前预习并帮助教师准备药品标本、药品说明书、处方等。

2. 组长介绍病案。

王某，女，45岁，一年前开始无明显原因出现全身多处关节肿胀、疼痛，经休息后症状得到缓解。3个月前，外出旅游劳累后，关节严重肿痛，以双手指关节和腕关节为主，伴有明显晨僵，持续时间大于1小时，暂无发热，无皮疹，无口腔溃疡，无光过敏等现象。

查体：结膜无苍白，巩膜无黄染，双手2~4掌指关节及双手腕关节肿胀，压痛阳性。实验室检查：血红蛋白120g/L，红细胞计数7.5×10^9/L［正常值：（4~10）$\times 10^9$/L］，血小板：330×10^9/L［正常值：（100~300）$\times 10^9$/L］。尿常规（−），类风湿因子110IU/ml（正常值0~20IU/ml），血沉80mm/h（正常值：0~20mm/h）。

诊断：类风湿关节炎

治疗：给予

① 双氯芬酸钠肠溶片　25mg×100

用法：一次25mg，口服，一日3次。

② 曲安奈德注射剂　40mg/ml×1

用法：一次2.5~5mg，关节腔内注射，一周2次。

同时给予其他治疗，患者临床症状缓解，继续观察治疗。

3. 分组讨论病例，在教师指导下观看糖皮质激素类药物的教学课件和视频，参照"模拟任务三"，提出用药前、用药中、用药后的用药指导要点，完成有关记录。

【结果与讨论】

1. 结果结论

用药步骤	用药指导要点
用药前	
用药中	
用药后	

2. 结果讨论

（1）本病例选用的治疗类风湿关节炎药物的药理依据是什么？

（2）曲安奈德注射剂是混悬剂，而且每次采取微量关节局部注射，应如何正确使用？

（3）糖皮质激素类药物的用药指导要点有哪些？

（4）比较甾体抗炎药与非甾体抗炎药的异同点。

模拟任务九　抗微生物药耐药性的防治

【实训目的】

1. 通过模拟岗位任务，了解病原微生物耐药的危害和耐药性产生的机制。

2. 学会防治抗微生物药耐药措施。

【实训准备】

1. **原理依据**　病原微生物产生耐药性是抗感染治疗失败的主要原因，合理使用抗微生物药是减少耐药性发生的主要措施，应当根据药敏试验，有计划地使用各种抗微生物药，杜绝药物滥用。

2. **场所地点**　校内理实一体化实训室或模拟病房。

3. **材料器械**　病案1份、药品标本、教学课件、病原微生物耐药性的视频资料及道具等。

【内容与指导】

1. 学生分组，确定组长，提前预习并帮助教师准备处方、药品及说明书等。

2. 组长介绍病案。

患者，男，65岁。十年前开始出现上腹部疼痛、恶心、反酸等症状，医院诊断为胃溃疡合并幽门螺杆菌（Hp）感染，给予奥美拉唑口服，一日2次，每次20mg；甲硝唑口服，一日3次，每次0.4g；克拉霉素口服一日2次，每次250mg。用药4周后症状消失。

该患者1年前复发，给予上述同样的药物治疗，症状缓解。3周前再次复发，服用上述药物症状无效。胃镜检查提示：胃溃疡合并幽门螺杆菌感染，药敏试验结果发现该菌对甲硝唑、阿莫西林、克拉霉素等耐药，对左氧氟沙星敏感，将甲硝唑更换为左氧氟沙星口服，一日3次，每次0.2g，用药4周后患者康复。

3. 分组讨论病例，同时学习教学课件，观看病原微生物的耐药性有关视频资料。回答以下问题：

（1）患者使用了哪些抗微生物药？分别属于哪一类别？

（2）根据患者三次治疗过程，将上述抗微生物药对幽门螺杆菌发生耐药性的情况填写在结果结论中。

（3）针对此患者的幽门螺杆菌感染情况，应当如何调整方案更加合理。

4. 由组长组织学生采取角色扮演等形式进行模拟用药指导，重点是抗微生物药耐药性的防治指导。

【结果与讨论】

1. 结果结论

药物名称	对幽门螺杆菌耐药性的情况		
	第一次	第二次	第三次
甲硝唑			
克拉霉素			
阿莫西林			
左氧氟沙星			

2. 结果讨论

（1）说出病原微生物产生耐药性的主要机制。

（2）以此为例，讨论病原微生物耐药性产生的危害和防治措施。

模拟任务十　恶性肿瘤化疗的用药指导

【实训目的】

1. 通过恶性肿瘤化疗的案例分析，了解常用抗肿瘤药的特点，掌握其不良反应表现。

2. 学会加强药物不良反应监护的相关措施。

【实训准备】

1. **原理依据**　大部分恶性肿瘤进行化疗可以有效缓解症状，延长生命。但其不良反应会限制实际使用，具体表现与药物种类、给药方法、剂量疗程都有关系，这也是用药指导的重点。

2. **场所地点**　校内理实一体化实训室或模拟病房，也可在见习医院有关病房。

3. **材料器械**　病案1份、药品标本、说明书、教学课件、恶性肿瘤化疗有关视频及道具等。

【内容与指导】

1. 学生分组，确定组长，提前预习并帮助准备药品标本、说明书、处方等。

2. 组长介绍病案。

患者，男，58岁，有30多年烟酒史，喜食烧烤和热烫食物。近半年自觉进行性吞咽困难，体重明显减轻，此次因吃饭时胸骨后疼痛感不能缓解来院就诊。胃镜检查：食管中下段狭窄。局部活体组织病理检查：鳞状细胞癌。诊断为食管癌晚期。医生建议化疗，拟定的给药方案：

①顺铂注射剂　10mg×2×5

②氟尿嘧啶注射液　0.25g×4

③0.9%氯化钠注射液　500ml×5

用法：临用前以0.9%氯化钠注射液分别溶解，氟尿嘧啶按1 000mg/（$m^2 \cdot d$），顺铂按20mg/（$m^2 \cdot d$），充分水化，缓慢静滴不少于6~8小时，连用5天。间隔3~4周重复用药。

同时给予营养支持、镇痛措施，第一个疗程后患者临床症状有所缓解，但出现脱发、口腔溃疡、四肢无力、恶心呕吐等症状，给予镇吐药后，呕吐症状有所缓解，按原方案继续观察治疗。

3. 分组讨论病例，在教师指导下学习教学课件，观看肿瘤化疗有关视频，参照模拟任务三，提出恶性肿瘤化疗用药前、用药中、用药后的用药指导要点，并填写结果结论。

4. 组长组织学生采取角色扮演等方式进行用药指导模拟练习，教师和同学点评，并进行评判赋分。

【结果与讨论】

1. 结果结论

用药步骤	用药指导要点
用药前	
用药中	
用药后	

2. 结果讨论

（1）本案例治疗食管癌所选用的药物是否合理？

（2）可采取哪些合理用药措施提高化疗疗效？本案例中的"充分水化，缓慢静滴不少于6~8小时"的目的是什么？

（3）结合本案例，说出恶性肿瘤化疗的用药指导要点有哪些？

第二部分　验证性实验

实验项目一　药理学动物实验的基本知识与技术

【目的与要求】

1. 掌握药理学动物实验的基本知识与技术。

2. 培养认真细致、严谨负责的职业素质。

【原理与准备】

1. **原理依据**　在药理学的实验中，一般是通过专门的实验动物实施各种实验。实验过程中操作技术及生物材料的收集是否恰当，直接影响实验结果和质量。因此，要求药理学实验工作者必须正确地掌握动物实验中的一般操作技术，如动物的捉拿、固定、性别鉴定、标记、生物材料的收集、处死方法和解剖检查，这是保证实验工作成功的基本条件。

2. **场所地点**　理实一体化实训室等。

3. **材料器械**　教学片或视频《药理学动物实验的基本知识与技术》、家兔数只、小鼠数只、蛙数只、各种规格注射器若干支、脱脂棉花、电子天平、注射用水等。

【内容与步骤】

1. 老师先讲解本次实训的目的意义。

2. 观看教学片或视频《药理学动物实验的基本知识与技术》。

3. 老师示范、巡回指导，同学们动手操作。

（一）注射器及使用方法

1. **注射器**　注射器的构造分为乳头、空筒、活塞轴、活塞柄和活塞五部分。其规格有8种：1ml、2ml、5ml、10ml、20ml、30ml、50ml和100ml。

2. **针头**　针头的构造分为针尖、针梗和针栓三部分，其型号有4号、$4\frac{1}{2}$号、5号、$5\frac{1}{2}$号、6号、$6\frac{1}{2}$号、7号、8号、9号等。型号如$4\frac{1}{2}$号，表示针梗的内径为0.45mm。注射器及针头的构造见实验图1-1。

3. **注射器的使用**　首先应根据实验的具体需要，选择适当的注射器和针头。注射器应完整无裂缝、不漏气；针头要锐利、无钩、无弯曲。注射器与针头要衔接紧密，针尖斜面应与针筒上的刻度在同一水平面上。用前应先检查抽取的药液量是否准确及有无气泡，如有气泡应将其排净。注射时通常以右手手持注射器，示指在针栓下托紧，拇指与其余手指环抱住注射器，活塞杆可以抵在手掌近端，确保握牢。如持玻璃注射器时切勿倒置。

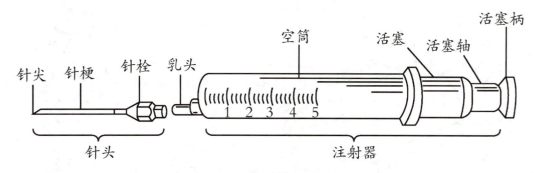

实验图1-1　注射器及针头的构造

（二）实验动物的捉拿与固定

正确的捉拿和固定实验动物，可以避免由于过强的刺激和动物的损伤而影响观测结果的正确性，同时也可防止被动物咬伤，从而保证实验的顺利进行。

1. 家兔　家兔性情驯良，较易捕捉。自笼内取出时，应用手抓住其项背近后颈处皮肤，提离笼底。如家兔体型肥大或妊娠，应再以另一手托住其臀部或腹部，将其重心承托在掌上（实验图1-2）。切忌强提兔耳或某一肢体，强行从笼中拖出，兔脚爪锐利，谨防抓伤。将兔仰卧时，一手仍抓住颈处皮肤将兔翻转，另一手顺腹部抚摸至膝关节，换手臂压住膝关节，再进行捆绑固定。按实验要求，应用兔盒或兔台固定家兔。若仅做兔头部操作，如耳缘静脉注射或取血，可将兔固定在兔盒中。若需要观察血压、呼吸和进行颈、胸、腹部手术，应将家兔以仰卧位固定于兔手术台上，方法是先在四肢绑好固定带，后肢系在踝关节以上，前肢在腕关节以上，然后将兔仰卧位放在兔台上，兔头用兔头固定器固定，四肢固定带分别系在兔台的铁柱上（实验图1-2）。

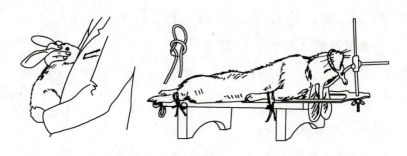

实验图1-2　家兔的捉拿和兔台固定法

2. 小鼠　小鼠性情较温和，攻击性差，但也要提防被咬伤，一般不需要戴手套捕捉，可用右手轻抓鼠尾，提起置于鼠笼上，将鼠尾略向后拉，用左手的拇指、示指和中指抓住小鼠两耳后项背部皮毛，以无名指及小指夹住鼠尾即可，也可在麻醉后固定于小鼠固定板上。也可以借助鼠笼单手捉拿（实验图1-3）。

实验图1-3　小鼠的双手和单手捉拿法

3. 蛙类　捉拿蛙时宜用左手将其握住，以中指、无名指和小指压住其左腹侧和后肢，拇指和示指分别压住右、左前肢，右手进行操作。在捉拿蟾蜍时勿碰压其耳侧的毒腺，提防毒液射入眼中。如需长时间观察可破坏其脑脊髓，用大头针将蛙固定在蛙板上。

（三）实验动物的给药途径和方法

实验动物的给药途径和方法可根据目的与要求、动物种类和药物剂型而定，常用的方法有经口给药和注射给药。

1. 经口给药　有口服与灌胃两种方法。口服法可将药物放入饲料或溶于饮水中，使动物自行摄取；要保证剂量准确，一般使用灌胃法（i.g.）。小鼠、大鼠及家兔的灌胃法简介如下。

（1）小鼠：按前述捉拿法用左手抓住动物，使其腹部朝上，右手持灌胃器（由1~2ml注射器连接磨钝的注射针头构成），先从鼠口角处插入口腔，以灌胃针管压其上腭，使口腔和食管成一条直线后，再把针管沿上腭徐徐送入食管，在稍有抵抗感处（此位置相当于食管通过膈肌的部位），即可注入药液（实验图1-4）。如注射顺利，动物安静，呼吸无异常；如动物强烈挣扎不安，可能针头未进入胃内，必须拔出重插，以免误注入气管造成窒息死亡。一次投药量一般按体重剂量为0.1~0.25ml/10g，每只不超过0.5ml。

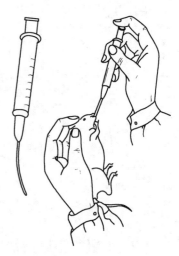

实验图1-4　小鼠的灌胃法

（2）家兔：家兔灌胃是用8号导尿管配以一个木制张

口器。灌胃时需两人合作，一人坐好，将兔的躯体和下肢夹在两腿之间，左手紧握双耳，固定头部，右手抓住前肢。另一人将兔用张口器横放于兔口中，并将兔舌压在张口器之下，再使导尿管通过张口器中部的小孔慢慢沿上腭插入食管16~20cm。为避免误入气管，可将胃管的外端放入清水杯中，若有气泡从胃管口逸出，应拔出再插。如无气泡逸出，表明导管在胃内，即可将药液注入，然后再注入少量清水，将胃管内药液冲入胃内，灌胃完毕后，先拔出导尿管，后取下张口器（实验图1-5）。灌胃药量一般按体重剂量为10ml/kg，不超过20ml。

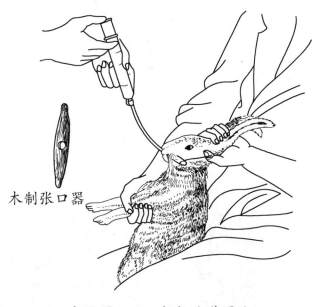

实验图1-5　家兔的灌胃法

2. 注射给药

（1）皮下注射：注射时用左手提起皮肤，右手将针刺入皮下，然后注药。家兔不超过0.5ml/kg。

（2）皮内注射：先将注射部位剪毛、消毒，然后用左手拇指和示指把皮肤按紧，在两指中间用细针头刺入皮内注射药液，如注射正确，则注射药液处出现一个白色小皮丘。小鼠药量一般按体重剂量为0.05~0.2ml/10g，每只不超过0.3ml。

（3）肌内注射：应选肌肉发达的部位，一般多选臀部或股部，注射时将针头迅速刺入肌肉，回抽如无回血，即可进行注射。小鼠注射药量每只腿不超过0.1ml。家兔不超过1.0ml/kg。

（4）腹腔注射：常用于大鼠或小鼠的给药。用左手捕捉固定动物，右手将注射针头自下腹部与腹壁呈45°角刺入皮下后，再穿过腹肌，缓缓注入药液，刺入角度不宜太小，部位不能太高，刺入不能太深，否则会损伤内脏。药量一般按体重剂量为0.1~0.2ml/10g，每只不超过0.5ml（实验图1-6）。

（5）静脉注射

1）家兔：一般采用外侧耳缘静脉注射，兔耳血管分布（如实验图1-7）。注射时应先拔去注射部位的被毛，用酒精棉球涂擦或用示指轻弹兔耳，使静脉充盈，左手示指与中指夹住静脉的近心端，阻止静脉回流，用拇指和无名指固定耳缘静脉远心端，右手持针尽量从远端刺入，然后移动左手拇指固定针头，将药液注入（实验图1-7）。药液量一般为0.2~2.0ml/kg，注射完毕后，用干棉球压住针眼，拔出针头继续压迫数分钟以防出血。

实验图1-6　小鼠的腹腔注射法

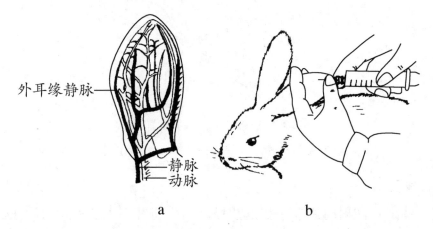

实验图1-7　家兔耳血管分布（a）和耳缘静脉注射法（b）

2）小鼠和大鼠：一般采用尾静脉注射，大鼠尾部角鳞较多，注射前需先刮去。鼠尾静脉有三根，两侧及背侧各一根，左右两侧尾静脉较易固定，应优先选择。注射时先将动物固定在鼠筒或玻璃罩内，使鼠尾露出，在45~50℃热水中浸泡或用二甲苯涂擦，使血管扩张，以左手示指压住鼠尾，拇指和中指（或无名指）夹住尾巴末端，右手持注射器连4号细针头，从尾下1/4处进针，如针确已在静脉内，则进药无阻，否则局部发白隆起，应拔出针头再移向前方静脉部位重新进针。

3）蛙：将蛙仰卧固定，沿腹中线稍左剪开腹肌翻转，可见腹静脉紧贴腹壁肌肉下行，将针刺入即可。

（6）淋巴囊注射：蛙类皮下有数个淋巴囊，淋巴囊注射是蛙的给药常用途径，注射时应从口腔底部刺入肌层，再进入胸皮下淋巴囊注药，抽针后药液才不易流出。

（四）实验动物的标记方法

确定作为实验用的动物，应分别进行编号登记。选择何种编号、登记和标记方法，应依据实验动物数量、观察时间长短而定。常用的标记方法有：①皮毛涂色法；②剪耳标记法；③刺号标记法；④号牌法；⑤色别法。

实验项目二　给药剂量对药物效应的影响

【目的与要求】

1. 学会小鼠的捉持和腹腔注射法。

2. 观察药物剂量对药物作用效应的影响。

【原理与准备】

1. **原理依据**　剂量是指用药的分量。剂量的大小决定血药浓度的高低，血药浓度又决定药物作用效应。在一定剂量范围内，剂量越大，血药浓度越高，效应也随之增强，但超出一定的范围，随着给药剂量的增加，血药浓度不断增加，则会引起毒性反应，出现中毒甚至死亡。因此，在用药过程中，要严格掌握用药剂量，既要保证效应，又要防止毒性反应的发生。

2. **场所地点**　理实一体化实训室等。

3. **材料器械**　小鼠2只，0.5%、2.5%尼可刹米溶液，鼠笼或1 000ml大烧杯，电子天平，1ml注射器若干。

【内容与步骤】

1. 取小鼠2只，称重、标记，然后放入鼠笼或大烧杯中。

2. 观察并记录两鼠的正常活动情况。

3. 准确给药。甲鼠按体重剂量0.2ml/10g腹腔注射0.5%尼可刹米溶液；乙鼠按体重剂量0.2ml/10g腹腔注射2.5%尼可刹米溶液。

4. 将给药后的小鼠放回鼠笼或大烧杯中，观察给药后两鼠活动情况，记录反应现象和发生时间，比较两鼠反应的程度和发生的快慢。

【结果与讨论】

　　1. 实验结果（实验项目表 2-1）

实验项目表 2-1　给药剂量对药物效应的影响实验记录表

鼠号	体重/g	药物及给药剂量/ml	给药前情况	用药后反应及发生时间
甲				
乙				

　　注：本实验也可用2%水合氯醛溶液0.05ml/10g、0.15ml/10g分别腹腔注射；或用0.2%、0.8%地西泮注射液，按0.2ml/10g分别腹腔注射。也可用0.5%、2.5%安钠咖溶液，按0.2ml/10g分别腹腔注射。

　　2. 结果讨论

　　（1）两鼠的反应有何不同？为什么？

　　（2）药物的安全范围有何重要意义？

实验项目三　给药途径对药物效应的影响

【目的与要求】

1. 学会小鼠的捉持和灌胃法、肌内注射法。

2. 观察不同的给药途径对药物效应的影响。

【原理与准备】

　　1. 原理依据　给药途径既可直接影响药物吸收的快慢和多少，表现为量的差异，从而决定药物作用效应出现的快慢、强弱和维持时间的长短。有时也影响药物作用的性质，有些药物如硫酸镁口服难吸收，呈现导泻作用；十二指肠导入可利胆、排石；注射给药则有降低血压、抗惊厥等作用；外敷可消肿止痛等。

　　2. 场所地点　理实一体化实训室等。

　　3. 材料器械　小鼠2只，10%硫酸镁注射液，鼠笼或大烧杯，电子天平，1ml注射器，小鼠灌胃器若干。

【内容与步骤】

1. 取小鼠2只，称重、标记，然后放入鼠笼或大烧杯中。

2. 观察并记录两鼠给药前的活动和粪便情况。

3. 准确给药。甲鼠按体重剂量0.2ml/10g以灌胃法给予10%硫酸镁注射液；乙鼠按体重剂量0.2ml/1肌内注射10%硫酸镁注射液。

4. 将给药后的小鼠放回鼠笼或大烧杯中，观察给药后两鼠活动情况有何变化，并比较有什么不同？

【结果与讨论】

1. 实验结果（实验项目表3-1）

实验项目表 3-1　给药途径对药物效应的影响实验记录表

鼠号	体重/g	给药前情况	药物和给药量/ml	给药途径	用药后反应
甲					
乙					

2. 结果讨论

（1）两鼠反应不同的原因是什么？

（2）在临床上，硫酸镁不同给药途径分别有什么作用和用途？

实验项目四　静脉注射给药速度对药物效应的影响

【目的与要求】

1. 掌握家兔的捉持及耳缘静脉注射方法。

2. 观察静脉注射给药速度对药物效应的影响。

【原理与准备】

1. 原理依据　静脉注射给药速度的快慢，影响血药浓度的高低，血药浓度又决定药物作用效应。在一定剂量范围内，给药速度越快，血药浓度越高，效应也随之增强，但超出一定的范围，血药浓度增加超过最小中毒浓度，则会引起毒性反应，出现中毒甚至死亡。

2. 场所地点　理实一体化实训室等。

3. 材料器械　家兔2只，5%氯化钙注射液，10ml注射器2支，脱脂棉花，电子天平。

【内容与步骤】

1. 取家兔2只，称重、标记，放入兔笼中。

2. 观察并记录家兔呼吸、心跳和活动情况。

3. 准确给药。甲兔静脉注射5%氯化钙注射液5ml/kg（5~10秒内注射完）；乙兔静脉注射5%氯化钙注射液5ml/kg（4~5分钟注射完）。

4. 观察、记录、比较给药后两兔呼吸、心跳和活动情况的变化。

【结果与讨论】

1. 实验结果（实验项目表4-1）

实验项目表4-1 静脉注射给药速度对药物效应的影响实验记录表

兔号	5%氯化钙 i.v.		给药速度	呼吸（次/min）		心跳（次/min）		活动	
	体重	剂量		用药前	用药后	用药前	用药后	用药前	用药后
甲									
乙									

2. 结果讨论

（1）两家兔的反应有何不同？为什么？

（2）钙制剂的作用和临床用途有哪些？临床应用时要注意哪些事项？

实验项目五　药物的体外配伍禁忌

【目的与要求】

1. 掌握药物的体外配伍禁忌有关知识。

2. 学会观察注射用泮托拉唑钠与临床常用多种药物存在的配伍禁忌。

【原理与准备】

1. 原理依据　配伍禁忌是指两种以上药物混合使用或药物制成制剂时，发生体外的相互作用，出现使药物中和、水解、破坏失效等理化反应，这时可能发生混浊、沉淀、产生气体及变色等外观异常的现象。

2. 场所地点　理实一体化实训室等。

3. 材料器械　药品、器材等。

（1）药品：实验所用药物均应是合格药物，注射用泮托拉唑钠（40mg）、维生素B$_6$注射液（2ml：0.1g）、酚磺乙胺注射液（2ml：0.5g）、肾上腺素注射液（1ml：1mg）、氨溴索注射液（2ml：15mg）、甲氧氯普胺注射液（1ml：10mg）、10%葡萄糖注射液（250ml：25mg）、硫酸阿米卡星注射液（2ml：0.2g）、0.9%氯化钠注射液（100ml：0.9g）。

（2）器材：一次性注射器（5ml）、玻璃试管（5ml）、试管架等。

【内容与步骤】

1. 步骤

（1）配备用液：取1支注射用泮托拉唑钠溶于0.9%氯化钠注射液100ml中，备用。

（2）准备7支试管，编号，加入备用液2ml，按试管编号分别用注射器加入：①维生素B_6注射液2ml；②酚磺乙胺注射液2ml；③肾上腺素注射液2ml；④氨溴索注射液2ml；⑤甲氧氯普胺注射液2ml；⑥10%葡萄糖注射液2ml；⑦硫酸阿米卡星注射液2ml。混合后静置，肉眼观察两种药液混合后颜色、外观等性质的变化情况。

2. 注意事项

（1）注射用泮托拉唑钠可先抽取10ml左右，0.9%氯化钠注射液在原瓶溶解。

（2）注意不同试管对应药物的编号（标记），不能混淆。

（3）注意每个玻璃试管在使用前应充分洗净，并干燥无水渍，以免影响实验结果。也可用一次性透明硬质塑料试管。

（4）注意实验环境，室温以15~20℃为宜。准确记录配伍发生变化的时间。

【结果与讨论】

1. 实验结果　观察泮托拉唑钠与上述7种药物配伍，经过一定时间后，其颜色、外观等性质的变化情况（实验项目表5-1）。

实验项目表 5-1　药物的体外配伍禁忌实验记录表

配伍药物	两种药物混合后颜色、外观等性质的变化情况
试管1	
试管2	
试管3	
试管4	
试管5	
试管6	
试管7	

2. 结果讨论

（1）对照实验结果，说出7种不同药物分别与泮托拉唑发生了什么类型的体外配伍禁忌。

（2）具有体外配伍禁忌的两种药物能否采用同一输液通路？如必须共用同一输液通路，应如何处置？

（3）如何对医护人员做好避免体外药物配伍禁忌的宣教工作？

参考结果见实验项目表5-2。

实验项目表5-2　药物的体外配伍禁忌的参考现象

配伍药物	两种药物混合后颜色、外观等性质的变化情况
试管1	混合液立即出现白色混浊，5min后混合液变成淡黄色
试管2	混合液液体清亮，3min后变为浅粉色并逐渐加深，约10min后液体变为粉紫色，但未发现絮状物和沉淀物
试管3	混合液立即出现乳白色混浊，放置30min后不消失
试管4	混合液迅速出现白色混浊，放置5~15min混浊未消失
试管5	混合液立即变成白色混浊，加热或静置液体仍无变化
试管6	混合液变成黄色，模拟输液过程中仍出现上述现象
试管7	立即发现注射用泮托拉唑钠瓶内上层有白色泡沫，3s后发现乳白色混浊

实验项目六　烟碱的毒性反应

【目的与要求】

1. 观察香烟烟雾通过液对小鼠的毒性作用，开展吸烟有害的宣教。

2. 练习小鼠捉持与腹腔给药技术。

【原理与准备】

1. 原理依据　香烟烟雾中含有大量的烟碱，烟碱能激动烟碱型受体，包括N_1受体和N_2受体，表现为神经节兴奋、肾上腺髓质分泌增加、骨骼肌收缩。过量可致肌肉震颤、心动过速、血压升高、全身乏力、发音不清、惊厥、呼吸抑制、循环衰竭等。

2. 场所地点　理实一体化实验室等。

3. 材料器材　烟碱（备用）、蒸馏水、电子天平、大烧杯、玻璃水烟斗、市售香烟、1ml注射器、10ml量筒。

【内容与步骤】

1. 取蒸馏水4ml，置于玻璃水烟斗内，振摇后，取1ml留作对照实验用。将香烟插入水烟斗上，点燃并快速吸入，直到香烟被燃烧完毕。将烟斗内的香烟烟雾通过液置于量筒中留实验用。

2. 取小鼠2只，称重、标号，观察其正常活动。甲鼠腹腔注射香烟烟雾通过液0.2ml/10g，乙鼠腹腔注射吸烟前烟斗内液体0.2ml/10g作对照，分别观察并比较两只小鼠注射后的反应。

3. 注意事项　烟碱毒性大，尽量不让手直接接触到。拿盛有烟碱的瓶子后，及时用自来水洗手。

【结果与讨论】

1. 实验结果（实验项目表6-1）

实验项目表6-1　烟碱的毒性反应实验记录表

鼠号	体重	药物	注射前反应	注射后反应
甲				
乙				

2. 结果讨论

（1）香烟在不完全燃烧时产生对人体危害较大的物质有哪些？

（2）如何做好吸烟有害健康的宣教工作？

实验项目七　毛果芸香碱与阿托品对家兔腺体和瞳孔的影响

【目的与要求】

1. 观察传出神经系统药物对兔瞳孔和腺体的影响，并联系其临床应用。

2. 学会家兔的捉持、耳静脉注射法、滴眼及测量瞳孔方法，并联系其临床应用。

【原理与准备】

1. 原理依据　毛果芸香碱是M受体激动药，使瞳孔缩小，腺体分泌增加。阿托品是M受体拮抗药，使瞳孔扩大，抑制腺体分泌。

2. 场所地点　理实一体化实验室等。

3. 材料器材　1%硝酸毛果芸香碱溶液，1%硫酸阿托品溶液，兔固定器，瞳孔测量尺，剪刀，手电筒，家兔1只（体重2~3kg）。

【内容与步骤】

1. 取对光反射正常的家兔1只，剪去眼睫毛，于自然光照强度一致的条件下，测量并记录两眼正常瞳孔直径。将家兔下眼睑拉成杯状并压迫鼻泪管，家兔左眼滴1%硫酸阿托品溶液，右眼滴1%硝酸毛果芸香碱溶液。每眼各3滴，让药液在眼内保留1分钟，并与角膜充分接触后将手放开，任其溢出。15分钟后，在同样光照下，再测量并记录两侧瞳孔大小并检查对光反射情况。将实验结果整理填入表内。

2. 家兔耳缘静脉注射0.1%硝酸毛果芸香碱溶液0.2ml/kg，观察家兔唾液分泌情况；15分钟后耳缘静脉注射0.1%硫酸阿托品溶液0.2ml/kg，再观察家兔唾液分泌情况。

3. 注意事项　①测量瞳孔应在同样光照下进行，确保用药前后两次测量时，家兔两眼的朝向及眼前色差一致；②操作过程中避免使家兔受惊或挣扎，否则家兔的交感神经兴奋，去甲肾上腺素分泌引起瞳孔扩大肌上α受体兴奋，干扰毛果芸香碱和阿托品的作用；③正确滴眼，避免药物经鼻泪管吸收后产生全身作用干扰实验结果。

【结果与讨论】

1. 实验结果（实验项目表7-1）

实验项目表 7-1　毛果芸香碱与阿托品对家兔腺体和瞳孔的影响实验记录表

兔眼	药物	用药前			用药后		
		瞳孔直径	对光反射	唾液分泌	瞳孔直径	对光反射	唾液分泌
左	0.1%硝酸毛果芸香碱						
右	0.1%硫酸阿托品						

2. 结果讨论

（1）说出毛果芸香碱和阿托品对瞳孔的影响，为什么？

（2）毛果芸香碱和阿托品是如何影响腺体分泌的？如何进行用药指导？

实验项目八　普鲁卡因与丁卡因的作用比较

一、普鲁卡因、丁卡因对兔眼的影响

【目的与要求】

1. 掌握家兔的正确捉持方法、家兔的滴眼法及眨眼反射的观察。

2. 学会观察比较普鲁卡因、丁卡因局部麻醉作用。

【原理与准备】

1. 原理依据　局部麻醉药作用于神经组织，低浓度时阻断感觉神经冲动的产生和传导，高浓度时对中枢神经和外周神经均有阻断作用。

2. 场所地点　理实一体化实训室或机能学动物实验室。

3. 材料器械　家兔、1%盐酸普鲁卡因溶液、1%盐酸丁卡因溶液、兔固定器、剪刀、滴管。

【内容与步骤】

1. 方法与步骤

（1）取家兔一只，检查两眼情况，放入兔固定器内，剪去睫毛，用兔须触及角膜，观察正常的眨眼反射。

（2）左眼滴1%盐酸普鲁卡因溶液3滴，右眼滴1%盐酸丁卡因溶液3滴。约1分钟后将手放开，每隔5分钟测试眨眼反射一次，至30分钟为止。

2. 注意事项

（1）滴眼方法及有关注意事项参考前面的试验内容。

（2）刺激角膜所用兔须用药前后及左右眼睛应为同根同端。

（3）兔须不可触及眼睑，以免影响试验的结果。

【结果与讨论】

1. 实验结果（实验项目表8-1）

实验项目表 8-1　普鲁卡因、丁卡因对兔眼的影响实验记录表

兔眼	药物	滴眼前眨眼反射	滴眼后眨眼反射					
			5min	10min	15min	20min	25min	30min
左	1%盐酸普鲁卡因溶液							
右	1%盐酸丁卡因溶液							

2. 结果讨论　普鲁卡因和丁卡因对角膜的麻醉作用为何有差异，其临床意义是什么？

二、普鲁卡因与丁卡因的毒性比较

【目的与要求】

1. 强化练习小鼠的捉持方法和腹腔注射法。

2. 学会局部麻醉药的毒性反应指标和比较方法。

【原理与准备】

1. **原理依据** 普鲁卡因毒性小，对组织无刺激性，对黏膜的穿透力弱。丁卡因作用迅速且易穿透黏膜，但毒性大，故常用于表面麻醉。

2. **场所地点** 理实一体化实训室或机能学动物实验室。

3. **材料器械** 电子天平、1ml注射器、大烧杯或鼠笼、1%盐酸普鲁卡因溶液、1%盐酸丁卡因溶液、小鼠。

【内容与步骤】

1. 取小鼠2只，编号，称重，观察正常的活动情况。

2. 将1号小鼠按体重剂量0.1ml/20g、腹腔注射1%盐酸普鲁卡因溶液，2号小鼠按体重剂量0.1ml/20g、腹腔注射1%盐酸丁卡因溶液，观察两只小鼠用药后的反应。

【结果与讨论】

1. 实验结果（实验项目表8-2）

实验项目表 8-2 普鲁卡因与丁卡因毒性比较实验记录表

鼠号	药物	用药后反应	
		惊厥发生时间 /min	惊厥程度
1	1%盐酸普鲁卡因溶液（ml）		
2	1%盐酸丁卡因溶液（ml）		

2. **结果讨论** 普鲁卡因与丁卡因毒性差异的原因是什么？有何临床意义？

实验项目九 地西泮的抗惊厥作用

【目的与要求】

1. 学会动物惊厥模型的制备方法及抗惊厥药的实验方法。

2. 观察地西泮的抗惊厥作用。

3. 练习小鼠的捉持法和腹腔给药法、皮下注射给药法。

【原理与准备】

1. 原理依据　尼可刹米为呼吸中枢兴奋药，较大剂量可致中枢过度兴奋引起惊厥。地西泮具有抗惊厥作用，能有效对抗中枢兴奋药引起的惊厥。

2. 场所地点　理实一体化实验室等。

3. 材料器械

（1）实验动物：小鼠4只，雌雄不限，体重18~22g。

（2）药品与仪器：电子天平，1ml注射器，鼠笼，0.5%地西泮溶液，2.5%尼可刹米溶液，生理盐水。

【内容与步骤】

1. 每个实验小组取小鼠4只，称重并标记，随机分为两组。

2. 实验组小鼠腹腔注射地西泮溶液0.1ml/10g，对照组小鼠腹腔注射生理盐水0.1ml/10g，记录给药时间。

3. 20min后，两组小鼠均皮下注射尼可刹米0.2ml/10g，记录各动物的反应。观察有无兴奋、惊厥和死亡发生。

4. 注意事项

（1）注意给药量要准确，给药方法要正确。

（2）保持室内安静，防止小鼠受惊吓对实验结果的影响。

【结果与讨论】

1. 实验结果（实验项目表9-1）

实验项目表 9-1　地西泮的抗惊厥作用实验记录表

编号	体重 /g	0.5% 地西泮 /ml	2.5% 尼可刹米 /ml	现象
1				
2				
3				
4				

2. 结果讨论

（1）如何指导患者正确使用地西泮？

（2）临床上使用中枢兴奋药时应注意什么？

实验项目十　镇痛药的镇痛作用

【目的与要求】

1. 观察镇痛药的镇痛作用并联系其临床应用。

2. 练习小鼠的捉持法和腹腔注射给药法。

【原理与准备】

1. **原理依据**　化学物质刺激是常用的致痛方法之一，腹腔注射醋酸溶液致痛，而引起小鼠扭体反应（表现为腹部内凹，后腿伸张、躯体扭曲，臀部抬高）。哌替啶具有镇痛作用，其镇痛作用可减少扭体反应的发生。

2. **场所地点**　理实一体化实验室。

3. **材料器械**

（1）实验动物：小鼠4只，雌雄不限，体重20~30g。

（2）药品与仪器：电子天平，1ml注射器，鼠笼，0.2%哌替啶溶液，0.8%醋酸溶液，生理盐水。

【内容与步骤】

1. 每个实验小组取小鼠4只，称重并标记，随机分为两组。

2. 实验组小鼠腹腔注射0.2%哌替啶溶液0.1ml/10g，对照组小鼠腹腔注射生理盐水0.1ml/10g作为对照，记录给药时间。

3. 20分钟后，两组小鼠均腹腔注射0.8%醋酸溶液0.2ml/10g，随即观察并记录10分钟内两组小鼠发生扭体反应的动物数和次数，最后计算全班总的反应动物数和次数。

4. **注意事项**

（1）醋酸溶液应临时配制，因其放置时间过久，作用明显减弱。

（2）小鼠体重在20~30g较为适宜，体重太轻，扭体反应出现频率降低。

（3）动物的疼痛反应个体差异大，因此实验动物数越多，效果越可靠。

【结果与讨论】

1. **实验结果**（实验项目表10-1）

实验项目表 10-1　镇痛药的镇痛作用实验记录表

编号	体重/g	0.2%哌替啶/ml	0.8%醋酸/ml	是否扭体	扭体次数
1					
2					

编号	体重 /g	0.2% 哌替啶 /ml	0.8% 醋酸 /ml	是否扭体	扭体次数
3					
4					

2. 结果讨论

（1）本实验如果将哌替啶换成阿司匹林等解热镇痛药，会有什么样的实验效果？

（2）如何指导患者正确使用哌替啶等麻醉性镇痛药？

实验项目十一　硝酸酯类的扩张血管作用

【目的与要求】

1. 观察硝酸甘油的扩血管作用并联系其临床应用。

2. 练习家兔舌下给药的兔耳血管观察技术。

【原理与准备】

1. 原理依据　硝酸甘油是常用的硝酸酯类药物，它能舒张全身血管，特别是对小静脉舒张明显，因此可降低心脏前后负荷而减少心肌耗氧量。它还可选择性地舒张冠状血管的输送血管和侧支血管，改善心肌内膜缺血区血流供应。临床主要用于治疗心绞痛。本实验通过观察硝酸甘油对兔耳血管的扩张作用，加深理解这类药物抗心绞痛的作用机制。

2. 场所地点　校内理实一体化实验室等。

3. 器械材料　兔固定箱、滴管、小手电筒、马克笔，1%硝酸甘油注射液，家兔1只（白色）。

【内容与步骤】

1. 取家兔1只，放入兔固定箱，用小手电光照兔耳并观察记录正常兔耳的颜色，以水笔标记兔两耳观察部位，测量血管粗细及密度。

2. 用滴管吸取1%硝酸甘油注射溶液，滴于兔舌下4~5滴，观察、记录用药后家兔两耳皮肤的颜色，标记部位血管粗细和密度。

【结果与讨论】

1. 实验结果（实验项目表11-1）

实验项目表 11-1　硝酸酯类的扩张血管作用实验记录表

动物编号	体重	药物及剂量	用药前			用药后		
			颜色	血管密度	血管粗细	颜色	血管密度	血管粗细

2. 结果讨论　根据硝酸酯类药物的基本作用，解释实验结果。临床应用硝酸酯类药物的给药方式如何选择，为什么？

实验项目十二　硫酸镁对实验动物肠道功能的影响

【目的与要求】

1. 观察硫酸镁对实验动物肠道功能的影响并联系其临床应用。

2. 练习小鼠灌胃给药和肠道蠕动状态观察技术。

【原理与准备】

1. 原理依据　硫酸镁属于容积性泻药，口服有强大的导泻作用，药液在肠道局部不被吸收，形成高渗状态，使组织液渗入肠道，增加肠内容物体积，刺激肠道反射，增强蠕动而导泻。具体见本教材第二十五章。

2. 场所地点　理实一体化实验室等。

3. 器械材料　小鼠2只；卡红硫酸镁溶液（1%卡红溶于10%硫酸镁溶液中），卡红生理盐水（1%卡红溶于生理盐水中）；小鼠灌胃针头，电子天平，手术剪，眼科镊，刻度尺（mm），蛙板，棉花。

【内容与步骤】

1. 方法和步骤

（1）取2只已禁食6~8小时，且体重相近（20g左右）的小鼠，编号。

（2）1号鼠用卡红硫酸镁溶液1ml灌胃，2号鼠用卡红生理盐水1ml灌胃。

（3）给药40分钟后，采用颈椎脱臼致死，固定于蛙板上，立即剖开腹腔，观察并记录3分钟内两只鼠肠蠕动次数及膨胀情况，然后将幽门至直肠的肠系膜进行分离，肠管拉成直线，测量卡红离幽门的距离。最后将肠腔剪开，观察并记录两鼠的粪便性状。

2. 注意事项

（1）灌胃量要准确，否则影响比较结果。

（2）两鼠的灌胃与处死的时间必须一致。

（3）测量卡红离幽门距离时，避免用力牵拉。

（4）可用红墨水，亚甲蓝等代替卡红。

【结果与讨论】

1. 实验结果（实验项目表12-1）

实验项目表 12-1　硫酸镁对实验动物肠道功能的影响实验记录表

鼠号	药物	肠蠕动次 / min	卡红离幽门的距离 /mm	肠膨胀情况	粪便性状
1	卡红硫酸镁溶液				
2	卡红生理盐水				

2. 结果讨论

（1）根据实验结果说出硫酸镁导泻作用原理。本实验能否采用腹腔注射给药？

（2）导泻药都有哪几类？其作用原理有何不同？

实验项目十三　呋塞米的利尿作用

【目的与要求】

1. 观察呋塞米对小鼠的利尿作用。

2. 熟练掌握小鼠捉持和给药技术。

【原理与准备】

1. **原理依据**　呋塞米是高效利尿药，可抑制肾小管髓袢升支粗段 Na^+-K^+-$2Cl^-$ 共同转运系统，增高肾小管液中 Na^+、K^+、Cl^- 浓度，降低肾脏的稀释功能；同时髓质间液高渗状态下降，使肾脏的浓缩功能也下降，排出大量近似等渗的尿液，可以产生强烈利尿作用。

2. **场所地点**　理实一体化实验室等。

3. 材料器械

（1）动物：小鼠2只。

（2）药品：呋塞米溶液、生理盐水。

（3）器材：注射器、针头、大漏斗、20ml量筒、铁支架。

【内容与步骤】

1. 取体重相近的小鼠2只，标记称重，用铁支架固定漏斗和量筒，小鼠置于漏斗中，用量筒收集尿量。

2. 用药前两鼠均腹腔注射生理盐水1.5ml，然后按要求分别皮下注射呋塞米（0.2ml/10g）和生理盐水（0.2ml/10g），收集1小时尿量，并记录实验结果。

【结果与讨论】

1. 实验结果（实验项目表13-1）

实验项目表 13-1　呋塞米的利尿作用实验记录表

实验对象	给药方法	药品	剂量	给药前尿量	给药后尿量
甲鼠	皮下注射	呋塞米	0.2ml/10g		
乙鼠	皮下注射	生理盐水	0.2ml/10g		

2. 结果讨论

（1）比较各鼠1小时尿量，并分析原因。

（2）根据呋塞米的利尿特点，讨论在用药指导中应注意哪些要点。

实验项目十四　激素类药物的药理作用观察比较

一、氢化可的松对毛细血管通透性的影响

【目的与要求】

1. 观察氢化可的松对血管通透性的影响。

2. 理解糖皮质激素抗炎作用的机制并联系其临床应用。

【原理与准备】

1. 原理依据　糖皮质激素的抗炎作用，在炎症早期能增加血管的紧张性、降低毛细血管的通透性，从而缓解炎症的红、肿、热、痛等局部症状和全身症状。具体见本教材第二十九章。

2. **实践场所**　理实一体化实训室等。

3. **材料器械**　小鼠2只；5%氢化可的松溶液，生理盐水，1%伊文蓝（或亚甲蓝）溶液，二甲苯；钟罩（或大烧杯）1个，1ml注射器2个。

【内容与步骤】

1. **方法与步骤**

（1）取小鼠2只，分别称重、标记。

（2）甲鼠背部皮下注射5%氢化可的松溶液0.1ml/10g，乙鼠背部皮下注射生理盐水0.1ml/10g。

（3）30分钟后，分别给两鼠腹腔注射1%伊文蓝0.15ml/10g。

（4）10分钟后，分别在两鼠的耳郭上滴2滴二甲苯，观察并记录两鼠耳郭颜色有何变化。

2. **注意事项**

（1）腹腔注射时针头刺入不宜太深或太近上腹部，以免刺伤内脏。

（2）滴二甲苯时要控制好滴数，不要多滴，否则会影响实验效果。

【结果与讨论】

1. **实验结果**（实验项目表14-1）

实验项目表 14-1　氢化可的松对毛细血管通透性的影响实验记录表

动物	体重/g	药物及剂量	耳郭颜色
甲鼠			
乙鼠			

2. **结果讨论**

（1）结合实验结果，讨论糖皮质激素类药物抗炎作用的机制和应用。

（2）简述糖皮质激素类药物的用药指导要点。

二、氢化可的松对红细胞的保护作用

【目的与要求】

1. 观察氢化可的松对红细胞的保护作用。

2. 掌握氢化可的松的有关临床应用。

【原理与准备】

1. **原理依据** 糖皮质激素的抗休克作用，能稳定溶酶体膜，减少水解酶的释放，可减轻组织细胞的损害。

2. **实验场所** 理实一体化实训室等。

3. **器械材料** 家兔1只；0.5%氢化可的松溶液，生理盐水，2%红细胞混悬液，4%桔梗煎剂溶液；试管3支，试管架1个，5ml量筒1个，0.5ml、1ml、2ml吸管各1支。

【内容与步骤】

1. **方法与步骤**

（1）取试管3支，编号，各加入2%红细胞混悬液3ml。

（2）在第1支试管中加入生理盐水1.5ml，第2支试管加入生理盐水1ml，第3支试管中加入0.5%氢化可的松溶液1ml，摇匀，放置10~15分钟。

（3）分别在第2支、第3支试管中加入4%桔梗煎剂溶液0.5ml，摇匀。放置10~15分钟后，观察各试管有无溶血现象。

2. **注意事项** 2%红细胞混悬液和4%桔梗煎剂溶液要在实验前准备。

（1）2%红细胞混悬液制备：取家兔1只，从心脏取血，置于盛有玻璃珠的三角烧杯中，振荡或用棉签搅拌，成为去纤维蛋白血液。再放入刻度离心管中，并加入3~4倍体积的生理盐水，摇匀后离心约10分钟，倾去上清液。如此反复用生理盐水洗3~4次，直至离心后上清液呈无色透明为止，放置冰箱中贮存待用。用前倾去上清液，根据红细胞容量，用生理盐水稀释成2%红细胞混悬液。

（2）4%桔梗煎剂溶液制备：取桔梗4g，加水适量浸泡30分钟，再连续煎3次，第1次20分钟，第2次15分钟，第3次10分钟。然后过滤，用蒸馏水将滤液配制成4%桔梗煎剂溶液。

【结果与讨论】

1. **实验结果**（实验项目表14-2）

实验项目表14-2 氢化可的松对红细胞的保护作用实验记录表

试管序号	4%红细胞溶液/ml	生理盐水/ml	0.5%氢化可的松溶液/ml	4%桔梗煎剂/ml	溶血现象
1	3	1.5	—	—	
2	3	1.0	—	0.5	
3	3		1.0	0.5	

2. 结果讨论　结合实验结果，讨论糖皮质激素类药物稳定细胞膜的作用机制并联系其临床应用。

实验项目十五　红霉素的溶解性实验

【目的与要求】

1. 观察红霉素在不同溶媒中的溶解性。

2. 充分认识正确选择注射剂溶媒的重要性，加深对配伍禁忌概念的理解。

【原理与准备】

1. 原理依据　乳糖酸红霉素粉针剂遇到NaCl等盐类会发生类似于蛋白质盐析沉淀的现象，故不能用生理盐水或混有NaCl的各种溶媒；红霉素在酸性下不稳定，5%葡萄糖注射液pH较低也不适宜作为溶媒。

2. 场所地点　理实一体化实验室等。

3. 器械材料　5ml注射器。乳糖酸红霉素粉针剂，生理盐水，5%葡萄糖注射液，注射用水，烧瓶。

【内容与步骤】

1. 将乳糖酸红霉素粉针剂编号为甲、乙、丙，然后将生理盐水，5%葡萄糖注射液，注射用水各6ml，分别加入甲、乙、丙三个瓶内。

2. 充分摇动，观察粉针剂溶解情况有何区别。

3. 记录实验结果并分析原因。

【结果与讨论】

1. 实验结果（实验项目表15-1）

实验项目表 15-1　不同溶媒对乳糖酸红霉素溶解度的影响实验记录表

瓶号	溶媒	溶解情况
甲	生理盐水	
乙	5%葡萄糖注射液	
丙	注射用水	

2. 结果讨论

（1）乳糖酸红霉素注射剂在配制时应注意哪些事项？

（2）结合实验结果，讨论不合理体外药物配伍会带来哪些不良后果？

实验项目十六　链霉素毒性反应及钙剂的对抗作用

【目的与要求】

1. 观察链霉素阻断神经肌肉接头的毒性及钙离子的对抗作用。

2. 练习小鼠捉持和腹腔注射技术。

【原理与准备】

1. **原理依据**　链霉素具有类似于胍基的化学结构，能够与钙离子结合，而钙离子是神经肌肉接头冲动传递释放递质的最重要的离子之一，没有了钙离子的参与，神经冲动兴奋受到抑制，传递衰减甚至消失，出现类似肌肉松弛现象。通过提前补充钙离子，能在一定程度上避免或减弱该中毒现象。

2. **场所地点**　理实一体化实验室等

3. **器械材料**　电子天平、大烧杯、1ml注射器、1%氯化钙溶液、生理盐水、4%硫酸链霉素溶液、小鼠。

【内容与步骤】 取小鼠2只，称体重并编号，观察正常活动情况、呼吸及肌张力后，甲鼠腹腔注射1%氯化钙溶液0.1ml/10g，乙鼠腹腔注射生理盐水0.1ml/10g，6~7分钟后两鼠分别注射4%硫酸链霉素溶液0.1ml/10g，观察两鼠有何变化？

【结果与讨论】

1. 实验结果（实验项目表16-1）

实验项目表 16-1　链霉素毒性反应及钙剂的对抗作用实验记录表

鼠号	体重	药物	用链霉素后的反应
甲		1%氯化钙溶液	
乙		生理盐水	

2. 结果讨论

（1）链霉素毒性反应有哪些表现？钙剂能否改在发生中毒后给药？

（2）链霉素等氨基糖苷类抗生素主要有哪些共同的不良反应？如何做好用药指导？

实验项目十七　有机磷酸酯类农药中毒及其解救

【目的与要求】

1. 观察有机磷酸酯类农药中毒的症状，以及阿托品、氯解磷定的解救作用。

2. 联系阿托品和氯解磷定的药理作用及其临床应用，学会两种药物的用药指导。

【原理与准备】

1. **原理依据**　有机磷酸酯类可与胆碱酯酶结合，使胆碱酯酶失去活性，导致乙酰胆碱不能被水解而大量蓄积，激动胆碱受体，引起一系列胆碱能神经系统功能亢进的中毒症状。阿托品可拮抗M受体，使乙酰胆碱不能与M受体结合，迅速解除M样症状。氯解磷定是胆碱酯酶复活药，可阻止毒物继续抑制胆碱酯酶，恢复胆碱酯酶活性。

2. **场所地点**　理实一体化实训室等。

3. **材料器械**　磅秤1台、兔固定器、5ml注射器1支、10ml注射器2支、瞳孔测量尺1把、75%乙醇棉球、5%敌百虫溶液、12.5%氯解磷定注射液、0.1%硫酸阿托品注射液、家兔3只。

【内容与步骤】

1. **方法与步骤**

（1）取健康家兔3只，分别称重并标记。

（2）观察并记录各兔活动情况、唾液分泌情况、肌张力程度、有无排便（包括粪便形态）、测量瞳孔大小、呼吸频率等各项指标。

（3）将3只家兔分别固定于兔固定器内，均由耳静脉注射5%敌百虫溶液2ml/kg，观察上述指标变化情况。

（4）待家兔瞳孔明显缩小，呼吸浅而快，唾液大量分泌（流出口外或不断吞咽），骨骼肌震颤和大、小便失禁等中毒症状明显时，甲兔由耳缘静脉注射0.1%硫酸阿托品注射液1ml/kg；乙兔由耳缘静脉注射12.5%氯解磷定注射液0.2ml/kg；丙兔由耳缘静脉注射0.1%硫酸阿托品注射液1ml/kg和12.5%氯解磷定注射液0.2ml/kg，观察并记录上述各项指标的变化情况。

2. **注意事项**

（1）若注入敌百虫20分钟后无中毒症状，可再追加0.5ml/kg。

（2）甲兔在实验即将结束时，可再给12.5%氯解磷定注射液0.2ml/kg，以防死亡。

（3）阿托品注射速度宜快，氯解磷定注射速度宜慢。

【结果与讨论】

1. 实验结果（实验项目表17-1）

实验项目表 17-1　有机磷酸酯类农药中毒及其解救实验记录表

兔号	体重/kg	药物	剂量/ml	呼吸情况	瞳孔/mm	唾液	大小便	肌张力	肌震颤
甲		给药前							
		给5%敌百虫后							
		给0.1%阿托品后							
乙		给药前							
		给5%敌百虫后							
		给12.5%氯解磷定后							
丙		给药前							
		给5%敌百虫后							
		给阿托品+氯解磷定后							

2. 结果讨论

（1）结合实验，解释有机磷酸酯类中毒机制。

（2）阿托品和氯解磷定各消除有机磷酸酯类中毒的哪些症状？其机制如何？

（3）解救有机磷酸酯类中毒时，阿托品和氯解磷定为何要联用？

参考文献

1. 陈新谦, 金有豫, 汤光. 陈新谦新编药物学. 18版. 北京: 人民卫生出版社, 2018.

2. 国家药典委员会. 中华人民共和国药典: 二部. 2020年版. 北京: 中国医药科技出版社, 2020.

3. 张庆. 药物学基础. 4版. 北京: 高等教育出版社, 2022.

4. 杨宝峰, 陈建国. 药理学. 9版. 北京: 人民卫生出版社, 2018.

5. 徐淑云. 临床药理学. 北京: 人民卫生出版社, 2021.

6. 丁丰, 张庆. 实用药物学基础. 3版. 北京: 人民卫生出版社, 2018.

7. 全国食品药品职业教育教学指导委员会. 医药市场营销实务. 北京: 中国医药科技出版社, 2021.

8. 张庆, 苏嫒淇. 护理药理学. 2版. 北京: 中国医药科技出版社, 2019.

9. 孙丽宏, 田卫东. 药理学. 2版. 北京: 人民卫生出版社, 2019.

10. 国家卫生健康委员会. 国家执业护士资格考试考试大纲. 8版. 北京: 人民卫生出版社, 2021.

11. 国家基本药物处方集编委会. 国家基本药物处方: 化学药品和生物制品: 2018年版. 北京: 人民卫生出版社, 2019.

12. 朗, 戴尔, 里特, 等. 朗 – 戴尔药理学: 第6版. 林志彬, 译. 北京: 北京大学医学出版社, 2010.

思考与练习参考答案

第六章　拟胆碱药

一、单项选择题

1. B　2. E　3. B　4. E　5. B　6. E

二、简答题（略）

三、应用题（略）

第七章　胆碱受体拮抗药

一、单项选择题

1. B　2. D　3. C　4. D　5. D　6. C

二、简答题（略）

三、应用题（略）

第八章　肾上腺素受体激动药

一、单项选择题

1. A　2. D　3. C　4. E　5. D

二、简答题（略）

三、应用题（略）

第九章　肾上腺素受体拮抗药

一、单项选择题

1. C　2. B　3. B　4. E　5. B

二、简答题（略）

三、应用题（略）

第十章　麻醉药

一、单项选择题

1. B　2. A　3. C　4. A　5. D　6. A

二、简答题（略）

三、应用题（略）

第十一章　镇静催眠药

一、单项选择题

1. C　2. B　3. B　4. D　5. E　6. A

二、简答题（略）

三、应用题（略）

第十二章　抗癫痫药和抗惊厥药

一、单项选择题

1. C　2. C　3. B　4. C　5. B

二、简答题（略）

三、应用题（略）

第十三章　抗帕金森病药和抗阿尔茨海默病药

一、单项选择题

1. E　2. C　3. A　4. C

二、简答题（略）

三、应用题（略）

第十四章　抗精神障碍药

一、单项选择题

1. A　2. E　3. D　4. B　5. B

二、简答题（略）

三、应用题（略）

第十五章　镇痛药

一、单项选择题

1. A　2. D　3. D　4. C　5. A

二、简答题（略）

三、应用题（略）

第十六章　解热镇痛抗炎药

一、单项选择题

1. D　2. B　3. C　4. E　5. B　6. B

二、简答题（略）

三、应用题（略）

第十七章　中枢兴奋药和促大脑功能恢复药

一、单项选择题

1. E　2. D　3. A　4. A　5. C

二、简答题（略）

三、应用题（略）

第十八章　抗高血压药

一、单项选择题

1. D　2. E　3. A　4. B　5. C　6. D　7. D　8. C

二、简答题（略）

三、应用题（略）

第十九章　抗心律失常药

一、单项选择题

1. E　2. D　3. D　4. C　5. D

二、简答题（略）

三、应用题（略）

第二十章　抗充血性心力衰竭药

一、单项选择题

1. C　2. E　3. B　4. D　5. C

二、简答题（略）

三、应用题（略）

第二十一章　抗心绞痛药

一、单项选择题

1. E　2. D　3. E　4. A　5. C　6. B

二、简答题（略）

三、应用题（略）

第二十二章　调血脂药

一、单项选择题

1. C　2. D　3. B　4. C　5. A

二、简答题（略）

三、应用题（略）

第二十三章　作用于血液和造血系统的药物

一、单项选择题

1. E　2. C　3. C　4. A　5. E　6. D

二、简答题（略）

三、应用题（略）

第二十四章　抗变态反应药

一、单项选择题

1. D　2. B　3. C　4. B　5. D

二、简答题（略）

三、应用题（略）

第二十五章　作用于消化系统的药物

一、单项选择题

1. B　2. A　3. D　4. D　5. B

二、简答题（略）

三、应用题（略）

第二十六章　作用于呼吸系统的药物

一、单项选择题

1. C　2. A　3. E　4. B　5. D

二、简答题（略）

三、应用题（略）

第二十七章　利尿药和脱水药

一、单项选择题

1. C　2. A　3. B　4. C　5. A

二、简答题（略）

三、应用题（略）

第二十八章　作用于子宫和前列腺的药物

一、单项选择题

1. D　2. A　3. B　4. B　5. D　6. A

二、简答题（略）

三、应用题（略）

第二十九章　肾上腺皮质激素类药物

一、单项选择题

1. A　2. D　3. B　4. E　5. A　6. C　7. A　8. A

二、简答题（略）

三、应用题（略）

第三十章　甲状腺激素类药和抗甲状腺药

一、单项选择题

1. B　2. D　3. A　4. C　5. E　6. C

二、简答题（略）

三、应用题（略）

第三十一章　降血糖药

一、单项选择题

1. C　2. A　3. D　4. A　5. E　6. C　7. B

二、简答题（略）

三、应用题（略）

第三十二章　抗痛风药和抗骨质疏松药

一、单项选择题

1. A　2. B　3. B　4. E　5. C　6. A

二、简答题（略）

三、应用题（略）

第三十三章　性激素类药物和调节生育药

一、单项选择题

1. B　2. B　3. C　4. B　5. A

二、简答题（略）

三、应用题（略）

第三十四章　抗微生物药概述

一、单项选择题

1. A　2. C　3. E　4. E　5. C

二、简答题（略）

三、应用题（略）

第三十五章　抗生素

一、单项选择题

1. C　2. B　3. A　4. C　5. B　6. D　7. D　8. E　9. A　10. E　11. A　12. E　13. B　14. D

二、简答题（略）

三、应用题（略）

第三十六章　化学合成抗微生物药

一、单项选择题

1. D　2. D　3. E　4. C　5. E

二、简答题（略）

三、应用题（略）

第三十七章　抗结核药

一、单项选择题

1. A　2. E　3. A　4. B

二、简答题（略）

三、应用题（略）

第三十八章　抗真菌药

一、单项选择题

1. B　2. A　3. D　4. D　5. E

二、简答题（略）

三、应用题（略）

第三十九章　抗病毒药

一、单项选择题

1. E　2. A　3. D　4. E　5. D

二、简答题（略）

三、应用题（略）

第四十章　抗寄生虫药

一、单项选择题

1. A　2. A　3. C　4. A　5. D

二、简答题（略）

三、应用题（略）

第四十一章　抗恶性肿瘤药

一、单项选择题

1. B　2. B　3. A　4. D　5. B　6. D

二、简答题（略）

三、应用题（略）

第四十二章 调节免疫功能药

一、单项选择题

1. A　2. D　3. C　4. D

二、简答题（略）

三、应用题（略）

第四十三章 解毒药

一、单项选择题

1. A　2. B　3. B　4. E　5. C

二、简答题（略）

三、应用题（略）

第四十四章 其他临床常用药物

一、单项选择题

1. A　2. E　3. B　4. B　5. C

二、简答题（略）

三、应用题（略）

药理学课程标准
（供药剂、制药技术应用专业用）

一、课程任务

《药理学》是中等卫生职业教育药剂专业和制药技术专业的一门重要的专业课程。本课程是研究药物与机体相互作用规律及其机制的科学，为药物应用和合理用药提供理论基础和技能培养。本课程的任务是使学生掌握药理学的基本知识和基本技能；掌握常用药物的作用、用途和不良反应，熟悉常见疾病的药物治疗原则和基本方案，了解重点药物的作用机制，为今后在临床调剂和药物制剂岗位上，掌握药物治疗原理，指导合理用药，预防和监测药物不良反应，提高药物治疗疗效，更好地开展药学服务和新品种开发等工作奠定良好基础。

二、课程目标

1. 掌握药理学的基本概念和基本理论。

2. 熟悉常用药物的体内过程特点，作用和用途，不良反应和预防处理原则。

3. 熟悉常见疾病的药物治疗一般原则和基本治疗方案。

4. 了解重点药物的作用机制，新药发展趋势和药物间相互作用。

5. 熟练掌握药理学常用实验动物的捉拿、给药方法，学会一般验证性实验的操作技能。

6. 学会运用用药指导程序，正确解释常用药物效应、不良反应与临床用药间的关系，初步具有开展合理用药宣教和指导非处方药合理应用的能力。

7. 初步具备根据药物作用原理和疾病治疗原则，改良药品品种，研发新产品的能力。

8. 具有药剂专业和制药技术专业所应有的良好职业道德，科学工作态度，严谨细致的专业学风。

三、教学时间分配

教学内容	学时数		
	理论	实践	总学时
一、药理学总论	6	4	10
二、传出神经系统药物	5	2	7
三、麻醉药	1	1	2
四、中枢神经系统药物	8	2	10
五、心血管、血液、造血系统药物	11	3	14
六、呼吸、消化、泌尿、生殖系统药物	5	1	6
七、内分泌系统药物	6	2	8
八、化学治疗药物	8	2	10
九、调节免疫功能药、解毒药和其他临床常用药物	4	1	5
合计	54	18	72

四、教学内容和要求

单元	教学内容	教学要求	教学活动参考	参考学时	
				理论	实践
一、药理学总论	（一）绪论		理论讲授	6	
	1. 药理学的概述	掌握	多媒体演示		
	2. 药学服务与用药指导概述	熟悉	课堂讨论		
	（二）药物效应动力学		岗位见习		
	1. 药物作用与类型	掌握	任务模拟		
	2. 药物的量-效关系	熟悉	混合式教学		
	3. 药物的作用机制	熟悉	案例分析		
	（三）药物代谢动力学				
	1. 药物的体内过程	掌握			
	2. 药物的速率过程	熟悉			

单元	教学内容	教学要求	教学活动参考	参考学时	
				理论	实践
一、药理学总论	（四）影响药物的作用因素		理论讲授		
	1. 药物方面的影响因素	掌握	案例分析		
	2. 机体方面的影响因素		混合式教学		
	3. 其他方面的影响因素	熟悉	任务模拟		
	4. 药物的相互作用和联合用药原则	了解			
	模拟任务一 药品调剂中的药理学应用	熟练掌握	技能实践 视频示教		4
	模拟任务二 程序化用药指导的应用	学会	案例讨论 任务模拟		
	模拟任务三 药品剂型与药品说明书的解读	熟练掌握			
	实验项目一 药理学动物实验的基本知识与技术	学会			
	实验项目二 给药剂量对药物效应的影响	熟练掌握			
	实验项目三 给药途径对药物效应的影响	学会			
	实验项目四 静脉注射给药速度对药物效应的影响	学会			
	实验项目五 药物的体外配伍禁忌	学会			
二、传出神经系统药物	（一）传出神经系统药理学概论		理论讲授	5	
	1. 传出神经的分类及递质	熟悉	多媒体演示		
	2. 传出神经系统受体的类型、分布及生理效应	掌握	课堂讨论 混合式教学		
	3. 传出神经系统药物的作用方式和分类	了解	案例分析		

单元	教学内容	教学要求	教学活动参考	参考学时	
				理论	实践
二、传出神经系统药物	（二）拟胆碱药		任务模拟 理论讲授		
	1. 胆碱受体激动药	熟悉	案例分析		
	2. 胆碱酯酶抑制药	熟悉	混合式教学		
	3. 拟胆碱药的用药指导	了解	岗位见习		
	（三）胆碱受体拮抗药				
	1. M 受体拮抗药	掌握			
	2. N 受体拮抗药	了解			
	3. 胆碱受体拮抗药的用药指导	熟悉			
	（四）肾上腺素受体激动药				
	1. α和β受体激动药	掌握			
	2. α受体激动药	熟悉			
	3. β受体激动药	掌握			
	4. 肾上腺素受体激动药的用药指导	了解			
	（五）肾上腺素受体拮抗药				
	1. α受体拮抗药	熟悉			
	2. β受体拮抗药	掌握			
	3. 肾上腺素受体拮抗药的用药指导 与抗休克药概述	了解			
	模拟任务四　休克的用药指导	学会	技能实践		2
	实验项目六　烟碱的毒性反应	学会	任务模拟		
	实验项目七　毛果芸香碱与阿托品 对家兔腺体和瞳孔的影响	熟练 掌握			

单元	教学内容	教学要求	教学活动参考	参考学时 理论	参考学时 实践
三、麻醉药	（一）局部麻醉药		理论讲授	1	
	1. 概述	熟悉	课堂讨论		
	2. 常用的局部麻醉药	掌握	多媒体演示		
	（二）全身麻醉药		岗位见习		
	1. 吸入麻醉药	了解	案例分析		
	2. 静脉麻醉药	熟悉	任务模拟		
	3. 复合麻醉用药	了解			
	实验项目八　普鲁卡因与丁卡因的局部麻醉作用	学会	技能实践		1
四、中枢神经系统药物	（一）镇静催眠药		理论讲授	8	
	1. 苯二氮䓬类	掌握	课堂讨论		
	2. 新型非苯二氮䓬类	熟悉	多媒体演示		
	3. 巴比妥类	了解	混合式教学		
	4. 其他类镇静催眠药	了解	任务模拟		
	5. 镇静催眠药的用药指导	熟悉	岗位见习		
	（二）抗癫痫药和抗惊厥药		案例分析		
	1. 抗癫痫药	掌握	任务模拟		
	2. 抗惊厥药	了解	岗位见习		
	（三）抗帕金森病药和抗阿尔茨海默病药		理论讲授		
	1. 抗帕金森病药	熟悉	任务模拟		
	2. 抗阿尔茨海默病药	了解	案例分析		
	（四）抗精神障碍药		理论讲授		
	1. 抗精神分裂症药	掌握	案例分析		
	2. 抗心境障碍药	掌握	混合式教学		
	3. 抗精神障碍药的用药指导	了解			

单元	教学内容	教学要求	教学活动参考	参考学时	
				理论	实践
四、中枢神经系统药物	（五）镇痛药		理论讲授		
	1. 阿片生物碱类镇痛药	掌握	课堂讨论		
	2. 人工合成镇痛药	熟悉	混合式教学		
	3. 其他镇痛药	了解	任务模拟		
	4. 镇痛药的用药指导	了解	岗位见习		
	（六）解热镇痛抗炎药				
	1. 解热镇痛抗炎药的基本作用	掌握			
	2. 常用解热镇痛抗炎药	熟悉			
	3. 解热镇痛抗炎药的复方制剂	了解			
	4. 解热镇痛抗炎药的用药指导	熟悉			
	（七）中枢兴奋药与促大脑功能恢复药				
	1. 中枢兴奋药	熟悉			
	2. 促大脑功能恢复药	了解			
	3. 中枢兴奋药与促大脑功能恢复药的用药指导	了解			
	模拟任务五　药物依赖性的防控	学会	技能实践		2
	实验项目九　地西泮的抗惊厥作用	熟练掌握	任务模拟		
	实验项目十　镇痛药的镇痛作用	学会	案例分析		
五、心血管、血液、造血系统药物	（一）抗高血压药		理论讲授	7	
	1. 抗高血压药的作用与分类	掌握	课堂讨论		
	2. 常用抗高血压药	熟悉	多媒体演示		
	3. 其他抗高血压药	了解	任务模拟		
	4. 抗高血压药的用药指导	了解	岗位见习		

单元	教学内容	教学要求	教学活动参考	参考学时	
				理论	实践
五、心血管、血液、造血系统药物	（二）抗心律失常药		案例分析		
	1. 心律失常的电生理学基础	了解	课堂讨论		
	2. 抗心律失常药的基本作用和分类	熟悉	混合式教学		
	3. 常用抗心律失常药	了解	理论讲授		
	4. 抗心律失常药的用药指导	了解	任务模拟		
	（三）抗充血性心力衰竭药		岗位见习		
	1. 概述	掌握			
	2. 常用抗充血性心力衰竭药	熟悉			
	3. 抗充血性心力衰竭药的用药指导	了解			
	（四）抗心绞痛药				
	1. 常用抗心绞痛药	掌握			
	2. 抗心绞痛药的用药指导	熟悉			
	（五）调血脂药				
	1. 常用调血脂药	熟悉			
	2. 调血脂药的用药指导	了解			
	模拟任务六　高血压的用药指导	熟练掌握	技能实践任务模拟		2
	实验项目十一　硝酸酯类的扩张血管作用	学会	视频示教		
	（六）作用于血液和造血系统的药物		理论讲授	2	
	1. 促凝血药	熟悉	课堂讨论		
	2. 抗凝血药和抗血小板药	掌握	混合式教学		
	3. 溶栓药	熟悉	案例分析		
	4. 抗贫血药和促白细胞生成药	熟悉	岗位见习		
	5. 血容量维持药	了解	任务模拟		

单元	教学内容	教学要求	教学活动参考	参考学时	
				理论	实践
五、心血管、血液、造血系统药物	6. 作用于血液和造血系统药物的用药指导	了解	课堂讨论 案例分析		
	模拟任务七　血栓性疾病的用药指导	熟练掌握	技能实践 任务模拟		1
六、呼吸、消化、生殖系统药物	（一）抗变态反应药		理论讲授	1	
	1. 抗变态反应药	熟悉	课堂讨论		
	2. 变态反应性疾病的用药指导	了解	多媒体演示		
	（二）作用于消化系统的药物		案例分析	2	
	1. 抗消化性溃疡药	掌握	任务模拟		
	2. 其他作用于消化系统的药物	熟悉	混合式教学		
	3. 作用于消化系统药物的用药指导	了解			
	实验项目十二　硫酸镁对实验动物肠道功能的影响	熟练掌握	技能实践		1
	（三）作用于呼吸系统的药物		理论讲授	2	
	1. 镇咳药和祛痰药	熟悉	课堂讨论		
	2. 平喘药	掌握	混合式教学		
	3. 作用于呼吸系统药物的用药指导	了解	案例分析		
	（四）利尿药和脱水药		理论讲授	2	
	1. 利尿药	掌握	课堂讨论		
	2. 脱水药	熟悉	多媒体演示		
	3. 利尿药与脱水药的用药指导	了解	岗位见习		
	实验项目十三　呋塞米的利尿作用	学会	技能实践		1
	（五）作用于子宫和前列腺的药物		任务模拟		
	1. 作用于子宫的药物	掌握	课堂讨论		
	2. 作用于前列腺的药物	熟悉	混合式教学		
	3. 作用于子宫和前列腺药物的用药指导	了解			

单元	教学内容	教学要求	教学活动参考	参考学时	
				理论	实践
七、内分泌系统药物	（一）肾上腺皮质激素类药物		理论讲授	6	
	1. 糖皮质激素类药物	掌握	课堂讨论		
	2. 盐皮质激素类药物	了解	多媒体演示		
	3. 促皮质素与皮质激素抑制药	熟悉	案例分析		
	4. 肾上腺皮质激素类药的用药指导	了解	岗位见习		
	（二）甲状腺激素类药和抗甲状腺药		任务模拟		
	1. 甲状腺激素类药	熟悉	理论讲授		
	2. 抗甲状腺药	掌握	案例分析		
	3. 甲状腺激素及抗甲状腺药的用药指导	了解	任务模拟		
	（三）降血糖药		理论讲授		
	1. 胰岛素	掌握	案例分析		
	2. 非胰岛素类降血糖药	熟悉	混合式教学		
	3. 降血糖药的用药指导	了解			
	（四）抗痛风药和抗骨质疏松药		理论讲授		
	1. 抗痛风药	熟悉	案例分析		
	2. 抗骨质疏松药	熟悉			
	（五）性激素类药物和调节生育药		理论讲授		
	1. 性激素类与抗性激素药	熟悉	多媒体演示		
	2. 调节生育药	了解	任务模拟		
	3. 性激素类药物和调节生育药的用药指导	了解			
	模拟任务八　糖皮质激素治疗的用药指导	熟练掌握	技能实践案例分析		2
	实验项目十四　激素类药物的药理作用观察比较	学会	任务模拟案例分析		

单元	教学内容	教学要求	教学活动参考	参考学时 理论	参考学时 实践
八、化学治疗药物	（一）抗微生物药概述		理论讲授	4	
	1. 基本概念与原理	掌握	混合式教学		
	2. 抗微生物药的用药指导原则	熟悉	多媒体演示		
	（二）抗生素		任务模拟		
	1. β-内酰胺类抗生素	掌握	案例分析		
	2. 大环内酯类抗生素	熟悉	岗位见习		
	3. 氨基糖苷类抗生素	熟悉	理论讲授		
	4. 其他常用抗生素	了解	混合式教学		
	实验项目十五 红霉素的溶解性实验	学会	技能实践		1
	实验项目十六 链霉素毒性反应及钙剂的对抗作用	熟练掌握	技能实践 视频示教		
	（三）化学合成抗微生物药		理论讲授	4	
	1. 喹诺酮类药物	掌握	课堂讨论		
	2. 磺胺类药物与甲氧苄啶	熟悉	多媒体演示		
	3. 硝基咪唑类和硝基呋喃类	了解	任务模拟		
	（四）抗结核药		案例分析		
	1. 常用的抗结核药	熟悉	岗位见习		
	2. 抗结核药的用药指导	了解	任务模拟		
	（五）抗真菌药		理论讲授		
	1. 常用抗真菌药	熟悉	混合式教学		
	2. 抗真菌药的用药指导	了解	案例分析		

单元	教学内容	教学要求	教学活动参考	参考学时	
				理论	实践
八、化学治疗药物	（六）抗病毒药		理论讲授		
	1. 常用的抗病毒药	熟悉	案例分析		
	2. 抗病毒药的用药指导	了解	混合式教学		
	（七）抗寄生虫药		理论讲授		
	1. 抗疟药	熟悉	任务模拟		
	2. 抗肠道蠕虫病药和其他抗寄生虫药	了解	混合式教学		
	3. 抗寄生虫药的用药指导	了解	案例分析		
	（八）抗恶性肿瘤药		理论讲授		
	1. 概述	熟悉	案例分析		
	2. 常用的抗恶性肿瘤药	熟悉	多媒体演示		
	3. 抗恶性肿瘤药的主要不良反应	了解	任务模拟		
	4. 抗恶性肿瘤药的用药指导	了解			
	模拟任务九　抗微生物药耐药性的防治	学会	技能实践任务模拟		1
	模拟任务十　恶性肿瘤化疗的用药指导	学会	案例分析视频示教		
九、调节免疫功能药、解毒药和其他临床常用药物	（一）调节免疫功能药		理论讲授	4	
	1. 免疫抑制药	熟悉	课堂讨论		
	2. 免疫增强药	了解	多媒体演示		
	3. 计划免疫药	了解	案例分析		
	4. 调节免疫功能药的用药指导	了解	任务模拟		

单元	教学内容	教学要求	教学活动参考	参考学时 理论	参考学时 实践
九、调节免疫功能药、解毒药和其他临床常用药物	（二）解毒药		理论讲授		
	1. 常见农药的中毒及解毒药	掌握	多媒体演示		
	2. 常见药物中毒和解毒药	熟悉	混合式教学		
	3. 其他常见化合物中毒和解救药	了解	案例分析		
	4. 解毒药的用药指导	了解			
	（三）其他临床常用药物		任务模拟		
	1. 糖类、盐类及调节酸碱平衡药	了解	多媒体演示		
	2. 消毒防腐药	了解	混合式教学		
	3. 维生素及酶类药物	熟悉	案例分析		
	4. 皮肤科常用药物	熟悉	岗位见习		
	5. 五官科常用药物	熟悉			
	6. 诊断用药	熟悉			
	实验项目十七　有机磷酸酯类农药中毒及其解救	学会	技能实践视频示教		1

五、课程标准说明

（一）本课程标准主要供中等卫生职业教育药剂专业临床调剂方向和制药技术药物制剂方向的教学使用。总学时为72学时，其中理论教学54学时，实践教学18学时。如需要将药理学与药物化学合并为药物学开始，可适当调整学时。具体各校可自行确定。

（二）教学要求

1. 本课程对理论部分教学要求分为掌握、熟悉、了解三个层次。掌握：指对基本知识、基本理论有较深刻的认识，并能综合、灵活地运用所学的知识解决实际问题。熟悉：指能够领会概念、原理的基本含义，解释有关专业现象。了解：指对基本知识、基本理论能有一定的认识，能够记忆所学的知识要点。

2. 本课程重点突出以能力为本位的教学理念，在实践技能方面分为熟练掌握、学会2个层次。熟练掌握：能独立、正确、规范地完成工作所必需的实践操作，并能对要点进行概括性描述。学会：即在教师的指导下，正确完成基本的实践操作。

（三）教学建议

1. 本课程依据国家对职业教育培养宗旨的最新指示精神，紧扣教育部颁布的最新专业标准，对接药剂岗位的工作任务、职业能力要求，强化理论实践一体化，坚持课程思政的政治导向，突出"做中学、做中教"的职业教育特色，根据培养目标、教学内容和学生的学习特点和各类证书特别是"1+X"岗位证书标准，积极进行"线上-线下"混合式教学模式改革，运用项目教学、案例教学、任务教学、角色扮演和情境教学等方法，利用校内外实训基地，将学生的自主学习、合作学习和教师引导等教学组织形式有机结合。为提高学生未来岗位能力，采用"项目-任务"导向，把药理学知识技能与常见疾病的用药指导相结合，以帮助学生掌握常见疾病的药物治疗原则和一般方案，提高综合运用药物进行药学服务的能力。

2. 本课程标准在介绍药理学基本知识技能的同时，根据药理学的岗位服务定位，针对药剂专业，突出围绕药学服务的核心工作用药指导的内容要求，在每个系统药物之后专门设计了用药指导内容，以帮助学生尽快适应临床调剂岗位需求，提高综合运用知识，开展用药指导的能力；针对制药技术专业则应通过用药指导的灵活运用，强化学生通过改进剂型等影响因素，提高药物疗效的创新意识，逐步培养学生研发和生产新药的能力。教学中，既可以按照本课程标准的顺序进行，也可以将药物应用有关内容独立出来，专门集中讲授或以选修课、课外学习任务等形式讲述。

3. 课堂理论教学应突出药理学知识特点，注意理论联系实际，积极采用现代化的教学手段，提倡采取"项目引领""任务驱动"等教学模式，组织学生开展必要的任务模拟、情境教学、案例分析、处方讨论等教学活动，注意采用"启发式""互动式"教学手段，以启迪学生思维，加深对教学内容的理解和掌握。

4. 实践教学包括"岗位模拟训练"和"验证性实验"两部分，力求做到职业岗位与课程性质的统一，实施中可合理选用。应着重体现学生专业技能、职业素质和职业意识的培养，提倡借助网络和新媒体手段，充分调动学生学习的主动性、积极性，提高实践效果，同时还要训练学生的实践设计的创新意识，培养分析判断能力和人际沟通能力。

5. 学生的知识水平和能力水平，应通过平时测验提问，情境表演或模拟实践、岗位比试、技能比赛以及统一组织的考试、考核等多种形式综合考评。

6. 应积极利用各类优质网络资源优化学习效果，建议对接各级各类高质量的职业教育数字资源平台，积极运用"线上 – 线下"混合式教学模式，提高教学实效，教材应选用最近三年出版的国家规划教材、省部级统编教材，提倡选用体现产教融合共同开发教材，融媒体、新形态教材，活页式、工作任务清单式教材等。

10枚